CURSO DE DIREITO PENAL

2

PARTE ESPECIAL

Fernando Capez

Advogado, Procurador de Justiça aposentado do Ministério Público de São Paulo, Mestre pela Universidade de São Paulo (USP) e Doutor pela Pontifícia Universidade Católica de São Paulo (PUC-SP). Lecionou por 18 anos no Complexo Jurídico Damásio de Jesus. Professor honorário da Universidade Presbiteriana Mackenzie. Diretor do Curso de Direito da Universidade Nove de Julho. Professor concursado da Academia de Polícia e professor da Escola Superior do Ministério Público de SP. Foi Deputado Estadual por três mandatos. Presidente da Comissão de Constituição e Justiça da Assembleia Legislativa de São Paulo (2007-2010). Coordenador do Curso de Direito da Universidade Bandeirante de SP (2004/2012). Presidente da Assembleia Legislativa de São Paulo (2015-2017). Presidente do Colégio de Presidentes das Assembleias Legislativas do Brasil (2015-2017). Secretário Estadual de Defesa do Consumidor e Presidente do Procon-SP de janeiro de 2019 a março de 2022.

CURSO DE DIREITO PENAL

2

PARTE ESPECIAL

Arts. 121 a 212

25ª edição

2025

saraiva jur

■ Data do fechamento do livro: 14/10/2024

Saraiva Jur, um selo da SRV Editora Ltda.
Uma editora integrante do GEN | Grupo Editorial Nacional
Travessa do Ouvidor, 11
Rio de Janeiro – RJ – 20040-040

■ **Atendimento ao cliente: https://www.editoradodireito.com.br/contato**

■ Capa: Lais Soriano
Diagramação: SBNigri Artes e Textos Ltda.

■ **OBRA COMPLETA 978-85-5360-768-6**
DADOS INTERNACIONAIS DE CATALOGAÇÃO NA PUBLICAÇÃO (CIP)
VAGNER RODOLFO DA SILVA – CRB-8/9410

C237c Capez, Fernando
Curso de direito penal – volume 2 – parte especial: arts. 121 a 212 / Fernando Capez. – 25. ed. – São Paulo: Saraiva Jur, 2025.

616 p.
ISBN: 978-85-5362-664-9 (Impresso)

1. Direito. 2. Direito penal. I. Título.

CDD 345
2024-3400 CDU 344

Índices para catálogo sistemático:
1. Direito penal 345
2. Direito penal 343

SOBRE O AUTOR

Fernando Capez é Mestre pela Universidade de São Paulo (USP) e Doutor pela Pontifícia Universidade Católica de São Paulo (PUC-SP). Lecionou durante dezoito anos no Complexo Jurídico Damásio de Jesus, sendo, também, Professor na Escola Superior do Ministério Público de São Paulo, Professor Concursado na Academia de Polícia do Estado de São Paulo, Professor Honorário na Universidade Presbiteriana Mackenzie e Diretor do Curso de Direito da Universidade Nove de Jullho.

É palestrante nacional e internacional e autor de diversos livros, principalmente nas áreas de Direito Penal e Processual Penal, publicados pela Saraiva Educação.

Suas obras possuem como principais virtudes a objetividade, a linguagem direta, fácil e agradável, vasto embasamento decorrente da larga experiência teórica e prática do autor, organização lógica dos temas em tópicos e subtópicos, contribuindo para a sua rápida localização, além de jurisprudência atualizada, farta citação doutrinária e quadros sinóticos.

A utilidade dos trabalhos alcança desde estudantes que se preparam para provas, exames da OAB e concursos públicos, até experientes operadores do Direito, tais como Juízes, Desembargadores e Ministros, membros do Ministério Público Estadual e Federal, procuradores e defensores públicos, delegados de polícia e advogados.

Advogado, Procurador de Justiça aposentado do Ministério Público de São Paulo, Mestre pela Universidade de São Paulo (USP) e Doutor pela Pontifícia Universidade Católica de São Paulo (PUC-SP). Lecionou por 18 anos no Complexo Jurídico Damásio de Jesus. Professor honorário da Universidade Presbiteriana Mackenzie. Coordenador jurídico da Universidade Nove de Julho. Professor concursado da Academia de Polícia e professor da Escola Superior do Ministério Público de SP. Foi Deputado Estadual por três mandatos. Presidente da Comissão de Constituição e Justiça da Assembleia Legislativa de São Paulo (2007-2010). Coordenador do Curso de Direito da Universidade Bandeirante de SP (2004/2012). Presidente da Assembleia Legislativa de São Paulo (2015-2017). Presidente do Colégio de Presidentes das Assembleias Legislativas do Brasil (2015-2017). Foi Secretário Estadual de Defesa do Consumidor e Presidente do Procon-SP de janeiro de 2019 a março de 2022.

ABREVIATURAS

ACrim	Apelação Criminal
AgI	Agravo de Instrumento
Ap.	Apelação
art.(s.)	artigo(s)
c/c	combinado com
CC	Código Civil
CComp	Conflito de Competência
cf.	conforme
CF	Constituição Federal
CLT	Consolidação das Leis do Trabalho
CNH	Carteira Nacional de Habilitação
CP	Código Penal
CPM	Código Penal Militar
CPP	Código de Processo Penal
CTB	Código de Trânsito Brasileiro
Dec.-Lei	Decreto-Lei
DJU	*Diário da Justiça da União*
ECA	Estatuto da Criança e do Adolescente
ed.	edição
FUNAI	Fundação Nacional do Índio
HC	*Habeas Corpus*
IBCCrim	Instituto Brasileiro de Ciências Criminais
INSS	Instituto Nacional do Seguro Social
IP	Inquérito Policial
j.	julgado
JCAT/JC	*Jurisprudência Catarinense*
JSTJ	*Jurisprudência do STJ*
JTACrimSP	*Julgados do Tribunal de Alçada Criminal de São Paulo*

JTACSP	*Julgados do Tribunal de Alçada Civil de São Paulo*
JTAMG	*Julgados do Tribunal de Alçada de Minas Gerais*
LCP	Lei das Contravenções Penais
LINDB	Lei de Introdução às Normas do Direito Brasileiro
Min.	Ministro
MP	Ministério Público
m. v.	maioria de votos
n.	número(s)
OAB	Ordem dos Advogados do Brasil
Obs.	Observação
p.	página(s)
Pet.	Petição
p. ex.	por exemplo
QCr	Questão Criminal
RE	Recurso Extraordinário
RECrim	Recurso Extraordinário Criminal
Rel.	Relator
REsp	Recurso Especial
RF	*Revista Forense*
RHC	Recurso em *Habeas Corpus*
RJDTACrimSP	*Revista de Jurisprudência e Doutrina do Tribunal de Alçada Criminal de São Paulo*
RJTJESP	*Revista de Jurisprudência do Tribunal de Justiça do Estado de São Paulo*
RJTJRS	*Revista de Jurisprudência do TJRS*
RJTJSC	*Revista de Jurisprudência do Tribunal de Justiça de Santa Catarina*
RSTJ	*Revista do STJ*
RT	*Revista dos Tribunais*
RTARJ	*Revista do Tribunal de Alçada do Rio de Janeiro*
RTFR	*Revista do Tribunal Federal de Recursos*
RTJ	*Revista Trimestral de Jurisprudência* (STF)
RTJE	*Revista Trimestral de Jurisprudência dos Estados*
s.	seguinte(s)
STF	Supremo Tribunal Federal
STJ	Superior Tribunal de Justiça
TACrimSP	Tribunal de Alçada Criminal de São Paulo
TFR	Tribunal Federal de Recursos (extinto)

TJMS	Tribunal de Justiça do Mato Grosso do Sul
TJPR	Tribunal de Justiça do Paraná
TJRJ	Tribunal de Justiça do Rio de Janeiro
TJRS	Tribunal de Justiça do Rio Grande do Sul
TJSC	Tribunal de Justiça de Santa Catarina
TJSP	Tribunal de Justiça de São Paulo
TRF	Tribunal Regional Federal
v.	*vide*
v.	volume
v. u.	votação unânime
v. v.	voto vencido

ÍNDICE

Sobre o Autor V
Abreviaturas VII
Índice XI
Nota do Autor XLIX

Título I
DOS CRIMES CONTRA A PESSOA

1. Conceito 1

Capítulo I
DOS CRIMES CONTRA A VIDA

Art. 121 – Homicídio 1
1. Conceito 1
2. Objeto jurídico 2
3. Objeto material 3
4. Elementos do tipo 3
   4.1. Conceito 3
   4.2. Elementos 4
   4.3. Ação nuclear 4
   4.4. Ação física 5
   4.5. Exemplos 6
   4.6. Crime material e prova da materialidade (exame de corpo de delito) 7
   4.7. Sujeito ativo 8
   4.8. Sujeito passivo 9
5. Elemento subjetivo 10
   5.1. Elemento subjetivo. Homicídio tentado e lesão corporal. Distinção. Prova 11
6. Momento consumativo e perícias médico-legais realizadas para constatação da *causa mortis* 12
   6.1. Crime consumado 12
   6.2. Perícias médico-legais 13
7. Tentativa 14

8. Desistência voluntária e arrependimento eficaz 16
9. Crime impossível 17
10. Concurso de pessoas 18
11. Formas 22
11.1. Homicídio simples (art. 121, *caput*) 22
11.2. Homicídio privilegiado (art. 121, § 1º) 24
11.3. Homicídio qualificado (art. 121, § 2º) 32
11.4. Homicídio culposo (art. 121, § 3º) 52
11.4.1. Homicídio culposo. Causa especial de aumento de pena (art. 121, § 4º) 57
11.5. Causa especial de aumento de pena. Homicídio doloso contra menor de 14 ou maior de 60 anos (art. 121, § 4º) 61
11.6. Causa especial de aumento de pena (§ 6º) 62
12. Perdão judicial (§ 5º). Conceito. Natureza jurídica. Extensão. Hipóteses de cabimento. Oportunidade para concessão 62
13. Homicídio culposo e o Código de Trânsito Brasileiro (Lei n. 9.503/97) 63
14. Ação penal. Procedimento. Lei dos Juizados Especiais Criminais 69
15. Concurso de crimes no homicídio doloso e culposo 71

ART. 121-A - Feminicídio 72
1. Considerações iniciais 72
1.1. Conceito 73
1.2. Modalidades de feminicídio 73
1.3. Elementos do tipo 74
2. Causas de aumento de pena do feminicídio 75
3. Coautoria e participação 76

Art. 122 – Induzimento, instigação ou auxílio a suicídio ou à automutilação 76
1. Conceito. Considerações preliminares 76
2. Precedentes históricos e o delito de suicídio no direito penal pátrio 78
3. Objeto jurídico 79
4. Elementos do tipo 79
4.1. Ação nuclear 79
4.2. Sujeito ativo 81
4.3. Sujeito passivo 81
5. Elemento subjetivo 82
6. Nexo causal 83
7. Momento consumativo 83
8. Tentativa 83
9. Formas 83
9.1. Simples (art. 122, *caput*) 83

9.2. Qualificada (§§ 1º e 2º) 84
9.3. Causas de aumento de pena (§§ 3º, 4º e 5º) 84
9.4. Hipóteses de configuração de crime mais grave (§§ 6º e 7º) 84
10. Suicídio a dois ou pacto de morte 85
11. Roleta-russa e duelo americano 86
12. Suicídio não consumado e *aberratio ictus* 86
13. Suicídio não consumado e porte ilegal e disparo de arma de fogo (Lei n. 10.826/2003) 86
14. Ação penal e procedimento 87

Art. 123 – Infanticídio 87
1. Conceito. Natureza jurídica 87
2. Precedentes históricos 87
3. Objeto jurídico 88
4. Elementos do tipo 88
4.1. Ação nuclear 88
4.2. Meios de execução 88
4.3. Sujeito ativo 89
4.4. Sujeito passivo 89
4.5. Cláusula temporal: "durante o parto ou logo após" 90
4.6. Elemento psicofisiológico: estado puerperal 90
4.7. Psicoses puerperais após o parto. Infanticídio e a incidência da regra geral da imputabilidade penal (CP, art. 26) 91
5. Elemento subjetivo 91
6. Momento consumativo 92
7. Tentativa 93
8. Concurso de pessoas 93
9. Concurso de crimes 94
10. Ação penal e procedimento 95

Arts. 124 a 128 – Aborto 95
1. Conceito 95
2. Precedentes históricos 96
3. Objeto jurídico 96
4. Elementos do tipo 97
4.1. Ação nuclear 97
4.2. Meios de execução 97
4.3. Sujeito ativo 98
4.4. Sujeito passivo 98
5. Consumação. Exame de corpo de delito 98
6. Nexo causal 100

7. Tentativa 100
8. Crime impossível 100
9. Elemento subjetivo 101
10. Concurso de crimes 102
11. Formas 102
11.1. Aborto provocado pela própria gestante (art. 124). Aborto consentido (art. 124) e a exceção legal à teoria monística da ação 102
11.2. Aborto provocado por terceiro, sem o consentimento da gestante (art. 125) 103
11.3. Aborto provocado por terceiro, com o consentimento da gestante (art. 126) 104
12. Forma majorada (art. 127) 105
13. Aborto legal. Causas de exclusão da ilicitude (art. 128) 107
13.1. Aborto necessário ou terapêutico (art. 128, I) 108
13.2. Aborto sentimental, humanitário ou ético (art. 128, II) 109
14. Outras espécies de aborto 110
14.1. Aborto natural 110
14.2. Aborto acidental 110
14.3. Aborto eugenésico, eugênico ou piedoso 110
14.4. Aborto de feto anencefálico ou anencéfalo 111
14.5. Aborto social ou econômico 112
15. Questões diversas 112
16. Ação penal. Procedimento. Lei dos Juizados Especiais Criminais 112

Capítulo II
DAS LESÕES CORPORAIS

Art. 129 – Lesão corporal 113
1. Conceito 113
2. Objeto jurídico 113
3. Lesões esportivas. Intervenção médico-cirúrgica 114
4. Elementos do tipo 116
4.1. Ação nuclear 116
4.2. Meios de execução 116
4.3. Sujeito ativo 116
4.4. Sujeito passivo 117
5. Momento consumativo 117
6. Tentativa 117
7. Elemento subjetivo 118
8. Formas 119
8.1. Lesão corporal leve ou simples (art. 129, *caput*) 119
8.2. Lesão corporal qualificada pelo resultado (art. 129, §§ 1º a 3º) 120

8.2.1. Lesão corporal qualificada quando praticada contra mulher por razões da condição do sexo feminino (art. 129, § 13) 122
8.2.2. Lesão corporal de natureza grave (art. 129, § 1º) 123
8.2.3. Lesão corporal gravíssima (art. 129, § 2º) 125
8.2.4. Lesão corporal seguida de morte (art. 129, § 3º) 128
8.3. Lesão corporal privilegiada (art. 129, § 4º) 130
8.4. Causas de aumento de pena para a lesão corporal dolosa (art. 129, *caput*, §§ 1º, 2º e 3º) 130
8.5. Lesão corporal culposa (art. 129, § 6º) 131
9. Substituição da pena (§ 5º) 131
10. Perdão judicial (art. 129, § 8º) 132
11. Violência doméstica e familiar contra a mulher (§§ 9º A 13) 132
12. Questões diversas 136
13. Ação penal. Lei dos Juizados Especiais Criminais 141

Capítulo III
DA PERICLITAÇÃO DA VIDA E DA SAÚDE

1. Crime de perigo. Considerações preliminares 142
2. Espécies de crime de perigo 144
3. Nomenclatura 145

Art. 130 – Perigo de contágio venéreo 145
1. Considerações preliminares 145
2. Objeto jurídico 145
3. Elementos do tipo 146
3.1. Ação nuclear. Meios executórios 146
3.2. Sujeito ativo 147
3.3. Sujeito passivo 147
4. Elemento subjetivo 147
5. Momento consumativo 149
6. Tentativa 150
7. Formas 150
7.1. Simples (art. 130, *caput*) 150
7.2. Qualificada (art. 130, § 1º) 150
7.3. Culposa 150
8. Concurso de crimes 150
9. Ação penal. Lei dos Juizados Especiais Criminais 151

Art. 131 – Perigo de contágio de moléstia grave 151
1. Objeto jurídico 151
2. Elementos do tipo 151

2.1. Ação nuclear 151
2.2. Sujeito ativo 152
2.3. Sujeito passivo 153
3. Elemento subjetivo 153
4. Momento consumativo 153
5. Tentativa 154
6. Formas 154
6.1. Simples (art. 131, *caput*) 154
6.2. Culposa 154
7. Concurso de crimes 154
8. Ação penal. Lei dos Juizados Especiais Criminais 154

Art. 132 – Perigo para a vida ou saúde de outrem 155
1. Considerações preliminares 155
2. Objeto jurídico 155
3. Elementos do tipo 155
3.1. Ação nuclear 155
3.2. Sujeito ativo 156
3.3. Sujeito passivo 156
4. Elemento subjetivo 157
5. Momento consumativo 157
6. Tentativa 158
7. Formas 158
7.1. Simples (art. 132, *caput*) 158
7.2. Culposa 158
8. Causa de aumento de pena (art. 132, parágrafo único) 158
9. Concurso de crimes: concurso formal 159
10. Conflito aparente de normas. Aplicação do princípio da subsidiariedade 159
11. Crime de periclitação da vida ou saúde de outrem e o delito de "disparo de arma de fogo" 160
12. Crimes de perigo previstos no Código de Trânsito Brasileiro (Lei n. 9.503/97) 161
13. Crime de periclitação da vida ou saúde de outrem e o Estatuto da Pessoa Idosa 162
14. Ação penal. Lei dos Juizados Especiais Criminais 162

Art. 133 – Abandono de incapaz 162
1. Precedentes históricos 162
2. Considerações preliminares 163
3. Objeto jurídico 163
4. Elementos do tipo 163

4.1. Ação nuclear ... 163
4.2. Sujeito ativo ... 164
4.3. Sujeito passivo ... 164
5. Elemento subjetivo ... 164
6. Momento consumativo ... 165
7. Tentativa ... 165
8. Formas ... 165
8.1. Simples (art. 133, *caput*) ... 165
8.2. Qualificada (art. 133, §§ 1º e 2º) ... 166
8.3. Causa de aumento de pena (art. 133, § 3º) ... 166
8.4. Culposa ... 167
9. Estado de necessidade ... 167
10. Ação penal. Lei dos Juizados Especiais Criminais ... 168

Art. 134 – Exposição ou abandono de recém-nascido ... 168
1. Considerações preliminares ... 168
2. Objetividade jurídica ... 169
3. Elementos do tipo ... 169
3.1. Ação nuclear ... 169
3.2. Sujeito ativo ... 169
3.3. Sujeito passivo ... 170
4. Concurso de pessoas ... 170
5. Elemento subjetivo ... 170
6. Momento consumativo ... 171
7. Tentativa ... 171
8. Formas ... 171
8.1. Simples (art. 134, *caput*) ... 171
8.2. Qualificada (art. 134, §§ 1º e 2º) ... 172
8.3. Culposa ... 172
9. Ação penal e procedimento. Lei dos Juizados Especiais Criminais ... 172

Art. 135 – Omissão de socorro ... 172
1. Considerações preliminares ... 172
2. Objeto jurídico ... 173
3. Elementos do tipo ... 174
3.1. Ação nuclear ... 174
3.2. Sujeito ativo ... 175
3.3. Sujeito passivo ... 177
4. Concurso de pessoas ... 177
5. Elemento subjetivo ... 178
6. Concurso de crimes ... 179

7. Momento consumativo 179
8. Tentativa 179
9. Formas 179
9.1. Simples (art. 135, *caput*) 179
9.2. Majorada (art. 135, parágrafo único) 179
9.3. Culposa 180
10. Distinções 180
11. Omissão de socorro de acordo com o Código de Trânsito Brasileiro (Lei n. 9.503/97) 180
12. Omissão de socorro e Estatuto da Pessoa Idosa 181
13. Omissão de socorro e homicídio culposo 181
14. Omissão de socorro e Código Penal Militar 182
15. Ação penal. Lei dos Juizados Especiais Criminais 182

Art. 135-A – Condicionamento de atendimento médico-hospitalar emergencial 182
1. Considerações preliminares 182
2. Objeto jurídico 183
3. Elementos do tipo 183
3.1. Ação nuclear 183
3.2. Sujeito ativo 183
3.3. Sujeito passivo 183
4. Elemento subjetivo 183
5. Momento consumativo 184
6. Tentativa 184
7. Causa de aumento de pena 184
8. Ação penal. Lei dos Juizados Especiais Criminais 184

Art. 136 – Maus-tratos 184
1. Objeto jurídico 184
2. Elementos do tipo 184
2.1. Ação nuclear 184
2.2. Sujeito ativo 186
2.3. Sujeito passivo 187
3. Elemento subjetivo 187
4. Momento consumativo 187
5. Tentativa 188
6. Formas 188
6.1. Simples (art. 136, *caput*) 188
6.2. Qualificada (art. 136, §§ 1º e 2º) 189
6.3. Causa de aumento de pena (art. 136, § 3º) 189

6.4. Culposa ... 189
7. Questões diversas ... 189
8. Estatuto da Pessoa Idosa ... 190
9. Ação penal. Lei dos Juizados Especiais Criminais ... 190

Capítulo IV
DA RIXA

Art. 137 – Rixa ... 190
1. Conceito ... 190
1.1. Rixa. Formas de surgimento ... 191
2. Objeto jurídico ... 191
3. Elementos do tipo ... 191
3.1. Ação nuclear ... 191
3.2. Sujeito ativo ... 192
3.2.1. Concurso de pessoas ... 192
3.3. Sujeito passivo ... 193
4. Elemento subjetivo ... 193
5. Momento consumativo ... 194
6. Tentativa ... 194
7. Concurso de crimes ... 194
8. Formas ... 196
8.1. Simples (art. 137, *caput*) ... 196
8.2. Qualificada (art. 137, parágrafo único) ... 196
8.3. Culposa ... 198
9. Rixa e legítima defesa ... 198
10. Rixa e delito multitudinário. Distinção ... 198
11. Ação penal. Lei dos Juizados Especiais Criminais. Competência por conexão. 198

Capítulo V
DOS CRIMES CONTRA A HONRA

1. Objeto jurídico ... 199
2. Consentimento do ofendido ... 200
3. Natureza jurídica ... 200
4. Crimes contra a honra e legislação penal especial ... 201

Art. 138 – Calúnia ... 201
1. Objeto jurídico ... 201
2. Elementos do tipo ... 201
2.1. Ação nuclear (*caput*) ... 201
2.2. Elemento normativo do tipo: falsidade da imputação ... 203

2.3. Ação nuclear (§ 1º): propalação ou divulgação da calúnia 204
2.4. Sujeito ativo 204
2.5. Sujeito passivo 204
3. Elemento subjetivo 208
4. Momento consumativo 210
5. Tentativa 210
6. Formas 210
6.1. Simples (art. 138, *caput*) 210
6.2. Majorada (art. 141) 210
7. Exceção da verdade (*exceptio veritatis* – art. 138, § 3º) 210
7.1. Exceção da verdade. Prerrogativa de foro. Competência 212
7.2. Exceção da verdade. Processamento 213
7.3. Exceção de notoriedade do fato 213
8. Calúnia. Distinções 214
8.1. Calúnia e denunciação caluniosa 214
8.2. Calúnia e falso testemunho 214
8.3. Calúnia e difamação 214
8.4. Calúnia e injúria 215

Art. 139 – Difamação 215
1. Objeto jurídico 215
2. Elementos do tipo 215
2.1. Ação nuclear 215
2.1.1. Propalação ou divulgação da difamação 216
2.2. Sujeito ativo 216
2.3. Sujeito passivo 216
3. Elemento subjetivo 217
4. Momento consumativo 218
5. Tentativa 218
6. Formas 218
6.1. Simples (art. 139, *caput*) 218
6.2. Majorada (art. 141) 218
7. Exceção da verdade (art. 139, parágrafo único) 218
8. Distinção entre calúnia, difamação e injúria 219

Art. 140 – Injúria 220
1. Objeto jurídico 220
2. Elementos do tipo 220
2.1. Ação nuclear 220
2.2. Sujeito ativo 221
2.3. Sujeito passivo 222
3. Elemento subjetivo 222

4. Consumação 222
5. Tentativa 223
6. Formas 223
6.1. Simples (art. 140, *caput*) 223
6.2. Majorada (art. 141) 223
6.3. Perdão judicial. Provocação e retorsão (art. 140, § 1º) 223
6.4. Qualificada. Injúria real (art. 140, § 2º) 225
6.5. Qualificada por preconceito de religião, condição de pessoa idosa ou portadora de deficiência (art. 140, § 3º, com a redação dada pela Lei n. 14.532, de 11 de janeiro de 2023) 227
6.5.1. Diferença de injúria preconceito, injúria racial e racismo 228
7. Exceção da verdade 230

Arts. 141 a 145 – Das disposições comuns aos crimes contra a honra 231
1. Formas majoradas aplicáveis aos crimes de calúnia, difamação e injúria (art. 141) 231
2. Causas especiais de exclusão da ilicitude. Crimes de difamação e injúria (art. 142) 234
3. Retratação. Crimes de calúnia e difamação (art. 143) 239
4. Pedido de explicações em juízo. Crimes de calúnia, difamação e injúria (art. 144) 241
5. Ação penal. Crimes de calúnia, difamação e injúria (art. 145) 242
6. Procedimento especial. Crimes de calúnia, difamação e injúria (CPP, arts. 519 a 523). Lei dos Juizados Especiais Criminais 244
7. Estatuto da Pessoa Idosa 245

Capítulo VI
DOS CRIMES CONTRA A LIBERDADE INDIVIDUAL

1. Considerações preliminares 246

Seção I – Dos crimes contra a liberdade pessoal

Art. 146 – Constrangimento ilegal 247
1. Objeto jurídico 247
2. Elementos do tipo 247
2.1. Ação nuclear 247
2.2. Ação física 248
2.3. Sujeito ativo 250
2.4. Sujeito passivo 250
3. Elemento subjetivo 251
4. Momento consumativo 251
5. Tentativa 251
6. Formas 251

6.1. Simples (art. 146, *caput*) 251
6.2. Majorada (art. 146, § 1º) 252
6.2.1. Caráter subsidiário 253
6.3. Culposa 254
7. Concurso de crimes (art. 146, § 2º) 254
8. Constrangimento ilegal e Lei de Tortura 255
9. Causas especiais de exclusão da tipicidade (art. 146, § 3º) 257
10. Ação penal. Lei dos Juizados Especiais Criminais 258

Art. 146-A. Intimidação sistemática (*bullying*) 258

Parágrafo único: intimidação sistemática virtual (*cyberbullying*) 258
1. Conceito de *bullying* ou intimidação sistemática 258
2. Conceito de *cyberbullying* ou intimidação sistemática virtual 259
3. Objeto jurídico 259
4. Elementos do tipo 259
4.1. Ação nuclear 259
4.2. Demais elementares 259
4.2.1. Sujeito ativo 260
4.2.2. Sujeito passivo 260
5. Elemento subjetivo 260
6. Momento consumativo 261
7. Tentativa 261
8. Formas 261
8.1. Simples (art. 146-A, *caput*) 261
8.2. Qualificada (art. 146-A, parágrafo único) 261
9. Ação penal. Lei dos Juizados Especiais Criminais. ANPP 261

Art. 147 – Ameaça 262
1. Objeto jurídico 262
2. Elementos do tipo 262
2.1. Ação nuclear 262
2.2. Elementos normativos do tipo: mal injusto e grave 263
2.3. Sujeito ativo 264
2.4. Sujeito passivo 265
3. Elemento subjetivo 265
4. Momento consumativo 266
5. Tentativa 266
6. Concurso de crimes 267
7. Causa de aumento de pena 267
8. Distinções: crimes de constrangimento ilegal e ameaça 267

9. Ação penal. Lei dos Juizados Especiais Criminais 267

Art. 147-A – Do Código Penal 268

1. Revogação da contravenção penal do art. 65 268
2. Objetividade jurídica 268
3. Conduta 268
4. Finalidade específica do tipo 269
5. Sujeito ativo 270
6. Sujeito passivo 270
7. Elemento subjetivo do tipo 270
8. Consumação 270
9. Tentativa 270
10. Causas de aumento de pena 271
11. Cumulação com os crimes de violência 271
12. Ação penal 272
13. Suspensão condicional do processo 272
14. Suspensão da pena 272
15. Acordo de não persecução penal 272

Art. 147-B – Violência psicológica contra a mulher 272

1. Sujeito ativo 273
2. Sujeito passivo 273
3. Elemento subjetivo do tipo 273
4. Abrangência do tipo 273
5. Consumação e tentativa 273
6. Conflito aparente de normas 274
7. Ação penal 274
8. Suspensão condicional do processo 274
9. Suspensão da pena 274
10. Acordo de não persecução penal 274

Art. 148 – Sequestro e cárcere privado 274

1. Objeto jurídico 274
2. Elementos do tipo 275
   - 2.1. Ação nuclear e meios executórios 275
   - 2.2. Sujeito ativo 276
   - 2.3. Sujeito passivo 276
3. Elemento subjetivo 276
4. Momento consumativo 277

5. Tentativa 277

6. Formas 278

6.1. Simples (art. 148, *caput*) 278

6.2. Qualificada (art. 148, § 1º) 278

6.2.1. Qualificada pelo resultado (art. 148, § 2º) 280

6.3. Culposa 280

7. Concurso de crimes 281

8. Prescrição da pretensão punitiva. Ação penal. Procedimento. Lei dos Juizados Especiais Criminais 281

Art. 149 – Redução a condição análoga à de escravo 281

1. Conceito. Objeto jurídico 281

2. Elementos do tipo 282

2.1. Ação nuclear 282

2.2. Sujeito ativo 283

2.3. Sujeito passivo 283

3. Figuras equiparadas 284

4. Elemento subjetivo 284

5. Momento consumativo 284

6. Tentativa 285

7. Formas 285

7.1. Simples (art. 149, *caput* e § 1º) 285

7.2. Culposa 285

7.3. Causa de aumento (impropriamente chamada de forma qualificada) – art. 149, § 2º 285

8. Sanção penal e concurso de crimes 285

9. Ação penal. Procedimento. Competência 286

Art. 149-A – Tráfico de pessoas 286

1. Conceito 286

1.1. Tráfico internacional de pessoa para fim de exploração sexual e Lei de Lavagem de Dinheiro 287

2. Objeto jurídico 288

3. Elementos do tipo 288

3.1. Ação nuclear 288

3.2. Sujeito ativo 289

3.3. Sujeito passivo 289

4. Elemento subjetivo 290

5. Consumação e tentativa 290

6. Formas 290

6.1. Simples (art. 149-A, *caput*) 290

6.2. Majoradas (art. 149-A, § 1º) 290

6.3. Causa especial de diminuição (art. 149-A, § 2º) 291

7. Competência. Ação penal. Procedimento 291

Seção II – Dos crimes contra a inviolabilidade do domicílio

Art. 150 – Violação de domicílio 292

1. Objeto jurídico 292

2. Elementos do tipo 292

2.1. Ação nuclear 292

2.2. Elementos normativos do tipo 292

2.3. Objeto material 294

2.4. Sujeito ativo 295

2.5. Sujeito passivo 296

3. Elemento subjetivo 296

4. Momento consumativo 296

5. Tentativa 297

6. Formas 297

6.1. Simples (art. 150, *caput*) 297

6.2. Qualificada (art. 150, § 1º) 297

6.3. Causas de exclusão da ilicitude (art. 150, § 3º) 298

7. Concurso de crimes 300

8. Ação penal. Lei dos Juizados Especiais Criminais 301

Seção III – Dos crimes contra a inviolabilidade de correspondência

1. Considerações preliminares 301

2. Formas 304

2.1. Violação de correspondência (art. 151, *caput*) 304

2.2. Sonegação ou destruição de correspondência (art. 151, § 1º, I) 304

2.3. Violação de comunicação telegráfica, radioelétrica ou telefônica (art. 151, § 1º, II) 305

2.4. Impedimento de comunicação ou conversação (art. 151, § 1º, III) 305

2.5. Instalação ou utilização de estação ou aparelho radioelétrico, sem observância de disposição legal (art. 151, § 1º, IV) 305

2.6. Causa de aumento de pena (art. 151, § 2º) 305

2.7. Qualificadora (art. 151, § 3º) 305

2.8. Correspondência comercial 305

Art. 151, *caput* – Violação de correspondência 306

1. Conceito 306

2. Elementos do tipo 306

2.1. Ação nuclear. Objeto material. Elemento normativo do tipo 306

2.2. Sujeito ativo 309

2.3. Sujeito passivo 309

3. Elemento subjetivo 309

4. Momento consumativo ... 309
5. Tentativa ... 310
6. Ação penal. Lei dos Juizados Especiais Criminais ... 310

Art. 151, § 1º, I – Sonegação ou destruição de correspondência ... 310
1. Conceito ... 310
2. Elementos do tipo ... 310
   2.1. Ação nuclear. Objeto material. Elemento normativo do tipo ... 310
   2.2. Sujeitos ativo e passivo ... 311
3. Elemento subjetivo ... 311
4. Momento consumativo ... 311
5. Tentativa ... 312
6. Ação penal. Lei dos Juizados Especiais Criminais ... 312

Art. 151, § 1º, II, III e IV – Violação de comunicação telegráfica, radioelétrica ou telefônica ... 312
1. Violação de comunicação telegráfica, radioelétrica ou telefônica (art. 151, § 1º, inciso II) ... 312
   1.1. Conceito ... 312
   1.2. Elementos do tipo ... 312
      1.2.1. Ação nuclear. Objeto material. Elemento normativo do tipo ... 312
      1.2.2. Sujeitos ativo e passivo ... 313
   1.3. Elemento subjetivo ... 313
   1.4. Momento consumativo ... 313
   1.5. Tentativa ... 313
   1.6. Ação Penal. Lei dos Juizados Especiais Criminais ... 314
   1.7. Interceptação telefônica. Comentários ao art. 10 da Lei n. 9.296/96 ... 314
2. Impedimento de comunicação telegráfica ou radioelétrica ou conversação (art. 151, § 1º, inciso III) ... 317
3. Instalação ou utilização de estação ou aparelho radioelétrico, sem observância de disposição legal (art. 151, § 1º, inciso IV) ... 317

Art. 151, § 2º – Causa de aumento de pena ... 319

Art. 151, § 3º – Qualificadora ... 319

Art. 151, § 4º – Ação penal ... 319

Art. 152 – Correspondência comercial ... 319
1. Conceito ... 319
2. Elementos do tipo ... 320
   2.1. Ação nuclear. Objeto material ... 320
   2.2. Sujeito ativo ... 320
   2.3. Sujeito passivo ... 321

3. Elemento subjetivo 321
4. Momento consumativo 321
5. Tentativa 321
6. Ação penal e procedimento. Lei dos Juizados Especiais Criminais 321

Seção IV – Dos crimes contra a inviolabilidade dos segredos

Art. 153 – Divulgação de segredo 322
1. Objeto jurídico 322
2. Elementos do tipo 322
   2.1. Ação nuclear. Objeto material. Elemento normativo 322
   2.2. Sujeito ativo 324
   2.3. Sujeito passivo 324
3. Elemento subjetivo 324
4. Momento consumativo 325
5. Tentativa 325
6. Ação penal. Lei dos Juizados Especiais Criminais 325

Art. 154 – Violação do segredo profissional 325
1. Objeto jurídico 325
2. Elementos do tipo 326
   2.1. Ação nuclear. Objeto material. Elemento normativo do tipo 326
   2.2. Sujeito ativo 327
   2.3. Sujeito passivo 328
3. Elemento subjetivo 328
4. Momento consumativo 328
5. Tentativa 328
6. Sigilo profissional. Depoimento testemunhal 328
7. Ação penal. Lei dos Juizados Especiais Criminais 329

Arts. 154-A e 154-B – Invasão de dispositivo informático 330
1. Objeto jurídico 330
2. Elementos do tipo 330
   2.1. Ação nuclear. Objeto material. Elemento normativo do tipo 330
3. Sujeitos ativo e passivo 332
4. Elemento subjetivo 332
5. Momento consumativo 332
6. Tentativa 332
7. Delegacias especializadas em crimes virtuais 332
8. Figura equiparada (art. 154-A, § 1º) 333
   8.1. Invasão que gera prejuízo econômico (art. 154-A, § 2º) 333

8.2. Invasão qualificada pelo resultado (art. 154-A, § 3º) 333
9. Causas de aumento de pena (art. 154-A, §§ 4º e 5º) 334
10. Ação penal. Lei dos Juizados Especiais Criminais (art. 154-B) 334

Título II
DOS CRIMES CONTRA O PATRIMÔNIO

1. Considerações preliminares 335

Capítulo I
DO FURTO

Art. 155 – Furto 336
1. Conceito 336
2. Objeto jurídico 336
3. Elementos do tipo 336
3.1. Ação nuclear 336
3.2. Objeto material 337
3.3. Elemento normativo 338
3.4. Sujeito ativo 339
3.5. Sujeito passivo 339
4. Elemento subjetivo 339
5. Momento consumativo 339
6. Tentativa 340
7. Concurso de pessoas 342
8. Concurso de crimes 344
9. Furto de uso 346
10. Furto famélico ou necessitado 346
11. Formas 347
11.1. Furto noturno (art. 155, § 1º) 347
11.2. Furto privilegiado (art. 155, § 2º) 349
11.3. Furto de energia (art. 155, § 3º) 351
11.4. Furto qualificado (art. 155, § 4º) 352
11.5. Furto qualificado pelo emprego de explosivo ou de artefato análogo que cause perigo comum (art. 155, § 4º-A) 358
11.6. Furto de veículo automotor (art. 155, § 5º) 360
11.7. Furto de semovente domesticável (art. 155, § 6º) 361
11.8. Furto de substância explosiva (art. 155, § 7º) 362
12. Distinções 362
13. Ação penal. Procedimento. Lei dos Juizados Especiais Criminais 363

Art. 156 – Furto de coisa comum 364
1. Objeto jurídico 364
2. Elementos do tipo 364
   2.1. Ação nuclear. Objeto material 364
   2.2. Sujeito ativo 364
   2.3. Sujeito passivo 365
3. Elemento subjetivo 365
4. Momento consumativo e tentativa 365
5. Causa de exclusão do crime 365
6. Ação penal. Procedimento. Lei dos Juizados Especiais Criminais 365

Capítulo II
DO ROUBO E DA EXTORSÃO

Art. 157 – Roubo 366
1. Conceito 366
2. Objeto Jurídico 366
3. Elementos do tipo 366
   3.1. Roubo próprio e impróprio. Ação nuclear e meios executórios 366
   3.2. Objeto material 368
   3.3. Sujeito ativo 368
   3.4. Sujeito passivo 368
4. Elemento subjetivo 369
5. Princípio da insignificância. Roubo privilegiado 370
6. Crime impossível 370
7. Desistência voluntária 370
8. Formas 370
   8.1. Roubo próprio (art. 157, *caput*). Conceito. Consumação e tentativa 371
   8.2. Roubo impróprio (art. 157, § 1º). Conceito. Consumação e tentativa 372
   8.3. Causas especiais de aumento de pena (roubo qualificado) – art. 157, § 2º, § 2º-A e § 2º-B 373
   8.4. Roubo qualificado pela lesão corporal de natureza grave (art. 157, § 3º, I) 381
   8.5. Latrocínio (art. 157, § 3º, II) 382
9. Concurso de crimes 386
10. Ação penal e procedimento 388

Art. 158 – Extorsão 388
1. Conceito 388
2. Objetos jurídicos 388
3. Objeto material 388

4. Elementos do tipo ... 389
4.1. Ação nuclear. Meios executórios. Elemento normativo do tipo ... 389
4.2. Sujeito ativo ... 390
4.3. Sujeito passivo ... 390
5. Elemento subjetivo ... 390
6. Momento consumativo ... 390
7. Tentativa ... 391
8. Formas ... 392
8.1. Simples (art. 158, *caput*) ... 392
8.2. Causa especial de aumento de pena (art. 158, § 1º) ... 392
8.3. Qualificada (art. 158, § 2º) ... 393
8.4. Qualificada: "Sequestro relâmpago" (art. 158, § 3º) ... 393
9. Distinções ... 394
10. Concurso de crimes ... 396
11. Ação penal e procedimento ... 396

Art. 159 – Extorsão mediante sequestro ... 397
1. Conceito ... 397
2. Objeto jurídico ... 397
3. Elemento do tipo ... 397
3.1. Ação nuclear ... 397
3.2. Sujeito ativo ... 398
3.3. Sujeito passivo ... 398
4. Elemento subjetivo ... 398
5. Momento consumativo ... 399
6. Tentativa ... 399
7. Formas ... 399
7.1. Simples (art. 159, *caput*) ... 399
7.2. Qualificadas (art. 159, §§ 1º, 2º e 3º) ... 399
7.3. Causa de diminuição de pena. Delação eficaz ou premiada (art. 159, § 4º) ... 401
7.4. Lei de proteção a vítimas e testemunhas ameaçadas, bem como a acusados ou condenados que tenham voluntariamente prestado efetiva colaboração à investigação policial e ao processo criminal (Lei n. 9.807/99) ... 402
8. A questão da multa ... 403
9. Ação penal e procedimento ... 403

Art. 160 – Extorsão indireta ... 403
1. Conceito ... 403
2. Objeto jurídico ... 404
3. Elementos do tipo ... 404

3.1. Ação nuclear ... 404
3.2. Objeto material ... 404
3.3. Sujeito ativo ... 405
3.4. Sujeito passivo ... 405
4. Elemento subjetivo ... 405
5. Momento consumativo ... 406
6. Tentativa ... 406
7. Concurso de crimes ... 406
8. Ação penal. Procedimento. Lei dos Juizados Especiais Criminais ... 406

Capítulo III
DA USURPAÇÃO

Art. 161, *caput* – Alteração de limites ... 407
1. Conceito ... 407
2. Objeto jurídico ... 407
3. Elementos do tipo ... 407
3.1. Ação nuclear ... 407
3.2. Objeto material ... 407
3.3. Sujeito ativo ... 408
3.4. Sujeito passivo ... 408
4. Elemento subjetivo ... 408
5. Momento consumativo ... 408
6. Tentativa ... 409
7. Concurso de crimes ... 409
8. Ação penal. Lei dos Juizados Especiais Criminais ... 409

Art. 161, § 1º, I – Usurpação de águas ... 409
1. Conceito ... 409
2. Objeto jurídico ... 409
3. Elementos do tipo ... 410
3.1. Ação nuclear ... 410
3.2. Objeto material ... 410
3.3. Sujeito ativo ... 410
3.4. Sujeito passivo ... 410
4. Elemento subjetivo ... 410
5. Momento consumativo ... 411
6. Tentativa ... 411
7. Concurso de crimes ... 411
8. Ação penal e procedimento ... 411

Art. 161, § 1º, II – Esbulho possessório 411
1. Conceito 411
2. Objeto jurídico 411
3. Elementos do tipo 412
   3.1. Ação nuclear 412
   3.2. Objeto material 412
   3.3. Sujeito ativo 412
   3.4. Sujeito passivo 413
4. Elemento subjetivo 413
5. Momento consumativo 413
6. Tentativa 413
7. Concurso de crimes 413
8. Ação penal e procedimento 413

Art. 162 – Supressão ou alteração de marcas em animais 413
1. Conceito 413
2. Objeto jurídico 414
3. Elementos do tipo 414
   3.1. Ação nuclear. Objeto material. Elemento normativo do tipo 414
   3.2. Sujeito ativo 414
   3.3. Sujeito passivo 414
4. Elemento subjetivo 414
5. Momento consumativo 415
6. Tentativa 415
7. Concurso de crimes 415
8. Ação penal e procedimento. Lei dos Juizados Especiais Criminais 415

Capítulo IV
DO DANO

Art. 163 – Dano 416
1. Conceito 416
2. Objeto jurídico 416
3. Objeto material 416
4. Elementos do tipo 416
   4.1. Ação nuclear 416
   4.2. Sujeito ativo 417
   4.3. Sujeito passivo 417
5. Elemento subjetivo 418
6. Momento consumativo 419
7. Tentativa 419

8. Formas 419
8.1. Simples (art. 163, *caput*) 419
8.2. Qualificada (art. 163, parágrafo único e incisos) 419
9. Ação penal. Lei dos Juizados Especiais Criminais 421
10. Concurso de crimes 421
11. Outras condutas típicas danosas 422

Art. 164 – Introdução ou abandono de animais em propriedade alheia 423
1. Conceito 423
2. Objeto jurídico 423
3. Elementos do tipo 423
3.1. Ação nuclear. Objeto material. Elemento normativo do tipo 423
3.2. Sujeito ativo 423
3.3. Sujeito passivo 424
4. Elemento subjetivo 424
5. Momento consumativo 424
6. Tentativa 424
7. Ação penal. Lei dos Juizados Especiais Criminais 424

Art. 165 – Dano em coisa de valor artístico, arqueológico ou histórico 425

Art. 166 – Alteração de local especialmente protegido 425

Capítulo V
DA APROPRIAÇÃO INDÉBITA

Art. 168 – Apropriação indébita 425
1. Conceito 425
2. Objeto jurídico 425
3. Objeto material 426
4. Elementos do tipo 426
4.1. Ação nuclear 426
4.2. Elemento normativo 428
4.3. Sujeito ativo 429
4.4. Sujeito passivo 429
5. Elemento subjetivo 429
6. Momento consumativo 430
7. Arrependimento posterior 430
8. Tentativa 430
9. Formas 431
9.1. Simples (art. 168, *caput*) 431
9.2. Causas de aumento de pena (art. 168, § 1º) 431

9.3. Privilegiada 433
10. Estatuto da Pessoa Idosa 433
11. Distinções 433
12. Concurso de crimes 434
13. Interpelação judicial e prestação de contas 434
14. Competência. Ação penal. Procedimento 435

Art. 168-A – Apropriação indébita previdenciária 435
1. Considerações preliminares 435
2. Objeto jurídico 435
3. Elementos do tipo 436
3.1. Ação nuclear 436
3.2. Sujeito ativo 436
3.3. Sujeito passivo 436
4. Elemento subjetivo 437
5. Consumação 437
6. Tentativa 437
7. Formas 437
7.1. Simples (art. 168-A, *caput*) 437
7.2. Figuras assemelhadas (art. 168-A, § 1º) 437
7.3. Privilegiada 438
7.4. Causa extintiva da punibilidade (art. 168-A, § 2º) 439
7.5. Perdão judicial ou pena de multa (art. 168-A, §§ 3º e 4º) 439
8. Prévio esgotamento da via administrativa 441
9. Ação penal. Procedimento. Competência 441

Art. 169, *caput* – Apropriação de coisa havida por erro, caso fortuito ou força da natureza 442
1. Conceito 442
2. Objeto jurídico 442
3. Objeto material 442
4. Elementos do tipo 442
4.1. Ação nuclear 442
4.2. Sujeito ativo 443
4.3. Sujeito passivo 443
5. Elemento subjetivo 443
6. Consumação e tentativa 444
7. Formas 444
7.1. Simples (art. 169, *caput*) 444
7.2. Privilegiada 444
8. Distinção 444
9. Ação penal 444

Art. 169, parágrafo único, I – Apropriação de tesouro 444
1. Conceito 444
2. Objeto jurídico 445
3. Objeto material 445
4. Elementos do tipo 445
   4.1. Ação nuclear 445
   4.2. Sujeito ativo 445
   4.3. Sujeito passivo 446
5. Elemento subjetivo 446
6. Consumação e tentativa 446
7. Formas 446
   7.1. Simples 446
   7.2. Privilegiada 446
8. Ação penal 446

Art. 169, parágrafo único, II – Apropriação de coisa achada 446
1. Conceito 446
2. Objeto jurídico 447
3. Objeto material 447
4. Elementos do tipo 447
   4.1. Ação nuclear 447
   4.2. Sujeito ativo 448
   4.3. Sujeito passivo 448
5. Elemento subjetivo 448
6. Consumação e tentativa 449
7. Formas 449
   7.1. Simples 449
   7.2. Privilegiada 449
8. Concurso de crimes 449
9. Ação penal. Lei dos Juizados Especiais Criminais 450

Capítulo VI
DO ESTELIONATO E OUTRAS FRAUDES

Art. 171 – Estelionato 450
1. Conceito 450
2. Objeto jurídico 450
3. Elementos do tipo 451
   3.1. Ação nuclear 451
   3.2. Sujeito ativo 452
   3.3. Sujeito passivo 452

4. Momento consumativo 453
5. Arrependimento posterior 453
6. Tentativa 454
7. Elemento subjetivo 454
8. Torpeza bilateral (fraude bilateral) 454
9. Fraude penal e fraude civil 456
10. Mendicância 457
11. Formas 457
    11.1. Simples (art. 171, *caput*) 457
    11.2. Privilegiada (art. 171, § 1º) 458
    11.3. Figuras equiparadas (art. 171, § 2º) 458
    11.4. A fraude eletrônica (art. 171, §§ 2º-A e 2º-B) 468
    11.5. Majorante (art. 171, §§ 3º e 4º) 468
    11.6. Ação penal (art. 171, § 5º) 469
12. Concurso de crimes 469
13. Distinções 471
14. Ação penal e procedimento. Lei dos Juizados Especiais Criminais 471
15. Legislação penal especial 472

Art. 171-A – Fraude com a utilização de ativos virtuais, valores mobiliários ou ativos financeiros 473
1. Objeto jurídico 473
2. Elementos do tipo 475
    2.1. Ação nuclear 475
    2.2. Sujeito ativo 476
    2.3. Sujeito passivo 476
3. Elemento subjetivo 476
4. Consumação e tentativa 476
    4.1. Ação penal 477

Art. 172 – Duplicata simulada 477
1. Conceito 477
2. Objeto jurídico 477
3. Elementos do tipo 477
    3.1. Ação nuclear 477
    3.2. Objeto material 478
    3.3. Sujeito ativo 479
    3.4. Sujeito passivo 479
4. Elemento subjetivo 479
5. Momento consumativo 479
6. Tentativa 479

7. Formas ... 480
7.1. Simples (art. 172, *caput*) ... 480
7.2. Equiparada (art. 172, parágrafo único) ... 480
8. Ação penal e procedimento ... 480

Art. 173 – Abuso de incapazes ... 480
1. Conceito ... 480
2. Objeto jurídico ... 480
3. Elementos do tipo ... 481
3.1. Ação nuclear ... 481
3.2. Sujeito ativo ... 482
3.3. Sujeito passivo ... 482
4. Elemento subjetivo ... 482
5. Momento consumativo ... 482
6. Tentativa ... 483
7. Ação penal e procedimento ... 483

Art. 174 – Induzimento à especulação ... 483
1. Conceito ... 483
2. Objeto jurídico ... 483
3. Elementos do tipo ... 483
3.1. Ação nuclear ... 483
3.2. Sujeito ativo ... 484
3.3. Sujeito passivo ... 484
4. Elemento subjetivo ... 484
5. Momento consumativo ... 484
6. Tentativa ... 485
7. Ação penal. Procedimento. Lei dos Juizados Especiais Criminais ... 485

Art. 175 – Fraude no comércio ... 485
1. Conceito ... 485
2. Objeto jurídico ... 485
3. Elementos do tipo ... 485
3.1. Ação nuclear ... 485
3.2. Objeto material ... 486
3.3. Sujeito ativo ... 487
3.4. Sujeito passivo ... 487
4. Elemento subjetivo ... 487
5. Consumação e tentativa ... 487
6. Formas ... 487
6.1. Simples (art. 175, *caput*) ... 487

6.2. Fraude no comércio de metais ou pedras preciosas (art. 175, § 1º) 488
6.3. Privilegiada (art. 175, § 2º) 488
7. Ação penal. Lei dos Juizados Especiais Criminais 488

Art. 176 – Outras fraudes 488
1. Conceito 488
2. Objeto jurídico 488
3. Elementos do tipo 488
3.1. Ação nuclear 488
3.2. Sujeito ativo 489
3.3. Sujeito passivo 490
4. Elemento subjetivo 490
5. Momento consumativo 490
6. Tentativa 490
7. Perdão judicial 490
8. Ação penal. Lei dos Juizados Especiais Criminais 490

Art. 177 – Fraudes e abusos na fundação ou administração de sociedades por ações 491
1. Conceito 491
2. Objeto jurídico 491
3. Elementos do tipo 491
3.1. Ação nuclear 491
3.2. Sujeito ativo 491
3.3. Sujeito passivo 491
4. Elemento subjetivo 492
5. Consumação e tentativa 492
6. Formas 492
6.1. Simples (art. 177, *caput*) 492
6.2. Equiparadas (art. 177, § 1º) 492
6.3. Negociação de voto (art. 177, § 2º) 495
7. Ação penal. Procedimento. Lei dos Juizados Especiais Criminais 496

Art. 178 – Emissão irregular de conhecimento de depósito ou *warrant* 496
1. Conceito 496
2. Objeto jurídico 496
3. Elementos do tipo 497
3.1. Ação nuclear. Elemento normativo do tipo 497
3.2. Sujeito ativo 497
3.3. Sujeito passivo 497
4. Elemento subjetivo 497

5. Consumação e tentativa 497
6. Ação penal e procedimento. Lei dos Juizados Especiais Criminais 497

Art. 179 – Fraude à execução 498
1. Conceito 498
2. Objeto jurídico 498
3. Elementos do tipo 498
   3.1. Ação nuclear 498
   3.2. Sujeito ativo 499
   3.3. Sujeito passivo 499
4. Elemento subjetivo 499
5. Consumação e tentativa 499
6. Ação penal e procedimento 500

Capítulo VII
DA RECEPTAÇÃO

Art. 180 – Receptação 500
1. Conceito. Objeto jurídico 500
2. Objeto material 500
3. Pressuposto: existência de crime antecedente 501
4. Elementos do tipo 502
   4.1. Ação nuclear 502
   4.2. Sujeito ativo 502
   4.3. Sujeito passivo 503
5. Elemento subjetivo 503
6. Momento consumativo 504
7. Tentativa 504
8. Formas 504
   8.1. Simples (art. 180, *caput*) 504
   8.2. Qualificada (art. 180, § 1º) 504
   8.3. Privilegiada (art. 180, § 5º) 506
   8.4. Qualificada em razão do objeto material: patrimônio público (art. 180, § 6º) 506
   8.5. Receptação culposa (art. 180, § 3º) 506
9. Perdão judicial 507
10. Concurso de crimes 507
11. Ação penal. Competência. Lei dos Juizados Especiais Criminais 507
12. Estatuto do desarmamento 508
13. Legislação penal especial 508

Art. 180-A – Receptação de animal 509
1. Conceito 509
2. Objeto material e jurídico 509
3. Elementos do tipo 509
 3.1. Ação nuclear 509
 3.2. Sujeito ativo 510
 3.3. Sujeito passivo 510
4. Elemento subjetivo 510
5. Momento consumativo 511
6. Tentativa 511
7. Ação penal 511

Capítulo VIII
DISPOSIÇÕES GERAIS

Arts. 181 a 183 – Imunidades, representação, exceções e causas de aumento de pena 511
1. Imunidade absoluta (art. 181) 511
2. Imunidade relativa (art. 182) 514
3. Hipótese de inaplicabilidade das imunidades penais (art. 183) 515
4. Causa de aumento de pena (art. 183-A) 516
 4.1. Conceito de instituições financeiras 516
 4.2. Conceito de prestadores de serviço de segurança privada 516

Título III
DOS CRIMES CONTRA A PROPRIEDADE IMATERIAL

1. Considerações preliminares 517
2. Natureza jurídica 518

Capítulo I
DOS CRIMES CONTRA A PROPRIEDADE INTELECTUAL

Art. 184 – Violação de direito autoral 518
1. Conceito. Objeto jurídico 518
2. Elementos do tipo 518
 2.1. Ação nuclear 518
 2.2. Sujeito ativo 519
 2.3. Sujeito passivo 520
3. Elemento subjetivo 520
4. Consumação e tentativa 520
5. Concurso de crimes 520

6. Formas ... 521
6.1. Simples (art. 184, *caput*) ... 521
6.2. Qualificadas (art. 184, §§ 1º, 2º e 3º) ... 521
7. Causa de exclusão da adequação típica (§ 4º) ... 522
8. Efeitos da sentença condenatória ... 523
9. Proteção da propriedade intelectual de programa de computador (*software*) ... 523
10. Ação penal (art. 186). lei dos Juizados Especiais Criminais ... 523

Título IV
DOS CRIMES CONTRA A ORGANIZAÇÃODO TRABALHO

Art. 197 – Atentado contra a liberdade de trabalho ... 527
1. Conceito ... 527
2. Objeto jurídico ... 527
3. Elementos do tipo ... 527
3.1. Ação nuclear ... 527
3.2. Sujeito ativo ... 528
3.3. Sujeito passivo ... 528
4. Elemento subjetivo ... 528
5. Consumação e tentativa ... 528
6. Concurso de crimes ... 528
7. Competência. Ação penal. Lei dos Juizados Especiais Criminais ... 528

Art. 198 – Atentado contra a liberdade de contrato de trabalho e boicotagem violenta ... 529
1. Conceito ... 529
2. Atentado contra a liberdade de contrato de trabalho ... 529
3. Boicotagem violenta ... 530
4. Competência. Ação penal. Lei dos Juizados Especiais Criminais ... 530

Art. 199 – Atentado contra a liberdade de associação ... 530
1. Conceito ... 530
2. Objeto jurídico ... 531
3. Elementos do tipo ... 531
3.1. Ação nuclear ... 531
3.2. Sujeito ativo ... 531
3.3. Sujeito passivo ... 531
4. Elemento subjetivo ... 531
5. Consumação e tentativa ... 531
6. Concurso de crimes ... 531
7. Competência. Ação penal. Lei dos Juizados Especiais Criminais ... 532

Art. 200 – Paralisação de trabalho, seguida de violência ou perturbação da ordem ... 532
1. Conceito ... 532
2. Objeto jurídico ... 532
3. Elementos do tipo ... 532
   3.1. Ação nuclear ... 532
   3.2. Sujeito ativo ... 532
   3.3. Sujeito passivo ... 533
4. Elemento subjetivo ... 533
5. Consumação e tentativa ... 533
6. Concurso de crimes ... 533
7. Competência. Ação penal. Lei dos Juizados Especiais Criminais ... 533

Art. 201 – Paralisação de trabalho de interesse coletivo ... 534
1. Conceito ... 534
2. Objeto jurídico ... 534
3. Elementos do tipo ... 534
   3.1. Ação nuclear ... 534
   3.2. Sujeito ativo ... 535
   3.3. Sujeito passivo ... 535
4. Elemento subjetivo ... 535
5. Consumação e tentativa ... 535
6. Competência. Ação penal. Lei dos Juizados Especiais Criminais ... 535

Art. 202 – Invasão de estabelecimento industrial, comercial ou agrícola. Sabotagem ... 535
1. Conceito ... 535
2. Objeto jurídico ... 536
3. Invasão de estabelecimento industrial, comercial ou agrícola (1ª figura do art. 202) ... 536
4. Sabotagem (2ª figura do art. 202) ... 536
5. Competência. Ação penal. Procedimento. Lei dos Juizados Especiais Criminais ... 537

Art. 203 – Frustração de direito assegurado por lei trabalhista ... 537
1. Conceito ... 537
2. Objeto jurídico ... 537
3. Elementos do tipo ... 537
   3.1. Ação nuclear ... 537
   3.2. Sujeito ativo ... 538
   3.3. Sujeito passivo ... 538

4. Elemento subjetivo 538
5. Consumação e tentativa 538
6. Formas 538
6.1. Simples (art. 203, *caput*) 538
6.2. Equiparada (art. 203, § 1º) 538
6.3. Majorada (art. 203, § 2º) 539
7. Concurso de crimes 539
8. Competência. Ação penal. Lei dos Juizados Especiais Criminais 539

Art. 204 – Frustração de lei sobre a nacionalização do trabalho 539
1. Conceito. Objeto jurídico 539
2. Elementos do tipo 540
2.1. Ação nuclear 540
2.2. Sujeito ativo 540
2.3. Sujeito passivo 540
3. Elemento subjetivo 540
4. Consumação e tentativa 540
5. Concurso de crimes 540
6. Competência. Ação penal. Lei dos Juizados Especiais Criminais 541

Art. 205 – Exercício de atividade com infração de decisão administrativa... 541
1. Conceito 541
2. Objeto jurídico 541
3. Elementos do tipo 541
3.1. Ação nuclear 541
3.2. Sujeito ativo 541
3.3. Sujeito passivo 541
4. Elemento subjetivo 542
5. Consumação e tentativa 542
6. competência. Ação penal. Lei dos Juizados Especiais Criminais 542

Art. 206 – Aliciamento para o fim de emigração 542
1. Conceito 542
2. Objeto jurídico 542
3. Elementos do tipo 542
3.1. Ação nuclear 542
3.2. Sujeito ativo 543
3.3. Sujeito passivo 543
4. Elemento subjetivo 543
5. Consumação e tentativa 543
6. Competência. Ação penal. Procedimento. Lei dos Juizados Especiais Criminais 543

Art. 207 – Aliciamento de trabalhadores de um local para outro do território nacional ... 544
1. Conceito ... 544
2. Objeto jurídico ... 544
3. Elementos do tipo ... 544
   3.1. Ação nuclear ... 544
   3.2. Sujeito ativo ... 544
   3.3. Sujeito passivo ... 544
4. Elemento subjetivo ... 544
5. Consumação e tentativa ... 545
6. Formas ... 545
   6.1. Simples (art. 207, *caput*) ... 545
   6.2. Equiparada (art. 207, § 1º) ... 545
   6.3. Majorada (art. 207, § 2º) ... 545
7. Competência. Ação penal. Procedimento. Lei dos Juizados Especiais Criminais ... 546

Título V
DOS CRIMES CONTRA O SENTIMENTO RELIGIOSO E CONTRA O RESPEITO AOS MORTOS

Capítulo I
DOS CRIMES CONTRA O SENTIMENTO RELIGIOSO

Art. 208 – Ultraje a culto e impedimento ou perturbação de ato a ele relativo ... 547
1. Conceito ... 547
2. Escárnio de alguém publicamente por motivo de crença ou função religiosa .. 547
   2.1. Objeto jurídico ... 547
   2.2. Ação nuclear ... 547
   2.3. Sujeito ativo ... 548
   2.4. Sujeito passivo ... 548
   2.5. Elemento subjetivo ... 548
   2.6. Consumação e tentativa ... 548
3. Impedimento ou perturbação de cerimônia ou prática de culto religioso ... 548
   3.1. Objeto jurídico ... 548
   3.2. Ação nuclear ... 549
   3.3. Sujeito ativo ... 549
   3.4. Sujeito passivo ... 549
   3.5. Elemento subjetivo ... 549
   3.6. Consumação e tentativa ... 550
4. Vilipêndio público de ato ou objeto de culto religioso ... 550

4.1. Objeto jurídico 550
4.2. Ação nuclear 550
4.3. Objeto material 550
4.4. Sujeitos ativo e passivo 550
4.5. Elemento subjetivo 550
4.6. Consumação e tentativa 551
5. Causa de aumento de pena e concurso de crimes (art. 208, parágrafo único) 551
6. Ação penal. Lei dos Juizados Especiais Criminais 551

Capítulo II
DOS CRIMES CONTRA O RESPEITO AOS MORTOS

Art. 209 – Impedimento ou perturbação de cerimônia funerária 551
1. Conceito 551
2. Objeto jurídico 551
3. Elementos do tipo 552
3.1. Ação nuclear 552
3.2. Sujeito ativo 552
3.3. Sujeito passivo 552
4. Elemento subjetivo 552
5. Consumação e tentativa 553
6. Formas 553
6.1. Simples (art. 209, *caput*) 553
6.2. Majorada (art. 209, parágrafo único) 553
7. Ação penal. Lei dos Juizados Especiais Criminais 553

Art. 210 – Violação de sepultura 553
1. Conceito 553
2. Objeto jurídico 554
3. Elementos do tipo 554
3.1. Ação nuclear 554
3.2. Objeto material 554
3.3. Sujeito ativo 554
3.4. Sujeito passivo 554
4. Elemento subjetivo 554
5. Consumação e tentativa 555
6. Concurso de crimes 555
7. Causas excludentes da ilicitude 555
8. Ação penal. Procedimento. Lei dos Juizados Especiais Criminais 556

Art. 211 – Destruição, subtração ou ocultação de cadáver 556
1. Conceito 556

2. Objeto jurídico 556
3. Elementos do tipo 556
   3.1. Ação nuclear 556
   3.2. Objeto material 557
   3.3. Sujeito ativo 557
   3.4. Sujeito passivo 557
4. Elemento subjetivo 557
5. Consumação e tentativa 558
6. Remoção de órgãos, tecidos e partes do corpo humano para fins de transplante e tratamento (lei n. 9.434/97) 558
7. Concurso de crimes 558
8. Ação penal. Procedimento. Lei dos Juizados Especiais Criminais 558

Art. 212 – Vilipêndio a cadáver 558
1. Conceito 558
2. Objeto jurídico 558
3. Elementos do tipo 559
   3.1. Ação nuclear 559
   3.2. Objeto material 559
   3.3. Sujeito ativo 559
   3.4. Sujeito passivo 559
4. Elemento subjetivo 559
5. Consumação e tentativa 559
6. Concurso de crimes 560
7. Ação penal. Procedimento. Lei dos Juizados Especiais Criminais 560

Bibliografia 561

NOTA DO AUTOR

A Constituição Federal brasileira, em seu art. 1º, definiu o perfil político-constitucional do Brasil como o de um Estado Democrático de Direito. Trata-se do mais importante dispositivo da Carta de 1988, pois dele decorrem todos os princípios fundamentais do Estado brasileiro.

Estado Democrático de Direito é muito mais do que simplesmente Estado de Direito. Este último assegura a igualdade meramente formal entre os homens, e tem como características: a) a submissão de todos ao império da lei; b) a divisão formal do exercício das funções derivadas do poder, entre os órgãos executivos, legislativos e judiciários, como forma de evitar a concentração de forças e combater o arbítrio; c) o estabelecimento formal de garantias individuais; d) o povo como origem formal de todo e qualquer poder; e) a igualdade de todos perante a lei, na medida em que estão submetidos às mesmas regras gerais, abstratas e impessoais.

Embora configurasse relevantíssimo avanço no combate ao arbítrio do absolutismo monárquico, a expressão "Estado de Direito" ainda carecia de um conteúdo social.

Pela concepção jurídico-positivista do liberalismo burguês, ungida da necessidade de normas objetivas inflexíveis, como único mecanismo para conter o arbítrio do Absolutismo monárquico, considerava-se Direito apenas aquilo que se encontrava formalmente disposto no ordenamento legal, sendo desnecessário qualquer juízo de valor acerca de seu conteúdo. A busca da igualdade se contentava com a generalidade e impessoalidade da norma, a qual garante a todos um tratamento igualitário, ainda que a sociedade seja totalmente injusta e desigual.

Tal visão defensiva do Direito constituía um avanço e uma necessidade para a época, em que predominavam os abusos e mimos do monarca sobre padrões objetivos de segurança jurídica, de maneira que se tornara uma obsessão da ascendente classe burguesa a busca da igualdade por meio de normas gerais, realçando-se a preocupação com a rigidez e a inflexibilidade das regras. Nesse contexto, qualquer interpretação que refugisse à visão literal do texto da lei poderia ser confundida com subjetivismo arbitrário, o que favoreceu o surgimento do positivismo jurídico como garantia do Estado de Direito. Por outro lado, a igualdade formal, por si só, com o tempo, acabou revelando-se uma garantia inócua, pois embora todos estivessem submetidos ao império da letra da lei, não havia controle sobre seu conteúdo material, o que levou à substituição do arbítrio do rei pelo do legislador.

Em outras palavras: no Estado Formal de Direito, todos são iguais porque a lei é igual para todos, e nada mais. No plano concreto e social não existe intervenção efetiva do

Poder Público, pois este já fez a sua parte ao assegurar a todos as mesmas oportunidades, do ponto de vista do aparato legal. De resto, é cada um por si.

Ocorre que as normas, embora genéricas e impessoais, podem ser socialmente injustas quanto ao seu conteúdo. É perfeitamente possível um Estado de Direito, com leis iguais para todos, sem que, no entanto, se realize justiça social. É que não há discussão sobre os critérios de seleção de condutas delituosas utilizadas pelo legislador. A lei não reconhece como crime uma situação preexistente, mas, ao contrário, cria o crime. Não existe necessidade de se fixar um conteúdo material para o fato típico, pois a vontade suprema da lei é dotada de poder absoluto para eleger como tal o que bem entender, sendo impossível qualquer discussão acerca do seu conteúdo.

Diante disso, pode-se afirmar que a expressão "Estado de Direito", por si só, caracteriza a garantia inócua de que todos estão submetidos ao império da lei, cujo conteúdo fica em aberto, limitado apenas à impessoalidade e à não violação de garantias individuais mínimas.

Por essa razão, nosso constituinte foi além, afirmando que o Brasil não é apenas Estado de Direito, mas Estado Democrático de Direito.

Estado Democrático de Direito significa não só aquele que impõe a submissão de todos ao império da lei, mas aquele em que as leis possuem conteúdo e adequação social, descrevendo como infrações penais somente os fatos que realmente colocam em perigo bens jurídicos fundamentais para a sociedade. Sem esse conteúdo, a norma se configurará como atentatória aos princípios básicos da dignidade humana.

Verifica-se não apenas pela proclamação formal da igualdade entre todos os homens, mas na imposição de metas e deveres quanto à construção de uma sociedade livre, justa e solidária, a garantia do desenvolvimento nacional, a erradicação da pobreza e da marginalização, pela redução das desigualdades sociais e regionais, pela promoção do bem comum, pelo combate ao preconceito de raça, cor, origem, sexo, idade e quaisquer outras formas de discriminação (CF, art. 3º, I a IV), pelo pluralismo político e liberdade de expressão das ideias, pelo resgate da cidadania, pela afirmação do povo como fonte única do poder e pelo respeito inarredável da dignidade humana.

A norma penal, portanto, em um Estado Democrático de Direito não é somente aquela que formalmente descreve um fato como infração penal, pouco importando se ele ofende ou não o sentimento social de justiça; ao contrário, sob pena de colidir com a Constituição, o tipo incriminador deverá obrigatoriamente selecionar, dentre todos os comportamentos humanos, aqueles que de fato possuem real lesividade social.

Sendo o Brasil um Estado Democrático de Direito, por reflexo, seu Direito Penal há de ser legítimo, democrático e obediente aos princípios constitucionais que o informam, passando o tipo penal a ser uma categoria aberta, cujo conteúdo deve ser preenchido em consonância com os princípios derivados desse perfil político-constitucional. Não mais se admitem critérios absolutos na definição dos crimes, os quais passam a ter exigências de ordem formal (somente a lei pode descrevê-los e cominar-lhes uma pena correspondente) e material (o seu conteúdo deve ser questionado à luz dos princípios constitucionais derivados do Estado Democrático de Direito).

Pois bem. Do Estado Democrático de Direito parte um gigantesco tentáculo, a regular e orientar todo o Direito Penal. Trata-se de um braço genérico e abrangente, que deriva direta e imediatamente desse moderno perfil político do Estado brasileiro, do qual decorrem inúmeros outros princípios próprios do Direito Penal, que nele encontram guarida a orientar o legislador na definição das condutas delituosas. Estamos falando do princípio da dignidade humana (CF, art. 1º, III).

Podemos então afirmar que do Estado Democrático de Direito parte o princípio da dignidade humana, orientando toda a formação do Direito Penal. Qualquer construção típica cujo conteúdo contrariar e afrontar a dignidade humana será materialmente inconstitucional visto que atentatória ao próprio fundamento da existência de nosso Estado.

Cabe, portanto, ao operador do Direito, e principalmente ao juiz, exercer controle técnico de verificação da constitucionalidade de todo tipo penal e de toda adequação típica, de acordo com o seu conteúdo. Se afrontoso à dignidade humana, deverá ser expurgado do ordenamento jurídico.

Em outras situações, o tipo, abstratamente, pode não ser contrário à Constituição, mas, em determinado caso específico, o enquadramento de uma conduta em sua definição pode revelar-se atentatório ao mandamento constitucional (p. ex., enquadrar no tipo do furto a subtração de uma tampinha de refrigerante).

A dignidade humana, assim, orienta o legislador no momento de criar um novo delito e o operador, no instante em que vai realizar a atividade de adequação típica.

Com isso, pode-se afirmar que a norma penal em um Estado Democrático de Direito não é apenas aquela que formalmente descreve um fato como infração penal, pouco importando se ele ofende ou não o sentimento social de justiça; ao contrário, sob pena de colidir com a Constituição, o tipo incriminador deverá obrigatoriamente selecionar, dentre todos os comportamentos humanos, aqueles que possuem de fato real lesividade social.

Sendo a norma penal, princípio básico da República Federativa do Brasil, constituída em Estado Democrático de Direito (CF, art. 1º, III), uma lei com essas características de mera discriminação formal será irremediavelmente inconstitucional.

Assim, o tipo penal ou a sua aplicação, quando, a pretexto de cumprir uma função de controle social, desvincular-se totalmente da realidade, sem dar importância à existência de algum efetivo dano ou lesão social, padecerá irremediavelmente do vício de incompatibilidade vertical com o princípio constitucional da dignidade humana.

É imperativo do Estado Democrático de Direito a investigação ontológica do tipo incriminador. Crime não é apenas aquilo que o legislador diz sê-lo (conceito formal), uma vez que nenhuma conduta pode, materialmente, ser considerada criminosa se, de algum modo, não colocar em perigo valores fundamentais da sociedade.

Imaginemos um tipo com a seguinte descrição: "manifestar ponto de vista contrário ao regime político dominante ou opinião contrária à orientação política dominante". Pena: 6 meses a 1 ano de detenção.

Por evidente, a par de estarem sendo obedecidas as garantias de exigência de subsunção formal e de veiculação em lei, materialmente esse tipo não teria qualquer subsistência por ferir o princípio da dignidade humana e, por conseguinte, não resistir ao controle de compatibilidade vertical com os princípios insertos na ordem constitucional.

Tipos penais que se limitem a descrever formalmente infrações penais, independentemente de sua efetiva potencialidade lesiva, atentam contra a dignidade da pessoa humana.

Nesse passo, convém lembrar a lição de Celso Antônio Bandeira de Mello: "Violar um princípio é muito mais grave do que transgredir uma norma. A desatenção ao princípio implica ofensa não apenas a um específico mandamento obrigatório, mas a todo o sistema de comandos. É a mais grave forma de ilegalidade ou inconstitucionalidade, conforme o escalão do princípio atingido, porque representa ingerência contra todo o sistema, subversão de seus valores fundamentais, contumélia irremissível a seu arcabouço lógico e corrosão de sua estrutura mestra"[1].

Aplicar a justiça de maneira plena, e não apenas formal, implica, portanto, aliar ao ordenamento jurídico positivo a interpretação evolutiva, calcada nos costumes e nas ordens normativas locais, erigidas sobre padrões culturais, morais e sociais de determinado grupo social ou que estejam ligados ao desempenho de uma atividade.

Os princípios constitucionais e as garantias individuais devem atuar como balizas para a correta interpretação e a justa aplicação das normas penais, não se podendo cogitar de uma aplicação meramente robotizada dos tipos incriminadores, ditada pela verificação rudimentar da adequação típica formal, descurando-se de qualquer apreciação ontológica do injusto.

Da dignidade humana, princípio genérico e reitor do Direito Penal, partem outros princípios mais específicos, os quais são transportados para dentro daquele princípio maior, tal como passageiros de uma embarcação.

Dessa forma, do Estado Democrático de Direito decorre o princípio reitor de todo o Direito Penal, que é o da dignidade humana, adequando-o ao perfil constitucional do Brasil e erigindo-o à categoria de Direito Penal Democrático. Da dignidade humana, por sua vez, derivam outros princípios mais específicos, os quais propiciam um controle de qualidade do tipo penal, isto é, sobre o seu conteúdo, em inúmeras situações específicas da vida concreta.

Os mais importantes princípios penais derivados da dignidade humana são: legalidade, insignificância, alteridade, confiança, adequação social, intervenção mínima, fragmentariedade, proporcionalidade, humanidade, necessidade e ofensividade[2].

De pouco adiantaria a construção de um sistema liberal de garantias se o legislador tivesse condições de eleger de modo autoritário e livre de balizas quais os bens jurídicos a merecer proteção. Importa, portanto, mediante critérios precisos e nada vagos, quais são esses bens, únicos a receber a proteção da esfera mais rigorosa e invasiva do orde-

---

1. Celso Antônio Bandeira de Mello, *Curso de direito administrativo*, 5. ed., São Paulo, Malheiros, 1994, p. 451.

2. Cf. estudo sobre esses princípios em Fernando Capez, *Curso de direito penal* — Parte geral, 23. ed., São Paulo, Saraiva, 2019, v. 1, p. 55.

namento legal, com a lembrança de que o enfoque a ser conferido não é o de um instrumento opressivo em defesa do aparelho estatal, mas o de um complexo de regras punitivas tendentes a limitar o arbítrio e a excessiva atuação do Estado na esfera da liberdade do indivíduo.

Com base nessas premissas, deve-se estabelecer uma limitação à eleição de bens jurídicos por parte do legislador, ou seja, não é todo e qualquer interesse que pode ser selecionado para ser defendido pelo Direito Penal, mas tão somente aquele reconhecido e valorado pelo Direito, de acordo com seus princípios reitores.

O tipo penal está sujeito a um permanente controle prévio (*ex ante*), no sentido de que o legislador deve guiar-se pelos valores consagrados pela dialética social, cultural e histórica, conformada no espírito da Constituição, e posterior, estando sujeito ao controle de constitucionalidade concentrado e difuso.

A função da norma é a proteção de bens jurídicos a partir da solução dos conflitos sociais, razão pela qual a conduta somente será considerada típica se criar uma situação de real perigo para a coletividade.

De todo o exposto, podemos extrair as seguintes considerações:

1. o Direito Penal brasileiro só pode ser concebido à luz do perfil constitucional do Estado Democrático de Direito, que é o Brasil, e de seus fundamentos;

2. dentre esses fundamentos, destaca-se o respeito à dignidade humana, que também atua como um princípio geral reitor que engloba os demais princípios contensores do Direito Penal;

3. tais princípios buscam uma definição material do crime, isto é, de acordo com seu conteúdo;

4. estes contornos tornam o tipo legal uma estrutura bem distinta da concepção meramente descritiva do início do século XIX, de modo que o processo de adequação de um fato passa a submeter-se a rígida apreciação axiológica;

5. o legislador, no momento de escolher os interesses que merecerão a tutela penal, bem como o operador do direito, no instante em que vai proceder à adequação típica, devem, forçosamente, verificar se o conteúdo material daquela conduta atenta contra a dignidade humana ou os princípios que dela derivam. Em caso positivo, estará manifestada a inconstitucionalidade substancial da norma ou daquele enquadramento, devendo ser exercitado o controle técnico, afirmando a incompatibilidade vertical com o Texto Magno.

É com base nesses contornos iniciais que adentraremos o estudo da Parte Especial, com a convicção de que um fato, para ser considerado típico, necessita muito mais do que a mera subsunção formal, requisito que bastava ao Direito Penal positivista do século XIX, mas se revela insuficiente para os dias de hoje, em que se discute muito mais a sua função pacificadora e reguladora das relações sociais dialéticas e seu conteúdo material, do que o rigor inflexível de uma dogmática fechada e vazia de conteúdo.

Título I
DOS CRIMES CONTRA A PESSOA

1. CONCEITO

O Título I da Parte Especial do Código Penal cuida somente dos crimes contra a pessoa e está dividido em seis capítulos: "Dos crimes contra a vida"; "Das lesões corporais"; "Da periclitação da vida e da saúde"; "Da rixa"; "Dos crimes contra a honra; e "Dos crimes contra a liberdade individual". Na arguta lição de Nélson Hungria, "A pessoa humana, sob duplo ponto de vista material e moral, é um dos mais relevantes objetos da tutela penal. Não a protege o Estado apenas por obséquio ao indivíduo, mas, principalmente, por exigência de indeclinável interesse público ou atinente a elementares condições da vida em sociedade. Pode-se dizer que, à parte os que ofendem ou fazem periclitar os interesses específicos do Estado, todos os crimes constituem, em última análise, lesão ou perigo de lesão contra a pessoa. Não é para atender a uma diferenciação essencial que os crimes particularmente chamados *contra a pessoa* ocupam setor autônomo entre as *species delictorum*. A distinção classificadora justifica-se apenas porque tais crimes são os que mais *imediatamente* afetam a pessoa. Os bens *físicos* ou *morais* que eles ofendem ou ameaçam estão intimamente consubstanciados com a personalidade humana. Tais são: a *vida*, a *integridade corporal*, a *honra* e a *liberdade*"[1].

Capítulo I
DOS CRIMES CONTRA A VIDA

O Código Penal tipifica os seguintes crimes contra a vida:

(i) homicídio (art. 121);

(ii) induzimento, instigação ou auxílio a suicídio ou à automutilação (art. 122);

(iii) infanticídio (art. 123);

(iv) aborto (arts. 124 a 128).

ART. 121 – HOMICÍDIO

1. CONCEITO

Homicídio é a morte de um ser humano provocada por outro ser humano. É a eliminação da vida de uma pessoa praticada por outra. O homicídio é o crime por excelên-

---

1. Nélson Hungria e Heleno Cláudio Fragoso, *Comentários ao Código Penal*, 5. ed., Rio de Janeiro, Forense, 1979, v. V, p. 15.

cia[2]. "Como dizia Impallomeni, todos os direitos partem do direito de viver, pelo que, numa ordem lógica, o primeiro dos bens é o bem vida. O homicídio tem a primazia entre os crimes mais graves, pois é o atentado contra a fonte mesma da ordem e segurança geral, sabendo-se que todos os bens públicos e privados, todas as instituições se fundam sobre o respeito à existência dos indivíduos que compõem o agregado social"[3].

2. OBJETO JURÍDICO

Objeto jurídico do crime é o bem jurídico, isto é, o interesse protegido pela norma penal. A disposição dos títulos e capítulos da Parte Especial do Código Penal obedece a um critério que leva em consideração o objeto jurídico do crime, colocando-se em primeiro lugar os bens jurídicos mais importantes: vida, integridade corporal, honra, patrimônio etc. Desse modo, a Parte Especial do Código Penal é inaugurada com o delito de homicídio, que tem por objeto jurídico a vida humana extrauterina. O ataque à vida intrauterina é incriminado pelos tipos de aborto (arts. 124 a 126). **Quando se inicia a vida humana extrauterina?** Para delimitar o início da existência vital extrauterina, basta que se analise o delito de infanticídio (art. 123), que é uma forma especializada de homicídio, para se verificar que, se for praticado "durante o parto", já é considerado o delito do art. 123, e não o delito de aborto. Desse modo, se o agente, por exemplo, um médico, que não se enquadra nas condições do privilégio, asfixiar o neonato durante o parto, praticará o delito de homicídio. Contudo fica a questão: quando realmente começa o nascimento para se fixar o momento do homicídio? Dizer apenas que é durante o parto é por demais genérico. É preciso delimitar o exato instante em que se configurará o delito de aborto e o delito de homicídio. Para tanto, devemos lançar mão de diversos ensinamentos da doutrina a esse respeito: Alfredo Molinario entende que o nascimento é o completo e total desprendimento do feto das entranhas maternas[4]. Para Soler, inicia-se desde as dores do parto[5]. Para E. Magalhães Noronha, mesmo não tendo havido desprendimento das entranhas maternas, já se pode falar em início do nascimento, com a dilatação do colo do útero[6]. Todas essas noções servem para se ter uma compreensão de que, dependendo do que for considerado o início do nascimento, poder-se-á estar diante ou do delito de aborto, ou infanticídio, se presente o privilégio, ou homicídio, se ausente o privilégio.

---

2. Nélson Hungria e Heleno Cláudio Fragoso, *Comentários ao Código Penal*, 5. ed., Rio de Janeiro, Forense, 1979, v. V, p. 25.
3. Idem, ibidem, p. 26 e 27.
4. Alfredo J. Molinario, *Derecho penal*, 1943, p. 26, apud E. Magalhães Noronha, *Direito penal*, cit., v. 2, p. 15.
5. Sebastian Soler, *Derecho penal argentino*, 1945, t. 3, p. 18, apud E. Magalhães Noronha, *Direito penal*, cit., v. 2, p. 15.
6. E. Magalhães Noronha, *Direito penal*, cit., v. 2, p. 15.

Nosso entendimento: a vida extrauterina se dá quando das primeiras contrações expulsivas, meio pelo qual o feto começa o procedimento de saída do útero materno, ou, em caso de cesariana, com a primeira incisão efetuada pelo médico no ventre da mulher.

Ainda, discute-se acerca do conceito de vida. É conhecido o aforismo de Galeno – "viver é respirar" – e por extensão o de Casper – "viver é respirar; não ter respirado é não ter vivido"[7]. E. Magalhães Noronha entende inexata essa conceituação, pois "apneia não é morte. Pode nascer-se asfíxico sem que se deixe de estar vivo. A respiração é prova de vida, porém esta se demonstra por outros meios: batimentos do coração, movimento circulatório etc."[8]. E, fazendo alusão ao ensinamento de Vincenzo Manzini, completa: "No sentido do art. 121, vida é o estado em que se encontra um ser humano animado, normais ou anormais que sejam suas condições físico-psíquicas. A noção de vida tira-se *ex adverso* daquele de morte"[9]. Nesse contexto, convém mencionar que o fim da vida se dá com a morte encefálica. Tanto é verdade que o art. 3º da Lei n. 9.434/97, que trata do transplante de órgãos, prevê expressamente a possibilidade da retirada de órgãos *post mortem* para doá-los a outrem, desde que tenha sido constatada a morte encefálica, a qual deve ser atestada por dois médicos não participantes da equipe de remoção e transplante, conforme será explicitado no item 6.1.

3. OBJETO MATERIAL

Genericamente, objeto material de um crime é a pessoa ou coisa sobre as quais recai a conduta. É o objeto da ação. Não se deve confundi-lo com o objeto jurídico, que é o interesse protegido pela lei penal. Assim, o objeto material do homicídio é a pessoa sobre quem recai a ação ou omissão. O objeto jurídico é o direito à vida.

4. ELEMENTOS DO TIPO

4.1. Conceito

O tipo incriminador, ou seja, aquele que prevê uma infração penal, consiste na descrição abstrata da conduta humana feita pela lei penal e correspondente a um fato criminoso. O tipo é, portanto, um molde criado pela lei, no qual está descrito o crime com todos os seus elementos, de modo que as pessoas saibam que só cometerão algum delito se vierem a realizar uma conduta idêntica à constante do modelo legal. A generalidade da descrição típica elimina a sua própria razão de existir, criando insegurança no meio social e violando o princípio da legalidade, pois a garantia política do cidadão está

7. Apud E. Magalhães Noronha, *Direito penal*; dos crimes contra a pessoa — dos crimes contra o patrimônio, 26. ed., São Paulo, Saraiva, 1994, v. 2, p. 14.

8. E. Magalhães Noronha, *Direito penal*, cit., v. 2, p. 14.

9. Apud E. Magalhães Noronha, *Direito penal*, cit., v. 2, p. 14.

em que somente haverá atuação invasiva do Estado em sua esfera de liberdade se ele realizar um comportamento que corresponda taxativamente a todos os elementos da definição legal.

4.2. Elementos

O tipo é composto dos seguintes elementos:

(i) Objetivos: referem-se ao aspecto material do fato. Existem concretamente no mundo dos fatos e só precisam ser descritos pela norma. São elementos objetivos: o objeto do crime, o lugar, o tempo, os meios empregados, o núcleo do tipo (o verbo) etc.

(ii) Normativos: ao contrário dos descritivos, seu significado não se extrai da mera observação, sendo imprescindível um juízo de valoração jurídica, social, cultural, histórica, política, religiosa, bem como de qualquer outro campo do conhecimento humano. Por exemplo: "mulher honesta", constante do revogado art. 219 do Código Penal, e "documento". No primeiro caso, temos o elemento normativo extrajurídico ou moral, uma vez que o significado depende de um juízo de valoração que refoge ao âmbito do direito; na segunda hipótese, o elemento é jurídico, pois o conceito de documento é extraído a partir do conhecimento jurídico.

(iii) Subjetivos: é a finalidade especial do agente exigida pelo tipo para que este se configure. Por exemplo, o revogado art. 219 do Código Penal: "Raptar mulher honesta (...) com fim libidinoso". Nesse caso, não bastava o dolo de raptar; era também necessário o fim especial de manter relações lascivas com a vítima. Assim, quando um tipo tiver elemento subjetivo, só haverá fato típico se presentes o dolo de realizar o verbo do tipo + a finalidade especial. O elemento subjetivo do tipo, portanto, não se confunde com o dolo de praticar o verbo; é algo mais, ou seja, a finalidade especial exigida expressamente pelo tipo. É o que a doutrina tradicional denomina dolo específico. Quando a infração for dolosa, mas o tipo não exigir qualquer finalidade especial, será suficiente o dolo genérico. Em contrapartida, quando, além do dolo, o modelo incriminador fizer expressa referência a um fim especial, será imprescindível que esteja presente o dolo específico. Assim, se, por exemplo, "A" esquarteja a vítima em pedacinhos, certamente existe a consciência e a vontade de produzir-lhe o resultado morte, configurando-se o homicídio doloso. Esse tipo não exige qualquer finalidade especial; logo, para o aperfeiçoamento integral da figura típica é irrelevante se o crime se deu com este ou aquele fim. Para o homicídio, basta a vontade de praticar o verbo, de realizar o resultado, sem qualquer finalidade especial.

4.3. Ação nuclear

A ação nuclear da figura típica refere-se a um dos elementos objetivos do tipo penal. É expressa pelo verbo, que exprime uma conduta (ação ou omissão) que a distingue dos demais delitos. O delito de homicídio tem por ação nuclear o verbo "matar", que significa destruir ou eliminar, no caso, a vida humana, utilizando-se de qualquer meio capaz de execução.

4.4. Ação física

O delito de homicídio é crime de ação livre, pois o tipo não descreve nenhuma forma específica de atuação que deva ser observada pelo agente. Desse modo, o agente pode lançar mão de todos os meios, que não só materiais, para realizar o núcleo da figura típica. Pode-se matar:

(i) Por meios físicos (mecânicos, químicos ou patogênicos): dentre os meios mecânicos incluem-se os instrumentos contundentes, perfurantes, cortantes; dentre os meios químicos incluem-se as substâncias corrosivas (como, p.ex., o ácido sulfúrico), que são geralmente utilizadas para causar o envenenamento do indivíduo; finalmente entre os patogênicos incluem-se os vírus letais (como o vírus Marburg, que mata 90% das pessoas). Vejamos o seguinte exemplo: O agente portador do vírus Marburg e consciente de sua natureza letal o transmite intencionalmente. A morte da vítima fará com que o agente responda pelo delito de homicídio doloso consumado.

(ii) Por meios morais ou psíquicos: o agente se serve do medo ou da emoção súbita para alcançar seu objetivo. É meio psíquico, por exemplo, "o usado pelo personagem de Monteiro Lobato, fazendo dolosamente o amigo apoplético explodir em estrondosas gargalhadas e, assim, o matando, por efeito de hábil anedota contada após lauta refeição"[10]. E "podem os meios materiais associar-se aos morais, como no caso de o marido desalmado que, à custa de sevícias, maus-tratos etc., vai debilitando o organismo da esposa, tornando-a fraca e enferma, e acabando por lhe dar o golpe de misericórdia com a falsa comunicação da morte do filho"[11].

(iii) Por meio de palavras: outros casos existem em que não há, como escreve Soler, descarga emotiva, mas o emprego da palavra, que, não sendo vulnerante, atua, contudo, tão eficazmente como o punhal, tal o caso de quem diz a um cego para avançar em direção a um despenhadeiro[12].

(iv) Por meio direto: age-se contra o corpo da vítima, como, por exemplo, desferindo-lhe facadas.

(v) Por meio indireto: quando se lança mão de meio que propicie a morte por fator relativamente independente do criminoso ou de seu contato direto com a vítima, como, por exemplo, atraí-la para lugar onde uma fera a ataque ou fique exposta a descarga de forte corrente elétrica.

(vi) Por ação ou omissão: ação é o comportamento positivo, movimentação corpórea, *facere*. Exemplos: empurrar a vítima para um precipício; desferir tiros com arma de fogo; desferir facadas etc. **Omissão** é o comportamento negativo, a abstenção de movimento, o non facere. A omissão é um nada; logo, não pode causar coisa alguma. Quem se omite nada faz, portanto, nada causa. Assim, o omitente não deve responder pelo resultado, pois não o

---

10. E. Magalhães Noronha, *Direito penal*, cit., v. 2, p. 16.

11. E. Magalhães Noronha, *Direito penal*, cit., v. 2, p. 16.

12. Cf. Sebastian Soler, *Derecho penal argentino*, 1945, t. 3, p. 21, apud E. Magalhães Noronha, *Direito penal*, cit., v. 2, p. 16.

provocou. A omissão penalmente relevante é a constituída de dois elementos: o *non facere* (não fazer) e o *quod debeatur* (aquilo que tinha o dever jurídico de fazer). Não basta, portanto, o "não fazer"; é preciso que, no caso concreto, haja uma norma determinando o que devia ser feito. Essa é a chamada teoria normativa, a adotada pelo Código Penal. O art. 13, § 2º, do Código Penal prevê três hipóteses em que está presente o dever jurídico de agir. Ausente este, não comete o agente crime algum. Do contrário, como bem acentua Enrique Cury, "qualquer um poderia ser acusado de 'não haver feito algo', para evitar certo resultado. Por não haver imprimido à educação do filho a direção adequada, inculpando-lhe o respeito pela vida humana, castigar-se-ia o pai do homicida; o transeunte, por não haver prestado atenção ao que ocorria ao seu redor, e por não ter, em consequência, prevenido oportunamente a quem iria ser vítima de um acidente; o arquiteto, por não haver projetado maiores cautelas, para impedir o acesso ulterior de ladrões. Assim, a extensão dos tipos não teria limites, e a prática por omissão se transformaria num instrumento perigoso nas mãos de todo poder irresponsável"[13]. Desse modo, não configurada nenhuma das hipóteses do art. 13, § 2º, do Código Penal, não é possível vincular o omitente ao resultado naturalístico. Por exemplo: alguém que simplesmente nega alimento a um moribundo, não evitando que venha a morrer de inanição, por não se enquadrar em nenhuma das hipóteses do art. 13, § 2º, do Código Penal, não infringe o dever jurídico de agir (mas tão somente um dever moral), não podendo responder por homicídio doloso ou culposo. No caso, responderá apenas por sua omissão (CP, art. 135). No entanto, presente uma das hipóteses do dever jurídico de agir, responderá o agente pelo homicídio, doloso ou culposo, segundo a omissão for dolosa ou culposa.

4.5. Exemplos

(i) Dever legal (imposto por lei): a mãe que, tendo por lei a obrigação de cuidado, vigilância e proteção, deixa de alimentar o filho, morrendo este de inanição. Deverá responder por homicídio doloso, se quis ou assumiu o resultado morte, ou culposo, se agiu com negligência.

(ii) Dever do garantidor (derivado de contrato ou liberalidade do omitente): a babá ou uma amiga que se oferece para tomar conta do bebê, assumindo a responsabilidade de zelar por ele, permite que caia na piscina e morra afogado.

(iii) Dever por ingerência na norma (omitente cria o perigo e torna-se obrigado a evitá-lo): quem joga o amigo na piscina, por ter criado o risco do resultado, está obrigado a impedir o seu afogamento.

Em todos esses exemplos, o agente, por ter o dever jurídico de impedir o resultado, de acordo com as hipóteses do art. 13, § 2º, do Código Penal, responde pelo resultado morte, a título de dolo ou culpa. São os chamados crimes **(i) omissivos impróprios** (também conhecidos como omissivos impuros, espúrios, promíscuos ou comissivos por omissão). Cumpre trazer aqui outra espécie de crime omissivo: o denominado **(ii) omissivo por**

13. Enrique Cury, *Orientación para el estudio de la teoría del delito*, Santiago, Nueva Universidad, 1973, p. 297 e 298.

comissão. Nesse caso há uma ação provocadora da omissão. Exemplo: o chefe de uma repartição impede que sua funcionária, que está passando mal, seja socorrida. Se ela morrer, o chefe responderá pela morte por crime comissivo ou omissivo? Seria por crime omissivo por comissão. Essa categoria não é reconhecida por grande parte da doutrina. Pode-se dar também a **(iii) participação por omissão**. Ocorre quando o omitente, tendo o dever jurídico de evitar o resultado, concorre para ele ao quedar-se inerte. Nesse caso responderá como partícipe. Exemplo: policiais militares que após lograrem capturar o bandido torturam-no até a sua morte, sendo a cena assistida por outros policiais que nada fazem para impedir tal resultado. Ora, esses policiais, ao se quedarem inertes, aderiram com a sua omissão à vontade dos demais policiais que realizavam a ação criminosa, devendo, portanto, ser responsabilizados pela participação no crime de homicídio através de uma conduta omissiva. Quando não existir o dever de agir, não há falar em participação por omissão, mas em conivência (*crime silenti*) ou **(iv) participação negativa**, hipótese em que o omitente não responde pelo resultado, mas por sua mera omissão (CP, art. 135).

4.6. Crime material e prova da materialidade (exame de corpo de delito)

Crime material: o delito de homicídio classifica-se como crime material, que é aquele que se consuma com a produção do resultado naturalístico. O tipo descreve conduta e resultado (naturalístico), sendo certo que o resultado morte da vítima há de se vincular pelo nexo causal à conduta do agente. Nexo causal é o elo concreto, físico, material e natural que se estabelece entre a conduta do agente e o resultado naturalístico, por meio do qual é possível dizer se aquela deu ou não causa a este. Ele só tem relevância nos crimes cuja consumação depende do resultado naturalístico[14].

Prova da materialidade (exame de corpo de delito): é o meio de prova pelo qual é possível a constatação da materialidade do delito. É certo que nem mesmo a confissão do acusado da prática delitiva é prova por si só idônea a suprir a ausência do corpo de delito; avente-se, por exemplo, a hipótese em que o confitente foi coagido a declarar-se autor do crime. Essa vedação, aliás, é expressa no art. 158 do Código de Processo Penal. Por desrespeito a essa regra legal é que sucedeu "o famoso erro judiciário de Araguari que resultou na condenação dos irmãos Naves pelo suposto homicídio de Benedito Pereira Caetano, que, anos depois, retornava, vivo e são, da Bolívia, para onde se mudara, levando dinheiro subtraído a seus pais. A confissão dos acusados havia sido extorquida pela violência de um delegado militar"[15]. O Código de Processo Penal prevê duas espécies de exame de corpo de delito, quais sejam:

(i) Exame de corpo de delito direto: sua realização é imprescindível nas infrações penais que deixam vestígios. Realiza-se mediante a inspeção e autópsia do cadáver, na

---

14. Sobre a influência da teoria da imputação objetiva no crime de homicídio, consulte: Fernando Capez, A delimitação do nexo causal e o crime de homicídio: os influxos da teoria da imputação objetiva, in Laerte Marzagão (coord.), *Homicídio crime rei*, São Paulo, Quartier Latin, 2009, p. 77-108.

15. Nélson Hungria, *Comentários*, cit., v. V, p. 64, nota de rodapé.

busca da *causa mortis*, sendo tal exame devidamente documentado por laudo necroscópico.

(ii) Exame de corpo de delito indireto: não sendo possível o exame de corpo de delito, por haverem desaparecido os vestígios, a prova testemunhal poderá suprir-lhe a falta (CPP, art. 167). Desse modo, a partir da palavra de testemunhas e da análise de documentos demonstrativos da realidade tanatológica (exame indireto) é possível constatar o resultado naturalístico. Por vezes, contudo, há a certeza da ocorrência do delito de homicídio, mas não se logrou achar o cadáver, e é certo que se somente o corpo da vítima fosse a prova do crime muitos casos restariam impunes. Ilustremos essa hipótese com o seguinte exemplo: "dois indivíduos, dentro de uma barca no rio Uruguai, foram vistos a lutar renhidamente, tendo sido um deles atirado pelo outro à correnteza, para não mais aparecer. Foram baldadas as pesquisas para o encontro do cadáver". Ora, se, não obstante a falta do cadáver, as circunstâncias eram de molde a excluir outra hipótese que não fosse a da morte da vítima, seria intolerável deixar-se de reconhecer, em tal caso, o crime de homicídio. "Faltava a *certeza física*, mas havia a absoluta *certeza moral* da existência do homicídio"[16]. Desse modo, a ausência do corpo da vítima não implica ausência do corpo de delito. Alerte-se para o fato de que a ausência do cadáver com a consequente comprovação da materialidade delitiva por testemunhas (exame de corpo de delito indireto) nem sempre acarretará a presunção da prática de um homicídio, haja vista que, conforme adverte Nélson Hungria, "desde que seja formulada uma hipótese de inexistência do evento 'morte', não é admissível uma condenação a título de homicídio. A *verossimilhança*, por maior que seja, não é jamais a *verdade* ou a *certeza*, e somente esta autoriza uma sentença condenatória. Condenar um *possível* delinquente é condenar um possível inocente"[17].

4.7. Sujeito ativo

Sujeito ativo da conduta típica é o ser humano que pratica a figura típica descrita na lei, isolada ou conjuntamente com outros autores. O conceito abrange não só aquele que pratica o núcleo da figura típica (quem mata), como também o partícipe, que é aquele que, sem praticar o verbo (núcleo) do tipo, concorre de algum modo para a produção do resultado; por exemplo: o agente que vigia o local para que os seus comparsas tranquilamente pratiquem o homicídio, nesse caso sem realizar a conduta principal, ou seja, o verbo (núcleo) da figura típica – matar –, colaborou para que os seus comparsas lograssem a produção do resultado morte.

Trata-se de crime comum, que pode ser cometido por qualquer pessoa. A lei não exige nenhum requisito especial. Não se trata de crime próprio, que exige legitimidade ativa especial; nem mesmo reclama pluralidade de agentes (não é crime plurissubjetivo). Porém, o homicídio será considerado crime hediondo quando praticado em atividade típica de grupo de extermínio, ainda que executado por um só agente. Nesses termos, o § 6º do art. 121, cuja pena é aumentada de 1/3 (um terço) até a metade se o crime for praticado

16. Irureta Goyena, *El delito de homicidio*, 1928, p. 18, apud Nélson Hungria, *Comentários*, cit., v. V, p. 64.
17. Nélson Hungria, *Comentários*, cit., v. V, p. 65.

por milícia privada, sob o pretexto de prestação de serviço de segurança, ou por grupo de extermínio.

Se for cometido por intermédio de conduta omissiva, deve o sujeito ativo ter as condições pessoais que o fazem juridicamente obrigado a impedir o resultado, nos termos do art. 13, § 2º, do Código Penal.

Questão interessante e que gera controvérsias doutrinárias é a do homicídio praticado por gêmeo xifópago (siameses). Suponha que um deles, com a real intenção de matar, tire a vida de outrem, mesmo sem o consentimento do outro irmão, como se daria a punição? Há dois entendimentos: (i) a decisão que deve prevalecer é a em favor da liberdade, uma vez que tal constitui direito fundamental, resultando na proteção do irmão inocente; (ii) deve haver decisão condenatória, porém o cumprimento da pena ficará suspenso.

Nosso entendimento: concordamos com a segunda posição.

4.8. Sujeito passivo

É o titular do bem jurídico lesado ou ameaçado. Pode ser direto ou imediato, quando for a pessoa que sofre diretamente a agressão (sujeito passivo material), ou indireto ou mediato, pois o Estado (sujeito passivo formal) é sempre atingido em seus interesses, qualquer que seja a infração praticada, visto que a ordem pública e a paz social são violadas. No caso do delito de homicídio, o sujeito passivo é qualquer pessoa com vida, é "o ser vivo, nascido de mulher"[18]. Consoante o ensinamento de José Frederico Marques: "sujeito passivo do homicídio é alguém, isto é, qualquer pessoa humana, o 'ser vivo nascido de mulher', *l'uomo vivo*, qualquer que seja sua condição de vida, de saúde, ou de posição social, raça, religião, nacionalidade, estado civil, idade, convicção política ou *status poenalis*. Criança ou adulto, pobre ou rico, letrado ou analfabeto, nacional ou estrangeiro, branco ou amarelo, silvícola ou civilizado – toda criatura humana, com vida, pode ser sujeito passivo do homicídio, pois a qualquer ser humano é reconhecido o direito à vida que a lei penalmente tutela. O moribundo tem direito a viver os poucos instantes que lhe restam de existência terrena, e, por isso, pode ser sujeito passivo do homicídio. Assim também o condenado à morte. Indiferente é, por outro lado, que a vítima tenha sido, ou não, identificada"[19]. Note-se que não é importante perquirir o grau de vitalidade da vítima, ou seja, se ela tem poucos minutos de vida, ou, então, se apresenta um quadro clínico vegetativo por não mais haver solução médica para o seu caso. Enquanto houver vida, ainda que sem qualidade, o homem será sujeito passivo do delito de homicídio.

O delito de homicídio em sua capitulação legal não exige que a vítima detenha qualquer qualidade específica. Contudo, devemos considerar que algumas situações demandam sujeito passivo especial, o que ocorre quando alguma característica da vítima gera

18. Nélson Hungria, *Comentários*, cit., v. V, p. 36.

19. José Frederico Marques, *Tratado de direito penal*; parte especial, Bookseller, v. 4, p. 77.

reflexos diretos na punição do autor do delito, em razão da incidência de qualificadora ou causa de aumento prevista no próprio tipo penal. Nesse sentido, podemos citar os seguintes casos: (i) matar vítima menor de 14 anos de idade, se crime doloso, levará o agente a incidir na qualificadora do § 2º, IX, do art. 121 do CP; (ii) matar mulher em razão da condição do sexo feminino configura feminicídio (CP, art. 121, § 2º, VI); (iii) quando a vítima for autoridade ou agente descrito pelos arts. 142 e 144 da Constituição Federal, além de integrantes do sistema prisional, Guarda Municipal e da Força Nacional de Segurança Pública ou seu cônjuge, ou companheiro, ou familiar até o terceiro grau, e o fato estiver relacionado com o exercício da função, tem incidência a qualificadora do "homicídio funcional", previsto no art. 121, § 2º, VII, do Código Penal; e, finalmente, (iv) matar vítima com idade igual ou superior a 60 anos levará à aplicação da causa de aumento de pena prevista na parte final do § 4º do art. 121 do Código Penal.

Ainda, devemos nos atentar para alguns casos, nos quais a qualidade especial do sujeito passivo resulta na incidência de outra figura penal. Por exemplo, se o agente matar com intenção de destruir, no todo ou em parte, grupo nacional, étnico, racial ou religioso, poderá caracterizar o crime de genocídio (Lei n. 2.889/56).

→ **Atenção:** no caso de homicídio cometido contra ascendente, descendente, cônjuge ou irmão, não há que se falar em sujeito passivo especial, em razão da aplicação da agravante do art. 61, II, do Código Penal, haja vista que se trata de uma agravante genérica, ou seja, aplicável, em regra, a qualquer tipo penal, e tal dispositivo legal não se encontra previsto na parte especial do Código Penal.

Nesse contexto, vale o registro de algumas terminologias relacionadas ao sujeito passivo no delito de homicídio, quais sejam, **feticídio** (supressão da vida do feto); **parricídio** (filho que mata o pai); **fratricídio** (irmão que mata irmão); **uxoricídio** (morte da mulher pelo cônjuge); **femicídio** (morte da mulher, independentemente do motivo e das circunstâncias); **feminicídio** (homicídio praticado contra a mulher em razão de sua condição do sexo feminino).

Não se deve confundir a pessoa do prejudicado pelo delito com o sujeito passivo. No crime de homicídio, o sujeito passivo é o morto, ao passo que prejudicados são todas as pessoas que de alguma forma dependiam economicamente do falecido, como seus filhos e a viúva.

Por fim, já que mencionamos a divergência doutrinária acerca da hipótese de gêmeo xifópago (siameses) como sujeito ativo do delito de homicídio, convém registrar que, se o agente atentar contra a vida de um dos irmãos, configurará a hipótese de dois crimes de homicídio doloso, ainda que a intenção do autor tenha sido atentar contra a vida de apenas um deles, uma vez que aquela conduta acarretará, por consequência lógica e biológica, o óbito de ambos. Com relação à vítima pretendida, o dolo será de primeiro grau, ao passo que, com relação à segunda vítima, o dolo será de segundo grau.

5. ELEMENTO SUBJETIVO

O fato típico, tradicionalmente, é composto de quatro elementos: conduta dolosa ou culposa + resultado naturalístico (só nos crimes materiais) + nexo causal (só nos crimes materiais) + tipicidade. A mera subsunção formal da ação ou omissão ao tipo não é suficiente para operar o fato típico, sendo imprescindível que a atuação do agente tenha sido dolosa ou, quando prevista tal modalidade, culposa. Sem dolo e culpa não existe fato típico; logo, não há crime. O Código Penal só conhece as figuras do homicídio doloso e do culposo, de maneira que a ausência de um desses elementos acarreta atipicidade, pois não há uma terceira forma de homicídio. O tipo penal, portanto, tem uma parte objetiva, consistente na correspondência externa entre o que foi feito e o que está descrito na lei, e uma parte subjetiva, que é o dolo e a culpa. Por essa razão, o caso fortuito e a força maior excluem a conduta, dado que eliminam a parte subjetiva da infração, excluindo dolo e culpa, o mesmo ocorrendo com a coação física, ou com atos derivados de puro reflexo. O elemento subjetivo do homicídio doloso é o dolo.

(i) Dolo: é o elemento psicológico da conduta. É a vontade e a consciência de realizar os elementos constantes do tipo legal, isto é, de praticar o verbo do tipo e produzir o resultado. Mais amplamente, é a vontade manifestada pela pessoa humana de realizar a conduta. Há diversas espécies de dolo:

(i.1) Direto ou determinado: o agente quer realizar a conduta e produzir o resultado. Exemplo: o sujeito atira contra o corpo da vítima, desejando matá-la.

(i.2) Indireto ou indeterminado: divide-se em dolo eventual e alternativo. Na primeira espécie o agente não quer diretamente o resultado, mas aceita a possibilidade de produzi-lo, como no caso do sujeito que dispara em seu adversário prevendo e aceitando que os projéteis venham a alcançar também quem está por detrás; já na segunda espécie o agente não se importa em produzir este ou aquele resultado (quer ferir ou matar).

Difere o **(i.3) dolo eventual da culpa consciente ou com previsão.** Nessa modalidade de culpa o agente prevê o resultado criminoso, embora não o aceite, pois confia que o resultado não sobrevirá, ao contrário do dolo eventual, em que o agente prevê o resultado, e não se importa que ele ocorra. Exemplo de dolo eventual: "se eu continuar dirigindo assim, posso vir a matar alguém, mas não importa, se acontecer, tudo bem, eu vou prosseguir". Exemplo de culpa consciente: "se eu continuar dirigindo assim, posso vir a matar alguém, mas estou certo de que isso, embora possível, não ocorrerá". No primeiro exemplo o agente responderá pelo homicídio na modalidade dolosa, ao passo que no segundo responderá pelo homicídio na modalidade culposa.

(i.4) Dolo geral ou erro sucessivo, ou *aberratio causae*: o agente, após realizar a conduta, supondo já ter produzido o resultado, pratica o que entende ser um exaurimento, e nesse momento atinge a consumação. Por exemplo: "A" esfaqueia a vítima e pensa que a matou. Ao tentar ocultar o cadáver, jogando-a ao mar, vem efetivamente a matá-la por afogamento. Haveria tentativa de homicídio (pelas facadas) em concurso com homicídio culposo (foi praticar a ocultação de cadáver e acabou matando), ou homicídio doloso? Responderá por homicídio doloso, pelo dolo geral.

(ii) Culpa: *vide* o tópico "homicídio culposo".

5.1. Elemento subjetivo. Homicídio tentado e lesão corporal. Distinção. Prova

No homicídio doloso, o elemento subjetivo é o dolo (*animus necandi* ou *occidendi*), consistente na vontade consciente e livre de matar. É o *animus necandi* que o difere das demais modalidades de crimes. Como, no entanto, na prática, é possível verificar, nos casos de tentativa com resultado lesão corporal, se o agente agiu animado pelo dolo de matar ou de lesionar? Isso porque, dependendo de qual tenha sido o dolo, o agente responderá por homicídio tentado ou por lesão corporal, sendo este último delito menos grave. Ou então, como é possível, na prática, afirmar que o agente agiu com dolo eventual e não com culpa consciente, sabido que nesta o resultado criminoso é também previsto pelo agente, mas não é querido? Essa distinção é importante na medida em que, firmada a culpa consciente, o agente responderá pela modalidade culposa em vez da dolosa do homicídio. Para responder a tais questões necessário se faz analisar os elementos e as circunstâncias do fato externo. São circunstâncias externas e que auxiliam nesse esclarecimento a sede da lesão ou a violência dos golpes, o instrumento utilizado, pois quem, por exemplo, desfere inúmeras e violentas pauladas no crânio de um indivíduo, com certeza, não age com o ânimo de lesioná-lo, mas de matá-lo. Como sustentava Hungria, "o fim do agente se traduz, de regra, no seu ato. O sentido da ação (ou omissão) é, na grande maioria dos casos, inequívoco. Quando o evento 'morte' está em íntima conexão com os meios empregados, de modo que ao espírito do agente não podia deixar de apresentar-se como resultado necessário, ou ordinário, da ação criminosa, seria inútil, como diz Impallomeni, alegar-se que não houve o *animus occidendi*: o fato atestará sempre, inflexivelmente, que o acusado, a não ser que se trate de um louco, agiu sabendo que o evento letal seria a consequência da sua ação e, portanto, quis matar. É sobre pressupostos de fato, em qualquer caso, que há de assentar o processo lógico pelo qual se deduz o dolo distintivo do homicídio"[20]. Com relação à dificuldade para distinguir na prática a culpa consciente e o dolo eventual, Hungria esclarece: "o que deve decidir, em tal caso, são ainda as circunstâncias do fato, de par com os *motivos do agente*. Somente eles poderão demonstrar que o acusado agiu com perversa ou egoística indiferença, consciente de que seu ato poderia acarretar a morte da vítima e preferindo arriscar-se a produzir tal resultado, ao invés de renunciar à prática do ato (dolo eventual); ou se agiu apenas levianamente, na inconsiderada persuasão ou esperança de que não ocorresse o resultado previsto como possível (culpa consciente). Se o fato, com seus elementos sensíveis, é equívoco, ou se há dúvida irredutível, ter-se-á, então, de aplicar o *in dubio pro reo*, admitindo-se a hipótese menos grave, que é a da culpa consciente"[21].

6. MOMENTO CONSUMATIVO E PERÍCIAS MÉDICO-LEGAIS REALIZADAS PARA CONSTATAÇÃO DA *CAUSA MORTIS*

6.1. Crime consumado

É aquele em que foram realizados todos os elementos constantes de sua definição legal (CP, art. 14, I). A consumação do delito nada mais é que a última fase das várias pelas quais passa o crime (é o chamado *iter criminis* – veja comentário sobre o tema no

20. Nélson Hungria, *Comentários*, cit., v. V, p. 49 e 50.

21. Idem, ibidem.

tópico n. 7). No caso dos crimes materiais, como o homicídio, a consumação se dá com a produção do resultado naturalístico morte. Trata-se de crime instantâneo de efeitos permanentes. É instantâneo porque a consumação se opera em um dado momento, e de efeitos permanentes na medida em que, uma vez consumado, não há como fazer desaparecer os seus efeitos. **Em que momento é possível dizer que ocorreu o evento morte, e, portanto, a consumação do crime de homicídio?** A morte é decorrente da cessação do funcionamento cerebral, circulatório e respiratório. Distinguem-se a **(i) morte clínica** – que ocorre com a paralisação da função cardíaca e da respiratória –, a **(ii) morte biológica** – que resulta da destruição molecular – e a **(iii) morte cerebral** – que ocorre com a paralisação das funções cerebrais. A morte cerebral consiste "na parada das funções neurológicas segundo os critérios da inconsciência profunda sem reação a estímulos dolorosos, ausência de respiração espontânea, pupilas rígidas, pronunciada hipotermia espontânea (temperatura excessivamente baixa), e abolição de reflexos"[22]. O critério legal proposto pela medicina é a chamada morte encefálica, em razão da Lei n. 9.434/97, que regula a retirada e transplante de tecidos, órgãos e partes do corpo humano, com fins terapêuticos e científicos. Prevê o art. 3º da citada lei: "A retirada *post mortem* de tecidos, órgãos ou partes do corpo humano destinados a transplante ou tratamento deverá ser precedida de diagnóstico de morte encefálica, constatada e registrada por dois médicos não participantes das equipes de remoção e transplante, mediante a utilização de critérios clínicos e tecnológicos definidos por resolução do Conselho Federal de Medicina". Heleno Fragoso, ao comentar o critério legal proposto pela medicina à época, também o da morte cerebral, afirma: "se assim for, o jurista não pode deixar de admitir que a vida humana subsiste até que se declare a cessação da atividade cerebral, não excluindo, portanto, que, tal seja o caso, possa haver homicídio culposo ou doloso diante de simples morte clínica"[23]. É certo que há casos em que, mesmo após a morte cerebral, órgãos vitais continuam funcionando, havendo, inclusive, exemplo de gestante que chegou a dar à luz nessas condições. Entretanto este é o melhor critério; afinal, com a destruição irreversível das células e do tecido encefálico, não mais há a mínima condição de vida, embora possa o corpo vegetar por algum tempo ainda.

6.2. Perícias médico-legais

(i) Exame necroscópico: trata-se de exame de corpo de delito direto, conforme anteriormente visto, realizado nas infrações penais que deixam vestígios. É o meio pelo qual os peritos-médicos constatam a realidade da morte e buscam a sua causa (o CPP, em seu art. 162, utiliza o termo "autópsia"), cujas conclusões ficarão consubstanciadas no chamado laudo de exame necroscópico. O art. 162 do Código de Processo Penal fixa o prazo de seis horas depois do óbito para possibilitar a realização desse exame. Segundo o Prof. J. W. Seixas Santos, "O prazo de seis horas não foi arbitrariamente fixado pelo legislador; é o mínimo para se tentar constatar a realidade da morte pois os seus sinais certos, incontes-

---

22. Cf. *Dicionário Médico Blakiston*, São Paulo, Organização Andrei Editora Ltda., apud Francisco de Assis Rêgo Monteiro Rocha, *Curso de direito processual penal*, Rio de Janeiro, Forense, 1999, p. 348.

23. Heleno C. Fragoso, *Comentários*, cit., p. 516.

táveis, além de exíguos, só são evidentes tardiamente. Veja-se que as hipófises começam a se fixar entre 8 a 12 horas e a rigidez cadavérica se inicia depois da primeira hora da morte e se completa dentro de 58 horas – e estes são apenas sinais prováveis"[24].

(ii) Exumação: exumar significa desenterrar, no caso, o cadáver. O exame cadavérico é realizado, como já estudado, após a morte da vítima e antes de seu enterramento. Contudo, pode suceder que, uma vez sepultada a vítima, haja dúvida acerca da causa de sua morte ou sobre a sua identidade. Nesses casos procede-se à exumação. Melhor dizendo, "em determinadas eventualidades, quando o sepultamento se realizou sem prévia necropsia, ou quando esta foi levada a cabo, mas surgirem dúvidas posteriores, que reclamaram tal medida, mister se faz proceder à exumação e à necropsia, ou à revisão duma necropsia anterior feita"[25]. É requisito para a sua realização que a morte tenha resultado de uma ação criminosa ou que haja indícios dessa circunstância[26]. A exumação tem o seu disciplinamento previsto nos arts. 163 e seguintes do Código de Processo Penal. O diploma processual não faz qualquer menção a autorização judicial para se proceder à exumação, contudo, sem a referida autorização, o ato de exumar pode implicar a configuração dos delitos previstos nos arts. 210 e 212 do Código Penal (violação de sepultura e vilipêndio de cadáver)[27].

7. TENTATIVA

(i) Tentativa. Crime doloso. Considera-se tentado o crime quando, iniciada a sua execução, não se verifica o resultado naturalístico por circunstâncias alheias à vontade do agente (CP, art. 14, II). Tratando-se de crime material, o homicídio admite tentativa, que ocorrerá quando, iniciada a execução do homicídio, este não se consumar por circunstâncias alheias à vontade do agente. Para a tentativa, é necessário que o crime saia de sua fase preparatória e comece a ser executado, pois somente quando se inicia a execução é que haverá início de fato típico. O crime percorre quatro etapas (*iter criminis*) até realizar-se integralmente: **(i) cogitação** – nessa fase o agente apenas mentaliza, idealiza, planeja, representa mentalmente a prática do crime; **(ii) preparação** – são os atos anteriores necessários ao início da execução, mas que ainda não configuram início de ataque ao bem jurídico, já que o agente ainda não começou a realizar o verbo constante da definição legal (núcleo do tipo); **(iii) execução** – aqui o bem jurídico começa a ser atacado. Nessa fase o agente inicia a realização do verbo do tipo e o crime já se torna punível, ao contrário das fases anteriores; **(iv) consumação** – todos os elementos que se encontram descritos no tipo penal foram realizados. Nélson Hungria nos traz um critério distintivo entre ato preparatório e início de execução: "ato executivo (ou de tentativa) é o que ataca o bem jurídico; ato preparatório é o que possibilita, mas não ainda, do ponto de vista objetivo, o ataque ao bem jurídico. Assim, tendo-se em vista o homicídio, serão atos prepa-

---

24. J. W. Seixas Santos, *Medicina legal aplicada à defesa penal*, São Paulo, Pró-Livro, 1979, p. 64 e 65, apud Francisco de Assis Rêgo Monteiro Rocha, *Curso*, cit., p. 348.

25. Hilário Veiga de Carvalho e outros, *Compêndio de medicina legal*, 2. ed., São Paulo, Saraiva, 1992, p. 270, apud Francisco de Assis Rêgo, *Curso*, cit., p. 350.

26. Francisco de Assis Rêgo, *Curso*, cit., p. 350.

27. Idem, ibidem, p. 351.

ratórios: a aquisição da arma ou do veneno, a procura do local propício, o ajuste de auxiliares, o encalço do adversário, a emboscada, o fazer pontaria com a arma de fogo, o sacar o punhal; serão atos executivos: o disparo do tiro, o deitar o veneno no alimento destinado à vítima iludida, o brandir o punhal para atingir o adversário. Nos casos de irredutível dúvida sobre se o ato constitui um ataque ou apenas uma predisposição para o ataque, o juiz terá de pronunciar o *non liquet*, negando a tentativa"[28]. Dessa distinção entre as várias etapas do crime resulta que o conceito de tentativa não se estende aos atos preparatórios. O crime tentado exige o começo de execução. É que não se pode dizer que há crime quando nem sequer há o perigo de dano ao bem jurídico penalmente protegido. Consoante o ensinamento de Nélson Hungria: "enquanto não atinge esse *minimum* de atuação objetiva, a vontade criminosa, do ponto de vista penal, é um nada jurídico"[29]. Para nós, só há início de execução quando o sujeito começa a praticar o verbo do tipo, ou seja, quando começa a "matar", a "subtrair", "a constranger" etc. Assim, se o agente recebe um tapa no rosto e, prometendo matar o seu agressor, vai até a sua residência, pega a sua arma de fogo, retorna ao local da briga e é preso em flagrante momentos antes de efetuar o primeiro disparo, não há como falar em tentativa de homicídio, pois o agente ainda não havia começado a "matar". O início de execução, portanto, ocorre com a prática do primeiro ato idôneo, isto é, apto a produzir a consumação, e inequívoco à produção do resultado. Antes de apertar o gatilho, por mais que se esteja no limiar do ataque, ainda não se realizou o primeiro ato idôneo a produzir a morte da vítima.

Há quatro espécies de tentativa:

(i.1) Tentativa imperfeita (ou propriamente dita): trata-se da hipótese em que o processo executivo foi interrompido ao meio, sem que o agente pudesse esgotar suas potencialidades de hostilização, como, por exemplo: após desferir um tiro no braço da vítima o agente é surpreendido por terceiro, que retira a arma de suas mãos impedindo-o de deflagrar o restante das balas contra aquela e, portanto, de realizar o intento homicida.

(i.2) Tentativa perfeita ou acabada (também denominada crime falho): assim será considerada quando o agente esgotar o processo de execução do crime, fazendo tudo o que podia para matar, exaurindo a sua capacidade de vulneração da vítima, que, não obstante, é salva; por exemplo: embora o agente deflagre todas as balas do revólver contra a vítima, esta sobrevive. A dosagem da diminuição da pena pela tentativa levará em consideração a distância que, a final, separou o agente da consumação pretendida.

(i.3) Tentativa branca (ou incruenta): é aquela que não resulta qualquer ferimento na vítima. Ocorre na hipótese em que o agente, por ausência de conhecimento no manuseio da arma, por exemplo, desfere vários tiros contra a vítima, mas por erro de pontaria atinge a parede da casa. É a chamada tentativa branca de homicídio.

(i.4) Tentativa cruenta: quando a vítima sofre ferimentos.

(ii) Tentativa e crime culposo. Não combinam, isto é, não cabe tentativa em crime culposo, na medida em que a vontade do agente não está dirigida para a produção do

28. Nélson Hungria, *Comentários*, cit., v. V, p. 68 e 69.

29. Idem, ibidem, p. 66.

evento criminoso, nem mesmo assume o risco de produzi-lo. Tentativa é iniciar a execução de um crime *querendo* a produção do resultado, mas não o realizando por circunstâncias alheias à sua vontade. Pressupõe, portanto, ação dolosa. Magalhães Noronha[30] bem nos mostra a contradição entre o crime culposo e a tentativa: "quer a falta de previsão, quer a previsão sem a vontade opõem-se à tentativa. Carrara, com o rigor de sempre, escreveu: 'A essência moral da culpa consiste na falta de previsão do resultado. A essência moral da tentativa consiste na previsão de um resultado não obtido e a vontade de obtê-lo. Há, destarte, entre a culpa e a tentativa uma contradição de termos. Imaginar uma tentativa de culpa é imaginar uma monstruosidade lógica. Não obstante, alguém quer insinuar a possibilidade jurídica dessa monstruosidade lógica'. De fato, tentativa e culpa são noções antiéticas: naquela o agente fica aquém do que seria; nesta vai além do que desejava". Assinala, ainda, o autor: a "doutrina geralmente é concorde na impossibilidade da tentativa, pois falta a vontade dirigida ao evento; não existe nexo causal subjetivo entre a ação do sujeito ativo e o resultado; a *conduta* do agente não é, assim, meio para o evento. Em tais condições seria difícil identificar-se a tentativa de crime culposo. Reflita-se sobre o caso de um *chauffeur* que em carreira desenfreada não colheu um menor, porque o salvou um transeunte. Poder-se-á dizer que o motorista tentou praticar um crime culposo?".

8. DESISTÊNCIA VOLUNTÁRIA E ARREPENDIMENTO EFICAZ

Desistência voluntária e arrependimento eficaz (CP, art. 15) são espécies de tentativa abandonada ou qualificada. Nelas o resultado não se produz por força da vontade do agente, ao contrário da tentativa, em que atuam circunstâncias alheias a essa vontade. São incompatíveis com os crimes culposos, uma vez que se trata de tentativa que foi abandonada. Pressupõe um resultado que o agente pretendia produzir, mas que, num segundo momento, desistiu ou se arrependeu. Havendo a desistência voluntária ou arrependimento eficaz, desaparece a possibilidade de se aplicar a pena a título de tentativa. O agente só responderá pelos atos até então praticados como delitos autônomos. Ambos os institutos são aplicáveis ao crime de homicídio.

Desistência voluntária: trata-se de voluntária interrupção do *iter criminis*; o agente interrompe voluntariamente a execução do crime, impedindo a sua consumação. Por exemplo: o agente tem um revólver municiado com seis projéteis. Efetua dois disparos contra a vítima, não a acerta e, podendo prosseguir atirando, desiste por vontade própria e vai embora. Não ocorrerá, contudo, a desistência voluntária nas hipóteses em que o agente deixa de prosseguir no intento criminoso por supor que a arma já não contém cápsulas a serem deflagradas ou então por achar que logrou produzir o evento morte.

Arrependimento eficaz: o agente, após encerrar a execução do crime, impede a produção do resultado naturalístico. Aqui a execução do crime é realizada inteiramente, e o resultado é que vem a ser impedido, ao contrário da desistência voluntária. Por exem-

---

30. E. Magalhães Noronha, *Do crime culposo*, p. 134-6, apud Alberto Silva Franco e outros, *Código Penal e sua interpretação jurisprudencial*, 5. ed., São Paulo, Revista dos Tribunais, 1995, p. 1458 e 1459.

plo: o agente descarrega sua arma de fogo na vítima, ferindo-a gravemente, mas, arrependendo-se, presta-lhe imediato e exitoso socorro, impedindo o evento letal.

Tanto na desistência voluntária quanto no arrependimento eficaz o agente impede que sobrevenha o resultado por vontade própria. Dessa forma, afasta-se a possibilidade de se aplicar a pena a título de tentativa, e o agente só responde pelos atos até então praticados como delitos autônomos. No exemplo da desistência voluntária o agente responderá pelo delito de disparo de arma de fogo (art. 15 da Lei n. 10.826/2003). No exemplo do arrependimento eficaz, responderá pelo delito de lesões corporais de natureza grave (CP, art. 129, § 1º).

9. CRIME IMPOSSÍVEL

Crime impossível (também chamado de tentativa inidônea, tentativa inadequada ou quase-crime) é aquele que, pela ineficácia absoluta do meio empregado ou pela impropriedade absoluta do objeto material, é impossível de consumar-se (CP, art. 17). Ninguém pode pretender cometer um homicídio perfurando o tórax de um adulto com um palito de fósforo. Seria ridículo. A consumação é impossível porque o meio é absolutamente ineficaz. Por outro lado, quem metralha um morto, pensando que se trata de uma pessoa dormindo, não pode praticar homicídio, pois o objeto material é totalmente inapto a receber a agressão. Nesses casos, o fato será atípico, em face da impossibilidade de o crime se realizar. Segundo Nélson Hungria, "na tentativa com meio absolutamente inidôneo, falha uma das condições essenciais à existência de um crime, isto é, a ocorrência, pelo menos, de um real perigo de dano. Na tentativa sobre objeto absolutamente impróprio, a atipicidade penal é ainda mais evidente: inexiste o bem jurídico que o agente supõe atacar. Dá-se a ineficácia absoluta do meio quando este, por sua própria essência ou natureza, é incapaz de produzir o evento a que está subordinada a consumação do crime. Exemplo: Tício, tendo resolvido eliminar Caio, ministra-lhe erroneamente bicarbonato de sódio ao invés da dose de estricnina que adquirira para esse fim. Dá-se a absoluta impropriedade do objeto quando este, por sua condição ou situação, torna impossível a produção do evento típico do crime. Exemplos: Tício, supondo seu inimigo a dormir, quando na realidade está morto, desfecha-lhe punhaladas; Mévio, na penumbra da alcova, desfecha tiros sobre o leito em que supõe achar-se deitado o seu inimigo, quando o certo é que este ainda não se recolhera à casa"[31].

Ressalve-se, porém, que, se for relativa a ineficácia do meio empregado ou a inidoneidade do objeto material, não se há de falar em crime impossível, mas em tentativa. Assim, uma arma de fogo apta a efetuar disparos, mas que, às vezes, falha: picotando o projétil e, com isso, vindo a vítima a sobreviver, ocorre a tentativa, pois o meio era relativamente eficaz. A consumação do crime, na realidade, foi impedida por uma condição acidental, alheia à vontade do agente. Importante também notar que a ineficácia e a inidoneidade dependem do crime que está sendo praticado, visto que uma arma de fogo de brinquedo pode ser ineficaz para o cometimento de um homicídio, mas plenamente eficaz para a prática de um roubo, dada a sua aptidão para intimidar.

---

31. Nélson Hungria, *Comentários*, cit., v. V, p. 70.

10. CONCURSO DE PESSOAS

O homicídio não é plurissubjetivo ou de concurso necessário, podendo ser praticado por um único agente (monossubjetivo ou de concurso eventual). Pode ou não existir concurso de agentes.

O Código Penal prevê, em seu art. 29, ao tratar do concurso de pessoas, as figuras de autor, coautor e partícipe.

Conceitua-se **(i) autor** como aquele que realiza o verbo da figura típica (teoria restritiva, que adotamos). No homicídio, autor é aquele que mata. Importante observar que, segundo essa concepção, o mandante do crime não pode ser considerado autor, na medida em que não realizou materialmente o núcleo da figura típica: quem manda matar, não mata. O mandante, no caso, será considerado partícipe. Há, contudo, forte corrente doutrinária adepta da chamada "teoria do domínio do fato", que sustenta ser autor todo aquele que detém o controle final da situação até a consumação, pouco importando se foram realizados atos de execução ou praticado o verbo do tipo. O mandante, embora não pratique o verbo, é considerado autor para essa corrente, pois detém o domínio do fato até o seu final. O mesmo se diga do chamado autor intelectual, ou seja, aquele que planeja toda a ação delituosa, ou aquele que coordena e dirige a atuação dos demais, embora não a realize materialmente. Seriam todos coautores[32].

Nosso entendimento: não adotamos a corrente doutrinária adepta da chamada "teoria do domínio do fato".

O concurso de pessoas se perfaz pelo cometimento de um crime em coautoria ou participação. A **(ii) coautoria** ocorre quando dois ou mais agentes, conjuntamente, realizam o verbo (núcleo) do tipo. Por exemplo: três agentes golpeiam sucessivamente a vítima, que vem a falecer. Os três realizaram materialmente o verbo da figura típica: matar. **(iii) Partícipe** é aquele que, sem realizar o núcleo (verbo) da figura típica, concorre de alguma maneira para a produção do resultado. Há duas formas de participação: **(iii.1) moral** – através da instigação (instigar é reforçar uma ideia já existente), do induzimento (induzir é fazer nascer a ideia na mente do agente); **(iii.2) material** – mediante auxílio, por exemplo: emprestar a arma do crime, levar o agente em seu veículo até o local do crime, vigiar o local do crime para que o agente pratique a conduta delitiva. Para os adeptos da teoria restritiva o mandante do crime é considerado partícipe, haja vista que não realiza o verbo núcleo da figura típica. Contudo, para os adeptos da teoria do domínio do fato o mandante é o autor intelectual do crime e não partícipe, uma vez que detém o do-

---

32. São adeptos dessa corrente de pensamento: Manoel Pedro Pimentel, A teoria do crime na reforma penal, *RT*, 591/294; Nilo Batista, *Concurso de agentes*, Rio de Janeiro, Liber Juris, 1979, p. 56; Pierangelli, O concurso de pessoas e o novo Código Penal, *RT*, 680/297; Luiz Regis Prado e Cezar Roberto Bitencourt, *Código Penal anotado*, São Paulo, Revista dos Tribunais, 1997, p. 243 e 244, n. 2-3; Wagner Brússola Pacheco, Concurso de pessoas: notas e comentários, *RT*, 720/381 (cf. Damásio E. de Jesus, *Código Penal anotado*, cit., p. 133).

mínio do fato[33]. "Cúmplice" é expressão que muitos, desde Welzel, equiparam a auxílio[34]. Preferimos não adotar esta terminologia.

– **Autor mediato.** É aquele que se serve de outra pessoa, sem condições de discernimento, para realizar, em seu lugar, a conduta típica. A pessoa é usada como mero instrumento de atuação. O autor poderia ter utilizado uma arma, um cão feroz ou qualquer instrumento, caso em que seria considerado autor imediato, mas optou por servir-se de outra pessoa como executor, fazendo com que esta atuasse sem consciência, como uma *longa manus* sua, uma extensão de seu corpo, como se fosse simples instrumento, e, por essa razão, considera-se que a conduta principal foi realizada pelo autor mediato. Trata-se, portanto, de autoria, ou seja, é o autor mediato quem realiza o verbo do tipo, só que com a mão de outro. Por esse motivo, não cabe falar nessa figura para os chamados crimes de mão própria, os quais precisam ser realizados pelo próprio agente em pessoa (com suas próprias mãos). A autoria mediata pode resultar de: **(i) Ausência de capacidade penal da pessoa, da qual o autor mediato se serve** – por exemplo, induzir um doente mental a matar alguém. Nessa hipótese, o executor do crime não tem qualquer capacidade de discernimento; é apenas um instrumento para a realização do intento homicida do autor mediato. **(ii) Coação moral irresistível** – que é o emprego de grave ameaça contra alguém, a fim de que este faça ou deixe de fazer algo; será o autor mediato aquele que por coação moral irresistível leva determinada pessoa à prática do delito de homicídio. **(iii) Provocação de erro do tipo escusável** – por exemplo, o autor mediato induz o agente a matar um inocente, fazendo-o crer que estava em legítima defesa. **(iv) Obediência hierárquica** – quando o autor da ordem sabe que esta é ilegal, mas, aproveitando-se do desconhecimento de seu subordinado, o induz à prática delitiva.

– **Autoria colateral.** Ocorre quando mais de um agente realiza simultaneamente a conduta, não havendo liame subjetivo entre eles. Por exemplo, "A" e "B", ao mesmo tempo, executam a vítima, sem que um conheça a conduta do outro. A ausência de unidade de desígnios não configura o concurso de pessoas, impedindo que todos venham a responder pelo mesmo crime. No caso, cada qual será responsabilizado de acordo com seu comportamento, isoladamente considerado. Desse modo, no caso de morte por traumatismo cranioencefálico provocado por instrumento perfurocontundente, se foi "A" quem deflagrou os projéteis que atingiram a vítima nessa região, tendo os disparos de "B" alcançado apenas as pernas daquela, é "A" quem deverá responder pelo delito de homicídio consumado, enquanto "B" somente responderá pela tentativa. Se houve liame subjetivo, ambos responderão como coautores pelo homicídio consumado, já que todo aquele que concorre para um crime incide nas penas a ele cominadas (CP, art. 29).

– **Autoria incerta.** Ocorre quando, na autoria colateral, não se sabe quem foi o causador do resultado. Na realidade, sabe-se quem realizou a conduta, mas não quem deu causa ao resultado naturalístico. É certo, no exemplo acima citado, que "A" e "B" atiraram, mas, *se as armas têm o mesmo calibre, como saber qual o projétil causador da morte?* A atribuição

---

33. Nesse sentido: Luiz Carlos Perez, *Tratado de derecho penal*, Bogotá, Ed. Temis, 1967, v. 2, p. 23, apud Damásio E. de Jesus, *Código Penal anotado*, cit., p. 135.

34. Hans Welzel, *Derecho penal alemán*; parte general, 11. ed., Santiago, Ed. Jurídica de Chile, 1970 (trad. Juan Bustos Ramírez y Sergio Yáñez Pérez), p. 160.

da responsabilidade no caso é controvertida. Damásio E. de Jesus sustenta que condenar ambos pelo homicídio consumado seria injusto, pois um deles, que seria o autor da mera tentativa, seria inocentemente punido por fato mais grave. Do mesmo modo, segundo ele, não caberia absolvê-los, já que, pelo menos, praticaram uma tentativa de homicídio. Restaria, portanto, puni-los como autores de tentativa de homicídio, abstraindo-se o resultado, cuja autoria não se apurou, por adoção ao princípio *in dubio pro reo*. Em sentido contrário, há entendimento segundo o qual, não se sabendo qual foi o verdadeiro autor do tiro mortal, é lícito atribuir a todos que atiraram a coautoria. Não confundir com autoria desconhecida ou ignorada, em que não se sabe, nem sequer, quem praticou a conduta.

– **Concurso de pessoas em crime culposo:** este estudo é de suma importância, tendo em vista a sua aplicação prática aos crimes de homicídio e lesões corporais decorrentes de acidente de veículo. Segundo a doutrina e a jurisprudência, é possível o concurso de pessoas em delitos culposos, mas prevalece a orientação no sentido de que somente há coautoria e não participação. Na arguta lição de Damásio E. de Jesus o crime culposo "admite coautoria, porém não participação. O crime culposo tem o tipo aberto, sendo típica toda conduta que descumpre o dever objetivo de cuidado. Assim, é autor aquele que, violando esse dever, dá causa ao resultado. Todo grau de causação a respeito do resultado típico produzido não dolosamente, mediante uma ação que não observa o cuidado requerido no âmbito de relação, fundamenta a autoria do respectivo delito culposo. Por essa razão, não existe diferença entre autores e partícipes nos crimes culposos. Toda classe de causação do resultado típico culposo é autoria. Observe-se que, se os agentes atuam sem a consciência de que de alguma forma estão colaborando com a conduta culposa dos demais agentes, não se configurará a coautoria, pois exige-se o nexo psicológico, que é a vontade consciente de concorrer para uma conduta culposa. Mais informações sobre o tema serão encontradas no tópico "homicídio culposo".

Nosso entendimento: é possível tanto a coautoria quanto a participação no crime culposo. Autor será aquele que tiver praticado o verbo do tipo, culposamente, enquanto partícipe, o que cooperou para o desfecho culposo, sem o cometimento do núcleo da ação típica. Por exemplo: um motorista imprime velocidade incompatível com o local, estimulado pelo passageiro. Ambos atuam com imprudência. Vindo o veículo a atropelar e despedaçar um ciclista, será autor aquele que "matou alguém culposamente", ou seja, aquele que estava dirigindo o automóvel, e partícipe o que induziu e instigou o motorista a agir com imprudência, estimulando-o a acelerar.

– **Participação mediante omissão em crime de homicídio:** é possível. Para tanto, basta que o partícipe tenha o dever jurídico de impedir o resultado. Se o omitente viola essa obrigação legal, acaba por concorrer para a produção do resultado, tornando-se partícipe. Exige-se, contudo, que o omitente concorra com o elemento subjetivo, qual seja, o de aderir com a sua conduta omissiva ao comportamento do autor principal, por exemplo: policial militar que assiste inerte, em atitude de solidariedade, o seu colega de trabalho desferir violentos golpes contra o delinquente até causar a sua morte. O policial militar tem por lei a obrigação de impedir esse resultado, sendo certo que se, podendo evitá-lo, não o fez, aderindo ao desígnio do autor, responderá como partícipe pela omissão. Observe-se que não basta a mera omissão do dever jurídico de agir, é necessário também o vínculo subjetivo, ou seja, a vontade de aderir à conduta do autor, do contrário não estará caracterizada a participação. Assim, para o homicídio doloso são necessários os seguintes requisitos: omissão + dever jurídico de agir (por lei, garantidor ou ingerência) + dolo, isto é, vontade de que o resultado típico se produza. Para o homicídio culposo, a única diferença seria a culpa, em vez de dolo, quanto ao resultado. Se inexiste o dever jurídico de impedir o resultado, estaremos diante da hipótese de conivência, também chamada de participação negativa. Dessa forma, o indivíduo que, transitando pela rua, testemunha a prática de um crime de homicídio não está obrigado a impedir o evento criminoso, pois não tem o dever legal de impedir o resultado, respondendo apenas por sua própria omissão (delito de omissão de socorro — CP, art. 135). Da mesma forma, aquele que tem conhecimento prévio da futura prática de um homicídio e, não tendo o dever jurídico de impedir o resultado, omite-se nas diligências tendentes a impedi-lo, não pratica o delito em qualquer uma das formas de coparticipação. Se, contudo, houvesse previsão legal autônoma para essas condutas omissivas, aí sim, poderia responder por uma infração penal autônoma, mas jamais pelo concurso de pessoas no crime de homicídio.

— **Concurso de pessoas e ajuste prévio:** o concurso de pessoas exige para a sua configuração a convergência de vontades para a prática delituosa, ou seja, que os agentes tenham consciência de que, de alguma forma, contribuem para a prática delituosa, porém não se exige o prévio ajuste de vontades, ou seja, não se exige que os agentes planejem em conjunto e com antecedência, ou concomitantemente, a concretização do desígnio criminoso. Por exemplo: "A", coincidentemente, avista o seu desafeto "B" sendo golpeado a pauladas pelo indivíduo "C"; aproveitando-se dessa oportunidade, "A" resolve aderir à conduta de "C", passando também a desferir pauladas em seu desafeto, cujo óbito vem a suceder. "A" e "C" responderão por homicídio doloso em coautoria, não obstante a ausência de prévio ajuste entre ambos. Difere essa hipótese da autoria colateral, na medida em que nesta os agentes não têm conhecimento um da conduta do outro, não há a adesão de uma conduta a outra, ao passo que no concurso de pessoas sem ajuste prévio um dos agentes adere à conduta do outro, ou seja, tem conhecimento do propósito criminoso do indivíduo e almejando o mesmo acaba por aderir à conduta dele.

— **Participação posterior à consumação do crime:** é inadmissível a coautoria e a participação posteriores à consumação do crime. Para que se opere a coautoria é necessário que os agentes tenham a vontade comum de executar e consumar o crime. Conforme já estudado, autor é aquele que realiza o núcleo da figura típica. Ora, se o crime já está consumado, é impossível realizar o verbo núcleo da figura típica e, portanto, configurar-se a coautoria. O mesmo ocorre na participação. Desse modo, se um indivíduo presencia o seu colega praticando um homicídio e após a consumação deste vai ao encontro do agente a fim de auxiliá-lo na ocultação do cadáver, não é partícipe do homicídio, visto que não contribuiu para a realização material do verbo da figura típica. Responderá ele pelo delito autônomo de ocultação de cadáver. Observe-se, contudo, que é possível a participação posterior, mediante auxílio, se este foi prometido antes ou durante a execução do crime, pois nessa hipótese há a vontade prévia do agente de colaborar de qualquer forma para a realização do crime, ainda que posteriormente. No mesmo exemplo acima citado, temos que se antes da prática do delito o indivíduo previamente ajustou com o seu colega que o auxiliaria na ocultação do cadáver, se aquele colocasse em prática o desiderato criminoso, configurada estaria a hipótese de concurso de pessoas mediante participação. Isso porque o indivíduo quis de algum modo colaborar para o resultado.

11. FORMAS

O Código Penal distingue várias modalidades de homicídio: homicídio simples (art. 121, *caput*), homicídio privilegiado (§ 1º), homicídio qualificado (§ 2º) e homicídio culposo (§ 3º).

(i) Homicídio simples doloso (*caput*): Constitui o tipo básico fundamental, é o que contém os componentes essenciais do crime.

(ii) Homicídio privilegiado (§ 1º): Tendo em conta circunstâncias de caráter subjetivo, o legislador cuidou de dar tratamento diverso ao homicídio cujos motivos determinantes conduziriam a uma menor reprovação moral do agente. Para tanto, inseriu essa causa de diminuição de pena, que possui fator de redução estabelecido em quantidade variável (1/6 a 1/3).

(iii) Homicídio qualificado (§ 2º): Em face de certas circunstâncias agravantes que demonstram maior grau de reprovabilidade da conduta do agente, o legislador criou o tipo qualificado, que nada mais é que um tipo derivado do homicídio simples, com novos limites, mínimo e máximo, de pena (reclusão, de 12 a 30 anos).

(iv) Homicídio culposo (§ 3º): Constitui a modalidade culposa do delito de homicídio. Diz-se o crime culposo quando o agente deu causa ao resultado por imprudência, negligência ou imperícia (CP, art. 18, II).

(v) Causa de aumento de pena (§§ 4º, 6º e 7º): O § 4º contém causas de aumento de pena aplicáveis respectivamente às modalidades culposa e dolosa do delito de homicídio; o § 6º contém causa de aumento de pena para as situações em que o homicídio é praticado em atividade típica de grupo de extermínio; o § 7º contém as causas de aumento para o feminicídio, que é o homicídio qualificado praticado contra a mulher por razões da condição de sexo feminino (art. 121, § 2º, VI, CP).

11.1. Homicídio simples (art. 121, *caput*)

É a figura prevista no *caput* do art. 121 do Código Penal, caracterizada pelo simples ato de matar alguém, com a intenção de produzir a morte ou assumindo o risco de fazê-lo. Conforme já dissemos acima, o homicídio simples constitui o tipo básico fundamental. Ele contém os componentes essenciais do crime. O alcance deste tipo penal é determinado por exclusão, ou seja, constituí homicídio simples aquele que não é privilegiado (art. 121, § 1º) ou qualificado (art. 121, § 2º).

- **Hediondez:** anote-se que, de acordo com o art. 5º, XLIII, da Constituição Federal os crimes hediondos, de tráfico de drogas, tortura e terrorismo são inafiançáveis e insuscetíveis de graça e anistia. A Lei de Crimes Hediondos, Lei n. 8.072/90, determina que a pena seja cumprida inicialmente em regime fechado e que a progressão de regime se dê após o cumprimento de 40% da pena, se primário; 50% da pena, se condenado pela prática de crime hediondo ou equiparado, com resultado morte, se for primário; 60% se reincidente na prática de crime hediondo ou equiparado; 70% se for reincidente em crime hediondo ou equiparado com resultado morte (art. 112 da LEP – com redação dada pela Lei n. 13.964/2019[35]). Outro reflexo da hediondez está relacionado ao livramento condicional (CP, art. 83), que determina que aquele só será concedido após decorridos dois terços da pena, salvo se condenado por crime hediondo ou equiparado, com resultado morte, se for primário, ou se reincidente em crime hediondo ou equiparado com resultado morte (art. 112 da LEP – com redação dada pela Lei n. 13.964/2019). Os crimes hediondos encontram-se enumerados taxativamente no art. 1º da Lei n. 8.072/90, dentre eles o homicídio simples praticado em atividade típica de grupo de extermínio, conforme veremos a seguir.

- **Homicídio praticado em atividade típica de grupo de extermínio:** a partir da redação do art. 1º, I, da Lei n. 8.072/90, o delito de homicídio simples (tentado ou consumado), quando cometido em atividade típica de grupo de extermínio, ainda que por um só executor, passou a ser considerado crime hediondo. A lei exige, então, que o homicídio seja praticado em atividade típica de grupo de extermínio, o que não se confunde com associação criminosa, pois a lei não requer número mínimo de integrantes para considerar hediondo o homicídio simples. O grupo pode ser formado por, no mínimo, duas pessoas (como no caso da associação para o tráfico – art. 35, *caput* e parágrafo único, da Lei de Drogas), admitindo-se, ainda, que somente uma delas execute a ação. A finalidade é especial em relação ao delito previsto no art. 288 do Código Penal, qual seja, a de eliminar fisicamente um grupo específico de pessoas, pouco importando estejam ligadas por um laço racial ou social, sendo suficiente que estejam ocasionalmente vinculadas. Por exemplo: no episódio conhecido como "massacre de Vigário Geral", ocorrido no Rio de Janeiro, as vítimas estavam, eventualmente, alocadas uma perto das outras, sem um liame necessariamente racial a uni-las. Damásio E. de Jesus classifica esse crime hediondo como condicionado, pois depende da verificação de um requisito ou pressuposto, qual seja, o de que o delito tenha sido praticado em atividade típica de grupo de extermínio[36].
- **Homicídio praticado em atividade típica de grupo de extermínio e competência do Tribunal do Júri:** de acordo com o art. 483 do CPP, "Os quesitos serão formulados na seguinte ordem, indagando sobre: I – a materialidade do fato; II – a autoria ou participação; III – se o acusado deve ser absolvido; IV – se existe causa de diminuição alegada pela defesa; V – se existe circunstância qualificadora ou causa de aumento de pena reconhecidas na pronúncia ou em decisões posteriores que julgaram admissível a

---

35. Vale observar que a Lei n. 13.964/2019, além de modificar a redação do art. 112 da LEP, revogou o art. 2º, § 2º, da Lei n. 8.072/90, que tratava da progressão de regime para os crimes hediondos.

36. Damásio E. de Jesus, *Boletim do IBCCrim*, n. 29, abr. 1995.

acusação". O homicídio praticado em atividade típica de grupo de extermínio é causa de aumento de pena do tipo penal do homicídio (CP, art. 121, § 6º). Por isso deve ser indagado ao Conselho de Sentença se o homicídio foi ou não praticado nesses moldes. Com efeito, o cometimento do crime em atividade típica de grupo de extermínio sujeita o autor a novos limites de pena.

11.2. Homicídio privilegiado (art. 121, § 1º)

- **Natureza jurídica:** o homicídio privilegiado está previsto no art. 121, § 1º, do Código Penal e dá direito a uma redução de pena variável entre um sexto e um terço. Trata-se de verdadeira causa especial de diminuição de pena, que incide na terceira fase da sua aplicação (cf. CP, art. 68, *caput*). Na realidade, o homicídio privilegiado não deixa de ser o homicídio previsto no tipo básico (*caput*); todavia, em virtude da presença de certas circunstâncias subjetivas que conduzem a menor reprovação social da conduta homicida, o legislador prevê uma causa especial de atenuação da pena.
- **Redução da pena: obrigatoriedade ou faculdade do juiz:** se o privilégio tiver sido reconhecido pelo júri popular, o juiz está obrigado a respeitar a soberania do veredicto, não havendo que se falar em faculdade. Nos demais crimes, de competência do juízo monocrático, quem decide é o juiz, podendo considerar ou não a emoção, de acordo com as peculiaridades do caso concreto. Nesta hipótese, não estamos diante de uma causa especial de diminuição de pena (privilégio), mas de uma circunstância atenuante genérica (CP, art. 65, III, *c*). Esse é o posicionamento que prevalece e é o que dispõe o art. 492, I, *e*, em que o juiz presidente, no caso de condenação, imporá os aumentos ou diminuições da pena, em atenção às causas admitidas pelo júri. Dessa forma, uma vez reconhecido o privilégio pelo Conselho de Sentença, o juiz presidente estará obrigado a reduzir a pena.
- **Hipóteses de homicídio privilegiado:** primeiramente, convém falar acerca dos **motivos determinantes do crime**. Ensina Hungria que "constituem, no direito penal moderno, a pedra de toque do crime. Não há crime gratuito ou sem motivo e é no motivo que reside a significação mesma do crime. O motivo é o 'adjetivo' do elemento moral do crime. É através do 'porquê' do crime, principalmente, que se pode rastrear a personalidade do criminoso, e identificar a sua maior ou menor antissociabilidade. Para regular e *individualizar* a medida da pena, não basta averiguar o valor psicológico do réu, a maior ou menor intensidade do dolo ou quantidade do dano ou perigo de dano; é imprescindível ter-se em conta a *qualidade* dos motivos impelentes"[37]. Conclui-se, portanto, que todo e qualquer crime tem um móvel propulsor que pode ser socialmente adequado ou não. O legislador, considerando que certas motivações que impelem o agente à prática criminosa estão de acordo com a moral média da sociedade, elevou à categoria de homicídio privilegiado os crimes cometidos por motivo de relevante valor moral ou relevante valor social. Diante da menor reprovação social da conduta, o legislador

37. Nélson Hungria, *Comentários*, cit., v. V, p. 122-4.

bem cuidou de minorar a pena sempre que presentes tais motivações. Dito isso, temos que as hipóteses de homicídio privilegiado são as seguintes: (i) motivo de relevante valor moral; (ii) motivo de relevante valor social; e (iii) domínio de violenta emoção, logo em seguida a injusta provocação da vítima.

(i) e **(ii) Motivo de relevante valor social ou moral:** motivo de relevante valor social, como o próprio nome já diz, é aquele que corresponde ao interesse coletivo[38]. Nessa hipótese, o agente é impulsionado pela satisfação de um anseio social. Por exemplo, o agente, por amor à pátria, elimina um traidor. Naquele dado momento, a sociedade almejava a captura deste e a sua eliminação. O agente nada mais fez do que satisfazer a vontade da sociedade, por isso a sua conduta na esfera penal merece uma atenuação da pena. Importante acrescentar que o reconhecimento da figura privilegiada no tocante ao "motivo de relevante valor social" demanda que o motivo seja realmente relevante, ou seja, notável, importante, especialmente digno de apreço. Motivo de relevante valor moral é aquele nobre, aprovado pela moralidade média[39]. Deve o agente ter agido por sentimento altruísta, de piedade ou compaixão. Corresponde a um interesse individual. É o caso da eutanásia, em que o agente, por compaixão ante o irremediável sofrimento da vítima, antecipa a sua morte. O motivo, porém, há necessariamente de ser relevante. O valor social ou moral do motivo há que ser analisado segundo critérios objetivos, ou seja, tendo em vista sempre o senso comum e não segundo critérios pessoais do agente. Segundo Damásio E. de Jesus, "se o sujeito, levado a erro por circunstância de fato, supõe a existência do motivo (que, na verdade, inexiste), aplica-se a teoria do erro de tipo (CP, art. 20), não se afastando a redução da pena"[40]. Observe-se que os motivos de relevante valor moral ou social configuram circunstâncias legais especiais dos delitos de homicídio e lesão corporal, contudo tais motivos também constituem circunstância atenuante prevista no art. 65, III, *a*, do Código Penal. Em se tratando dos delitos acima mencionados, tais motivos funcionarão somente como circunstância especial de redução da pena.

– **Eutanásia ou homicídio piedoso:** significa boa morte. É o antônimo de distanásia. Consiste em pôr fim à vida de alguém, cuja recuperação é de dificílimo prognóstico, mediante o seu consentimento expresso ou presumido, com a finalidade de abreviar-lhe o sofrimento. Troca-se, a pedido do ofendido, um doloroso prolongamento de sua existência por uma cessação imediata da vida, encurtando sua aflição física. Pode ser praticada mediante um comportamento comissivo (eutanásia ativa) ou omissivo (forma passiva). No primeiro caso, por exemplo, o médico aplica uma injeção letal no paciente a seu pedido, por não suportar mais vê-lo sofrendo. O autor age, interfere positivamente no curso causal; a segunda hipótese é a do paciente com câncer em estágio terminal, já inconsciente, o qual é transferido da UTI para o quarto do hospital ou para sua casa, mediante autorização expressa de sua família, presumida a sua aquiescência. Ninguém provoca a sua morte, mas a cadeia de causalidade prossegue,

---

38. Nélson Hungria, *Comentários*, cit., v. V, p. 125.

39. Idem, ibidem, p. 126.

40. Damásio E. de Jesus, *Direito penal*; parte especial, São Paulo, Saraiva, 1995, v. 2, p. 55.

sem que seja interrompida pelo médico ou por terceiros. Geralmente, é o que ocorre na prática – há uma consulta à família, no sentido de manter os tubos e aparelhos ligados à pessoa, e com isso aprofundar sua degradação física ou paralisar o tratamento e aguardar o desfecho da natureza. Em nossa legislação, ambas as modalidades configuram homicídio privilegiado (CP, art. 121, § 1º – relevante valor moral), sendo a modalidade omissiva um crime omissivo impróprio, por quebra do dever legal (CP, art. 13, § 2º, *a*). É possível sustentar a atipicidade na eutanásia omissiva, sob o argumento de que, em situações extremas, não há bem jurídico a ser tutelado, já que a vida só existe do ponto de vista legal, mas em nada se assemelha aos padrões mínimos de uma existência digna, dado que a pessoa está apenas vegetando. Entretanto, é orientação pacífica na doutrina e jurisprudência que em ambos os casos ocorre homicídio privilegiado. Em alguns países da Europa, como a Holanda, desde abril de 2001, ela não mais configura crime. Não é o caso do Brasil. Entretanto, fora do campo estritamente jurídico, há a Resolução n. 1.805/2006 do Conselho Federal de Medicina, que autoriza o médico a praticar a ortotanásia, que consiste na possibilidade de o médico limitar ou suspender procedimentos e tratamentos que prolonguem a vida do doente na fase terminal de enfermidades graves e incuráveis. Essa possibilidade está prevista desde que exista autorização expressa do paciente ou de seu responsável legal. Tal Resolução teve sua vigência renovada por decisão judicial em Ação Civil Pública. O Judiciário, no caso, deu maior valia para o princípio da autonomia do paciente e, consequentemente, sua dignidade humana nos momentos finais de sua existência.

(iii) Domínio de violenta emoção, logo em seguida a injusta provocação da vítima: trata-se de outra modalidade de homicídio privilegiado. Emoção, segundo Nélson Hungria, "é um estado de ânimo ou de consciência caracterizado por uma viva excitação do sentimento. É uma forte e transitória perturbação da afetividade, a que estão ligadas certas variações somáticas ou modificações particulares das funções da vida orgânica (pulsar precípite do coração, alterações térmicas, aumento da irrigação cerebral, aceleração do ritmo respiratório, alterações vasomotoras, intensa palidez ou intenso rubor, tremores, fenômenos musculares, alterações das secreções, suor, lágrimas etc.)"[41]. Difere a emoção da paixão, pois enquanto a primeira se resume a uma transitória perturbação da afetividade, a paixão é a emoção em estado crônico, ou seja, é o estado contínuo de perturbação afetiva em torno de uma ideia fixa, de um pensamento obsidente. A emoção se dá e passa; a paixão permanece, incubando-se[42]. A ira momentânea configura emoção. O ódio recalcado, o ciúme deformado em possessão doentia e a inveja em estado crônico retratam a paixão. A emoção é o vulcão que entra em erupção; a paixão, o sulco que vai sendo, paulatinamente, cavado na terra, por força da água pluvial. A primeira é abrupta, súbita, repentina... e fugaz. A paixão é lenta, duradoura, vai se arraigando progressivamente na alma humana, de modo a ficar impregnada permanentemente. A paixão é pelo clube de futebol; a emoção, pelo gol marcado. Segundo o art. 28, I, do Código Penal: "Não excluem a imputabilidade penal

---

41. Nélson Hungria, *Comentários*, cit., v. V, p. 132.

42. Idem, ibidem, p. 134.

a emoção ou a paixão". Não obstante isso, a emoção pode funcionar como causa especial de diminuição de pena no homicídio doloso ou como atenuante genérica. A paixão não produz nenhum efeito, sendo irrelevante. Em seu estágio doentio, pode excluir a imputabilidade, se convolar-se em doença mental.

– Por que a emoção e a paixão não patológica (não é considerada doença mental) são irrelevantes para excluir a imputabilidade penal? Porque não constam do rol de dirimentes constante do art. 26 do Código Penal. Para que haja exclusão da culpabilidade, pela inimputabilidade, é necessário que a perda total da capacidade de entender ou de querer decorra de doença mental ou de desenvolvimento mental incompleto ou retardado. Fora dessas hipóteses, fica excluído o requisito causal, não se podendo falar em ausência de culpabilidade. O Código Penal de 1890 previa a irresponsabilidade penal aos chamados *criminosos emocionais*, mas o Código Penal de 1940 e a subsequente Reforma Penal de 1984 excluíram a emoção e a paixão do rol de dirimentes. Isso porque o indivíduo que comete crime sob o domínio de violenta emoção não tem anulada a sua capacidade de entendimento e de autodeterminação, já que tanto a emoção quanto a paixão são sentimentos inerentes ao homem comum, que não se enquadram, na maioria das vezes, em um quadro clínico patológico. Não há substituição ou abolição da consciência, ao contrário do que se verifica nas doenças mentais[43]. A emoção, como um processo crescente que pode desencadear uma conduta criminosa, é possível de ser reprimida *ab initio*, porque precede à emoção um estado de consciência ainda que breve. O indivíduo, inicialmente, não tem a sua vontade eliminada, podendo reprimir a sua emoção. A formação moral do indivíduo sem dúvida contribuirá para a sua maior resistência ou não aos impulsos emotivos. Por outro lado, a certeza da punição exercerá grande poder inibitório sobre o indivíduo, que resistirá ao impulso emotivo em seu nascedouro. Conclui-se, portanto, que nem a emoção nem a paixão (havidas como normais) são causas excludentes da imputabilidade penal. Funcionará a emoção como circunstância privilegiadora no homicídio doloso sempre que presentes os seguintes requisitos:

(i) Emoção violenta: refere-se à intensidade da emoção. É aquela que se apresenta forte, provocando um verdadeiro choque emocional, comprometendo o juízo crítico, reduzindo o autocontrole. Somente se violenta autoriza o privilégio, de forma que, se o agente, diante de uma injusta provocação, reage "a sangue frio", não terá direito à minorante. Para Nélson Hungria: "no texto do § 1º do art. 121, onde está escrito 'emoção', pode ler-se 'cólera' ou 'ira', pois esta é a emoção específica que em nós se produz quando sofremos ou assistimos a uma injustiça. Emoção estênica ou reacionária, por excelência, a ira, se não é contida a tempo, pode conduzir aos maiores desatinos. Os antigos chamavam-na *furor brevis*"[44].

(ii) Provocação injusta do ofendido: é aquela sem motivo razoável, injustificável, antijurídica. Trata-se de conceito relativo, cujo significado pode variar de pessoa a pessoa, segundo critérios culturais de cada um. Deve-se procurar um padrão objetivo

---

43. Nélson Hungria, *Comentários*, cit., v. V, p. 135.

44. Idem, ibidem, p. 150.

de avaliação, fixado de acordo com o senso comum, embora, acessoriamente, possa ser também levada em conta "a qualidade ou condições das pessoas dos contendores, seu nível de educação, seus legítimos melindres. Uma palavra que pode ofender a um homem de bem já não terá o mesmo efeito quando dirigida a um desclassificado. Por outro lado, não justifica o estado de ira a hiperestesia sentimental dos *alfemins* e *mimosos*. Faltará a objetividade da provocação, se esta não é suscetível de provocar a indignação de uma pessoa normal e de boa-fé"[45]. São hipóteses de provocações injustas: agressão em momento anterior ao homicídio; injúria real; sedução e corrupção da filha; xingar o agente; xingar a mãe do agente. Somente a emoção derivada de uma injustiça justifica a reação do agente, não se podendo considerar privilegiado o homicídio cometido por marido contra a esposa por esta se recusar à reconciliação, ainda que sem razão a vítima na separação do casal. É também possível reconhecer a provocação injusta em um fato culposo. Observe-se, ainda, que, se diante da provocação injusta houver necessidade de o agente utilizar-se de defesa, poderemos estar diante de uma hipótese de excludente da antijuridicidade, consistente na legítima defesa, não respondendo o agente por crime algum. A ausência de provocação do ofendido descaracteriza o privilégio. Assim, a ira que se desencadeia ante a simples visão do desafeto não constitui causa de diminuição de pena. A injustiça não necessariamente precisa ser dirigida contra aquele que reage, podendo ser dirigida contra terceira pessoa ou animais. Na hipótese de *aberratio ictus* (desvio ou erro no golpe), que é uma das modalidades de erro de tipo acidental, se o agente atira no provocador, vindo a atingir um terceiro (cf. CP, art. 73), por erro na pontaria, o privilégio não desaparecerá, pois o crime contra a vítima virtual ou pretendida transporta-se para o crime efetivamente cometido. A provocação também pode ser putativa (*putativa* origina-se do latim *putare*, que significa errar, ou *putativum*; putativo é, portanto, sinônimo de imaginário). Consiste na provocação erroneamente imaginada pelo agente. Ela não existe na realidade, mas o agente pensa que sim, porque está errado. Só existe, portanto, na mente, na imaginação do sujeito. Aplicam-se aqui os princípios relativos à legítima defesa putativa por erro de tipo ou de proibição. Se o erro for de apreciação dos fatos (o sujeito vê uma realidade, mas enxerga outra), aplica-se a regra do erro de tipo, excluindo-se o dolo e, se inevitável, também a culpa. Por exemplo: o sujeito ouve uma ofensa à mãe de um árbitro de futebol e confunde a vítima com a sua genitora. Em contrapartida, quando o agente tiver perfeita noção de tudo o que está ocorrendo, mas imaginar-se autorizado a reagir, por uma equivocada apreciação dos limites da norma, o caso será de erro de proibição. Assim, por exemplo, quando o proprietário acompanha a execução de uma ordem legal de despejo, e o inquilino despejado, julgando-se injustamente provocado, reage com violência. Trata-se de típico caso de erro de proibição.

→ **Atenção:** se o autor da provocação for criança ou deficiente mental, não há falar em homicídio privilegiado, em razão da ausência de idoneidade do ato praticado para efeito de gerar violenta emoção.

---

45. Nélson Hungria, *Comentários*, cit., v. 5, p. 151.

(iii) Reação imediata: o texto legal exige que o impulso emocional e o ato dele resultante sigam-se imediatamente à provocação da vítima, ou seja, tem de haver a imediatidade entre a provocação injusta e a conduta do sujeito. Dessa forma, morte imposta à vítima, pelo acusado, tempo depois do rompimento do namoro não permite o reconhecimento do homicídio privilegiado, por exemplo. Importante esclarecer o que significa a expressão "logo em seguida", prevista na lei, uma vez que a existência de grande lapso temporal entre a provocação e o crime poderá afastar a incidência do privilégio, tendo em conta que a perturbação emocional decorrente da injusta provocação com o passar do tempo tende a cessar. Desse modo, não incidirá o privilégio na hipótese de o fato criminoso ser produto de cólera que se recalca, transformada em ódio, para uma vingança bem posterior; por isso que a premeditação é incompatível com o privilégio, pois não há o impulso emocional e a reação imediata. Da mesma forma, ficará afastado o privilégio se a reação tiver ocorrido dias ou horas após a provocação injusta. Contudo, há entendimento jurisprudencial no sentido de que a lei exige não a atualidade da reação, mas uma sequência compatível com o estado emocional. Assim, o pequeno tempo decorrido entre a provocação injusta da vítima e a agressão por parte do réu, despendido por este para armar-se e voltar ao local do crime, não afasta a violenta emoção que o dominara. Finalmente, avente-se a hipótese em que o indivíduo somente venha a tomar conhecimento da injusta provocação momentos antes do homicídio. Nessa hipótese, apesar de transcorrido grande lapso temporal entre a provocação e a reação, estará caracterizada a circunstância privilegiadora, pois só se pode exigir a reação do agente no momento em que tiver ciência da provocação.

(iv) Domínio pela emoção: para a incidência do privilégio exige a lei que o agente esteja sob o domínio de violenta emoção. Distingue-se da atenuante genérica "influência de violenta emoção" prevista no art. 65, III, *c*, *in fine*. Nesta última, o agente não se encontra dominado pela emoção, mas apenas sob a sua influência, o que é um *minus* em relação ao requisito da circunstância privilegiadora. Para a incidência dessa atenuante tampouco há necessidade de se verificar o requisito temporal "logo em seguida" a injusta provocação da vítima. Assim, haverá hipóteses em que a circunstância privilegiadora poderá ser afastada pela ausência de imediatidade entre a provocação e a reação, bem como pelo fato de o agente não estar sob o domínio de violenta emoção, quando então poderá incidir a circunstância atenuante, cujos requisitos são mais brandos.

→ **Atenção:** as circunstâncias previstas no art. 121, § 1º, do Código Penal não se comunicam aos demais agentes da infração penal, mas tão somente àquele que age impulsionado pelos fatores descritos na norma, uma vez que se trata de circunstância de natureza subjetiva, incomunicável no concurso de agentes (CP, art. 30).

– **Homicídio passional:** em tese, significa homicídio por amor, ou seja, a paixão amorosa induzindo o agente a eliminar a vida da pessoa amada. Totalmente inadequado o emprego do termo "amor" ao sentimento que anima o criminoso passional, que não age por motivos elevados nem é propulsionado ao crime pelo amor, mas por sentimentos baixos e selvagens, tais como o ódio atroz, o sádico sentimento de posse, o egoísmo desesperado, o espírito vil da vingança. E esse caráter do crime passional vê-se mais nitidamente no modo de execução, que é sempre odioso e repugnante[46]. O passionalismo que vai até o homicídio nada tem que ver com o amor. E. Magalhães Noronha observa: "A verdade é que, em regra, esses assassinos são péssimos indivíduos: maus esposos e piores pais. Vivem a sua vida sem a menor preocupação para com aqueles que deviam zelar, descuram de tudo, e um dia, quando descobrem que a sua companheira cedeu a outrem, arvoram-se em juízes e executores. A verdade é que não os impele qualquer sentimento elevado ou nobre. Não. É o despeito de se ver preterido por outro. É o medo do *ridículo* – eis a verdadeira mola do crime"[47]. O homicídio passional, na sistemática penal vigente, não merece, por si só, qualquer contemplação, mas pode revestir-se das características de crime privilegiado desde que se apresentem concretamente todas as condições do § 1º do art. 121 do Código Penal. Desse modo, se o agente flagra a sua esposa com o amante e, dominado por violenta emoção, desfere logo em seguida vários tiros contra eles, poderá responder pelo homicídio privilegiado, desde que presentes condições muito especiais. Finalmente, se a emoção ou a paixão estiverem ligadas a alguma doença ou deficiência mental, poderão excluir a imputabilidade do agente.

- **Homicídio privilegiado e Lei dos Crimes Hediondos:** o homicídio privilegiado não é crime hediondo. O homicídio simples, sobre o qual pode ser aplicado o privilégio, só é considerado hediondo quando cometido em atividade típica de grupo de extermínio, circunstância incompatível com as do art. 121, § 1º, do Código Penal. Não é possível que alguém, logo em seguida a injusta provocação e sob o domínio de violenta emoção, pratique um homicídio em atividade típica de grupo de extermínio, cuja "frieza" e premeditação são imprescindíveis.

- **Homicídio privilegiado. Coexistência com circunstâncias qualificadoras:** discute-se na doutrina e na jurisprudência acerca da possibilidade de coexistência ou não das circunstâncias privilegiadoras e qualificadoras. Há duas interpretações contrárias à coexistência. Uma delas leva em conta a disposição topográfica da norma penal. Veja-se que primeiramente a norma penal prevê o homicídio simples (*caput*), seguido da figura privilegiada (§ 1º) e da qualificada (§ 2º). Tal disposição técnica deixaria claro que o legislador não quis estender o privilégio ao homicídio qualificado; se o quisesse, teria previsto a figura privilegiada após a qualificada. Assim, a figura privilegiada, segundo a técnica legislativa, seria aplicável somente ao homicídio na modalidade simples. É a posição adotada por E. Magalhães Noronha[48]. A outra interpretação argumenta sobre a incompatibilidade da coexistência das circunstâncias privilegiadoras e qualificadoras, inclusive as de cunho objetivo (meio e modo de execução), por entender que a qualificadora sempre repele o privilégio e vice-versa, pois não se poderia reconhecer situações que amenizem e agravem a pena ao mesmo tempo. Há, nessa esteira, julgados no sentido da impossibilidade de coexistência do privilégio e da circunstância qualificadora objetiva, em virtude do modo de execução do crime. Por exemplo, já se decidiu que é nulo o julgamento em que o júri reconhece o homicídio privilegiado pela violenta emo-

---

46. Rabinowicz, apud Nélson Hungria, *Comentários*, cit., v. V, p. 158.

47. E. Magalhães Noronha, *Direito penal*, cit., v. 2, p. 21.

48. *Direito penal*, cit., v. 2, p. 26.

ção e o emprego de tortura contra a vítima (circunstância qualificadora objetiva), por manifesta contrariedade entre os quesitos.

Levando-se, contudo, em consideração que a disposição topográfica é secundária, devendo a norma penal ser interpretada de forma harmônica, de modo a se admitir a coexistência do privilégio e da qualificadora, e de que as circunstâncias qualificadoras objetivas (meio e modo de execução) são compatíveis com o privilégio, que é sempre uma circunstância subjetiva, a jurisprudência tem aceito a coexistência de circunstância subjetiva que constitua o privilégio com circunstância objetiva (meio e modo de execução) que constitua a qualificadora.

Nosso entendimento: é possível a coexistência das qualificadoras objetivas (meio e modo de execução) com o homicídio privilegiado.

Desse modo, é possível que o agente tenha agido sob o domínio de violenta emoção, logo em seguida à injusta provocação da vítima (circunstância privilegiadora), e que tenha empregado um meio que impediu ou impossibilitou a sua defesa (circunstância qualificadora objetiva). Por exemplo: pai que presencia o homicídio de sua filha e, sob o domínio de violenta emoção, logo em seguida a essa injusta provocação, arma uma emboscada para o homicida. Inadmite-se, contudo, a coexistência de circunstâncias subjetivas. Assim, são incompatíveis, por exemplo, o motivo de relevante valor social ou moral (circunstância privilegiadora) e o motivo fútil (circunstância qualificadora subjetiva). Com efeito, *como se poderia admitir a coexistência de uma motivação frívola, insignificante e uma motivação relevante no aspecto moral ou social?* Impossível, são motivações completamente contraditórias[49].

Para aqueles que entendem que o privilégio pode coexistir com a circunstância qualificadora objetiva, a aplicação da pena será feita da seguinte forma (CP, art. 68):

(i) 1ª fase: no momento da aplicação da pena (CP, art. 68), se foi reconhecida a existência da qualificadora, a pena-base será fixada entre o limite de doze a trinta anos de reclusão;

(ii) 2ª fase: na segunda fase, analisam-se as circunstâncias agravantes e atenuantes;

(iii) 3ª fase: nessa fase, aplicam-se as causas de diminuição do § 1º do art. 121, cabendo a redução de um sexto a um terço da pena somente para quem entende que as qualificadoras de natureza objetiva podem coexistir com o privilégio. Nesse caso, a redução varia conforme a relevância do motivo de valor moral ou social, ou a intensidade da emoção do agente e o grau de provocação do ofendido.

- **Homicídio qualificado-privilegiado e Lei dos Crimes Hediondos:** no caso do homicídio privilegiado-qualificado, decorrente do concurso entre privilégio e qualificadoras objetivas, ficaria a dúvida sobre o caráter hediondo da infração penal. São objetivas as qualificadoras dos incisos III (meios empregados) e IV (modo de execução) do § 2º do

49. Nesse sentido: Damásio E. de Jesus, *Código Penal anotado*, cit., p. 387, e Julio Fabbrini Mirabete, *Código Penal*, cit., p. 663 e 664.

art. 121. Somente elas são compatíveis com as circunstâncias subjetivas do privilégio. Reconhecida a figura híbrida do homicídio privilegiado-qualificado, fica afastada a qualificação de hediondo do homicídio qualificado, pois, no concurso entre as circunstâncias objetivas (qualificadoras que convivem com o privilégio) e as subjetivas (privilegiadoras), estas últimas serão preponderantes, nos termos do art. 67 do Código Penal, pois dizem respeito aos motivos determinantes do crime. Assim, o reconhecimento do privilégio afasta a hediondez do homicídio qualificado. Damásio E. de Jesus, adepto dessa posição, sustenta: "suponha-se um homicídio eutanásico cometido mediante propinação de veneno; ou que o pai mate de emboscada o estuprador da filha. Reconhecida a forma híbrida, não será fácil sustentar a hediondez do crime". Tanto mais quando, havendo bons argumentos em favor das duas posições, tratando-se de norma que restringe o direito subjetivo de liberdade, o intérprete deve dar preferência à que beneficia o agente. Tal distinção é de suma importância na medida em que, a partir do momento em que um crime é enquadrado como hediondo, o indivíduo passa a sofrer os efeitos da Lei dos Crimes Hediondos (progressão de regime desde que cumpridos 40% da pena, se primário; 50% da pena, se condenado pela prática de crime hediondo ou equiparado, com resultado morte, se for primário; 60% se reincidente na prática de crime hediondo ou equiparado; 70% se for reincidente em crime hediondo ou equiparado com resultado morte (art. 112 da LEP – com redação dada pela Lei n. 13.964/2019[50]); proibição de concessão de anistia, graça ou indulto).

- **Homicídio privilegiado e Tribunal do Júri:** não cabe ao juiz na fase de pronúncia fazer qualquer menção às causas de diminuição de pena, tais como o privilégio, a fim de preservar o campo de atuação soberana dos jurados. O art. 413, § 1º, do Código de Processo Penal dispõe expressamente que "a fundamentação da pronúncia limitar-se-á à indicação da materialidade do fato e da existência de indícios suficientes de autoria ou participação, devendo o juiz declarar o dispositivo legal em que julgar incurso o acusado e especificar as circunstâncias qualificadoras e as causas de aumento de pena". Quanto à ordem dos quesitos, cumpre trazer à baila o teor do art. 483 do Código de Processo Penal. Assim, os jurados deverão ser indagados sobre: (i) a materialidade do fato; (ii) a autoria ou participação; (iii) se o acusado deve ser absolvido; (iv) se existe causa de diminuição de pena alegada pela defesa; (v) se existe circunstância qualificadora ou causa de aumento de pena reconhecidas na pronúncia ou em decisões posteriores que julgaram admissível a acusação. Nesse contexto, cumpre registrar a Súmula 162 do STF, a qual dispõe que a tese da defesa referente ao homicídio privilegiado deve preceder os quesitos da acusação. Ademais, a Súmula 156 do STF declara que a ausência de quesito obrigatório gera nulidade absoluta do julgamento pelo júri.

11.3. Homicídio qualificado (art. 121, § 2º)

- **Natureza jurídica:** o homicídio qualificado está previsto no art. 121, § 2º, do Código Penal. Trata-se de causa especial de majoração da pena. Certas circunstâncias agra-

---

50. Vale observar que a Lei n. 13.964/2019, além de modificar a redação do art. 112 da LEP, revogou o art. 2º, § 2º, da Lei n. 8.072/90, que tratava da progressão de regime para os crimes hediondos.

vantes previstas no art. 61 do Código Penal vieram incorporadas para constituir elementares do homicídio, nas suas formas qualificadas, para efeito de majoração da pena. Dizem respeito aos motivos determinantes do crime e aos meios e modos de execução, reveladores de maior periculosidade ou extraordinário grau de perversidade do agente, conforme a Exposição de Motivos da Parte Especial do Código Penal. O meio é o instrumento de que o agente se serve para perpetrar o homicídio (p.ex., veneno, explosivo, fogo), enquanto o modo é a forma de conduta do agente (p.ex., agir à traição). Quanto aos motivos determinantes do crime, é importante ressaltar que sempre estão presentes no cometimento do delito, conforme já estudado no tópico "homicídio privilegiado", pois são eles que impulsionam o agente à prática delitiva. Tais motivações, contudo, assumem um especial relevo no delito de homicídio, configurando ora o privilégio, ora a qualificadora, conforme sejam referidas motivações sociais ou antissociais. Na primeira hipótese, elas constituem o privilégio no delito de homicídio (motivo de relevante valor moral ou social, ou sob o domínio de violenta emoção logo em seguida à injusta provocação da vítima), pois denotam menor lesividade social do agente, cuja consequência é a atenuação da pena. Na segunda hipótese, as motivações denotam o alto grau de lesividade social do agente, constituindo qualificadoras, cuja consequência é o agravamento da pena.

→ **Atenção:** com exceção da asfixia, todas as qualificadoras previstas no art. 121, § 2º, do Código Penal figuram como agravantes genéricas. Contudo, em se tratando de homicídio, presente a qualificadora, não se pode aplicá-la como agravante genérica, sob pena de *bis in idem*.

- **Crime hediondo:** tentado ou consumado, o homicídio doloso qualificado é crime hediondo, nos termos do art. 1º, I, da Lei n. 8.072/90. Dessa forma, sujeitam-se às consequências jurídicas da hediondez: (i) inafiançabilidade; (ii) insuscetibilidade de anistia, graça e indulto; (iii) cumprimento inicial da pena em regime fechado; (iv) a progressão de regime condicionada ao cumprimento de 40% da pena, se primário; 50% da pena, se condenado pela prática de crime hediondo ou equiparado, com resultado morte, se for primário, vedado livramento condicional, se condenado por exercer comando, individual ou coletivo, de organização criminosa estruturada para prática de crime hediondo ou equiparado e, se condenado pela prática de crime de constituição de milícia privada; 60% se reincidente na prática de crime hediondo ou equiparado; 70% se for reincidente em crime hediondo ou equiparado com resultado morte, vedado o livramento condicional (art. 112 da LEP – com redação dada pela Lei n. 13.964/2019[51]).
- **Progressão de regime nos crimes previstos na Lei n. 8.072/90:** o Poder Constituinte de 1988, ao promulgar o Texto Constitucional, determinou que os delitos considerados de maior temibilidade social deveriam receber tratamento mais rigoroso. É o que se infere do disposto no art. 5º, XLIII, da Constituição, o qual dispõe que: "a lei considerará crimes inafiançáveis e insuscetíveis de graça ou anistia a prática da tortura, o tráfico ilícito de entorpecentes e drogas afins, o terrorismo e os definidos como crimes

51. Vale observar que a Lei n. 13.964/2019, além de modificar a redação do art. 112 da LEP, revogou o art. 2º, § 2º, da Lei n. 8.072/90, que tratava da progressão de regime para os crimes hediondos.

hediondos, por eles respondendo os mandantes, os executores e os que, podendo evitá-los, se omitirem".

Nessa esteira, adveio a Lei dos Crimes Hediondos, que, originalmente, dispunha, em seu art. 2º, que os crimes hediondos e equiparados (tortura, tráfico ilícito de entorpecentes e drogas afins e terrorismo) seriam insuscetíveis de liberdade provisória e a pena deveria ser cumprida *integralmente* em regime fechado. O STF reconheceu como inconstitucional tal disposição, e, posteriormente a Lei n. 11.464/2007, passou a permitir expressamente a progressão de regime aos condenados por crimes hediondos e equiparados, bem como, a obtenção do benefício da liberdade provisória, caso não estejam presentes os pressupostos para a manutenção de sua segregação cautelar.

- **Progressão de regime nos crimes hediondos e equiparados:** a pena dos crimes hediondos e equiparados deverá ser cumprida *inicialmente* em regime fechado, e não *integralmente* (Lei n. 8.072/90, § 1º do art. 2º), o que significa dizer que a progressão de regime é expressamente admitida.

A Lei dispõe acerca do requisito temporal para obtenção do benefício da progressão de regime da seguinte forma:

(i) 40% da pena, se o apenado for condenado pela prática de crime hediondo ou equiparado, se for primário (art. 112, V, da LEP);

(ii) 50% da pena, se o apenado for condenado pela prática de crime hediondo ou equiparado, com resultado morte, se for primário (art. 112, VI, *a*, da LEP);

(iii) 55% (cinquenta e cinco por cento) da pena, se o apenado for condenado pela prática de feminicídio, se for primário, vedado o livramento condicional (art. 112, VI-A, da LEP);

(iv) 60% da pena, se o apenado for reincidente na prática de crime hediondo ou equiparado (art. 112, VII, da LEP);

(v) 70% da pena, se o apenado for reincidente em crime hediondo ou equiparado com resultado morte (art. 112, VIII, da LEP).

(vi) 60% da pena, se o apenado for reincidente na prática de crime hediondo ou equiparado (art. 112, VII, da LEP);

(vii) 70% da pena, se o apenado for reincidente em crime hediondo ou equiparado com resultado morte (art. 112, VIII, da LEP).

→ **Atenção:** não se considera hediondo ou equiparado, para os fins deste artigo, o crime de tráfico de drogas previsto no § 4º do art. 33 da Lei n. 11.343/2006 (art. 112, § 5º, da LEP).

→ **Atenção:** de acordo com o § 6º do art. 112 da LEP: "O cometimento de falta grave durante a execução da pena privativa de liberdade interrompe o prazo para a obtenção da progressão no regime de cumprimento da pena, caso em que o reinício da contagem do requisito objetivo terá como base a pena remanescente".

Além do requisito temporal de cumprimento de pena, exige-se boa conduta carcerária atestada pelo Diretor do Estabelecimento (§ 1º do art. 112, LEP) e que a decisão do juiz que determinar a progressão de regime seja sempre motivada e precedida de manifestação do Ministério Público e do defensor (art. 112, § 2º, da LEP).

Vale ressaltar que em todos os casos, o apenado somente terá direito à progressão de regime se ostentar boa conduta carcerária, comprovada pelo diretor do estabelecimento e pelos resultados do exame criminológico, respeitadas as normas que vedam a progressão. Com o advento da Lei n. 14.843/2024 o exame criminológico é obrigatório para a obtenção do benefício da progressão de regime (art. 112, § 1º, da LEP)[52].

Ainda, a pena unificada para atender ao limite de 40 anos de cumprimento, determinado pelo art. 75 do Código Penal, não é considerada para a concessão de outros benefícios, como o livramento condicional ou o regime mais favorável de execução.

Então, o cumprimento de 40, 50, 60 ou 70% da pena para obter a progressão de regime ocorrerá com base na pena total aplicada na sentença condenatória e não sobre o limite definido no art. 75 do Código Penal (com redação dada pela Lei n. 13.964/2019), qual seja, 40 anos, fato este que poderá suscitar questionamentos na doutrina, em função da vedação constitucional da pena de caráter perpétuo (CF, art. 5º, XLVII).

Finalmente, temos que, para os crimes hediondos e assemelhados cometidos antes da vigência da Lei n. 13.964/2019, nas hipóteses em que a lei nova for mais prejudicial (por exemplo, cumprimento de 70% da pena, quando reincidente em crime hediondo ou equiparado com resultado morte), ela não retroage (princípio da irretroatividade *in pejus*) e a progressão se dará pela regra anterior (mais benéfica).

→ **Atenção:** o STJ já decidiu que é válida a aplicação retroativa do percentual de 50% (cinquenta por cento), para fins de progressão de regime, a condenado por crime hediondo, com resultado morte, que seja reincidente genérico, nos moldes da alteração legal promovida pela Lei n. 13.964/2019 no art. 112, inc. VI, alínea *a*, da Lei n. 7.210/84 (Lei de Execução Penal), bem como a posterior concessão do livramento condicional, podendo ser formulado posteriormente com base no art. 83, inc. V, do Código Penal, o que não configura combinação de leis na aplicação retroativa de norma penal material mais benéfica (STJ. 3ª Seção. REsp 2.012.101-MG, REsp 2.012.112-MG e REsp 2.016.358-MG, rel. Min. Jesuíno Rissato (Desembargador convocado do TJDFT), julgados em 22-5-2024).

→ **Atenção:** de acordo com o STJ, a progressão de regime do reincidente não específico em crime hediondo ou equiparado, com resultado morte, deve observar o mesmo percentual previsto para os condenados por esses mesmos crimes que forem primários, ou seja 50% de cumprimento da pena, nos termos do inciso VI, *a*, do artigo 112 da Lei de Execução Penal. Os percentuais de 60% e 70% se destinam unicamente aos reincidentes específicos, não podendo a interpretação ser extensiva, vez que seria prejudicial ao apenado. Assim, por ausência de previsão legal, o julgador deve integrar a norma aplicando a analogia *in bonam partem* (HC 581.315-PR, rel. Min. Sebastião Reis Júnior, Sexta Turma, por unanimidade, *DJe* 19-10-2020).

---

52 Lei n. 14.843/2024: "Altera a Lei n. 7.210, de 11 de julho de 1984 (Lei de Execução Penal), para dispor sobre a monitoração eletrônica do preso, prever a realização de exame criminológico para progressão de regime e restringir o benefício da saída temporária".

- Hipóteses previstas no art. 121, § 2º, I a VII, do Código Penal:

(i) Inciso I – Mediante paga ou promessa de recompensa, ou outro motivo torpe: trata-se de qualificadora subjetiva, pois diz respeito aos motivos que levaram o agente à prática do crime. Torpe é o motivo moralmente reprovável, abjeto, desprezível, vil, que demonstra a depravação espiritual do sujeito e suscita a aversão ou repugnância geral. O legislador cuidou de se utilizar da interpretação analógica, pois há no texto legal uma enumeração casuística (*paga, promessa de recompensa...*), à qual segue uma formulação genérica (*ou qualquer outro motivo torpe*), que deve ser interpretada de acordo com os casos anteriormente elencados. Assim, qualquer outro motivo que se encaixe dentro do conceito de motivo torpe será enquadrado neste inciso como qualificadora do homicídio. Quando cometido mediante paga ou promessa de recompensa, o homicídio será chamado de mercenário. Na paga, o recebimento do dinheiro antecede a prática do homicídio, o que não se dá na promessa de recompensa, na qual basta um compromisso futuro de pagamento. Tratando-se de circunstância de caráter pessoal, não se comunica ao partícipe, nos termos expressos do art. 30. Exemplo: pai desesperado, que deseja eliminar perigoso marginal que estuprou e matou sua filha, contrata pistoleiro profissional, o qual comete o homicídio sem saber dos motivos de seu contratante, apenas pela promessa de paga. Evidentemente, não poderão responder pelo mesmo crime, pois seus motivos são diversos e incomunicáveis. O pai responderá por homicídio privilegiado (partícipe), e o executor, por crime qualificado (autor). Essa posição não é pacífica. Há quem sustente (Nélson Hungria) que as qualificadoras não são circunstâncias comuns, mas um meio-termo entre as elementares e as circunstâncias, ou seja, encontram-se situadas em uma zona cinzenta, intermediária, não sendo nem uma coisa, nem outra. São, na verdade, circunstâncias elementares e, como tais, seguem a regra das elementares, comunicando-se independentemente de sua natureza subjetiva ou objetiva. A qualificadora da promessa de recompensa, portanto, como circunstância elementar, comunicar-se-á ao mandante, tal e qual uma elementar.

Nosso entendimento: só existem elementares (que estão no *caput* e são essenciais para a existência do crime) e circunstâncias (que estão nos parágrafos e não são fundamentais, de modo que, mesmo excluídas, a infração continua existindo). Sem a qualificadora, o crime ainda existe, mas na forma simples ou privilegiada, de modo que configura mera circunstância.

Dessa forma, comunicam-se aos coautores ou partícipes: (i) as elementares, objetivas ou subjetivas; e (ii) as circunstâncias objetivas, que são aquelas que dizem respeito ao modo de execução, aos meios empregados, às qualidades da vítima e da coisa, ao tempo do crime, ao lugar do crime etc. Não se comunicam as circunstâncias de caráter pessoal, entre as quais se inserem os motivos do crime. Assim, o executor responderá pela qualificadora, pois cometeu o crime impelido por motivo de cupidez econômica, mas o mandante não, devendo responder pelo seu próprio motivo. Se, por exemplo, contratou o crime para vingar o estupro da própria filha, seu motivo é privilegiado, e não torpe.

Nesse sentido, o STJ decidiu que a qualificadora da paga (art. 121, 2º, I, do CP) não é aplicável aos mandantes do homicídio, porque o pagamento é, para eles, a conduta que os integra no concurso de pessoas, mas não o motivo do crime: "(...) como destaca a doutrina, os motivos do mandante – pelo menos em tese – podem até ser nobres ou mesmo se enquadrar no privilégio do § 1º do art. 121, já que o autor intelectual não age motivado pela recompensa; somente o executor direto é quem, recebendo o pagamento ou a promessa, a tem como um dos motivos determinantes de sua conduta. Há, assim, uma diferenciação relevante entre as condutas de mandante e executor: para o primeiro, a paga é a própria conduta que permite seu enquadramento no tipo penal enquanto coautor, na modalidade de autoria mediata; para o segundo, a paga é, efetivamente, o motivo (ou um dos motivos) pelo qual aderiu ao concurso de agentes e executou a ação nuclear típica. E, como se sabe, a qualificadora prevista no inciso I do art. 121, § 2º, do CP, diz respeito à motivação do agente, tendo a lei utilizado, ali, a técnica da interpretação analógica. (...) Em conclusão, como a paga não é o motivo da conduta do mandante, mas sim o meio de sua exteriorização, referida qualificadora não se aplica a ele (STJ, REsp. 1.973.397-MG, rel. Min. Ribeiro Dantas, Quinta Turma, por unanimidade, julgado em 6-9-2022)".

Pode-se cogitar de qualquer outra espécie de paga ou promessa de recompensa que não seja em pecúnia, desde que tenha valor econômico. Desse entendimento compartilham Nélson Hungria e E. Magalhães Noronha[53]. Para Damásio E. de Jesus, no entanto, não é preciso que a paga ou recompensa sejam em dinheiro, podendo ser promessa de casamento, emprego[54]. Também se configura a qualificadora se o agente recebe apenas parte do pagamento. No tocante a "outro motivo torpe", conforme já visto, são assim considerados aqueles que causam repulsa geral. São motivações torpes, pela repugnância que causam à coletividade, por exemplo, o homicídio da esposa pelo fato de negar-se à reconciliação; matar a namorada ao saber que ela não era virgem; a recusa em fazer sexo; assassinar alguém para receber herança. A vingança, por sua vez, nem sempre constituirá motivo torpe, pois, apesar de ser um sentimento por si só reprovável, geralmente a vingança é a retribuição a um malefício causado anteriormente ao homicida ou a qualquer pessoa ligada a ele; nem sempre, porém, causará repugnância a ponto de ser considerada motivo torpe. É o que vem sendo decidido pelos nossos tribunais em reiterados julgados. Não contrasta com a moralidade média, não causa repugnância social a conduta do filho que ceifa a vida do assassino de seu pai. Comete, na realidade, um crime merecedor de reprovação, mas que não pode ser considerado ignóbil, abjeto, repugnante. Assim, a vingança, dependendo do que a provocou, não poderá constituir motivo torpe. O ciúme, por si só, também não vem sendo considerado motivo torpe pelos tribunais. Entende-se que o ciúme se contrapõe ao motivo torpe na medida em que ele é gerado pelo amor, e, ademais, influiria intensamente no controle emocional do agente, e as ações a que dá causa poderiam ser consideradas injustas, mas não comportariam a qualificação de fúteis ou torpes. Observe-se que o motivo torpe não se confunde com o motivo fútil, que é a causa insignificante, desproporcional para a prática da conduta delituosa.

---

53. Nélson Hungria, *Comentários*, cit., v. V, p. 164, e E. Magalhães Noronha, *Direito penal*, cit., v. 2, p. 248.

54. Damásio E. de Jesus, *Código Penal anotado*, cit., p. 392.

(ii) Inciso II – Motivo fútil: também se trata de qualificadora subjetiva, pois diz respeito aos motivos. Fútil significa frívolo, mesquinho, desproporcional, insignificante. O motivo é considerado fútil quando notadamente desproporcionado ou inadequado, do ponto de vista do *homo medius* e em relação ao crime de que se trata. Não obstante esse posicionamento, há decisão judicial no sentido de que a motivação deve ser aferida segundo o ponto de vista do réu, por tratar-se de elemento subjetivo, devendo ser levados em conta pelo juiz, por exemplo, o grau de educação do agente e o meio em que vive. Exemplos de motivo fútil: simples incidente de trânsito; rompimento de namoro; pequenas discussões entre familiares; o fato de a vítima ter rido do homicida; porque a vítima estava "olhando feio". Não se deve confundir o motivo fútil com o motivo injusto, pois este, "embora desconforme com a ética ou com o direito, pode não ser desproporcionado como antecedente lógico do crime"[55]. Há na jurisprudência alguns exemplos em que a futilidade da motivação poderá ou não estar presente. Assim é que a jurisprudência tem decidido no sentido de que a discussão antes do evento criminoso faz desaparecer o motivo fútil. No que se refere à embriaguez, a jurisprudência diverge quanto à compatibilidade entre esse estado e o motivo fútil. Há várias posições: (i) a embriaguez exclui a futilidade do crime; (ii) a embriaguez é incompatível com o motivo fútil quando comprometa inteiramente a capacidade de discernimento do agente, não tendo este, ante a perturbação produzida pela substância alcoólica, condições de realizar um juízo de proporção entre o motivo e a sua ação; portanto, para esta corrente, só a embriaguez que inteiramente comprometa o estado psíquico do agente afastaria a futilidade da motivação; (iii) a embriaguez, mesmo incompleta, afastaria o motivo fútil, pois também não permite a realização pelo agente do juízo de proporção entre o motivo e a ação pelo agente; (iv) o princípio da *actio libera in causa* deve ser aceito em relação às circunstâncias qualificadoras ou agravantes, não sendo afastadas ante o reconhecimento da embriaguez voluntária do agente. Para esta corrente, a embriaguez jamais exclui a futilidade da motivação.

Nosso entendimento: adotamos esta última posição. Só a embriaguez completa decorrente de caso fortuito ou força maior tem relevância no Direito Penal. Se voluntária ou culposa, a embriaguez não excluirá nem o crime, nem a qualificadora, por influxo da teoria da *actio libera in causa*.

No que diz respeito ao ciúme, a jurisprudência tem-se manifestado no sentido de que ele não caracteriza o motivo fútil por constituir fonte da paixão e forte motivo para o cometimento de um crime, não constituindo antecedente psicológico desproporcionado. Não nos parece correto esse ponto de vista. Não é proporcional tirar a vida de alguém apenas por ter experimentado o egoístico sentimento de posse provocado pelo ciúme. Finalmente, discute-se se a ausência de motivo pode ser equiparada ao motivo fútil. Celso Delmanto compartilha do entendimento de que a ausência de motivos não pode equivaler à futilidade do motivo. Esse é também o posicionamento de Damásio E. de Jesus,

55. Nélson Hungria, *Comentários*, cit., v. V, p. 164.

para quem, se o agente pratica o delito de homicídio sem razão alguma, não responderá pela qualificadora do motivo fútil, mas nada impede que responda por outra, como o motivo torpe[56].

Nosso entendimento: tal posição não nos parece adequada. Matar alguém sem nenhum motivo é ainda pior que matar por mesquinharia, estando, portanto, incluído no conceito de fútil.

A posição da jurisprudência pende para a equiparação entre ambos, argumentando que, ao estabelecer pena mais severa para quem mata por motivo de somenos importância, não se compreende que o legislador fosse permitir pena mais branda para quem age sem qualquer motivo.

(iii) Inciso III – Emprego de veneno, fogo, explosivo, asfixia, tortura ou outro meio insidioso ou cruel, ou de que possa resultar perigo comum: trata-se de qualificadora objetiva, pois diz respeito aos modos de execução do crime de homicídio, os quais demonstram certa perversidade. Novamente aqui temos uma fórmula genérica (ou outro meio insidioso ou cruel, ou de que possa resultar perigo comum) logo após um casuísmo (emprego de veneno, fogo, explosivo, tortura). Os meios que qualificam o crime devem ter a mesma natureza do conteúdo da parte exemplificativa.

(iii.1) Veneno: é o primeiro meio insidioso a que a lei se refere. *Venefício* é o homicídio praticado com o emprego de veneno. Não há uma conceituação exata do que seja substância venenosa, na medida em que certas substâncias, embora não consideradas veneno, tendo em vista a sua inocuidade, são capazes de matar em virtude de certas condições da vítima. Por exemplo: enfermeira que diariamente faz o seu paciente diabético ingerir suco adoçado com açúcar comum, quando ele pensa estar ingerindo açúcar especial para diabéticos. O açúcar é uma substância inócua para qualquer pessoa que não seja diabética; contudo, para as portadoras dessa doença ele se torna um veneno mortal. Nesse caso, se não se puder enquadrar a qualificadora do emprego de veneno, poderá sê-lo a do emprego de "outro meio insidioso". Cumpre, assim, conceituar o termo "veneno" como qualquer substância que, introduzida no organismo, seja capaz de colocar em perigo a vida ou a saúde humana através de ação química, bioquímica ou mecânica. O veneno pode ser ministrado à vítima de diversas formas, desde que de maneira insidiosa ou dissimulada, já que o que exaspera a sanção aqui é a insciência da vítima. Exemplos: colocar raticida no prato de sopa da vítima; trocar o medicamento da vítima por substância venenosa; inocular, através de injeção, veneno na vítima em vez de remédio. Observe-se que se houver utilização de violência, para o ministramento da substância, que importe em grave sofrimento à vítima, poderá caracterizar-se a qualificadora do meio cruel e não do envenenamento. Frise-se: esta qualificadora não incidirá quando a vítima tiver ciência do emprego do veneno ou quando ele for ministrado por meio de violência. Finalmente, somente mediante perícia médica é possível constatar a qualificadora do envenenamento.

---

56. Damásio E. de Jesus, *Código Penal anotado*, cit., p. 392.

– **Emprego de veneno e crime impossível por ineficácia absoluta do meio:** nessa hipótese, o meio, pela sua natureza ou essência, não é apto a produzir o evento letal. Por exemplo: o agente ao tentar eliminar o seu inimigo o faz tomar uma xícara de chá com ervas supostamente venenosas, tratando-se, na realidade, de ervas medicinais. Nesse exemplo, não responderá o agente por nenhum crime. Há a hipótese em que a ineficácia do meio é relativa; dá-se quando o meio empregado é normalmente capaz, pela sua natureza e essência, de produzir o evento letal, mas falha no caso concreto. Por exemplo: o agente pretendendo eliminar seu inimigo ministra-lhe corretamente substância venenosa, contudo em quantidade não suficiente para causar o envenenamento da vítima e consequentemente a sua morte. Em tal hipótese a substância venenosa é apta a produzir o evento letal, mas, por uma circunstância acidental no caso concreto, não foi possível concretizar o intento homicida. Responderá o agente pela forma tentada do homicídio qualificado pelo emprego de veneno.

– **Emprego de veneno e arrependimento eficaz:** conforme já visto, no arrependimento eficaz o resultado é impedido por ação voluntária do agente depois de exaurida toda a atividade executória apta a produzir o evento letal. Por exemplo: após fazer a vítima ingerir um prato de sopa contendo veneno, o agente, arrependido, a faz tomar substância que lhe aniquile o efeito, impedindo, assim, o resultado morte.

(iii.2) Fogo ou explosivo: trata-se de meio cruel para a prática do homicídio. Conforme as circunstâncias, o fogo poderá caracterizar o meio cruel ou que resulte perigo comum. Por exemplo: jogar combustível e atear fogo ao corpo da vítima. Trata-se aqui apenas de meio cruel, pois não resulta qualquer perigo comum. Isso não ocorre na hipótese em que o agente joga combustível e ateia fogo em uma residência para matar seus moradores, uma vez que, por ser o combustível substância altamente inflamável, acarretará perigo de incêndio das residências vizinhas, caracterizando, portanto, perigo comum. Damásio E. de Jesus, fazendo alusão à jurisprudência espanhola, afirma: "o álcool (assim como a gasolina) é altamente inflamável. A jurisprudência espanhola, apreciando a existência de dolo eventual em caso de emprego de combustível inflamável, já entendeu pela presença de crime doloso com dolo eventual, 'respondendo o sujeito pelas consequências', assentando que a experiência comum indica que o 'fogo, uma vez iniciado, por intermédio de um meio de potência adequada, pode fugir ao controle e vontade do agente, que eventualmente aceita e responde pelos seus efeitos'"[57].

Menciona o inciso o emprego de explosivo. Trata-se de substância que atua com detonação ou estrondo; é a matéria capaz de causar rebentação[58]. O meio utilizado é a dinamite ou substância de efeitos análogos. É também meio que resulta em perigo comum.

(iii.3) Asfixia: consiste na supressão da função respiratória através de estrangulamento, enforcamento, esganadura, afogamento, soterramento ou sufocação da vítima, causando a falta de oxigênio no sangue (anoxemia). Tais são as hipóteses de asfixia mecânica. A asfixia pode também ser tóxica, que é aquela produzida por gases asfixian-

---

57. Actualidad penal, *Revista de Derecho Penal*, Madrid, La Ley Actualidad Ed., 1996, 2/745, apud Damásio E. de Jesus, *Código Penal anotado*, cit., p. 394.

58. E. Magalhães Noronha, *Direito penal*, cit., v. 2, p. 23.

tes, como, por exemplo, o gás carbônico, ou produzida por confinamento, que consiste na colocação da vítima em local fechado, sem que haja qualquer renovação do oxigênio. Observe-se que a asfixia é considerada circunstância qualificadora do homicídio.

Especificamente sobre "esganadura", que caracteriza asfixia mecânica, temos que constitui qualificadora do homicídio, uma vez que a morte não ocorre desde logo, prolongando-se o sofrimento da vítima numa agonia que vai de três a quatro minutos.

(iii.4) Tortura: é o suplício, ou tormento, que faz a vítima sofrer desnecessariamente antes da morte. É o meio cruel por excelência. O agente, na execução do delito, utiliza-se de requintes de crueldade como forma de exacerbar o sofrimento da vítima, de fazê-la sentir mais intensa e demoradamente as dores. Na lição de Carrara, para a configuração da qualificadora, é necessário que a tortura, sob certo aspecto, constitua um fim distinto daquele de tirar a vida[59]. A tortura geralmente é física, por exemplo: mutilar a vítima (decepar os dedos, as mãos, as orelhas), vazar-lhe os olhos antes de matá-la, queimá-la aos poucos utilizando-se de ferro em brasa; mas também pode ser moral, desde que exacerbe o sofrimento da vítima; por exemplo, eliminar pessoa cardíaca provocando-lhe sucessivos traumas morais.

– Homicídio qualificado pela tortura e o crime de tortura qualificado pela morte (art. 1º, § 3º, da Lei n. 9.455/97). Distinção. O § 3º do art. 1º da Lei de Tortura prevê circunstâncias qualificadoras que, agregadas aos tipos fundamentais, agravam a sanção penal. São condições de maior punibilidade. Sabemos que o crime qualificado pelo resultado é aquele em que o legislador, após uma conduta típica, com todos os seus elementos, acrescenta-lhe um resultado, cuja ocorrência acarreta um agravamento da pena. Há, assim: (i) prática de um crime completo, com todos os seus elementos (fato antecedente); (ii) produção de um resultado agravador, além daquele necessário para a consumação (fato consequente). Uma das espécies de crime qualificado pelo resultado é o preterdoloso, em que há um fato antecedente doloso e um fato consequente culposo. O agente quer praticar um crime, mas acaba excedendo-se e produzindo culposamente um resultado mais grave que o desejado. A tortura qualificada pelo resultado morte é necessariamente preterdolosa, ou seja, o resultado agravador deve necessariamente ter sido gerado por culpa do agente. É o caso do crime de tortura qualificado pelo resultado morte. Na espécie, o agente atua com dolo em relação à tortura e com culpa em relação ao resultado agravador (morte). Frise-se: aqui o agente não quer nem assume o risco do resultado morte; contudo, ante previsibilidade do evento, responde a título de culpa. Na realidade, objetiva o agente, mediante a tortura: (i) obter informação, declaração ou confissão da vítima ou de terceira pessoa; (ii) provocar ação ou omissão de natureza criminosa; (iii) constranger alguém a realizar ou deixar de realizar qualquer ação, em razão de discriminação racial ou religiosa; (iv) submeter alguém sob sua guarda, poder ou autoridade a intenso sofrimento físico ou mental, como forma de aplicar castigo pessoal ou medida de caráter preventivo. Diversa será a situação se o agente, querendo ou assumindo o risco de matar alguém, emprega a tortura como meio de provocar o evento letal. Aqui temos o

59. Francesco Carrara, *Programma del corso di diritto criminale*, § 1.247, apud E. Magalhães Noronha, *Direito penal*, cit., v. 2, p. 23.

homicídio qualificado pela tortura (CP, art. 121, § 2º, III): o agente quer ou assume o risco de produzir o resultado morte. A tortura é o meio para tanto. Ressalte-se que a pena cominada ao delito de homicídio qualificado pela tortura (reclusão de 12 a 30 anos) é maior que a pena cominada ao delito de tortura qualificado pelo evento morte (reclusão de 8 a 16 anos) ante a presença do *animus necandi* na primeira espécie.

— **Homicídio e crime de tortura. Concurso material.** É possível a existência autônoma do crime de tortura (art. 1º da Lei n. 9.455/97) em concurso material com o crime de homicídio. Assim, o agente penitenciário que sujeita o preso a sofrimento físico através de choques elétricos e depois mata-o com um disparo de arma de fogo, comete os delitos de homicídio em concurso com o crime de tortura.

Suponha-se que os torturadores empreguem violência ou grave ameaça para obter uma informação da vítima, e, após conseguirem a informação visada, provoquem sua morte com disparos de arma de fogo. Nesse caso, a tortura não foi a causa da morte, e, assim, não se pode cogitar do crime de homicídio qualificado, pois, conforme já mencionado, essa hipótese só é possível quando a tortura é causa direta do óbito. Temos, portanto, um crime de tortura em concurso material com o delito de homicídio que pode ser qualificado.

— **Tortura contra criança, adolescente e pessoa idosa**[60]. Com a promulgação da Lei n. 9.455/97, o art. 233 do ECA foi expressamente revogado (art. 4º), passando esse diploma legal a conceituar e a tipificar o crime de tortura. Atualmente, qualquer tortura praticada contra criança ou adolescente, da qual resulte morte preterdolosa (o agente atua com dolo em relação à tortura e culpa em relação ao resultado agravador morte), será enquadrada no art. 1º, §§ 3º, 2ª parte, e 4º, II, da Lei n. 9.455/97. Observe-se que a mencionada lei prevê uma causa especial de aumento de pena de 1/6 até 1/3 se o crime é cometido contra criança, gestante, deficiente e adolescente (§ 4º, II). Se, contudo, da prática de tortura contra criança ou adolescente resultar morte dolosa, ou seja, o agente quis ou assumiu o risco do resultado, a sua conduta será enquadrada no art. 121, § 2º, III, do Código Penal (homicídio qualificado pelo emprego de tortura), bem como incidirá a causa de aumento de pena prevista no § 4º, 2ª parte, se a vítima for menor de 14 anos. Com o advento da Lei n. 10.741/2003 (Estatuto da Pessoa Idosa), a Lei de Tortura passou a prever também a majorante de 1/6 até 1/3 para o caso de a vítima ser maior de 60 anos (§ 4º, II). Pela mesma razão, o art. 121, § 4º, do Código Penal também passou a estabelecer a incidência da causa de aumento de 1/3, quando a vítima do homicídio doloso for maior de 60 anos. Criaram-se, então, no âmbito penal, dois conceitos distintos de senilidade: (i) em se tratando do sujeito ativo, isto é, do autor do fato, considera-se idoso o maior de 70 anos, seja para a incidência da atenuante genérica (CP, art. 65, I), seja para o fim de reduzir o prazo prescricional pela metade (CP, art. 115); (ii) já quando a pessoa idosa for vítima, a idade levada em conta será a de maior de 60 anos, funcionando esta como causa de maior severidade na reprimenda penal (CP, arts. 61, II, *h*; 121, § 4º; 133, § 3º, III; 140, § 3º; 141, IV; 148, § 1º, I; 159, § 1º; LCP, art. 21, parágrafo único; Lei n. 9.455/97, art. 1º, § 4º, II).

---

60. Lei n. 14.423/2022: Altera a Lei n. 10.741, de 1º de outubro de 2003, para substituir, em toda a Lei, as expressões "idoso" e "idosos" pelas expressões "pessoa idosa" e "pessoas idosas", respectivamente.

(iii.5) Meio insidioso: é aquele dissimulado na sua eficiência maléfica. Está presente no homicídio cometido por meio de estratagema, perfídia. O agente se utiliza de mecanismos para a prática do crime sem que a vítima tenha qualquer conhecimento. O meio, aliás, frise-se, somente será insidioso quando a vítima não tiver qualquer conhecimento de seu emprego. É o que ocorre geralmente nos crimes cometidos, por exemplo, mediante armadilha, sabotagem de freio de veículo e envenenamento, que, conforme visto, é o meio insidioso por excelência.

(iii.6) Meio cruel: é o que causa sofrimento desnecessário à vítima ou revela uma brutalidade incomum, em contraste com o mais elementar sentimento de piedade humana. "O meio cruel, de que é tipo a tortura, é o preferido pelo sádico que se compraz mais com o sofrimento do que com a morte da vítima"[61]. São meios cruéis: o pisoteamento da vítima, o desferimento de pontapés, golpes de palmatória ou, conforme exemplo de Nélson Hungria, o impedimento de sono, a privação de alimento ou água, o esfolamento[62]. Os tribunais têm decidido que a qualificadora do meio cruel somente pode ser admitida na hipótese em que o agente age por puro sadismo, com o nítido propósito de prolongar o sofrimento da vítima. Se por nervosismo ou inexperiência age com crueldade, afasta-se a qualificadora. Dessa forma, a só reiteração de golpes de arma branca ou reiterados disparos de arma de fogo não configuram essa qualificadora.

Há, contudo, posicionamento no sentido de que a reiteração de golpes contra vítima indefesa, infligindo-lhe sofrimento inútil, caracteriza o meio cruel.

Importante notar que a qualificadora do meio cruel não se configurará se o agente já estiver morto quando do seu emprego, pois ele deve ser o meio causador do óbito. Assim, a reiteração de golpes constituirá meio cruel se eles atingirem pessoa ainda viva e, mais, fazendo com que ela sofra de modo brutal. Se, por exemplo, o primeiro disparo atingiu em cheio a cabeça e os demais, portanto, já atingiram um cadáver, afastada estará a qualificadora em questão. Da mesma forma não haverá qualificação se com o primeiro golpe a vítima perdeu os sentidos e, com isso, não padeceu suplício algum até a sua morte. Observe-se que se a crueldade for empregada após a morte da vítima, poderá o agente responder pelo crime de homicídio em concurso material com o crime de destruição de cadáver (CP, art. 211).

(iii.7) Meio de que possa resultar perigo comum: trata-se, conforme visto, de fórmula genérica, sendo certo que os meios mencionados genericamente devem seguir a mesma linha do que consta na parte exemplificativa. Meio de que possa resultar perigo comum é aquele que pode expor a perigo um número indeterminado de pessoas, fazendo periclitar a incolumidade social. Se, no caso concreto, o agente, além de matar a vítima, expõe um número indeterminado de pessoas a perigo comum, configurando algum crime de perigo comum (explosão, incêndio, desabamento, epidemia, os desastres de meios de transporte coletivo), entende-se que poderá o agente responder em concurso formal pelos crimes de perigo comum e de homicídio qualificado[63]. É importante fazer a distinção entre

---

61. E. Magalhães Noronha, *Direito penal*, cit., v. 2, p. 24.

62. Nélson Hungria, *Comentários*, cit., v. V, p. 167.

63. Nélson Hungria, *Comentários*, cit., v. V, p. 167 e 168; Damásio E. de Jesus, *Código Penal anotado*, cit., p. 121.

o homicídio qualificado, cujo meio para a sua prática é um crime de perigo comum, e o delito de crime de perigo comum qualificado pelo evento morte (CP, art. 258). A diferença reside no elemento subjetivo. Com efeito, no homicídio qualificado o agente quer ou assume o risco do resultado danoso, qual seja, a morte da vítima, de modo que o meio empregado para alcançar esse resultado é um crime de perigo comum. No entanto, se o dolo não se referia a homicídio, mas o de praticar o crime de perigo, e houve morte decorrente, haverá "qualificação" do delito perigoso (pelo resultado morte preterdolosa).

(iv) Inciso IV – Traição, emboscada, ou mediante dissimulação ou outro recurso que dificulte ou torne impossível a defesa do ofendido: verifica-se aqui mais uma hipótese de interpretação analógica em que, logo após um casuísmo (traição, emboscada e dissimulação), encontra-se designação genérica, a qual deverá pautar-se por aquele. Cuida-se de qualificadora objetiva, pois diz respeito ao modo de execução do crime. Neste inciso temos recursos obstativos à defesa do sujeito passivo, que comprometem total ou parcialmente o seu potencial defensivo. Tais recursos devem revestir-se de características insidiosas. Nesse sentido temos a Exposição de Motivos do Código Penal: "são agravantes que traduzem um modo insidioso da atividade executiva do crime (não se confundindo, portanto, com o emprego do meio insidioso), impossibilitando ou dificultando a defesa da vítima (como a *traição*, a *emboscada*, a *dissimulação* etc.)". O modo insidioso empregado no cometimento do crime demonstra maior grau de criminalidade, na medida em que o agente esconde a sua ação e intenção de matar, agindo de forma sorrateira, inesperada, surpreendendo a vítima que estava descuidada ou confiava no agente, dificultando ou impedindo a sua defesa. Dessa forma a qualificadora será afastada sempre que o agente não lograr esconder o seu propósito criminoso, pois, nesse caso, não terá o recurso utilizado as características da insídia. Importante notar que não se confundem meio insidioso com modo insidioso, conforme a já citada Exposição de Motivos do Código Penal. Com efeito, no inciso III do § 2º do art. 121, a insídia é o próprio meio empregado (p.ex., veneno), ao passo que no inciso em comento a insídia se encontra no modo da atividade executiva (p.ex., mediante dissimulação, em que o agente esconde ou disfarça o seu propósito criminoso).

(iv.1) Traição: Nélson Hungria define o homicídio à traição como aquele "cometido mediante ataque súbito e sorrateiro, atingida a vítima, descuidada ou confiante, antes de perceber o gesto criminoso"[64]. Para E. Magalhães Noronha a traição "deve ser informada antes pela quebra de fidelidade, ou confiança, depositada no sujeito ativo..., do que pelo ataque brusco ou de inopino"[65]. Há, dessa forma, segundo a doutrina, duas espécies de traição: (i) a traição material ou física, que é aquela informada pelo ataque brusco, de inopino, sorrateiro, sem discussão, colhendo a vítima muitas vezes pelas costas; (ii) a traição moral, em que existe quebra de confiança entre os sujeitos, como no caso do agente que atrai a vítima a local onde existe um poço[66]. Percebe-se em todas essas definições que ora se exige para se configurar a traição a quebra de fidelidade ou confiança, ora se exige apenas o ataque brusco e de inopino.

---

64. Nélson Hungria, *Comentários*, cit., v. V, p. 168.

65. E. Magalhães Noronha, *Direito penal*, cit., v. 2, p. 24.

66. Nesse sentido, Damásio E. de Jesus, *Código Penal anotado*, cit., p. 395.

> **Nosso entendimento:** a traição só pode configurar-se quando há quebra de fidelidade e lealdade entre a vítima e o agente, constituindo qualificadora de natureza subjetiva. Assim, não basta tão somente o ataque brusco e inesperado, sendo necessário a existência de anterior vínculo subjetivo entre o agente e a vítima.

Vale salientar que a insídia sempre deve estar presente no recurso empregado pelo agente; dessa forma, não se configurará a traição se a vítima tiver conhecimento do propósito criminoso do agente, sendo certo que é por esse motivo que a jurisprudência tem afastado a qualificadora em questão nos casos de vítima que é abatida pelas costas ao fugir de quem tentava agredi-la; de vítima que percebe a arma escondida.

Por outro lado, a jurisprudência tem entendido que a traição está caracterizada nas hipóteses em que a vítima é alvejada dormindo; é esganada durante o amplexo sexual; é eliminada pelas costas quando conversava despreocupadamente.

(iv.2) Emboscada: é a tocaia. O sujeito ativo aguarda ocultamente a passagem ou chegada da vítima, que se encontra desprevenida, para o fim de atacá-la. É inerente a esse recurso a premeditação.

(iv.3) Dissimulação: na concepção de E. Magalhães Noronha, "é a ocultação do próprio desígnio, o disfarce que esconde o propósito delituoso: a fraude precede, então, à violência"[67] ou, segundo Nélson Hungria, "é a ocultação da intenção hostil, para acometer a vítima de surpresa. O criminoso age com falsas mostras de amizade, ou de tal modo que a vítima, iludida, não tem motivo para desconfiar do ataque e é apanhada desatenta e indefesa"[68]. A qualificadora pode ser material, quando há emprego de aparato ou disfarce para a prática do crime; por exemplo, o agente se disfarça de encanador e logra adentrar na residência da vítima para eliminá-la; pode também ser moral, quando o agente ilude a vítima, dando-lhe mostras falsas de amizade, de modo que consiga obter a sua confiança, propiciando com isso maior facilidade para a concretização de sua intenção homicida.

→ **Atenção:** não confundir traição moral com dissimulação moral. Nesta, o agente, desde o início, pretende ganhar a confiança da vítima com o fim de cometer o delito, ao passo que naquela pressupõe-se uma relação de amizade preexistente entre os sujeitos, que restou quebrada.

(iv.4) Qualquer outro recurso que dificulte ou torne impossível a defesa do ofendido: trata-se de fórmula genérica do dispositivo, a qual só compreende hipóteses assemelhadas aos casos anteriormente arrolados pelo inciso IV (traição, emboscada ou dissimulação). O ataque súbito e repentino, ou durante o sono, caracterizam meios que dificultam a defesa do ofendido. A surpresa cabe na fórmula genérica em estudo. Para tanto, é necessário que a conduta criminosa seja igualmente inesperada e repentina,

---

67. E. Magalhães Noronha, *Direito penal*, cit., v. 2, p. 24.
68. Nélson Hungria, *Comentários*, cit., v. V, p. 169.

atingindo a vítima descuidada, desprevenida, sem razão ou motivo para esperar tal conduta, ou até mesmo dela suspeitar, impedindo ou dificultando a defesa do ofendido.

Haverá a surpresa nas seguintes hipóteses: vítima atacada quando estava dormindo; gesto repentino; vítima atacada pelas costas.

- Importante distinguir o tiro nas costas do tiro pelas costas. Este último configura a qualificadora, na medida em que houve surpresa para a vítima, que não desconfiava do ato do agente, ao passo que o primeiro pode ter sido ocasionado em momento de luta, o que afastaria a circunstância. Em contrapartida não há surpresa se, por exemplo, o crime foi precedido de discussão; se precedido de anteriores brigas do casal; se houve ameaças anteriores; se houve desentendimentos anteriores; se a vítima vê o agente chegando com a arma na mão. Importante notar que a surpresa é incompatível com o dolo eventual, pois é necessário que o agente tenha a vontade de surpreender a vítima. Cumpre distinguir a surpresa da traição. Com efeito, *como enquadrar, por exemplo, a conduta de atirar pelas costas em uma ou outra qualificadora?* Para a caracterização da traição, conforme já visto, exige-se a quebra de confiança ou fidelidade entre a vítima e o agente, ao passo que, para a configuração da surpresa, exige-se apenas o ataque súbito e inesperado, colhendo a vítima desatenta. Se há entre o agente e a vítima algum vínculo de confiança ou fidelidade e o primeiro desfere contra a segunda um tiro pelas costas, estará configurada a qualificadora da traição. Se, no entanto, inexistir esse vínculo subjetivo entre vítima e ofendido, estaremos diante da surpresa. O que se percebe, contudo, quando estudamos o tema relativo à traição é que tanto a doutrina quanto a jurisprudência, em sua maior parte, não distinguem as duas espécies, enquadrando, por vezes, atos configuradores da surpresa como traição. Isso ocorre na denominada traição material, em que se exige tão somente o ataque brusco e de inopino contra a vítima. Por exemplo: ataque pelas costas. Tal conduta, na realidade, configura a surpresa, uma vez que não foi informada por anterior vínculo de confiança ou fidelidade.

A superioridade em forças físicas ou em armas por si só não configura a qualificadora em questão, podendo essa circunstância constituir mera eventualidade no cometimento do crime.

Entretanto, se foi propositadamente procurada pelo agente para colocar a vítima em desvantagem, qualifica o crime. Para Nélson Hungria, "no que toca à superioridade de força física, nem mesmo pode ser considerada *recurso*, pois não é mais do que uma *qualidade ou condição pessoal* do agente, em cotejo com o ofendido. Quanto à *superioridade em armas*, pode ser *acidental ou procurada*: no primeiro caso, também não é, propriamente, um recurso, e, no segundo, não chega a ser uma *insídia* ou *aleivosia*, desde que não seja empregado, de antemão, algum ardil para assegurar, positivamente, a inferioridade defensiva da vítima"[69]. Percebe-se que o que impede que dentro do termo genérico (outro recurso que impossibilite ou dificulte a defesa do ofendido) sejam compreendidos todos os modos de reduzir a vítima à inferioridade ou de impedir a sua defesa é a exigência de que a qualificadora traduza um modo insidioso da atividade executiva. Afirma ainda Nélson Hungria: "se fosse rejeitado esse critério restritivo, estariam abrangidos entre as

69. Nélson Hungria, *Comentários*, cit., v. V, p. 170.

agravantes obrigatórias gerais ou como qualificativas do homicídio todos os *modos* possíveis e inimagináveis de ser o sujeito passivo reduzido à inferioridade ou impotência de defesa, como sejam, *v.g.*, a agilidade do agente, a maior habilidade deste no manejo das armas, certos *truques* usualmente empregados para vencer a resistência oposta etc. Seria mesmo rara a hipótese em que se não tivesse de reconhecer a agravação da pena, pois o próprio fato do êxito do ofensor resulta, na grande maioria dos casos, de haver este empregado algum *recurso* para neutralizar a possibilidade ou eficiência da reação do ofendido"[70].

(v) Inciso V – Assegurar a execução, a ocultação, a impunidade ou vantagem de outro crime: constituem qualificadoras subjetivas, na medida em que dizem respeito aos motivos determinantes do crime. Trata-se de motivações torpes. Torpe é o motivo moralmente reprovável, abjeto, desprezível, vil, que demonstra a depravação espiritual do sujeito e suscita aversão ou repugnância geral. Em tese, essas qualificadoras deveriam ser enquadradas no inciso relativo ao motivo torpe, contudo preferiu o legislador enquadrá-las como conexão teleológica ou consequencial. Conexão é o liame objetivo ou subjetivo que liga dois ou mais crimes. Pode ser:

(i) Conexão teleológica: ocorre quando o homicídio é cometido a fim de "assegurar a execução" de outro crime, por exemplo, matar o marido para estuprar a mulher. O que agrava a pena, na realidade, é o especial fim de assegurar a prática de outro crime. Não é necessária a concretização do fim visado pelo agente. Desse modo, a desistência da prática do outro crime, no caso o estupro, não impede a qualificação do crime de homicídio. Se, contudo, por exemplo, o agente pratica o homicídio e o estupro, responderá por ambos os delitos em concurso material.

(ii) Conexão consequencial: dá-se quando o homicídio é praticado com a finalidade de: **(i) Assegurar a "ocultação do crime"** – o agente procura evitar que se descubra o crime por ele cometido. Para tanto, elimina a prova testemunhal do fato criminoso (p.ex., incendiário que mata a testemunha para que esta não veja o delito). **(ii) Assegurar "a impunidade" do crime** – nessa hipótese já se sabe que um crime foi cometido, porém não se sabe quem o praticou, e o agente, temendo que alguém o delate ou dele levante suspeitas, acaba por eliminar-lhe a vida (p.ex., incendiário que mata a testemunha para que esta não o denuncie como autor do delito). Entendeu-se existente a qualificadora em estudo na hipótese em que o acusado, para forrar-se à confrontação com a autoridade pública, a qual, pelos seus antecedentes criminais em investigação, sabia ser-lhe desvantajosa, resiste e atira mortalmente no policial que o detinha. Em resumo, na ocultação procura-se impedir a descoberta do crime. Na impunidade, a materialidade é conhecida (ou seja, o crime em si), sendo desconhecida a autoria. **(iii) Assegurar "a vantagem" de outro crime** – procura-se aqui garantir a fruição de vantagem, econômica ou não, advinda da prática de outro crime (p.ex., eliminar a vida do coautor do delito de furto anteriormente praticado, a fim de apoderar-se da vantagem econômica indevidamente obtida). A vantagem pode consistir em: **(i) produto do crime:** quando está diretamente ligada ao crime (p.ex., o objeto furtado); **(ii) preço do crime:** que é a paga ou promessa

---

70. Idem, ibidem, p. 171.

de recompensa; ou c) proveito do crime: que é toda e qualquer vantagem material ou moral que não seja nem produto nem preço do delito. Se o homicídio for praticado para assegurar a execução, ocultação, impunidade ou vantagem de uma contravenção penal, não incidirá a qualificadora em questão, podendo incidir o motivo torpe ou fútil, conforme o caso concreto.

Importa notar que tanto na conexão teleológica quanto na conexão consequencial, o homicídio qualificado e o "outro crime" praticado não formam um delito complexo como no caso do latrocínio. Na realidade, constituem delitos autônomos, mas há uma ligação (conexão teleológica ou consequencial) que os une, sendo aplicável no caso a regra do concurso material. Assim, responderá o agente pelos crimes de homicídio qualificado (pela conexão teleológica ou consequencial) em concurso material com o "outro crime".

É irrelevante à qualificação que o crime-fim tenha sido consumado ou tentado, pois é suficiente que esteja presente a intenção de assegurar a execução, ocultação, impunidade ou vantagem de outro crime. Se, contudo, ficar comprovada, por decisão transitada em julgado, a inexistência do "outro crime", não incidirá a qualificadora do inciso V.

Finalmente, nos crimes conexos, a extinção da punibilidade de um deles não impede, quanto aos outros, a agravação da pena decorrente da conexão.

(iii) Conexão ocasional: é importante para o presente estudo definirmos a conexão ocasional, não obstante ela não configurar qualificadora do homicídio. A conexão ocasional ocorre quando o homicídio é cometido por ocasião da prática de um outro delito. Exemplo: o sujeito está furtando e resolve matar a vítima por vingança. Nessa hipótese, responde pelo delito de furto em concurso material com o homicídio qualificado pela vingança. Na realidade, o indivíduo, com desígnios autônomos, realizou duas condutas: ele queria furtar o seu inimigo e, no momento em que realizava o furto, resolveu matá-lo por vingança. Responderá, então, pelo concurso material de crimes.

Inciso VI – *Revogado pela Lei n. 14.944/2024;

(vi) Inciso VII – Contra autoridade ou agente descrito nos arts. 142 e 144 da Constituição Federal, integrantes do sistema prisional e da Força Nacional de Segurança Pública, no exercício da função ou em decorrência dela, ou contra seu cônjuge, companheiro ou parente consanguíneo até terceiro grau, em razão dessa condição.

Para que o homicídio seja qualificado por esse inciso, são necessários dois requisitos cumulativos: (i) a vítima precisa ser autoridade ou agente descrito nos arts. 142 e 144 da Constituição Federal, integrantes do sistema prisional e da Força Nacional de Segurança Pública; (ii) precisa estar no exercício da função ou ser morto em decorrência dela.

Sobre o primeiro requisito, o art. 142 da CF/88 trata das Forças Armadas (Marinha, Exército ou Aeronáutica). Já o art. 144 da CF apresenta os órgãos que exercem atividades de segurança pública: I – polícia federal; II – polícia rodoviária federal; III – polícia ferroviária federal; IV – polícias civis; V – polícias militares e corpos de bombeiros militares; VI – polícias penais federal, estaduais e distrital.

Essa qualificadora do homicídio também protege de forma especial os familiares dos agentes de segurança. Teremos a qualificadora se o homicídio for praticado contra cônjuge, companheiro ou parente consanguíneo até o 3º grau das autoridades, agentes e integrantes dos órgãos de segurança pública.

A tutela engloba o cônjuge ou companheiro de relacionamentos heteroafetivos e homoafetivos. Nos termos do Código Civil, os parentes consanguíneos até o 3º grau englobam: ascendentes (pais, avós, bisavós); descendentes (filhos, netos, bisnetos); e colaterais até o 3º grau (irmãos, tios e sobrinhos).

Como destaque final, é imprescindível que o criminoso saiba da função pública desempenhada e cometa o crime contra o agente que está em seu exercício ou em razão dela ou ainda que queira praticar o delito contra o seu familiar em decorrência da atividade exercida. Caso contrário, se vier a matar um policial sem conhecer essa circunstância, não responderá criminalmente pela qualificadora do inciso VII.

Como última observação, a Lei dos Crimes Hediondos (Lei n. 8.072/90) também sofreu alteração para incluir no seu rol essa hipótese de homicídio qualificado, respeitando a legalidade estrita com a necessária atualização normativa, resultando no seguinte texto: "Art. 1º São considerados hediondos os seguintes crimes, todos tipificados no Decreto-Lei n. 2.848, de 7 de dezembro de 1940 – Código Penal, consumados ou tentados: I – homicídio (art. 121), quando praticado em atividade típica de grupo de extermínio, ainda que cometido por um só agente, e homicídio qualificado (art. 121, § 2º, incisos I, II, III, IV, V, VI, VII, VIII e IX)".

(vii) Inciso VIII – Homicídio qualificado pelo emprego de arma de fogo de uso restrito ou proibido. Trata-se de qualificadora de natureza objetiva, por referir-se ao modo de execução do crime. Nesse inciso VIII, temos uma norma penal em branco ao quadrado, na qual seu complemento imediato, que é o Decreto n. 11.615/2023[71], é também complementado por outro ato normativo, no caso, a Portaria – C Ex n. 1.757/2022 do Exército.

Em regra, a posse e o porte ilegais, são absorvidos pelo crime de homicídio, como hodiernamente ocorre em outros crimes cometidos com o emprego de arma de fogo – em virtude do princípio da consunção –, pois configuram apenas os meios para alcançar o resultado pretendido, ou seja, a eliminação da vida extrauterina. Contudo, se as condutas estiverem isoladas no tempo, e praticadas em contextos fáticos diversos, não se exclui a hipótese de concurso de crimes.

(viii) Inciso IX – A Lei n. 14.344/2022 (Lei Henry Borel) acrescentou o inciso IX ao § 1º do art. 121 do CP, com a disposição de que o homicídio **contra menor de 14 anos** é considerado homicídio qualificado (reclusão de 12 a 30 anos) e, portanto, **crime hediondo**.

A Lei n. 14.344/2022 nasceu como resposta do poder legislativo ao rogo social em virtude da morte violenta do garotinho Henry Borel. O novel diploma teve seu eixo fundamental no texto constitucional, mormente nos arts. 226, § 8º, e 227, § 4º, da CF/88, bem como, na Convenção Internacional sobre os Direitos da Criança, internalizada pelo Brasil, via ratificação pelo Decreto Legislativo n. 28/90.

---

71 Regulamenta a Lei n. 10.826, de 22 de dezembro de 2003, para estabelecer regras e procedimentos relativos à aquisição, ao registro, à posse, ao porte, ao cadastro e à comercialização nacional de armas de fogo, munições e acessórios, disciplinar as atividades de caça excepcional, de caça de subsistência, de tiro desportivo e de colecionamento de armas de fogo, munições e acessórios, disciplinar o funcionamento das entidades de tiro desportivo e dispor sobre a estruturação do Sistema Nacional de Armas – Sinarm.

Ademais, o referido diploma normativo acrescentou o § 2º-B, com a previsão da causa de aumento da pena de um terço à metade se a vítima for pessoa com deficiência ou tiver doença que aumente sua vulnerabilidade, bem como aumento de 2/3 se o crime for cometido por ascendente, padrasto ou madrasta, tio, irmão, cônjuge, companheiro, tutor, curador, preceptor ou empregador da vítima ou por qualquer outra pessoa que tiver autoridade sobre ela.

Na hipótese de crime praticado contra ascendente, é possível pedir a exclusão do herdeiro, da mesma forma que na hipótese do homicídio doloso tentado ou consumado. No mesmo sentido é a posição do STJ: "Se o enunciado normativo do art. 1.814, I, do CC/2002, na perspectiva teleológica-finalística, é de que não terá direito à herança quem atentar, propositalmente, contra a vida de seus pais, ainda que a conduta não se consume, independentemente do motivo, a diferença técnico-jurídica entre o homicídio doloso e o ato análogo ao homicídio doloso, conquanto relevante para o âmbito penal diante das substanciais diferenças nas consequências e nas repercussões jurídicas do ato ilícito, não se reveste da mesma relevância no âmbito civil, sob pena de ofensa aos valores e às finalidades que nortearam a criação da norma e de completo esvaziamento de seu conteúdo. (STJ. 3ª Turma. REsp 1.938.984-PR, rel. Min. Nancy Andrighi, julgado em 15-2-2022)".

Importante destacar a denominada "Lei do *Bullying* e *Cyberbullying*", que aborda de maneira geral, as medidas de prevenção e combate à violência contra crianças e adolescentes em estabelecimentos educacionais ou similares, os entes políticos responsáveis pela sua implementação, o desenvolvimento de protocolos de proteção e a Política Nacional de Prevenção e Combate ao Abuso e Exploração Sexual da Criança e do Adolescente.

A citada Lei alterou o Código Penal, que passou a prever a causa de aumento da pena de 2/3 (dois terços) se o crime de homicídio contra menor de 14 (quatorze) anos for praticado em instituição de educação básica pública ou privada (inciso III, acrescido ao art. 121, § 2º-B, pela Lei n. 14.811/2024)[72].

Em conformidade com o art. 21 da Lei de Diretrizes e Bases da Educação Nacional (Lei n. 9.394/96), a Educação Básica no Brasil é composta por três etapas: Educação Infantil, Ensino Fundamental, Ensino Médio. Por essa razão, eventual homicídio ocorrido no interior de uma universidade, pública ou privada, afasta essa causa de aumento de pena.

- **Circunstância qualificadora. Premeditação:** *premeditar*, segundo o dicionário Aurélio, significa resolver com antecipação e refletidamente. A doutrina, estrangeira e pátria, nunca chegou a um consenso sobre o exato sentido do termo "premeditação". Sempre se discutiu se a premeditação denotaria um maior grau de depravação moral do agente, de perversidade, ou, pelo contrário, denotaria uma maior resistência à prática delitiva. Em

72 A Lei n. 14.811/2024 instituiu medidas de proteção à criança e ao adolescente contra a violência nos estabelecimentos educacionais ou similares, prevê a Política Nacional de Prevenção e Combate ao Abuso e Exploração Sexual da Criança e do Adolescente e altera o Decreto-Lei n. 2.848, de 7 de dezembro de 1940 (Código Penal), e as Leis n. 8.072, de 25 de julho de 1990 (Lei dos Crimes Hediondos), e 8.069, de 13 de julho de 1990 (Estatuto da Criança e do Adolescente).

algumas legislações a premeditação constituiria traço característico do assassinato (Código Penal suíço de 1937). A nossa legislação penal, contudo, não prevê a premeditação como circunstância qualificadora do homicídio, pois entende-se que ela, muitas vezes, demonstraria uma maior resistência do agente aos impulsos criminosos, motivo que não justificaria o agravamento da pena. Segundo Nélson Hungria, já o escritor alemão Holtzendorff (*Das Verbrechen des Mordes und die Todesstrafe*, 1857 — O assassinato e a pena de morte), muito antes da Escola Positivista, que repelia a premeditação como agravante, "evidenciara que a premeditação, ao contrário do conceito tradicional, não revela por si mesma, perversidade ou abjeção de caráter, senão resistência à ideia criminosa. É mais perigoso aquele que mata *ex improviso*, mas por um motivo tipicamente perverso, do que aquele que mata depois de longa reflexão, mas por um motivo de particular valor moral ou social. O indivíduo ponderado, cujo poder de autoinibição oferece resistência aos motivos determinantes de uma conduta antissocial, não é mais temível do que o indivíduo impulsivo, que não sabe *sobrestar antes de começar*"[73]. Em que pese não ser prevista como qualificadora, a premeditação, conforme o caso concreto, poderá ser levada em consideração para agravar a pena, funcionando como circunstância judicial (CP, art. 59).

- **Circunstância qualificadora. Pluralidade:** é impróprio falar em crime duplamente ou triplamente qualificado. Basta uma única circunstância qualificadora para se deslocar a conduta do *caput* para o § 2º do art. 121. Resta saber, então, que função assumiriam as demais qualificadoras. Existem duas posições: (i) uma é considerada como qualificadora e as demais, como circunstâncias agravantes; (ii) uma circunstância é considerada como qualificadora. Com base nela fixa-se a pena de doze a trinta anos. As demais são consideradas como circunstâncias judiciais do art. 59 do Código Penal[74].

Nosso entendimento: concordamos com a primeira posição.

→ **Atenção:** o STJ decidiu que "a confirmação pelo tribunal do júri da dissimulação e do uso de meio que dificultou a defesa da vítima deve ensejar uma única elevação em decorrência da qualificadora contida no art. 121, § 2º, IV, do Código Penal, ainda que quesitadas individualmente e não guardem relação de interdependência entre si" (STJ. 6ª Turma. AgRg nos EDcl no REsp 1.918.273/SC, rel. Min. Laurita Vaz, julgado em 7-2-2023).

- **Circunstância qualificadora. Comunicabilidade. Concurso de pessoas:** dispõe o art. 30 do Código Penal: "Não se comunicam as circunstâncias e as condições de caráter pessoal, salvo quando elementares do crime". Circunstância, como é sabido, são dados acidentais que aderem ao crime, tendo por função agravar ou abrandar a pena. As circunstâncias podem ser objetivas (meios e modo de execução do crime, tempo do crime, objeto material, lugar do crime, qualidades da vítima) ou subjetivas (motivos determinantes, condições ou qualidades pessoais do ofensor etc.). Disso resulta que as circunstâncias qualificadoras, que são dados acessórios agregados ao crime para agravar a pena, quando tiverem caráter subjetivo (motivos determinantes do crime, p.ex., motivo

---

73. Nélson Hungria, *Comentários*, cit., v. V, p. 33.

74. No mesmo sentido: Damásio E. de Jesus, *Código Penal anotado*, cit., p. 237.

fútil, homicídio praticado mediante paga ou promessa de recompensa), não se comunicam ao partícipe. No entanto, se tiverem caráter objetivo, por exemplo, homicídio cometido mediante emboscada, comunicam-se, salvo se desconhecidas pelo partícipe.

As elementares, ao contrário, são componentes essenciais da figura típica, sem os quais esta desaparece ou se transforma em outra. Situam-se no *caput* do tipo incriminador (tipo fundamental), enquanto as circunstâncias residem nos parágrafos (tipos derivados). Por essa razão, as elementares se comunicam no concurso de agentes, ainda que de caráter subjetivo, salvo se não forem do conhecimento do coautor ou partícipe.

11.4. Homicídio culposo (art. 121, § 3º)

Sabemos que o fato típico é constituído dos seguintes elementos: conduta dolosa ou culposa; resultado; nexo causal; tipicidade. O dolo e a culpa são os elementos subjetivos da conduta. Para o Direito Penal somente importam as condutas humanas impulsionadas pela vontade, ou seja, as ações dotadas de um fim. Na conduta dolosa, há uma ação ou omissão voluntária dirigida a uma finalidade ilícita; nela o agente quer ou assume o risco da produção do evento criminoso. Na conduta culposa, há uma ação voluntária dirigida a uma finalidade lícita, mas, pela quebra do dever de cuidado a todos exigidos, sobrevém um resultado ilícito não querido, cujo risco nem sequer foi assumido. Para bem ilustrarmos a hipótese citemos o exemplo mais cotidiano: um indivíduo na direção de seu automóvel imprime maior velocidade para chegar mais rápido ao seu trabalho. Verifica-se aqui que há uma ação dirigida a uma finalidade lícita, qual seja, chegar mais depressa ao trabalho; contudo, por estar imprimindo velocidade excessiva em seu automóvel (quebra do dever objetivo de cuidado através de uma conduta imprudente), não consegue freá-lo a tempo de impedir o atropelamento de um transeunte. Veja-se que o resultado (atropelamento) não coincidiu com a finalidade inicial do agente, que era lícita (chegar mais rápido ao trabalho). Perceba-se a diferença entre a culpa e o dolo. Neste o indivíduo quer ou assume o risco de um resultado ilícito. Em contrapartida, na culpa, o agente não quer jamais concretizar o resultado ilícito, nem mesmo assume o risco; este na realidade sobrevém por uma quebra do dever de cuidado. Citemos também outro exemplo muito comum: médico que realiza intervenção cirúrgica em seu paciente sem realizar os exames necessários à verificação da possibilidade dessa intervenção, vindo o paciente a morrer. Perceba-se que, da mesma forma, neste exemplo a finalidade do agente é lícita, qual seja, curar o paciente através de uma intervenção cirúrgica, mas, por se omitir na cautela necessária (quebra do dever objetivo de cuidado através de uma conduta imperita), qual seja, não ter realizado previamente os exames, adveio um resultado ilícito, em desacordo com a sua finalidade inicial.

- **Conceito de quebra do dever de cuidado:** é cediço que o meio social exige dos indivíduos determinados comportamentos de modo a evitar que produzam danos uns aos outros. Impõe-se, assim, uma conduta normal. Conduta normal é aquela ditada pelo senso comum. Se a conduta do agente se afastar daquela prevista na norma social, haverá a quebra do dever de cuidado e, consequentemente, a culpa. Assim, no primeiro exemplo, a conduta normal é não dirigir veículo automotor imprimindo-lhe velocidade excessiva, sendo certo que o homem de prudência mediana conhece essa norma e a segue porque sabe que dessa ação podem resultar consequências nefastas. Contudo, se não o faz, ultrapassando a velocidade permitida com o seu veículo, há quebra do dever de cuidado decorrente de uma conduta imprudente (ação descuidada) e, consequentemente, está caracterizada a culpa. O mesmo ocorre na conduta médica. Presume-se que todos os médicos tenham aptidão tanto prática quanto teórica para o exercício de sua atividade. A conduta normal é que eles ajam de acordo com o procedimento ditado pelas normas médicas. Se houver desrespeito a tais normas, estará caracterizada a quebra do dever de cuidado e, por conseguinte, a culpa.

- **Previsibilidade do resultado:** basta tão somente a quebra do dever de cuidado para que o agente responda pela modalidade culposa do crime de homicídio? Não. É necessário que as consequências de sua ação descuidada sejam previsíveis. A previsibilidade é elemento da culpa, pois é ela que justifica a responsabilização do agente pela sua conduta descuidada. O Direito somente pode censurar o indivíduo que não previu o que poderia ter sido previsto. A reprovação está no fato de que o indivíduo agiu descuidadamente quando nas circunstâncias de fato lhe era possível prever as consequências e, portanto, agir de forma prudente. Voltemos então a analisar o caso já citado de imperícia médica: era previsível que o paciente operado viesse a morrer em virtude de alguma complicação cirúrgica que poderia ter sido evitada com a realização prévia de exames. É justamente por não ter previsto o que era previsível, ou seja, que a sua ação descuidada resultaria em consequências nefastas, que poderiam ter sido evitadas, que responderá a título de culpa. Ressalte-se que a previsibilidade a que nos referimos é a objetiva – a possibilidade de qualquer pessoa dotada de prudência mediana prever o resultado. É certo que os fatos que refogem à diligência mediana do homem, ou seja, os fatos que exigem uma diligência extraordinária, não podem ser considerados previsíveis e, portanto, não se pode nesse caso exigir do agente qualquer conduta prudente, na medida em que as consequências não são previsíveis para o homem comum. Assim, não se pode exigir que um motorista que dirige o seu veículo automotor em estrada, conquanto fora dos limites de velocidade permitidas, durante o período noturno e com forte neblina, preveja que um indivíduo sairá correndo detrás do matagal e atravessará a pista sem qualquer cuidado, sendo, ato contínuo, colhido pelo veículo. Responsabilizá-lo por esse fato é dar abrigo a nítida responsabilidade penal objetiva. É, contudo, possível responsabilizar aquele que dirige o seu veículo automotor fora dos limites de velocidade e abalroa outro veículo, matando o motorista, pois tal consequência é previsível para o homem dotado de diligência mediana; o resultado poderia ter sido evitado se ele estivesse dirigindo com cuidado.

  É importante destacar que o delito de homicídio culposo decorrente de acidente de veículo de trânsito passou a ser previsto em lei específica (CTB, art. 302), a qual estudaremos logo mais adiante.

- **Teoria do incremento do risco:** vale fazer uma breve menção à teoria do incremento do risco, desenvolvida por Roxin, o qual explica que o intérprete deve proceder com a seguinte análise: verificar qual a conduta esperada por todos, tendo em vista os princípios do risco permitido e, na sequência, compará-la com a do agente, a fim de saber se ela aumentou o risco ao bem jurídico. O agente somente responderá pelo resultado se "sua conduta tiver criado um perigo para um bem jurídico não coberto pelo risco permitido, e esse perigo se realizar em um resultado concreto que esteja dentro do âmbito da norma"[75]. Esta teoria não exclui o modelo tradicional, anteriormente estudado, apenas o complementa.

- **Homicídio culposo. Princípio da confiança:** tal princípio funda-se na premissa de que todas as pessoas devem esperar por parte das outras que estas sejam responsáveis e ajam de acordo com as normas da sociedade, visando evitar danos a terceiros. Por essa razão, consiste na realização da conduta, na confiança de que o outro atuará de um modo normal já esperado, baseando-se na justa expectativa de que o comportamento das outras pessoas dar-se-á de acordo com o que normalmente acontece. Por exemplo: nas intervenções médico-cirúrgicas, o cirurgião tem de confiar na assistência correta que costuma receber dos seus auxiliares, de maneira que, se a enfermeira lhe passa uma injeção com medicamento trocado e, em face disso, o paciente vem a falecer, não haverá conduta culposa por parte do médico, pois não foi sua ação, mas sim a de sua auxiliar, que violou o dever objetivo de cuidado. O médico ministrou a droga fatal, impelido pela natural e esperada confiança depositada em sua funcionária. Outro exemplo é o do motorista que, trafegando pela preferencial, passa por um cruzamento na confiança de que o veículo da via secundária aguardará sua passagem. No caso de um acidente, não terá agido com culpa[76]. A vida social tornar-se-ia extremamente dificultosa se cada um tivesse de vigiar o comportamento do outro para verificar se está cumprindo todos os seus deveres de cuidado. Por conseguinte, não realiza conduta típica aquele que, agindo de acordo com o direito, acaba por envolver-se em situação em que um terceiro descumpriu seu dever de lealdade e cuidado. O princípio da confiança, contudo, não se aplica quando era função do agente compensar eventual comportamento defeituoso de terceiros. Por exemplo: o motorista de um veículo automotor que passa bem ao lado de um ciclista não tem por que esperar uma súbita guinada deste em sua direção, mas deveria ter-se acautelado para não estar tão próximo, a ponto de criar uma situação de perigo[77]. Como atuou quebrando uma expectativa social de cuidado, a confiança que depositou na vítima qualifica-se como proibida: é o chamado abuso da situação de confiança. Desse modo, surge a confiança permitida, que decorre do normal desempenho das atividades sociais, dentro do papel que se espera de cada um, a qual exclui a tipicidade da conduta, em caso de comportamento irregular inesperado de terceiro; e a confiança proibida, quando o autor não deveria ter depositado no outro toda a expectativa, agindo no limite do que lhe era permitido, com nítido espírito emulativo. Em suma, se o comportamento do agente se deu dentro do que dele se esperava, a confiança é permitida; quando há abuso de sua parte em usufruir da posição que desfruta, incorrerá em fato típico[78].
- **Tipo penal aberto:** o crime de homicídio culposo é um tipo penal aberto em que se faz a indicação pura e simples da modalidade culposa, sem se fazer menção à conduta típica (embora ela exista) ou ao núcleo do tipo (cf. CP, art. 18, II). A culpa não está descrita nem

---

75. Claus Roxin, *Derecho penal*. Tomo I. Fundamentos. La estructura de la teoría del delito, Madrid, Civitas, 1997, p. 363.

76. Cf. Hans Welzel, *Derecho penal*, cit., p. 189-91.

77. Gunther Jakobs, *Derecho penal*: parte general (fundamentos y teoría de la imputación), 2. ed., Madrid, Marcial Pons, 1997, p. 255.

78. Fernando Capez, *Curso de direito penal* — Parte geral, 23. ed., São Paulo, Saraiva, 2019, v. 1, p. 63.

especificada, mas apenas prevista genericamente no tipo, isso porque é impossível prever todos os modos em que a culpa pode apresentar-se na produção do resultado morte. Vejamos alguns exemplos: disparar inadvertidamente arma carregada; deixar cair uma tábua quando da construção de um prédio, acabando por matar um transeunte; não empregar devidamente as normas técnicas de engenharia na construção de um edifício, que desaba e mata os seus moradores; não empregar o médico as técnicas de esterilização dos equipamentos, fazendo com que o paciente morra de infecção; caçador que durante a caçada mata uma pessoa crendo ser um animal etc. Poderíamos incansavelmente elencar inúmeros outros exemplos, mas jamais chegaríamos a um fim, o que demonstra ser inimaginável que um tipo penal descreva todas as condutas culposas produtoras do evento morte.

- **Homicídio culposo. Modalidades de culpa:** o Código Penal não define a culpa, mas o art. 18, II, do *Codex* nos traz as suas diversas modalidades, quais sejam: a imprudência, a negligência e a imperícia. O homicídio culposo deve ser analisado em combinação com esse dispositivo legal. Estaremos então diante de um homicídio culposo sempre que o evento morte decorrer da quebra do dever de cuidado por parte do agente mediante uma conduta imperita, negligente ou imprudente, cujas consequências do ato descuidado, que eram previsíveis, não foram previstas pelo agente, ou, se foram, ele não assumiu o risco do resultado. Importa aqui analisar cada modalidade de culpa sempre tendo em vista que, na realidade, elas "não são mais, como dizia Vannini, do que sutis distinções nominais de uma situação culposa substancialmente idêntica, isto é, omissão, insuficiência, inaptidão grosseira no avaliar as consequências lesivas do próprio ato"[79].

(i) **Imprudência:** consiste na violação das regras de conduta ensinadas pela experiência. É o atuar sem precaução, precipitado, imponderado. Há sempre um comportamento positivo. É a chamada culpa *in faciendo*. Uma característica fundamental da imprudência é que nela a culpa se desenvolve paralelamente à ação. Desse modo, enquanto o agente pratica a conduta comissiva, vai ocorrendo simultaneamente a imprudência. Exemplos: manejar arma carregada, trafegar na contramão, realizar ultrapassagem proibida com veículo automotor.

(ii) **Negligência:** é a culpa na sua forma omissiva. Implica, pois, a abstenção de um comportamento que era devido. O negligente deixa de tomar, antes de agir, as cautelas que deveria. Desse modo, ao contrário da imprudência, que ocorre durante a ação, a negligência dá-se sempre antes do início da conduta; por exemplo: age negligentemente a mãe que não retira da mesa, ao redor da qual brincam crianças, veneno em dose letal, vindo uma delas a ingeri-lo e falecer; igualmente age negligentemente quem deixa arma ao alcance de criança vindo esta a se matar; ou deixa substância tóxica ao alcance de criança vindo esta a morrer posteriormente de intoxicação.

(iii) **Imperícia:** consiste na falta de conhecimentos técnicos ou habilitação para o exercício de arte ou profissão. É a prática de certa atividade, de modo omisso (negligente) ou insensato (imprudente), por alguém incapacitado para tanto, quer pela ausência de conhecimento, quer pela falta de prática. Por exemplo: engenheiro que constrói um

79. Vannini, *Il delitto di omicidio*, 1935, apud Nélson Hungria, *Comentários*, cit., v. V, p. 187.

prédio cujo material é de baixa qualidade, vindo este a desabar e a provocar a morte dos moradores. Observe-se que se a imperícia advier de pessoa que não exerce arte ou profissão, haverá imprudência ou negligência. Por exemplo: atirador de elite que mata a vítima em vez do criminoso. Há aqui uma conduta imperita, pois demonstra a falta de aptidão para o exercício de uma profissão. Contudo, um curandeiro que tenta fazer uma operação espiritual e mata a vítima é, na realidade, imprudente, pois aqui não está caracterizada a falta de aptidão para o exercício de uma profissão, já que curandeirismo não pode ser considerado como tal.

- **Espécies de culpa:** (i) culpa inconsciente: é a culpa sem previsão, em que o agente não prevê o que era previsível; (ii) culpa consciente: é aquela em que o agente prevê o resultado, embora não o aceite. Há no agente a representação da possibilidade do resultado, mas ele a afasta, de pronto, por entender que a evitará e que sua habilidade impedirá o evento lesivo previsto; (iii) culpa imprópria: é aquela em que o agente, por erro de tipo inescusável, supõe estar diante de uma causa de justificação que lhe permita praticar, licitamente, um fato típico. Há uma má apreciação da realidade fática, fazendo o autor supor que está acobertado por uma causa de exclusão da ilicitude. Entretanto, como esse erro poderia ter sido evitado pelo emprego de diligência mediana, subsiste o comportamento culposo; (iv) culpa própria: é aquela oriunda de uma conduta imprudente, negligente ou imperita; (v) culpa mediata ou indireta: ocorre quando o agente produz indiretamente um resultado a título de culpa. Exemplo: um motorista se encontra parado no acostamento de uma rodovia movimentada, quando é abordado por um assaltante. Assustado, o motorista foge pelo meio da pista e acaba sendo atropelado e morto. O agente responde pelo roubo, que diretamente realizou com dolo, e também pela morte da vítima, provocada indiretamente por sua atuação culposa.

> → **Atenção:** a culpa consciente difere do dolo eventual, porque neste o agente prevê o resultado, mas não se importa que ele ocorra, enquanto naquela, embora prevendo o que possa vir a acontecer, o agente repudia essa possibilidade. O traço distintivo entre ambos, portanto, é que no dolo eventual o agente diz: "não importa", enquanto na culpa consciente supõe: "é possível, mas não vai acontecer de forma alguma".

- **Homicídio culposo. Erro médico:** na atualidade, a responsabilidade penal pelos erros médicos vem sendo bastante discutida. É preciso ter em mente que a responsabilização do profissional da saúde pública não deve jamais servir como forma de engessar as pesquisas científicas, tornando-se obstáculo ao progresso da medicina. É cediço que o médico, ao proceder a intervenções médicas ou cirúrgicas, realiza um irrelevante penal, pois não pode ser considerada como definida em um tipo penal uma conduta que o ordenamento permite, aprova e estimula. Em outras palavras, o Estado não pode dizer ao médico que pratique a medicina e salve vidas e ao mesmo tempo considerar tal comportamento típico. Não existe, portanto, adequação típica nos comportamentos socialmente padronizados, de maneira que não é necessário sequer invocar a excludente do exercício regular de direito, pois a ação não chega nem mesmo a se submeter ao enquadramento no tipo legal. Assim, o profissional que, respeitando todo o procedimento técnico, realiza uma cirurgia no coração do paciente, vindo este, pela avançada idade, a morrer, não responde pelo delito de homicídio.

Ele poderá ser responsabilizado penalmente na hipótese em que a morte do paciente advier de culpa, ou seja, desde que ele se omita ou atue em desacordo com o procedimento médico. Essa quebra do dever de cuidado pode acontecer de diversas formas: quando o médico ministra dose excessiva de determinado medicamento; realiza intervenção médico-cirúrgica sem exigir os exames necessários, e na realidade o paciente não poderia sofrer tal espécie de intervenção, vindo a falecer; diagnostica incorretamente a doença por não ter solicitado os exames de rotina, sucedendo o óbito do paciente; conceder alta ao paciente sem as devidas cautelas. Ocorre, por vezes, que o médico se vê obrigado a utilizar-se de técnicas ainda não aperfeiçoadas no meio científico ou, então, tendo em vista a falta de avanço nas pesquisas de determinadas doenças, não as diagnostica corretamente, procedimentos estes que culminam com a morte do paciente — em tais hipóteses, não deve o médico ser responsabilizado pelo erro médico. Nesse caso, em que a ciência ainda não dispõe de informação ou procedimentos adequados e eficientes, o recurso a técnicas pouco conhecidas imposto por imperiosa necessidade de salvar a vida do paciente, antes de excluir a licitude pelo estado de necessidade, elimina o próprio fato típico, dado que não se pode falar em culpa quando presente a força maior. Não sendo homicídio culposo, e não se cogitando de dolo, a conduta é atípica. Entretanto, se a medicina dispõe, no momento da cirurgia, de recursos já conhecidos e mais seguros, e o profissional, abandonando-os, optar pelo caminho menos conhecido e mais arriscado, responderá pelo resultado a título de culpa.

- **Homicídio culposo. Compensação de culpas, culpa exclusiva da vítima e concorrência de culpas:** não há no Direito Penal compensação de culpas. Assim a culpa do pedestre que atravessa a rua fora da faixa a ele destinada não elide a culpa do motorista que trafega na contramão. A culpa recíproca poderá, todavia, influenciar na fixação da pena, pois o art. 59 do Código Penal menciona o "comportamento da vítima" como uma das circunstâncias a serem consideradas. A culpa exclusiva da vítima, contudo, exclui a do agente, pois se ela foi exclusiva de um é porque não houve culpa alguma do outro; logo, se não há culpa do agente, não se pode falar em compensação. Por exemplo: indivíduo que trafegava normalmente com seu veículo automotor, dentro da velocidade permitida, cuja sinalização do semáforo lhe era favorável, e acaba por atropelar um transeunte que atravessava correndo a avenida fora da faixa de pedestre. Nesse caso, a culpa é exclusiva do pedestre, não podendo o motorista ser responsabilizado pelo atropelamento.

  A concorrência de culpas tem lugar quando dois ou mais agentes, em atuação independente uma da outra, causam resultado lesivo por imprudência, negligência ou imperícia. Todos respondem pelo evento lesivo.

11.4.1. Homicídio culposo. Causa especial de aumento de pena (art. 121, § 4º)

A pena do homicídio culposo é aumentada de um terço se o evento "resulta da inobservância de regra técnica de profissão, arte, ofício ou atividade", ou quando "o agente deixa de prestar imediato socorro à vítima, não procura diminuir as consequências do seu ato, ou foge, para evitar prisão em flagrante". Segundo a Exposição de Motivos do

Código Penal, "com estes dispositivos, o projeto visa, principalmente, a *condução de automóveis*, que constitui, na atualidade, devido a um generalizado descaso pelas cautelas técnicas (notadamente quanto à velocidade), uma causa frequente de eventos lesivos contra a pessoa, agravando-se o mal com o procedimento *post factum* dos motoristas, que, tão somente com o fim egoístico de escapar à prisão em flagrante ou à ação da justiça penal, sistematicamente imprimem maior velocidade ao veículo, desinteressando-se por completo da vítima, ainda quando um socorro imediato talvez pudesse evitar-lhe a morte". Ocorre que, com a instituição do Código de Trânsito Brasileiro, pela Lei n. 9.503/97, o crime de homicídio culposo praticado na direção de veículo automotor passou a ser por ele tipificado. Disso resulta que as causas especiais de aumento de pena relativas ao homicídio culposo aqui comentadas (§ 4º) não se aplicam ao homicídio culposo praticado na direção de veículo automotor, já que este passou a integrar legislação específica. Desse modo, as disposições do § 4º restam aplicáveis a todas as outras formas de cometimento do homicídio culposo, que não o praticado na direção de veículo automotor. Vejamos cada uma delas:

(i) Inobservância de regra técnica de profissão, arte ou ofício: a inobservância de regra técnica ocorre quando o sujeito tem conhecimento dela pois é um profissional, mas a desconsidera. Não se confunde inobservância de regra técnica com imperícia. No caso do aumento de pena, o agente conhece a regra técnica, porém deixa de observá-la; enquanto na imperícia, que pressupõe inabilidade ou insuficiência profissional, ele não a conhece, não domina conhecimentos técnicos.

(ii) Se o agente deixa de prestar imediato socorro à vítima: significa abandonar a vítima à própria sorte. O agente, após dar causa ao evento ilícito de forma culposa, omite-se no socorro necessário a evitar que a vítima continue a correr perigo de vida ou de saúde. O agravamento da pena visa justamente repreender esse comportamento desumano, egoísta, em suma, a total falta de solidariedade que acaba por sujeitar a vítima a uma maior situação de risco para sua vida e saúde. Cite-se como exemplo o operário de uma obra em construção, em lugar ermo, que de forma culposa deixa cair o andaime sobre o seu único colega que se encontrava no local, e que se omite em prestar-lhe imediato socorro, deixando-o à própria sorte, o qual vem a falecer algumas horas depois.

Importa notar que a omissão de socorro, como causa de aumento de pena, distingue-se daquela prevista no art. 135 do Código Penal (Capítulo III — "Da periclitação da vida e da saúde"). Para que haja a causa de aumento, a mesma pessoa que criou a situação é obrigada a prestar o socorro. No exemplo acima citado, o operário que deixou o andaime cair sobre a vítima, por ter causado culposamente o resultado, tinha o dever de socorrê-la; se não o faz, responde pela forma agravada, e não pelo crime autônomo de omissão de socorro. Perceba-se que no caso há duas condutas: a primeira é informada pelo elemento subjetivo "culpa" e a segunda, pelo "dolo de perigo", ou seja, o agente de forma livre e consciente expõe ou mantém a vítima a perigo de dano. Na omissão de socorro (CP, art. 135), a pessoa que está obrigada a prestar o socorro não se confunde com quem causou a situação de perigo. Por exemplo: diversos operários trabalham em uma obra, e o operário "A" deixa o andaime cair sobre o operário "B". Os vários operários que lá estavam não deram causa à situação de perigo em que se encontrava a vítima, pois foi "A" o autor do evento, contudo, se não prestarem imediato socorro a "B", a omissão deles poderá ser enquadrada em crime autônomo, qual seja, de omissão de socorro (CP, art. 135), por terem deixado de prestar assistência a pessoa ferida. Observe-se nesse exemplo que os autores da omissão de socorro não causaram o ferimento na vítima.

Vejamos agora algumas questões discutidas no âmbito dos tribunais:

– **Absolvição do agente pelo homicídio culposo:** discute-se na jurisprudência se no caso de absolvição do sujeito pelo delito culposo o crime de omissão de socorro subsistiria. Os tribunais, em sua maioria, orientam-se no sentido da inadmissibilidade da subsistência da omissão de socorro como delito autônomo.

Nosso entendimento: somos pela possibilidade, pois, mesmo não tendo agido com culpa, o sujeito deixou de prestar socorro a alguém em situação de perigo.

– **Falecimento da vítima no momento do fato ou lesões sem necessidade de assistência e morte posterior:** na hipótese em que a vítima falece no momento do fato também se tem afastado a incidência dessa causa de aumento de pena, bem como na hipótese de lesões corporais que não suscitam a necessidade de assistência. Com efeito, aqui se trata de crime impossível pela impropriedade absoluta do objeto (CP, art. 17), pois não há falar em socorro sem pessoa que precise ser socorrida. No entanto, o STF já entendeu que não procede o argumento de que não se aplica a causa de aumento de pena se o agente não prestar socorro em razão da morte imediata da vítima. Segundo essa Corte, não cabe ao agente fazer a avaliação quanto à eventual ausência de utilidade de socorro. No mesmo sentido, TJ/MS 00012645320138120045: "II. A morte instantânea da vítima não é motivo suficiente a ensejar o afastamento da causa de aumento por omissão de socorro (...)".

– **Vítima socorrida por terceiros:** questiona-se também no âmbito dos tribunais se deve ser afastado o agravamento da pena na hipótese em que a vítima foi socorrida por outras pessoas. Há duas posições: (i) não subsiste a causa de aumento de pena se a vítima foi socorrida por terceiros, na medida em que ela somente terá incidência quando não houver a possibilidade de a vítima ser socorrida por outras pessoas; (ii) subsiste a majorante ainda que a vítima tenha sido socorrida por outras pessoas presentes no local.

Nosso entendimento: correta a segunda posição, uma vez que a majorante tem natureza subjetiva, pretendendo punir mais severamente o agente que, após realizar uma conduta culposa, dolosamente omite socorro.

Trata-se de um crime qualificado pelo resultado, no qual há um antecedente culposo (o homicídio) e um subsequente doloso (a omissão de socorro). É esse comportamento doloso, consistente no descaso para a vida alheia, que a lei pretende punir mais severamente, de modo que o desvalor subjetivo da conduta (descaso para com a vida alheia) não é diminuído pela atuação de terceiros que venham a atender a vítima. Convém, no entanto, fazer uma ressalva. O indivíduo somente responderá pelo crime, no caso de ser a vítima socorrida por terceiros, quando a prestação desse socorro não chegou ao conhecimento dele, por já se haver evadido do local. Assim, se, após a ocorrência do evento, o seu causador se afasta do local e, na sequência, a vítima é socorrida por terceiro, existe o crime. É evidente, entretanto, que não há delito quando, logo após o evento, terceira pessoa se adianta ao agente e presta o socorro. Não se pode exigir que o causador do evento chame para si a responsabilidade pelo socorro quando terceiro já o fez (muitas vezes até em condições mais apropriadas).

– **Agente que se lesiona e se retira do local dos fatos para buscar socorro:** pode ocorrer que o causador da lesão culposa também acabe se ferindo, de modo que, carecendo de socorro, se ele se retirar do local para buscar tratamento para si próprio não incide a majorante. Aqui, a ação é típica, visto que antinormativa, mas não ilícita, sendo possível invocar-se o estado de necessidade.

– **Agente que se evade do local por temer represálias:** é predominante a jurisprudência no sentido de não incidir o agravamento da pena em estudo quando o agente, por fundado receio de sofrer represálias dos populares que se encontram no local dos fatos, abandona o local sem prestar socorro à vítima.

→ **Atenção:** tal entendimento, no entanto, deve ser excepcional, somente podendo ser invocada eventual excludente de ilicitude se for evidente e indiscutível que o motorista sofreria risco de vida se permanecesse no local.

– **Agente emocionalmente perturbado:** há entendimento no sentido de que, se o agente não tinha a mínima condição de prestar socorro à vítima por mostrar-se perturbado, atordoado, não há como reconhecer em seu desfavor a causa de aumento de pena do § 4º. É irrelevante essa questão para afastar a culpa e a ilicitude da conduta, havendo crime, portanto. Eventualmente, se a perturbação tiver fundo patológico, poderá ser alegada exclusão da imputabilidade por doença mental.

– **Agente embriagado:** há entendimento no sentido de que o estado de embriaguez em que o agente se encontrava no momento dos fatos é incompatível com a causa de aumento de pena em questão.

Nosso entendimento: discordamos da posição supramencionada. Entendemos que, além de não excluir o crime, tal circunstância agrava a pena, quando a embriaguez tiver sido preordenada (CP, art. 61, II, *l*), ou influi na primeira fase da dosimetria como circunstância judicial desfavorável, quando for voluntária (CP, art. 59).

(iii) O agente não procura diminuir as consequências do seu ato: trata-se de dispositivo redundante, pois a causa de aumento de pena anterior (omissão de socorro) já engloba essa hipótese. Quem omite socorro, logicamente, não diminui as consequências do seu ato. Por exemplo: não transportar a vítima para uma farmácia constitui omissão de socorro e, ao mesmo tempo, atitude de quem não procura diminuir as consequências do ato cometido.

(iv) Se o agente foge para evitar prisão em flagrante: com essa medida o legislador visa impedir que o agente deixe o local da infração, dificultando o trabalho da Justiça e buscando a impunidade. Esse expediente é via de regra utilizado pelo agente na prática de infrações culposas decorrentes de acidentes com veículo automotor, o que acaba por dificultar a realização da prova pericial, que é de extrema importância na apuração desse crime. Contudo, conforme já estudado, essa causa especial de aumento de pena não mais se aplica ao homicídio culposo praticado na direção de veículo automotor, pois esse delito é regulado pelo Código de Trânsito Brasileiro. Não obstante isso, essa majorante resta aplicável a outras formas de homicídio culposo em que o agente foge posteriormente para evitar a prisão em flagrante. Por exemplo: caçador que atira em direção à floresta acertando uma pessoa em vez de um lobo-guará, e que posteriormente foge à ação dos guardas florestais que ali se encontram para evitar a prisão em flagrante.

É importante frisar que o § 4º do art. 121 contém causas especiais de aumento de pena e, por isso, incidem na terceira fase de aplicação da pena. Não se constituem em qualificadoras, pois não alteram os limites abstratos da pena.

Destaque-se, por fim, que a redação do tipo penal de lesão corporal grave (art. 129, § 7º) inclui, como causa de aumento de pena na lesão o § 6º do art. 121 – homicídio praticado por milícia privada.

11.5. Causa especial de aumento de pena. Homicídio doloso contra menor de 14 ou maior de 60 anos (art. 121, § 4º)

Visando a uma maior repressão de condutas criminosas violadoras do direito à vida da criança e do adolescente, em consonância com o disposto na Constituição Federal, que prevê que "a lei punirá severamente o abuso, a violência e a exploração sexual da criança e do adolescente" (art. 227, § 4º), o Estatuto da Criança e do Adolescente (Lei n. 8.069/90) determinou a majoração da pena (agravamento de 1/3 – CP, art. 121, § 4º, 2ª parte) nas hipóteses de homicídio doloso praticado contra vítima menor de 14 anos. Trata-se de causa especial de aumento de pena porque está prevista em uma determinada norma da Parte Especial do Código Penal. A sua natureza é objetiva, pois leva em consideração a idade da vítima. Cuida-se de causa obrigatória de aumento de pena, devendo o juiz agravá-la sempre que constatar que a vítima é menor de 14 anos. A pessoa completa 14 anos no primeiro minuto do dia do seu aniversário. Assim, será menor de 14 anos até às 24 horas do dia anterior ao dia do seu aniversário. Dessa forma, se o delito foi cometido no dia em que o menor completou 14 anos, afastada estará a incidência dessa causa especial de aumento de pena. De acordo com o art. 4º do Código Penal, a idade da vítima deve ser levada em consideração no momento da ação ou omissão, ou seja, da conduta e não da efetiva produção do resultado. Por exemplo: um indivíduo dispara vários tiros contra um menor que contava com 13 anos de idade no dia do evento criminoso; ele, contudo, somente vem a morrer dez dias após aquela conduta, quando já completara 14 anos. Estará afastada a causa de aumento de pena, já que a vítima não mais era menor à data do óbito? De acordo com o art. 4º do Código Penal, a causa de aumento de pena incidirá, pois deve ser levada em consideração a data da ação, ou seja, dos disparos de arma de fogo contra o menor, e não a da produção do resultado naturalístico. Essa causa de aumento de pena aplica-se aos homicídios dolosos, seja na sua forma simples, seja na privilegiada ou qualificada.

O Estatuto da Pessoa Idosa, no art. 110, acrescentou causa especial de aumento de pena ao § 4º do art. 121 do Código Penal, qual seja, a pena do homicídio doloso é aumentada de um terço se o crime for praticado contra pessoa maior de 60 anos. Antes da vigência da referida lei, a circunstância de o crime ser praticado contra pessoa idosa funcionava apenas como agravante (CP, art. 61, II, *h*). Com a inovação legislativa, tal circunstância foi erigida, no crime de homicídio doloso, em causa especial de aumento de pena. Obviamente que a incidência desta afasta a circunstância agravante genérica prevista no art. 61, II, *h*, do Código Penal (delito cometido contra criança ou maior de 60 anos), sob pena da ocorrência de *bis in idem*.

11.6. Causa especial de aumento de pena (§ 6º)

Registre-se que é causa de aumento de pena ao homicídio doloso o disposto no § 6º do art. 121 do Código Penal: "a pena é aumentada de 1/3 (um terço) até a metade se o crime for praticado por milícia privada, sob o pretexto de prestação de serviço de segurança, ou por grupo de extermínio". Milícia privada é aquela criada à margem do ordenamento jurídico. Convém também relembrar o conceito de grupo de extermínio. O grupo pode ser formado por, no mínimo, duas pessoas, a finalidade é a de eliminar fisicamente um grupo específico de pessoas, pouco importando estejam ligadas por um laço racial ou social, sendo suficiente que estejam ocasionalmente vinculadas.

12. PERDÃO JUDICIAL (§ 5º). CONCEITO. NATUREZA JURÍDICA. EXTENSÃO. HIPÓTESES DE CABIMENTO. OPORTUNIDADE PARA CONCESSÃO

- **Conceito:** o perdão judicial está previsto no art. 121, § 5º, do Código Penal. Trata-se de causa de extinção da punibilidade aplicável à modalidade culposa do delito de homicídio. Ocorre nas hipóteses de homicídio culposo em que as consequências da infração atingiram o agente de forma tão grave que acaba por tornar-se desnecessária a aplicação da pena (STJ, REsp 1.871.697/MA, *DJU* 4-9-2020).
- **Natureza jurídica do perdão judicial:** cuida-se de causa extintiva da punibilidade, de aplicação restrita aos casos expressamente previstos na lei (CP, art. 107, IX). O juiz analisará discricionariamente se as circunstâncias especiais estão presentes (se se trata de homicídio culposo e se as consequências da infração atingiram o agente de forma muito grave) e, caso entenda que sim, o agente terá direito público subjetivo ao benefício legal.
- **Natureza jurídica da sentença que concede o perdão judicial:** é declaratória da extinção da punibilidade, afastando todos os efeitos da condenação (Súmula 18 do STJ).

- **Efeito extensivo:** o perdão judicial tem aplicação extensiva, não se limitando ao crime de que se trata. Assim, se num mesmo contexto o agente mata culposamente o seu filho e um estranho, o perdão judicial estender-se-á a ambos os delitos.
- **Hipóteses de cabimento:** o perdão judicial não deve jamais ser utilizado de forma indiscriminada, tendo a sua aplicação sempre reduzida às hipóteses de homicídio culposo em que as consequências da infração atingiram o agente de forma tão grave que a sanção penal se torne desnecessária. As consequências a que se refere o § 5º podem ser: **(i) físicas** – o agente também acaba sendo lesionado de forma grave (p.ex., teve as suas pernas amputadas, ficou tetraplégico, cego, teve o seu rosto desfigurado); **(ii) morais** – dizem respeito à morte ou lesão de familiares do agente (p.ex., o pai, a mãe, os filhos, a esposa, os irmãos), incluindo-se aqui a morte ou lesão da concubina do agente, ou então de pessoas de qualquer forma ligadas ao agente por afinidade (p.ex., noiva do agente, amigos íntimos). Observe-se que cada caso exige uma análise concreta, não havendo presunção de que as consequências da infração atingiram o agente de forma grave ante a tão só constatação da relação de parentesco ou afinidade entre ele e a vítima. É necessário averiguar se realmente o agente padeceu de insuportável dor moral, e para isso é necessário comprovar a existência de relacionamento afetivo entre ambos.
- **Oportunidade para concessão:** o perdão só pode ser aplicado na sentença de mérito, sendo, portanto, inadmissível na fase do inquérito policial.

13. HOMICÍDIO CULPOSO E O CÓDIGO DE TRÂNSITO BRASILEIRO (LEI N. 9.503/97)[80]

O Código de Trânsito Brasileiro trouxe importantes inovações legislativas, na medida em que passou a tipificar os crimes de homicídio e lesões corporais, na modalidade culposa, praticados na direção de veículo automotor. Trata-se, portanto, de tipo específico. Desse modo, sempre que tais delitos forem praticados nessas condições, afastada estará a incidência dos tipos genéricos de homicídio e lesão corporal previstos no Código Penal. Observe-se igualmente que as causas especiais de aumento de pena previstas no Código Penal (§ 4º), que antes tinham a sua aplicabilidade, em regra, restrita aos delitos culposos de trânsito, não mais se aplicam a estes, sendo certo que o Código de Trânsito Brasileiro cuidou de elencar outras causas especiais de aumento de pena. Vejamos agora os dispositivos da lei que tratam das atuais modalidades de homicídio e lesão corporal.

- **Homicídio culposo praticado na direção de veículo automotor:** prevê o art. 302: "Praticar homicídio culposo na direção de veículo automotor: Penas – detenção, de dois a quatro anos, e suspensão ou proibição de se obter a permissão ou a habilitação para dirigir veículo automotor". Vejamos também o § 3º: "se o agente conduz veículo automotor sob a influência de álcool ou de qualquer outra substância psicoativa que determine dependência: Pena – reclusão, de cinco a oito anos, e suspensão ou proibição do

---

80. Comentários retirados da obra *Aspectos criminais do Código de Trânsito Brasileiro*, de Fernando Capez e Victor Eduardo Rios Gonçalves, São Paulo, Saraiva, 1998.

direito de se obter a permissão ou habilitação para dirigir veículo automotor". Ou seja, além do aumento de pena, que era de 2 a 4 anos e agora passou a ser de 5 a 8 anos, há uma qualificadora relacionada ao crime de homicídio culposo no trânsito. Então, atualmente temos três modalidades desta figura penal: (i) homicídio culposo praticado na direção de veículo automotor simples (*caput*), que constitui tipo subsidiário, ou seja, somente será aplicado se a conduta praticada não se amoldar no § 3º; (ii) homicídio culposo praticado na direção de veículo automotor majorado (§ 1º); (iii) homicídio culposo praticado na direção de veículo automotor qualificado pela embriaguez ou uso de substância psicoativa que determine dependência (§ 3º).

→ **Atenção:** o § 3º do art. 302 do Código de Trânsito Brasileiro não se confunde com a chamada "embriaguez ao volante", a qual continua sendo punida pelo art. 306 desse Código.

Assim, conduzir veículo automotor **com capacidade psicomotora alterada** em razão da influência de álcool ou de outra substância psicoativa que determine dependência constitui crime formal e é punido pelo art. 306 do Código de Trânsito Brasileiro (pena: detenção, de 6 meses a 3 anos); ao passo que praticar homicídio culposo ao volante, conduzindo veículo automotor **sob a influência** de álcool ou de outra substância psicoativa que determine dependência e causar homicídio culposo no trânsito, constitui crime material e é punido pelo art. 302, § 3º, do Código de Trânsito Brasileiro (pena: reclusão, de 5 a 8 anos).

Ainda, no contexto do § 3º, o qual dispõe sobre o homicídio culposo praticado na direção de veículo automotor sob a influência de álcool ou de outra substância psicoativa que determine dependência, importante relembrar que a culpa consciente difere do dolo eventual, porque neste o agente prevê o resultado, mas não se importa que ele ocorra ("se eu me embriagar posso vir a causar um acidente e matar alguém, mas não importa; se acontecer, tudo bem, eu vou prosseguir"). Na culpa consciente, embora prevendo o que possa vir a acontecer, o agente repudia essa possibilidade ("se eu continuar me embriagando, posso vir a matar alguém na condução do veículo automotor, mas estou certo de que isso, embora possível, não ocorrerá"). O traço distintivo entre ambos, portanto, é que no dolo eventual o agente diz: "não importa", enquanto na culpa consciente ele supõe: "é possível, mas não vai acontecer de forma alguma". Ora, sem dúvida que a maioria das pessoas, ao se embriagar e dirigir veículo automotor, não age com dolo eventual, mas com culpa consciente, pois prevê que poderá ocorrer o acidente, mas confia que esse resultado jamais advirá. No entanto, caberá ao julgador avaliar as circunstâncias concretas, a fim de delimitar o elemento subjetivo.

- **Lesão corporal culposa praticada na direção de veículo automotor:** prevê o art. 303: "Praticar lesão corporal culposa na direção de veículo automotor: Penas – detenção, de seis meses a dois anos, e suspensão ou proibição de se obter a permissão ou a habilitação para dirigir veículo automotor". Vejamos o § 2º: "a pena privativa de liberdade é de reclusão de dois a cinco anos, sem prejuízo das outras penas previstas neste artigo, se o agente conduz o veículo com capacidade psicomotora alterada em razão da influência de álcool ou de outra substância psicoativa que determine dependência, e se do crime resultar lesão corporal de natureza grave ou gravíssima". Dessa maneira, temos três modalidades desta figura penal: (i) lesão corporal culposa praticada na direção de veículo automotor simples (*caput*), que constitui tipo subsidiário, ou seja, somente será aplicado se a conduta praticada não se amoldar no § 2º; (ii) lesão corporal culposa praticada na direção de veículo automotor majorada (§ 1º); (iii) lesão corporal culposa praticada na direção de veículo automotor qualificada pela embriaguez ou uso de substância psicoativa que determine dependência (§ 2º). Note-se que essa modalidade do crime exige alguns requisitos, quais sejam, lesão corporal culposa cometida pelo agente na direção de veículo automotor; condução do veículo com capacidade psicomotora alterada em razão da influência das mencionadas substâncias e, por fim, que a lesão corporal provocada na vítima tenha sido de natureza grave ou gravíssima, sendo esses conceitos extraídos, respectivamente, dos §§ 1º e 2º, ambos do art. 129 do Código Penal.

No contexto do § 2º, que trata da lesão corporal culposa praticada na direção de veículo automotor sob a influência de álcool ou de outra substância psicoativa que determine dependência, também é importante não perder de vista a diferença entre dolo eventual e culpa consciente, já explicados no item anterior.

O § 4º do art. 291 do Código de Trânsito Brasileiro, determina que o juiz dê especial atenção à culpabilidade do agente e às circunstâncias do crime ao fixar a pena-base. Ademais, o art. 308 do Código de Trânsito dispõe: "Participar, na direção de veículo automotor, em via pública, de corrida, disputa ou competição automobilística ou ainda de exibição ou demonstração de perícia em manobra de veículo automotor, não autorizada pela autoridade competente, gerando situação de risco à incolumidade pública ou privada".

- **Âmbito de aplicação do Código de Trânsito Brasileiro:** o CTB dispensou tratamento mais gravoso a essa modalidade especial de homicídio e lesão culposa na direção de veículo automotor. Não basta, entretanto, que o fato ocorra no trânsito. Suponha-se que um pedestre desrespeite a sinalização e seja atropelado por um motociclista que esteja conduzindo corretamente o seu veículo, e este venha ao solo, sofrendo lesões corporais. A imprudência foi do pedestre e este deve ser responsabilizado criminalmente. Por qual crime (comum ou do Código de Trânsito)? Ora, o pedestre não estava na direção de veículo automotor e, assim, aplicável a legislação comum, não obstante o fato se tenha passado no trânsito. Se, entretanto, o autor da imprudência fosse o motociclista, seria aplicável o Código de Trânsito. Conclui-se, portanto, que as novas regras somente são cabíveis a quem esteja no comando dos mecanismos de controle e velocidade de um veículo automotor.
- **Conceito de veículo automotor (CTB, Anexo I):** "Todo veículo a motor de propulsão que circule por seus próprios meios, e que serve normalmente para o transporte viário de pessoas e coisas, ou para a tração viária de veículos utilizados para o transporte de pessoas e coisas. O termo compreende os veículos conectados a uma linha elétrica e que não circulam sobre trilhos (ônibus elétrico)." Incluem-se nesse conceito os automóveis, caminhões, "vans", motocicletas, motonetas, quadriciclos, ônibus, micro-ônibus, ônibus elétricos que não circulem em trilhos etc. Assim como os caminhões-tratores,

os tratores, as caminhonetes e utilitários. Por sua vez, não se incluem nessa categoria os ciclomotores, os veículos de propulsão humana (bicicletas, patinetes etc.) e os de tração animal (carroças, charretes). Observe-se que o Código de Trânsito Brasileiro regula tão somente o trânsito de qualquer natureza nas vias terrestres (*v.* CTB, art. 1º). Apesar de esse Código, em seu art. 2º, excluir da definição de via terrestre as vias particulares (estacionamentos privados, pátio de postos de gasolina, vias internas de fazendas particulares), entende-se que devem ser aplicados os crimes de homicídio e lesão culposa do Código de Trânsito, ainda que o fato não ocorra em via pública.

- **Tipo objetivo:** o tipo penal continua sendo aberto, devendo o juiz, no caso concreto, por meio de um juízo de valor, concluir se o agente atuou ou não com imprudência, negligência ou imperícia, como nos casos de desrespeito às normas disciplinares contidas no próprio Código de Trânsito (p.ex., imprimir velocidade excessiva, dirigir embriagado, transitar na contramão etc.). No entanto, pode haver crime culposo ainda que o agente não desrespeite as regras disciplinares, pois pode agir com inobservância do cuidado necessário (p.ex., a ultrapassagem, se feita em local permitido, não configura infração administrativa, mas, se for efetuada sem a necessária atenção, pode causar acidente e implicar crime culposo). A jurisprudência tem admitido o crime culposo nas seguintes hipóteses: velocidade inadequada para o local, embriaguez ao volante, falta de distância do veículo que segue à frente, ultrapassagem em local proibido ou sem as devidas cautelas, queda de passageiro de coletivo com as portas abertas, derrapagem em pista escorregadia. Por outro lado, não se tem admitido o crime culposo nas seguintes hipóteses de culpa exclusiva da vítima: atravessar pista de rodovia de alta velocidade, de madrugada, sair correndo repentinamente da calçada ou por trás de outros carros etc.
- **Compensação de culpas:** não há em matéria penal compensação de culpas. Assim, nos delitos de trânsito, por exemplo, a desatenção, a conduta leviana da vítima não exime a responsabilidade do agente se este, de sua parte, desatendeu ao dever de cuidado. Somente em caso de culpa única e exclusiva da vítima, que se expôs de forma imprevisível, é que não haverá crime. Por sua vez, quando dois motoristas agem com imprudência, dando causa, cada qual, a lesões no outro, respondem ambos pelo crime. E, finalmente, quando a soma das condutas culposas de dois condutores provoca a morte de terceiro, existe a chamada culpa concorrente, em que ambos respondem pelo crime.
- **Perdão judicial:** não menciona a lei a possibilidade de aplicação de perdão judicial, sendo certo que o art. 291, *caput*, refere-se apenas à possibilidade de aplicação subsidiária das regras gerais do Código Penal, que, em princípio, não abrangem o perdão judicial. No entanto, na redação originária constava a possibilidade de sua aplicação, dispositivo que acabou sendo vetado (art. 300), sob o fundamento de que o Código Penal disciplina o tema de forma mais abrangente. As razões do veto, portanto, demonstram que o perdão judicial pode ser aplicado também aos delitos da lei especial.
- **Reparação do dano:** tem-se admitido a aplicação do instituto do arrependimento posterior, previsto no art. 16 do Código Penal, em relação ao homicídio culposo. Entende-se que nesse delito, por ser involuntária a violência, não fica afastada a possibilidade de incidência dessa causa de diminuição de pena. O melhor critério a ser utilizado para se

apurar o *quantum* da redução é aquele que leva em conta a presteza da reparação do dano, ou seja, quanto mais rápida a conduta reparadora, maior a diminuição da pena. É a posição de Damásio E. de Jesus[81]. A reparação do dano antes do recebimento da denúncia, no crime de lesão culposa, implica renúncia ao direito de representação (arts. 291, § 1º, do CTB, e 74 da Lei n. 9.099/95), o que não ocorre no crime de homicídio culposo. Ressalve-se que a ação penal será pública incondicionada no crime de lesão corporal culposa se o agente estiver: "I – sob a influência de álcool ou qualquer outra substância psicoativa que determine dependência; II – participando, em via pública, de corrida, disputa ou competição automobilística, de exibição ou demonstração de perícia em manobra de veículo automotor, não autorizada pela autoridade competente; III – transitando em velocidade superior à máxima permitida para a via em 50 km/h (cinquenta quilômetros por hora)". Nessas situações serão vedados os benefícios contidos nos arts. 74 (composição dos danos civis), 76 (transação penal) e 88 (representação) da Lei dos Juizados Especiais Criminais, de forma que a reparação do dano antes do recebimento da denúncia não implicará renúncia ao direito de representação.

Nos crimes culposos de homicídio e lesão corporal, se a reparação do dano se der após o recebimento da denúncia e antes da sentença de primeira instância, aplica-se a atenuante genérica do art. 65, III, *c*, do Código Penal.

- **Concurso de crimes e absorção:** a Lei n. 9.503/97 criou diversos crimes que se caracterizam por uma situação de perigo (dano potencial) e que ficarão absorvidos quando ocorrer o dano efetivo (lesões corporais ou homicídio culposo na direção de veículo automotor). Por sua vez, o art. 70 do Código Penal, que trata do concurso formal de crimes, aplica-se ao Código de Trânsito Brasileiro. Poderá ser homogêneo (havendo mais de uma morte ou mais de uma vítima lesionada) ou heterogêneo (morte e lesão em pessoas distintas). No último caso, será aplicada a pena do homicídio culposo (crime mais grave), aumentada de um sexto até a metade.
- **Sanção penal:** a lei prevê expressamente a aplicação conjunta da pena de suspensão ou proibição de se obter a permissão ou a habilitação para dirigir veículo com a pena privativa de liberdade. A suspensão pressupõe permissão ou habilitação já concedida, enquanto a proibição aplica-se àquele que ainda não obteve uma ou outra, conforme o caso. Tem a duração de dois meses a cinco anos (CTB, art. 293). Por ser aplicada junto com a pena privativa de liberdade, a nova penalidade de interdição temporária de direitos não se inicia enquanto o sentenciado, por efeito de condenação penal, estiver recolhido a estabelecimento prisional (CTB, art. 293, § 2º). Na verdade, a cominação cumulativa da pena restritiva de direitos com a privativa de liberdade é regra especial aplicável aos crimes do Código de Trânsito, e que contraria a regra geral do art. 69, § 1º, do Código Penal, a qual tolera o concurso somente no caso de a privativa de liberdade ser suspensa condicionalmente.

  Ressalte-se que a pena de suspensão da habilitação para dirigir veículo, prevista no art. 47, III, do Código Penal, e que pode ser aplicada em substituição (CP, art. 44) pelo mes-

---

81. *Código Penal anotado*, cit., p. 57.

mo tempo de duração da pena privativa de liberdade imposta (CP, art. 55) aos delitos culposos de trânsito (CP, art. 57), não tem mais cabimento nos crimes previstos no CTB, para os quais foi cominada, abstratamente, a nova interdição temporária de direitos. No entanto, nada impede substituir a pena privativa de liberdade concretamente fixada por outra restritiva de direitos, como a prestação de serviços à comunidade ou a limitação de fim de semana, e cumulá-la com a nova interdição de direitos.

- **Causas de aumento de pena:** antes de adentrarmos em sua análise é importante lembrar que não poderá o magistrado, ao reconhecer mais de uma das causas de aumento, aplicar duas elevações autônomas, uma vez que o art. 68, parágrafo único, do Código Penal veda tal atitude. Por uma questão de equidade e justiça, entretanto, o reconhecimento de mais de uma delas deverá implicar uma exacerbação acima do mínimo legal de um terço.
- **Ação penal:** no homicídio culposo a ação é pública incondicionada, e na lesão culposa simples é pública condicionada a representação (arts. 88 da Lei n. 9.099/95 e 291, § 1º, do CTB). A ação penal será pública incondicionada, nas demais formas desse crime e no caso do crime de lesão culposa, se o agente estiver em uma das situações descritas nos incisos I a III do § 1º do art. 291. Em tais hipóteses, como já visto, serão vedados os benefícios dos arts. 74, 76 e 78 da Lei dos Juizados Especiais Criminais, e deverá ser instaurado inquérito policial, não cabendo mais o termo circunstanciado (CTB, art. 291, § 2º).
- **Art. 302, § 1º, do Código de Trânsito Brasileiro:** no homicídio culposo (e lesão culposa) cometido na direção de veículo automotor, a pena é aumentada de um terço à metade, se o agente:

  (i) Não possuir Permissão para Dirigir ou Carteira de Habilitação (inciso I): o Código de Trânsito Brasileiro prevê o delito autônomo de direção de veículo na via pública sem permissão ou habilitação (CTB, art. 309). Contudo, se o agente na direção de veículo automotor, sem permissão ou habilitação para tanto, dá causa a um homicídio culposo, responderá por esse delito agravado pela circunstância em estudo. Nessa hipótese, não poderá ser também reconhecido o crime autônomo de dirigir veículo na via pública sem permissão ou habilitação porque este já constitui majorante do homicídio.

  (ii) Praticá-lo em faixa de pedestres ou na calçada (inciso II): o aumento será aplicado tanto quando o agente estiver conduzindo o seu veículo pela via pública e perder o controle do veículo automotor, vindo a adentrar na calçada e atingir a vítima, como quando estiver saindo de uma garagem ou efetuando qualquer manobra e, em razão de sua desatenção, acabar por colher o pedestre. Ou seja, para que incida a causa de aumento da pena em tela, é necessário que o homicídio culposo cometido na direção de veículo automotor ocorra na calçada ou sobre a faixa de pedestres, não incidindo, por exemplo, quando o atropelamento ocorrer a poucos metros da faixa de pedestres.

  (iii) Deixar de prestar socorro, quando possível fazê-lo sem risco pessoal, à vítima do acidente (inciso III): essa hipótese somente é aplicável ao condutor de veículo que tenha agido de forma culposa. Caso não tenha agido com imprudência, negligência ou imperícia e deixe de prestar socorro à vítima, estará incurso no crime de omissão de socorro de trânsito (CTB, art. 304). O instituto igualmente não será aplicado se a vítima for, de imediato, socorrida por terceira pessoa.

O condutor de veículo envolvido em acidente que venha a prestar pronto e integral socorro à vítima, além de responder pelo delito na modalidade simples, não será preso em flagrante nem recolherá fiança, de acordo com o art. 301 do Código de Trânsito Brasileiro. Ressalte-se que o crime de lesão corporal culposa de trânsito, em sua forma simples, passou a constituir infração de menor potencial ofensivo. Desse modo, o autor das lesões culposas que prestar socorro à vítima não poderá ser preso em flagrante por mais esse motivo: trata-se de infração da qual se livra solto, nos termos do art. 69, parágrafo único, da Lei n. 9.099/95. Cumpre consignar que, no caso em que o agente se encontre nas demais modalidades deste crime, bem como em uma das situações previstas no art. 291, § 1º, do Código de Trânsito Brasileiro, serão vedados os benefícios dos arts. 74, 76 e 78 da Lei dos Juizados Especiais Criminais, e deverá ser instaurado inquérito policial, não se admitindo o termo circunstanciado.

O Código tipificou o crime de fuga do local do acidente (CTB, art. 305), tendo por objetividade jurídica a tutela da administração da justiça. Assim, o condutor que, culposamente, provoca lesões corporais na vítima e foge sem prestar-lhe socorro, vindo aquela a morrer posteriormente, responderá pelo delito de homicídio com a pena aumentada (III) em concurso material com o crime de fuga do local do acidente (CTB, art. 305). Este crime, como já dissemos, tem por objetividade jurídica a tutela da administração da justiça. Dessa forma, não se pode falar em absorção ou em *post factum* impunível, uma vez que os bens jurídicos são diversos. Ademais, se o crime de homicídio ou o de lesões corporais culposas absorvessem o delito de fuga, este ficaria praticamente sem aplicação concreta.

(iv) No exercício de sua profissão ou atividade, estiver conduzindo veículo de transporte de passageiros (inciso IV): a lei não se refere apenas aos motoristas de ônibus ou táxi, mas também a qualquer motorista que atue no transporte de passageiros, como motoristas de lotações, de bondes etc. O instituto não deixará de ser aplicado mesmo que o veículo de transporte de passageiros esteja vazio ou quando está sendo conduzido até a empresa, após o término da jornada. Veja-se, ainda, que o aumento será aplicado mesmo que o resultado tenha alcançado pessoa que não estava no interior do veículo.

14. AÇÃO PENAL. PROCEDIMENTO. LEI DOS JUIZADOS ESPECIAIS CRIMINAIS

- **Ação penal:** tanto no homicídio culposo quanto no doloso, a ação é pública incondicionada, ou seja, o Ministério Público tem a atribuição exclusiva para a sua propositura, independentemente de representação do ofendido.
- **Procedimento:** de acordo com o art. 394 do Código de Processo Penal, o procedimento será comum ou especial. Mencione-se, primeiramente, que foi corrigida uma impropriedade técnica, pois o Código não se refere ao processo comum e especial, mas ao procedimento ou rito procedimental, pois este é que configura corretamente a sucessão

ou ordenamento dos atos processuais. O procedimento comum se divide em: (i) **ordinário:** crime cuja sanção máxima cominada for igual ou superior a quatro anos de pena privativa de liberdade, salvo se não se submeter a procedimento especial; (ii) **sumário:** crime cuja sanção máxima cominada seja inferior a quatro anos de pena privativa de liberdade, salvo se não se submeter a procedimento especial; (iii) **sumaríssimo**: infrações penais de menor potencial ofensivo, na forma da Lei n. 9.099/95, ainda que haja previsão de procedimento especial. Enquadram-se nesse conceito as contravenções penais e os crimes cuja pena máxima não exceda a dois anos. Dessa forma, a distinção entre os procedimentos ordinário e sumário dar-se-á em função da pena máxima cominada à infração penal e não mais em virtude de esta ser apenada com reclusão ou detenção. O procedimento especial, por sua vez, abarcará todos os procedimentos com regramento específico, tal como o do tribunal do júri (CPP, arts. 406 a 497) e outros previstos na legislação extravagante, por exemplo, Lei n. 11.343/2006, Lei n. 8.038/90, Código Eleitoral e leis eleitorais, Código de Processo Penal Militar etc.

Especificamente quanto à Justiça Penal Militar, ressalte-se que a Lei n. 13.491/2017, trouxe mudanças significativas, as quais incidem diretamente na competência da justiça militar, estadual e federal.

No § 1º do art. 9º do CPM, a Lei n. 13.491/2017 reafirma a competência constitucional (CF, art. 125, § 4º) do Tribunal do Júri para o processamento e julgamento dos crimes dolosos contra a vida cometidos por militares contra civil: "§ 1º Os crimes de que trata este artigo, quando dolosos contra a vida e cometidos por militares contra civil, serão da competência do Tribunal do Júri". Vale registrar que o parágrafo em comento reforça o disposto no art. 82, § 2º, do Código de Processo Penal Militar: "§ 2º Nos crimes dolosos contra a vida, praticados contra civil, a Justiça Militar encaminhará os autos do inquérito policial militar à justiça comum". Dessa forma, o crime será apurado pela polícia judiciária militar, através do Inquérito Policial Militar, com o encaminhamento dos respectivos autos à justiça militar, que então fará a posterior remessa para a justiça comum.

→ **Atenção:** o termo "militares" empregado pelo dispositivo legal refere-se aos militares estaduais, ou seja, policiais e bombeiros militares.

Finalmente, no § 2º do art. 9º do CPM, temos outra mudança significativa, haja vista que o citado dispositivo legal amplia a competência da justiça militar federal, senão vejamos.

Dispõe o § 2º: "Os crimes de que trata este artigo, quando dolosos contra a vida e cometidos por militares das Forças Armadas contra civil, serão da competência da Justiça Militar da União, se praticados no contexto: (...)". Note-se que a aplicação desse dispositivo se refere especificamente às Forças Armadas (Marinha, Exército e Força Aérea), uma vez que, no caso dos militares estaduais, a competência continua sendo do Tribunal do Júri, conforme alhures explicitado.

O homicídio doloso insere-se na competência do Tribunal do Júri, de modo que os processos de sua competência seguem o rito procedimental escalonado previsto nos arts. 406 a 497 do Código de Processo Penal, independentemente da pena prevista. A primeira fase se inicia com o oferecimento da denúncia e se encerra com a decisão de pronúncia (*judicium accusationis* ou sumário de culpa). A segunda tem início com o recebimento dos autos pelo juiz presidente do Tribunal do Júri, e termina com o julgamento pelo Tribunal do Júri (*judicium causae* ou sumário da culpa). A Lei aboliu o libelo crime acusatório.

Pela sistemática do art. 406 do Código de Processo Penal, após a citação, o réu terá dez dias para apresentar sua defesa. Se não a apresentar, deverá o juiz nomear defensor para tanto (CPP, art. 408).

Na audiência de instrução (1ª fase do júri), serão tomadas as declarações do ofendido, se possível, inquiridas as testemunhas de acusação (no máximo 8) e defesa (no máximo 8), os esclarecimentos dos peritos, as acareações, o reconhecimento de pessoas e coisas, o interrogatório do acusado e os debates. Há que observar que a lei concentrou todos os atos instrutórios em uma única audiência, conforme se infere da redação do art. 411 do Código de Processo Penal, tal como sucedeu no procedimento ordinário e sumário. Além disso, o interrogatório, antes considerado o primeiro ato da instrução criminal, passou a integrar essa audiência única, sendo realizado após a prática de todos os atos probatórios.

Em virtude de a pena mínima cominada para o homicídio culposo ser de 1 ano de detenção, é cabível a suspensão condicional do processo, instituto este previsto na Lei dos Juizados Especiais Criminais (Lei n. 9.099/95).

Atente-se para a Súmula 721 do STF: "A competência constitucional do Tribunal do Júri prevalece sobre o foro por prerrogativa de função estabelecido exclusivamente pela Constituição Estadual".

Por fim, registre-se que o homicídio doloso praticado por militar contra militar não se subsume ao art. 121 do Código Penal, sendo aplicado, nesse caso, o art. 205 do Código Penal Militar. A competência para o processamento e julgamento é da justiça castrense.

15. CONCURSO DE CRIMES NO HOMICÍDIO DOLOSO E CULPOSO

- **Homicídio doloso e o delito de "disparo de arma de fogo" (Lei n. 10.826/2003):** *vide* comentários ao Estatuto do Desarmamento no capítulo relativo ao crime de lesões corporais.
- **Homicídio e ocultação de cadáver. Continuidade delitiva ou concurso material?** Não há continuidade delitiva entre esses crimes. O delito de homicídio tem por objeto jurídico o direito à vida, ao passo que o delito de ocultação de cadáver tem por objeto o sentimento de respeito aos mortos. Na realidade, cuida-se aqui de delitos de espécies diferentes, o que afasta a continuidade delitiva. Poderá, no caso, estar caracterizado o concurso material de delitos.
- **Homicídio doloso e aborto. Concurso formal:** se o agente, sabendo da gravidez da gestante, elimina a sua vida, responde pelo concurso formal desses crimes; contudo se o agente deseja também que o feto seja abortado, responderá pelo concurso formal impróprio ou imperfeito, isto é, uma única conduta dolosa (o tiro que acertou a gestante e o feto) decorreu de desígnios autônomos (o agente queria os dois resultados). Nessa hipótese será aplicada a regra do concurso material de crimes (CP, art. 69).

- **Homicídio doloso e continuidade delitiva:** em face da regra do art. 71, parágrafo único, do Código Penal, é possível a continuidade delitiva no crime de homicídio. É que o citado dispositivo legal faz menção expressa aos crimes dolosos praticados contra vítimas diferentes, cometidos com violência ou grave ameaça à pessoa, podendo-se então aqui enquadrar o homicídio. Cuida-se de crime continuado específico, cuja pena é mais grave que a do crime continuado comum (CP, art. 71, *caput*).
- **Homicídio culposo e concurso formal:** haverá concurso formal na hipótese em que de uma única ação ou omissão culposa resultem diversas mortes; por exemplo, o agente ao conduzir o seu veículo automotor atropela três pessoas vindo estas a falecer. Trata-se aqui do concurso formal homogêneo. Com uma única ação o agente deu causa à morte de diversas pessoas. A hipótese será de concurso formal heterogêneo se o agente com uma única ação ou omissão der causa a crimes diversos; por exemplo, o operário de uma obra em construção que ao deixar cair o andaime sobre os seus colegas de trabalho ocasiona a morte de um deles e lesão corporal nos demais.
- **Homicídio culposo e continuidade delitiva:** os crimes culposos admitem a continuidade delitiva, embora haja controvérsia na doutrina. Assim, o enfermeiro que, por descuido, diariamente ministra doses de medicamento trocado aos seus pacientes, vindo estes a falecer por não receberem a medicação própria, responderá por homicídio culposo em continuidade delitiva.

ART. 121-A – FEMINICÍDIO

1. CONSIDERAÇÕES INICIAIS

A Lei n. 14.994/2024 introduziu modificações significativas no Código Penal, destacando-se a instituição do art. 121-A, que tipifica o feminicídio como um crime autônomo, com pena mínima de 20 anos e máxima de 40 anos de reclusão.

Essa inovação legislativa representa um avanço crucial no enfrentamento da violência de gênero, evidenciando o reconhecimento da violência contra a mulher como um fenômeno de natureza estrutural e cultural em nossa sociedade.

Ademais, tal mudança normativa está em consonância com o compromisso assumido pelo Estado brasileiro na Convenção do Pará, destinada à prevenção, punição e erradicação da violência contra as mulheres, conforme promulgação pelo Decreto n. 1.973, de 1996.

Vale pontuar que antes da referida reforma, o feminicídio era considerado uma qualificadora do homicídio. Com a nova redação, o feminicídio é elevado a um tipo penal específico, reforçando a resposta punitiva do Estado e alinhando a legislação nacional aos tratados internacionais voltados à proteção dos direitos humanos das mulheres, como a Convenção de Belém do Pará.

A definição de feminicídio, conforme estipulado no art. 121-A, é inequívoca: trata-se do ato de matar uma mulher em razão de sua condição de sexo feminino.

Para que o crime seja classificado como feminicídio, a legislação estabelece dois elementos essenciais: a violência doméstica e familiar e o menosprezo ou discriminação em relação à condição feminina.

Esses critérios refletem a realidade de diversos casos de violência letal contra mulheres, nos quais o agressor age motivado por um sentimento de posse ou desvalorização da vítima, em um contexto que frequentemente manifesta o machismo estrutural presente na sociedade.

Assim, com a nova tipificação, a pena para o feminicídio é fixada entre 20 e 40 anos de reclusão, superando os limites da pena para homicídio qualificado, que variava de 12 a 30 anos.

1.1. Conceito

O feminicídio é o homicídio doloso praticado contra a mulher por "razões da condição de sexo feminino", ou seja, desprezando, menosprezando, desconsiderando a dignidade da vítima por ser mulher, como se as pessoas do sexo feminino tivessem menos direitos do que as do sexo masculino. A lei pune mais gravemente aquele que mata mulher por "razões da condição de sexo feminino" (por razões de gênero). Não basta a vítima ser mulher para que exista o crime de feminicídio, é preciso que a morte aconteça pelo simples fato de a vítima ter a condição de sexo feminino.

O § 1º do art. 121-A explicita o que vem a ser a condição do sexo feminino: "considera-se que há razões de condição de sexo feminino quando o crime envolve: I – violência doméstica e familiar; II – menosprezo ou discriminação à condição de mulher".

Importante destacar que, mesmo em situação de violência doméstica e familiar (inciso I), explicada na Lei n. 11.340/2006, ainda será necessário que o homicídio seja praticado por razão de gênero.

Quanto ao menosprezo à condição de mulher, surge a ideia do machismo, que faz com que homens ignorantes se sintam superiores às mulheres e que essa condição ainda lhes daria o direito de matar a mulher como ser inferior.

O feminicídio é crime hediondo, previsto expressamente no rol taxativo do art. 1º da Lei n. 8.072/90.

→ **Atenção:** não confundir feminicídio com femicídio. Este indica o assassinato de mulheres em sentido amplo, ou seja, qualquer homicídio que tenha como vítima uma mulher, ainda que a motivação seja absolutamente alheia ao gênero. Em contrapartida, o feminicídio caracteriza-se pelo homicídio da mulher motivado justamente por questões de gênero, por razões da condição do sexo feminino. O primeiro é gênero do qual o segundo é espécie, ou seja, todo feminicídio é femicídio, mas não o contrário.

1.2. Modalidades de feminicídio

Conforme já explicitado, feminicídio é o homicídio doloso praticado contra a mulher por "razões da condição de sexo feminino", sendo esta conceituada pelo legislador no § 1º do art. 121-A do Código Penal. De acordo com o citado dispositivo legal, são duas as modalidades do crime: (i) inciso I – a que envolve violência doméstica e familiar contra a mulher; (ii) inciso II – a relacionada a menosprezo ou discriminação à condição de mulher.

No primeiro caso, qual seja, feminicídio decorrente de violência doméstica e familiar (inciso I), sua compreensão relaciona-se com o conceito constante da Lei Maria da Penha, Lei n. 11.340/2006. De acordo com o art. 5º da referida lei, "configura violência doméstica e familiar contra a mulher qualquer ação ou omissão baseada no gênero que lhe cause morte, lesão, sofrimento físico, sexual ou psicológico e dano moral ou patrimonial". O feminicídio nesta primeira modalidade caracteriza-se pelo ato de matar a vítima por meio de conduta relacionada com a dominação de gênero, a qual envolve um contexto relacionado com relação de poder e submissão.

A segunda modalidade do delito, qual seja, feminicídio decorrente de menosprezo ou discriminação à condição de mulher, independe da Lei Maria da Penha. Tal hipótese resta configurada em situações nas quais o agente mata a vítima por desdenhar do seu gênero, considerando-a inferior somente pelo fato de ser mulher, ou por puro preconceito à condição de mulher.

1.3. Elementos do tipo

(i) ação nuclear: o verbo nuclear do delito, assim como no homicídio, é "matar", ou seja, destruir ou eliminar a vida humana, lembrando que se tutela a vida humana extrauterina. Pode ser cometido por ação ou omissão; (ii) objeto material: é a mulher; (iii) elemento subjetivo: é o dolo, podendo ser o dolo direto ou eventual. Nesse caso há elemento subjetivo específico, consistente em praticar o crime em razão da condição do sexo feminino; (iv) sujeito ativo: pode ser qualquer pessoa, homem ou mulher, na medida em que se trata de crime comum; (v) sujeito passivo: somente a mulher, em razão de expressa determinação legal. Nesse contexto, independentemente de a transexual haver realizado cirurgia de transgenitalização, poderá ser sujeito passivo do delito em questão. Ora, se o Direito Civil a considera, para todos os efeitos, mulher, o mesmo tratamento deve ser adotado pelo Direito Penal. Em suma: pode a transexual figurar como sujeito passivo do crime de feminicídio.

Necessário pontuar que, em decisão recente, o STJ firmou entendimento pugnando pela aplicabilidade da Lei n. 11.340/2006 (Lei Maria da Penha) às mulheres trans em situação de violência doméstica: "A aplicação da Lei Maria da Penha não reclama considerações sobre a motivação da conduta do agressor, mas tão somente que a vítima seja mulher e que a violência seja cometida em ambiente doméstico, familiar ou em relação de intimidade ou afeto entre agressor e agredida. 2. É descabida a preponderância, tal qual se deu no acórdão impugnado, de um fator meramente biológico sobre o que realmente importa para a incidência da Lei Maria da Penha, cujo arcabouço protetivo se volta a julgar autores de crimes perpetrados em situação de violência doméstica, familiar ou afetiva contra mulheres. Efetivamente, conquanto o acórdão recorrido reconheça diversos direitos relativos à própria existência de pessoas trans, limita à condição de mulher biológica o direito à proteção conferida pela Lei Maria da Penha. 3. A vulnerabilidade de uma categoria de seres humanos não pode ser resumida tão somente à objetividade de uma ciência exata. As existências e as relações humanas são complexas e o Direito não se deve alicerçar em argumentos simplistas e reducionistas. 4. Para alicerçar a discussão referente à aplicação do art. 5º da Lei Maria da Penha à espécie, necessária é a diferenciação entre os conceitos de gênero e sexo, assim como breves noções de termos transexuais, transgêneros, cisgêneros e travestis, com a compreensão voltada para a inclusão dessas categorias no abrigo da lei em comento, tendo em vista a relação dessas minorias com a lógica da violência doméstica contra a mulher. 5. A balizada doutrina sobre o tema leva à conclusão de que as relações de gênero podem ser estudadas com base nas identidades feminina e masculina. Gênero é questão cultural, social, e significa interações entre homens e mulheres. Uma análise de gênero pode se limitar a descrever essas dinâmicas. O feminismo vai além, ao mostrar que essas relações são de poder e que produzem injustiça no contexto do patriarcado. Por outro lado, sexo refere-se às características biológicas dos aparelhos reprodutores feminino e masculino, bem como ao seu funcionamento, de modo que o conceito de sexo, como visto, não define a identidade de gênero. Em uma perspectiva não meramente biológica, portanto, mulher trans mulher é. 6. Na espécie, não apenas a agressão se deu em ambiente doméstico, mas também familiar e afetivo, entre pai e filha, eliminando qualquer dúvida quanto à incidência do subsistema da Lei n. 11.340/2006, inclusive no que diz respeito ao órgão jurisdicional competente – especializado – para processar e julgar a ação penal. 7. As condutas descritas nos autos são tipicamente influenciadas pela relação patriarcal e misógina que o pai estabeleceu com a filha. O *modus operandi* das agressões – segurar pelos pulsos, causando lesões visíveis, arremessar diversas vezes contra a parede, tentar agredir com pedaço de pau e perseguir a vítima – são elementos próprios da estrutura de violência contra pessoas do sexo feminino. Isso significa que o modo de agir do agressor revela o caráter especialíssimo do delito e a necessidade de imposição de medidas protetivas (STJ. 6ª Turma. REsp 1.977.124/SP, rel. Min. Rogerio Schietti Cruz, julgado em 5-4-2022)".

Finalmente, vale ressaltar que a Lei n. 14.717/2023 instituiu a possibilidade de concessão de pensão especial aos filhos e dependentes crianças ou adolescentes, cuja renda familiar mensal per capita seja igual ou inferior a 1/4 (um quarto) do salário-mínimo que se tornaram órfãos em razão da prática de feminicídio contra suas genitoras ou responsáveis.

2. CAUSAS DE AUMENTO DE PENA DO FEMINICÍDIO

O Código Penal traz no § 2º do art. 121-A, as causas de aumento de pena para o crime de feminicídio. Dessa forma, a pena do feminicídio é aumentada de 1/3 (um terço) até a metade se o crime for praticado: durante a gestação ou nos 3 (três) meses posteriores ao parto, ou se a vítima for a mãe ou a responsável por criança ou adolescente menor de dezoito anos ou, qualquer que seja a idade, se deficiente ou portador de necessidades especiais; contra pessoa menor de 14 (catorze) anos, maior de 60 (sessenta) anos, com deficiência ou portadora de doenças degenerativas que acarretem condição limitante ou de vulnerabilidade física ou mental; na presença física ou virtual de descendente ou de ascendente da vítima; em descumprimento das medidas protetivas de urgência previstas nos incisos I, II e III do *caput* do art. 22 da Lei Maria da Penha, bem como com o emprego de veneno, fogo, explosivo, asfixia, tortura ou outro meio insidioso ou cruel, ou de que possa resultar perigo comum; à traição, de emboscada, ou mediante dissimulação ou outro recurso que dificulte ou torne impossível a defesa do ofendido; e/ou com emprego de arma de fogo de uso restrito ou proibido".

Vale lembrar que as medidas protetivas da Lei Maria da Penha, de que trata o dispositivo *supra*, são suspensão da posse ou restrição do porte de armas, com comunicação ao órgão competente, nos termos do Estatuto do Desarmamento; afastamento do lar, domicílio ou local de convivência com a ofendida; proibição de determinadas condutas, entre as quais aproximação da ofendida, de seus familiares e das testemunhas, fixando o limite mínimo de distância entre estes e o agressor; contato com a ofendida, seus familiares e testemunhas por qualquer meio de comunicação; e frequentação de determinados lugares a fim de preservar a integridade física e psicológica da ofendida.

3. COAUTORIA E PARTICIPAÇÃO

A alteração legislativa inovou ao prever, de forma expressa na parte especial do CP a comunicabilidade das circunstâncias pessoais do crime. Dessa maneira, o crime quando praticado no contexto de violência doméstica e familiar; e/ou com menosprezo ou discriminação à condição de mulher, tais elementares comunicam-se ao coautor ou partícipe.

ART. 122 – INDUZIMENTO, INSTIGAÇÃO OU AUXÍLIO A SUICÍDIO OU À AUTOMUTILAÇÃO

1. CONCEITO. CONSIDERAÇÕES PRELIMINARES

O art. 122, *caput*, do CP, tipifica o crime de induzir ou instigar alguém a suicidar-se ou a praticar automutilação, ou prestar auxílio material para que o faça. A pena será de reclusão de 6 (seis) meses a 2 (dois) anos. As formas qualificadas estão previstas respectivamente nos parágrafos 1º e 2º: se resultar lesão grave ou gravíssima, a pena passa para reclusão 1 (um) a 3 (três) anos, e se resultar morte, para reclusão de 2 (dois) a 6 (seis) anos.

Os parágrafos terceiro quarto e quinto preveem causa de aumento correspondente ao dobro da pena: se o crime for praticado por motivo egoístico, torpe ou fútil, ou se a vítima for menor ou tiver diminuída, por qualquer causa, sua capacidade de resistência (§ 3º); se a conduta tiver sido praticada por meio da rede de computadores, rede social ou transmitida em tempo real (§ 4º); se o autor for responsável, líder, coordenador ou administrador de grupo, comunidade ou rede virtual.

Os parágrafos sexto e sétimo, por sua vez, aplicam a teoria da autoria mediata, determinando, na hipótese de a vítima ser menor de 14 (quatorze) anos ou não tiver o necessário discernimento, em razão de enfermidade ou doença mental, ou, se por qualquer causa ou motivo, não puder oferecer resistência, resultando lesão gravíssima ou morte, deverá o agente responder, respectivamente pelo crime de lesão corporal de natureza gravíssima (CP, art. 129, § 2º) ou homicídio doloso (CP, art. 121). No caso, a vítima foi usada como *longa manus* isto é, mero instrumento de manipulação para a consecução do crime. Quem convence uma criança a saltar de um edifício para a morte, não está induzindo-a ao suicídio, mas cometendo homicídio, pois utilizou o menor como arma contra si próprio. Poderia ter se utilizado de uma arma de fogo, de um animal feroz, mas optou por usar a própria vítima contra si mesma, dada sua deficiência de discernimento. Inexplicavelmente, o legislador omitiu a hipótese do resultado lesão corporal grave, mas tal omissão é irrelevante, na medida em que, do mesmo modo que nos casos de morte e lesão gravíssima, a ausência ou deficiência de discernimento torna presente a autoria mediata e o agente responderá também como autor, aqui, pelo crime de lesão corporal de natureza grave.

O suicídio é a deliberada destruição da própria vida. Suicida, segundo o Direito, é somente aquele que busca direta e voluntariamente a própria morte. Apesar de o suicídio não ser um ilícito penal, é um fato antijurídico, dado que a vida é um bem público indisponível, sendo certo que o art. 146, § 3º, II, do Código Penal prevê a possibilidade de se exercer coação contra quem tenta suicidar-se, justamente pelo fato de que a ninguém é dado o direito de dispor da própria vida. Não obstante a lei penal não punir o suicídio, cujas razões de índole político-criminal veremos logo mais adiante, ela pune o comportamento de quem induz, instiga ou auxilia outrem a suicidar-se. É que, sendo a vida um bem público indisponível, o ordenamento jurídico veda qualquer forma de auxílio à eliminação da vida humana, ainda que esteja presente o consentimento do ofendido.

A automutilação consubstancia-se no comportamento de autoinfligir agressões diretas ao próprio corpo, sem intenção consciente de suicídio. O indivíduo, deliberadamente, provoca lesões em si mesmo, tais como cortes e queimaduras. Assim como o suicídio, a automutilação em si não é punida pela lei penal, o que é vedado pelo legislador é o seu induzimento, instigação ou auxílio.

Cumpre apontar que em 2020 foi publicado o Decreto n. 10.225 que instituiu o Comitê Gestor da Política Nacional de Prevenção da Automutilação e do Suicídio. Esse decreto também regulamentou a Política Nacional de Prevenção da Automutilação e do Suicídio além de estabelecer normas relativas à notificação compulsória de violência autoprovocada. Os casos em que a notificação é compulsória estão discriminados no art. 12 do mesmo decreto: "A notificação compulsória de violência autoprovocada é obrigatória para: I – médicos, outros profissionais de saúde no exercício de suas atribuições ou responsáveis pelos serviços públicos e privados de saúde, que prestem assistência ao paciente, observado o disposto no art. 8º da Lei n. 6.259/1975; e II – responsáveis por instituições de ensino públicas e privadas. Parágrafo único. A notificação compulsória de que trata o inciso I do *caput* será realizada quando houver a suspeita ou a confirmação de violência autoprovocada no prazo de até vinte e quatro horas após o atendimento, observadas as normas estabelecidas pelo Ministério da Saúde".

→ **Atenção:** A Lei n. 14.811/2024, que instituiu a Política Nacional de Prevenção e Combate ao Abuso e Exploração Sexual da Criança e do Adolescente, incluiu no rol dos crimes hediondos, a conduta de induzir, instigar ou auxiliar ao suicídio ou a automutilação, mediante utilização da rede de computadores, rede social ou atos transmitidos em tempo real.

2. PRECEDENTES HISTÓRICOS E O DELITO DE SUICÍDIO NO DIREITO PENAL PÁTRIO

As legislações estrangeiras, na antiguidade, em sua maioria, consideravam crime o suicídio. Assim era na Inglaterra, cuja *common law* previa a aplicação de penas contra o cadáver e seus familiares, tais como privação de honras fúnebres, exposição do cadáver atravessado com um pau, sepultamento em estrada pública, confisco dos bens. Na Grécia, o suicida tinha a sua mão direita cortada, a fim de ser enterrada à parte. Sob a influência do cristianismo o suicídio, além de passar a ser considerado crime, passou a ser concomitantemente pecado contra Deus, sendo negada aos suicidas a celebração de missas. O Direito Canônico equiparou o homicídio ao suicídio a ponto de, sob as Ordenações de São Luís, ser instaurado processo contra o cadáver do suicida, sendo seus bens confiscados. Em algumas cidades, o cadáver do suicida, segundo os estatutos, devia ser suspenso pelos pés e arrastado pelas ruas, com o rosto voltado para o chão[82].

A legislação penal pátria não incrimina a conduta de destruir a própria vida. O ordenamento jurídico ao não incriminar o suicídio tem em vista duas razões de índole político-criminal, a primeira, segundo Nélson Hungria[83], diz respeito ao caráter repressivo da sanção penal: não se pode cuidar de pena contra um cadáver (*mors omnia solvit*); a segunda, conforme o mesmo autor, diz com o caráter preventivo da sanção penal: a ameaça da pena queda-se inútil ante aquele indivíduo que nem sequer teme a morte. E se hipoteticamente alguma pena fosse aplicada, como, por exemplo, o confisco de bens, esta atingiria exclusivamente os herdeiros do suicida, infringindo o princípio constitucional basilar da personalidade da pena (CF, art. 5º, XLV). O ordenamento jurídico igualmente não incrimina a tentativa de suicídio, tendo também por base motivo de índole político-criminal. Com efeito, sancionar aquele que já padece de dor moral insuperável, irresistível, cujo ápice o conduz a tentar a ocisão da sua própria vida, serviria apenas, segundo Nélson Hungria, para aumentar no indivíduo o seu desgosto pela vida e em provocá-lo, consequentemente, à secundação do gesto de autodestruição[84].

Embora o Código Penal não incrimine o ato de dispor da própria vida, pelas razões já expostas, considera crime toda e qualquer conduta tendente a destruir a vida alheia. É a hipótese dos crimes de homicídio, infanticídio, aborto e, em especial, do crime de incitação e auxílio ao suicídio. Isso ocorre por um único motivo: a vida humana é um

---

82. Precedentes históricos retirados da obra de Nélson Hungria, *Comentários*, cit., v. V, p. 223 e 224, nota de rodapé.

83. *Comentários*, cit., v. V, p. 223 e 224.

84. Idem, ibidem, p. 225 e 226.

bem público indisponível, pois o indivíduo não é seu titular exclusivo, uma vez que precede ao interesse do indivíduo o interesse do Estado na preservação da vida, na medida em que aqueles como instituição criada pelo homem, nele se funda e sem ele perde a razão de existir. Dessa forma, sendo a vida um bem público indisponível, não há como afastar a criminalização da conduta daquele que induz, instiga, auxilia alguém a suicidar-se, ainda que haja o consentimento do ofendido. Além dessa razão, E. Magalhães Noronha, em arguta lição, ensina: "Não é crime uma pessoa matar-se (morte física), mas é crime um indivíduo auxiliá-la; não é delito uma pessoa prostituir-se (morte moral), porém é delito um indivíduo favorecê-la. Razões de sobejo existem para a incriminação do induzimento, instigação ou auxílio ao suicídio. Do mesmo modo que na eutanásia, o auxiliador viola a lei do respeito à vida humana e infringe interesses da vida comunitária, de natureza moral, religiosa e demográfica. O direito vê no suicídio um fato imoral e socialmente danoso, o qual cessa de ser penalmente indiferente, quando a causá-lo concorre, junto com a atividade do sujeito principal, uma outra força individual estranha. Este concurso de energia, destinado a produzir um dano moral e social, como o suicídio, constitui exatamente aquela relação entre pessoas que determina a intervenção preventivo-repressiva do direito contra terceiro estranho, do qual exclusivamente provém o elemento que faz sair o fato individual da esfera íntima do suicida. Consigne-se também que a piedade, que sempre cerca o suicida, não se compreenderia no auxílio, quase invariavelmente inspirado em interesses inconfessáveis. De qualquer modo, como escreve Maggiore, 'a consciência ético-jurídica não admite que um terceiro se levante como juiz de direito de outrem à vida e se torne cúmplice ou auxiliador de sua morte'"[85].

3. OBJETO JURÍDICO

Tutela o Direito Penal o direito à vida e sua preservação. A ninguém é dado o direito de ser cúmplice na morte de outrem, ainda que haja o consentimento deste, pois a vida é um bem indisponível. A inclusão do induzimento, instigação ou auxílio à automutilação trazida pela Lei n. 13.968/2019 implica a abrangência de outro bem jurídico, qual seja, a integridade física.

4. ELEMENTOS DO TIPO

4.1. Ação nuclear

O núcleo do tipo é composto por três verbos: *induzir, instigar* ou *auxiliar*. Trata-se de um tipo misto alternativo (crime de ação múltipla ou de conteúdo variado). O agente, ainda que realize todas as condutas, responde por um só crime. A participação em suicídio ou em automutilação pode ser moral, mediante induzimento ou instigação, ou material, que é realizada por meio de auxílio. O delito em estudo é também classificado como

85. E. Magalhães Noronha, *Direito penal*, cit., v. 2, p. 32.

crime de ação livre, pois não exige o tipo qualquer forma especial de execução do delito, podendo este ser praticado por qualquer meio, comissivo ou omissivo; por exemplo, fornecer a arma para que a vítima se suicide, fornecer veneno, ou, então, diretor de prisão que intencionalmente não evita que o condenado morra devido a greve de fome; pai que não impede que a filha seduzida ponha termo a sua vida em virtude desse fato desonroso; fornecer uma faca para que a vítima provoque autolesão.

Três são as ações previstas pelo tipo penal:

(i) Induzir: significa suscitar a ideia, sugerir o suicídio ou a automutilação. Ocorre o induzimento quando a ideia de autodestruição é inserida na mente do indivíduo, que não havia desenvolvido o pensamento por si só. Por exemplo: indivíduo que perde o emprego e é sugestionado pelo seu colega a suicidar-se ou a mutilar-se por ser a única forma de solucionar os seus problemas.

(ii) Instigar: significa reforçar, estimular, encorajar um desejo já existente. Na instigação, o sujeito ativo potencializa a ideia de suicídio ou de automutilação que já havia na mente da vítima. Cite-se o exemplo que nos é dado por E. Magalhães Noronha: "induz o pai que, ciente do desígnio suicida da filha seduzida, lhe conta que assim também agiu determinada mulher, revelando honra e brio"[86].

(iii) Prestar auxílio: consiste na prestação de ajuda material, que tem caráter meramente secundário. O auxílio pode ser concedido antes ou durante a prática do suicídio ou da automutilação. Segundo Nélson Hungria, "se há cooperação direta no ato executivo do suicídio, o crime passa a ser de homicídio. Homicida foi Eprafodito, ao impelir a mão trêmula de Nero, enquanto este lamentava que o mundo perdesse um grande artista (...) homicida será, também, por exemplo, aquele que puxa a corda ao que quis enforcar-se, ou segura a espada contra a qual se lança o desertor da vida. O auxílio é eminentemente acessório, limitando-se o agente, *in exemplis*, a fornecer meios (a arma, o veneno etc.), a ministrar instruções sobre o modo de empregá-los, a criar condições de viabilidade do suicídio, a frustrar a vigilância de outrem, a impedir ou dificultar o imediato socorro"[87].

– **Auxílio por omissão:** a possibilidade de prestar auxílio ao suicídio por meio de uma conduta omissiva é tema bastante controvertido na doutrina e jurisprudência. Sabemos que é possível prestar auxílio mediante uma conduta comissiva; por exemplo, emprestar uma arma ao suicida. Contudo, como fica o enquadramento legal da conduta daquele que com a sua omissão contribui para o suicídio do agente? Na doutrina encontram-se posicionamentos favoráveis à possibilidade do auxílio por omissão no suicídio. Entendem alguns que, se o agente tem o dever de impedir o resultado e a sua omissão acaba sendo causa para a produção do evento, então é possível o auxílio através de uma conduta omissiva. É o posicionamento de Manzini, Altavilla e Maggiori: "o pai que deixa o filho, sob o pátrio poder, suicidar-se; o parente obrigado a alimentos que não impede que o assistido, movido por necessidade ou miséria, se mate; o que é encarregado da educação, instrução, guarda ou custódia de outrem; o diretor de prisão que não obsta a

86. E. Magalhães Noronha, *Direito penal*, cit., v. 2, p. 33.

87. Nélson Hungria, *Comentários*, cit., v. V, p. 232.

morte do preso pela greve de fome; o enfermeiro que, a par do propósito suicida do doente – capaz de entender e querer – não lhe tira a arma etc."[88]. E. Magalhães Noronha compartilha desse entendimento sob a justificativa de que, "diante da teoria da equivalência dos antecedentes, abraçada por nosso Código no art. 13, é inadmissível outra opinião: desde que ocorram o dever jurídico de obstar o resultado e o elemento subjetivo, a omissão é causal, pouco importando que a ela se junte outra causa"[89]. Nélson Hungria também adota esse posicionamento, mas alerta para o fato de que se não existir o dever jurídico de impedir o resultado, não se apresentará o crime[90]. Igualmente compartilha desse posicionamento Julio Fabbrini Mirabete[91].

Em sentido contrário, entendendo que "prestar auxílio é sempre conduta comissiva": José Frederico Marques, Damásio E. de Jesus e Celso Delmanto[92].

Nosso entendimento: é perfeitamente possível o auxílio por omissão, como no exemplo de alguém que, atendendo às súplicas de um suicida, concorda em auxiliá-lo, não comunicando o fato à polícia, não impedindo a sua ação, nem fazendo barulho para não chamar a atenção de vizinhos ou familiares. Se, todavia, o omitente tiver o dever jurídico de agir (CP, art. 13, § 2º), responderá por homicídio (crime omissivo impróprio ou comissivo por omissão).

Quanto à possibilidade do auxílio por omissão para a prática de automutilação, entendemos ser cabível o mesmo raciocínio aplicado ao auxílio por omissão no suicídio.

4.2. Sujeito ativo

Qualquer pessoa (crime comum) que tenha capacidade de induzir, instigar ou auxiliar alguém, de modo eficaz e consciente, a suicidar-se ou a mutilar-se.

4.3. Sujeito passivo

Qualquer pessoa pode ser vítima do crime em tela, desde que possua capacidade de resistência e discernimento, pois, do contrário, estará configurado o crime do art. 129, § 2º (lesão corporal gravíssima) ou do art. 121 (homicídio), ambos do Código Penal, consoante os §§ 6º e 7º do art. 122, os quais estudaremos mais adiante.

Ainda, vale lembrar que, se a conduta for praticada contra pessoa idosa, aplica-se a agravante do art. 61, II, *h*, do Código Penal. Todavia, se a pessoa idosa estiver com sua

---

88. Manzini, Altavilla e Maggiore, apud E. Magalhães Noronha, *Direito penal*, cit., v. 2, p. 33 e 34.

89. E. Magalhães Noronha, *Direito penal*, cit., v. 2, p. 34.

90. Nélson Hungria, *Comentários*, cit., v. V, p. 233.

91. *Manual*, cit., v. 2, p. 85.

92. José Frederico Marques, *Tratado*, cit., v. 4, p. 130; Damásio E. de Jesus, *Código Penal anotado*, cit., p. 408; Celso Delmanto e outros, *Código Penal comentado*, cit., p. 245.

capacidade intelectiva ou volitiva suprimida, o crime será o de lesão corporal gravíssima (art. 129, § 2º) ou homicídio (art. 121), conforme o caso, consoante os dispositivos legais supramencionados.

A vítima será determinada, ainda que haja mais de uma. A instigação, a indução ou o auxílio de caráter geral, que atinjam pessoa(s) incerta(s), por meio de livros, discos, espetáculos, não tipificam a conduta de que se cuida.

5. ELEMENTO SUBJETIVO

O elemento subjetivo do delito de participação em suicídio ou automutilação é somente o dolo, direto ou eventual, consistente na vontade livre e consciente de concorrer para que a vítima se suicide ou se automutile. Assinala E. Magalhães Noronha: "é a vontade livre e consciente de induzir, instigar ou auxiliar outrem a suicidar-se, com o fim de que este se efetive. É a vontade de conseguir a morte de alguém, não pelas próprias mãos, mas pelas dele, o que constitui a essência do crime. Como escreve Manzini, não basta ter criado em outro a resolução de matar-se, mas é necessária também a intenção de conseguir tal efeito, sem o que não será responsável por participação em suicídio nem por homicídio doloso, mas eventualmente por outro delito. Para o eminente jurista, o fim de que o sujeito passivo se suicide constitui dolo específico. Não ocorre, pois, o crime quando uma donzela seduzida se suicida; quando alguém, vítima de vultoso estelionato e reduzido à ruína, se mata etc. Em tais casos, não há vontade no agente do exício do sujeito passivo"[93]. A seriedade deve estar presente na conduta do agente, do contrário estará excluído o dolo de participar no delito de suicídio ou automutilação. Assim, se "A", em tom jocoso, diz a "B" que ele deve matar-se e "B" vem a consumar o suicídio, é óbvio que "A" não deverá responder pelo delito do art. 122, na medida em que ele não quis concorrer de modo algum para tal evento. O mesmo se diga em relação ao indivíduo que, em tom jocoso, diz para o seu amigo que ele deve praticar a automutilação.

(i) Dolo eventual: é possível a existência de dolo eventual no delito em tela[94]. Inserem-se aqui os maus-tratos sucessivos infligidos contra a vítima. A questão se resume à previsibilidade do suicídio ou da automutilação da vítima por parte do autor dos maus-tratos. Se houver essa previsão e o seviciador insistir nas sevícias, assumindo o risco do evento, será havido como previsto e tolerado o suicídio ou a automutilação da vítima, configurando-se a participação no delito a título de dolo eventual. Por exemplo, age com dolo eventual o neto que entrega bolsa contendo arma municiada ao avô, que se encontrava internado e suspeitava ser portador de moléstia incurável.

(ii) Culpa: não há previsão legal da modalidade culposa. Assim, se alguém por culpa dá causa a que alguém se suicide, não responderá pelo crime em tela. Nesse caso, poderá estar caracterizado o crime de *homicídio culposo*, se o evento morte for previsível.

---

93. E. Magalhães Noronha, *Direito penal*, cit., v. 2, p. 36.

94. No mesmo sentido: E. Magalhães Noronha, *Direito penal*, cit., v. 2, p. 37; Nélson Hungria, *Comentários*, cit., v. V, p. 234; Damásio E. de Jesus, *Código Penal anotado*, cit., p. 408.

Seguindo o mesmo raciocínio, mas no caso da automutilação, poderá estar configurado o delito de lesão corporal culposa.

6. NEXO CAUSAL

Faz-se necessário que entre a ação dolosa do agente (participação moral ou material) e o suicídio ou automutilação haja nexo de causalidade. A participação há de revelar-se efetiva, como causa do atentado levado a efeito pela própria vítima. Assim, deve-se comprovar a contribuição causal da participação moral ou material no suicídio ou na automutilação. Pouco importa que o indivíduo já tivesse em mente o plano de sua autodestruição; basta que esse seu propósito seja estimulado de modo a eliminar qualquer dúvida antes existente para se considerar tal ação como coeficiente causal do estado de consciência, que levou ao suicídio ou automutilação. Nélson Hungria assinala que "o próprio fato de fornecer meios, vindo, porém, o suicida a servir-se de outros, pode ser considerado instigação, se se apura que tal fornecimento contribuiu para reforçar o propósito suicida Deve-se sempre ter em mente a disposição expressa do art. 13 do Código Penal no sentido de que 'considera-se causa a ação ou omissão sem o qual o resultado não teria ocorrido'"[95].

7. MOMENTO CONSUMATIVO

Com o advento da Lei n. 13.968/2019, o delito em estudo converteu-se em crime formal, ou seja, não mais se exige a produção do resultado morte ou lesões corporais para a sua consumação. Tais resultados agora surgem como qualificadoras do crime, conforme veremos mais adiante.

8. TENTATIVA

Até o advento da Lei n. 13.968/2019, a maioria da doutrina entendia que a tentativa era inadmissível, argumentando que a previsão legal do Código exigia a ocorrência do resultado morte ou lesão corporal para a consumação do delito, pois, do contrário, o fato seria atípico. Ocorre que, com a novel legislação, o crime de induzimento, instigação e auxílio ao suicídio ou à automutilação converteu-se em formal e, por consequência, aquele argumento caiu por terra.

Assim, é possível a tentativa na conduta plurissubsistente ("auxiliar") e, nos verbos "induzir" e "instigar", somente se praticados na forma escrita.

9. FORMAS

9.1. Simples (art. 122, *caput*)

É a figura descrita no *caput* do art. 122 do Código Penal.

---

95. Nélson Hungria, *Comentários*, cit., v. V, p. 234.

9.2. Qualificada (§§ 1º e 2º)

Consoante o art. 122, § 1º: "Se da automutilação ou da tentativa de suicídio resulta lesão corporal de natureza grave ou gravíssima, nos termos dos §§ 1º e 2º do art. 129 deste Código: Pena – reclusão, de 1 a 3 anos".

Já o § 2º do art. 122 determina que: "Se o suicídio se consuma ou se da automutilação resulta morte: Pena – reclusão, de 2 a 6 anos".

9.3. Causas de aumento de pena (§§ 3º, 4º e 5º)

De acordo com o § 3º, a pena é duplicada nos seguintes casos:

(i) Motivo egoístico: é aquele que diz respeito a interesse próprio, à obtenção de vantagem pessoal. O sujeito visa tirar proveito, de qualquer modo, do suicídio ou da automutilação.

(ii) Motivo torpe: torpe é o motivo moralmente reprovável, abjeto, desprezível, vil, que demonstra a depravação espiritual do sujeito e suscita a aversão ou repugnância geral.

(iii) Motivo fútil: fútil significa frívolo, mesquinho, desproporcional, insignificante. O motivo é considerado fútil quando notadamente desproporcionado ou inadequado, do ponto de vista do *homo medius* e em relação ao crime de que se trata.

(iv) Vítima menor: a nossa lei não indica qual a menoridade a que ela se refere. Funda-se essa causa de aumento de pena na menor capacidade de resistência moral da vítima à criação ou estímulo do propósito suicida ou de automutilação por parte do agente. Segundo a corrente doutrinária adotada por Damásio E. de Jesus, que é a mais aceita, a faixa etária a que visa a lei compreende o maior de 14 e o menor de 18 anos. Se a vítima tiver mais de 18 anos, aplica-se o *caput*. Se a vítima for menor de 14 anos, o crime será tipificado nos §§ 6º ou 7º, a depender do caso.

(v) Capacidade de resistência diminuída por qualquer causa: diz respeito à diminuição da capacidade de resistência por qualquer causa, por exemplo: embriaguez, idade avançada, enfermidade física ou mental etc. Se a capacidade de resistência estiver suprimida, o crime será tipificado nos §§ 6º ou 7º, a depender do caso.

Já o § 4º prevê que a pena é aumentada até o dobro: "se a conduta é realizada por meio da rede de computadores, de rede social ou transmitida em tempo real".

E, finalmente, dispõe o § 5º que se aplica a pena em dobro se "o autor é líder, coordenador ou administrador de grupo, de comunidade ou de rede virtual, ou por estes é responsável". A duplicação da pena foi determinada pela Lei n. 14.811/2024. Anteriormente, a pena era aumentada de metade. Essa lei também incluiu, como sujeitos ativos do crime, o administrador de grupos ou comunidades virtuais, bem como os responsáveis por espaços *on line*.

9.4. Hipóteses de configuração de crime mais grave (§§ 6º e 7º)

Apesar de serem figuras qualificadas, por razões didáticas, resolvemos colocá-las em tópico apartado.

Estão previstas nos §§ 6º e 7º, *in verbis*:

"§ 6º Se o crime de que trata o § 1º deste artigo resulta em lesão corporal de natureza gravíssima e é cometido contra menor de 14 anos ou contra quem, por enfermidade ou deficiência mental, não tem o necessário discernimento para a prática de ato, ou que, por qualquer outra causa, não pode oferecer resistência, responde o agente pelo crime descrito no § 2º do art. 129 deste Código".

Assim, quando o crime for praticado contra qualquer das pessoas elencadas nesse parágrafo e, se da automutilação ou da tentativa de suicídio resultar lesão corporal gravíssima, a pena será a do art. 129, § 2º, do CP (lesão corporal gravíssima).

"§ 7º Se o crime de que trata o § 2º deste artigo é cometido contra menor de 14 anos ou contra quem não tem o necessário discernimento para a prática do ato, ou que, por qualquer outra causa, não pode oferecer resistência, responde o agente pelo crime de homicídio".

Assim, quando o crime for praticado contra qualquer das pessoas elencadas nesse parágrafo e, se o suicídio se consuma ou se da automutilação resulta morte, a pena será a do art. 121 do CP (homicídio).

A distinção entre as figuras qualificadas dos §§ 1º e 2º e dos §§ 6º e 7º está na condição da vítima. No caso dos §§ 6º e 7º, as vítimas são os menores de 14 anos; as pessoas que, por enfermidade ou deficiência mental, não têm o necessário discernimento para a prática do ato; ou que, por qualquer outra causa, não podem ofertar resistência.

Ainda, não confundir as hipóteses dos §§ 6º e 7º com a causa de aumento do § 3º, II, pois neste a vítima possui entre 14 e 18 anos, enquanto naqueles deve ser menor de 14 anos, além do que, nas figuras qualificadas dos §§ 6º e 7º a capacidade de resistência da vítima está suprimida, ao passo que na causa de aumento de pena do § 3º, II, a vítima tem diminuída, por qualquer causa, a capacidade de resistência.

10. SUICÍDIO A DOIS OU PACTO DE MORTE

Ocorre quando duas pessoas resolvem suicidar-se juntas, em razão de dificuldades que não conseguem superar. O caso mais comum é o da sala ou quarto com gás aberto, que apresenta as seguintes hipóteses e consequências[96]:

– Havendo um sobrevivente:

(i) quem abriu a torneira responde pelo crime de homicídio (CP, art. 121), pois realizou o ato executório de matar;

(ii) quem não abriu a torneira responde pelo crime previsto no art. 122 do Código Penal.

– Se os dois sobrevivem, havendo lesão corporal de natureza grave:

(i) quem abriu o gás responde por homicídio tentado (CP, art. 121, *caput*, c/c o art. 14, II);

96. Cf. exemplo de Nélson Hungria, *Comentários*, cit., v. V, p. 237. No mesmo sentido, Damásio E. de Jesus, *Código Penal anotado*, cit., p. 409.

(ii) quem não abriu responde pelo crime do art. 122 do Código Penal.

– **Se os dois sobrevivem e não há lesão corporal grave:**

(i) quem abriu o gás responde por tentativa de homicídio (CP, art. 121, *caput*, c/c o art. 14, II);

(ii) quem não abriu responde pelo crime do art. 122 do Código Penal.

– **Se os dois sobrevivem e ambos abriram a torneira:** respondem por homicídio tentado (CP, art. 121, *caput*, c/c o art. 14, II).

11. ROLETA-RUSSA E DUELO AMERICANO

Na roleta-russa há uma arma, com um só projétil, que deverá ser disparada sucessivamente pelos participantes, rolando o tambor cada um em sua vez. No duelo americano, tem-se duas armas e apenas uma delas está carregada. Em ambos os casos, os sobreviventes respondem por participação em suicídio.

– **Emprego de fraude:** se houver fraude indutora de erro no procedimento da vítima (o agente leva a vítima a disparar arma contra sua cabeça por fazê-la supor descarregada) haverá, na exata medida em que não se terá pelo ofendido o propósito imanente ao ato suicida (a voluntária e consciente supressão da própria vida: a vítima, nesse caso, não quis se matar), homicídio[97].

12. SUICÍDIO NÃO CONSUMADO E *ABERRATIO ICTUS*

Conforme já estudado, na *aberratio ictus* há um verdadeiro erro na execução do crime, ou seja, desvio no golpe. Assim, se, por não saber manusear devidamente a arma de fogo, o agente ao atirar contra si próprio erra o alvo e atinge terceira pessoa, responderá pelo delito de homicídio culposo.

13. SUICÍDIO NÃO CONSUMADO E PORTE ILEGAL E DISPARO DE ARMA DE FOGO (LEI N. 10.826/2003)

Na hipótese em que o agente frustra o seu propósito de suicidar-se, como ficam as infrações residuais tais como o porte ilegal e disparo de arma de fogo? Pelo disparo não responde, já que se trata da própria execução do suicídio, conduta atípica em nosso ordenamento, devido à falta de alteridade (lesão a interesse de terceiro). Pelo porte ilegal de arma, no entanto, se a ação tiver sido bem destacada, com momento consumativo anterior, como, por exemplo, na hipótese de alguém que caminha pela via pública até atingir um esconderijo, no qual tenta pôr fim à própria vida, durante o tempo em que transitou com a arma pela rua houve perigo à incolumidade pública, devendo, portanto, responder pelo crime previsto na Lei n. 10.826/2003, em seus arts. 14 e 16.

97. Nesse sentido, Nélson Hungria, *Comentários*, cit., v. V, p. 234, nota de rodapé.

14. AÇÃO PENAL E PROCEDIMENTO

Ação penal: é pública incondicionada, ou seja, o Ministério Público tem a atribuição exclusiva para a sua propositura, independentemente de representação do ofendido.

Procedimento: quanto ao auxílio, induzimento ou instigação ao suicídio, por se tratar de crime doloso contra a vida, insere-se na competência do Tribunal do Júri, de modo que os processos de sua competência seguem o rito procedimental escalonado previsto nos arts. 406 a 497 do Código de Processo Penal, independentemente da pena prevista. Sobre o tema, *vide* comentários ao art. 121 do Código Penal. Já quanto ao auxílio, induzimento ou instigação à automutilação, por se tratar de crime contra a integridade física, segue o procedimento do juízo criminal comum.

ART. 123 – INFANTICÍDIO

1. CONCEITO. NATUREZA JURÍDICA

Segundo o disposto no art. 123 do Código Penal, podemos definir o infanticídio como a ocisão da vida do ser nascente ou do neonato, realizada pela própria mãe, que se encontra sob a influência do estado puerperal.

Trata-se de uma espécie de homicídio doloso privilegiado, cujo *privilegium* é concedido em virtude da "influência do estado puerperal" sob o qual se encontra a parturiente. É que o estado puerperal, por vezes, pode acarretar distúrbios psíquicos na genitora, os quais diminuem a sua capacidade de entendimento ou autoinibição, levando-a a eliminar a vida do infante.

O privilégio constante dessa figura típica é um componente essencial, pois sem ele o delito será outro (homicídio, aborto). Assim é que o delito de infanticídio é composto pelos seguintes elementos: matar o próprio filho; durante o parto ou logo após; sob influência do estado puerperal. Excluído algum dos dados constantes nessa figura típica, esta deixará de existir, passando a ser outro crime (atipicidade relativa).

2. PRECEDENTES HISTÓRICOS[98]

Na Idade Média não se diferenciava a figura do homicídio da figura do infanticídio, sendo certo que este era incluído entre os crimes mais severamente apenados. As penas previstas para a mulher que matava o próprio filho eram de extrema atrocidade. Nesse diapasão, a Carolina (Ordenação penal de Carlos V) previa que as malfeitoras deveriam ser enterradas vivas, empaladas ou dilaceradas com tenazes ardentes. O Direito Romano igualmente não distinguia o infanticídio do homicídio, também prevendo penas bastante atrozes, tal como o cozimento do condenado em um saco com um cão, um galo, uma víbora e uma macaca, após o que era lançado ao mar. Somente no século XVIII a pena do infanticídio passou a ser abrandada sob o influxo das ideias dos filósofos adeptos do Direito Natural. A partir daí, o infanticídio, quando praticado, *honoris causa*, pela mãe ou

98. Precedentes históricos retirados da obra de Nélson Hungria, *Comentários*, cit., v. V, p. 239-42.

parentes passou a constituir homicídio privilegiado. Beccaria e Feuerbach foram os primeiros a conceber o homicídio como tal em um diploma legislativo, o Código Penal austríaco de 1803. No Brasil, o Código de 1830 foi o primeiro diploma legislativo a abrandar a pena do infanticídio.

3. OBJETO JURÍDICO

Tutela a norma penal o direito à vida, contudo a vida humana extrauterina, que se dá quando das primeiras contrações expulsivas, meio pelo qual o feto começa o procedimento de saída do útero materno, ou, em caso de cesariana, com a primeira incisão efetuada pelo médico no ventre da mulher, assim como no delito de homicídio. Preocupa-se o Estado em preservar a vida do indivíduo desde o começo de seu nascimento.

4. ELEMENTOS DO TIPO

4.1. Ação nuclear

A ação nuclear da figura típica é o verbo "matar", assim como no delito de homicídio, que significa destruir a vida alheia, no caso, a eliminação da vida do próprio filho pela mãe, estando ela sob a influência do estado puerperal. A ação física, todavia, deve ocorrer durante ou logo após o parto, não obstante a superveniência da morte em período posterior. Lembrando que o óbito se dá no momento da morte encefálica, conforme já estudado.

4.2. Meios de execução

Trata-se de crime de forma livre, que pode ser praticado por qualquer meio comissivo, por exemplo, enforcamento, estrangulamento, afogamento, fraturas cranianas; ou por qualquer meio omissivo, por exemplo, deixar de amamentar a criança, abandonar recém-nascido em lugar ermo, com o fim de provocar a sua morte.

— **Abandono de recém-nascido. Configuração do art. 134, § 2º, ou 123 do Código Penal?** Conforme vimos logo acima, a conduta infanticida pode ser a de abandonar o recém-nascido em lugar ermo, sob condições que o farão perecer. Tal conduta não se confunde com a prevista no art. 134, § 2º, do Código Penal. Neste último, trata-se de crime de perigo, em que o agente quer tão somente abandonar, livrar-se do bebê, que é a personificação de sua desonra pessoal, mas, com isso, quer ou aceita apenas colocá-lo em situação perigosa para sua vida, sua saúde, um dolo que não chega a ser o de dano (vontade de, abandonando, matar). O resultado morte, que agrava a pena da agente, é de ter decorrido apenas culposamente, vale dizer, ser apenas previsível, mas jamais querido, nem sequer aceito. No entanto, na hipótese em que a mãe abandona o bebê e o faz para, com isso, matá-lo, ou, de outra parte, se anui ela na morte da criança em decorrência do abandono, haverá dolo (direto ou eventual) de dano e, portanto, crime de dano. Se a conduta se der "logo após o parto e sob a influência do estado puerperal", haverá o infanticídio, e, na ausência de tais circunstâncias, homicídio.

4.3. Sujeito ativo

Trata-se de crime próprio. Somente a mãe puérpera, ou seja, a genitora que se encontra sob influência do estado puerperal, pode praticar o crime em tela. Nada impede, contudo, que terceiro responda por esse delito na modalidade de concurso de pessoas, questão esta que estudaremos mais adiante.

4.4. Sujeito passivo

O art. 123 do Código faz expressa referência ao filho, "durante o parto ou logo após". Se o delito for cometido durante o parto, denomina-se "ser nascente"; se logo após, "recém-nascido" ou "neonato". Vale lembrar que a provocação da morte antes do nascimento caracteriza o delito de aborto. Se praticado depois do parto, sem que haja influência do estado puerperal, o delito será o de homicídio. Haverá o delito de infanticídio se for constatado que o feto nascente estava vivo. Não se cuida aqui de sua vitalidade, ou seja, a capacidade de viver fora do útero materno, pois tal indagação é indiferente. Basta que esteja vivo, que tenha apresentado o mínimo de atividade funcional. Quais as provas utilizadas para se constatar sinal de vida em um ser nascente ou neonato? A mais utilizada é a prova da respiração, sendo conhecido o conceito de Gasper "viver é respirar, não ter respirado é não ter vivido"; contudo tal critério, por vezes, é falho, pois é possível a existência de vida apneica extrauterina (sem respiração)[99], sendo certo que a mãe que mata um filho nessas condições, sob a influência do estado puerperal, responde pelo delito em estudo. Não obstante isso, a prova da vida humana extrauterina faz-se comumente através das chamadas docimasias respiratórias, dentre elas a pulmonar-hidrostática (hidrostática de Galeno), podendo-se constatar por essa via a existência de respiração anterior. Além dessas docimasias respiratórias, há outras não respiratórias, como a alimentar (pesquisa microscópica, macroscópica, ou química de vestígios de absorção de alimentos ou outras substâncias pelo neonato). Importante notar que a prova pericial é imprescindível.

– **Sujeito passivo que já se encontrava morto. Crime impossível:** com base nesses dados é possível afirmar que a morte do ser nascente pela mãe sem que se logre constatar que ele se encontrava biologicamente vivo quando da prática do ato, constituirá crime impossível pela absoluta impropriedade do objeto (CP, art. 17).

– **Sujeito passivo. Adulto:** se a mãe matar um adulto sob a influência do puerpério, responderá pelo delito de homicídio.

– **Infanticídio putativo:** se a mãe matar outra criança sob a influência do estado puerperal, haverá infanticídio putativo.

– **Agravantes:** não incidem as agravantes previstas no art. 61, II, *e* e *h*, do CP (crime cometido contra descendente e contra criança), vez que integram a descrição do delito de infanticídio. Caso incidissem, haveria *bis in idem*.

---

99. Nélson Hungria, *Comentários*, cit., p. 258.

4.5. Cláusula temporal: "durante o parto ou logo após"

O delito em questão faz referência à cláusula temporal "durante o parto ou logo após". Assim, exige a lei que o delito de infanticídio seja cometido nesse período, estando a mãe sob a influência do estado puerperal. É importante destacar que antes do início do parto a ação contra o fruto da concepção caracteriza o delito de aborto; mas quando se inicia e se finda o parto? Tal delimitação é de extrema importância, na medida em que é por seu intermédio que poderemos afirmar se estamos diante de um delito de aborto, de infanticídio ou de homicídio. "O parto inicia-se com o período de *dilatação*, apresentando-se as dores características e dilatando-se completamente o colo de útero; segue-se a fase de *expulsão*, que começa precisamente depois que a dilatação se completou, sendo, então, a pessoa impelida para o exterior; esvaziado o útero, a *placenta* se destaca e também é expulsa: é a terceira fase. Está, então, o parto terminado"[100]. A eliminação do infante nesse período constituirá o delito de infanticídio ou homicídio. Há, contudo, posicionamento no sentido de que "o parto, a que se refere o texto legal, é o que começa com o *período de expulsão*, ou, mais precisamente, com o rompimento da membrana amniótica. Antes desse período, (...) a ocisão do feto constitui aborto"[101]. Resta, no entanto, elucidar o que se entende pela expressão "logo após" o parto a que se refere a lei. A melhor orientação é aquela que leva em consideração a duração do estado puerperal, exigindo-se uma análise concreta de cada caso. Assim, o delito de infanticídio deve ser cometido enquanto durar o estado puerperal, não importando avaliar o número de horas ou dias após o nascimento, e, se aquele não mais subsistir, não mais poderemos falar em delito de infanticídio, mas em delito de homicídio.

4.6. Elemento psicofisiológico: estado puerperal

O delito de infanticídio, segundo as legislações penais pátria e estrangeira, pode fundar-se em um dos seguintes critérios[102]: (i) critério psicofisiológico — a atenuação da pena leva em consideração o desequilíbrio fisiopsíquico da mulher parturiente; (ii) critério psicológico — a minoração da pena tem em vista especial *motivo de honra*, como a gravidez extramatrimonial, que gera angústia e desespero na genitora, levando-a a ocultar o ser nascente. É o chamado infanticídio *honoris causa*. O critério adotado pelo nosso Código Penal é o psicofisiológico, pois o art. 123 faz menção ao *estado puerperal*, tendo o legislador pátrio, portanto, repelido aquele segundo critério. Assim, a morte do filho pela mãe para esconder desonra própria configura, em nosso ordenamento, o delito de homicídio. Trata-se o estado puerperal de perturbações, que acometem as mulheres, de ordem física e psicológica decorrentes do parto. Ocorre, por vezes, que a ação física deste pode vir a acarretar transtornos de ordem mental na mulher, produzindo sentimentos de angústia, ódio, desespero, vindo ela a eliminar a vida de seu próprio filho. Qual

---

100. E. Magalhães Noronha, *Direito penal*, cit., v. 2, p. 43 e 44.

101. Nélson Hungria, *Comentários*, cit., v. V, p. 264.

102. Conforme Nélson Hungria, *Comentários*, cit., v. V, p. 243.

é o período em que o Código Penal presume que a genitora esteja sob influência do puerpério? Haverá, consoante disposição legal, o estado puerperal, durante o parto ou logo após (veja o item anterior); contudo nem sempre o fenômeno do parto produz transtornos psíquicos na mulher, de forma que não é uma regra a relação causal entre ambos. Por vezes, a mulher mata o próprio filho nesse período de tempo sem que tenha qualquer deficiência psíquica produzida pelo puerpério, o que pode no caso configurar não o *privilegium* legal, mas o delito de homicídio, caracterizado pela frieza e perversidade. Assim, o tão só fato de a genitora estar no período de parto ou logo após não gera uma presunção legal absoluta de que ela esteja sofrendo de transtornos psíquicos gerados pelo estado puerperal, pois, via de regra, o parto não gera tais desequilíbrios. É necessário sempre avaliar no caso concreto, através dos peritos-médicos, se o puerpério acarretou o desequilíbrio psíquico, de modo a diminuir a capacidade de entendimento e autoinibição da parturiente. Não é por outra razão que a lei exige que a parturiente esteja "sob a influência" do estado puerperal. Havendo dúvida acerca da existência do puerpério, o delito de infanticídio não deve ser afastado, uma vez que incide aqui o princípio do *in dubio pro reo*, ou seja, na dúvida deve prevalecer a solução mais favorável a ele. Do contrário, teria de responder por delito mais grave, o homicídio.

4.7. Psicoses puerperais após o parto. Infanticídio e a incidência da regra geral da imputabilidade penal (CP, art. 26)

Além das psicoses que afloram na mulher durante o parto ou logo após, podendo constituir o *privilegium*, sucede, às vezes, que, dias após o parto, outras psicoses já presentes anteriormente na genitora, mas ainda não manifestadas, se aflorem agravadas pelo puerpério. Nessa hipótese, pelo fato de não decorrerem do estado puerperal e por se manifestarem algum tempo após o parto, a genitora responderá pelo delito de homicídio, incidindo, no entanto, a regra do art. 26 do Código Penal.

Ocorre, por vezes, que o parto pode provocar transtornos psíquicos patológicos que suprimem inteiramente a capacidade de entendimento e determinação da genitora. Nessa hipótese, em que o estado puerperal ocasiona doença mental na mãe, a infanticida ficará isenta de pena diante da aplicação da regra do art. 26, *caput*, do Código Penal (inimputabilidade). Se, contudo, em decorrência desse estado, a mãe não perder inteiramente a capacidade de entender o caráter ilícito do fato e de determinar-se de acordo com esse entendimento, incidirá o parágrafo único do art. 26 do Código Penal (há simples perturbação da saúde mental). Se, por fim, a mãe sofrer mera influência psíquica, que não se amolde às hipóteses supramencionadas, responderá pelo infanticídio, sem atenuação.

5. ELEMENTO SUBJETIVO

(i) Dolo: o crime pode ser praticado pelo agente a título de dolo direto ou eventual.

(ii) Culpa: não há a modalidade culposa no crime de infanticídio. Desse modo, se a mãe, culposamente, matar o filho, durante o parto ou logo após, sob influência do estado puerperal, em qual figura típica será enquadrada a sua conduta?

Há duas posições na doutrina.

(ii.1) O fato será penalmente atípico: é a posição adotada por Damásio E. de Jesus[103]. Segundo essa posição doutrinária, a genitora não responderá nem por infanticídio nem por homicídio. O fato é penalmente atípico. Pode-se argumentar pela absoluta incompatibilidade entre a perturbação psíquica da genitora (estado puerperal) e a diligência e prudência exigível do homem mediano nas circunstâncias concretas, cuja quebra do dever de cuidado caracteriza a culpa. Ora, não há como exigir da parturiente perturbada psicologicamente, que aja de acordo com as cautelas comuns impostas aos seres humanos, quando se encontra sem a capacidade de conduzir-se de acordo com as normas sociais. Por esse motivo que não há previsão legal do infanticídio culposo.

(ii.2) Responderá pelo delito de homicídio culposo: é a posição adotada por Nélson Hungria, Julio Fabbrini Mirabete, Cezar Roberto Bitencourt e E. Magalhães Noronha[104], tendo este último citado o seguinte exemplo: "uma mulher já assaltada pelas dores do parto, porém não convicta de serem as da *délivrance*, dá repentinamente à luz (há casos registrados em ônibus, bondes e trens), vindo o neonato a fraturar o crânio e morrer, deverá ser imputada por homicídio culposo".

Nosso entendimento: o elemento da culpa é a quebra do dever objetivo de cuidado e a previsibilidade objetiva. A capacidade pessoal de previsão do agente (afetada pelo estado puerperal) pertence ao terreno da culpabilidade e não do fato típico. Por essa razão, sendo o fato objetivamente previsível e a conduta qualificada como imprudente, negligente ou imperita, quando comparada ao comportamento de uma pessoa normal, estará presente a culpa. As deficiências de ordem pessoal da gestante devem ser vistas posteriormente, na culpabilidade. Pode responder por homicídio culposo, portanto.

6. MOMENTO CONSUMATIVO

Trata-se de crime material. A consumação se dá com a morte (cerebral) do neonato ou nascente. A ação física do delito deve ocorrer no período a que a lei se refere, "durante ou logo após o parto", diferentemente da consumação, ou seja, a morte do recém-nascido ou neonato, que pode ocorrer tempos depois.

---

103. *Direito penal*, cit., v. 2, p. 109.

104. Nélson Hungria, *Comentários*, cit., v. V, p. 266; Julio Fabbrini Mirabete, *Código Penal*, cit., p. 684; Cezar Roberto Bitencourt, *Manual de direito penal*; parte especial, São Paulo, Saraiva, 2001, v. 2, p. 146; E. Magalhães Noronha, *Direito penal*, cit., v. 2, p. 47.

7. TENTATIVA

Por se tratar de plurissubsistente, a tentativa é perfeitamente possível, e ocorrerá na hipótese em que a genitora, por circunstâncias alheias a sua vontade, não logra eliminar a vida do ser nascente ou neonato. Por exemplo: a genitora, ao tentar sufocar a criança com um travesseiro, tem a sua conduta impedida por terceiros.

8. CONCURSO DE PESSOAS

Conforme inicialmente estudado, o crime de infanticídio é composto pelos seguintes elementos: ser mãe (crime próprio) + matar + o próprio filho + durante o parto ou logo após + sob a influência do estado puerperal. É o crime em que a mãe mata o próprio filho, durante o parto ou logo após, sob a influência do estado puerperal. Esta é a descrição contida no art. 123 do Código Penal. Excluído algum dos dados constantes do infanticídio, a figura típica deixará de existir como tal, passando a ser outro crime (atipicidade relativa). Portanto, os componentes do tipo, inclusive o estado puerperal, são elementares desse crime. Sendo elementares, comunicam-se ao coautor ou partícipe (CP, art. 30), salvo quando este desconhecer a sua existência, a fim de evitar a responsabilidade objetiva. Diferentes, porém, poderão ser as consequências, conforme o terceiro seja autor, coautor ou partícipe. Há três situações possíveis:

(i) Mãe que mata o próprio filho, contando com o auxílio de terceiro: a mãe é autora de infanticídio e as elementares desse crime comunicam-se ao partícipe, que, assim, responde também por infanticídio. A "circunstância" de caráter pessoal (estado puerperal), na verdade, não é circunstância, mas elementar; logo, comunica-se ao partícipe.

(ii) O terceiro mata o recém-nascido, contando com a participação da mãe: o terceiro realiza a conduta principal, ou seja, "mata alguém". Como tal comportamento se subsume no art. 121 do Código Penal, ele será autor de homicídio. A mãe, que praticou uma conduta acessória, é partícipe do mesmo crime, pois o acessório segue o principal. Com efeito, a mãe não realizou o núcleo do tipo (não matou, apenas ajudou a matar), devendo responder por homicídio. No entanto, embora esta seja a solução apontada pela boa técnica jurídica e a prevista no art. 29, *caput*, do Código Penal (todo aquele que concorre para um crime incide nas penas a ele cominadas), não pode, aqui, ser adotada, pois levaria ao seguinte contrassenso: se a mãe mata a criança, responde por infanticídio, mas como apenas ajudou a matar, responde por homicídio. Não seria lógico. Portanto, nesta segunda hipótese, a mãe responde por infanticídio.

(iii) Mãe e terceiro executam em coautoria a conduta principal, matando a vítima: a mãe será autora de infanticídio e o terceiro, por força da teoria unitária ou monista, responderá pelo mesmo crime, nos expressos termos do art. 29, *caput*, do Código Penal. Não pode haver coautoria de crimes diferentes, salvo nas exceções pluralísticas do § 2º do art. 29 do Código Penal, as quais são expressas e, como o próprio nome diz, excepcionais.

– Concurso de pessoas e a questão da comunicabilidade da elementar "influência do estado puerperal": durante muitos anos uma corrente doutrinária defendida por

Nélson Hungria e compartilhada por outros autores distinguiu as circunstâncias pessoais das personalíssimas, concluindo que, em relação a estas, não há comunicabilidade[105]. Para essa corrente, o estado puerperal, apesar de elementar, não se comunica ao partícipe, o qual responderá por homicídio, evitando-se que este se beneficie de um privilégio imerecido. Ocorre que, na última edição de sua obra, o maior penalista brasileiro de todos os tempos reformulou a sua posição, passando a sustentar que, "em face do nosso Código, mesmo os terceiros que concorrem para o infanticídio respondem pelas penas a este cominadas, e não pelas do homicídio". Vejamos as duas posições na doutrina:

(i) não se admite o concurso de pessoas no infanticídio: segundo essa posição, adotada por Heleno C. Fragoso, A. Mayrink da Costa[106] (Nélson Hungria, conforme anteriormente visto, deixou de adotá-la), não se admite coautoria nem participação em infanticídio, em face das elementares personalíssimas do tipo legal, como, por exemplo, o "estado puerperal". O princípio da reserva legal impede que se estenda o tipo a terceiros sem condições de realizar os seus elementos. Assim, se houver a intervenção de terceiro, este responderá por homicídio em coautoria ou participação. É certo que as elementares, sejam objetivas, sejam subjetivas, sempre se comunicam, mas o estado puerperal, antes de ser elemento meramente pessoal (subjetivo), é considerado elementar personalíssima e, portanto, incomunicável;

(ii) admite-se o concurso de pessoas no infanticídio: para essa posição, adotada por Damásio E. de Jesus, Custódio da Silveira, Magalhães Noronha, Celso Delmanto e outros[107] (que também passou a ser adotada por Nélson Hungria), admite-se coautoria ou participação em infanticídio, vez que a lei não fala, em qualquer momento, em condições personalíssimas. Temos as condições de caráter pessoal (que se comunicam, quando elementares do crime – CP, art. 30) e as de caráter não pessoal (objetivas), que, sejam elementares, sejam circunstâncias, podem sempre se comunicar. A condição de mãe e a influência do estado puerperal são elementares do tipo, razão por que se comunicam aos coautores ou partícipes.

Nosso entendimento: adotamos a segunda posição.

9. CONCURSO DE CRIMES

Haverá concurso material com o delito de infanticídio se a genitora também ocultar o cadáver do infante (CP, art. 211).

---

105. Antiga posição inaugurada por Nélson Hungria, tendo sido reformulada na 5ª edição de sua obra *Comentários ao Código Penal*, já várias vezes citada, v. V, p. 266.

106. Heleno C. Fragoso, *Lições*, cit., 1995, v. I, p. 57; A. Mayrink da Costa, *Direito penal*; parte especial, 1994, v. II, t. I, p. 154.

107. Damásio E. de Jesus, *Código Penal anotado*, cit., p. 412; Custódio da Silveira, *Direito penal*, 1973, p. 98; E. Magalhães Noronha, *Direito penal*, cit., v. II, p. 47 e 48; Celso Delmanto e outros, *Código Penal comentado*, cit., p. 247.

10. AÇÃO PENAL E PROCEDIMENTO

Ação penal. A ação é pública incondicionada, ou seja, o Ministério Público tem a atribuição exclusiva para a sua propositura, independentemente de representação do ofendido.

Procedimento. Por se tratar de crime doloso contra a vida, o delito de infanticídio insere-se na competência do Tribunal do Júri, de modo que os processos de sua competência seguem o rito procedimental escalonado previsto nos arts. 406 a 497 do Código de Processo Penal, independentemente da pena prevista. Sobre o tema, *vide* comentários ao art. 121 do Código Penal.

ARTS. 124 A 128 – ABORTO

1. CONCEITO

Considera-se aborto a interrupção da gravidez, com a consequente destruição do produto da concepção. Consiste na eliminação da vida intrauterina, a qual se dá no início da gravidez. Seguindo o parâmetro delimitado pela Medicina, o início da gravidez se dá com a fecundação do óvulo pelo espermatozoide, momento no qual se dá o desenvolvimento do ser gerado no útero materno até culminar no seu nascimento. Este é o entendimento que predomina na doutrina, ou seja, a proteção penal do aborto inicia-se com a fecundação. Nesse contexto, registre-se que o Conselho Federal de Medicina aprovou a Resolução n. 1.811/2006, a qual regulamenta a utilização de método contraceptivo de emergência, conhecido como "pílula do dia seguinte", reconhecendo que tal não possui caráter abortivo, uma vez que atua para impedir a união dos gametas e, portanto, a formação do ovo, e não sua implantação no útero (nidação). Assim, não faz parte do conceito de aborto a posterior expulsão do feto, pois pode ocorrer que o embrião seja dissolvido e depois reabsorvido pelo organismo materno em virtude de um processo de autólise; ou então pode suceder que ele sofra processo de mumificação ou maceração, de modo que continue no útero materno. A lei não faz distinção entre óvulo fecundado (3 primeiras semanas de gestação), embrião (3 primeiros meses) ou feto (a partir de 3 meses)[108], pois em qualquer fase da gravidez estará configurado o delito de aborto, quer dizer, entre a concepção e o início do parto (conceitos estes já estudados no crime de infanticídio), pois após o início do parto poderemos estar diante do delito de infanticídio ou homicídio. Problema interessante é o do embrião conservado fora do útero materno, em laboratório (cf. em "Objeto jurídico").

→ **Atenção:** o delito em tela pressupõe gravidez viável, o que não ocorre nas hipóteses de gravidez molar e extrauterina.

---

108 Vale mencionar que, em novembro de 2016, o ministro Luís Roberto Barroso, acompanhado pelos ministros Rosa Weber e Edson Fachin, proferiu voto histórico a respeito do tema, argumentando que o aborto, se praticado até o terceiro mês de gestação, não deveria ser considerado crime (STF, HC 124.306) – *v.* item 3.

2. PRECEDENTES HISTÓRICOS

A prática do aborto nem sempre foi objeto de incriminação, sendo muito comum a sua realização entre os povos hebreus e gregos. Em Roma, a Lei das XII Tábuas e as leis da República não cuidavam do aborto, pois consideravam o produto da concepção como parte do corpo da gestante e não como ser autônomo, de modo que a mulher que abortava nada mais fazia que dispor do próprio corpo. Em tempos posteriores o aborto passou a ser considerado uma lesão ao direito do marido à prole, sendo a sua prática castigada. Foi então com o cristianismo que o aborto passou a ser efetivamente reprovado no meio social, tendo os imperadores Adriano, Constantino e Teodósio reformado o direito e assimilado o aborto criminoso ao homicídio. Na Idade Média o teólogo Santo Agostinho, com base na doutrina de Aristóteles, considerava que o aborto seria crime apenas quando o feto tivesse recebido alma, o que se julgava ocorrer quarenta ou oitenta dias após a concepção, segundo se tratasse de varão ou mulher. São Basílio, no entanto, não admitia qualquer distinção considerando o aborto sempre criminoso. É certo que, em se tratando de aborto, a Igreja sempre influenciou com os seus ensinamentos na criminalização do mesmo, fato este que perdura até os dias atuais[109]. No Brasil, o Código Criminal do Império de 1830 não previa o crime de aborto praticado pela própria gestante, mas apenas criminalizava a conduta de terceiro que realizava o aborto com ou sem o consentimento daquela. O Código Penal de 1890, por sua vez, passou a prever a figura do aborto provocado pela própria gestante. Finalmente, o Código Penal de 1940 tipificou as figuras do aborto provocado (CP, art. 124 – a gestante assume a responsabilidade pelo abortamento), aborto sofrido (CP, art. 125 – o aborto é realizado por terceiro sem o consentimento da gestante) e aborto consentido (CP, art. 126 – o aborto é realizado por terceiro com o consentimento da gestante).

3. OBJETO JURÍDICO

No autoaborto só há um bem jurídico tutelado, que é o direito à vida do feto. É, portanto, a preservação da vida humana intrauterina. No abortamento provocado por terceiro, além do direito à vida do produto da concepção, também é protegido o direito à vida e à incolumidade física e psíquica da própria gestante. Na hipótese de embriões mantidos fora do útero, em laboratório, há um vácuo na legislação. Trata-se aqui da chamada reprodução *in vitro* ou assistida, na qual o sêmen do homem é recolhido, congelado e, em seguida, introduzido no óvulo retirado da mulher. Com isso, opera-se a fecundação, após o que o óvulo fecundado é recolocado no útero. Trata-se, portanto, da fecundação fora do corpo da mulher, ou seja, em um recipiente (*in vitro*). Durante esse processo, alguns embriões (óvulos fecundados) não são aproveitados e acabam por não retornar ao ventre feminino, permanecendo armazenados nas clínicas de reprodução, sem destino certo. Trata-se dos chamados embriões excedentários, quais sejam, aqueles que são congelados

---

109. Precedentes históricos retirados da obra de Nélson Hungria, *Comentários*, cit., v. V, p. 269-73.

e não utilizados pelo casal no processo de inseminação artificial, em razão do sucesso da gravidez obtida, ou da desistência do casal[110].

Nosso entendimento: a destruição e/ou eliminação de embriões excedentários não configura aborto, uma vez que não se trata de vida intrauterina (o feto está fora do útero) – e o Direito Penal não admite analogia em norma incriminadora – nem homicídio, pois o embrião não pode ser considerado pessoa humana. Como também não se trata de coisa, não se pode falar em crime de dano, razão pela qual o fato é atípico (pelo mesmo motivo, impossível também o crime de "furto de embrião"). Finalmente, deve-se consignar que não há falar em gravidez fora do organismo humano, daí por que não existe interrupção da gravidez e, por conseguinte, aborto, com a destruição de embriões estocados em vidros ou qualquer outro receptáculo externo ao órgão reprodutor.

- **Feto anencefálico ou anencéfalo:** não configura aborto, porque não existe possibilidade de vida viável. Nesse sentido, o STF, no julgamento da ADPF n. 54, de 12-4-2012, decidiu, por maioria de votos, julgar procedente a ação para declarar a inconstitucionalidade da interpretação segundo a qual a interrupção da gravidez de feto anencéfalo é conduta tipificada no art. 124 do Código Penal. Nesse contexto, destaque-se que a Resolução n. 1.989, de 10-5-2012, do Conselho Federal de Medicina dispõe sobre o diagnóstico de anencefalia para a antecipação terapêutica do parto e dá outras providências.
- **Aborto até o terceiro mês de gestação:** vale mencionar que, em novembro de 2016, o ministro Luís Roberto Barroso, acompanhado pelos ministros Rosa Weber e Edson Fachin, proferiu voto histórico a respeito do tema, entendendo que o aborto, se praticado até o terceiro mês de gestação, não deveria ser considerado crime (STF, HC 124.306).

4. ELEMENTOS DO TIPO

4.1. Ação nuclear

Provocar é o núcleo (verbo) do tipo penal em estudo. Significa dar causa, originar o aborto. A ação física deve ser realizada antes do parto, ou seja, deve visar o ovo, embrião ou feto, pois, iniciado o parto, o crime passa a ser outro (homicídio ou infanticídio).

4.2. Meios de execução

Trata-se de crime de ação livre, podendo a provocação do aborto ser realizada de diversas formas, seja por ação, seja por omissão. A ação provocadora poderá dar-se através dos seguintes meios executivos:

---

110. Cf. artigo de Rogério Alvarez de Oliveira intitulado A inseminação artificial no novo Código Civil — filiação e sucessão, in *Questões de direito civil e o novo Código*, obra publicada pelo Ministério Público do Estado de São Paulo — Procuradoria-Geral de Justiça, 1. ed., Imprensa Oficial, 2004, p. 296 e 297.

(i) meios químicos: são substâncias não propriamente abortivas, mas que atuam por via de intoxicação, como o arsênio, fósforo, mercúrio, quinina, estricnina, ópio etc.;

(ii) meios psíquicos: são a provocação de susto, terror, sugestão etc.;

(iii) meios físicos: são os mecânicos (p.ex., curetagem); térmicos (p.ex., aplicação de bolsas de água quente e fria no ventre); e elétricos (p.ex., emprego de corrente galvânica ou farádica).

– **Omissão:** o delito também pode ser praticado por conduta omissiva nas hipóteses em que o sujeito ativo tem a posição de garantidor; por exemplo, o médico, a parteira, a enfermeira que, apercebendo-se do iminente aborto espontâneo ou acidental, não tomam as medidas disponíveis para evitá-lo, respondem pela prática omissiva do delito.

4.3. Sujeito ativo

(i) no autoaborto ou aborto consentido (CP, art. 124): somente a gestante pode ser autora desses crimes, pois trata-se de crime de mão própria. Todavia, admite-se a participação de terceiros, a quem se comunica a condição de autora, de acordo com o art. 30 do Código Penal, desde que aquele tenha auxiliado no ato da gestante e não de outrem que realiza o aborto, pois neste caso será considerado partícipe do art. 126 do Código Penal;

(ii) no aborto provocado por terceiro, com ou sem o consentimento da gestante (CP, arts. 125 e 126): por tratar-se de crime comum, o sujeito ativo pode ser qualquer pessoa.

4.4. Sujeito passivo

(i) no autoaborto ou aborto consentido (CP, art. 124): é o feto que é detentor, desde sua concepção, dos chamados "direitos civis do nascituro" (CC, art. 2º). A uma primeira análise tem-se a impressão de que a gestante também seria o sujeito passivo do delito em estudo, contudo não se concebe a possibilidade de alguém ser ao mesmo tempo sujeito ativo e passivo de um crime;

(ii) no aborto provocado por terceiro sem o consentimento da gestante: os sujeitos passivos são a gestante e o feto. Trata-se de crime de dupla subjetividade passiva.

5. CONSUMAÇÃO. EXAME DE CORPO DE DELITO

O início da execução do crime de aborto, ou seja, quando a conduta típica começa a ser realizada e o fato se torna penalmente relevante, verifica-se no exato instante em que começa o ataque ao bem jurídico *vida intrauterina*. Antes desse momento não existe ainda fato típico, mas meros atos preparatórios sem repercussão na esfera criminal. A origem da vida humana, ainda dentro do organismo materno, dá-se com a fecundação, isto é, a fertilização do óvulo pelo espermatozoide. A partir daí, no lugar do óvulo, surge o embrião, ser dotado de vida. É certo que o óvulo fecundado ainda não se fixou na parede do útero e, portanto, ainda não iniciou o seu desenvolvimento, mas vida já existe. Uma vida que ainda vai começar a se desenvolver, que, porém, já foi gerada pela fertilização do óvulo. Desse momento em diante, pode haver aborto. No chamado Dispositivo Intrauterino, mais conhecido como DIU, há que atentar para o seguinte detalhe: existem dois sistemas. O primeiro atua sobre o óvulo já fecundado, impedindo a sua fixação no útero, enquanto o segundo, mais moderno, atua bem antes, inviabilizando a própria fecundação.

Nosso entendimento: na primeira hipótese, como já existe vida, não se pode falar em crime de aborto. Houve interrupção da vida, é verdade. Entretanto, o uso do mencionado dispositivo é permitido por lei, estando amparado pelo exercício regular do direito, causa de exclusão da ilicitude, a qual, como o próprio nome já indica, exclui o crime (CP, art. 23, III, parte final).

É possível também sustentar, à luz da teoria da imputação objetiva, que o fato não é sequer típico, pois o Estado não pode autorizar as pessoas a usar DIU e ao mesmo tempo afirmar que tal uso configura fato definido em lei como crime. Se a conduta é permitida, ela vai gerar um risco permitido, o qual jamais leva a resultado proibido[111]. Pode-se ainda, à luz da teoria social da ação, de Hans Welzel, sustentar que a aplicação do dispositivo referido é socialmente aceita, considerada normal, adequada, correta, permitida e, portanto, atípica, ante a ausência da inadequação social. Por qualquer dessas razões, seja qual for a corrente adotada, exclusão da tipicidade ou da ilicitude, não haverá crime. O mesmo raciocínio vale para a chamada "pílula do dia seguinte", vendida até mesmo em farmácias, conforme já explicitado. O aborto é um crime material, pois o tipo penal descreve conduta e resultado (provocar aborto). É, também, delito instantâneo (a consumação ocorre em um dado momento e então "se esgota"). Consuma-se com a interrupção da gravidez e consequente morte (cerebral) do feto. A ação física deve ser realizada contra a vida humana intrauterina, podendo a consumação do delito realizar-se após a expulsão do feto das entranhas maternas, ou seja, nada impede que após o emprego de manobra abortiva o feto seja expelido pela mãe ainda vivo, vindo, no entanto, a falecer posteriormente. Ressalte-se que a expulsão do feto é irrelevante para a consumação do crime, pois a medicina aponta diversos casos em que o feto morto não é expelido das entranhas maternas, mantendo-se no organismo da gestante. Exige-se a prova de que o feto se encontrava vivo quando do emprego dos meios ou manobras abortivas, do contrário poderá estar caracterizado o crime impossível pela absoluta impropriedade do objeto (CP, art. 17 – tentativa inidônea). Não é necessário, contudo, comprovar a vitalidade do feto, ou seja, a capacidade de atingir a maturação; exige-se tão somente que esteja vivo e que não seja um produto patológico, como, por exemplo, a gravidez extrauterina.

Por ser crime material, a comprovação de sua existência virá pelo exame de corpo de delito (direto, realizado à vista do material retirado do útero, à vista do próprio corpo

---

111. Cf. estudo completo sobre essa teoria em nosso *Curso de direito penal*: parte geral e em nosso *Consentimento do ofendido e violência desportiva*: reflexos à luz da teoria da imputação objetiva.

da mulher), suprível, na impossibilidade, pela prova testemunhal ou documental (exame de corpo de delito indireto), mas não pela só palavra da gestante (para melhor compreensão do tema, consulte o tópico relativo ao crime de homicídio).

6. NEXO CAUSAL

A morte do feto em decorrência da interrupção da gravidez deve ser resultado direto do emprego dos meios ou manobras abortivas. Realizada a manobra abortiva, se o feto nascer com vida e em seguida morrer fora do útero materno, em razão das lesões provocadas pelo agente, responderá este último pelo crime de aborto consumado, uma vez que, embora o resultado morte tenha se produzido após o nascimento, a agressão foi dirigida contra a vida humana intrauterina, com violação desse bem jurídico. A responsabilização por homicídio implicaria violar o princípio da responsabilidade subjetiva, já que o dolo foi dirigido à realização das elementares do aborto e não do homicídio.

Se há o emprego de determinada manobra abortiva idônea a provocar a morte do feto e este vem a perecer em decorrência de outra causa independente, responderá o agente pela forma tentada do delito em estudo. Por exemplo: gestante que, logo após o ministramento de substância abortiva pelo médico, sofre uma queda, vindo o feto a morrer em decorrência desta, e não do emprego do meio abortivo. A gestante e o médico responderão pela forma tentada do crime de aborto. Assim também se, embora o emprego dos meios abortivos, o feto ainda nasça vivo, vindo, contudo, a falecer em decorrência de outra causa sem relação com as manobras, responderá a gestante por tentativa de aborto.

7. TENTATIVA

Por se tratar de crime material, é perfeitamente admissível. Será possível na hipótese de a manobra ou meio abortivo empregado, apesar de sua idoneidade e eficiência, não desencadear a interrupção da gravidez, por circunstâncias alheias à vontade do agente, ou então quando, apesar das manobras ou meios utilizados, por estar a gravidez em seu termo final, o feto nasça precocemente, mas mantém-se vivo. Chegou-se a sustentar, por razões de ordem política, a impunibilidade da tentativa do delito de autoaborto e do aborto consentido (CP, art. 124), tendo sido Carrara um de seus maiores defensores[112], até porque é inconcebível a punibilidade da autolesão. O nosso Código Penal, contudo, não prevê essa impunibilidade nos delitos em questão.

8. CRIME IMPOSSÍVEL

(i) Emprego de meio absolutamente inidôneo: se houver o emprego de meios absolutamente inidôneos à provocação do aborto, por exemplo, ingerir medicamentos que não têm qualquer potencialidade para causar a morte do feto, realizar rezas, práticas

---

112. Carrara, *Programma*; parte especial, cit., v. I, §§ 1.268 a 1.270.

supersticiosas, estaremos diante da hipótese de crime impossível pela ineficácia absoluta do meio empregado (CP, art. 17 – tentativa inadequada).

(ii) Emprego de meio relativamente inidôneo: por exemplo, ingerir substância química em quantidade inidônea à provocação do aborto. Nessa hipótese, a substância química é apta a produzir o evento letal, mas, por uma circunstância acidental no caso concreto (ínfima quantidade), não foi possível concretizar o intento criminoso. Responderá o agente pela forma tentada do crime de aborto, afastando-se, então, a figura do crime impossível.

(iii) Absoluta impropriedade do objeto: se, quando da manobra abortiva, o feto já estava morto, sem que o agente tivesse qualquer conhecimento, haverá crime impossível pela absoluta impropriedade do objeto. Também haverá crime impossível na hipótese em que o agente realiza manobras abortivas supondo erroneamente a existência de gravidez.

9. ELEMENTO SUBJETIVO

É o dolo, direto ou eventual. Na primeira hipótese, é a vontade livre e consciente de interromper a gravidez, causando a morte do produto da concepção. Na segunda hipótese, há apenas a assunção do risco do resultado. Não se admite a modalidade culposa. A conduta do terceiro que, culposamente, dá causa ao aborto, dirá com o delito de lesão corporal culposa, em que a vítima será a gestante. Finalmente, a conduta descuidada da mulher que provoca a morte do feto é fato atípico, pois não se pune a autolesão.

Vejamos algumas questões relativas ao aborto preterintencional e à aceleração de parto, que constituem qualificadoras do delito de lesão corporal:

(i) Crimes de aborto qualificado pela lesão corporal grave ou morte e crime de lesão corporal qualificada pelo aborto (CP, art. 129, § 2º, V). Elemento subjetivo. Distinção: é de suma importância no caso concreto a análise do elemento subjetivo que impele o agente à prática delitiva, pois é a partir dele que faremos o enquadramento das condutas praticadas. Comparando o aborto qualificado pela lesão grave ou morte e a lesão corporal qualificada pelo aborto (CP, art. 129, § 2º, V), conclui-se que: (i) ambas são figuras preterdolosas – há dolo no antecedente e culpa no consequente; (ii) a distinção reside no seguinte aspecto: no art. 129, § 2º, V, temos o dolo de lesionar a gestante, com aborto previsível. O agente deve possuir conhecimento da gravidez. Já, no caso dos arts. 125 e 126 c/c o 127, há a intenção de praticar um aborto, podendo sobrevir lesão corporal grave ou morte da gestante.

(ii) Crime de lesão corporal qualificada pela aceleração de parto (CP, art. 129, § 1º, IV) e o crime de aborto. Elemento subjetivo. Distinção: o delito de lesão corporal qualificada pela aceleração de parto ocorre quando o feto é expulso prematuramente do ventre materno em virtude das lesões causadas na gestante. O dolo do agente é o de causar lesões na gestante, das quais advém o nascimento prematuro e com vida do infante. Tal espécie de crime não se confunde com o delito de aborto, pois este é a dolosa interrupção da gravidez, causando a morte do produto da concepção.

10. CONCURSO DE CRIMES

(i) Crimes de aborto e homicídio. Concurso formal: se o agente eliminar a vida da gestante sabedor de seu estado, ou assumindo o risco da ocorrência do aborto, responderá pelos crimes de homicídio e aborto em concurso formal. Haverá o concurso formal impróprio se o agente estiver dotado de desígnios autônomos, ou seja, com uma só ação ele quer dois resultados (o homicídio e o aborto), e as penas dos dois crimes, nesse caso, serão aplicadas cumulativamente. Na hipótese de concurso formal próprio, haverá tão somente a exasperação da pena.

(ii) Crimes de aborto e constrangimento. Concurso formal: na hipótese em que há o emprego de ameaça ou violência como meio de execução da provocação do aborto, existem dois crimes em concurso formal: aborto sem consentimento e constrangimento ilegal (CP, art. 146); por exemplo, marido que mediante o emprego de força ministra substância abortiva em sua esposa[113].

(iii) Crime de aborto. Sujeito passivo: gêmeos. Concurso formal ou crime único? A solução da questão dependerá do conhecimento do sujeito ativo acerca dessa circunstância. Se o indivíduo sabe que se trata de gêmeos, responderá pelo concurso formal homogêneo, ou seja, com uma ação deu causa a dois resultados idênticos. Se não tiver conhecimento dessa circunstância, responderá por crime único, sob pena de responder objetivamente pelo fato criminoso.

(iv) Crimes de aborto e comunicação falsa de crime. Concurso material: na hipótese de aborto sentimental, humanitário ou ético, se a gestante fornece ao médico boletim de ocorrência contendo informação falsa acerca da ocorrência de crime de estupro, aquela responderá pelo crime de aborto (CP, art. 124) em concurso com o delito de falsa comunicação de crime (CP, art. 340). O médico, por sua vez, não responderá por crime algum, em face da descriminante putativa.

→ **Atenção:** não confundir o aborto agravado pela lesão grave (CP, art. 125 ou 126 c/c 127) com o delito de lesão corporal grave qualificado pelo aborto (art. 129, § 2º, V). A diferença consiste no dolo do agente. No primeiro caso, a intenção do agente é suprimir a vida do nascituro, ocasião na qual se opera a lesão grave na gestante em razão de imprudência, negligência ou imperícia, decorrentes das manobras abortivas. Ainda, o crime será o de aborto quando o agente atuar com dolo eventual. No segundo caso, a intenção do agente é ferir a mulher, ocorrendo a morte do nascituro como resultado não desejado, mas culposamente obtido, dada a gravidade das lesões produzidas.

11. FORMAS

11.1. Aborto provocado pela própria gestante (art. 124). Aborto consentido (art. 124) e a exceção legal à teoria monística da ação

O autoaborto está previsto no art. 124, *caput*, 1ª figura: é o aborto praticado pela própria gestante. O aborto consentido está previsto na 2ª figura do artigo: consiste no

---

113. Nesse sentido, Damásio E. de Jesus, *Código Penal anotado*, cit., p. 417.

consentimento da gestante para que um terceiro nela pratique o aborto. Trata-se de crime de mão própria, pois somente a gestante pode realizá-lo, contudo isso não afasta a possibilidade de participação no crime em questão, conforme veremos mais adiante.

(i) 1ª figura – Aborto provocado pela própria gestante (autoaborto): é a própria mulher quem executa a ação material do crime, ou seja, ela própria emprega os meios ou manobras abortivas em si mesma. É possível a participação nessa modalidade delitiva, na hipótese em que o terceiro apenas induz, instiga ou auxilia, de maneira secundária, a gestante a provocar o aborto em si mesma, por exemplo, indivíduo que fornece os meios abortivos para que o aborto seja realizado. Nessa hipótese, responderá pelo delito do art. 124 do Código Penal a título de partícipe. Há, contudo, posicionamento na jurisprudência no sentido de que o terceiro, ainda que atue como partícipe, teria a sua conduta enquadrada no art. 126 do Código Penal.

Finalmente, é importante notar que, por se tratar de crime de mão própria, é impossível ocorrer o concurso de pessoas na modalidade coautoria.

(ii) 2ª figura – Aborto consentido: a mulher apenas consente na prática abortiva, mas a execução material do crime é realizada por terceira pessoa. Pode haver o concurso de pessoas na modalidade de participação, quando, por exemplo, alguém induz a gestante a consentir que terceiro lhe provoque o aborto. Jamais poderá haver a coautoria, uma vez que, por se tratar de crime de mão própria, o ato permissivo é personalíssimo e só cabe à mulher. Por ser crime de ação múltipla, a gestante que consentir que terceiro lhe provoque o aborto e logo depois o auxiliar no emprego das manobras abortivas em si mesma responderá somente pelo crime do art. 124 do Código Penal. Em tese, a gestante e o terceiro deveriam responder pelo delito do art. 124, pois a figura delitiva prevê: (i) o consentimento da gestante; (ii) a provocação do aborto por terceiro. Contudo, o Código Penal prevê uma modalidade especial de crime para aquele que provoca o aborto com o consentimento da gestante (CP, art. 126). Assim, há a previsão separada de dois crimes: um para a gestante que consente na prática abortiva (CP, art. 124); e outro para o terceiro que executou materialmente a ação provocadora do aborto (CP, art. 126 – aborto com o consentimento da gestante). Há aqui, perceba-se, mais uma exceção à teoria monística adotada pelo Código Penal em seu art. 29, que prevê: "quem, de qualquer modo, concorre para o crime incide nas penas a este cominadas, na medida de sua culpabilidade", ou seja, todos os participantes (coautor e partícipe) de uma infração incidem nas penas de um único e mesmo crime (não devemos esquecer que a teoria dualista também constitui uma exceção a essa regra). Assim, o Código dispensou tratamento penal diverso àquele que executa materialmente a ação provocadora do aborto, cuja sanção penal, inclusive, é mais gravosa (reclusão, de 1 a 4 anos), e àquela que consente que terceiro lhe provoque, cuja pena cominada é idêntica ao delito de autoaborto, ou seja, menos grave (detenção, de 1 a 3 anos).

11.2. Aborto provocado por terceiro, sem o consentimento da gestante (art. 125)

O aborto sem o consentimento da gestante está previsto no art. 125, *caput*, do Código Penal. Trata-se da forma mais gravosa do delito de aborto (pena – reclusão de 3 a 10 anos). Ao contrário da figura típica do art. 126, não há o consentimento da gestante no emprego dos meios ou manobras abortivas por terceiro. Ou o consentimento é inválido. Aliás, a ausência de consentimento constitui elementar do tipo penal. Contudo, presente o seu consentimento, o fato não será atípico; apenas será enquadrado em outro dispositivo penal (aborto com o consentimento da gestante – art. 126). Não é preciso que haja o dissenso expresso da gestante, basta o emprego de meios abortivos por terceiro sem o seu conhecimento; por exemplo: ministrar doses de substância abortiva em sua sopa.

- **Dissentimento real:** o dissentimento é real quando o sujeito emprega contra a gestante (cf. 2ª parte do parágrafo único do art. 126):

  (i) fraude: é o emprego de ardil capaz de induzir a gestante em erro; por exemplo: médico que, a pretexto de realizar exames de rotina na gestante, realiza manobras abortivas;

  (ii) grave ameaça contra a gestante: é a promessa de um mal grave, inevitável ou irresistível; por exemplo: marido desempregado que ameaça se matar se a mulher não abortar a criança, pai que ameaça expulsar a filha de casa se ela não abortar;

  (iii) violência: é o emprego de força física; por exemplo: homicídio de mulher grávida com conhecimento da gravidez pelo homicida.

- **Dissentimento presumido:** o art. 126, parágrafo único, 1ª parte, prevê hipóteses em que se presume o dissentimento da vítima na prática do aborto por terceiro. O legislador, em determinados casos, considera inválido o consentimento da gestante, pelo fato de não ser livre e espontâneo, de modo que ainda que aquele esteja presente, a conduta do agente será enquadrada no tipo penal do art. 125. O dissentimento é presumido se a vítima não é maior de 14 anos, ou é alienada ou débil mental, ou se é obtido mediante fraude, grave ameaça ou violência.

Há possibilidade de erro por parte do terceiro quanto ao imaginado consentimento da vítima. Este, estando inserido na descrição típica, dará ensejo ao erro de tipo e o deslocamento da subsunção penal para a norma do art. 126.

> → **Atenção:** aquele que realizar o procedimento abortivo com o intuito de lucro, ou seja, o profissional que realizar tais atos mediante remuneração, sofrerá a incidência da circunstância agravante contida no art. 61, II, *a* – motivo torpe configurado pela cupidez.

11.3. Aborto provocado por terceiro, com o consentimento da gestante (art. 126)

O aborto provocado com o consentimento válido da gestante está previsto no art. 126, *caput*. O fato, conforme já visto, gera a incidência de duas figuras típicas, uma para a consenciente (CP, art. 124, 2ª parte) e outra para o provocador (CP, art. 126). É possível o concurso de pessoas, na hipótese em que há o auxílio à conduta do terceiro que provoca o aborto; por exemplo: enfermeira que auxilia o médico em uma clínica de aborto.

Para que se caracterize a figura do aborto consentido (CP, art. 126), é necessário que o consentimento da gestante seja válido, isto é, que ela tenha capacidade para consentir. Ausente essa capacidade, o delito poderá ser outro (CP, art. 125). Assim, temos o seguinte quadro:

(i) Consentimento válido: "é necessário que a gestante tenha capacidade para consentir, não se tratando de capacidade civil. Neste campo, o Direito Penal é menos formal e mais realístico, não se aplicando as normas do Direito Privado. Leva-se em conta a vontade real da gestante, desde que juridicamente relevante"[114]. O terceiro que praticar manobras abortivas na gestante, que consentiu validamente, responderá pelo delito do art. 126 do Código Penal (aborto com o consentimento da gestante).

(ii) Consentimento inválido: consiste nas hipóteses elencadas no parágrafo único do art. 126, em que o dissentimento é real (emprego de fraude, grave ameaça ou violência contra a gestante) ou presumido (se a gestante não é maior de 14 anos, ou é alienada ou débil mental), conforme já explicitado.

No item "ii", temos as hipóteses de consentimento inválido, de modo que o aborto praticado contra a gestante que emitiu consentimento inválido caracterizará a figura típica do art. 125 do Código Penal (aborto sem o consentimento da gestante). Damásio E. de Jesus vê na gestante "alienada ou débil mental", do parágrafo único do art. 126, uma pessoa que se insere no *caput* do art. 26, sendo, portanto, inimputável. Para o autor, o consentimento de gestante semi-imputável bastará para que o crime permaneça no art. 126, não se aplicando ao terceiro as penas do crime sem o seu consentimento[115].

Importa destacar que a gravidez da vítima menor de 14 anos, da portadora de enfermidade ou deficiência mental, que não tenha o necessário discernimento para a prática do ato, ou, que, por qualquer outra causa, não possa oferecer resistência, constitui, na realidade, estupro de vulnerável (CP, art. 217-A). Nessa hipótese, se o aborto é precedido do consentimento de seu representante legal, o médico realizará o aborto legal (art. 128, II), acobertado por causa excludente da ilicitude. Cabe, no entanto, ressaltar ser irrelevante e inválido o consentimento ao abortamento médico concedido pela gestante incapaz, no caso de gravidez decorrente de estupro de vulnerável. Assim, se, por exemplo, uma menor de 12 anos de idade, moradora de rua, que não possua qualquer representante legal, vier a engravidar, será necessária a nomeação de curador especial para a obtenção da autorização. Sem essa cautela, o aborto realizado pelo médico configuraria o crime previsto no art. 125 do Código Penal.

Finalmente, o consentimento da gestante deve perdurar durante toda a execução do aborto, de modo que, se houver revogação por parte dela em momento prévio ou intermediário e, a despeito disso, prosseguir o terceiro na manobra, haverá, para este, o cometimento do delito mais grave (CP, art. 125). A gestante, por sua vez, não responderá por delito algum.

12. FORMA MAJORADA (ART. 127)

O art. 127 do Código Penal prevê as formas majoradas do crime de aborto, quais sejam: (i) ocorrendo lesão grave, a pena é aumentada em um terço; (ii) ocorrendo morte, a pena é duplicada.

---

114. Damásio E. de Jesus, *Direito penal*, cit., v. 2, p. 125.

115. Damásio E. de Jesus, *Código Penal anotado*, cit., p. 418.

- **Qualificadora ou causa especial de aumento de pena?** Impropriamente as figuras do art. 127 recebem a rubrica de "forma qualificada", pois na realidade constituem causas especiais de aumento de pena, funcionando como majorantes na terceira fase de aplicação da pena, ao contrário das qualificadoras, que fixam os limites mínimo e máximo da pena.
- **Abrangência:** este artigo só é aplicado às formas tipificadas nos arts. 125 e 126, ficando excluídos o autoaborto e o aborto consentido (CP, art. 124), na medida em que o nosso ordenamento jurídico não pune a autolesão nem o ato de matar-se. Assim, se a gestante ao praticar o autoaborto lesiona-se gravemente, ela não terá a sua pena majorada em virtude da autolesão, mas só responderá pelo delito do art. 124. Da mesma forma, é inconcebível em nosso ordenamento jurídico punir a morte da gestante decorrente do autoaborto, na medida em que o ato de se matar é atípico.
- **Enquadramento legal da conduta do partícipe no crime de autoaborto do qual resulte lesão corporal ou morte da gestante:** se as majorantes em estudo não abrangem a conduta da mulher que pratica o aborto em si mesma, também não incidirá sobre a conduta do partícipe desse mesmo delito. Fica a questão: por qual delito responde o instigador ou auxiliador do crime de autoaborto se do emprego dos meios ou manobras abortivas advier lesão corporal ou morte da gestante? (i) Responderá por lesão corporal culposa ou homicídio culposo. É a posição de Nélson Hungria[116]. (ii) Responderá tão somente pela participação no delito do art. 124 do CP. É a posição de E. Magalhães Noronha[117]. (iii) O partícipe ou coautor do aborto, além de responder por esse delito (art. 124), pratica homicídio culposo ou lesão corporal de natureza culposa, sendo inaplicável o art. 127 do Código Penal, uma vez que esta norma exclui os casos do art. 124. É a posição de Damásio[118].

> **Nosso entendimento:** o sujeito deve responder por homicídio culposo ou lesão corporal culposa, conforme o caso, na qualidade de autor mediato, pois a gestante funcionou como instrumento (*longa manus*) de sua atuação imprudente. Além disso, responde por participação em autoaborto em concurso formal.

- **Crime preterdoloso:** as majorantes aqui previstas são exclusivamente preterdolosas. Há um crime doloso (aborto) ligado a um resultado não querido (lesão corporal de natureza grave ou morte), nem mesmo eventualmente, mas imputável ao agente a título de culpa (se eram consequências previsíveis do aborto que se quis realizar e, por conseguinte, evitáveis). Trata-se, portanto, de resultados que sobrevêm preterdolosos; no caso, o dolo do agente vai até a causação do aborto, mas não abrange a superveniente morte da gestante nem a lesão grave que nela sobrevenha. Se houver dolo, direto ou

---

116. *Comentários*, cit., v. V, p. 304.

117. *Direito penal*, cit., v. 2, p. 58.

118. Damásio E. de Jesus, *Código Penal anotado*, cit., p. 416.

eventual, quanto a esses resultados mais graves, responderá o agente pelo concurso de crimes: aborto e lesão corporal grave ou aborto e homicídio.

- **Morte da gestante e aborto tentado:** trata-se de interessante hipótese de delito preterdoloso (aborto qualificado pela morte culposa da gestante), no qual morre acidentalmente a gestante, mas o feto sobrevive por circunstâncias alheias à vontade do aborteiro. Haveria tentativa de aborto qualificado? Em caso afirmativo, seria uma exceção à regra de que não cabe tentativa em crime preterdoloso.

Nosso entendimento: na citada hipótese, deve o sujeito responder por aborto qualificado consumado, pouco importando que o abortamento não se tenha efetivado, aliás como acontece no latrocínio, o qual se reputa consumado com a morte da vítima, independentemente de o roubo consumar-se. Não cabe mesmo falar em tentativa de crime preterdoloso, pois neste o resultado agravador não é querido, sendo impossível ao agente tentar produzir algo que não quis: ou o crime é preterdoloso consumado ou não é preterdoloso.

- **Lesão corporal leve ou grave como meio necessário à prática do aborto:** no tocante às lesões corporais leves, a própria lei as exclui das majorantes. Ao tratar das lesões graves, como a lesão de útero, alguns autores, como Nélson Hungria e E. Magalhães Noronha[119], entendem que nos casos em que as lesões, apesar de graves, possam ser consideradas "inerentes" ou "necessárias" para a causação do aborto, não incidiria esse dispositivo, pois estariam elas absorvidas pelo aborto. A lei, na verdade, teria em vista as lesões graves extraordinárias, ou seja, não necessárias à causação do aborto, como, por exemplo, infecções; do contrário, o crime de aborto seria sempre qualificado.

13. ABORTO LEGAL. CAUSAS DE EXCLUSÃO DA ILICITUDE (ART. 128)

- **Natureza jurídica:** consta da redação do art. 128 do Código Penal: "Não se pune o aborto praticado por médico: I — se não há outro meio de salvar a vida da gestante; II — se a gravidez resulta de estupro e o aborto é precedido de consentimento da gestante ou, quando incapaz, de seu representante legal". À primeira vista tem-se a impressão de que o citado dispositivo legal constituiria uma dirimente ou escusa absolutória, pois o texto legal se inicia com a frase "não se pune". Tal conclusão, contudo, não prospera. Se se tratasse de hipótese de exclusão da pena, a enfermeira, como lembra E. Magalhães Noronha[120], que auxiliasse o médico, no aborto, seria punida. Com razão, se realmente fosse uma causa pessoal de exclusão da pena, somente o médico por ela seria abrangido. Tal, porém, não é a sua natureza jurídica, pois, como ensina Damásio E. de Jesus[121], "haveria causa especial e exclusão de pena somente se o CP dissesse 'não se pune o médico'; o Código, entretanto, menciona 'não se pune o aborto'". Qual, então,

119. Nélson Hungria, *Comentários*, cit., v. V, p. 304 e 305; E. Magalhães Noronha, *Direito penal*, cit., v. 2, p. 58.
120. *Direito penal*, cit., v. 2, p. 58.
121. *Direito penal*, cit., 24. ed., 2001, v. 2, p. 128.

seria a natureza jurídica das causas elencadas no art. 128 do Código Penal? Trata-se de causas excludentes da ilicitude, sendo, portanto, lícita a conduta daquele que pratica o aborto nas duas circunstâncias elencadas no texto legal.

13.1. Aborto necessário ou terapêutico (art. 128, I)

É a interrupção da gravidez realizada pelo médico quando a gestante estiver correndo perigo de vida e inexistir outro meio para salvá-la. Consoante a doutrina, trata-se de espécie de estado de necessidade, mas sem a exigência de que o perigo de vida seja atual. Assim, há dois bens jurídicos (a vida do feto e da genitora) postos em perigo, de modo que a preservação de um (vida da genitora) depende da destruição do outro (vida do feto). O legislador optou pela preservação do bem maior, que, no caso, é a vida da mãe, diante do sacrifício de um bem menor, no caso, um ser que ainda não foi totalmente formado. Não seria nada razoável sacrificar a vida de ambos se, na realidade, um poderia ser destruído em favor do outro. O legislador cuidou, assim, de criar um dispositivo específico para essa espécie de estado de necessidade, sem, contudo, exigir o requisito da atualidade do perigo, pois basta a constatação de que a gravidez trará risco futuro para a vida da gestante, que pode advir de causas várias, como, por exemplo, câncer uterino, tuberculose, anemia profunda, leucemia, diabetes. Observe-se que não se trata tão somente de risco para a saúde da gestante; ao médico caberá avaliar se a doença detectada acarretará ou não risco de vida para a mulher grávida. Ele, médico, deverá intervir após o parecer de dois outros colegas, devendo ser lavrada ata em três vias, sendo uma enviada ao Conselho Regional de Medicina e outra ao diretor clínico do nosocômio onde o aborto foi praticado. É dispensável a concordância da gestante ou do representante legal, podendo o médico intervir à revelia deles, até porque muitas vezes a mulher se encontra em estado de inconsciência e os familiares podem ser impelidos por motivos outros, como o interesse na sucessão hereditária, no momento de decidir sobre o sacrifício da vida da genitora ou do feto[122]. Não se pode olvidar, ainda, que o art. 146, § 3º, I, do Código Penal autoriza a intervenção médica ou cirúrgica sem o consentimento do paciente ou de seu representante legal, se justificada por "iminente perigo de vida".

- **Sujeito ativo. Enfermeira ou parteira:** a excludente da ilicitude em estudo do crime de aborto somente abrange a conduta do médico. Não obstante isso, a enfermeira, ou parteira, não responderá pelo delito em questão se praticar o aborto por força do art. 24 do Código Penal (estado de necessidade, no caso, de terceiro); no entanto, nesse caso, exige-se que o prosseguimento da gravidez acarrete perigo atual e inamovível, pois se o perigo não for atual, a conduta será criminosa, tendo em vista que o inciso I do art. 128 tem como destinatário exclusivo o médico, a quem cabe fazer prognóstico de detecção de prejuízo futuro à vida da gestante.
- **Descriminante putativa (CP, art. 20, § 1º):** no aborto legal, se a junta médica, por erro de diagnóstico, concluir pela necessidade do aborto, que se revelou absolutamente

---

122. Nélson Hungria, *Comentários*, cit., v. V, p. 311.

desnecessário, ocorre erro, que exclui o dolo, e, portanto, o crime em questão. Trata-se de descriminante putativa prevista no art. 20, § 1º, do Código Penal.

→ **Atenção:** a lei penal não exige autorização judicial para a realização do procedimento em tela.

13.2. Aborto sentimental, humanitário ou ético (art. 128, II)

Trata-se do aborto realizado pelos médicos nos casos em que a gravidez decorreu de um crime de estupro. O Estado não pode obrigar a mulher a gerar um filho que é fruto de um coito vagínico violento, dados os danos maiores, em especial psicológicos, que isso lhe pode acarretar. O art. 128, II, do Código Penal não fazia distinção entre o estupro com violência real ou presumida (revogado art. 224 do CP), concluindo-se que esse último estaria abrangido pela excludente da ilicitude em estudo. Na interpretação da regra legal era necessário ter em vista que, nos casos em que a lei não distingue, não cabe ao intérprete fazê-lo, até porque qualquer restrição importaria em interpretação *in malam partem*, uma vez que, se se entendesse estar excluído do dispositivo legal o estupro com violência ficta, a conduta do médico que praticasse o aborto nessas circunstâncias seria considerada criminosa. O estupro cometido contra pessoa sem capacidade ou condições de consentir, com violência ficta, deixou de integrar o art. 213 do Código Penal, para configurar crime autônomo, previsto no art. 217-A, sob a nomenclatura "estupro de vulnerável". Mencione-se que a criação do art. 217-A do CP foi acompanhada, de outro lado, pela revogação expressa do art. 224, mas, de uma forma ou de outra, todas as condições nele contempladas passaram a integrar o novo dispositivo legal, que não mais se refere à presunção de violência, mas às condições de vulnerabilidade da vítima, daí a rubrica "estupro de vulnerável". Desse modo, o aborto realizado nos casos de gravidez resultante de estupro de vulnerável continua a ser abarcado pela excludente em análise.

A gravidez resultante de atos libidinosos diversos também configurará estupro (CP, art. 213).

- **Consentimento. Prova do estupro:** o médico, para realizar o aborto, ao contrário do aborto necessário ou terapêutico, necessita do prévio consentimento da gestante ou do seu representante legal. A lei não exige autorização judicial, processo judicial ou sentença condenatória contra o autor do crime de estupro para a prática do aborto sentimental, ficando a intervenção a critério do médico. Basta prova idônea do atentado sexual (boletim de ocorrência, testemunhos colhidos perante autoridade policial, atestado médico relativo às lesões defensivas sofridas pela mulher e às lesões próprias da submissão forçada à conjunção carnal). No tocante à gravidez decorrente de estupro de vulnerável, basta a prova da realização da conjunção carnal.
- **Erro de tipo. Médico induzido a erro (CP, art. 20, § 2º):** caso não tenha havido estupro e o médico induzido em erro realiza o aborto, há erro de tipo, o qual exclui o dolo e, portanto, a tipicidade da conduta.
- **Sujeito ativo. Enfermeira:** se a autora for enfermeira, esta responderá pelo delito, pois a lei faz referência expressa à qualidade do sujeito que deve ser favorecido: médico. É

o posicionamento adotado por Damásio E. de Jesus[123]. Cezar Roberto Bitencourt adota em parte esse entendimento, pois sustenta que, apesar de a conduta da enfermeira se revestir do caráter de tipicidade e antijuridicidade, ou seja, não ser abrangida pela causa excludente da ilicitude em estudo, pode estar presente no caso uma causa excludente da culpabilidade consistente na inexigibilidade de conduta diversa[124], ou seja, dentro das circunstâncias concretas não havia como se exigir outra conduta da enfermeira que não a realização do aborto na gestante.

- **Partícipe. Enfermeira:** se ela auxilia o médico na realização do aborto humanitário, não há crime, uma vez que a conduta daquele não constitui fato típico e ilícito.

14. OUTRAS ESPÉCIES DE ABORTO

14.1. Aborto natural

Consiste na interrupção espontânea da gravidez. Nesta hipótese não há crime[125].

14.2. Aborto acidental

É aquele que decorre de traumatismo ou outro acidente. Aqui também não há crime[126].

14.3. Aborto eugenésico, eugênico ou piedoso

É aquele realizado para impedir que a criança nasça com deformidade ou enfermidade incurável. Não é permitido pela nossa legislação e, por isso, configura o crime de aborto, uma vez que, mesmo não tendo forma perfeita, existe vida intrauterina, remanescendo o bem jurídico a ser tutelado penalmente. Eugenia é expressão que tem forte conteúdo discriminatório, cujo significado é purificação de raças. A vida intrauterina perfeita ou não, saudável ou não, há de ser tutelada, não só por força do direito penal, mas por imposição direta da Carta Magna, que consagrou a vida como direito individual inalienável. No entanto, mediante prova irrefutável de que o feto não dispõe de qualquer condição de sobrevida, consubstanciada em laudos subscritos por juntas médicas, deve ser autorizada a sua prática. Nesse sentido, o TJ/RS, no MS 70081263345, entendeu pela possibilidade de interrupção da gestação de feto com Síndrome de Edwards, uma vez que aquele tinha apenas 2% de chance de sobrevida: "Impossibilidade de exigir e considerar típica a interrupção da gestação quando o feto é portador de Síndrome de Edwards, consideradas as graves anomalias, na hipótese remota do nascimento com vida. Grande probabilidade de que a criança, uma vez remotamente nascendo com vida, tenha um período extremamente curto e com intenso quadro de sofrimento".

---

123. *Direito penal*, cit., p. 128.

124. Cezar Roberto Bitencourt, *Manual*, cit., v. 2, p. 171.

125. Cf. Damásio E. de Jesus, *Código Penal anotado*, cit., p. 414.

126. Damásio E. de Jesus, *Código Penal anotado*, cit., p. 414.

14.4. Aborto de feto anencefálico ou anencéfalo

Não configura crime de aborto, pois não existe possibilidade de vida viável. A anencefalia é caracterizada pela má formação do tubo neural, estando ausentes, portanto, o encéfalo e a calota craniana, o que leva à morte do recém-nascido, em razão da absoluta impossibilidade de vida independente. Nesses casos, inexiste atividade cerebral. A patologia em questão é considerada letal pela Medicina.

A Confederação Nacional dos Trabalhadores na Saúde (CNTS) ajuizou uma ação de arguição de descumprimento de preceito fundamental na qual pretendeu obter posicionamento do STF sobre o aborto de feto anencéfalo[127]. Tendo em vista a relevância do pedido e para evitar o desencontro de determinações jurisdicionais, o Min. rel. Marco Aurélio concedeu medida liminar mediante a qual determinou o sobrestamento dos processos e decisões não transitadas em julgado relativas a crimes de aborto de feto anencefálico, como também o reconhecimento do direito constitucional da gestante de submeter-se à operação terapêutica de parto de fetos anencefálicos, a partir de laudo médico atestando a deformidade, a anomalia que atingiu o feto. Afirma o Min. rel. Marco Aurélio: "Trata-se de situação concreta que conflita com a dignidade humana, a legalidade, a liberdade, a autonomia da vontade. (...) manter-se a gestação resulta em impor à mulher danos à integridade moral e psicológica, além dos riscos físicos reconhecidos no âmbito da medicina". Sucede que o Supremo Tribunal Federal, por maioria, referendou a primeira parte da liminar concedida, no que diz respeito ao sobrestamento dos processos e decisões não transitadas em julgado e revogou a liminar deferida, na segunda parte, em que se reconhecia o direito constitucional de submeter-se à operação terapêutica de fetos anencefálicos.

O STF, no julgamento da ADPF 54/2004, proposta pela Confederação Nacional dos Trabalhadores na Saúde (CNTS), por maioria dos julgadores, permitiu a interrupção da gravidez no caso de fetos anencéfalos, ao julgar procedente a ação para declarar a inconstitucionalidade da interpretação segundo a qual a interrupção da gravidez de feto anencéfalo é conduta tipificada no art. 124 do Código Penal. Nesse contexto, destaque-se que a Resolução n. 1.989, de 10-5-2012, do Conselho Federal de Medicina dispõe sobre o diagnóstico de anencefalia para a antecipação terapêutica do parto e dá outras providências.

Luís Roberto Barroso representou a CNTS e assim resumiu o desfecho da ADPF: "O Supremo Tribunal Federal decidiu, por 8 votos a 2, na última 5ª feira, dia 12 de abril de 2012, ser legítima a interrupção da gestação de fetos anencefálicos, se esta for a vontade da mulher. Os votos acolheram diferentes argumentos apresentados pela Confederação Nacional dos Trabalhadores na Saúde, representada por mim: não se trata de aborto ou, ainda que fosse, estaria fora da incidência do Código Penal, dentre outras razões, por força do princípio da dignidade da pessoa humana. Em memorial distribuído na véspera, e na sustentação oral, acrescentei o argumento da autonomia reprodutiva da mulher"[128].

---

127. STF, Medida Cautelar em Arguição de Descumprimento de Preceito Fundamental n. 54-8/DF, rel. Min. Marco Aurélio, j. 1º-7-2004. Fonte: *Infojus* (www.infojus.gov.br), em 5-7-2004.

128. Disponível em: <http://www.luisrobertobarroso.com.br/?p=585>.

Nosso entendimento: no que toca ao abortamento do feto anencéfalo ou anencefálico, entendemos que não há crime, ante a inexistência de bem jurídico. O encéfalo é a parte do sistema nervoso central que abrange o cérebro, de modo que sua ausência implica inexistência de atividade cerebral, sem a qual não se pode falar em vida. A Lei n. 9.434, de 4-2-1997, em seu art. 3º, permite a retirada *post mortem* de tecidos e órgãos do corpo humano depois de diagnosticada a morte encefálica. Ora, isso significa que, sem atividade encefálica, não há vida, razão pela qual não se pode falar em crime de aborto, que é a supressão da vida intrauterina. Fato atípico, portanto.

Conclui-se, portanto, que a gestante tem o direito de efetuar a antecipação terapêutica do parto. Não há necessidade de prévia autorização judicial para a realização do procedimento, sendo suficiente o diagnóstico realizado por profissional habilitado. Cumpre mencionar que a Resolução 1.752/2004 do Conselho Federal de Medicina foi revogada pela Resolução n. 1.949/2010 por considerarem-se para os anencéfalos, por sua inviabilidade vital em decorrência da ausência de cérebro, serem inaplicáveis e desnecessários os critérios de morte encefálica. Além disso, foram considerados precários os resultados obtidos com os órgãos transplantados.

14.5. Aborto social ou econômico

Cometido no caso de famílias muito numerosas, em que o nascimento agravaria a crise financeira e social. Nosso ordenamento não o admite. Haverá crime, no caso[129].

15. Questões diversas

(i) Agravantes

Nos delitos de aborto não incide a agravante do art. 61, *caput*, do Código Penal, qual seja, a circunstância de a vítima encontrar-se grávida.

(ii) Contravenção penal

Constitui contravenção penal, punível com multa, "anunciar processo, substância ou objeto destinado a provocar aborto" (LCP, art. 20).

16. AÇÃO PENAL. PROCEDIMENTO. LEI DOS JUIZADOS ESPECIAIS CRIMINAIS

Ação penal. É pública incondicionada, ou seja, o Ministério Público tem a atribuição exclusiva para a sua propositura, independentemente de representação do ofendido.

Procedimento. Por se tratar de crime doloso contra a vida, o delito de aborto insere-se na competência do Tribunal do Júri, de modo que os processos de sua competência

---

129. Cf. Damásio E. de Jesus, *Código Penal anotado*, cit., p. 414.

seguem o rito procedimental escalonado (CPP, arts. 406 a 497), independentemente da pena prevista. Sobre o tema, *vide* comentários ao art. 121 do Código Penal. Registre-se que a pena cominada aos arts. 124 e 126 do Código Penal permite a suspensão condicional do processo, incidindo, portanto, o art. 89 da Lei n. 9.099/95. A sujeição ao procedimento do Júri não exclui a incidência daquela medida despenalizadora.

Capítulo II
DAS LESÕES CORPORAIS

ART. 129 – LESÃO CORPORAL

1. CONCEITO

Segundo a Exposição de Motivos do Código Penal, o crime de lesão corporal "é definido como ofensa à *integridade corporal* ou saúde, isto é, como todo e qualquer dano ocasionado à normalidade funcional do corpo humano, quer do ponto de vista anatômico, quer do ponto de vista fisiológico ou mental". Consiste, portanto, em qualquer dano ocasionado à *integridade física* e à *saúde fisiológica ou mental* do homem, sem, contudo, o *animus necandi*. A integridade física diz respeito à alteração anatômica, interna ou externa, do corpo humano, geralmente produzida por violência física e mecânica; por exemplo: produzir ferimentos no corpo, amputar membros, furar os olhos etc., não se exigindo, porém, o derramamento de sangue. A saúde fisiológica do corpo humano diz respeito ao equilíbrio funcional do organismo, cuja lesão normalmente não produz alteração anatômica, ou seja, dano, mas apenas perturbação de sua normalidade funcional que produz ofensa à saúde; por exemplo: ingerir substância que altere o funcionamento normal do organismo. A saúde mental diz respeito à perturbação de ordem psíquica (p.ex., choque nervoso decorrente de um susto, estado de inconsciência, insanidade mental). Ressalve-se que a dor não integra o conceito de lesão corporal, até porque a sua análise é de índole estritamente subjetiva.

2. OBJETO JURÍDICO

Cuida o Capítulo II do Título I do Código Penal das "Lesões Corporais", crime este que integra o rol dos crimes contra a pessoa. A lei assim tutela não somente a vida do indivíduo, através dos chamados "Crimes contra a pessoa", mas também a sua incolumidade, tanto no que diz com a integridade física, quanto com a saúde física e mental. O bem jurídico em tela sempre constituiu um bem público indisponível, dado o interesse social em sua preservação. O Estado sempre zelou pela integridade física e saúde dos indivíduos, ainda que estes consentissem na sua lesão, tornando-se, inclusive, o Ministério Público o titular exclusivo da ação penal nos crimes de lesão corporal. Tal concepção absolutista que considerava a integridade física do indivíduo como um bem público indisponível sofreu, contudo, abrandamento com o advento da Lei n. 9.099/95, que instituiu a ação penal condicionada à representação da vítima nos crimes de lesões corporais culposa e lesões leves, ou seja, incumbe à vítima decidir se quer ver o autor do crime processado ou não pelo Estado. Trata-se, aqui, portanto, de uma hipótese de disponibilidade do bem jurídico pela vítima. Finalmente, registre-se que o art. 5º da Convenção Americana de Direitos Humanos, conhecida como Pacto de São José da Costa Rica, incorporado ao nosso ordenamento jurídico, dispõe, expressamente, que a integridade corporal e à saúde são valores fundamentais.

3. LESÕES ESPORTIVAS. INTERVENÇÃO MÉDICO-CIRÚRGICA

No tocante ao consentimento do ofendido, em princípio, nenhum efeito gera, em face do caráter indisponível do bem incolumidade física. No entanto, tal concepção sofre certa flexibilização nos frequentes casos de lesões esportivas e cirúrgicas. Vejamos.

- **Lesões esportivas:** tradicionalmente, configura fato típico, mas não ilícito. A ilicitude é excluída pela descriminante do exercício regular de direito.

Nosso entendimento: discordamos do alhures citado, entendemos que o fato é atípico, por influxo da teoria da imputação objetiva.

A violência é inerente a determinadas práticas esportivas, como o boxe, e eventual em outras, como o futebol. Tanto a lesão prevista pelas regras do desporto quanto aquela praticada fora do regulamento, mas como um desdobramento natural e previsível do jogo, não constituem fato típico. Com efeito, é impossível lutar com os punhos sem provocar ofensa à integridade corporal de outrem. Se o Estado permite e regulamenta o boxe, não pode, ao mesmo tempo, considerar a sua prática um fato típico, isto é, definido em lei como crime. Seria contraditório. O risco de lesões e inclusive de morte é um risco permitido e tolerado, após o Poder Público sopesar todos os prós e os contras de autorizar a luta. Aceita eventuais danos e até mesmo tragédias, para, em compensação, obter o aprimoramento físico e cultural proporcionado pelo esporte. Ainda nos casos em que a violência não é da essência da modalidade esportiva, ela não poderá ser considerada típica, quando houver nexo causal com o desporto. Assim, a falta mais violenta cometida durante uma partida futebolística, com o fim de impedir o adversário de marcar um gol, consiste em um risco normal derivado da regular prática desse esporte. Quem aceita praticar a modalidade consente de modo implícito em sofrer eventuais lesões, sem as quais seria impossível tal prática. Proporcionalmente, compensa ver toda uma sociedade sadia, ainda que possam ocorrer eventuais resultados danosos à integridade corporal dos praticantes. Não se pode sequer cogitar da excludente do exercício regular do direito, uma vez que, antes, já se operou a eliminação do fato típico, sendo inconcebível a ideia de que a lei selecionou e definiu como crime condutas tidas, pelo Estado, como salutares e imprescindíveis ao aprimoramento das relações sociais dialéticas. Desse modo: (i) se a agressão foi cometida dentro dos limites do esporte ou de seus desdobramentos previsíveis; (ii) se o participante consentiu validamente na sua prática; (iii) se a atividade não for contrária à ordem pública, à moral, aos postulados éticos que derivam do senso comum das pessoas normais, nem aos bons costumes, não haverá crime. Por outro lado, estaremos diante de um fato típico no caso de excessos cometidos pelo agente. Por exemplo: em 1989, um jogador do Grêmio Porto-Alegrense, em uma partida válida pela Copa do Brasil, desferiu um pontapé no rosto do centroavante do Palmeiras, o qual estava já caído, com a partida momentaneamente interrompida. Tal fato nada teve que ver com o esporte, sendo o caso tipificado como lesões corporais (o jogador acabou condenado criminalmente). O outro exemplo é o da mordida na orelha de um adversário desfechado por Mike Tyson, durante uma luta de boxe, sem qualquer relação com a luta. Fato típico também.

- **Intervenção médico-cirúrgica:** quando for consentida, exclui a ilicitude pelo exercício regular de direito. Ausente o consentimento, poderá caracterizar-se o estado de necessidade em favor de terceiro (CP, art. 146, § 3º, I). Desse modo, as lesões provocadas no paciente no decorrer do procedimento cirúrgico como meio necessário ao seu tratamento não configuram o crime em estudo, por ser um fato permitido pelo ordenamento jurídico e, portanto, lícito; por exemplo: amputação de membros (mãos, pés, pernas etc.), cortes na barriga etc. É possível sustentar que a intervenção médico-cirúrgica consentida configura fato atípico por influência da teoria da imputação objetiva. O Estado não pode dizer aos médicos que operem e salvem vidas e, ao mesmo tempo, considerar a cirurgia um fato descrito em lei como crime. A conduta é permitida, e se é permitida não pode ser antinormativa.

(i) Transplante de órgãos: para a doutrina, constitui exercício regular de direito a intervenção cirúrgica realizada em razão da disposição gratuita de órgãos, tecidos ou partes do corpo vivo de pessoa "juridicamente capaz" animada por finalidade de viabilizar em favor de outrem a realização de transplantes ou de terapia (art. 9º da Lei n. 9.434/97). Para nós, o fato também é atípico, visto que adequado, lícito e normal, em face do novo ordenamento.

(ii) Cirurgia transexual: discute-se acerca da possibilidade de intervenções cirúrgicas para mudança de sexo, pois implica mutilação dos órgãos genitais externos do transexual. Portanto, em tese, constituiria lesão corporal gravíssima (§ 2º, IV). Tem-se admitido nessa hipótese a cirurgia desde que tenha por escopo corrigir desajustamento psíquico, tratando-se, pois, de procedimento curativo[130]. Há, assim, na espécie, não o dolo de lesionar, mas a intenção de diminuir o sofrimento psíquico do indivíduo. O fato, portanto, é atípico.

(iii) Esterilização cirúrgica: está prevista na Lei n. 9.263/96 (regula o art. 226, § 7º, da CF), que trata do planejamento familiar, estabelece penalidades e dá outras providências. O art. 10 desse diploma legislativo autoriza o médico a realizar a esterilização cirúrgica como método contraceptivo através de laqueadura tubária, vasectomia ou outro método cientificamente aceito, desde que haja consentimento expresso do interessado. Para a doutrina tradicional, constitui exercício regular de direito. Para nós, no entanto, o fato é atípico, em virtude dos argumentos já esposados. Se o médico, contudo, agir em desacordo com as prescrições do art. 10, responderá pelo crime previsto no art. 15: "realizar esterilização cirúrgica em desacordo com o estabelecido no art. 10 desta Lei (pena – reclusão, de 2 a 8 anos, e multa, se a prática não constitui crime mais grave)".

---

130. Nesse sentido: Julio Fabbrini Mirabete, *Código Penal*, cit., p. 704.

4. ELEMENTOS DO TIPO

4.1. Ação nuclear

A ação nuclear consubstancia-se no verbo "ofender", que significa atingir a integridade corporal ou a saúde física ou mental de outrem.

4.2. Meios de execução

São os mesmos utilizados no delito de homicídio. Cuida-se de crime de ação livre. Temos, então, a prática do crime através de meios físicos (p.ex., lesão acarretada pela ação de agente químico corrosivo; pelo emprego de faca) ou morais (p.ex., lesão acarretada no sistema nervoso em decorrência de um susto); através de ação (p.ex., desferir pauladas nas costas da vítima); ou omissão (p.ex., enfermeiro que deixa de alimentar o paciente passando este a apresentar sérias disfunções orgânicas). Desse modo, a violência física é desnecessária para a produção das lesões corporais, podendo a ofensa à integridade e saúde da vítima dar-se através de meios outros que não acarretem, inclusive, qualquer alteração anatômica, como equimoses, fraturas, luxações, mas tão somente alteração da função fisiológica do organismo ou transtornos psíquicos.

4.3. Sujeito ativo

Trata-se de crime comum. Qualquer pessoa, exceto o próprio ofendido, pode praticar o crime em questão. A autolesão é considerada irrelevante penal, desde que a causação da ofensa física não tenha outra finalidade, lesiva de outro objeto jurídico. Assim, haverá crime de fraude se o agente, mutilando-se, pretender obter (indevidamente) indenização ou valor de seguro antes contratado (CP, art. 171, § 2º~~, V~~); haverá crime definido no Código Penal Militar (CPM, art. 184) se o agente lesionar o próprio corpo com o fito de tornar-se inabilitado para o serviço militar.

Ainda sobre a autolesão, se é cometida por pessoa insana, completamente embriagada ou de tenra idade, haverá crime tão só para o agente provocador da prática (o indutor, instigador, aquele que dá auxílio). Trata-se de hipótese de autoria mediata.

No caso em que alguém se fere na tentativa de defender-se de agressão de outra pessoa, é desta a responsabilidade pelo crime, já que seu procedimento foi a causa da lesão sofrida pelo defendente.

Na modalidade violência doméstica (§§ 9º a 11), o tipo penal exige que o agente tenha se prevalecido das relações domésticas, de coabitação ou hospitalidade.

Com o advento da Lei n. 13.984/2020, foram incluídos os incisos VI e VII ao art. 22 da Lei 11.340/2006. Esse artigo trata das medidas protetivas de urgência que obrigam o agressor entre outras atividades, em conjunto ou separadamente ao: "VI – comparecimento do agressor a programas de recuperação e reeducação; e VII – acompanhamento psicossocial do agressor, por meio de atendimento individual e/ou em grupo de apoio".

4.4. Sujeito passivo

Qualquer pessoa. Entretanto, em algumas modalidades de lesão corporal, o tipo penal exige qualidade especial do sujeito passivo, gerando tratamento punitivo diferenciado: (i) nas hipóteses dos §§ 1º, IV, e 2º, V, do art. 129 do Código Penal, o sujeito passivo deve ser mulher grávida; (ii) nos casos do § 9º, a lesão deve ter sido praticada contra ascendente, descendente, irmão, cônjuge ou companheiro, ou com que conviva ou tenha convivido, ou, ainda, prevalecendo-se o agente das relações domésticas, de coabitação ou de hospitalidade; (iii) se a lesão for praticada contra autoridade ou agente descrito nos arts. 142 e 144 da Constituição Federal, integrantes do sistema prisional e da Força Nacional de Segurança Pública, no exercício da função ou em decorrência dela, ou contra seu cônjuge, companheiro ou parente consanguíneo até terceiro grau, em razão dessa condição, a pena é aumentada de um a dois terços; (iv) se o sujeito for menor de 14 (catorze) anos ou maior de 60 (sessenta) anos, incide a causa de aumento de pena do § 7º; (v) se a lesão for praticada contra a mulher, apenas pelo fato da condição do sexo feminino (§ 13 do art. 129 do CP, incluído pela Lei n. 14.188/2021).

A conduta que vulnera fisicamente um cadáver só poderá encontrar subsunção no núcleo típico "destruir" do art. 211.

5. MOMENTO CONSUMATIVO

Trata-se de crime de dano. A consumação se dá no momento da efetiva ofensa à integridade corporal ou à saúde física ou mental da vítima. Estamos diante de um crime instantâneo, de modo que pouco importa para a sua consumação o tempo de duração da lesão. Tal aspecto, ou seja, a análise da permanência da lesão ou sua duração prolongada, importa apenas para a incidência das qualificadoras, como, por exemplo, se da lesão resulta incapacidade para as ocupações habituais, por mais de trinta dias (CP, art. 129, § 1º, I); se resulta debilidade permanente de membro, sentido ou função (CP, art. 129, § 1º, III) etc.

Sendo crime material, a demonstração do resultado deve vir consubstanciada no laudo do exame de corpo de delito.

6. TENTATIVA

Discute-se na doutrina acerca da possibilidade da tentativa no crime de lesões corporais, pois argumenta-se que não se saberia na prática aferir qual a lesão intencionada pelo agente, ou seja, leve, grave, gravíssima; contudo como bem alerta E. Magalhães Noronha, "confunde-se a *admissibilidade* com a prova de sua *existência*, que são coisas diversas"[131]. Com efeito, por se tratar de um crime de dano, a tentativa é perfeitamente admissível. Dúvida não há quanto a isso. A dificuldade surge no momento em que se pretende provar qual a lesão intencionada pelo agente. Vejamos alguns exemplos dados pela doutrina que demonstram inexistir tal dificuldade: "se, *v.g.*, uma pessoa desfere um

---

131. E. Magalhães Noronha, *Direito penal*, cit., v. 2, p. 68.

soco em outra, mas um terceiro o apara ou o encaixa, por que não se verá no fato tentativa de lesão leve? Se certa mulher atira ácido sulfúrico no rosto do amante, que, entretanto, se esquiva, não terá praticado tentativa de lesão gravíssima?"[132], ou, então, "ninguém deixaria de reconhecer uma tentativa de lesão gravíssima no fato, por exemplo, de quem atira vitríolo na direção do rosto do seu inimigo, que, desviando-se tempestivamente, consegue escapar ileso"[133]. Se realmente houver a dificuldade de prova, a doutrina assinala para a aplicação do princípio do *in dubio pro reo*, respondendo o agente pela tentativa de lesão corporal leve, ou seja, pelo delito menos grave.

A tentativa não será possível na forma culposa (§ 6º). Igualmente não será possível na forma preterdolosa do crime de lesões corporais (*v.* comentários no tópico 8.2).

Importante fazer as seguintes distinções: se o agente intenciona apenas colocar em perigo a vida ou saúde de outrem, não quer nem assume o risco de produzir o evento danoso, estaremos diante de um crime de perigo (CP, art. 132). Se, contudo, há o dolo de lesionar (dolo de dano), estaremos diante de um crime de tentativa de lesões corporais. Da mesma forma, se o elemento subjetivo for o de intimidar a vítima, poderemos estar diante de um crime de ameaça real (CP, art. 147) e não de tentativa de lesões corporais.

7. ELEMENTO SUBJETIVO

O elemento subjetivo do crime de lesões corporais é o dolo, consistente na vontade livre e consciente de ofender a integridade física ou a saúde de outrem. Exige-se, assim, o chamado *animus nocendi* ou *laedendi*. Assinala Nélson Hungria que, "pressuposto o *animus laedendi*, basta que a ação ou omissão seja causa indireta da lesão, para que esta se considere dolosa. Exemplo: um indivíduo atira uma pedra contra o seu adversário, e este, ao desviar-se, resvala e cai, ferindo-se na queda. O agressor, em tal caso, responderá por lesão corporal dolosa"[134].

É a intenção de lesionar que diferencia o crime de lesão corporal consumado e a tentativa de morte cruenta, pois nesta o agente atua impelido pelo *animus necandi*. Mas, na prática, *como é possível fazer tal distinção se, ao nos depararmos com uma lesão decorrente de disparo de arma de fogo, à primeira vista constatamos que essa lesão tanto pode ter decorrido da vontade de lesionar quanto da vontade de matar?* Para compreensão do tema consulte o item "elemento subjetivo" do capítulo relativo ao crime de homicídio.

O Código Penal prevê a modalidade preterdolosa em algumas figuras qualificadas, as quais analisaremos logo mais. O Código também prevê a modalidade culposa do delito em estudo (§ 6º).

Importa notar que é o elemento subjetivo (dolo de matar, de lesionar, de expor a perigo) que possibilitará o enquadramento legal do fato, tendo em vista que uma ação física pode configurar diversos tipos penais dependendo do elemento volitivo. Por exem-

---

132. Idem, ibidem, p. 68.

133. Nélson Hungria, *Comentários*, cit., v. V, p. 327 e 328.

134. Idem, ibidem, p. 327.

plo: tentativa de homicídio (CP, art. 121 c/c o art. 14, II); tentativa de lesões corporais (CP, art. 129 c/c o art. 14, II); perigo para a vida ou saúde de outrem (CP, art. 132); maus-tratos (CP, art. 136).

8. FORMAS

O Código Penal prevê diversas modalidades do crime de lesões corporais:

(i) Simples: art. 129, *caput* (lesão leve).

(ii) Qualificadas: §§ 1º (lesão grave), 2º (lesão gravíssima), 3º (lesão corporal seguida de morte); 9º (violência doméstica) e 13 (condição de sexo feminino).

(iii) Privilegiada: § 4º.

(iv) Culposa: § 6º.

(v) Majoradas: §§ 7º, 10, 11 e 12.

8.1. Lesão corporal leve ou simples (art. 129, *caput*)

Consiste no dano à integridade física ou à saúde que não constitua lesão grave ou gravíssima (§§ 1º a 3º). É um conceito a que chegamos por exclusão, pois se da lesão não decorre nenhum dos resultados agravadores previstos nos parágrafos citados, estaremos diante de uma lesão simples, prevista no tipo fundamental. É certo que sempre que não se lograr provar o resultado agravador ou então na hipótese de crime tentado, se não se lograr provar qual o tipo de lesão intencionada pelo agente (se leve, grave ou gravíssima), a lesão será tida como simples, em atendimento ao princípio do *in dubio pro reo*. A lesão corporal leve constitui infração de menor potencial ofensivo, sujeitando-se às disposições da Lei n. 9.099/95. Finalmente, de acordo com o art. 88 do referido diploma legal, trata-se de crime que se processa mediante ação penal pública condicionada à representação do ofendido.

- **Lesão leve. Contravenção penal de vias de fato. Injúria real. Distinção:** não se deve confundir a lesão simples com a contravenção de vias de fato. Esta consiste na violência empregada contra a vítima sem acarretar qualquer dano ao seu corpo; não há vestígios sensíveis da violência, além do que não há o *animus vulnerandi*. Se a violência exercida for ultrajante, havendo a intenção de humilhar, envergonhar a vítima, ofender a sua dignidade ou decoro, por exemplo, bofetada leve, estaremos diante do crime de injúria real (CP, art. 140, § 2º). Se a violência não for ultrajante (p.ex., empurrar a vítima), estaremos diante de uma contravenção penal de vias de fato (LCP, art. 21)[135]. Aliás, se as vias de fato forem praticadas contra vítima maior de 60 anos, a pena será aumentada de 1/3, de acordo com a regra do parágrafo único do art. 21.

  Enquanto há incompatibilidade entre lesões corporais e vias de fato, pois, havendo o primeiro, a contravenção desaparece, ter-se-á o cúmulo da pena do delito em tela (CP, art. 129, *caput*) com a do crime contra a honra, a teor do § 2º do art. 140.

---

135. E. Magalhães Noronha, *Direito penal*, cit., v. 2, p. 69.

- **Corte de cabelo ou da barba à revelia da vítima. Configura lesão corporal simples, injúria real ou vias de fato?** Há controvérsia. Nélson Hungria sustenta que o corte de cabelo ou da barba, "mesmo quando praticado arbitrária ou violentamente, não deve ser considerado *lesão corporal*, mas *vias de fato* ou *injúria real*"[136]. Será injúria real se o corte for praticado com o intuito de envergonhar, humilhar. Não havendo essa intenção, poderá estar configurada tão somente a contravenção de vias de fato. Esta se dará na hipótese em que a violência praticada não deixar vestígios sensíveis. O corte de cabelo e de barba, via de regra, não deixa vestígios de violência. Na jurisprudência o tema é controvertido, havendo posicionamento no sentido de que estaria configurado na hipótese o crime de lesão corporal leve, dado que os pelos e o cabelo pertencem à integridade corporal. Não nos parece correto afirmar que um corte de cabelo ou de barba cause ofensa à integridade corporal, do contrário, um ato de higiene pessoal praticado pela própria pessoa poderia ser considerado autolesão. A questão deve mesmo situar-se no campo do ataque ao decoro ou mera contravenção de vias de fato.

  → **Atenção:** o STJ decidiu que "verificado que a lesão é o resultado das agressões sofridas, a existência de concausa anterior relativamente independente não impede a condenação pelo crime de lesão corporal grave" (STJ. 6ª Turma. AgRg no REsp 1.882.609-MS, rel. Min. Antonio Saldanha Palheiro, julgado em 13-3-2023). Cumpre observar que as causas relativamente independentes não rompem o nexo de causalidade, uma vez que se originam da conduta, mas o CP, no art. 13, § 1º, manda desconsiderar apenas a causa superveniente, quando relativamente independente, mantendo a relevância jurídica causal das causas relativamente independentes, quando forem antecedentes ou concomitantes.

8.2. Lesão corporal qualificada pelo resultado (art. 129, §§ 1º a 3º)

O § 1º prevê circunstâncias qualificadoras que, agregadas ao tipo fundamental previsto no *caput* do dispositivo, agravam a sanção penal. São condições de maior punibilidade. Cumpre primeiramente conceituar crime qualificado pelo resultado como aquele em que o legislador, após uma conduta típica, com todos os seus elementos, acrescenta-lhe um resultado, cuja ocorrência acarreta um agravamento da pena. Há assim: (i) prática de um crime completo, com todos os seus elementos (fato antecedente); (ii) produção de um resultado agravador, além daquele necessário para a consumação (fato consequente). Uma das espécies de crime qualificado pelo resultado é o preterdoloso, em que há um fato antecedente doloso e um fato consequente culposo. O agente quer praticar um crime, mas acaba excedendo-se e produzindo culposamente um resultado mais grave que o desejado. As lesões corporais de natureza grave (§ 2º) ou gravíssima (§ 3º) constituem crimes qualificados pelo resultado, mas não necessariamente preterdolosos. Assim, temos a seguinte situação:

(i) Dolo no crime antecedente. Culpa no crime consequente: constitui propriamente a figura preterdolosa – p.ex., lesão corporal seguida de morte (§ 3º), lesão com perigo

---

136. Nélson Hungria, *Comentários*, cit., v. V, p. 325.

de vida (§ 1º, II), lesão que produz o aborto (§ 2º, V). Tais crimes são necessariamente preterdolosos, ou seja, o resultado agravador deve necessariamente ter sido gerado por culpa do agente, pois se aquele estiver abrangido pelo dolo, deverá o agente responder por crime mais grave (homicídio, tentativa de homicídio, aborto).

(ii) Dolo no crime antecedente. Dolo no crime consequente: em algumas qualificadoras dos §§ 1º e 2º os resultados são puníveis tanto a título de dolo quanto de culpa. Quando puníveis a título de dolo, estaremos diante tão só do gênero "crime qualificado pelo resultado" (p.ex., incapacidade para as ocupações habituais, por mais de 30 dias, e a debilidade permanente de membro, sentido ou função). Quando puníveis a título de culpa, estaremos diante de um crime preterdoloso. Assim, temos como resultados qualificadores que podem ser punidos tanto a título de dolo como culpa: § 1º, I, III, IV; § 2º, I, II, III, IV.

Perceba-se, então, que há figuras qualificadas pelo resultado que podem ser imputadas ao agente tanto a título de culpa quanto de dolo. Quando for a título de culpa, estaremos diante de um delito preterdoloso. E. Magalhães Noronha, exemplificando tal questão, afirma que responderá pela figura do § 1º, III, tanto o sujeito que "com um objeto qualquer (p.ex., um copo quebrado) desfere um golpe contra a vista do ofendido, vazando-a, como o que dá um soco no rosto da vítima, que cai ao solo, resultando disso também a perda de um olho. Lá houve vontade direta de vazar uma vista do sujeito passivo, aqui não houve tal intenção, mas ambos incidem no mesmo dispositivo"[137]. Assim, o resultado qualificador compreende também o dolo; do contrário, haveria a punição para o resultado advindo a título de culpa (preterdolo), mas não para o resultado advindo a título de dolo, o que é um absurdo. Cumpre ao juiz, no caso concreto, dosar a punição, uma vez que aquele que dá causa a lesão preterdolosa, como no exemplo acima, deve receber um tratamento penal mais benigno do que aquele que deu causa de forma dolosa. Se o resultado agravador não advier do dolo ou culpa do agente, sendo produto de caso fortuito, responderá ele pela forma simples do delito de lesões corporais.

→ **Atenção:** segundo o STJ "a qualificadora prevista no art. 129, § 2º, inciso IV, do Código Penal (deformidade permanente) abrange somente as lesões corporais que resultam em danos físicos" (STJ. 6ª Turma, HC 689.921-SP, Rel. Min. Laurita Vaz, julgado em 8-3-2022).

- **Tentativa de crime de lesão corporal qualificada pelo resultado:** Cumpre fazer uma distinção. Cuidamos acima, na letra "a", dos crimes estritamente preterdolosos. Nestes o dolo do agente não abrange os resultados agravadores; logo, não se pode tentar produzir um evento que não era querido. Assim, não há a tentativa de lesão corporal seguida de morte (§ 3º), lesão com perigo de vida (§ 1º, II), lesão que produz o aborto (§ 2º, V).

No item "ii" também há a previsão de alguns resultados agravadores preterdolosos, sendo com igual razão impossível a tentativa. De outro lado, esses mesmos resultados qualificadores previstos na letra "b" podem ser punidos a título de dolo, e nesta hipótese a tentativa será possível.

---

137. Nélson Hungria, *Comentários*, cit., v. V, p. 325.

Resumindo:

(i) Dolo no crime antecedente. Culpa no crime consequente: a tentativa é impossível.

(ii) Dolo no crime antecedente. Dolo no crime consequente: a tentativa é possível.

8.2.1. Lesão corporal qualificada quando praticada contra mulher por razões da condição do sexo feminino (art. 129, § 13)

A Lei n. 14.994/2024 alterou o art. 129, § 13, do CP, e a pena de 01 a 04 anos de reclusão, prevista anteriormente para o crime de lesão corporal praticado no contexto de violência doméstica contra a mulher em virtude da condição do sexo feminino (nos termos do § 1º do art. 121-A), foi aumentada para 02 a 05 anos de reclusão.

O referido diploma também aumentou a pena da lesão corporal qualificada prevista no § 9º, quando cometida contra ascendente, descendente, irmão, cônjuge ou companheiro, ou com quem conviva ou tenha convivido, ou, ainda, prevalecendo-se o agente das relações domésticas, de coabitação ou de hospitalidade, para 02 a 05 de reclusão (antes apenada com detenção de 3 meses a 3 anos). Aqui, verifica-se a qualificadora pela relação com a vítima, não pelo resultado, e, nas duas modalidades (*caput* e § 9º), o legislador objetivou a proteção de pessoas de ambos os sexos.

A qualificadora se aplica à lesão corporal, visando como vítima somente a mulher, agredida por preconceito, menosprezo ou discriminação quanto ao gênero, e/ou, ainda, no ambiente doméstico ou familiar.

Em ambos os casos (art. 129, §§ 9º e 13) a reprimenda mais severa somente se aplica aos crimes praticados após a vigência da nova Lei n. 14.994/2024. Por se tratar de *lex gravior*, não retroage.

A Lei Maria da Penha (Lei n. 11.340/2006) conceitua a violência contra mulher como como qualquer ação ou omissão baseada no gênero contra a mulher, em três contextos relacionais: relações domésticas, familiares e íntimas de afeto: I – no âmbito da unidade doméstica, compreendida como o espaço de convívio permanente de pessoas, com ou sem vínculo familiar, inclusive as esporadicamente agregadas; II – no âmbito da família, compreendida como a comunidade formada por indivíduos que são ou se consideram aparentados, unidos por laços naturais, por afinidade ou por vontade expressa; III – em qualquer relação íntima de afeto, na qual o agressor conviva ou tenha convivido com a ofendida, independentemente de coabitação.

O acréscimo dessa qualificadora ao tipo penal trouxe importantes consequências no âmbito processual, aplicáveis somente quando se tratar do § 13:

(i) Não será admitida, em nenhuma hipótese, a celebração de acordo de não persecução penal, instituto de justiça negociada, previsto no art. 28-A do CPP, haja vista o não cabimento para delitos contra a mulher por razões da condição de sexo feminino, ou em virtude da proibição do acordo nos casos de crimes cometidos com violência ou grave ameaça contra a pessoa (art. 28-A, § 2º, IV, do CPP);

(ii) Diferente da lesão corporal leve prevista no *caput*, e da lesão corporal em contexto de violência doméstica do § 9º, praticada contra vítima homem, que são crimes sujeitos à ação pública condicionada à representação (art. 88 da Lei n. 9.099/95), o crime do § 13, praticado em contexto de violência doméstica e familiar contra a mulher, será processado via ação penal pública incondicionada, conforme ditames do art. 41 da Lei n. 11.340/2006.

8.2.2. Lesão corporal de natureza grave (art. 129, § 1º)

As lesões corporais graves estão previstas no § 1º do art. 129. A pena prevista é de reclusão de um a cinco anos. Importante notar que é possível a coexistência das diversas formas de lesão grave, constituindo crime único; deve o juiz, nessa hipótese, levá-las em consideração na fixação da pena base (CP, art. 59). Por exemplo: se resulta perigo de vida (inciso II) e aceleração de parto (inciso IV).

(i) Inciso I – Incapacidade para as ocupações habituais por mais de trinta dias: este inciso se refere não só às ocupações laborais como também às atividades costumeiras, tais como recreação, asseio corporal etc. Não necessitam ter finalidade lucrativa; do contrário, estariam excluídos as pessoas idosas, as crianças, os enfermos. A ocupação da vítima tem de ser lícita, estando, assim, excluídos os criminosos profissionais; porém nada impede que a ocupação habitual seja imoral, como, por exemplo, a prostituição. A incapacidade pode ser tanto de ordem física quanto psíquica. A imputação ao agente do resultado agravador pode-se dar a título de dolo ou de culpa. O período de incapacidade não se confunde com a duração da lesão; pode esta cicatrizar-se e a incapacidade persistir mais algum tempo, ou, ainda, não curada a lesão, desaparecer a incapacidade.

– **Exame complementar:** a lei fixa um prazo mínimo que deve durar a incapacidade para que a qualificadora seja reconhecida: "mais de trinta dias". Há necessidade de efetivação do laudo pericial complementar, tão logo decorra esse prazo (no 31º dia, portanto), contados da data do crime, para se constatar a incapacidade por mais de trinta dias (CPP, art. 168, § 2º). Esse prazo será contado em conformidade com o estabelecido no art. 10 do Código Penal. Se o exame complementar for realizado antes de vencidos os trinta dias contados a partir da data do crime, não terá idoneidade. Da mesma forma, se for realizado muito tempo depois do cometimento do crime, também não terá validade alguma. Isso não quer dizer que o exame feito somente poucos dias depois do prazo não seja válido. O STF, inclusive, já se posicionou no sentido de que o prazo do art. 168, § 2º, do Código de Processo Penal não é peremptório, mas visa a prevenir que, pelo decurso de tempo, desapareçam os elementos necessários à verificação da existência de lesões graves. Portanto, se, mesmo depois da fluência do prazo de 30 dias, houver elementos que permitam a afirmação da ocorrência de lesões graves em decorrência da agressão, nada impede que se faça o exame complementar depois de fluído esse prazo. Repele-se, sim, o exame realizado tardiamente.

– **Exame complementar. Ausência. Substituição por outros meios de prova:** o exame complementar, consoante a lei, é o meio hábil à verificação da incapacidade habitual por mais de 30 dias; contudo, na sua ausência, como fica o reconhecimento da qualificadora? Segundo Francisco de Assis do Rêgo Monteiro Rocha, "a ausência de exame complementar ou a sua realização a destempo acarretará a impossibilidade de se dar exata classificação à lesão corporal, devendo, por isso, ser o agente responsabilizado por delito de lesão leve. Essa é a posição, inclusive da jurisprudência: 'Se foi o exame complementar realizado fora do prazo previsto no art. 168, § 2º, do CPP, e a prova indireta limitou-se à palavra da vítima, de que ficou afastada de suas funções de 30 a 60 dias, não há como prevalecer o reconhecimento da agravante específica do art. 129, § 1º, inciso I, do Código Penal' (TJ-MG, *Revista Forense*, v. 312, p. 259)"[138]. O STF já se manifestou pela nulidade da condenação, por falta de fundamento, que impôs qualificadora, tão somente com base na palavra da vítima. Quanto à prova testemunhal, de acordo com o art. 168, § 3º, do CPP, a mesma é meio idôneo a suprir a ausência de exame complementar. E, se nem a prova testemunhal for possível de ser produzida, o delito deverá ser desclassificado para lesões corporais leves. Há, contudo, posicionamento no sentido de que o exame complementar, por ser formalidade essencial, não é passível de substituição por qualquer outro meio de prova.

(ii) Inciso II – Perigo de vida: para a configuração dessa qualificadora, há necessidade da existência de um perigo concreto, o qual deverá ser demonstrado e comprovado por perícia devidamente fundamentada. Cuida-se aqui de uma probabilidade concreta e efetiva do resultado letal em virtude da lesão acarretada ou do processo patológico por ela desencadeado. Ressalve-se que a simples sede da lesão não serve por si só para presumir a situação de perigo de vida, esta deve ser reconhecida segundo critérios objetivos, comprobatórios do perigo real a que ficou sujeita a vítima, mesmo que por pequeno lapso de tempo.

Deve este ser demonstrado concretamente, assim como exemplifica E. Magalhães Noronha: "um ferimento no pulmão é geralmente perigoso; todavia pode, no caso concreto, a constituição excepcional do ofendido, a natureza do instrumento ou qualquer outra circunstância impedir que se verifique esse risco. A lesão grave só existe, portanto, se, em um dado momento, a vida do sujeito passivo esteve *efetivamente* em perigo"[139]. A ocorrência do perigo de vida, segundo a jurisprudência, deve ser bem explicitada pelo perito no laudo de exame de corpo de delito, não bastando a simples referência à sede da lesão ou a sua gravidade. A existência de laudo complementar não é obrigatória. Este tipo só admite o preterdolo, uma vez que, se houve dolo quanto ao perigo de vida, o agente responderá por tentativa de homicídio.

(iii) Inciso III – Debilidade permanente de membro, sentido ou função: a debilidade consiste na diminuição, enfraquecimento da capacidade funcional, que não necessita ser perpétua; basta que seja permanente ou duradoura. A qualificadora em estudo configura-se ainda que a debilidade seja passível de correção por meio de intervenção cirúrgica ou tratamentos ortopédicos, ou, ainda, seja passível de disfarces, como a colocação, por exemplo, de próteses.

---

138. Francisco de Assis do Rêgo Monteiro Rocha, *Curso*, cit., p. 344.

139. E. Magalhães Noronha, *Direito penal*, cit., v. 2, p. 69.

– **Membros:** são as partes do corpo que se prendem ao tronco. Podem ser superiores – braços, mãos e antebraços, e inferiores – pernas, coxas e pés. **Sentido:** é a faculdade de percepção, é pelos sentidos que percebemos o mundo exterior. São eles: audição, paladar, olfato, visão, tato. **Função:** é a atividade específica de um órgão – circulatória, respiratória, secretora, reprodutora, digestiva, locomotora etc. Quando se tratar de membro ou órgão duplo, a supressão de um deles debilita a função, ou seja, há apenas a diminuição funcional do organismo, pois estando o outro órgão íntegro, não há falar em abolição da função. Este, inclusive, é o posicionamento adotado pela jurisprudência. Assim, caso haja a supressão de um olho ou rim, haverá lesão grave. Se houver a supressão de ambos, estará caracterizada a perda, e, portanto, lesão gravíssima, conforme o § 2º, III, do art. 129 do Código Penal. Aplica-se o mesmo raciocínio quando se tratar de testículo, ovário etc. A perda de dentes enfraquece permanentemente a função mastigatória, consistindo em lesão grave. E a perda de um só? Em tese, estaria caracterizada a lesão leve, pois será demasia dizer que um único dente ocasiona, na sua falta, debilidade da função. Todavia, a perícia é que deverá, no caso concreto, resolver o problema, já que, consoante Nélson Hungria "a uma pessoa com escasso número de dentes, a perda de mais um pode ser grandemente prejudicial, importando, sem dúvida alguma, a gravidade da lesão"[140]. Por fim, a inutilização de um dedo, consoante jurisprudência majoritária, acarreta a debilidade permanente do membro, portanto lesão corporal grave. Ressalte-se, finalmente, a desnecessidade de realização de exame complementar para se constatar a existência dessa qualificadora.

(iv) Inciso IV – Aceleração de parto: ocorre quando, em decorrência da lesão corporal produzida na gestante, antecipa-se o termo final da gravidez, ou seja, o feto é expulso precocemente do útero materno. É necessário que o feto nasça com vida e sobreviva, pois, do contrário, estará caracterizada a lesão corporal gravíssima (§ 2º, V – lesão qualificada pelo aborto). O dolo do agente é o de causar a lesão corporal na vítima. Entretanto, há de ter conhecimento do estado de gravidez, senão responderá por lesão corporal leve.

8.2.3. Lesão corporal gravíssima (art. 129, § 2º)

O Código Penal não menciona a expressão "lesão corporal gravíssima"; contudo, para diferenciar esses resultados qualificadores daqueles previstos no § 1º, a doutrina e a jurisprudência fazem uso dessa nomenclatura.

Ao cominar pena mais grave aos resultados qualificadores em estudo (reclusão de 2 a 8 anos), o legislador teve em vista as consequências mais danosas produzidas pelo crime em tela, demonstradas pela sua irreparabilidade ou maior durabilidade, por exemplo, o § 1º, VI, contém a qualificadora da aceleração de parto. Tal resultado é muito menos danoso do que aquele contido no § 2º, V, qual seja, o aborto. O mesmo ocorre entre o resultado qualificador "debilidade permanente de membro, sentido ou função" (§ 1º, III) e o

140. Nélson Hungria, *Comentários*, cit., v. V, p. 334.

resultado "perda ou inutilização de membro, sentido ou função" (§ 2º, III), este, sem dúvida, mais grave que o primeiro.

Importante notar que é possível a coexistência das diversas formas de lesão gravíssima, constituindo-as crime único. Deve o juiz, nessa hipótese, levá-las em consideração na fixação da pena-base (CP, art. 59). Por exemplo: se resulta incapacidade permanente para o trabalho (inciso I) e perda ou inutilização de membro, sentido ou função (inciso III).

Todas as circunstâncias qualificadoras elencadas neste parágrafo são tanto dolosas quanto preterdolosas, com exceção da circunstância contida no inciso V (aborto), que é necessariamente preterdolosa.

(i) Inciso I – Incapacidade permanente para o trabalho: emprega a lei, agora, diferentemente do § 1º, a palavra "trabalho", e não a expressão "ocupações habituais". Trabalho, no caso, abrange o exercício de qualquer atividade lucrativa, o que exclui a criança ou a pessoa idosa aposentada. Para a existência dessa qualificadora, não há necessidade de que a incapacidade seja perpétua, mas tão somente duradoura. Não é, contudo, possível a fixação de seu limite temporal. Segundo a doutrina, essa incapacidade deve ser genérica, ou seja, deve o ofendido ficar privado da possibilidade, física ou psíquica, de aplicar-se a qualquer atividade lucrativa[141], e não somente à atividade laboral anteriormente exercida. Se não o for, poderá o resultado ser enquadrado em um dos incisos do § 1º. Assim, por exemplo, se um taxista, em decorrência de lesões em uma das pernas, torna-se permanentemente impossibilitado de dirigir veículo automotor, mas, ainda assim, lhe é possível exercer outro gênero de atividade, como vendedor, mecânico, não há falar em incapacidade permanente para o trabalho. Vejam, portanto, que tal exigência torna difícil a aplicação desse dispositivo, dado que, via de regra, sempre restará ao ofendido a possibilidade de exercer alguma atividade lucrativa[142].

(ii) Inciso II – Enfermidade incurável: é a doença (do corpo ou da mente) que a ciência médica ainda não conseguiu conter nem sanar; a moléstia que evolui a despeito do esforço técnico para debelá-la. Não se exige a certeza absoluta da incurabilidade pela medicina, pois basta um juízo de probabilidade de que a doença não tenha cura. A demonstração da incurabilidade deve vir afirmada pericialmente, a partir dos conhecimentos de que ora dispõe a medicina, através de um juízo prognóstico que afirme a ineficiência dos tratamentos atualmente disponíveis para a futura supressão do mal. Se houver necessidade de intervenção cirúrgica arriscada e a vítima recusar-se a tanto, mesmo assim incidirá a qualificadora, pois o ofendido não está obrigado a submeter-se a tratamentos incertos ou penosos ou a operações arriscadas na tentativa de curar-se[143]. A dolosa transmissão de uma doença incurável e fatal como a Aids poderá, se presente o *animus necandi*, caracterizar o delito de homicídio, que se consumará com a morte da vítima.

---

141. Nélson Hungria, *Comentários*, cit., v. V, p. 336.

142. Nesse sentido: Julio Fabbrini Mirabete, *Manual*, cit., v. 2, p. 112.

143. Giuseppe Maggiore, *Diritto penale*, 1953, p. 780.

(iii) Inciso III – Perda ou inutilização de membro, sentido ou função: ao contrário do § 1º, III, que fala em debilidade, o § 2º, III, cuida da perda ou inutilização de membro sentido ou função, circunstância esta, muito mais grave que a primeira.

– **Perda:** consiste na extirpação de uma parte do corpo; dirá com a mutilação (o seccionamento de parte do corpo ocorre pela própria ação lesiva, p.ex., mão decepada por um facão) ou com a amputação (o seccionamento de parte do corpo decorre de intervenção cirúrgica necessariamente realizada para salvar a vítima de consequências mais graves provocadas pela lesão corporal, p.ex., amputação de perna gangrenada em decorrência da ação lesiva). **Inutilização:** refere-se à inaptidão do órgão a sua função específica. Trata-se, na realidade, também de uma perda, não anatômica, mas funcional[144]. Conforme Nélson Hungria, na inutilização "o membro ou o órgão não é destacado do corpo, mas fica inapto à sua função, como, *in exemplis*, por anquilose ou paralisia"[145].

A distinção entre debilidade, perda e inutilização é realizada por Damásio E. de Jesus, com o seguinte exemplo: "Se o ofendido, em consequência da lesão corporal, sofre paralisia de um braço, trata-se de inutilização de membro. Se, em face da lesão corporal, perde a mão, cuida-se também de inutilização de membro. Entretanto, vindo a perder um dedo da mão, a hipótese é de debilidade permanente. Por último, se vem a perder todo o braço, há perda de membro"[146].

No tocante a órgãos duplos, ter-se-á a perda quando houver a supressão de ambos, por exemplo, cegueira ou surdez total. Nessa hipótese há a perda total da visão ou audição. Quando se der a supressão de apenas um órgão, estaremos diante da hipótese de debilidade (§ 1º, III), pois a função não foi totalmente abolida, por exemplo, surdez em apenas um dos ouvidos. Ressalte-se que se da lesão resultou apenas a diminuição do alcance da visão, estaremos também diante da hipótese de debilidade de sentido.

(iv) Inciso IV – Deformidade permanente: deformidade é o dano estético de certa monta. Permanente é a deformidade indelével, irreparável. Entende-se por irreparável a deformidade que não é passível de ser corrigida pelo transcurso do tempo. Assim, não deixa de configurar deformidade permanente a utilização de artifícios que a camuflem, por exemplo, orelha de borracha, substituição do olho natural por olho de vidro, uso de aparelho ortopédico. A vítima também não está obrigada a submeter-se a cirurgia plástica para reparação da deformidade, mas se a fizer com sucesso, afastada estará a qualificadora. Exige-se que a deformidade seja visível, pouco importando em que parte do corpo esteja. Assim, tanto pode localizar-se no rosto quanto nos braços, pernas, coluna vertebral (p.ex., cicatriz no rosto de uma mulher; indivíduo que se torna coxo em decorrência de lesão em uma das pernas). Deve o dano estético ser de certa monta, o que exclui, por exemplo, as pequenas cicatrizes, a perda de dente, mas não é necessário que ele atinja os limites de coisa horripilante ou aleijão[147]. Além de ser considerável, deve o dano causar impressão vexatória, ou seja, humilhação ao portador e certo desconforto aos

---

144. E. Magalhães Noronha, *Direito penal*, cit., v. 2, p. 71.

145. Nélson Hungria, *Comentários*, cit., v. V, p. 336.

146. Damásio E. de Jesus, *Código Penal anotado*, cit., p. 431.

147. E. Magalhães Noronha, *Direito penal*, cit., v. 2, p. 72.

olhos de terceiros. A idade, o sexo, a condição social da vítima são de extrema importância na apreciação da deformidade, pois conforme acentua Nélson Hungria, "ninguém pode duvidar que devam ser diversamente apreciadas uma cicatriz no rosto de uma bela mulher e outra na carantonha de um Quasímodo; uma funda marca num torneado pescoço feminino e outra no perigalho de um septuagenário; um sinuoso gilvaz no braço roliço de uma jovem e outro no braço cabeludo de um cavouqueiro. É evidente que não se pode meter em pé de igualdade a estética de um homem e a de uma mulher"[148]. O laudo pericial, conforme jurisprudência majoritária, deve vir sempre ilustrado com fotografias da deformidade, visto que são elas que demonstrarão a existência de dano estético considerável, passível de configurar a qualificadora em questão.

O STJ assentou entendimento sobre o alcance da qualificadora "deformidade permanente", para abranger apenas aquelas lesões corporais que resultem em danos físicos: "a impossibilidade de se reconhecer a qualificadora da deformidade permanente (art. 129, § 2º, inciso IV, do Código Penal), porquanto esta está adstrita às lesões físicas diretamente relacionadas à estética, não se caracterizando quando houver abalos psicológicos (STJ. 6ª Turma. HC 689.921-SP, rel. Min. Laurita Vaz, julgado em 8-3-2022)".

(v) Inciso V — Aborto: já tivemos oportunidade de analisar o delito de aborto em capítulo próprio. O aborto, como circunstância qualificadora do delito de lesões corporais, é punido a título de preterdolo, ou seja, pune-se a lesão corporal a título de dolo e o aborto a título de culpa. Nesta hipótese, o agente, ao lesionar a vítima, não quer nem mesmo assume o risco do advento do resultado agravador aborto. Faz-se, contudo, mister que ele conheça o estado de gravidez da vítima, mas não queira produzir o aborto. O desconhecimento da gravidez constitui o erro de tipo, que exclui o dolo.

Caso o aborto tenha sido querido, o crime será o de aborto qualificado (se advier lesão corporal de natureza grave) ou responderá o agente pelos crimes de aborto e lesões corporais em concurso formal impróprio. O mesmo se diga se agiu com dolo eventual. Para melhor compreensão do tema, *vide* o capítulo referente ao crime de aborto.

Lembre-se que se em decorrência das lesões a criança nascer prematuramente com vida, vindo a morrer posteriormente, estaremos diante de uma hipótese de lesão corporal qualificada pelo aborto.

→ **Atenção:** a lesão corporal gravíssima será crime hediondo quando cometida contra autoridade ou agente descrito nos arts. 142 e 144 da Constituição Federal, integrantes do sistema prisional e da Força Nacional de Segurança Pública, no exercício da função ou em decorrência dela, ou contra seu cônjuge, companheiro ou parente consanguíneo até terceiro grau (CP, art. 129, § 12).

8.2.4. Lesão corporal seguida de morte (art. 129, § 3º)

Trata-se de hipótese de homicídio preterdoloso. Pune-se o primeiro delito (lesão corporal) pelo dolo e o segundo delito (morte), a título de culpa. O evento morte não deve ser querido nem eventualmente, ou seja, não deve ser compreendido pelo dolo do agente, senão

148. Nélson Hungria, *Comentários*, cit., v. V, p. 340.

o crime será de homicídio. A morte é imputada ao agente a título de culpa, pois não previu o que era plenamente previsível, sendo-lhe, por isso, imputado o resultado mais grave. Deve, então, haver previsibilidade quanto à ocorrência do evento letal, já que, se for imprevisível ou decorrente de caso fortuito, responderá o agente tão só pelas lesões corporais. É que o caso fortuito produz por si só o resultado agravador, interrompendo a relação de causalidade entre esse resultado letal e a conduta do agente; por exemplo: o agente com uma faca causa um pequeno ferimento na perna da vítima e esta, ao ser transportada para o hospital, sofre um acidente de veículo vindo a morrer. É óbvio que, nesse caso, responderá o agente apenas pelo delito de lesões corporais leves, vez que o evento letal não decorreu de conduta sua, pois foi produzido por uma causa independente (o acidente de veículo), porém relativa (se não fosse o ferimento a vítima não estaria sendo transportada naquele veículo, naquele momento), mas que por si só produziu o resultado criminoso, aplicando-se, então, na hipótese, o art. 13, § 1º, do Código Penal. Responsabilizá-lo pelo fato imprevisível ou decorrente de caso fortuito constituiria nítida responsabilidade penal objetiva.

Não será admissível tentativa de lesão corporal seguida de morte, pois não há vontade conscientemente dirigida ao resultado morte.

Cumpre distinguir os crimes de lesão corporal seguida de morte e homicídio culposo, tendo em vista que em ambos o resultado letal é atribuível ao agente a título de culpa. A distinção nos é dada por Nélson Hungria: "na hipótese do § 3º do art. 129, há um concurso de dolo e culpa: dolo no antecedente (lesão corporal) e culpa no consequente (evento 'morte'). Trata-se de um crime complexo, *in partibus* doloso e *in partibus* culposo. A diferença que existe entre tal hipótese e o homicídio culposo está apenas em que, neste, o evento 'morte' resulta de um fato penalmente indiferente ou, quando muito, *contravencional*, enquanto, naquele, o resultado letal deriva de um *crime* voluntário contra a pessoa, ou seja, de uma lesão corporal *dolosa*. E a razão da maior punibilidade da 'lesão corporal seguida de morte', em cotejo com o homicídio culposo, está precisamente no *quid pluris* representado pela *criminosidade* da causa de que resulta o evento 'morte'. Não há, aqui, apenas uma solução de ordem política, mas também de incontestável justiça"[149]. Ilustremos esse ensinamento com os seguintes exemplos: (i) O indivíduo desfere uma bofetada no rosto da vítima, que perde o equilíbrio, vindo a bater a cabeça em uma pedra, sobrevindo, posteriormente, a sua morte. Há, na espécie, um delito culposo de homicídio que decorreu da prática de uma contravenção penal (LCP, art. 21). (ii) O sujeito desfere uma paulada nas pernas da vítima vindo esta a cair e a bater a cabeça em uma pedra, sobrevindo a sua morte. Há, na espécie, um delito de lesão corporal seguida de morte, tendo o evento letal decorrido de uma lesão dolosa.

- **Desclassificação do crime de homicídio para o delito de lesão corporal seguida de morte. Competência e procedimento**[150]: o delito de homicídio integra o rol dos crimes dolosos contra a vida, competindo o seu julgamento ao Tribunal do Júri. O mesmo não ocorre com o crime de lesão corporal seguida de morte, pois não se trata de crime

149. Nélson Hungria, *Comentários*, cit., v. V, p. 361.

150. Cf. Fernando Capez, *Curso de processo penal*, 26. ed., São Paulo, Saraiva, 2019, p. 671-672.

doloso contra a vida. O agente quer ou assume tão somente o risco de causar a lesão corporal, mas a morte sobrevém a título de culpa. Pode ocorrer, então, que o juiz na fase processual da pronúncia se convença de que não houve crime de homicídio, pela inexistência de dolo direto ou eventual quanto à morte da vítima, mas da existência de lesão corporal seguida de morte. *Como deverá proceder nessa hipótese?* Sempre que o magistrado, após o encerramento do *judicium accusationis*, convencer-se da inexistência de crime doloso contra a vida, não deverá pronunciar o réu, mas desclassificar a infração para não dolosa contra a vida. Nessa fase, não poderá dizer para qual delito desclassificou, uma vez que estaria invadindo a esfera de competência do juízo monocrático e proferindo um pré-julgamento dos fatos. Após essa desclassificação, deverá remeter o processo para o juízo monocrático competente e à disposição deste ficará o preso (CPP, art. 419).

→ **Atenção:** a lesão corporal seguida de morte será crime hediondo quando cometida contra autoridade ou agente descrito nos arts. 142 e 144 da Constituição Federal, integrantes do sistema prisional e da Força Nacional de Segurança Pública, no exercício da função ou em decorrência dela, ou contra seu cônjuge, companheiro ou parente consanguíneo até terceiro grau (CP, art. 129, § 12).

8.3. Lesão corporal privilegiada (art. 129, § 4º)

A lei, como no crime de homicídio, também previu o *privilegium* para o delito de lesões corporais, sendo aqui aplicável todo o estudo sobre essa circunstância privilegiadora que tivemos oportunidade de realizar no capítulo referente ao crime de homicídio.

Cumpre, no entanto, repisar que o privilégio legal incide sobre todas as modalidades de lesão corporal dolosa, excluindo-se, assim, a lesão culposa. A pena será diminuída de um sexto a um terço quando o crime for praticado por motivo de relevante valor moral ou social, ou sob o domínio de violenta emoção, logo em seguida a injusta provocação do ofendido. A redução da pena é obrigatória, estando presentes as circunstâncias legais, pois se trata de direito subjetivo do réu.

8.4. Causas de aumento de pena para a lesão corporal dolosa (art. 129, *caput*, §§ 1º, 2º e 3º)

Em se tratando de vítima menor de 14 anos ou maior de 60 anos (art. 110 do Estatuto da Pessoa Idosa), a pena da lesão corporal dolosa será aumentada em 1/3 (CP, art. 129, § 7º). Se o agente desconhecer ou for impossível saber a faixa etária da vítima, haverá erro de tipo (CP, art. 20), não incidindo a causa de aumento em tela. Para melhor compreensão do tema, consulte os comentários ao art. 121, § 4º.

Se o crime de lesão corporal dolosa for praticado por milícia privada, sob o pretexto de prestação de serviço de segurança, ou por grupo de extermínio, a pena será aumentada em 1/3 (CP, art. 129, § 7º).

Se o delito em questão for praticado contra autoridade ou agente descrito nos arts. 142 e 144 da Constituição Federal, integrantes do sistema prisional e da Força

Nacional de Segurança Pública, no exercício da função ou em decorrência dela, ou contra seu cônjuge, companheiro ou parente consanguíneo até terceiro grau, em razão dessa condição, a pena é aumentada de um a dois terços (CP, art. 129, § 12). Essa causa de aumento não se aplica para a lesão corporal culposa, pois a pena só deverá ser aumentada se a lesão for causada por essa razão subjetiva (condição da vítima), o que se mostra incompatível com a simples violação ao dever objetivo de cuidado da lesão culposa.

8.5. Lesão corporal culposa (art. 129, § 6º)

O Código Penal não define a culpa, mas o art. 18, II, do *Codex* nos traz as suas diversas modalidades, quais sejam: a imprudência, a negligência e a imperícia. A lesão corporal culposa deve ser analisada em combinação com esse dispositivo legal. Assim é que estaremos diante de uma lesão corporal culposa sempre que o evento morte decorrer da quebra do dever de cuidado por parte do agente através de uma conduta imperita, negligente ou imprudente, cujas consequências do ato descuidado, que eram previsíveis, não foram previstas pelo agente, ou, se foram, ele não assumiu o risco do resultado.

Ao contrário das lesões corporais dolosas, o Código Penal não faz distinção quanto à gravidade das lesões, ou seja, se leves, graves ou gravíssimas. Assim, aquele que culposamente provoca um pequeno machucado no braço da vítima, deverá sujeitar-se às mesmas penas de quem deu causa à amputação de um braço. A gravidade das lesões deverá ser levada em conta no momento da fixação da pena-base pelo juiz, pois dizem respeito às consequências do crime (CP, art. 59).

Todos os aspectos estudados no crime de homicídio culposo abrangem o delito de lesões corporais culposas; portanto, para melhor compreensão do tema, consulte o tópico relativo ao art. 121, § 3º.

Finalmente, registre-se que a lesão corporal culposa constitui crime de menor potencial ofensivo, e a ação penal depende de representação do ofendido.

- **Causa de aumento de pena (§ 7º)**: a pena da lesão corporal culposa será aumentada em um terço "se o crime resulta de inobservância de regra técnica de profissão, arte ou ofício, ou se o agente deixa de prestar imediato socorro à vítima, não procura diminuir as consequências do seu ato, ou foge para evitar prisão em flagrante". Sobre o tema, consulte os comentários ao art. 121, § 4º.
- **Lesão corporal culposa praticada na direção de veículo automotor**: consulte os comentários ao crime de homicídio praticado na direção de veículo automotor.

9. SUBSTITUIÇÃO DA PENA (§ 5º)

Possibilita ao juiz, não sendo graves as lesões, a substituição da pena de detenção por multa nos seguintes casos:

(i) Inciso I – se ocorrer qualquer das hipóteses do § 4º, ou seja, se a lesão corporal for privilegiada. Em se tratando de lesões corporais leves, o legislador concedeu ao juiz duas alternativas: reduzir a pena de um sexto a um terço (§ 4º) ou substituí-la por multa (§ 5º).

(ii) Inciso II – se houver reciprocidade de lesões leves. Discute-se na jurisprudência se o § 5º, II, do art. 129 pode ser aplicado aos casos em que o outro agressor não tenha sido incluído na denúncia ou haja sido absolvido pela excludente da legítima defesa. Vejamos a solução que nos é dada pela jurisprudência:

(ii.1) Se ambos se feriram e um deles agiu em legítima defesa: um é condenado com o privilégio da substituição por multa; o outro é absolvido. Parte significante da jurisprudência não vê óbice na aplicação do privilégio ao contendor que restar condenado quando o outro for absolvido.

(ii.2) Ambos se feriram e dizem estar em legítima defesa: em face da ausência de elementos probatórios que corroborem uma das versões, a solução, segundo a jurisprudência, é a absolvição dos contendores.

(ii.3) Ambos se feriram; nenhum em legítima defesa: condena-se os dois, com aplicação do referido privilégio (multa).

Importante notar que na condenação igual ou inferior a um ano a pena privativa de liberdade, esta pode ser substituída por multa ou por uma pena restritiva de direitos (CP, art. 44, § 2º), desde que preenchidos os requisitos legais. Portanto, na prática, o § 5º resta inaplicável, já que a regra geral do Código Penal é no sentido de que é possível a substituição nos delitos cuja pena máxima é de um ano de detenção.

10. PERDÃO JUDICIAL (ART. 129, § 8º)

Consulte os comentários ao art. 121, § 5º, do Código Penal.

11. VIOLÊNCIA DOMÉSTICA E FAMILIAR CONTRA A MULHER (§§ 9º A 13)

- **Vigência:** a Lei n. 11.340/2006, publicada no dia 8 de agosto de 2006, teve um período de *vacatio legis* de 45 dias, tendo entrado em vigor somente no dia 22 de setembro de 2006.
- **Objeto:** (i) criou mecanismos para coibir e prevenir a violência doméstica e familiar contra a mulher; (ii) dispôs sobre a criação dos Juizados de Violência Doméstica e Familiar contra a Mulher; (iii) estabeleceu medidas de assistência e proteção às mulheres em situação de violência doméstica e familiar.
- **Fundamento:** art. 226, § 8º, da Constituição Federal, Convenção sobre a Eliminação de Todas as Formas de Violência contra a Mulher, Convenção Interamericana para Prevenir, Punir e Erradicar a Violência contra a Mulher e outros tratados internacionais ratificados pela República Federativa do Brasil (cf. art. 1º).
- **Conceito de violência doméstica ou familiar:** mencionada lei passou a tratar especificamente da violência doméstica e familiar contra a mulher (sobre o conceito e formas de violências doméstica e familiar contra a mulher, *vide* arts. 5º e 7º da lei), de modo que o corpo de normas protetivas se destina apenas a ela. De acordo com o art. 5º da Lei n. 11.340/2006, a violência doméstica ou familiar consiste em "qualquer ação ou

omissão baseada no gênero que lhe cause morte, lesão, sofrimento físico, sexual ou psicológico e dano moral ou patrimonial" no âmbito da unidade doméstica, no âmbito da família ou em qualquer relação íntima de afeto, na qual o agressor conviva ou tenha convivido com a ofendida, independentemente de coabitação. Nesse sentido, a Súmula 600 do STJ: "Para configuração da violência doméstica e familiar prevista no artigo 5º da Lei n. 11.340/2006 (Lei Maria da Penha) não se exige a coabitação entre autor e vítima". O art. 6º, por sua vez, define o que se entende por violência física, psicológica, sexual, patrimonial e moral contra a mulher. Compreende, assim, por exemplo, a ofensa à integridade ou saúde corporal da mulher; a ameaça, constrangimento, humilhação ou qualquer outro meio que lhe cause prejuízo à saúde psicológica e à autodeterminação; a ação de constranger a mulher a presenciar, manter ou participar de relação sexual não desejada, mediante intimidação, ameaça, coação ou uso de força; a conduta de reter, subtrair, destruir objetos, instrumentos de trabalho, documentos pessoais; e qualquer comportamento que configure calúnia, difamação e injúria, dentre outras condutas.

- **Autores da violência doméstica e familiar:** podem não só ser o cônjuge ou companheiro, homem ou mulher, mas também os pais, avós, irmãos, tios, sobrinhos, padrastos, enteados etc., desde que fique caracterizado o vínculo de relação doméstica, familiar ou de afetividade, além da convivência, com ou sem coabitação, demonstrando-se a vulnerabilidade ou hipossuficiência, numa perspectiva de gênero. Ainda, segundo entendimento do STJ, a Lei Maria da Penha atribuiu às uniões homoafetivas o caráter de entidade familiar, ao prever, no art. 5º, parágrafo único, que as relações pessoais mencionadas naquele dispositivo independem de orientação sexual, aplicando, portanto, a Lei Maria da Penha nesses casos (AREsp 1053365 DF 2017/0027294-6). Também de acordo com o posicionamento do STJ, a agressão de namorado contra namorada, mesmo cessado o relacionamento, mas que ocorra em decorrência dele, está inserida na hipótese do art. 5º, III, da Lei n. 11.340/2006, caracterizando a violência doméstica (STJ, RHC 74107 SP).
- **Sanção penal:** desde o advento da Lei Maria da Penha, o CP aumentou a sanção penal para os crimes praticados com violência doméstica e familiar, com a figura qualificada do § 9º (lesão praticada contra ascendente, descendente, irmão, cônjuge ou companheiro, ou com quem conviva ou tenha convivido, ou, ainda, prevalecendo-se o agente das relações domésticas, de coabitação ou de hospitalidade); bem como com as majorantes do § 10 (aumento de 1/3 se a lesão for nos moldes do §9º) e do § 11 (na hipótese do § 9º, a pena será aumentada de um terço se o crime for cometido contra pessoa portadora de deficiência). Com relação ao alcance do conceito de "pessoa portadora de deficiência", temos que deve ser o previsto no art. 2º do Estatuto da Pessoa com Deficiência. O mencionado dispositivo legal considera que as pessoas portadoras de deficiência são aquelas "que têm impedimento de longo prazo de natureza física, mental, intelectual ou sensorial, os quais, em interação com diversas barreiras, podem obstruir sua participação plena e efetiva na sociedade em igualdades de condições com as demais pessoas".

Recentemente, a Lei n. 14.994/2024[151], introduziu modificações significativas no Código Penal, destacando-se como um avanço crucial no enfrentamento da violência de gênero e evidenciando o reconhecimento da violência contra a mulher como um fenômeno de natureza estrutural e cultural em nossa sociedade. O novel diploma surge em plena consonância com o compromisso assumido pelo Brasil na Convenção de Belém do Pará, destinada à prevenção, punição e erradicação da violência contra as mulheres, conforme promulgação pelo Decreto n. 1.973, de 1996. Assim, entre outras inovações, a citada lei operou modificações nas sanções cominadas aos crimes de lesão corporal. Com efeito, (i) no § 9º, a pena de detenção de 6 (seis) meses a 1 (um) ano, passou para detenção de 3 (três) meses a 3 (três) anos. Diminuiu, portanto, a pena mínima cominada e majorou o limite máximo de pena; (ii) além disso, acrescentou ao art. 129 o § 13, com previsão de nova qualificadora apenada com reclusão de 2 (dois) a 5 (cinco) anos, se a lesão corporal for praticada contra a mulher, por razões da condição do sexo feminino, nos termos do § 1º do art. 121-A.

- **Lei dos Juizados Especiais Criminais:** a lei vedou a incidência da Lei dos Juizados Especiais Criminais nos casos de violência doméstica e familiar contra a mulher (art. 41 da Lei n. 11.340/2006).
- **Lesão corporal dolosa leve e a Lei dos Juizados Especiais Criminais:** a partir da Lei n. 11.340/2006, o crime de lesão corporal dolosa leve qualificado pela violência doméstica, previsto no § 9º, deixou de ser considerado infração de menor potencial ofensivo, em face da majoração do limite máximo da pena, o qual passou a ser de três anos. Em tese, seria, ainda, cabível o instituto da suspensão condicional do processo (art. 89 da Lei 9.099/95), em face do limite mínimo da sanção penal (três meses de detenção). Contudo, a Lei n. 11.340/2006 passou a dispor, em seu art. 41: "Aos crimes praticados com violência doméstica e familiar contra a mulher, independentemente da pena prevista, não se aplica a Lei n. 9.099, de 26 de setembro de 1995", vedando, assim, por completo, a incidência dos institutos benéficos da Lei n. 9.099/95. Nesse sentido, conferir os julgamentos do STJ no AREsp 947.799 RJ 2016/0177809-0 e do AgRg no REsp 1662511 RS. Para evitar interpretações contrárias, o STJ editou súmula nesse sentido: Súmula 536: "A suspensão condicional do processo e a transação penal não se aplicam na hipótese de delitos sujeitos ao rito da Lei Maria da Penha".
- **O direito de representação nos crimes de lesão corporal de natureza leve em decorrência de violência doméstica:** não bastasse isso, a lei, ao vedar a incidência da Lei n. 9.099/95, gerou questionamentos no sentido de continuar ou não o crime em estudo a ser de ação penal condicionada à representação da ofendida. Com efeito, dispõe o art.

151 Lei 14.944/2024: "Altera o Decreto-lei n. 2.848, de 7 de dezembro de 1940 (Código Penal), o Decreto-lei n. 3.688, de 3 de outubro de 1941 (Lei das Contravenções Penais), a Lei n. 7.210, de 11 de julho de 1984 (Lei de Execução Penal), a Lei n. 8.072, de 25 de julho de 1990 (Lei dos Crimes Hediondos), a Lei n. 11.340, de 7 de agosto de 2006 (Lei Maria da Penha) e o Decreto-lei n. 3.689, de 3 de outubro de 1941 (Código de Processo Penal), para tornar o feminicídio crime autônomo, agravar a sua pena e a de outros crimes praticados contra a mulher por razões da condição do sexo feminino, bem como para estabelecer outras medidas destinadas a prevenir e coibir a violência praticada contra a mulher".

88 da Lei n. 9.099/95 que dependerá de representação a ação penal relativa aos crimes de lesões corporais leves e lesões culposas. Ora, na medida em que a Lei n. 11.340/2006 vedou a incidência das disposições da Lei n. 9.099/95 aos crimes de violência doméstica e familiar, teria o crime de lesão corporal leve qualificado pela violência doméstica passado a ser de ação penal pública incondicionada, nos termos do art. 100 do Código Penal? Trata-se de tema que gerou polêmica, na medida em que a própria lei, em seu art. 16, faz expressa menção à ação penal pública condicionada à representação e no art. 12 exige que a autoridade policial tome a representação a termo da ofendida, se apresentada, o que pode levar ao entendimento de que não se pretendeu abolir a representação no crime de lesão corporal leve decorrente de violência doméstica e familiar.

Para pacificar a questão, o Plenário do Supremo Tribunal Federal, por maioria de votos, julgou procedente a Ação Direta de Inconstitucionalidade (ADI 4.424) ajuizada pela Procuradoria-Geral da República (PGR) quanto aos arts. 12, I, 16, e 41 da Lei Maria da Penha (Lei n. 11.340/2006).

Convém, finalmente, mencionar que, se a vítima da violência doméstica prevista no art. 129, § 9º, for indivíduo do sexo masculino (pessoa idosa ou menor de idade), a ação penal continuará a ser pública condicionada à representação do ofendido, na medida em que a Lei n. 11.340/2006 não os alcança.

O STJ uniformizou a sua jurisprudência sobre o tema ao sumular essa questão: Súmula 542: "A ação penal relativa ao crime de lesão corporal resultante de violência doméstica contra a mulher é pública incondicionada".

- **Penas alternativas:** a lei dificultou a aplicação de penas alternativas. Assim, dispõe o art. 17: "É vedada a aplicação, nos casos de violência doméstica e familiar contra a mulher, de penas de cesta básica e outras de prestação pecuniária, bem como a substituição de pena que implique o pagamento isolado de multa".
- **Prisão preventiva:** com o advento da Lei n. 11.340/2006, foi criada uma nova hipótese de cabimento do decreto de prisão preventiva, além das hipóteses existentes no art. 313 do Código de Processo Penal, qual seja, se o crime envolver violência doméstica e familiar contra a mulher para garantir a execução das medidas protetivas de urgência. Tal autorização legal encontra-se, atualmente, prevista no art. 313, III, que hoje abarca a violência doméstica ou familiar contra criança, adolescente, pessoa idosa, enfermo ou pessoa com deficiência. Além desse fato, o art. 20 da Lei Maria da Penha autoriza o magistrado a decretar a prisão preventiva do agressor, de ofício, durante a fase de investigação preliminar, sendo exceção à regra do novo sistema de medidas cautelares expressa no Código de Processo Penal.
- **Inquérito policial:** a autoridade policial, ao tomar conhecimento da ocorrência de um crime dessa natureza, não deverá lavrar simples termo circunstanciado, em face da vedação da incidência das regras da Lei n. 9.099/95, mas instaurar inquérito policial, independentemente da pena prevista para o crime.
- **Providências adotadas pela autoridade policial:** o Capítulo II traz regras a serem observadas pela autoridade policial no atendimento da mulher vítima de violência doméstica e familiar.

- **Medidas protetivas de urgência:** *vide* arts. 22 e 23 da lei. Obviamente que, para a concessão de tais medidas protetivas de urgência, devem estar presentes os pressupostos para a concessão das medidas cautelares (perigo da demora e aparência de bom direito). Vale registrar que a Lei n. 13.641/2018 alterou a Lei Maria da Penha para tipificar o crime de descumprimento das medidas protetivas de urgência. Com o advento da Lei n. 13.984/2020, foram incluídos os incisos VI e VII ao art. 22 da Lei 11.340/2006. Esse artigo trata das medidas protetivas de urgência que obrigam o agressor entre outras atividades, em conjunto ou separadamente ao: "VI – comparecimento do agressor a programas de recuperação e reeducação; e VII – acompanhamento psicossocial do agressor, por meio de atendimento individual e/ou em grupo de apoio".
- **Ministério Público:** atuará como fiscal da lei, quando não for parte, nas causas cíveis e criminais decorrentes de violência doméstica e familiar (art. 25). Também poderá requerer medidas protetivas de urgência em favor da mulher.
- **Notificação da ofendida:** determina a lei que a ofendida seja notificada dos atos processuais relativos ao agressor, especialmente dos pertinentes ao ingresso e à saída da prisão.
- **Juizados de Violência Doméstica e Familiar contra Mulher:** prevê ainda a Lei n. 11.340/2006, em seu art. 14, que "Os Juizados de Violência Doméstica e Familiar contra a Mulher, órgãos da Justiça Ordinária com competência cível e criminal, poderão ser criados pela União, no Distrito Federal e nos Territórios, e pelos Estados, para o processo, o julgamento e a execução das causas decorrentes da prática de violência doméstica e familiar contra a mulher. Parágrafo único. Os atos processuais poderão realizar-se em horário noturno, conforme dispuserem as normas de organização judiciária".
- **Competência das Varas Criminais enquanto não criados os Juizados:** "enquanto não estruturados os Juizados de Violência Doméstica e Familiar contra a Mulher, as varas criminais acumularão as competências cível e criminal para conhecer e julgar as causas decorrentes da prática de violência doméstica e familiar contra a mulher, observadas as previsões do Título IV desta Lei, subsidiada pela legislação processual pertinente" (cf. art. 33, *caput*). E, ainda, será garantido o direito de preferência, nas varas criminais, para o processo e julgamento de tais causas (cf. art. 33, parágrafo único).

12. QUESTÕES DIVERSAS

(i) Lei n. 10.826/2003 **e o crime de disparo de arma de fogo:**

– **Disparo de arma de fogo de uso permitido (art. 15):** a Lei n. 10.826/2003, em seu art. 15, modificou a ressalva final do crime de disparo de arma de fogo contida no art. 10, § 1º, III, do diploma anterior, segundo a qual ocorre o delito de disparo, "desde que o fato não constitua crime mais grave". Em seu lugar, sobreveio a nova tipificação no art. 15 do Estatuto do Desarmamento, em cuja parte final consta que o disparo de arma de fogo se configura "desde que essa conduta não tenha como finalidade a prática de outro crime". O que teria mudado? De acordo com a redação, não se leva em conta a maior ou menor gravidade da conduta para o fim de estabelecer qual crime deva prevalecer, mas somente a finalidade perseguida pelo autor. Assim, um sujeito que efetua disparos de arma de fogo em direção a uma vítima, com o fim de provocar-lhe lesões corporais de natureza leve, não deverá responder pelo disparo (mais grave), mas pela infração de menor potencial ofensivo prevista no art. 129, *caput*, do Código Penal (bem mais branda). O legislador procurou, deste modo, afastar expressamente a incidência do princípio da subsidiariedade, pelo qual deveria prevalecer a infração de maior gravidade, dando preferência ao princípio da especialidade. O que passou a importar é a vontade finalística do agente e não a maior ou menor lesividade do resultado produzido. Com isso, quando os disparos são efetuados com o intuito de expor determinada pessoa a uma situação de perigo direto e iminente, sendo essa a finalidade, prevalecerá a infração prevista no art. 132 do Código Penal (periclitação da vida ou saúde de outrem), muito embora seja, por natureza e expressa disposição de seu próprio tipo incriminador, subsidiária. No caso, tal subsidiariedade não terá relevância, pois o que importa é a finalidade que orientou a conduta, e não a danosidade do resultado jurídico. Na hipótese já mencionada da lesão corporal de natureza leve, ainda que esse delito seja bem menos grave do que o disparo, estando presente o elemento especializante inexistente no crime de disparo, qual seja, o *animus laedendi*, terá preferência o tipo especial do art. 129, *caput*, do Código Penal. Tais soluções decorrem de puros critérios de política criminal discricionariamente escolhidos pelo legislador.

– **Distorções decorrentes da nova ressalva legal**: a inovação foi infeliz. A lei trata com maior benevolência quem dispara arma de fogo em direção a uma pessoa específica, com a finalidade de feri-la ou de expô-la a risco, do que o que efetua disparos a esmo. É muito mais vantajoso para o agente apontar a arma de fogo em direção a uma região não letal da vítima e dispará-la com a nítida intenção de produzir ferimentos, caso em que responderá por lesão corporal leve (infração de menor potencial ofensivo), ou mesmo disparar a arma com a intenção de expor alguém a uma situação de risco concreto, efetivo e iminente, do que efetuar disparos para o alto, por exemplo, comemorando a vitória de seu time de futebol. Nas duas primeiras hipóteses, o atirador será levado ao Juizado Especial Criminal e se livrará do processo, aceitando uma pena alternativa; no caso de disparos para o alto, responderá por um crime cuja pena máxima é a reclusão de 4 anos, mais multa. Ora, é de indagar: como infrações bem menores (menos graves) podem prevalecer sobre as de maior gravidade? Não se trata, aqui, de princípio da especialidade, em que uma única conduta está diante de dois tipos, um genérico e outro específico, mas de uma conduta que produz, simultaneamente, dois resultados, um mais grave e outro menos grave. Diante da aparente incidência de dois tipos, no caso deverá prevalecer o mais amplo, o mais grave, o continente, e não o conteúdo, o menos grave. Usando de uma linguagem metafórica, é a caixa pequena que deve ficar dentro da grande e não o contrário. O que é pior: atirar contra a pessoa ou em direção ao céu? A resposta é por demais óbvia, mas, ao que tudo indica, não tão óbvia para o legislador. Para este, é muito grave alvejar as nuvens, pois com a primeira, devido à exígua sanção penal (detenção de 3 meses a 1 ano), incide o procedimento da Lei n. 9.099/95, bem como o instituto da suspensão condicional do processo, ao passo que na segunda, além de a pena ser muito mais grave, o crime fica sujeito ao procedimento comum ordinário. Trata-se, portanto, de estímulo à violência ou ameaça contra a pessoa, o que é um paradoxo, na medida em que a lei visa justamente desarmar as pessoas com o escopo de prevenir ofensas à integridade física de outrem. Por essa razão, não há como prevalecer a solução legal. Sendo o processo penal permeado e regido pelos princípios maiores derivados da Constituição, os quais se colocam bem acima do próprio direito positivo, a ressalva há de ser tida como inconstitucional e, por conseguinte, inválida. Com efeito, o vício de incompatibilidade vertical com a ordem constitucional decorre da clara afronta ao princípio da proporcionalidade das penas. A melhor solução, no caso, será interpretar a ressalva como incidente, apenas quando o crime-fim, isto é, o resultado perseguido pela vontade finalística do agente, for de maior gravidade do que o disparo da arma de fogo, como, por exemplo, quando o intuito for ocasionar na vítima lesão corporal de natureza grave ou gravíssima, homicídio e infanticídio.

— **Panorama jurídico de acordo com a nossa interpretação:**

(i) Homicídio e infanticídio — se houver intenção de matar alguém (*animus necandi*), o agente responderá por tentativa de homicídio ou infanticídio (norma primária, por descrever fato mais amplo e mais grave) ou por homicídio ou infanticídio consumado (*idem*), ficando absorvido o disparo, já que a finalidade do agente era a prática de um desses crimes contra a pessoa.

(ii) Lesões corporais — se houver intenção de ferir (*animus laedendi*), várias são as situações possíveis.

(iii) Lesões corporais qualificadas pelo resultado e disparo de arma de fogo de uso permitido — o agente responderá somente pelas lesões, ficando absorvido o crime de disparo. De acordo com essa corrente, se os disparos forem efetuados mediante o emprego de arma de fogo de uso permitido, a pena ficará entre dois e quatro anos de reclusão e multa. Desse modo, nessa hipótese o crime será subsidiário em relação ao de lesões corporais de natureza grave ou gravíssima, ou mesmo ao de lesões seguidas de morte. É que, em qualquer desses casos, a pena máxima será superior à do crime de disparo previsto na lei (CP, art. 129, § 1º, reclusão de 1 a 5 anos; 129, § 2º, reclusão de 2 a 8 anos; e 129, § 3º, reclusão de 4 a 12 anos). A infração tipificada no art. 15, *caput*, da Lei n. 10.826/2003 será subsidiária em relação a todas essas lesões, por ser de menor gravidade, devendo ser considerada parte de um todo.

(iv) Lesões corporais de natureza leve — nesta hipótese, o delito definido no art. 129, *caput*, do Código Penal é de menor gravidade do que o disparo. Por essa razão, a infração definida na lei não pode ser considerada simplesmente fase de sua execução. Seria estranho que o "todo" (lesões leves) fosse menos grave do que uma de suas partes integrantes (o disparo). Sendo assim, não podemos conceber os disparos como simples fase normal de execução das lesões. No princípio da subsidiariedade, a norma definidora do fato mais amplo e de maior gravidade (norma primária) absorve a norma que descreve o fato menos grave (norma subsidiária), e não o contrário. Existe, portanto, uma impossibilidade jurídica em considerar absorvidos os disparos. Em resumo, o delito previsto no art. 15, *caput*, da Lei n. 10.826/2003 não é absorvido pelo crime de lesões corporais de natureza leve, em face de sua maior gravidade.

Nosso entendimento: o agente responde por ambos os crimes em concurso. No momento em que foi efetuado o disparo de arma de fogo em qualquer dos locais previstos no tipo, necessariamente seu autor incorreu no crime definido no art. 15. A incidência desse tipo somente deixará de ter lugar no caso de os disparos, ao mesmo tempo, enquadrarem-se em norma de maior severidade que a da Lei n. 10.826/2003. Não é o caso da norma que define as lesões corporais de natureza leve. Estas constituem infração menos grave e, por essa razão, incapaz de proceder a qualquer absorção. Assim, os disparos não podem dar lugar à lesão. O contrário também não pode ocorrer, uma vez que a ofensa à integridade corporal de outrem restaria impune, equiparando quem disparou a arma de fogo e não acertou ninguém com quem desfechou tiros e atingiu intencionalmente pessoa determinada. O mais correto é responsabilizar o agente por ambas as infrações.

– **Disparo de arma de fogo de uso restrito ou proibido** – como a pena é a mesma daquela referente ao artefato de uso permitido, a solução é idêntica.

Ainda, vale mencionar que o Plenário do Supremo Tribunal Federal declarou, na data de 2-5-2007, a inconstitucionalidade de três dispositivos do Estatuto do Desarmamento, na ADIn 3.112. Por maioria de votos, os ministros anularam dois dispositivos do Estatuto que proibiam a concessão de liberdade, mediante o pagamento de fiança, no caso de porte ilegal de arma (parágrafo único do art. 14) e disparo de arma de fogo (parágrafo único do art. 15). Também foi considerado inconstitucional o artigo 21 do Estatuto, que negava liberdade provisória aos acusados de posse ou porte ilegal de arma de uso restrito, comércio ilegal de arma e *tráfico internacional de arma*.

Finalmente, registre-se que a posse e o porte ilegal de arma de fogo de uso *restrito* se tornaram crimes hediondos, incidindo, portanto, as regras do art. 2º da Lei n. 8.072/90. Ainda, com o advento da Lei n. 13.964/2019, o crime de posse ou porte ilegal de arma de fogo de uso *proibido* também passou a ser considerado crime hediondo (art. 1º, parágrafo único, II, da Lei n. 8.072/90), assim como os crimes de comércio ilegal de arma de fogo e de tráfico internacional de arma de fogo, acessório ou munição (art. 1º, parágrafo único, III e IV, da Lei n. 8.072/90).

(ii) Lesão corporal e o princípio da insignificância: o Direito Penal não deve preocupar-se com bagatelas, nem se pode conceber contenham os tipos incriminadores descrição de condutas incapazes de lesar qualquer bem jurídico. Com efeito, se a finalidade do tipo penal é tutelar um bem jurídico, quando a lesão, de tão insignificante, torna-se imperceptível, não é possível proceder ao enquadramento, por absoluta falta de correspondência entre o fato narrado na lei e o comportamento iníquo realizado. Por essa razão, os danos de nenhuma monta devem ser considerados fatos atípicos. Não devemos, contudo, confundir delito insignificante ou de bagatela com crimes de menor potencial ofensivo. Nestes últimos, alcançados pelo art. 61 da Lei n. 9.099/95, lembrando que a Lei n. 10.259/2001 ampliou o conceito de infração de menor potencial ofensivo, e que se submetem ao Juizado Especial Criminal, a ofensa não pode ser acoimada de insignificante, pois possui gravidade ao menos perceptível socialmente, não podendo ser alcançados por esse princípio. Em outras palavras, a escassa lesividade da infração não pode ser afirmada de antemão, abstratamente, mas de acordo com as especificidades de cada caso concreto. Nem toda contravenção penal é insignificante, pois não se consideram como tais a algazarra feita defronte a um hospital ou maternidade, ou o porte ilegal de um facão na porta de um estádio de futebol etc., ao mesmo tempo que um crime pode ser considerado infração de bagatela, dependendo do caso (furto de um chiclete). Assim aplica-se o princípio da insignificância ao delito de lesão corporal sempre que a ofensa à integridade física ou à saúde da vítima for considerada mínima, inexpressiva, de modo que se mostre irrelevante para o Direito Penal. Assinala Aníbal Bruno que "não caberia, evidentemente, punir como lesão corporal uma picada de alfinete, um beliscão ou pequena arranhadura, um resfriado ligeiro, uma dor de cabeça passageira"[152]. Outro exemplo passível de aplicação do princípio da insignificância no delito de lesão corporal: produção de equimoses de absoluta inexpressividade em acidente de trânsito.

(iii) Lesão corporal e Lei de Tortura (Lei n. 9.455/97): a lesão decorrente do emprego de tortura poderá configurar esse crime autônomo, se praticado nas circunstâncias previstas no art. 1º da Lei n. 9.455/97. Prevê, inclusive, o § 3º que se do emprego de tortura resulta lesão corporal de natureza grave ou gravíssima, a pena é de reclusão de 4 a 10 anos; se resulta morte, a reclusão é de 8 a 16 anos.

(iv) Lesão corporal e crime continuado: é admissível a continuidade delitiva no delito de lesão corporal, tendo em vista que o art. 71, parágrafo único, do Código Penal afirma ser possível a continuidade nos crimes dolosos contra vítimas diversas, cometidos com violência contra a pessoa. Assim, se nas mesmas condições de tempo, local, maneira de execução e outras semelhantes, são praticadas lesões corporais, uma em seguida à outra, em diversas vítimas, há de ser reconhecida a continuidade delitiva.

(v) Lesão corporal e concurso formal: é admissível o concurso formal no delito de lesão corporal. Dessa forma, se o agente com uma só ação atinge a integridade física ou a saúde de várias pessoas, responderá pelas diversas lesões corporais em concurso formal (CP, art. 70). Por exemplo: indivíduo que em um só ato despeja, sobre um grupo de pessoas, um recipiente contendo ácido sulfúrico.

(vi) Multiplicidade de lesões contra a mesma pessoa. Crime único ou concurso de crimes? O delito de lesões corporais é um delito plurissubsistente, ou seja, perfaz-se com a prática de vários atos executivos que, no entanto, constituem uma só ação. Dessa forma, a multiplicidade de lesões infligidas contra uma mesma pessoa em um só proces-

152. Aníbal Bruno, *Crimes contra a pessoa*, 5. ed., Rio de Janeiro, Ed. Rio, 1979, p. 185.

so de atividade constitui crime único, ainda que diversos os meios utilizados para produzir o resultado danoso[153]; por exemplo, indivíduo primeiramente chicoteia a vítima; logo em seguida desfere-lhe pauladas nas costas; e, finalmente, desfere-lhe uma facada no braço. Todos esses atos na realidade integram uma só ação, qual seja, a de lesionar; portanto, há um só crime de lesões corporais, que será punido à luz do resultado de maior gravidade. Ao contrário, se há a interrupção do processo executivo, ocorrendo posteriormente uma nova ação produto de nova determinação criminosa, estaremos diante de uma hipótese de concurso de crimes. Haverá, então, dois, três, quatro crimes de lesões corporais praticados pelo mesmo autor contra a mesma vítima em duas, três, quatro ocasiões distintas. Aqui, sim, poderá haver, uma vez verificada a necessária similitude das condições circunstanciais, crime continuado.

(vii) Lesão corporal e Lei dos Crimes Hediondos (Lei n. 8.072/90): o art. 1º tem a seguinte redação: "Art. 1º São considerados hediondos os seguintes crimes, todos tipificados no Decreto-Lei n. 2.848, de 7 de dezembro de 1940 – Código Penal, consumados ou tentados: (...) I-A – lesão corporal dolosa de natureza gravíssima (art. 129, § 2º) e lesão corporal seguida de morte (art. 129, § 3º), quando praticadas contra autoridade ou agente descrito nos arts. 142 e 144 da Constituição Federal, integrantes do sistema prisional e da Força Nacional de Segurança Pública, no exercício da função ou em decorrência dela, ou contra seu cônjuge, companheiro ou parente consanguíneo até terceiro grau, em razão dessa condição". Dessa forma, o § 12 do art. 129 do Código Penal passou a ser previsto como crime hediondo, integrando o rol do art. 1º da Lei n. 8.072/90.

(viii) *Jus corrigendi* e lesão corporal: o direito de correção e disciplina que os pais possuem em relação aos filhos está previsto expressamente no Código Civil. Contudo, o abuso desse direito infligindo aos filhos castigos corporais exagerados, por exemplo, não configura o delito de lesão corporal, mas de maus-tratos, tipificado no art. 136 do Código Penal e, excepcionalmente, tortura, quando se tratar de intenso sofrimento físico ou mental (art. 1º, II, da Lei n. 9.455/97).

13. AÇÃO PENAL. LEI DOS JUIZADOS ESPECIAIS CRIMINAIS

Será pública incondicionada se a lesão for grave (§ 1º), gravíssima (§ 2º), ou seguida de morte (§ 3º), ou se a lesão for praticada contra a mulher, por razões da condição do sexo feminino (§ 13). Será pública condicionada à representação do ofendido se for leve (*caput*), ou culposa (§ 6º), de acordo com o art. 88 da Lei n. 9.099/95.

Tratando-se de infração de menor potencial ofensivo, os crimes de lesão leve e culposa estão sujeitos às disposições da Lei n. 9.099/95, em virtude de a pena máxima prevista para esses crimes ser inferior a dois anos (cf. art. 61 da Lei n. 9.099/95). A forma majorada (§ 7º) do crime de lesão corporal leve e culposa também constitui infração de menor potencial ofensivo.

---

153. Nesse sentido, Nélson Hungria, *Comentários*, cit., v. V, p. 326.

Em se tratando de crimes de trânsito de lesão corporal culposa, prevê o art. 291, § 1º, do Código de Trânsito Brasileiro a incidência dos institutos contemplados nos arts. 74 (composição de danos civis), 76 (transação penal) e 88 (representação) da Lei n. 9.099/95. Os referidos artigos incidirão no crime de lesão corporal culposa, exceto se o agente estiver: "I — sob a influência de álcool ou qualquer outra substância psicoativa que determine dependência; II — participando, em via pública, de corrida, disputa ou competição automobilística, de exibição ou demonstração de perícia em manobra de veículo automotor, não autorizada pela autoridade competente; III — transitando em velocidade superior à máxima permitida para a via em 50 km/h (cinquenta quilômetros por hora)". Em tais situações, serão vedados os aludidos benefícios da Lei dos Juizados Especiais Criminais e deverá ser instaurado inquérito policial, não cabendo mais o termo circunstanciado (§ 2º).

No tocante à lesão corporal decorrente de violência doméstica contra a mulher (§ 9º), *vide* comentários no item 11.

O crime de lesão corporal de natureza grave (§ 1º, I a IV), por sua vez, não se enquadra no conceito de infração de menor potencial ofensivo, contudo nada impede a incidência do instituto da suspensão condicional do processo (art. 89 da Lei n. 9.099/95), sem a incidência da causa de aumento de pena do § 10.

Capítulo III
DA PERICLITAÇÃO DA VIDA E DA SAÚDE

1. CRIME DE PERIGO. CONSIDERAÇÕES PRELIMINARES

Com a rubrica "Da periclitação da vida e da saúde" o Código Penal contempla diversos crimes de perigo, quais sejam: perigo de contágio venéreo (art. 130), perigo de contágio de moléstia grave (art. 131), perigo para a vida ou saúde de outrem (art. 132), abandono de incapaz (art. 133), exposição ou abandono de recém-nascido (art. 134), omissão de socorro (art. 135), condicionamento de atendimento médico-hospitalar emergencial (art. 135-A), maus-tratos (art. 136). Encontram-se sistematizados neste capítulo por diferenciarem-se dos demais crimes quanto ao elemento subjetivo e objetivo. No entanto, a previsão de crimes de perigo não se exaure no Código Penal, pois a legislação penal extravagante, como o Código de Trânsito Brasileiro (p.ex., arts. 306, 308, 309), a Lei das Contravenções Penais (p.ex., arts. 29 e 30), o Estatuto do Desarmamento[154] e a Lei dos Crimes Ambientais, também contempla diversos crimes de perigo.

Como sabemos, crime, sob o aspecto analítico, é todo fato humano que, propositada ou descuidadamente, lesa ou expõe a perigo bens jurídicos considerados fundamentais para a existência da coletividade e da paz social. Desse conceito se extrai a conclusão de que não existe crime sem que haja uma conduta humana (ação ou omissão, dolosa ou

---

154. Sobre os crimes de perigo e o princípio da lesividade ou ofensividade, *vide* Fernando Capez, *Comentários ao Estatuto do Desarmamento*, São Paulo, Saraiva, e *Legislação penal especial*, São Paulo, Saraiva, v. 4, 2006.

culposa) e a produção de um resultado. Resultado é a modificação do mundo exterior. Tanto pode ele consistir em um dano concreto quanto em um dano potencial. Quando afirmamos que "A" matou "B", estamos diante de um crime de dano real, efetivo, concreto. Quando afirmamos que o crime expôs a perigo determinado bem jurídico relevante, por exemplo, abandonar incapaz (CP, art. 133), estamos nos referindo ao crime de perigo, em que há um dano potencial ao bem tutelado pela norma penal. Nessa hipótese, não houve qualquer dano concreto à vida, à saúde do indivíduo, com o abandono; não há um dano a ser aferível de pronto. Mas o legislador prevendo o risco, a probabilidade de efetiva ocorrência de dano ao bem jurídico, cuidou de tipificar aquela conduta. Da mesma forma, no crime de omissão de socorro (CP, art. 135) não há um dano concreto à vida, à saúde da vítima, mas a omissão acarreta um risco potencial de dano.

Conforme a Exposição de Motivos do Código Penal, tais crimes, do ponto de vista material, "reputam-se *consumados ou perfeitos* desde que a ação ou omissão cria uma situação objetiva de *possibilidade* de dano à vida ou saúde de alguém. O evento, aqui (como nos crimes de perigo em geral), é a simples *exposição a perigo de dano*. O *dano efetivo* pode ser uma *condição de maior punibilidade*, mas não condiciona o *momento consumativo* do crime". Dessa forma, no exemplo acima citado — crime de "abandono de incapaz" —, a lesão corporal de natureza grave ou morte resultante do abandono (art. 133, §§ 1º e 2º) constitui condição de maior punibilidade que nada tem que ver com o momento consumativo do crime, que se dá com o abandono, desde que a vítima fique exposta a perigo de vida ou de saúde.

Com relação à tentativa, em princípio, é perfeitamente possível nos crimes de perigo. Será, no entanto, inadmissível nos crimes que se perfaçam em um único ato, ou seja, cujo processo executivo se dê em um só ato (crimes unissubsistentes). Por exemplo: crime de perigo de contágio de moléstia grave (CP, art. 131). Nessa hipótese, se o ato tendente ao contágio é único, não há falar em tentativa do crime em tela. Se, entretanto, forem necessários vários atos, a tentativa é admissível.

No tocante a outro aspecto diferencial dos crimes de perigo, qual seja, o elemento subjetivo, segundo a Exposição de Motivos do Código Penal "o elemento subjetivo é a vontade consciente referida exclusivamente à produção do *perigo*. A ocorrência do dano não se compreende na volição ou dolo do agente, pois, do contrário, não haveria por que distinguir entre tais crimes e a *tentativa de crime de dano*". Assim, dolo de perigo é a vontade de criar apenas a situação de risco, de ameaça à integridade do objeto jurídico, e não a sua efetiva vulneração ou sacrifício. Segundo Nélson Hungria, "é certo que o agente, querendo o *eventus periculi*, necessariamente prevê o *eventus damni*; mas este transcende à sua volição. Sua vontade consciente (...) visa a uma situação de perigo e não a um ulterior resultado lesivo, pois, se o último é também visado, o que se apresentará é, conforme o caso, um crime de dano consumado ou tentado"[155]. O dolo de perigo, ressalve-se, assim como o dolo de dano, pode ser direto ou eventual.

Finalmente, Hungria nos traz uma relevante distinção que importa aqui transcrever: "há que se distinguir entre os *crimes dolosos de perigo* e os *crimes formais* ou *de consumação*

---

155. Nélson Hungria, *Comentários*, cit., v. V, p. 381.

antecipada: nestes, o agente procede com *dolo de dano*, embora para sua consumação baste o dano potencial ou a simples situação de perigo; naqueles, só há o *dolo de perigo*. Nos crimes formais, a consumação se antecipa, e quando sobrevém o evento de dano, diz-se que o crime se *exaure* (crime exaurido); nos crimes de perigo, não há *consumação antecipada*: o crime consuma-se e *exaure-se* com a só criação do perigo. No crime formal, o evento de perigo está aquém da vontade; no crime de perigo, corresponde precisamente à vontade. O crime formal não é mais que uma tentativa (quando não é um simples *ato preparatório*) de crime de dano excepcionalmente considerada como crime autônomo ou *sui generis*; o crime de perigo não é identificável com o tentado crime de dano, pois que nele falta a direção da vontade para o evento lesivo. Em suma: no crime formal, há um evento de perigo com dolo de dano; no crime de perigo, há um evento de perigo com dolo de perigo"[156]. Tal distinção é importante, na medida em que nos depararemos, no estudo dos crimes de perigo, com a presença de crimes formais com dolo de dano, por exemplo, arts. 130, § 1º, e 131 do Código Penal.

2. ESPÉCIES DE CRIME DE PERIGO[157]

(i) Crime de perigo concreto: é o perigo que deve ser demonstrado caso a caso. Os crimes de perigo concreto são aqueles cuja caracterização virá pela efetiva comprovação de que a conduta do agente trouxe, realmente, a probabilidade do dano ao objeto jurídico protegido.

(ii) Crime de perigo abstrato: é o perigo presumido (*juris et de jure*). Basta a prática da conduta típica pelo agente, sem a demonstração do risco efetivamente trazido, para que se opere a presunção legal de perigo; por exemplo, o crime do art. 310 do Código de Trânsito Brasileiro, cuja classificação de crime de perigo abstrato foi sumulada pelo STJ: "Constitui crime a conduta de permitir, confiar ou entregar a direção de veículo automotor a pessoa que não seja habilitada, ou que se encontre em qualquer das situações previstas no art. 310 do CTB, independentemente da ocorrência de lesão ou de perigo de dano concreto na condução do veículo" (Súmula 575).

(iii) Crime de perigo individual: é o perigo que atinge determinadas pessoas (CP, arts. 130 a 136).

(iv) Crime de perigo comum ou coletivo: é aquele que diz respeito a um número indeterminado de pessoas (afeta a incolumidade pública — cf. os delitos previstos no CP, arts. 250 a 285).

(v) Crime de perigo atual: é a possibilidade presente de ocorrência de dano.

(vi) Crime de perigo iminente: é aquele que está prestes a acontecer.

(vii) Crime de perigo futuro ou mediato: é aquele que pode advir da conduta; por exemplo, porte de arma de fogo, associação criminosa.

156. Nélson Hungria, *Comentários*, cit., v. V, p. 381 e 382.

157. Cf. Classificação de Nélson Hungria, *Comentários*, cit., v. V, p. 377 e 378.

3. NOMENCLATURA

As expressões "crime material" e "crime formal" são reservadas pela doutrina para os delitos de dano, havendo, para os crimes de perigo, os termos "crime de perigo concreto" e "crime de perigo abstrato".

ART. 130 – PERIGO DE CONTÁGIO VENÉREO

1. CONSIDERAÇÕES PRELIMINARES

Sob a epígrafe "Perigo de contágio venéreo" o Código Penal disciplina o primeiro crime de perigo individual. Busca o legislador, por intermédio dessa criminalização, evitar e sancionar o contágio e a consequente propagação de doenças venéreas sexualmente transmissíveis, pois colocam em risco a saúde do indivíduo e de todo o meio social. Desse modo, a ação do Estado não se restringe à tão só adoção de política preventiva de combate às doenças venéreas, como, por exemplo, a orientação educacional, mas também age no sentido de punir aquele indivíduo que, sabendo de sua enfermidade ou tendo pelas circunstâncias concretas condições de saber, ainda assim pratica ato sexual tendente a transmitir ou criar o perigo de transmissão do mal. Segundo a Exposição de Motivos do Código Penal, "a *doença venérea* é uma *lesão corporal* e de consequências gravíssimas, notadamente quando se trata de *sífilis*. O mal da contaminação (evento lesivo) não fica circunscrito a uma pessoa determinada. O indivíduo que, sabendo-se portador de moléstia venérea, não se priva do ato sexual, cria conscientemente a possibilidade de um contágio extensivo. Justifica-se, portanto, plenamente, não só a incriminação do fato, como o critério de declarar-se suficiente para a consumação do crime a produção do *perigo* de contaminação. Não há dizer que, em grande número de casos, será difícil, senão impossível, a prova da autoria. Quando esta não possa ser averiguada, não haverá ação penal (como acontece, aliás, em relação a qualquer crime); mas a dificuldade de prova não é a razão para deixar-se de incriminar um fato gravemente atentatório de um relevante bem jurídico". Critica-se a criminalização do perigo de transmissão de doença venérea, pois, ao contrário do que ocorria antigamente, com o avanço da medicina, diversas doenças contagiosas passaram a ter cura[158].

2. OBJETO JURÍDICO

Tutela-se por meio desse dispositivo legal a incolumidade física e a saúde do indivíduo. Trata-se de um interesse de ordem pública, na medida em que interessa ao Estado zelar pela saúde de cada integrante do corpo social. O consentimento da vítima é irrelevante, pois esta não tem disponibilidade sobre o objeto protegido pela norma penal. Tal afirmativa, ao que parece, estaria em franca contradição com o instituto da representação previsto no § 2º do art. 130. É que o direito de representação conferido à vítima lhe proporciona um juízo de conveniência quanto ao exercício da tutela penal pelo Estado. Na

158. Aníbal Bruno, *Crimes contra a pessoa*, cit., p. 217; Cezar Roberto Bitencourt, *Manual*, cit., v. 2, p. 198.

realidade, o legislador, ao prever a representação como condição para o exercício da ação penal, tem em vista o interesse do ofendido em impedir que o exercício daquela acarrete a si e a seus familiares consequências mais funestas, pois não raras vezes a publicidade do processo é muito mais prejudicial que o próprio malefício acarretado pelo crime. Assim, procura-se evitar o chamado *strepitus judicii*[159]. A ação penal continua a ser pública; contudo, levando em conta o especial interesse do ofendido em impedir consequências mais gravosas, o Estado outorgou-lhe o direito de autorizar ou não o exercício da tutela penal.

3. ELEMENTOS DO TIPO

3.1. Ação nuclear. Meios executórios

A ação nuclear da figura típica é o verbo *expor*, que significa, segundo o *Novo Dicionário Aurélio*, colocar em perigo, arriscar, expor a vida do indivíduo. A exposição a contágio de moléstia venérea ocorre, consoante a lei, através de relações sexuais, que abrange não só a conjunção carnal como qualquer outro ato de libidinagem (p.ex., sexo oral, coito anal). É crime de conduta vinculada, de modo que se o contágio venéreo se der por outro meio que não o ato sexual (p.ex., uso de objetos pessoais), haverá deslocamento para outra figura típica (arts. 131 ou 132). É necessário que haja contato corpóreo entre autor e vítima, de modo que aquele possa transmitir diretamente a doença para esta. Assim, "se o amante transmite o mal à sua amante, que, por sua vez, contagia o marido, só é responsável pelo crime relativamente à adúltera. Somente esta é que, conforme a hipótese, praticará o delito em relação ao esposo. Diga-se o mesmo se o marido infectar a mulher e esta o amante – exemplifica Manzini"[160].

Ressalte-se que a lei exige a exposição a contágio de moléstia venérea. Atualmente, a questão é tutelada administrativamente pelo Departamento de DST, Aids e Hepatites Virais, do Governo Federal.

Não há uma enumeração taxativa das moléstias venéreas, cabendo, assim, à ciência médica analisar caso a caso a presença delas.

→ **Atenção:** diferentemente do tipo penal do art. 131, o tipo penal do art. 130 não exige que a moléstia seja grave.

Ainda, mencione-se que a exposição a perigo deve ser igualmente analisada caso a caso. Não há uma presunção absoluta da existência do perigo pelo simples fato de o sujeito ativo, portador de moléstia venérea, praticar ato sexual com a vítima, mas, sim, uma presunção relativa (*juris tantum*), que admite prova em contrário, na medida em que pode ocorrer, por exemplo, que o sujeito passivo tenha especial imunidade ao contágio, de modo que inexistirá o crime em estudo, podendo haver, na hipótese, crime impossível (CP, art. 17). Da mesma forma, se o agente, contaminado, praticar relações sexuais ou atos libidinosos com vítima que

159. Nesse sentido: Nélson Hungria, *Comentários*, cit., v. V, p. 409; E. Magalhães Noronha, *Direito penal*, cit., v. 2, p. 82 e 83.

160. E. Magalhães Noronha, *Direito penal*, cit., v. 2, p. 81.

também é portadora de igual moléstia venérea[161]; ou então se o agente praticar relações sexuais ou atos libidinosos com a vítima supondo erroneamente ser portador de moléstia venérea.

É possível o crime na forma omissiva, quando o agente, tendo o dever jurídico de agir, omite-se, não impedindo a prática do ato sexual com potencial de contágio. É o caso, por exemplo, de estabelecimentos que exploram a prostituição. Nesse caso, além do crime previsto no art. 230 do Código Penal, o sujeito responderá como partícipe do delito em questão por força do disposto no art. 13, § 2º, do Código Penal, pois com seu comportamento anterior criou o risco para o ato sexual com potencial lesivo. Convém observar que é imprescindível que o agente tenha consciência de que a pessoa que trabalha no local seja portadora de doença venérea.

3.2. Sujeito ativo

Trata-se de crime comum. Qualquer pessoa, homem ou mulher, portadora de moléstia venérea, pode ser sujeito ativo do crime em questão, que, inclusive, pode ocorrer entre marido e mulher, de modo que a prática desse crime poderá constituir justo motivo para a dissolução da sociedade conjugal. Ademais, a prática do crime dentro do matrimônio, além das implicações no âmbito civil, conduz à aplicação da agravante genérica prevista no art. 61, II, *e*.

3.3. Sujeito passivo

Qualquer pessoa. É irrelevante que saiba ou possa saber da contaminação do autor e, a despeito, empreste seu consentimento à prática sexual, ainda que seja alertada pelo próprio autor. Isso porque a objetividade jurídica tutelada é de interesse público, supraindividual. A prostituta também pode ser vítima desse crime.

→ **Atenção:** sendo a vítima menor de 14 anos, portadora de enfermidade ou deficiência mental, com ausência de discernimento para a prática do ato sexual ou sem condições, por qualquer motivo, de oferecer resistência, caracteriza-se crime de estupro de vulnerável (CP, art. 217-A) em concurso formal com o art. 130 do Código Penal. E mais, se a doença for transmitida, o agente responderá pelo delito contra a dignidade sexual com o aumento de pena constante do art. 234-A, IV, do Código Penal.

4. ELEMENTO SUBJETIVO

O artigo em estudo prevê três distintas modalidades do delito de perigo de contágio venéreo, de acordo com o elemento subjetivo. Vejamos: (i) o agente "sabe que está contaminado" (*caput*); (ii) o agente "deve saber que está contaminado" (*caput*); (iii) o agente sabe que está contaminado e tem a intenção de transmitir a moléstia (§ 1º).

(i) Dolo direto de perigo: consta da 1ª figura descrita no *caput* ("sabe que está contaminado"). Aqui, o agente tem pleno conhecimento de que é portador de doença venérea

161. Nélson Hungria, *Comentários*, cit., v. V, p. 408.

e mesmo assim pratica ato sexual com a vítima, consciente de que com tal ação criará uma situação concreta de perigo de contágio de moléstia venérea. Veja-se: não há a intenção de transmitir efetivamente a moléstia. Apesar de prever esse evento, na realidade ele não se insere na vontade do agente, que nem sequer assume o risco de transmitir a doença. Ele quer, isto sim, consciente e voluntariamente, expor a vítima a situação de perigo. Não há o dolo de dano constante do § 1º do mesmo artigo, ou seja, a vontade de transmitir a moléstia.

(ii) Dolo eventual de perigo ou culpa? A segunda figura descrita no *caput* ("deve saber que está contaminado") tem provocado divergências na doutrina. No sentido de que "deve saber" indica culpa por parte do agente, posiciona-se Magalhães Noronha: "Haverá culpa quando o sujeito ativo não tem ciência de estar contaminado, mas devia sabê-lo pelas circunstâncias, *v.g.*, se não se dá conta de certos sintomas que se manifestam depois de haver mantido relações sexuais com prostituta. Em assim sendo não tem ele consciência de expor a perigo o ofendido, mas devia ter, pois era possível essa consciência"[162]. Em sentido contrário, argumentando que se trata de dolo eventual, alinha-se Celso Delmanto, o qual reformulando a sua antiga posição, sustenta que, "na figura da segunda parte ('deve saber'), a locução verbal empregada parece indicar tratar-se de culpa. É essa a opinião da doutrina majoritária e era a que indicávamos. Todavia, como os casos de culpa devem ser expressos (CP, art. 18, II, parágrafo único) e o princípio da reserva legal (CR/88[163], art. 5º, XXXIX; CADH[164], art. 9º; PIDCP[165], art. 15, § 1º; CP, art. 1º) não pode ser desrespeitado, parece-nos mais seguro o *dolo eventual* e não a culpa. Também o núcleo empregado no tipo ('expor') e a previsão do § 1º reforçam essa nossa orientação"[166].

Nosso entendimento: trata-se não de dolo eventual, mas de uma anômala previsão de figura culposa. Com efeito, nosso Código Penal exige para o dolo eventual que o agente não apenas preveja, mas também assuma o risco de produzir o resultado. A expressão "deve saber" indica apenas que o agente desconhecia a circunstância de estar contaminado, quando devia saber. Infringiu, portanto, uma obrigação de cautela. Isso não é dolo; é culpa.

(iii) Dolo direto de dano: consta da figura descrita no § 1º ("se é intenção do agente transmitir"). Trata-se, aqui, de um crime de perigo com dolo de dano. Conforme já vimos no item "a", no dolo de perigo direto o agente quer tão somente criar a situação de perigo, mas não a efetiva transmissão da moléstia. Ao contrário, neste § 1º, o agente, consciente de que é portador da moléstia grave, pratica ato sexual com a vítima com a intenção de

---

162. E. Magalhães Noronha, *Direito penal*, cit., v. 2, p. 80. No mesmo sentido: Nélson Hungria, *Comentários*, cit., v. V, p. 405.

163. Constituição Federal.

164. Convenção Americana de Direitos Humanos (Pacto de São José da Costa Rica).

165. Pacto Internacional sobre Direitos Civis e Políticos.

166. Celso Delmanto e outros, *Código Penal comentado*, cit., p. 130. No mesmo sentido: Damásio E. de Jesus, *Código Penal anotado*, cit., p. 130; Cezar Roberto Bitencourt, *Manual*, cit., v. 2, p. 210.

efetivamente transmiti-la. Mais do que a exposição a perigo, pretende o efetivo contágio, o que qualifica o crime, com a consequente majoração da pena.

É importante notar que por estar presente o dolo de dano, essa hipótese deveria estar incluída no capítulo das lesões corporais, contudo, conforme justificativa constante na Exposição de Motivos do Código Penal, "é possível que o rigor técnico exigisse a inclusão de tal hipótese no capítulo das lesões corporais desde que seu elemento subjetivo é o dolo de dano, mas como se trata, ainda nessa modalidade, de um crime para cuja consumação basta o dano potencial, pareceu à Comissão revisora que não havia despropósito em classificar o fato entre os *crimes de perigo* contra a pessoa. No caso de dolo de dano, a incriminação é extensiva à criação do perigo de contágio de qualquer moléstia grave".

— E se o agente age com dolo eventual de dano quanto ao efetivo contágio da moléstia venérea, já que o § 1º se refere ao dolo direto de dano? Para Nélson Hungria, deverá a sua conduta ser enquadrada no art. 130, *caput*, do Código Penal, uma vez que "o § 1º exige a intenção de dano (vontade dirigida incondicionalmente ao evento 'contágio'). Não prevalece, aqui, a equiparação entre o dolo direto e o dolo eventual (art. 15, n. I)"[167]. Correta esta posição, pois não cabe nem analogia, nem interpretação extensiva *in malam partem*.

5. MOMENTO CONSUMATIVO

Dá-se a consumação com a prática de relações sexuais ou atos libidinosos capazes de transmitir a moléstia venérea. Não é necessário o contágio; basta a exposição, a criação de perigo de contágio. Mesmo na hipótese do § 1º, basta a só exposição a perigo de contágio.

Se da conduta perigosa sobrevier resultado danoso (a contaminação), teremos as seguintes hipóteses:

(i) se o dolo era de dano (§ 1º) e o sujeito efetiva o contágio: subsiste o crime do art. 130, § 1º;

(ii) se o dolo era de dano (§ 1º) e o sujeito efetiva o contágio, sobrevindo um dos resultados do art. 129, §§ 1º e 2º, responderá o agente pelo delito de lesão corporal grave ou gravíssima[168], pois a pena prevista para estes é superior à pena prevista para o delito de perigo;

(iii) se o dolo era de perigo (*caput*), havendo mera previsibilidade acerca do evento danoso: subsiste o crime em estudo (CP, art. 130, *caput*). É que, segundo Victor Eduardo Rios Gonçalves, "por se tratar de dolo de perigo, conclui-se que o agente não queria transmitir a doença e, assim, poderia, no máximo, responder por lesão corporal culposa que, entretanto, fica afastada por ter a pena menor que o crime de perigo"[169].

Se, além do contágio, sobrevier a morte da vítima, hipótese esta não prevista pelo Código Penal, teremos as seguintes situações, de acordo com a intenção do agente:

---

167. Nélson Hungria, *Comentários*, cit., v. V, p. 405 e 406.

168. Nesse sentido: Damásio E. de Jesus, *Código Penal anotado*, cit., p. 439.

169. Victor Eduardo Rios Gonçalves, Coleção Sinopses Jurídicas — Direito Penal — Dos crimes contra a pessoa, 22. ed., São Paulo, Saraiva, 2019, p. 99, v. 8.

(i) se a intenção era de, contaminando, matar: haverá crime de homicídio doloso, pois nessa hipótese há o *animus necandi*; a transmissão de moléstia venérea, no caso, é um meio de execução do delito de homicídio, e o agente não quer tão só a contaminação, mas, sim, que através desta seja causado o óbito da vítima;

(ii) se a intenção era de apenas contaminar (§ 1º – dolo de dano), mas a morte era um resultado previsível: haverá o crime de lesão corporal seguida de morte (CP, art. 129, § 3º);

(iii) se houve a contaminação por um ato culposo do qual decorreu a morte da vítima: responderá pelo delito de homicídio culposo condicionado à previsibilidade do evento letal.

6. TENTATIVA

A doutrina reconhece a possibilidade da tentativa nos crimes dolosos de perigo, desde que o crime apresente um *iter* que possa ser cindido. Haverá a tentativa na hipótese em que o agente, querendo manter relação sexual com a vítima, não consegue realizá-la. A tentativa é possível principalmente na hipótese do § 1º, em que há o dolo direto de dano.

7. FORMAS

7.1. Simples (art. 130, *caput*)

Está prevista no *caput* do art. 130 do Código Penal, que já tivemos oportunidade de estudar nos itens "i" e "ii" do tópico "elemento subjetivo". A pena prevista para o delito em questão é a de detenção, de três meses a um ano, ou multa.

7.2. Qualificada (art. 130, § 1º)

Está prevista no § 1º do art. 130 do Código Penal e, igualmente, já a analisamos no item "iii" do tópico "elemento subjetivo". É importante, contudo, destacar que o especial fim de agir exigido pela norma, qual seja, a intenção do agente de transmitir a moléstia, além de configurar elemento subjetivo do tipo, qualifica o crime em questão, acarretando o aumento da pena do tipo básico (reclusão, de 1 a 4 anos, e multa). Importante frisar que o efetivo contágio não é necessário para a consumação do delito, mas, se aquele ocorrer, a hipótese continuará sendo a do § 1º, pois será considerado mero exaurimento do crime em tela.

7.3. Culposa

Sobre a questão da modalidade culposa, *vide* comentários ao item 4 (elemento subjetivo).

8. CONCURSO DE CRIMES

É possível haver concurso formal com os crimes contra a dignidade sexual (arts. 213 e s.), podendo, inclusive, existir duplicidade de desígnios (um de dano e outro de perigo) autônomos, desde que eles se dirijam ao atingimento (real, de dano, ou potencial, de perigo) de objetos jurídicos distintos, ficando, então, afastada a subsidiariedade dos crimes de perigo.

9. AÇÃO PENAL. LEI DOS JUIZADOS ESPECIAIS CRIMINAIS

Trata-se de crime de ação penal pública condicionada à representação do ofendido ou de seu representante legal (art. 130, § 2º). É a manifestação de vontade do ofendido ou do seu representante legal no sentido de autorizar o desencadeamento da persecução penal em juízo. Constitui condição objetiva de procedibilidade. Sem a representação do ofendido não se pode dar início à persecução penal. Ressalte-se que nem sequer o inquérito policial poderá ser instaurado sem a permissão da vítima (CPP, art. 5º, § 4º).

O delito de contágio de moléstia venérea, na sua forma simples (*caput*), pelo fato de a pena máxima prevista ser inferior a dois anos (pena – detenção, de 3 meses a 1 ano, ou multa), é considerado infração de menor potencial ofensivo e, portanto, está sujeito às disposições da Lei dos Juizados Especiais Criminais (admite-se, nesse caso, a suspensão condicional do processo).

No tocante à forma qualificada (§ 1º) do delito de contágio de moléstia venérea, em virtude da pena máxima prevista (pena – reclusão, de 1 a 4 anos, e multa), não constitui infração de menor potencial ofensivo, contudo incide a regra do art. 89 da referida lei, que possibilita a aplicação do instituto da suspensão condicional do processo aos crimes cuja pena mínima seja igual ou inferior a 1 ano.

ART. 131 – PERIGO DE CONTÁGIO DE MOLÉSTIA GRAVE

1. OBJETO JURÍDICO

Tutela o Código Penal, através do crime "perigo de contágio de moléstia grave", a saúde e a incolumidade física das pessoas.

2. ELEMENTOS DO TIPO

2.1. Ação nuclear

A ação nuclear do tipo é *praticar* ato capaz de produzir o contágio de moléstia grave. Ao contrário do art. 130, o tipo penal não exige a prática de relações sexuais ou atos libidinosos como meios de transmitir a moléstia. Trata-se, aqui, de crime de ação livre. A contaminação pode dar-se por diversos meios: beijo, instrumentos, injeções, nada impedindo, contudo, que a transmissão também se dê mediante relações sexuais ou atos libidinosos, desde que a moléstia não seja venérea. Pode caracterizar a conduta não só o emprego de meios diretos, como o contato físico, mas também indiretos, como o uso de utensílios pessoais previamente infectados. A contaminação de moléstia venérea grave e realizada por outro meio que não o ato sexual configura o delito em tela.

A lei, aqui, se refere a moléstia grave, ao contrário do art. 130, que faz menção a moléstia venérea. Desse modo, tipifica o crime em estudo a prática de qualquer ato capaz de transmitir moléstia grave. Essa moléstia há de ser contagiosa. São consideradas moléstias graves e contagiosas, por exemplo, a febre amarela, a tuberculose, a Aids. E. Magalhães Noronha[170] entende que esse delito é uma norma penal em branco, cujo conceito deve ser completado pelos Regulamentos de Saúde Pública. Cezar Roberto Bitencourt, de outro lado, sustenta que "não será, com efeito, o regulamento da ONU ou do Ministério da Justiça que determinará a gravidade ou contagiosidade de uma ou outra moléstia. Ademais, o fato de determinada moléstia grave não constar, eventualmente, de regulamentos oficiais não lhe retirará, por certo, a idoneidade para tipificar esse crime. Ser grave ou contagiosa decorre da essência da moléstia e não de eventuais escalas oficiais. Por isso, a nosso juízo, o conteúdo do tipo penal do art. 131 não pode ser definido como norma penal em branco. Trata-se, em verdade, daqueles crimes que, historicamente, a doutrina tem denominado tipos anormais, em razão da presença de elementos normativos ou subjetivos; neste caso, ambos estão presentes: a finalidade de transmitir a moléstia (elemento subjetivo) e moléstia grave (elemento normativo). Com efeito, moléstia grave é somente um elemento normativo, que exige, para a sua compreensão, uma atividade valorativa, pois implica um juízo de valor, sendo insuficiente uma atividade meramente cognitiva. Por isso, a definição do que é moléstia grave cabe à medicina, pois se trata de um conceito médico. A moléstia grave, por fim, não contagiosa não é objeto de preocupação do art. 131"[171].

Quanto à Aids, a transmissão dessa doença não configura o delito do art. 130 do Código Penal, pois, além de não ser considerada doença venérea pela medicina, não é transmissível somente por meio de relações sexuais, mas também, por exemplo, por transfusão de sangue, emprego de seringas usadas. Do mesmo modo, a transmissão desse vírus também não configura o delito do art. 131, mas homicídio tentado ou consumado. Por exemplo, havendo dolo de matar, configura homicídio tentado a relação sexual forçada com o intuito de transmitir o vírus HIV. Assim:

(i) se o agente age com o fim de transmitir a doença e acaba por efetivamente transmiti-la, o enquadramento da conduta dar-se-á no homicídio doloso tentado ou consumado (art. 121, *caput*);

(ii) se o agente, estando contaminado, transmite o vírus culposamente, responderá pelo delito de lesão corporal culposa (art. 129, § 6º) ou homicídio culposo (art. 121, § 3º) e não pelo crime do art. 131, o qual restará absorvido.

Em verdade, sendo o caso de qualquer moléstia de natureza letal, sem perspectiva de cura pela Medicina, reconhece-se o delito de homicídio, tentado ou consumado.

2.2. Sujeito ativo

Qualquer pessoa, homem ou mulher, contaminada de moléstia grave e contagiosa.

---

170. *Direito penal*, cit., v. 2, p. 83.

171. Cezar Roberto Bitencourt, *Manual*, cit., v. 2, p. 222.

2.3. Sujeito passivo

Qualquer pessoa, desde que não infectada com a mesma moléstia; do contrário estaremos diante de um crime impossível (CP, art. 17).

3. ELEMENTO SUBJETIVO

Não basta a mera consciência e vontade do agente, molestado, de praticar ato capaz de produzir o contágio, pois o tipo penal exige, além dessa vontade genérica, uma finalidade especial escrita explicitamente no modelo legal, qual seja, "com o fim de transmitir a outrem a moléstia grave". Ausente essa finalidade, não há o enquadramento legal da conduta ao tipo penal.

Desse modo, no tipo penal em estudo, há o dolo direto de dano acrescido do fim especial de agir: "o fim de transmitir". Não se admite, na espécie, o dolo eventual de dano, em face de sua incompatibilidade com o elemento subjetivo do tipo, que exige expressamente que o agente queira transmitir a moléstia. Como então enquadrar a conduta daquele que assume o risco de transmitir a moléstia grave a outrem? Segundo Heleno Cláudio Fragoso, "o dolo eventual poderá constituir tentativa de lesão corporal ou o crime consumado de perigo para a vida ou a saúde de outrem (art. 132, do CP)"[172]. E, acrescenta Cezar Roberto Bitencourt: "se ocorrer a transmissão efetiva da moléstia grave, o crime poderá ser de lesão corporal dolosa ou lesão corporal seguida de morte, de acordo com o resultado que produzir"[173].

4. MOMENTO CONSUMATIVO

Ocorre com a prática do ato capaz de produzir o contágio, aliada à intenção de transmitir a moléstia grave. Embora inserido neste capítulo, na realidade, não é crime de perigo. É delito formal, em que não se exige necessariamente que o agente consiga o efetivo contágio. Nesse sentido leciona Nélson Hungria: "tal como na hipótese do § 1º do art. 130, não se trata aqui, propriamente, de um crime de perigo, mas de um crime formal ou de consumação antecipada; é uma tentativa de lesão corporal grave, especialmente punida como crime *sui generis* ou autônomo"[174].

E se da prática do ato capaz de produzir o contágio de moléstia grave este efetivamente sobrevém?

Se do efetivo contágio da moléstia grave advier a produção de um dos resultados do art. 129, §§ 1º e 2º, o agente responderá pelo delito de lesão corporal grave ou gravíssima; quanto às lesões leves, restam absorvidas pelo delito em estudo[175].

E se do efetivo contágio sobrevém a morte da vítima?

---

172. Apud Cezar Roberto Bitencourt, *Manual*, cit., v. 2, p. 225.

173. Cezar Roberto Bitencourt, *Manual*, cit., v. 2, p. 225.

174. Nélson Hungria, *Comentários*, cit., v. V, p. 411.

175. Nesse sentido: Damásio E. de Jesus, *Código Penal anotado*, cit., p. 440 e 441.

Quanto ao resultado morte produzido pela contaminação da moléstia grave, o agente responderá, se teve a intenção de matar, por homicídio tentado ou consumado, conforme ocorra ou não a morte. Se não houver esse ânimo, mas a vítima vier a falecer, ocorrerá lesão corporal seguida de morte (CP, art. 129, § 3º), desde que esse evento seja previsível. Também responderá pela lesão corporal seguida de morte se atuar com dolo eventual com relação ao contágio. Se a contaminação decorreu de um ato culposo do qual adveio a morte da vítima: responderá o agente pelo delito de homicídio culposo[176].

Ressalte-se que, se o contágio sobrevém de crime contra a dignidade sexual, o agente responderá pelo respectivo delito, mais a causa de aumento de pena do art. 234-A, IV, do Código Penal.

5. TENTATIVA

É inadmissível quando o ato com que se pretende o contágio é único. Se houver vários atos, ela será possível.

6. FORMAS

6.1. Simples (art. 131, *caput*)

Está descrita no *caput*.

6.2. Culposa

Não há forma culposa do delito em estudo. Assim, se o agente de modo imprudente realiza ato capaz de transmitir moléstia grave, não responderá pelo delito em questão ante a falta de previsão legal. Nada impede, contudo, que responda pelo delito de lesões corporais culposas se houver o efetivo contágio.

7. CONCURSO DE CRIMES

Se, para além do potencial atingimento da vítima, o agente desejar a causação de uma epidemia, pode apresentar-se, em concurso, a figura do art. 267 (crime de perigo coletivo ou comum, pondo em risco um número indeterminado de vítimas).

8. AÇÃO PENAL. LEI DOS JUIZADOS ESPECIAIS CRIMINAIS

Trata-se de crime de ação penal pública incondicionada, pois independe de representação do ofendido ou de seu representante legal. Nos moldes da Lei n. 9.099/95, o delito de contágio de moléstia grave não constitui infração de menor potencial ofensivo. Em virtude de a pena mínima prevista ser igual a 1 ano (pena – reclusão, de 1 a 4 anos, e multa), incide, porém, a regra do art. 89 da referida lei, que possibilita a aplicação do

---

176. Damásio E. de Jesus, *Código Penal anotado*, cit., p. 440 e 441.

instituto da suspensão condicional do processo aos crimes cuja pena mínima seja igual ou inferior a 1 ano.

ART. 132 – PERIGO PARA A VIDA OU SAÚDE DE OUTREM

1. CONSIDERAÇÕES PRELIMINARES

O art. 132 do Código Penal encerra uma verdadeira fórmula genérica dos crimes de perigo constantes do Capítulo IV desse *Codex*, de modo que se não houvesse a especial incriminação das condutas abrigadas nos demais artigos do capítulo, haveria a subsunção de tais condutas à figura penal aqui estudada[177].

Consoante a Exposição de Motivos do Código Penal "o exemplo frequente e típico dessa *species* criminal é o caso do empreiteiro que, para poupar-se ao dispêndio com medidas técnicas de prudência, na execução da obra, expõe o operário ao risco de grave acidente. Vem daí que Zurcher, ao defender, na espécie, quando da elaboração do Código Penal suíço, um dispositivo incriminador, dizia que este seria um complemento da legislação trabalhista ('*Wir haben geglaubt, dieser Artikel werde einen Teil der Arbeiterschutzgesetzgebung bilden*'). Este pensamento muito contribuiu para que se formulasse o art. 132; mas este não visa somente proteger a indenidade do operário, quando em trabalho, senão também a de qualquer outra pessoa. Assim, o crime de que ora se trata não pode deixar de ser reconhecido na ação, por exemplo, de quem dispara uma arma de fogo contra alguém, não sendo atingido o alvo, nem constituindo o fato tentativa de homicídio".

Trata-se de delito de caráter eminentemente subsidiário, por expressa disposição contida em seu preceito secundário: "se o fato não constitui crime mais grave". Assim, se praticado crime de maior gravidade, este absorverá o delito de perigo em tela. Da mesma forma, não incidirá o tipo penal em questão, ainda que a pena para ele prevista seja maior, se o fato puder ser enquadrado em algum delito específico, por exemplo, crime de maus-tratos (CP, art. 136).

2. OBJETO JURÍDICO

Conforme expressa disposição legal, o Código tutela o direito à vida e à saúde das pessoas humanas. Cuida-se de objeto jurídico indisponível, de modo que o consentimento da vítima na sua violação é irrelevante para excluir o crime de perigo para a vida ou saúde de outrem.

3. ELEMENTOS DO TIPO

3.1. Ação nuclear

É o verbo *expor*, que significa colocar em perigo a vida ou a saúde de outrem. Trata-se de crime de forma livre, podendo a exposição a perigo ser realizada mediante uma

177. Nesse sentido: E. Magalhães Noronha, *Direito penal*, cit., v. 2, p. 84.

conduta comissiva, por exemplo, agredir motorista de ônibus, colocando em perigo todos os passageiros que no seu interior se encontravam; ou omissiva, por exemplo, familiares que não autorizam a urgente transfusão de sangue, por motivos religiosos, em favor de paciente anêmica.

O perigo deve ser direto, isto é, deve ocorrer em relação a pessoa determinada. Dessa forma, exige-se a prova da existência de perigo concreto contra uma ou determinadas pessoas. Deve também o perigo ser iminente, ou seja, imediato, aquele prestes a se convolar em dano. A possibilidade futura de ocorrência de perigo descaracteriza o delito em tela.

Note-se que a ação física desencadeada pelo sujeito ativo não visa causar nenhum dano em alguém, mas simplesmente criar uma situação da qual resulte uma ameaça de lesão para a vida ou a saúde de outrem.

3.2. Sujeito ativo

Trata-se de crime comum. Qualquer pessoa pode praticar o delito em estudo. Note-se que, ao contrário dos crimes previstos nos arts. 133 (abandono de incapaz), 134 (exposição ou abandono de recém-nascido), 136 (maus-tratos), cuja característica é a existência de vinculação jurídica entre o sujeito ativo e o passivo, no crime em tela não há qualquer relação jurídica entre ambos.

3.3. Sujeito passivo

Qualquer pessoa, apenas se exige que o sujeito passivo seja determinado, pois o crime ora em estudo é pacificamente havido como de perigo individual. Se não o for, há crime de perigo comum (CP, arts. 250 e s.). A jurisprudência já se manifestou no sentido de que a utilização de cerca energizada para afugentar ladrões (ofendículo), por causar perigo a pessoas indeterminadas, não configura o crime do art. 132 do Código Penal, pois este exige vítima certa, que esteja sendo visada pelo réu[178].

Ressalte-se que certos profissionais não se incluem no rol das vítimas, pois o perigo é inerente a sua atividade. Assim, conforme ressalva Nélson Hungria, "como é óbvio, deixa de haver o crime quando o periclitante tem o dever legal de afrontar ou suportar o perigo, como no caso dos *bombeiros*, dos *policiais* etc. Igualmente inexiste o crime quando se trata de perigo *inerente* a certas profissões ou atividades, como a dos *enfermeiros*, a dos *amansadores* de animais, a dos *toureiros*, a dos *corredores automobilísticos*, a dos operários em fábrica de explosivos, fogos de artifício ou outros produtos químicos etc. É preciso que o perigo se apresente como uma *anormalidade*, como uma ação desaprovada pela moral jurídica ou pela moral prática. Mesmo nos casos acima, cumpre ao juiz apreciar até onde o perigo devia ter sido evitado, embora dificílima seja, por vezes, a *triage*"[179]. Nas hipóteses em que não for proporcionado a esses profissionais especial conhecimento técnico e aparato de proteção, o delito em estudo poderá estar configurado.

---

178. Em sentido contrário, Julio Fabbrini Mirabete, *Código Penal*, cit., p. 740.

179. Nélson Hungria, *Comentários*, cit., v. V, p. 420.

4. ELEMENTO SUBJETIVO

É o dolo de perigo, consistente na consciência e vontade de expor a perigo. Pode ser direto, em que a vontade do agente se redireciona no sentido de criar a situação de perigo, ou eventual, em que, embora não queira diretamente essa situação, assume o risco do evento perigoso. Assim, praticam-no, com dolo eventual, avó e mãe de menor que, por motivos religiosos (Testemunhas de Jeová), não autorizam urgente transfusão de sangue prescrita em caso de anemia. Nesse contexto, vale lembrar que o art. 22 do Código de Ética Médica prevê que é vedado ao médico "deixar de obter consentimento do paciente ou de seu representante legal após esclarecê-lo sobre o procedimento a ser realizado, salvo em caso de risco iminente de morte". No mesmo sentido, a Resolução 1.021/80 do Conselho Federal de Medicina, que orienta o profissional da saúde a realizar "a transfusão de sangue, independentemente de consentimento do paciente ou de seus responsáveis", em caso de risco de morte. Esta é a nossa posição. Em sentido contrário, entendendo que a decisão cabe apenas ao paciente e que os médicos devem se curvar à sua vontade, Claus Roxin[180].

O delito em questão, portanto, não é informado pelo *animus necandi* nem pelo *animus laedendi*, de forma que se o agente o praticar com a intenção de causar dano à pessoa (dolo de dano), o crime será outro (tentativa de homicídio ou lesão dolosa).

O fato não é punível a título de culpa.

5. MOMENTO CONSUMATIVO

A consumação do crime em estudo dá-se com a produção efetiva do perigo. Trata-se de delito de perigo concreto, ou seja, o perigo que deve ser demonstrado caso a caso. Os crimes de perigo concreto, conforme já visto, são aqueles cuja caracterização virá pela efetiva comprovação de que a conduta do agente trouxe, realmente, a probabilidade do dano ao objeto jurídico protegido.

E se da conduta de expor a perigo sobrevier lesão corporal à vítima?

Nesse caso, em tese, deveria o agente responder pelo delito de lesão corporal culposa (CP, art. 129, § 6º), contudo, como a pena prevista para este delito é menor que a prevista para o crime de perigo, responderá o agente pelo crime do art. 132 do Código Penal. Isso não ocorre na hipótese em que a exposição a perigo advém de conduta praticada na condução de veículo automotor, uma vez que o delito de lesão corporal culposa previsto no Código de Trânsito Brasileiro possui sanção mais grave, de modo que o agente responderá, nessa hipótese, por esse crime, e não pelo do art. 132 do Código Penal. Da mesma maneira, responderá pelo delito de lesão corporal culposa se o fato puder ser enquadrado na sua forma agravada (CP, art. 129, § 7º).

E se da conduta de expor a perigo sobrevier a morte da vítima?

---

180. Claus Roxin, A apreciação jurídico-penal da eutanásia, *Revista Brasileira de Ciências Criminais*, São Paulo, out.-dez. 2000, v. 32, nota 36, p. 19.

Se da conduta de expor a perigo advier a morte da vítima, responderá o agente pelo delito de homicídio culposo (CP, art. 121, § 3º). Importante notar que jamais responderá o agente pelo delito de "lesão corporal seguida de morte", ou seja, pelo crime preterdoloso, na medida em que o agente não age com dolo de dano, com o ânimo de lesionar, mas tão somente com o dolo de perigo.

6. TENTATIVA

Em tese, é possível, mas somente na modalidade comissiva; jamais na omissiva.

7. FORMAS

7.1. Simples (art. 132, *caput*)

Está descrita no *caput*. Para melhor compreensão do tema, consulte o tópico n. 3.

7.2. Culposa

Sobre a modalidade culposa, *vide* comentários ao item 5 (momento consumativo).

8. CAUSA DE AUMENTO DE PENA (ART. 132, PARÁGRAFO ÚNICO)

A pena é aumentada de um sexto a um terço se a exposição da vida ou da saúde de outrem a perigo decorre do transporte de pessoas para a prestação de serviços em estabelecimentos de qualquer natureza, em desacordo com as normas legais. A finalidade primordial dessa majoração é coibir o transporte em condições irregulares dos chamados boias-frias, evitando-se com isso os acidentes que geralmente acontecem. O transporte a que a lei se refere é o veículo motorizado, sujeito às disposições do Código de Trânsito Brasileiro (ônibus, caminhões etc.). Exige o tipo que as pessoas sejam transportadas para prestar serviços em estabelecimento de qualquer natureza, e, segundo Damásio E. de Jesus, "o transporte pode ser realizado para empresas ou propriedades de qualquer natureza: sítios, fazendas, indústrias, fábricas, lojas, estabelecimentos comerciais e de recreação etc. A empresa pode ser civil ou comercial, pública ou privada. A prestação de serviços alcança qualquer atividade: lavouras (cana-de-açúcar, soja, café, cacau etc.), indústrias, fábricas de carvão, madeireiras, borracha, desmatamento, construções, saneamento, conservação de estradas etc."[181]. Ressalva Cezar Roberto Bitencourt que, "'se o transporte de pessoas' tiver outra destinação, seja de lazer, seja com objetivos religiosos ou políticos (que frequentemente utilizam transportes inadequados), não configurará a majorante em exame"[182].

Autor, segundo a teoria restritiva adotada pelo Código Penal, é aquele que realiza a conduta principal descrita no tipo penal, ou seja, aquele que transporta pessoas em condições irregulares, melhor dizendo, é o motorista do veículo. Ocorre que, para os adeptos

181. Damásio E. de Jesus, *Código Penal anotado*, cit., p. 443.

182. Cezar Roberto Bitencourt, *Manual*, cit., v. 2, p. 243.

da teoria do domínio do fato, dentre eles, Damásio E. de Jesus, autor é aquele que detém o controle final do fato, dominando toda a realização delituosa. Não importa se o agente pratica ou não o verbo descrito no tipo legal. Assim, o mandante, embora não realize o núcleo da ação típica, deve ser considerado autor, uma vez que detém o controle final do fato até a sua consumação. Nesse diapasão, o autor do delito do art. 132, na sua forma majorada, é o responsável pelo estabelecimento ou propriedade, sendo o motorista coautor do delito. Note-se que o fiscal do transporte pode ser partícipe do delito em exame[183].

Importa destacar que a majorante em estudo exige que o transporte seja realizado "em desacordo com as normas legais". Tais normas são as constantes no Código de Trânsito Brasileiro e legislação complementar. Se o transporte for realizado de acordo com as normas legais, não há que se falar em fato típico.

Finalmente, é de observar que não basta o tão só desrespeito às normas regulamentares para que a figura majorada se configure, pois esta exige a prova do perigo concreto para a vida ou a saúde das pessoas transportadas.

9. CONCURSO DE CRIMES: CONCURSO FORMAL

Alguns doutrinadores não admitem o concurso de crimes, justificando tal vedação na natureza subsidiária do crime do art. 132 do Código Penal. Essa justificação não prospera, uma vez que o princípio da subsidiariedade da norma apenas impede que o agente responda em concurso pela norma principal e pela norma subsidiária, na medida em que esta é absorvida por aquela. Assim, é óbvio que não haverá concurso entre os crimes dos arts. 132 e 121, § 3º, do Código Penal, se, por exemplo, o patrão não fornece equipamentos de proteção ao funcionário e este vem a falecer em decorrência de acidente de trabalho. Com efeito, a norma do art. 121, § 3º (norma principal), que contém um crime de dano, absorverá a do art. 132 (norma subsidiária), que contém um crime de perigo. Há outras situações em que é possível a incidência da regra do concurso de crimes, tendo em vista a inexistência de uma norma principal e de uma norma subsidiária. Nada impede, assim, que incida a regra do concurso formal (CP, art. 70) na hipótese em que, por exemplo, o patrão, ciente de que deve zelar pela segurança de seus funcionários, omita-se no fornecimento de equipamentos de segurança para cinco funcionários que trabalham em uma mina de carvão, expondo a vida ou a saúde deles a perigo direto e iminente. Veja: com uma única conduta omissiva o agente criou o risco para a vida e a saúde de várias pessoas perfeitamente individualizadas. Não há como, no caso, afastar a regra do concurso formal.

10. CONFLITO APARENTE DE NORMAS. APLICAÇÃO DO PRINCÍPIO DA SUBSIDIARIEDADE

Conforme estudado no 1º volume desta obra[184], conflito aparente de normas é o que se estabelece entre duas ou mais normas aparentemente aplicáveis ao mesmo fato. Há

---

183. Nesse sentido: Damásio E. de Jesus, *Código Penal anotado*, cit., p. 443.

184. Fernando Capez, *Curso de direito penal*, v. 1, 2020, p. 129.

conflito porque mais de uma norma pretende regular o mesmo fato, mas é aparente porque, com efeito, apenas uma delas acaba sendo aplicada à hipótese. Para que se configure o conflito aparente de normas é necessária a presença de certos elementos: (i) unidade do fato (há somente uma infração penal); (ii) pluralidade de normas (duas ou mais normas pretendendo regulá-lo); (iii) aparente aplicação de todas as normas à espécie (a incidência de todas é apenas aparente); (iv) efetiva aplicação de somente uma delas (só uma é aplicável, razão pela qual o conflito é aparente). Frise-se: o conflito é apenas aparente porque, na realidade, só uma delas acaba regulamentando o fato, ficando afastadas as demais. A solução dá-se pela aplicação de alguns princípios, os quais, ao mesmo tempo que afastam as normas não incidentes, apontam aquela que realmente regulamenta o caso concreto. Chamam-se "princípios que solucionam o conflito aparente de normas". São eles: (i) especialidade; (ii) subsidiariedade; (iii) consunção; (iv) alternatividade.

Interessa-nos aqui estudar o princípio da subsidiariedade. Subsidiária é a norma que descreve um grau menor de violação de um mesmo bem jurídico, isto é, um fato menos amplo e menos grave, o qual, embora definido como delito autônomo, encontra-se também compreendido em outro tipo como fase normal de execução de crime mais grave. Define, portanto, como delito independente conduta que funciona como parte de um crime maior. Dessa forma, se for cometido o fato mais amplo, duas normas aparentemente incidirão: aquela que define esse fato e a outra, que descreve apenas uma parte ou fase dele. A norma que descreve o "todo", isto é, o fato mais abrangente, é conhecida como primária e, por força do princípio da subsidiariedade, absorverá a menos ampla, que é a norma subsidiária, justamente porque esta última cabe dentro dela. A consequência será a seguinte: a norma primária prevalece sobre a subsidiária, que passa a funcionar como um soldado de reserva[185]. Tenta-se aplicar a norma primária, e somente quando isso não se ajustar ao fato concreto, recorre-se subsidiariamente à norma menos ampla. Por exemplo[186]: o agente efetua disparos de arma de fogo sem, no entanto, atingir a vítima. Aparentemente três normas são aplicáveis: o art. 132 do Código Penal (periclitação da vida ou saúde de outrem); o art. 15, *caput*, da Lei n. 10.826/2003 (disparo de arma de fogo); e o art. 121 c/c o art. 14, II, do Estatuto Repressivo (homicídio tentado). O tipo definidor da tentativa de homicídio descreve um fato mais amplo e mais grave, dentro do qual cabem os dois primeiros. Assim, se ficar comprovada a intenção de matar, aplica-se a norma primária, qual seja, a da tentativa branca de homicídio; não demonstrada a *voluntas sceleris* (*animus necandi*), o agente responderá pelo crime de disparo, o qual, é considerado mais grave que a periclitação.

11. CRIME DE PERICLITAÇÃO DA VIDA OU SAÚDE DE OUTREM E O DELITO DE "DISPARO DE ARMA DE FOGO"

O disparo de arma de fogo está tipificado no art. 15 do Estatuto do Desarmamento, com a ressalva final "desde que essa conduta não tenha como finalidade a prática de

185. Expressão utilizada por Nélson Hungria.

186. Fernando Capez, *Arma de fogo*, cit., p. 58 e 59.

outro crime". No caso em tela, como o autor da periclitação pretende expor a vida de outrem a perigo, usando os disparos como simples meio para essa realização, deveria prevalecer a norma do art. 132 do CP.

Nosso entendimento: conforme já ressaltado (*vide* comentários ao crime de lesões corporais), tal solução violaria o princípio da proporcionalidade, de modo que prevalece a infração mais grave, no caso, o disparo.

Convém notar que, mesmo em face do Estatuto do Desarmamento, o art. 132 do Código Penal continua a subsistir para alcançar todas as outras formas de exposição de vítima determinada a risco direto e iminente de dano, abrangendo o uso de arma branca, de arremesso etc.

12. CRIMES DE PERIGO PREVISTOS NO CÓDIGO DE TRÂNSITO BRASILEIRO (LEI N. 9.503/97)[187]

O Código de Trânsito Brasileiro dispõe sobre os crimes cometidos na direção de veículo automotor. Tais crimes tanto dizem respeito à produção de um resultado danoso (p.ex., lesão corporal e homicídio culposos) quanto à produção de uma situação de perigo. Assim, as condutas praticadas na condução de veículo automotor que produzam uma situação de perigo para a vida ou a saúde de outrem poderão ser enquadradas em um dos tipos penais específicos previstos no Código de Trânsito. Tais crimes, via de regra, têm por objeto jurídico principal a segurança viária, que é colocada em risco com a prática de uma das condutas criminosas elencadas pela legislação especial.

Dessa forma, conforme explanamos em obra sobre o tema, a Lei n. 9.503/97 criou diversos crimes que se caracterizam por uma situação de perigo (dano potencial) e que ficarão absorvidos quando ocorrer o dano efetivo (lesões corporais ou homicídio culposo na direção de veículo automotor). É o caso dos crimes de participação em corrida não autorizada (racha – art. 308: "participar, na direção de veículo automotor, em via pública, de corrida, disputa ou competição automobilística não autorizada pela autoridade competente, desde que resulte dano potencial à incolumidade pública ou privada"); direção de veículo sem permissão ou habilitação (art. 309 – "dirigir veículo automotor, em via pública, sem a devida Permissão para Dirigir ou Habilitação ou, ainda, se cassado o direito de dirigir, gerando perigo de dano"); entrega da direção a pessoa não habilitada (art. 310 – "permitir, confiar ou entregar a direção de veículo automotor a pessoa não habilitada, com habilitação cassada ou com o direito de dirigir suspenso, ou, ainda, a quem, por seu estado de saúde, física ou mental, ou por embriaguez, não esteja em condições de conduzi-lo com segurança") e excesso de velocidade em determinados locais (art. 311 – "trafegar em velocidade incompatível com a segurança nas proximidades de escolas, hospitais, estações de embarque e desembarque de passageiros, logradouros estreitos, ou onde haja grande movimentação ou concentração de pessoas, gerando perigo de dano").

187. Cf. Fernando Capez e Victor Eduardo Rios Gonçalves, *Aspectos criminais do Código de Trânsito Brasileiro*, cit., p. 31; Fernando Capez, *Curso de direito penal; Legislação penal especial*, cit., v. 4.

13. CRIME DE PERICLITAÇÃO DA VIDA OU SAÚDE DE OUTREM E O ESTATUTO DA PESSOA IDOSA

Registre-se que o Estatuto da Pessoa Idosa (Lei n. 10.741/2003) traz modalidade especial do crime de periclitação da vida ou saúde de outrem, constante em seu art. 99: "Expor a perigo a integridade e a saúde, física ou psíquica, da pessoa idosa, submetendo-o a condições desumanas ou degradantes ou privando-o de alimentos e cuidados indispensáveis, quando obrigado a fazê-lo, ou sujeitando-o a trabalho excessivo ou inadequado". Ainda, há duas formas qualificadas do citado delito: (i) se do fato resulta lesão corporal de natureza grave (§ 1º, art. 99); (ii) se do fato resulta a morte (§ 2º, art. 99).

O que diferencia os dois tipos penais é a qualidade especial do sujeito passivo, consistente em possuir idade igual ou superior a 60 anos, bem como a forma de cometimento do delito, a qual se dá pela submissão da pessoa idosa a condições desumanas ou degradantes; ou privação de alimentação e de cuidados indispensáveis, quando obrigado a fazê-lo; ou sujeição da pessoa idosa a trabalho excessivo ou inadequado.

14. AÇÃO PENAL. LEI DOS JUIZADOS ESPECIAIS CRIMINAIS

Trata-se de crime de ação penal pública incondicionada, que independe de representação do ofendido ou de seu representante legal.

Nos moldes da Lei n. 9.099/95, o crime de perigo para a vida ou a saúde de outrem (CP, art. 132, *caput*), na forma simples, constitui infração de menor potencial ofensivo. Do mesmo modo, a forma majorada do art. 132 passou também a sujeitar-se ao procedimento da Lei n. 9.099/95, art. 61: "consideram-se infrações penais de menor potencial ofensivo, para os efeitos desta Lei, as contravenções penais e os crimes a que a lei comine pena máxima não superior a 2 (dois) anos, cumulada ou não com multa".

ART. 133 - ABANDONO DE INCAPAZ

1. PRECEDENTES HISTÓRICOS

Não consta das legislações antigas a criminalização da conduta de abandonar incapaz. Limitaram-se elas tão só a sancionar a conduta de expor infante, e, ainda, com algumas restrições, como a legislação de Esparta, por exemplo, em que se autorizava o abandono de crianças débeis ou aleijadas, incapazes para o serviço de armas. O Direito Romano, por sua vez, ao tempo das XII Tábuas, proibia ao *paterfamilias* expor o filho recém-nascido; contudo tal proibição somente dizia respeito aos filhos varões e às filhas primogênitas, desde que não fossem débeis, monstruosos ou deformes; caso contrário, a exposição era legitimada. Com o Direito Canônico, além do recém-nascido, passou a constituir objeto da tutela penal toda pessoa incapaz de valer-se a si mesma. Houve, portanto, uma ampliação daquela criminalização. É certo que, com isso, não somente os pais passaram a ser autores desse crime, mas também qualquer pessoa que expusesse um incapaz. Na mesma esteira, o

Código bávaro expressamente estendia a proteção legal aos incapazes em geral. Em nossa legislação, o Código de 1830 não contemplou qualquer figura nesses moldes, e o de 1890 limitou-se a punir o abandono de infante menor de 7 anos[188]. A legislação não se limitou à proteção dos menores, e, conforme a Exposição de Motivos, "atendendo ao *ubi eadem ratio, ibi eadem dispositio*, amplia-a aos *incapazes* em geral, aos *enfermos, inválidos* e *feridos*".

2. CONSIDERAÇÕES PRELIMINARES

O crime de abandono de incapaz e o crime de exposição ou abandono de recém-nascido (CP, art. 134) foram previstos em tipos autônomos. Segundo a doutrina, o art. 133 prevê o tipo básico, fundamental, ao passo que o art. 134, uma figura privilegiada, em decorrência da previsão do "motivo de honra"[189].

O crime de abandono de incapaz é um crime de perigo concreto em decorrência do próprio verbo empregado na figura criminosa, qual seja, *abandonar*, o que exige um risco efetivo, real.

3. OBJETO JURÍDICO

Segundo E. Magalhães Noronha, "inscreve-se a espécie no título dos *crimes contra a pessoa*, donde a proteção desta é o escopo do artigo. É ainda a defesa da vida e da saúde que se tutela, como bem claro deixa a denominação do Capítulo III. Objetividade jurídica, portanto, é o interesse relativo à segurança do indivíduo, que, por si, não se pode defender ou proteger, preservando sua incolumidade física"[190].

4. ELEMENTOS DO TIPO

4.1. Ação nuclear

Abandonar significa deixar a vítima sem assistência, ao desamparo. O crime pode realizar-se mediante uma conduta comissiva, por exemplo, conduzir um incapaz até uma floresta, abandonando-o; como também por uma conduta omissiva, por exemplo, babá que abandona o emprego, deixando as crianças, que estavam sob a sua assistência, à própria sorte. Não basta para a configuração do crime o simples abandono do incapaz; o abandono deve criar uma situação de perigo concreto para a vítima, incumbindo ao juiz analisar em cada caso a efetiva situação de perigo. Nesse sentido leciona E. Magalhães Noronha, para quem a essência do abandono "está na presença de uma situação perigosa para o sujeito passivo. Disso resulta não haver abandono (expressão ampla) quando o sujeito ativo deixa o ofendido em lugar onde, sem qualquer risco para sua vida ou saúde,

---

188. Precedentes históricos retirados da obra de Nélson Hungria, *Comentários*, cit., v. V, p. 422-5.

189. Nesse sentido: Damásio E. de Jesus, *Código Penal anotado*, cit., p. 444.

190. E. Magalhães Noronha, *Direito penal*, cit., v. 2, p. 87.

terá assistência de pessoa certa ou mesmo indeterminada"[191]. Da mesma forma, inexiste o crime na hipótese em que o agente fique na espreita, vigiando a vítima, aguardando que terceiros a recolham. Observe-se que no caso nem mesmo há o dolo de expor o incapaz a uma situação de perigo para a sua vida ou saúde. Também não constitui abandono a hipótese em que o próprio assistido se furta aos cuidados daquele que tem o dever de prestar assistência.

4.2. Sujeito ativo

Esse crime somente pode ser cometido por aquele que tenha o indivíduo sob o seu cuidado, guarda, vigilância ou autoridade. O crime é próprio, exigindo a descrição típica que exiba o agente especial vinculação com o sujeito passivo, vinculação esta inserida no dever de assistência que o primeiro tem em relação ao segundo. O dever de assistência pode decorrer de lei, de um contrato, ou de um fato (lícito ou mesmo ilícito). Damásio E. de Jesus ensina que: "Cuidado é a assistência eventual. Ex.: o enfermeiro que cuida de pessoa portadora de doença grave. Guarda é a assistência duradoura. Ex.: menores sob a guarda dos pais. Vigilância é a assistência acauteladora. Ex.: guia alpino em relação ao turista. Autoridade é o poder de uma pessoa sobre a outra, podendo ser de direito público ou de direito privado"[192]. Se inexiste o dever de assistência, ou seja, se a vítima não se encontrava sob o cuidado, guarda, vigilância ou autoridade do agente, não há falar no crime de abandono de incapaz, podendo o agente responder por outro delito, como, por exemplo, omissão de socorro (CP, art. 135).

4.3. Sujeito passivo

Qualquer pessoa que se encontre sob o cuidado, guarda, vigilância ou autoridade do sujeito ativo e por qualquer motivo seja incapaz de defender-se dos riscos advindos do abandono. A incapacidade não é a civil, podendo ser corporal ou mental, durável ou temporária. Pode também ser absoluta (inerente à condição da vítima, uma criança, um ancião, um alucinado, um cego) ou relativa (decorrente do lugar, do tempo, das circunstâncias do abandono da vítima, deixada à própria sorte enquanto embriagada, enferma, amarrada). É inoperante o consentimento do ofendido, dada a indisponibilidade do bem jurídico protegido.

5. ELEMENTO SUBJETIVO

É o dolo, consistente na vontade livre e consciente de abandonar a vítima, de modo a expor a perigo a sua vida ou saúde. Admite-se o dolo tanto na modalidade direta quanto na eventual. Se com o abandono o que se deseja é a morte da vítima, a presença do *animus necandi* determinará o deslocamento do tratamento típico para aquele do homicídio tentado (ou, na ocorrência de morte, consumado). Assim, se o abandono é realizado em local abso-

---

191. E. Magalhães Noronha, *Direito penal*, cit., v. 2, p. 89.

192. Damásio E. de Jesus, *Direito penal*, cit., v. 2, p. 168.

lutamente deserto, pode haver o dolo eventual de homicídio. O mesmo raciocínio vale para o agente que, dolosamente, visa a produzir lesões corporais graves. Produzindo-se o resultado, há o deslocamento do tratamento típico para o art. 129, § 1º ou § 2º.

Lembre-se que todos os elementos (normativos, objetivos, subjetivos) que integram o tipo penal devem ser abrangidos pelo dolo. Assim, o desconhecimento justificável do sujeito ativo no tocante ao seu dever de assistência (que é elemento constitutivo do tipo penal) para com o sujeito passivo exclui o dolo e, portanto, o crime em tela, incidindo na hipótese as regras do erro de tipo (CP, art. 20).

6. MOMENTO CONSUMATIVO

Consuma-se o delito com o abandono do incapaz, desde que haja perigo concreto para a vida ou a saúde da vítima. Assim, não há falar em exclusão do crime na hipótese em que o agente temporariamente abandone o assistido, vindo a retomar posteriormente a sua posição de garantidor, pois, desde que a vida ou a saúde do assistido tenha sido exposta a perigo com o abandono, estará consumado o delito. Nada impede, contudo, que no caso incida o instituto do arrependimento posterior (CP, art. 16).

Trata-se de crime instantâneo de efeitos permanentes; isso quer dizer que o crime de abandono de incapaz consuma-se em um dado instante (com o abandono), mas seus efeitos perduram no tempo, independentemente da vontade do agente, já que o resultado produzido pela conduta subsiste sem precisar ser sustentado por ele. Cumpre não confundir com o crime permanente, pois neste há a manutenção da conduta criminosa, por vontade do próprio agente, por exemplo, delito de sequestro.

7. TENTATIVA

Conforme estudamos anteriormente, a tentativa é admissível nos crimes de perigo, desde que o delito seja praticado na modalidade comissiva, de modo a haver um *iter criminis* a ser fracionado. Dessa forma, apesar de na doutrina estrangeira existirem posicionamentos em sentido contrário, não há como negar a forma tentada do delito de abandono de incapaz na forma comissiva, pois, consoante Nélson Hungria, "se o agente é surpreendido no ato do *depósito* ou quando já está se distanciando da vítima, mas antes que esta corra perigo, é inegável o *conatus*... Há um *iter* a percorrer, uma execução progressiva, em cujo curso o agente pode ser detido ou voluntariamente deter-se, o que vale dizer: há uma *fase da tentativa*"[193].

8. FORMAS

8.1. Simples (art. 133, *caput*)

É a figura descrita no *caput*.

---

193. Nélson Hungria, *Comentários*, cit., v. V, p. 434.

8.2. Qualificada (art. 133, §§ 1º e 2º)

São as figuras descritas nos §§ 1º e 2º. O legislador previu a majoração da pena em duas hipóteses: (i) se do abandono resulta lesão corporal de natureza grave (pena – reclusão, de 1 a 5 anos); (ii) se do abandono resulta morte (pena – reclusão, de 4 a 12 anos). Ambas são formas preterdolosas. O resultado agravador não é querido pelo agente, nem mesmo eventualmente, mas lhe é imputado a título de culpa, se previsível. A falta de previsibilidade quanto ao resultado danoso exclui a qualificadora.

Lembre-se que estamos tratando de um crime de perigo em que o agente age com dolo de perigo quanto ao abandono do incapaz, de modo que o evento danoso (morte ou lesão corporal), apesar de ser previsto pelo agente, não é por ele querido, nem mesmo eventualmente. Presente a intenção de causar a morte ou lesão corporal (dolo de dano), deverá o fato ser enquadrado em outros dispositivos legais (CP, arts. 121 e 129 c/c art. 14), estando aqui configurado um crime de dano.

8.3. Causa de aumento de pena (art. 133, § 3º)

O § 3º prevê três circunstâncias que agravam a pena (aumento de 1/3) tanto na modalidade simples quanto nas figuras qualificadas:

(i) Se o abandono ocorre em lugar ermo (inciso I): lugar ermo é aquele que não é frequentado, é solitário, isolado, o que representa um perigo maior para o incapaz que é nessas circunstâncias abandonado, ante a maior dificuldade de ser socorrido. Para a incidência dessa causa de aumento exige a doutrina que o lugar seja habitualmente, e não acidentalmente, solitário. Desse modo, se o local é muito frequentado por pessoas, mas, no momento da realização do crime de abandono de incapaz, estava ermo, não incide a majorante em tela (p.ex., uma rua do centro urbano a certas horas da noite)[194]. Da mesma forma, afasta-se a majorante se no local habitualmente ermo encontravam-se frequentadores (p.ex., um bosque pode ser lugar ermo, mas se, *v.g.*, um menor for nele abandonado quando ali se realiza uma quermesse, não existirá a agravante em apreço)[195]. Conforme, novamente, a doutrina, o local deve ser relativamente ermo, se for absoluta a solidão, poderá constituir meio de execução do crime de homicídio.

(ii) Se o agente é ascendente ou descendente, cônjuge, irmão, tutor ou curador da vítima (inciso II): a majorante em tela visa sancionar de forma mais gravosa a conduta daquele que tem para com a vítima um dever maior de assistência. A doutrina sustenta a taxatividade desse rol legal, não se admitindo a analogia para incluir outros entes, tais como sogro, genro, primo. Ressalte-se que a expressão "descendente" abrange igualmente todos os filhos, havidos ou não da relação do casamento, ou por adoção, em face do comando constitucional inserto no art. 227, § 6º. No tocante aos companheiros, unidos pelos laços da união estável, o art. 226, § 3º, da Constituição Federal reconhece expressamente a união estável entre homem e mulher como entidade familiar,

194. Cf. Nélson Hungria, *Comentários*, cit., v. V, p. 436.

195. Cf. E. Magalhães Noronha, *Direito penal*, cit., v. 2, p. 90.

de modo que estão incluídos nesse rol legal, pois são equiparados constitucionalmente aos cônjuges. Não se trata de interpretação extensiva da norma penal, ou seja, de analogia *in malam partem*, mas sim de mera declaração do seu exato conteúdo de acordo com o texto constitucional. Vale mencionar que, recentemente, o Plenário do STF reconheceu como entidade familiar a união de pessoas do mesmo sexo (ADPF 132, cf. *Informativo do STF* n. 625, de maio de 2011). Observe-se que a incidência dessa majorante afasta a incidência da agravante genérica prevista no art. 61, II, e (ter o agente cometido o crime contra ascendente, descendente, irmão ou cônjuge), sob pena de ocorrência de *bis in idem*.

(iii) Se a vítima é maior de 60 anos (inciso III): o art. 110 da Lei n. 10.741/2003 (Estatuto da Pessoa Idosa), acrescentou uma nova causa especial de aumento de pena ao § 3º do art. 133, qual seja, a pena do abandono de incapaz é aumentada de 1/3 se o crime é praticado contra pessoa maior de 60 anos. Antes da vigência da referida lei, a circunstância de o crime ser praticado contra pessoa idosa funcionava apenas como agravante (CP, art. 61, II, *h*). Com a inovação legislativa, tal circunstância foi erigida, no crime de abandono de incapaz, em causa especial de aumento de pena. Obviamente que a incidência desta afasta a circunstância agravante genérica prevista no art. 61, II, *h*, do Código Penal (delito cometido contra maior de 60 anos), sob pena da ocorrência de *bis in idem*.

– **Estatuto da Pessoa Idosa:** a conduta consistente em abandonar a pessoa idosa em hospitais, casas de saúde, entidades de longa permanência, ou congêneres, ou não prover suas necessidades básicas, quando obrigado por lei ou mandado, configura crime previsto no art. 98 do Estatuto da Pessoa Idosa (Lei n. 10.741/2003), punido com pena de detenção de seis meses a três anos e multa. Trata-se de crime de ação penal pública incondicionada, não se lhe aplicando os arts. 181 e 182 do Código Penal (cf. art. 95 do Estatuto).

8.4. Culposa

Não há previsão da modalidade culposa do delito em estudo. No entanto, se o agente abandonar culposamente o incapaz e sobrevier a sua morte ou a ocorrência de lesões corporais, deverá ele responder pelos delitos de homicídio ou lesão corporal na modalidade culposa.

9. ESTADO DE NECESSIDADE

O estado de necessidade atua como causa excludente da ilicitude desde que preenchidos os requisitos constantes no art. 24 do Código Penal. Há, inclusive, decisão do Tribunal do Rio de Janeiro no sentido de que não se configura o delito de abandono de incapaz se a mãe deixava os filhos trancados por absoluta necessidade de ir trabalhar fora (*RT* 533/387)[196].

---

196. Celso Delmanto e outros, *Código Penal comentado*, cit., p. 266.

10. AÇÃO PENAL. LEI DOS JUIZADOS ESPECIAIS CRIMINAIS

Trata-se de crime de ação penal pública incondicionada, que independe de representação da vítima ou de seu representante legal. De acordo com o art. 394 do CPP, o procedimento será comum ou especial. O procedimento comum se divide em: **(i) ordinário**: crime cuja sanção máxima cominada for igual ou superior a 4 (quatro) anos de pena privativa de liberdade, salvo se não se submeter a procedimento especial; **(ii) sumário**: crime cuja sanção máxima cominada seja inferior a 4 (quatro) anos de pena privativa de liberdade, salvo se não se submeter a procedimento especial; **(iii) sumaríssimo**: infrações penais de menor potencial ofensivo, na forma da Lei n. 9.099/95, ainda que haja previsão de procedimento especial. Dessa forma, a distinção entre os procedimentos ordinário e sumário dar-se-á em função da pena máxima cominada à infração penal e não mais em virtude de esta ser apenada com reclusão ou detenção.

Com relação à incidência da Lei dos Juizados Especiais Criminais, é cabível a suspensão condicional do processo (art. 89 da Lei n. 9.099/95) nas seguintes hipóteses, em que a pena mínima prevista para o delito é igual ou inferior a um ano:

(i) do *caput* do art. 133 (pena – detenção de 6 meses a 3 anos); ainda que incida a causa de aumento do § 3º (aumento de 1/3), é cabível o *sursis* processual, pois a pena não ultrapassará o patamar mínimo de 1 ano;

(ii) do § 1º do art. 133 (pena – reclusão, de 1 a 5 anos). Nesta hipótese, se incidir a causa de aumento de pena prevista no § 3º, não será cabível o *sursis* processual, na medida em que a pena mínima prevista ultrapassará o patamar mínimo de 1 ano.

O *sursis* processual não será possível na hipótese do § 2º, em face de a pena mínima prevista ser superior a um ano (pena – reclusão, de 4 a 12 anos).

ART. 134 – EXPOSIÇÃO OU ABANDONO DE RECÉM-NASCIDO

1. CONSIDERAÇÕES PRELIMINARES

Contempla o Código Penal no art. 134 o crime de "exposição ou abandono de recém-nascido", que, segundo os doutrinadores, constituiria uma forma privilegiada do delito de abandono de incapaz (CP, art. 133), em face do especial motivo que impele o agente a praticar o crime: *ocultar a desonra própria*.

Conforme já estudado no capítulo próprio, o Código Penal não prevê o infanticídio *honoris causa*, ou seja, a ocisão da vida do ser nascente para ocultar desonra própria. O legislador optou em conceder o privilégio ao delito de abandono de recém-nascido como estímulo para que o agente não vá até a ocisão do recém-nascido, isto é, até a prática de um malefício mais grave, que é o cometimento do delito de infanticídio[197].

---

197. Nesse sentido: Nélson Hungria, *Comentários*, cit., v. V, p. 437.

2. OBJETIVIDADE JURÍDICA

Tutela-se a vida e a saúde do recém-nascido; sua incolumidade pessoal.

3. ELEMENTOS DO TIPO

3.1. Ação nuclear

São ações nucleares os verbos *expor* ou *abandonar*. Ambos significam deixar o recém-nascido sem assistência, ao desamparo. O primeiro verbo exprime uma conduta ativa, o recém-nascido é removido do local onde lhe é prestada a assistência para outro diverso, em que esta inexiste; ao passo que o segundo exprime uma conduta omissiva: o sujeito ativo, sem remover a vítima para outro local, deixa de prestar-lhe a devida assistência. Trata-se aqui do abandono físico. Se o abandono for moral e não físico, poderá constituir crime contra a assistência familiar (arts. 244 a 247).

A exposição ou abandono do recém-nascido deve criar uma situação de perigo concreto, a qual deve ser comprovada. Como observa E. Magalhães Noronha, por se tratar de recém-nascido, "há uma presunção *juris et de jure* da impossibilidade de ele defender-se, porém circunstâncias de fato podem impedir o perigo: a criada que, à sorrelfa, coloca o próprio filho no quarto da criança da casa onde trabalha, não comete o crime em questão. Nem nesse caso há dolo: vontade de abandonar, com risco para a vida ou a saúde do abandonado (...)"[198]. Veja-se, então, que a incapacidade de autodefesa do neonato não gera uma presunção absoluta de perigo.

3.2. Sujeito ativo

Cuida-se de crime próprio. O sujeito ativo é a mãe, solteira, adúltera, viúva, que concebeu fora do matrimônio. A doutrina admite que o pai que abandone recém-nascido para ocultar incesto ou relação adulterina possa ser sujeito ativo do delito em tela[199]. Contudo, autores como Celso Delmanto e Cezar Roberto Bitencourt repelem tal posicionamento sustentando que o crime de abandono de recém-nascido é crime próprio, pois a lei expressamente se refere a "desonra própria", somente podendo ser cometido pela mãe, à semelhança do delito de infanticídio[200]. O genitor, nessas circunstâncias, deveria então responder pelo delito de abandono de incapaz (CP, art. 133).

O crime é praticado com o fim de salvaguardar a honra pessoal do agente que pode vir a ser maculada com o conhecimento por parte de terceiros da concepção *extra matrimonium*. A honra a ser preservada é a de natureza sexual, a boa fama e a reputação do agente. Se a pessoa for desonesta ou de desonra conhecida ou se já concebeu ou foi pai *extra matrimonium*,

---

198. E. Magalhães Noronha, *Direito penal*, cit., v. 2, p. 92.

199. Damásio E. de Jesus, *Código Civil anotado*, cit., p. 446; Julio Fabbrini Mirabete, *Código Penal*, cit., p. 751; Nélson Hungria, *Comentários*, cit., v. V, p. 437; E. Magalhães Noronha, *Direito penal*, cit., v. 2, p. 91.

200. Cezar Roberto Bitencourt, *Manual*, cit., p. 274; Celso Delmanto e outros, *Código Penal comentado*, cit., p. 266.

não cabe a alegação de preservação da honra. Dessa forma, prostituta não pode ser sujeito ativo desse delito, devendo responder pelo delito de abandono de incapaz (CP, art. 133).

3.3. Sujeito passivo

É o recém-nascido, ao contrário do art. 133, que pode ser qualquer incapaz. Diverge--se, entretanto, na doutrina acerca do exato limite de tempo em que o sujeito passivo se considera recém-nascido. Vejamos algumas posições doutrinárias:

(i) recém-nascido é aquele considerado até a queda do cordão umbilical – nesse sentido: Damásio E. de Jesus e Julio Fabbrini Mirabete[201];

(ii) recém-nascido é o que nasceu há poucos dias – nesse sentido: E. Magalhães Noronha[202];

(iii) "o limite de tempo da noção de recém-nascido é o momento em que a délivrance se torna conhecida de outrem, fora do círculo da família, pois, desde então, já não há mais ocultar desonra" – nesse sentido: Nélson Hungria[203];

(iv) recém-nascido é aquele que nasceu há poucos dias, não ultrapassando um mês e desde que não se tenha tornado de conhecimento público – nesse sentido: Cezar Roberto Bitencourt[204] e Heleno Fragoso.

Nosso entendimento: concordamos com a última posição (iv).

4. CONCURSO DE PESSOAS

O motivo de honra constitui elementar do tipo, de modo que o terceiro que concorrer para a exposição ou abandono de recém-nascido, pelo genitor, responderá como coautor ou partícipe do crime em tela, em face da comunicabilidade daquela condição pessoal entre os participantes (CP, art. 30).

5. ELEMENTO SUBJETIVO

É o dolo direto de perigo, consistente na vontade e consciência de expor ou abandonar o recém-nascido, acrescido do fim especial do agente, de "ocultar desonra própria". Não se admite o dolo eventual por ser incompatível com o especial fim de agir exigido pelo tipo penal. Se o motivo do abandono for a miséria, prole excessiva, filho doentio etc., ocorre abandono de incapaz. Observe-se que só haverá a possibilidade deste crime se o nascimento infamante for sigiloso, uma vez que, sendo notório, o abandono do bebê não poderá "ocultar" um fato desonroso já descoberto. Tal requisito, contudo, deve ser analisado de forma menos severa, não se podendo afastar o crime nos casos em que o conhecimento se

---

201. Damásio E. de Jesus, *Código Penal anotado*, cit., p. 446; Julio Fabbrini Mirabete, *Código Penal*, cit., p. 751.

202. *Direito penal*, cit., p. 91.

203. *Comentários*, cit., v. V, p. 438.

204. *Manual*, cit., v. 2, p. 275.

limite a determinadas pessoas, em especial aos próprios familiares. Nesse sentido é a lição de Cezar Roberto Bitencourt: "falar em 'nascimento sigiloso' nos parece um arrematado exagero, quer porque a restrição não consta da definição legal, quer pela inadmissibilidade de *conceber* e *gestar* por longos nove meses 'sigilosamente'! A finalidade de *ocultar a gravidez*, por questões de honra, não precisa ir além da cautela de não tornar público tanto o 'estado gravídico' quanto o nascimento do *neonato*, mas isso está muito distante de ser 'sigiloso', pois inevitavelmente os familiares e empregados, pelo menos, terão conhecimento. E essa ciência, ainda limitada, de algumas pessoas é suficiente para afastar o indigitado 'sigilo', e nem por isso excluirá o benefício consagrado no art. 134"[205].

Se houver dolo de dano, ou seja, se o agente realizar o abandono com a intenção de causar a morte do neonato, responderá, se estiver sob influência do estado puerperal, pelo delito de infanticídio; ausente esse estado, pelo delito de homicídio.

6. MOMENTO CONSUMATIVO

Consuma-se o delito com o abandono, desde que resulte perigo concreto para o recém-nascido. Trata-se de crime instantâneo de efeitos permanentes. Isso quer dizer que o crime de exposição ou abandono de recém-nascido consuma-se em um dado instante (com a exposição ou abandono), mas seus efeitos perduram no tempo, independentemente da vontade do agente, já que o resultado produzido pela conduta subsiste sem precisar ser sustentado por ele.

Da mesma forma que o delito de abandono de incapaz, não há falar em exclusão do crime na hipótese em que o agente temporariamente abandone o recém-nascido, vindo a retomar a sua guarda posteriormente, pois, desde que a vida ou a saúde do infante tenha sido exposta a perigo com o abandono, estará consumado o delito. Nada impede, entretanto, que no caso incida o instituto do arrependimento posterior (CP, art. 16).

Faz-se imprescindível para a consumação do crime em tela que o abandono acarrete uma situação de perigo concreto. Não se configurará o abandono quando o sujeito ativo deixa o ofendido em local onde, por merecer assistência, não sofrerá risco. Igualmente inexiste o crime na hipótese em que o agente fique na espreita, no aguardo de que terceiros recolham o neonato.

7. TENTATIVA

Conforme estudamos anteriormente, no delito de abandono de incapaz, a tentativa é admissível nos crimes de perigo, desde que o delito seja praticado na modalidade comissiva, de modo a haver um *iter criminis* a ser fracionado.

8. FORMAS

8.1. Simples (art. 134, *caput*)

Está descrita no *caput*.

205. Cezar Roberto Bitencourt, *Manual*, cit., p. 276.

8.2. Qualificada (art. 134, §§ 1º e 2º)

As formas qualificadas do crime em estudo estão previstas nos §§ 1º e 2º do art. 134. São elas: (i) se do fato resulta lesão corporal de natureza grave (pena – detenção, de 1 a 3 anos); (ii) se resulta morte (pena – detenção, de 2 a 6 anos). Cuida-se aqui dos crimes qualificados pelo resultado na modalidade preterdolo. Há dolo de perigo no fato principal (exposição ou abandono do recém-nascido); já os resultados agravadores são punidos a título de culpa. Se presente o dolo de dano, o agente poderá responder pelo delito de infanticídio ou homicídio, conforme esteja ou não sob influência do estado puerperal, ou então pelo delito de lesão corporal qualificada, se presente o *animus laedendi.*

8.3. Culposa

Não há previsão da modalidade culposa. Entretanto, se o agente abandonar culposamente o infante e sobrevier a sua morte ou a ocorrência de lesões corporais, deverá ele responder pelos delitos de homicídio ou lesão corporal na modalidade culposa.

9. AÇÃO PENAL E PROCEDIMENTO. LEI DOS JUIZADOS ESPECIAIS CRIMINAIS

Trata-se de crime de ação penal pública incondicionada, que independe de representação do ofendido ou de seu representante legal. O *caput* desse artigo é considerado infração de menor potencial ofensivo e, por essa razão, está submetido ao procedimento dos Juizados Especiais Criminais.

Em face das penas mínimas previstas no *caput* (detenção, de 6 meses a 2 anos) e no § 1º (detenção, de 1 a 3 anos), é cabível a suspensão condicional do processo (art. 89 da Lei n. 9.099/95).

ART. 135 – OMISSÃO DE SOCORRO

1. CONSIDERAÇÕES PRELIMINARES

Prevê o Código Penal mais uma espécie de crime de perigo em seu art. 135 – o crime de omissão de socorro. Cuida o dispositivo de um dever a todos imposto de prestar mútua assistência. Antes de constituir um dever jurídico, constitui sobretudo um dever ético de solidariedade. Quem se omite em prestar a assistência àqueles que correm perigo, quando lhe seja possível fazê-lo, responde pelo crime em tela.

Importa agora tecer algumas considerações necessárias para a exata compreensão do tema.

A omissão assim como a ação são formas de conduta. Ação é o comportamento positivo, a movimentação corpórea, o *facere*. Omissão é o comportamento negativo, a abstenção de movimento, o *non facere*. Considere-se que a omissão é um nada; logo, não pode causar coisa alguma. Quem se omite, nada faz, pois não provocou o resultado; por exemplo, pedestre que na calada da noite assiste inerte a uma cena em que a vítima é brutalmente esfaqueada pelo agente. Ora, o pedestre não realizou nenhum ato físico desencadeador do resultado, portanto, não pode ser considerado participante dele. Embora não se possa estabelecer nexo causal entre a omissão e o resultado, segundo a teoria normativa da omissão é possível responsabilizar o agente pela ocorrência do resultado; basta que esteja presente o "dever jurídico de agir". Assim, para que a omissão tenha relevância causal (por presunção legal), há necessidade de uma norma impondo, na hipótese concreta, o dever jurídico de agir. Não basta o "não fazer"; é necessário que haja uma norma determinando o que devia ser feito. A omissão é não fazer o que devia ser feito. O Código Penal prevê no art. 13, § 2º, as três hipóteses em que está presente o dever jurídico de agir. No mesmo exemplo acima citado, suponhamos que, em vez do pedestre, o observador do crime seja uma policial que presencia inerte o seu colega desferir as facadas na vítima. Em face do comando legal que impõe ao policial o dever de impedir o resultado (§ 2º, *a*), ao quedar-se inerte, o policial observador deverá ser considerado partícipe do crime de tentativa de homicídio, se com a sua inércia quis aderir ao propósito criminoso de seu colega.

Tratamos até aqui de uma das formas de conduta omissiva, o chamado crime omissivo impróprio ou comissivo por omissão. Cumpre, no momento, analisar o crime omissivo próprio.

Nos crimes omissivos próprios podemos afirmar que inexiste a violação de um dever especial de agir imposto pela norma, como vimos acima. Não há uma norma impondo o que deveria ser feito. Ante a inexistência do *quod debeatur*, a omissão perde relevância causal, e o omitente só praticará crime se houver tipo incriminador descrevendo a omissão como infração formal ou de mera conduta. O tipo penal do art. 135 do Código Penal consiste em delito omissivo próprio. Outros exemplos: o do art. 269 desse Código e o art. 304 da Lei n. 9.503/97 (Código de Trânsito Brasileiro). Aqui, exige-se uma atividade do agente, no sentido de salvaguardar um bem jurídico cuja desconsideração do comando legal por omissão gera o ajustamento dessa conduta omissiva de modo direto e imediato à situação tipificada[206]. Dessa forma, aquele que quedou inerte diante de pessoa gravemente ferida, vítima de uma tentativa de homicídio, em tese, não deveria responder por crime algum, pois inexiste um dever especial de agir imposto pela norma no sentido de impedir o resultado; contudo, como há um dever de solidariedade imposto a todos pela norma penal no sentido de socorrer aqueles que necessitam de assistência, deverá o agente responder pelo delito autônomo de omissão de socorro, por ter deixado de prestar auxílio a pessoa ferida, se podia fazê-lo sem risco pessoal. Se não houvesse a previsão desse tipo penal autônomo, a conduta seria atípica.

2. OBJETO JURÍDICO

É o dever de solidariedade, de mútua assistência, a todos imposto para a salvaguarda da vida e da saúde das pessoas. Não se acham tutelados outros bens, de modo que não

206. Nesse sentido: Fernando Capez, *Curso de direito penal*, cit., p. 213.

caracterizará a omissão de socorro quando periclitar o patrimônio de alguém. Identicamente, a periclitação da liberdade não constitui objeto jurídico do crime em estudo. No entanto, para Magalhães Noronha, "quem pode auxiliar a vítima de cárcere privado a safar-se e não o faz, pratica, em nossa opinião, o delito em estudo"[207]. Em contrapartida, assevera Damásio E. de Jesus que o Código somente protege a vida e a incolumidade pessoal do cidadão, não estando protegidos interesses outros como a honestidade, liberdade pessoal, patrimônio, pois a omissão de socorro constitui delito de "periclitação da vida e da saúde"[208].

3. ELEMENTOS DO TIPO

3.1. Ação nuclear

Perfaz-se o crime de duas formas:

(i) Deixar de prestar assistência: cuida aqui o dispositivo do dever de assistência imediata. O agente, podendo diretamente prestar imediato socorro, desde que sem risco pessoal, não o faz. Por exemplo, o sujeito que assiste à cena de um atropelamento e nada faz para socorrer a vítima gravemente ferida. Se, entretanto, não houver a possibilidade de prestar imediata assistência, em face do risco pessoal a que está sujeito, deverá pedir socorro à autoridade pública. Por exemplo, vítima que ao ser atropelada tem o seu corpo lançado em um rio de forte correnteza. Nessa hipótese, deverá o sujeito solicitar ajuda à autoridade pública, pois não há como exigir que se atire ao rio, sacrificando a própria vida.

Perceba-se que constitui elementar do tipo penal a *possibilidade* de prestar a assistência *sem risco pessoal.* A lei não exige das pessoas atitudes heroicas, de modo que somente haverá o dever de prestar assistência se inexistente o risco pessoal. Presente este, afasta-se o dever de prestar socorro. E se a prestação de socorro acarretar riscos para terceira pessoa? Também estará afastado aquele dever legal, e, portanto, o crime de omissão de socorro? O fato, nesse caso, é típico, na medida em que a lei faz menção somente ao "risco pessoal", porém não é ilícito, pois cuida-se aqui de uma hipótese de estado de necessidade de terceiro (CP, art. 24), em que o sujeito deixa de prestar socorro à vítima com a finalidade de evitar o perigo à vida ou incolumidade física de terceiros. O estado de necessidade como causa excludente da ilicitude terá o condão de excluir o crime de omissão de socorro. O risco a que se refere a lei é o pessoal, ou seja, aquele que afeta a pessoa física, de forma que se o agente deixa de prestar assistência ante a presença de risco patrimonial ou moral, ainda assim o crime em estudo estará configurado, podendo, no entanto, conforme o caso, caracterizar o estado de necessidade.

A doutrina[209] abriga o entendimento de que, diante do risco pessoal, nem mesmo os que têm o dever legal de enfrentar o perigo (e, com isso, não se podem valer do estado de

---

207. E. Magalhães Noronha, *Direito penal*, cit., v. 2, p. 94.

208. Damásio E. de Jesus, *Direito penal*, cit., v. 2, p. 179.

209. Damásio E. de Jesus, *Código Penal anotado*, cit., p. 450; Nélson Hungria, *Comentários*, cit., v. V, p. 444.

necessidade, a teor do § 1º do art. 24 do CP) estarão obrigados à prestação do socorro, uma vez que a situação de risco pessoal é elementar típica excludente.

Frequentemente tem havido casos de omissão de assistência médica, os quais vêm sendo bastante debatidos no âmbito dos tribunais. Vejamos algumas hipóteses em que está caracterizado o crime de omissão de socorro ao se realizar a conduta de deixar de prestar assistência médica: (i) exigência médica de depósito prévio de dinheiro – se o paciente é pobre, há crime; (ii) médico que se recusa a prestar assistência a doente grave alegando estar de folga; (iii) falta de pagamento de honorários ou a inexistência de convênio; (iv) enfermeira também comete este crime se recusar-se ao atendimento sob a alegação de inexistência de convênio com hospital; (v) recepcionista que, a pretexto de prévio preenchimento de ficha hospitalar, se recusa a acolher a vítima e encaminhá-la ao médico.

(ii) Não pedir socorro a autoridade pública: cuida-se, no caso, do dever de assistência mediata. O sujeito não podendo prestar imediato socorro, sem risco pessoal, deverá solicitá-lo à autoridade pública; se não o fizer, a sua conduta será enquadrada na 2ª figura do crime de omissão de socorro. A demora em pedir socorro importa, segundo a doutrina, em descumprimento do dever de assistência. Autoridade pública é aquela que tem atribuição legal para remover a situação de perigo (p.ex., bombeiro, policial, juiz de direito, delegado de polícia, Ministério Público etc.). Não compete ao sujeito a escolha entre um e outro procedimento. A análise será feita tomando por base o caso concreto. Dessa forma, o sujeito não está autorizado a buscar auxílio da autoridade pública se lhe era possível socorrer de forma imediata. O auxílio solicitado, nesse caso, não afasta o crime. Somente se o agente não tiver condições de prestar assistência sem risco pessoal, é que deverá pedir ajuda à autoridade pública.

Ressalve-se que, mesmo nessa 2ª figura do crime de omissão de socorro, constitui elementar da figura típica a ausência do risco pessoal, na medida em que o próprio tipo penal assim dispõe: "ou não pedir, *nesses casos*, o socorro da autoridade pública". Desse modo, estará afastado o crime se o indivíduo deixar de solicitar socorro à autoridade pública em decorrência do risco pessoal a que estará sujeito (p.ex., nadar em mar revolto a fim de solicitar ajuda à autoridade pública). E. Magalhães Noronha entende que o "dispositivo penal não faz menção à circunstância do risco pessoal, e o agente poderá invocar o estado de necessidade, já que o perigo para si era a imperiosa condição do pedido de socorro"[210]. Tal entendimento, entretanto, não prospera em face da própria descrição típica que, ao mencionar "nesses casos", expressamente se refere ao conteúdo da 1ª figura (deixar de prestar assistência, quando possível fazê-lo sem risco pessoal...), no qual há a elementar "sem risco pessoal".

3.2. Sujeito ativo

Trata-se de crime comum. Qualquer pessoa, independentemente de vinculação especial com o sujeito passivo, poderá praticar o crime em tela.

210. Nesse sentido: E. Magalhães Noronha, *Direito penal*, cit., v. 2, p. 96.

Cumpre destacar que, se várias pessoas observarem alguém em perigo e se omitirem, todas responderão pelo crime de omissão de socorro. Em contrapartida, se uma delas agir e afastar o perigo, não haverá delito por parte dos que nada fizeram.

Registre-se que, com relação ao delito de omissão de socorro na direção de veículo automotor, o Código de Trânsito Brasileiro dispõe expressamente em seu art. 304 que, ainda que a omissão do condutor seja suprida por terceiros, ele responderá pelo crime.

O ausente comete o delito em tela? Há duas posições:

(i) Não. O sujeito ativo deve estar em presença do periclitante, de modo que, se ausente, toma conhecimento do perigo a que aquele está sujeito, e nada faz para salvá-lo, não pratica o crime de omissão de socorro. Nesse sentido, E. Magalhães Noronha. Afirma o autor: "poderá existir egoísmo, indiferença pelo destino do semelhante, não, porém, o crime em espécie. As leis argentina e italiana, receosas daquele entendimento, frisam a circunstância 'Quem encontrando'... Advirta-se que o crime é omissivo e não de ação. Além disso um Código Penal não é um Código de Ética"[211].

(ii) Sim. O ausente comete o delito de omissão de socorro, desde que tenha consciência do grave e iminente perigo em que se encontra o sujeito passivo. Nesse sentido, Damásio E. de Jesus[212]. Heleno Fragoso sustenta sofrer temperanças a regra que impõe a presença do agente no mesmo local dos fatos. Assim exemplifica: "o dever de socorro pode surgir para o morador de um lugar ermo a quem é levada a notícia de acidente e da existência de pessoa em perigo. Estamos aqui diante de dever social a que ninguém pode faltar"[213]. A jurisprudência também assim admite. Dessa forma, comete o delito de omissão de socorro, por exemplo, o réu que recebe solicitação da polícia para enviar ambulância para atender um ferido e opõe entraves para não atender o pedido, o que acabou por gerar a morte do acidentado.

Nosso entendimento: concordamos com a última posição (ii).

Autor do delito de omissão não pode ser aquele que tenha intencional ou culposamente causado a situação de perigo para a vítima. O fato danoso intencional abarca e vai além do mero fato perigoso, daí por que não se concebe uma dúplice punição para aquele que é um só fato. A omissão é um *post factum* impunível, na medida em que vem para esgotar a conduta lesiva inicial. No tocante à causação de perigo de forma culposa, a omissão posterior ensejará a figura qualificada do homicídio (art. 121, § 4º) ou da lesão corporal culposa (art. 129, § 7º). Então, cometerá o delito em tela aquele que não der causa culpável à periclitação.

---

211. E. Magalhães Noronha, *Direito penal*, cit., v. 2, p. 93. No mesmo sentido: Cezar Roberto Bitencourt, *Manual*, cit., v. 2, p. 284.

212. *Código Penal anotado*, cit., p. 450.

213. Nélson Hungria, *Comentários*, cit., v. V, p. 577.

3.3. Sujeito passivo

Sujeitos passivos são os expressamente elencados no tipo. Criança, segundo critério do Estatuto da Criança e do Adolescente, são aqueles indivíduos com até 12 anos incompletos. **(i) Criança abandonada:** é aquela que foi objeto de abandono por quem devia exercer vigilância. É a largada, deixada ao desamparo de forma proposital. Não confundir com o crime de abandono de incapaz, pois neste é o próprio sujeito ativo quem toma a iniciativa de abandonar o incapaz, ao passo que no crime de omissão de socorro o agente já encontra a vítima em situação de abandono. **(ii) Criança extraviada:** é a criança perdida, que não sabe retornar a sua residência. **(iii) Pessoa inválida:** é aquela que por alguma causa não tem condições de defender-se sozinha, necessitando de auxílio, amparo. A invalidez pode decorrer de velhice, doença etc. É necessário, também, que se encontre em desamparo no momento da omissão. **(iv) Pessoa ferida:** é a que teve lesões em sua integridade corporal. Não se exige que as lesões sejam graves; basta que, uma vez lesionada, esteja a vítima em situação de desamparo. Nesse caso, observe que, se os sujeitos ativo e passivo forem ascendentes ou descendentes entre si, o crime será de abandono material, o qual, embora se refira apenas à situação de perigo decorrente de grave enfermidade, pune não só o ato de deixar de socorrer fisicamente, mas também o de deixar de socorrer moral e materialmente (CP, art. 244). **(v) Pessoa em grave e iminente perigo:** é qualquer pessoa que esteja nessa situação, não necessitando ser inválida ou ferida. O perigo deve ser grave, ou seja, de grande vulto; deve também ser iminente, prestes a desencadear o evento danoso. Por exemplo, indivíduo que está prestes a morrer afogado, nada fazendo o agente para salvá-lo.

Segundo a doutrina, nas hipóteses "i", "ii", "iii" e "iv", o perigo é presumido *jures et de jure*, isto é, basta a prova de que o indivíduo se enquadra em uma delas. Na hipótese "e", o perigo deve ser apreciado *in concreto*, isto é, cumpre seja demonstrado que a pessoa se encontrava em situação de risco.

> → **Atenção:** a recusa da vítima em ser auxiliada não isenta o agente de responsabilidade pelo crime de omissão de socorro. A recusa somente é válida quando o perigo não é letal e, mesmo se não o for, não afasta a exigência constante da parte final do art. 135 do Código Penal, qual seja, pedir socorro da autoridade pública.

4. CONCURSO DE PESSOAS

(i) Participação mediante omissão em crime comissivo: dá-se quando o sujeito, tendo o dever jurídico de agir para evitar o resultado (CP, art. 13, § 2º), omite-se intencionalmente, desejando que ocorra a consumação. Como o omitente tinha o dever de evitar o resultado, por este responderá na qualidade de partícipe (p.ex., policial que assiste inerte, em atitude de solidariedade, o seu colega de trabalho desferir violentos golpes contra o delinquente até causar a sua morte). O policial militar tem por lei a obrigação de impedir esse resultado, sendo certo que se, podendo evitá-lo, assim não o faz, aderindo ao desígnio do autor, responderá como partícipe pela omissão. Quando não existe o dever de agir não se fala em participação por omissão, mas em conivência (*crime silenti*) ou participação negativa, hipótese em que o agente não responde pelo resultado, mas por sua mera omissão (CP, art. 135).

(ii) Participação em crime omissivo próprio: não se confunde com a participação por omissão acima estudada. A participação em crime omissivo consiste em uma atitude ativa do agente, que auxilia, induz ou instiga outrem a omitir a conduta devida. O crime de omissão de socorro admite o concurso de pessoas na modalidade de participação. Exemplifica Cezar Roberto Bitencourt: "se alguém, porém, que não está no local, mas por telefone, sugere, induz ou instiga a quem está em condições de socorrer que não o faça, responderá também pelo crime, mas na condição de partícipe"[214].

(iii) Coautoria em crime omissivo próprio: é possível a coautoria no crime omissivo próprio, desde que haja adesão voluntária de uma conduta a outra. Ausente o elemento subjetivo, cada agente responderá autonomamente pelo delito de omissão de socorro. Analisemos agora as várias situações que podem ter lugar quando o crime é praticado em concurso de pessoas: (i) se uma pluralidade de agentes recusa a assistência, todos respondem pelo delito; (ii) se, no entanto, houver um, dentre os espectadores, que preste socorro à vítima, os demais eximir-se-ão; (iii) se aquele que vai prestar o socorro é insuficiente para fazê-lo com êxito, os outros continuam obrigados e sua abstenção é criminosa[215]; (iv) a abstenção também será criminosa se só posteriormente terceiro vier em socorro do periclitante, já deixado à própria sorte pelos omitentes.

5. ELEMENTO SUBJETIVO

É o dolo de perigo. A vontade de não prestar a assistência ou não pedir o socorro da autoridade pública. O dolo deve abranger a consciência de que a vítima está em situação de perigo, pois o erro exclui o dolo (CP, art. 20). Admite-se o dolo na modalidade direta ou eventual. O motivo determinante da omissão criminosa, por exemplo, indivíduo que se depara com o seu desafeto gravemente ferido e não o socorre, motivado por vingança, somente influi na dosimetria da pena, como circunstância judicial (CP, art. 59).

Não é demais frisar que o autor do delito de omissão não pode ser aquele que tenha intencional ou culposamente causado a situação de perigo para a vítima. Dessa forma, temos as seguintes situações:

(i) sujeito com dolo de homicídio que deixa posteriormente de prestar socorro à vítima – ocorre a absorção da omissão, respondendo o agente por homicídio tentado ou consumado;

(ii) sujeito com dolo de lesionar que deixa posteriormente de prestar socorro à vítima – ocorre a absorção da conduta omissiva pelo crime de dano, respondendo o agente tão só pelo delito tentado ou consumado de lesões corporais;

(iii) sujeito que comete o delito de homicídio ou lesão corporal, na modalidade culposa, seguido de omissão de socorro – responde por homicídio ou lesão culposa, qualificados pela omissão de socorro nos termos dos arts. 121, § 4º, e 129, § 7º, do Código Penal.

---

214. Cezar Roberto Bitencourt, *Manual*, cit., v. 2, p. 291.

215. Nesse sentido: Nélson Hungria, *Comentários*, cit., v. V, p. 445.

6. CONCURSO DE CRIMES

Não há concurso de crimes quando a situação foi dolosamente provocada pelo agente, conforme já visto. Se culposamente provocada, a figura será a do art. 121, § 4º, ou a do art. 129, § 7º, do Código Penal, sem concurso com o art. 135 do mesmo Código, sob pena de constituir *bis in idem*.

7. MOMENTO CONSUMATIVO

Trata-se de crime omissivo puro, portanto a consumação ocorre no exato momento da abstenção do comportamento devido, independentemente da produção de qualquer resultado naturalístico. Então, o crime estará consumado se o agente deixou de dar assistência ou informar a autoridade pública sobre o risco, mas a vítima ferida sobreviveu.

Cuida-se de um crime instantâneo, de modo que, passado razoável período de tempo após a omissão, o auxílio prestado tardiamente pelo agente não tem o condão de elidir o crime, estando este consumado. Assim, o retorno do agente ao local onde se encontra o periclitante, que foi deixado à própria sorte, em situação de risco, não impede a consumação do delito. Frise-se que o auxílio deve ser imediato; a demora na prestação de socorro caracteriza o descumprimento do dever imposto pela norma. No tocante ao auxílio prestado por terceiros que se encontravam no local dos fatos, há divergência quanto à configuração ou não desse crime.

Nosso entendimento: neste caso não fica configurado o crime por desaparecer a situação objetiva de perigo.

8. TENTATIVA

É inadmissível, por ser o crime omissivo puro. Estamos aqui diante de um crime unissubsistente, que se perfaz com um único ato, de forma que não há um *iter criminis* a ser percorrido. Há apenas duas possibilidades: ou o agente se abstém da ação devida e pratica o delito de omissão de socorro, ou o agente realiza a ação devida e não há a configuração do tipo penal.

9. FORMAS

9.1. Simples (art. 135, *caput*)

Está descrita no *caput*. Pena — detenção, de um a seis meses, ou multa.

9.2. Majorada (art. 135, parágrafo único)

Está descrita no parágrafo único: "a pena é aumentada de metade, se da omissão resulta lesão corporal de natureza grave, e triplicada, se resulta a morte". Trata-se de crime preterdoloso. A omissão de socorro deve ser atribuída ao agente a título de dolo e o resultado agravador, a título de culpa. Indaga-se: *se a morte do periclitante for inevitável, responderá o agente pela omissão do comportamento devido, apesar de este não ter a capacidade de evitar o resultado danoso?* Não, na medida em que a atuação do omitente não evitaria a produção do evento letal. Exige-se para a incidência dessa qualificadora que se prove no caso concreto que a conduta omitida seria capaz de impedir o resultado mais gravoso. Desse modo, se a morte do agente adveio, por exemplo, de lesões no cérebro, cuja assistência prestada jamais impediria a superveniência do evento letal, não há como atribuir esse resultado ao agente. Por outro lado, se ficar comprovado que, se o agente auxiliasse o periclitante, o evento letal poderia ser impedido, configurada está a qualificadora. Importante notar que para a forma qualificada não importa o número de mortes decorrentes da omissão.

Finalmente, segundo Damásio E. de Jesus, "se, em consequência da omissão de socorro, a vítima sofre lesão corporal de natureza leve, o sujeito não responde por dois delitos, omissão de socorro e crime de lesão corporal de natureza leve. Neste caso, a lesão fica absorvida"[216].

9.3. Culposa

Não há forma culposa. Poderá, no entanto, a omissão de socorro funcionar como majorante dos crimes de homicídio culposo e lesão corporal culposa (CP, arts. 121, § 4º, e 129, § 7º).

10. DISTINÇÕES

Quanto à distinção entre os crimes de omissão de socorro e homicídio ou lesões corporais qualificadas pela omissão de socorro, tivemos a oportunidade de analisar esse tema no item 11.5.5, "ii", do capítulo relativo ao crime de homicídio.

11. OMISSÃO DE SOCORRO DE ACORDO COM O CÓDIGO DE TRÂNSITO BRASILEIRO (LEI N. 9.503/97)

Com o advento do Código de Trânsito Brasileiro a omissão de socorro de condutor de veículo no caso de crime ou acidente de trânsito passou a ter tipificação legal específica. Vejamos o que dispõe o art. 304 dessa lei: "Deixar o condutor do veículo, na ocasião do acidente, de prestar imediato socorro à vítima, ou, não podendo fazê-lo diretamente, por justa causa, deixar de solicitar auxílio da autoridade pública: penas — detenção, de seis meses a um ano, ou multa, se o fato não constituir elemento de crime mais grave". São requisitos para a sua caracterização:

(i) O crime em estudo só pode ser cometido por condutor de veículo envolvido em acidente com vítima. Assim, se na mesma oportunidade motoristas de outros veículos, não envolvidos no acidente, deixam também de prestar socorro, incidem no crime gené-

---

216. Damásio E. de Jesus, *Direito penal*, cit., v. 2, p. 183.

rico de omissão de socorro descrito no art. 135 do Código Penal. O mesmo ocorre em relação a pessoas que não estejam na condução de veículos automotores.

(ii) Que o agente não tenha agido de forma culposa; caso o tenha, o crime será de homicídio ou lesões culposas com a pena aumentada (CTB, arts. 302, § 1º, III, e 303, § 1º).

Percebe-se, pois, que a solução é extremamente injusta, já que pune mais gravemente o condutor do veículo pelo simples fato de ter-se envolvido em um acidente, ainda que não tenha agido de forma culposa no evento, enquanto as demais pessoas que se omitem respondem por crime menos grave (CP, art. 135). Ao contrário do que ocorre na legislação comum, não existe previsão legal de aumento de pena quando, em face da omissão, a vítima sofre lesões graves ou morre.

O parágrafo único do art. 304 prevê, por sua vez, que "incide nas penas previstas neste artigo o condutor do veículo, ainda que a sua omissão seja suprida por terceiros ou que se trate de vítima com morte instantânea ou com ferimentos leves".

Vejamos as hipóteses legais:

(i) Socorro por terceiro: o condutor só responderá pelo crime no caso de ser a vítima socorrida por terceiros, quando a prestação desse socorro não chegou ao conhecimento dele, por já se haver evadido do local. Assim, se, após o acidente, o condutor se afasta do local e, na sequência, a vítima é socorrida por terceiro, existe o crime. É evidente, entretanto, que não há delito quando, logo após o acidente, terceira pessoa se adianta ao condutor e presta socorro.

(ii) Morte instantânea: temos aqui a previsão legal de um crime impossível por absoluta impropriedade do objeto, que o torna inaplicável.

(iii) Vítima com lesões leves: o conceito de lesões corporais de natureza leve é muito extenso, de tal sorte que o crime de omissão de socorro somente será aplicável quando, apesar de os ferimentos serem leves, esteja a vítima necessitando de algum socorro (fraturas, cortes profundos etc.). É evidente que o socorro não se faz necessário quando a vítima sofre simples escoriações ou pequenos cortes.

12. OMISSÃO DE SOCORRO E ESTATUTO DA PESSOA IDOSA

A conduta de deixar de prestar assistência à pessoa idosa, quando possível fazê-lo sem risco pessoal, em situação de iminente perigo, ou recusar, retardar ou dificultar sua assistência à saúde, sem justa causa, ou não pedir, nesses casos, o socorro de autoridade pública, configura crime previsto no art. 97 do Estatuto da Pessoa Idosa (Lei n. 10.741/2003), punido com pena de detenção de seis meses a um ano e multa. A pena é aumentada de metade, se da omissão resulta lesão corporal de natureza grave, e triplicada, se resulta a morte (parágrafo único). Trata-se de crime de ação penal pública incondicionada, não se lhe aplicando os arts. 181 e 182 do Código Penal (art. 95 do Estatuto).

13. OMISSÃO DE SOCORRO E HOMICÍDIO CULPOSO

A omissão de socorro é uma das circunstâncias que agrava a pena do homicídio culposo, de acordo com o disposto no art. 121, § 4º, do Código Penal: "no homicídio culposo, a pena é aumentada de 1/3 (um terço), se o crime resulta de inobservância de regra técnica de profissão, arte ou ofício, ou se o agente deixa de prestar imediato socorro à vítima, não procura diminuir as consequências do seu ato, ou foge para evitar prisão em flagrante". Nesse caso, a falta de socorro levou à morte da vítima. Pode-se dizer que o agente foi o provocador da morte. Então, aplica-se o citado dispositivo legal e não o art. 135 do Código Penal. Em contrapartida, se a omissão de socorro não tem qualquer influência no desencadear da morte da vítima, aplica-se a norma do art. 135 desse mesmo Código.

14. OMISSÃO DE SOCORRO E CÓDIGO PENAL MILITAR

O Código Penal Militar tipifica o delito de omissão de socorro em seu art. 201: "Deixar o comandante de socorrer, sem justa causa, navio de guerra ou mercante, nacional ou estrangeiro, ou aeronave, em perigo, ou náufragos que hajam pedido socorro: Pena – suspensão do exercício do posto, de um a três anos ou reforma".

15. AÇÃO PENAL. LEI DOS JUIZADOS ESPECIAIS CRIMINAIS

Trata-se de ação penal pública incondicionada, que independe de representação do ofendido ou de seu representante legal.

Em face das penas previstas no *caput* (detenção, de 1 a 6 meses, ou multa), parágrafo único (a pena é aumentada de metade, se da omissão resulta lesão corporal de natureza grave; a pena é triplicada se resulta morte), estamos diante de infrações de menor potencial ofensivo.

Por fim, em face das penas previstas no *caput* (detenção, de 1 a 6 meses, ou multa) e no parágrafo único, 1ª e 2ª parte (a pena é aumentada de metade, se da omissão resulta lesão corporal de natureza grave, e triplicada, se resulta a morte), é cabível a suspensão condicional do processo (art. 89 da Lei n. 9.099/95).

ART. 135-A – CONDICIONAMENTO DE ATENDIMENTO MÉDICO-HOSPITALAR EMERGENCIAL

1. CONSIDERAÇÕES PRELIMINARES

O condicionamento de atendimento médico-hospitalar emergencial é um crime que consiste no ato de exigir cheque-caução, nota promissória ou qualquer garantia, bem como o preenchimento prévio de formulários administrativos, como condição para o atendimento médico-hospitalar emergencial.

Vale lembrar que o art. 2º da Lei n. 12.653/2012 exige que o estabelecimento de saúde que realize atendimento médico-hospitalar emergencial afixe, em local visível, cartaz ou semelhante, contendo a informação de que constituem crime as mencionadas exigências como condição para o atendimento médico-hospitalar emergencial.

Agiu bem o legislador, pois a prática era comum em diversos estabelecimentos de saúde em nosso País e, no conflito constitucional de bens jurídicos, a vida deve prevalecer sobre eventual garantia de pagamento pelos serviços prestados.

2. OBJETO JURÍDICO

O tipo penal consiste em forma especial de omissão de socorro, praticada mediante o condicionamento de atendimento médico-hospitalar emergencial.

Já tínhamos proibição na seara administrativa, na Resolução Normativa n. 44 da Agência Nacional de Saúde Suplementar: "Art. 1º Fica vedada, em qualquer situação, a exigência, por parte dos prestadores de serviços contratados, credenciados, cooperados ou referenciados das Operadoras de Planos de Assistência à Saúde e Seguradoras Especializadas em Saúde, de caução, depósito de qualquer natureza, nota promissória ou quaisquer outros títulos de crédito, no ato ou anteriormente à prestação do serviço".

3. ELEMENTOS DO TIPO

3.1. Ação nuclear

A conduta típica consiste em negar atendimento emergencial, exigindo do potencial paciente, ou familiares, como condição para a execução dos procedimentos de socorro, cheque-caução, nota promissória ou qualquer garantia, bem como o preenchimento prévio de formulários administrativos, como condição para o atendimento médico-hospitalar emergencial.

O criminoso demonstra conduta revestida de extrema reprovabilidade, pois condiciona salvar a vida de quem chega em estado emergencial à prestação de garantia, fazendo uma análise fria e econômica da vida do paciente.

Para a consumação do delito, é necessário que o agente pratique todas as elementares típicas de forma conjunta, ou, em outras palavras, só teremos crime se o atendimento médico-hospitalar emergencial estiver condicionado. Exigir qualquer garantia, em outro momento que não o emergencial, não é crime.

3.2. Sujeito ativo

O crime só pode ser praticado por quem tenha autoridade para impedir tratamento condicionando-o à garantia de pagamento ou o preenchimento prévio de formulários administrativos. Normalmente os agentes responsáveis por tais determinações são os administradores ou funcionários da entidade hospitalar. Trata-se, portanto, de crime próprio.

3.3. Sujeito passivo

A vítima do crime é a pessoa em estado de emergência.

4. ELEMENTO SUBJETIVO

O crime de condicionamento de atendimento médico-hospitalar emergencial somente admite a forma dolosa. Não há previsão da modalidade culposa no tipo penal.

5. MOMENTO CONSUMATIVO

Consuma-se no exato momento de exigência de garantia ou burocracia, impedindo o atendimento emergencial.

6. TENTATIVA

Trata-se de delito plurissubsistente, ou seja, pode ser praticado em diversos atos, logo, admite tentativa.

7. CAUSA DE AUMENTO DE PENA

Nos termos de que dispõe o parágrafo único, a pena é aumentada até o dobro se da negativa de atendimento resulta lesão corporal de natureza grave (§§ 1º e 2º do art. 129), e até o triplo, se resulta a morte. Trata-se de figura preterdolosa (ou preterintencional), sendo os resultados majorantes decorrentes de culpa.

8. AÇÃO PENAL. LEI DOS JUIZADOS ESPECIAIS CRIMINAIS

Trata-se de ação penal pública incondicionada, que independe de representação do ofendido ou de seu representante legal.

Em face das penas previstas no *caput* (detenção, de 3 meses a 1 ano, e multa) e no parágrafo único, 1ª parte (a pena é aumentada até o dobro, se da negativa de atendimento resulta lesão corporal de natureza grave), estamos diante de uma infração de menor potencial ofensivo. Para a conduta prevista na parte final do parágrafo único (a pena é triplicada se resulta morte – resultando em uma pena de 9 meses a 3 anos de detenção), não se aplica o procedimento sumaríssimo, sendo o fato de competência do Juízo Comum.

Por fim, em face da pena mínima prevista no *caput* e no parágrafo único, é cabível a suspensão condicional do processo (art. 89 da Lei n. 9.099/95), pois todas as penas mínimas cominadas em abstrato ficam em patamar inferior a 1 ano.

ART. 136 - MAUS-TRATOS

1. OBJETO JURÍDICO

Assim como nos demais crimes de perigo, tutela-se a vida e a saúde humana daquele que se encontra sob a autoridade, guarda ou vigilância do sujeito ativo, para fins de educação, ensino, tratamento ou custódia.

2. ELEMENTOS DO TIPO

2.1. Ação nuclear

A ação nuclear do crime é o verbo *expor*. Trata-se de crime de ação múltipla ou de conteúdo variado. Considera-se como tal aquele em que o tipo penal descreve várias modalidades de execução do crime. Dessa forma, poderá o agente expor a perigo a vida ou a saúde de pessoa sob a sua autoridade, guarda ou vigilância, através dos seguintes **meios executivos:**

(i.1) Privando de alimentos: cuida-se de modalidade omissiva do crime em questão. A privação de alimentos pode ser relativa ou absoluta. Basta para a caracterização do delito a supressão relativa de alimentos. A privação absoluta poderá, conforme o caso, ser meio de execução de crime de homicídio se presente o *animus necandi*. Se, contudo, a privação total durar curto período de tempo, de modo a expor a vítima a situação de perigo, haverá o crime de maus-tratos; **(i.2) ou privando de cuidados necessários:** igualmente é modalidade omissiva do crime em tela. Refere-se o dispositivo legal aos cuidados exigíveis à preservação da vida ou da saúde das pessoas de que trata o tipo penal, por exemplo, ausência de assistência médica, condições para higiene pessoal, vestimentas, leito, exposição às intempéries.

(ii.1) Sujeitando a trabalho excessivo: é aquele que supera o limite da tolerância, provoca fadiga extraordinária, devendo levar-se em conta a idade da vítima; **(ii.2) ou inadequado:** é o trabalho incompatível com as condições da vítima, como idade, sexo, desenvolvimento físico.

(iii) Abusando de meio corretivo ou disciplina: abuso consiste no uso ilegítimo, imoderado, excessivo, dos meios de correção e disciplina. Mencione-se que há aqui um elemento subjetivo específico que diferencia essa figura das demais. É o que nos ensina Nélson Hungria: "nas hipóteses anteriores, o agente procede por grosseria, irritabilidade, espírito de malvadez, prepotência, ódio, cupidez, intolerância; mas nesta última hipótese, tem ele um fim em si mesmo justo, isto é, o fim de corrigir ou de fazer valer a sua autoridade. É bem de ver, porém, que o justo fim não autoriza o excesso do meio. Este é que a lei incrimina"[217]. Tal excesso tanto pode consistir em violência física (castigo corporal) como moral (ameaçar, aterrorizar a vítima). Ressalte-se que a lei não veda a utilização dos meios de correção ou disciplina, mas tão somente o seu uso imoderado. Assim, o uso de cintas, vara de marmelo, pedaços de pau contra o filho, por exemplo, caracteriza o uso abusivo daqueles meios. Veja exemplos de situações que caracterizam o crime em comento: (i) mãe que surrou os filhos com o uso de fio elétrico, causando-lhes lesões corporais, com o fim de repreendê-los pelo furto de um doce no supermercado; (ii) pai que agride o filho de forma violenta com o uso de uma cinta; (iii) genitora que banhava seu filho de 2 anos com água fria durante o inverno e agredia-lhe fisicamente, com o objetivo de ensiná-lo a não fazer suas necessidades fisiológicas em suas vestes. Em contrapartida, tal não ocorre se o pai moderadamente, com a finalidade educativa, aplica-lhe algumas palmadas nas nádegas. Veja-se, portanto, que o *jus corrigendi* ou *disciplinandi* há de ser exercido sempre de maneira moderada para que seja considerado legítimo. A Lei n. 13.010/2014, alterou o Estatuto da Criança e do Adolescente (Lei n. 8.069/90) para estabelecer o direito da criança e do adolescente de serem educados e cuidados sem o uso de castigos físicos ou de tratamento cruel ou degradante. A Lei da Palmada, como ficou conhecida, da mesma forma não proíbe a utilização de castigos, desde que não

217. Nélson Hungria, *Comentários*, cit., v. V, p. 451.

causem lesões, sofrimento físico, crueldade, humilhação ou exposição ao ridículo. O desrespeito a essas vedações pode ocasionar a aplicação de sanções impostas pelo Conselho Tutelar: (i) – encaminhamento a programa oficial ou comunitário de proteção à família; (ii) – encaminhamento a tratamento psicológico ou psiquiátrico; (iii) – encaminhamento a cursos ou programas de orientação; (iv) – obrigação de encaminhar a criança a tratamento especializado; (v) – advertência.

– **Crime de maus-tratos e a Lei de Tortura (Lei n. 9.455/97):** de acordo com o art. 1º, II, da referida lei, constitui crime de tortura "submeter alguém, sob sua guarda, poder ou autoridade, com emprego de violência ou grave ameaça, a intenso sofrimento físico ou mental, como forma de aplicar castigo pessoal ou medida de caráter preventivo: pena: reclusão, de dois a oito anos". Essa forma de tortura muito se assemelha, portanto, ao crime de maus-tratos acima estudado. O crime de tortura, contudo, ao contrário do crime de maus-tratos, apresenta-se da seguinte maneira: **(i) elemento normativo** – o delito de tortura exige para a sua configuração típica que a vítima seja submetida a intenso sofrimento físico ou mental; cuida-se, aqui, portanto, de situações extremadas (p.ex., aplicar ferro em brasa na vítima); **(ii) elemento subjetivo** – exige-se que o móvel propulsor da conduta seja a vontade de fazer a vítima sofrer por sadismo, ódio. Ao contrário da tortura, no delito de maus-tratos ocorre abuso nos meios de correção e disciplina, de maneira que o elemento subjetivo que o informa é o *animus corrigendi* ou *disciplinandi*, e não o sadismo, o ódio, a vontade de ver a vítima sofrer desnecessariamente. Com efeito, no mesmo sentido temos o seguinte acórdão colacionado por José Ribeiro Borges: "'Crime. Tortura e maus-tratos. Distinção. A tortura refere-se ao flagelo, ao martírio, à maldade, praticados por puro sadismo imotivado ou na expectativa de extorquir notícia, confissão ou informação qualquer, sem se ligar a um sentimento de castigo, de reprimenda, por ato que se repute errôneo, impensado, mal-educado, ao passo que o delito de maus-tratos, diferentemente, diz respeito ao propósito de punir, de castigar para censurar ou emendar' (acórdão do TJSP, Apelação n. 145.497-3/6)"[218]. Diante disso, é possível concluir que haverá a configuração do crime de maus-tratos nas seguintes hipóteses: (i) se não há a caracterização de intenso sofrimento físico ou mental; (ii) se, a despeito de verificado o intenso sofrimento físico ou mental da vítima, o agente atua com *animus corrigendi* ou *disciplinandi*. Para uma segura distinção entre ambos os delitos não basta a averiguação do elemento normativo, sendo imprescindível estudar o elemento volitivo, visto que, pese embora a caracterização do intenso sofrimento físico ou mental, se a vontade do agente for corrigir ou disciplinar, caracterizado estará o crime de maus-tratos. Nesta última hipótese (intenso sofrimento físico ou mental causado com o intuito de corrigir ou disciplinar), se advier, culposamente, lesão corporal grave ou morte, configurada estará a forma qualificada do crime de maus-tratos.

2.2. Sujeito ativo

Trata-se de crime próprio. Só pode ser autor a pessoa que tem outra sob sua guarda, autoridade ou vigilância para fins de educação, ensino, tratamento ou custódia. Na

---

218. José Ribeiro Borges, *Tortura*, Campinas, Romana Jurídica, 2004, p. 149.

precisa lição de Nélson Hungria: "*Educação* compreende toda atividade docente destinada a aperfeiçoar, sob o aspecto intelectual, moral, técnico ou profissional, a capacidade individual. *Ensino* é tomado, aqui, em sentido menos amplo que o de educação: é a ministração de conhecimentos que devem formar o fundo comum de cultura (ensino primário, ensino propedêutico). *Tratamento* abrange não só o emprego de meios e cuidados no sentido da cura de moléstias, como o fato continuado de prover a subsistência de uma pessoa. Finalmente, *custódia* deve ser entendida em sentido estrito: refere-se à detenção de uma pessoa para fim autorizado em lei. Assim, o crime em questão é praticável por pais, tutores, curadores, diretores de colégio ou de institutos profissionais, professores, patrões, chefes de oficina ou contramestres, enfermeiros, carcereiros, em relação, respectivamente, aos filhos (menores), pupilos, curatelados, discípulos, fâmulos (menores), operários (menores), aprendizes, enfermos, presos"[219]. Observe-se que, se inexistente essa vinculação jurídica entre o sujeito ativo e o passivo, o crime será outro, como, por exemplo, o de exposição a perigo da vida ou da saúde de outrem (CP, art. 132).

2.3. Sujeito passivo

As pessoas que se encontram sob a autoridade, guarda ou vigilância para fins de educação, ensino, tratamento ou custódia de outra. Deve haver necessariamente uma relação subordinativa entre o agente e a vítima. Dessa forma, a esposa não pode ser sujeito passivo desse crime se maltratada pelo marido, na medida em que não existe vínculo de subordinação, ou seja, o marido não exerce autoridade, guarda ou vigilância sobre a esposa. Pela mesma razão, não poderá ser sujeito passivo do delito em tela o filho maior de idade. Nessas hipóteses, poderá o agente responder pelo crime de lesões corporais (CP, art. 129) ou de exposição a perigo da vida ou da saúde de outrem (CP, art. 132).

Registre-se que, em face da exigência de que tanto o sujeito ativo quanto o sujeito passivo possuam qualidades especiais, trata-se de delito bipróprio.

3. ELEMENTO SUBJETIVO

É o dolo, consistente na vontade livre e consciente de maltratar a vítima, de modo a expor a sua incolumidade física ou psíquica a perigo. Admite-se o dolo na modalidade direta ou eventual. Ainda, há elemento subjetivo específico do tipo, caracterizado pela ação ou omissão ser realizada com o fim de educar, ensinar, tratar ou custodiar.

Trata-se aqui de crime de perigo; contudo, se a intenção do agente for causar lesão na vítima ou a sua morte (*animus laedendi* ou *animus necandi*), o crime será outro (lesão corporal ou homicídio).

4. MOMENTO CONSUMATIVO

Consuma-se o delito com a exposição do sujeito passivo ao perigo de dano através de uma conduta ativa ou omissiva. Cuida-se de crime de perigo concreto, de modo que

---

219. José Ribeiro Borges, *Tortura*, cit. p. 450.

ele não se presume, devendo ser comprovada caso a caso a situação periclitante criada pelo agente. Se o meio de correção empregado, por exemplo, aplicar algumas palmadas nas nádegas de uma criança, não acarretar qualquer perigo para a incolumidade pessoal da vítima, não haverá a configuração do crime em tela.

(i) Habitualidade: algumas modalidades do crime exigem a habitualidade para a sua configuração, como na *privação de cuidados ou de alimentos*. Desse modo, não basta uma única conduta de deixar a vítima sem uma das refeições para configurar o crime em tela, já que na hipótese não se caracterizou a situação de perigo. Em outras modalidades, a habitualidade não é requisito, como no *abuso de meios de correção ou disciplina*, em que basta uma única ação abusiva para configurar o crime. A reiteração dos maus-tratos no caso poderá caracterizar o crime continuado.

(ii) Crime instantâneo ou permanente? Algumas modalidades constituem crime permanente, como na *privação de cuidados ou alimentos* e *sujeição a trabalho excessivo ou inadequado*. Em tais hipóteses, o momento consumativo do crime se protrai no tempo, e o bem jurídico é continuadamente agredido. A cessação da situação ilícita depende apenas da vontade do agente. Na modalidade *abuso de meios de correção ou disciplina* o crime é instantâneo, ou seja, consuma-se em um dado instante, sem continuidade no tempo. Eventualmente essa modalidade poderá constituir crime permanente, conforme exemplifica Nélson Hungria: "um pai, *corrigendi animo*, mantém o filho fortemente amarrado ao pé de uma cama, ou prolonga excessivamente a sua segregação no 'quarto escuro'"[220].

5. TENTATIVA

Não é possível nas modalidades omissivas do crime em tela (privação de alimentos ou privação de cuidados indispensáveis). É admissível somente na modalidade comissiva, em que há um *iter criminis* a ser fracionado. Indaga E. Magalhães Noronha: "O genitor que é surpreendido amarrando o filho ao pé da mesa e pronto a amordaçá-lo, para que não se ouçam seus protestos ou choro, não está a meio de abuso de correção? Desde que o fato apresente um *iter*, desde que seja suscetível de fracionamento, não nos parece impossível o *conatus*, lembrando-se ainda uma vez que o crime de perigo não o repele"[221].

6. FORMAS

6.1. Simples (art. 136, *caput*)

Está prevista no *caput* do art. 136 do Código Penal (pena – detenção, de 2 meses a 1 ano, ou multa).

---

220. José Ribeiro Borges, *Tortura*, cit., p. 454.

221. E. Magalhães Noronha, *Direito penal*, cit., v. 2, p. 102.

6.2. Qualificada (art. 136, §§ 1º e 2º)

Está prevista nos §§ 1º e 2º. O crime será qualificado quando da exposição resultar: (i) lesão corporal grave (pena – reclusão, de 1 a 4 anos); (ii) morte (reclusão, de 4 a 12 anos). Trata-se de crime preterdoloso. Há dolo no crime antecedente e culpa no consequente. Assim, o resultado qualificador jamais poderá ter sido querido pelo agente. Este, na realidade, ao maltratar a pessoa que se encontra sob a sua autoridade, guarda ou vigilância, não intenciona produzir o resultado mais grave, ou nem mesmo assume esse risco, contudo tal resultado, que era previsível, não foi previsto pelo agente e por isso responderá por ele a título de culpa. Nunca é demais repisar a importância de se estabelecer o nexo causal entre a conduta do agente e o resultado agravador, de modo que, se tais eventos não decorrerem dos maus-tratos, não há falar em figura qualificada. Sendo possível estabelecer esse nexo causal, a conduta deve ser atribuída ao agente (p.ex., vítima menor de idade que é submetida a trabalho inadequado e vem a sofrer lesões em decorrência do seu exercício). Se, contudo, as lesões não decorrerem do exercício daquele, não responderá o agente pela qualificadora, mas apenas pela forma simples do delito em estudo. Ressalve-se que a lesão corporal leve é absorvida pelo crime de maus-tratos.

6.3. Causa de aumento de pena (art. 136, § 3º)

Prevê o aumento de pena de 1/3 se o crime é praticado contra pessoa menor de 14 anos. *Vide* comentários sobre o tema no item 11.4. do capítulo relativo ao crime de homicídio. Nessa hipótese, não poderá incidir a agravante genérica prevista no art. 61, II, *h*, do Código Penal.

6.4. Culposa

Não há previsão da modalidade culposa do crime em tela.

7. QUESTÕES DIVERSAS

(i) Agravantes. Incidência

Por ser circunstância que integra o crime, o abuso de autoridade, a teor do *caput* do art. 61, II, *f*, do Código, não agravará genericamente a pena do agente; do contrário haverá *bis in idem*. Da mesma forma, se a vítima é descendente do agente, não incidirá a agravante do art. 61, II, *e*.

(ii) Maus-tratos e art. 232 do Estatuto da Criança e do Adolescente. Aplicação do princípio da especialidade

Poderá incidir, pela aplicação do princípio da especialidade, a figura típica do art. 232 do Estatuto da Criança e do Adolescente, se o agente submeter criança ou adolescente sob sua autoridade, guarda ou vigilância a vexame ou constrangimento.

(iii) Maus-tratos e injúria

Se os maus-tratos constituem meio vexatório, o crime poderá ser outro: injúria (CP, art. 140). Por exemplo: castigar o filho em público. Além de eventual medida aplicada pelo

Conselho Tutelar, nos termos do art. 18-B do ECA. São elas: (i) – encaminhamento a programa oficial ou comunitário de proteção à família; (ii) – encaminhamento a tratamento psicológico ou psiquiátrico; (iii) – encaminhamento a cursos ou programas de orientação; (iv) – obrigação de encaminhar a criança a tratamento especializado; (v) – advertência.

(iv) Maus-tratos e lesões corporais. Distinção

Lesões corporais. Constitui crime de dano; o elemento subjetivo é o *animus laedendi*, é a vontade de causar dano à integridade física ou psíquica do agente.

Maus-tratos. Constitui crime de perigo; o elemento subjetivo é o ânimo de maltratar o sujeito passivo, que se encontra em uma das condições previstas no artigo, e, assim, expor a perigo a sua incolumidade física e psíquica. Embora possa acarretar dano ao sujeito passivo, o crime é essencialmente de perigo.

8. ESTATUTO DA PESSOA IDOSA

A conduta de expor a perigo a integridade e a saúde, física ou psíquica, da pessoa idosa, submetendo-a às condições desumanas ou degradantes ou privando-o de alimentos e cuidados indispensáveis, quando obrigado a fazê-lo, ou sujeitando-o a trabalho excessivo ou inadequado, configura crime previsto no art. 99 do Estatuto da Pessoa Idosa (Lei n. 10.741/2003), punido com pena de detenção de dois meses a um ano e multa. Se do fato resulta lesão corporal de natureza grave: pena de reclusão de um a quatro anos (§ 1º). Se resulta a morte: pena de reclusão de quatro a doze anos (§ 2º). Trata-se de crime de ação penal pública incondicionada, não se lhe aplicando os arts. 181 e 182 do Código Penal (art. 95 do Estatuto do Idoso).

9. AÇÃO PENAL. LEI DOS JUIZADOS ESPECIAIS CRIMINAIS

Trata-se de ação penal pública incondicionada que independe de representação do ofendido ou de seu representante legal.

Em face das penas previstas no *caput* (detenção, de 2 meses a 1 ano, ou multa), sujeita-se às disposições da Lei n. 9.099/95, ainda que incida a majorante prevista no § 3º.

Por fim, em face das penas previstas no *caput* (detenção, de 2 meses a 1 ano, ou multa), combinado com o § 3º (causa de aumento de pena de 1/3), e no § 1º (pena – reclusão, de 1 a 4 anos), é cabível a suspensão condicional do processo (art. 89 da Lei n. 9.099/95).

Capítulo IV
DA RIXA

ART. 137 - RIXA

1. CONCEITO

É a luta, a contenda entre três ou mais pessoas; briga esta que envolva vias de fato ou violências físicas recíprocas, praticadas por cada um dos contendores (rixosos, rixentos) contra os demais, generalizadamente. Ainda, o crime se caracteriza pela presença do perigo resultante do confronto, ou seja, perigo não só para aqueles que participam da rixa, mas também para aqueles que estão nas proximidades do local em que ela ocorre. Esse perigo é presumido por lei.

1.1. Rixa. Formas de surgimento

A rixa, segundo a doutrina[222], pode surgir de forma:

(i) preordenada ou *ex proposito*: é a planejada; por exemplo: os rixosos combinam de encontrar-se em determinado dia, local e hora para se desafiarem;

(ii) de improviso ou *ex improviso*: é aquela que surge de súbito, de forma inesperada, quando as condutas são desordenadas, sem que haja previsão anterior dos participantes; por exemplo: pessoas que assistem a um show de música, em que alguns dos integrantes da plateia se engalfinham com os demais dando início a um entrevero.

2. OBJETO JURÍDICO

A vida e a incolumidade física e mental, bem como, de forma mediata, a ordem pública. É o que diz a Exposição de Motivos do Código Penal "a *ratio essendi* da incriminação é dupla: a rixa concretiza um *perigo* à incolumidade pessoal (e nisto se assemelha aos 'crimes de perigo contra a vida e a saúde') e é uma perturbação da ordem e disciplina da convivência civil".

3. ELEMENTOS DO TIPO

3.1. Ação nuclear

A ação nuclear do tipo penal é o verbo *participar*, que significa tomar parte, no caso, de briga, contenda. A conduta de participar da rixa será típica tanto na hipótese de atuação desde o início da contenda quanto na de ingresso durante ela. Cessada a briga, não há falar em participação na rixa. A participação pode-se dar por diversos meios materiais de atuação.

Os meios materiais de atuação consistem na prática de vias de fato ou violência, havendo necessariamente intervenção direta dos contendores na luta (p.ex., chutes, pontapés), porém não é necessário o desforço corpo-a-corpo dos rixosos, pois a rixa pode ocorrer pelo arremesso de objetos ou disparo de arma de fogo etc. Conforme a doutrina, a violência física é indispensável para a caracterização do crime, não se configurando este nos casos de simples alteração de ânimos, meras discussões, meras ofensas verbais, sem que ao menos se chegue às vias de fato.

Para a configuração do crime, basta a participação dos rixosos no entrevero, no mínimo três, de modo a não se lograr identificar a atividade de cada um. Se for perfeitamen-

---

222. Nélson Hungria, *Comentários*, cit., 4. ed., Rio de Janeiro, Forense, 1958, v. VI, p. 19.

te possível individualizar a responsabilidade de cada um do grupo pelos atos praticados, não há falar-se no crime de rixa. Em tal hipótese, serão eles responsabilizados individualmente pelos fatos praticados (lesão corporal, homicídio, contravenção penal de vias de fato).

3.2. Sujeito ativo

Os rixosos são os sujeitos ativos; no mínimo, três. Qualquer pessoa pode figurar como autora. É irrelevante que, dentro do número mínimo, que é de três rixosos, um deles seja inimputável ou não identificado, ou tenha morrido. Trata-se, assim, de delito plurissubjetivo ou de concurso necessário, só se configurando se houver pluralidade de agentes. Trata-se também de delito de condutas contrapostas, uma vez que os sujeitos agem uns contra os outros. Os rixosos são a um só tempo sujeitos ativos da violência e vias de fato praticadas contra os demais rixosos e sujeitos passivos das condutas por estes praticadas contra eles. Importante frisar que a rixa pressupõe confusão, tumulto em que não se consegue individualizar a conduta dos participantes, de modo a responsabilizá-los pelos resultados lesivos cometidos. Sendo possível tal individualização, não há que falar em crime de rixa.

3.2.1. Concurso de pessoas

O crime de rixa é um crime de concurso necessário, ou seja, a norma incriminadora, no seu preceito primário, reclama como *conditio sine qua non* do tipo a existência de pelo menos três autores. A coautoria é obrigatória, podendo haver ou não a participação de terceiros. Assim, tal espécie de concurso reclama sempre a coautoria, mas a participação pode ou não ocorrer, sendo, portanto, eventual. Na rixa, dessa forma, além dos três agentes, ou mais, pode ainda terceiro concorrer para o crime, na qualidade de partícipe, criando intrigas, alimentando animosidades entre os rixentos ou fornecendo-lhes armas para a refrega[223].

A sistemática do Código Penal (arts. 29 e 62) faz distinção entre autor e partícipe (auxílio, instigação ou induzimento). Segundo a teoria restritiva do concurso de pessoas, que é a teoria adotada pelo Código Penal, autor é só aquele que realiza a conduta principal contida no núcleo do tipo, ou seja, no crime de rixa, aquele que arremessa objetos, entra em luta corporal. Todo aquele que, sem realizar conduta típica, concorrer para a sua realização não será considerado autor, mas mero partícipe; por exemplo, aquele que fornece objetos para os contendores arremessarem contra os demais rixosos, ou então, mediante incentivo moral, convence os seus colegas a continuarem na rixa. No entanto, a doutrina outrora não atentava para as distintas formas de atuação no crime de rixa, ou seja, autoria, coautoria, participação, respondendo todos eles identicamente pelo resultado[224]. Assim, aquele que lutou no entrevero (chutes, arremesso de pedras) recebia a mesma pena que aquele que incentivou moralmente a entrada de seus colegas na con-

223. Fernando Capez, *Direito penal*, cit., p. 443.
224. Fernando Capez, *Direito penal*, cit., p. 443.

tenda, pois todos em sentido genérico eram considerados participantes. Com efeito, ensinava Nélson Hungria, ao distinguir a participação na rixa da participação no crime de rixa: "no primeiro caso, dá-se a interferência pessoal na briga, o ingresso efetivo no entrevero; no segundo, dá-se o concurso (material ou moral) para a rixa, mas sem intervenção direta nesta. O Código, porém, para o efeito da pena, não faz distinção alguma (arts. 137 e 25): todos os *participantes* incorrem na pena cominada à rixa"[225]. Veja-se que, pela legislação, há na primeira hipótese o concurso de pessoas na modalidade coautoria; já na segunda hipótese, estamos diante das modalidades de "participação em sentido estrito" (auxílio, instigação ou induzimento). São, na realidade, modalidades diversas de concurso de pessoas, de modo que os contendores responderão pelo crime de acordo com o disposto no art. 29 do Código Penal.

Em resumo, temos as seguintes modalidades de *participação em sentido estrito* no crime de rixa:

(i) Participação material – auxílio: por exemplo, indivíduo que sem tomar parte diretamente da rixa, ou seja, sem praticar violência ou vias de fato, fornece aos seus colegas rixosos punhais, pedaços de pau, a fim de que eles continuem no entrevero.

(ii) Participação moral – induzimento e instigação: dá-se mediante o induzimento e a instigação. O indivíduo, nessa hipótese, sem praticar violência ou vias de fato, ou, sem prestar qualquer auxílio material, atua, por exemplo, no sentido de estimular os seus colegas rixosos a continuarem no entrevero. Como, para a configuração do crime de rixa, é necessário que no mínimo três participantes entrem em luta corporal, o partícipe moral necessariamente deverá ser o quarto integrante.

3.3. Sujeito passivo

Sujeitos passivos são os rixosos. Qualquer pessoa pode figurar como sujeito passivo. Conforme já dito acima, cada rixoso é sujeito ativo e ao mesmo tempo sujeito passivo em face da conduta dos outros rixosos. Pessoas transeuntes ou próximas também podem ser vítimas desse delito. O Estado é vítima mediata.

4. ELEMENTO SUBJETIVO

É o dolo, consistente na vontade livre e consciente de tomar parte na rixa. É o denominado *animus rixandi*. Se houver, além do ânimo de participar na rixa, o dolo de dano, ou seja, a intenção de ferir ou matar alguém, e se esse desiderato se materializar de forma identificável, o agente responderá por crime, tentado ou consumado, de lesão corporal ou de homicídio em concurso com a rixa qualificada ou simples, conforme veremos adiante, e os demais contendores responderão somente pelo crime de rixa na forma qualificada. Não há forma culposa.

---

225. Nélson Hungria, *Comentários*, cit., v. VI, p. 22.

Conforme o disposto no art. 137, não é participante de rixa quem nela interfere para separar os contendores. É que nessa hipótese a intenção pacificadora do agente exclui o *animus rixandi*.

Não haverá o delito se os participantes atuarem com intenção jocosa (*animus jocandi*).

5. MOMENTO CONSUMATIVO

Trata-se de crime instantâneo. Dá-se a consumação, segundo a doutrina, com a prática de vias de fato ou violência recíprocas, momento em que ocorre o perigo abstrato de dano. Assim, a rixa se consuma a despeito de o agente perseverar no confronto, distribuindo novas pancadas. Contrariamente, Magalhães Noronha afirma: "consuma-se o delito no momento e no lugar onde cessou a atividade dos contendores"[226]. Essa posição, contudo, não é compartilhada pela doutrina.

Uma vez ocorrido o entrevero entre os diversos participantes, há uma presunção *juris et de jure* de perigo.

6. TENTATIVA

A tentativa é admissível[227] na hipótese de rixa *ex proposito* ou *preordenada*, isto é, a rixa previamente planejada, uma vez que nela há um *iter criminis* a ser fracionado. Desse modo, não há como afastar a tentativa na hipótese em que os grupos rivais se dirigem ao local marcado e, ao apanhar pedras e paus para o entrevero, são obstados pela intervenção policial[228]. No mesmo sentido, entende Cezar Roberto Bitencourt que a tentativa do crime de rixa *ex proposito* é, em tese, possível, mas de difícil configuração[229]. Contrariamente, Julio Fabbrini Mirabete sustenta ser inadmissível a tentativa, na medida em que a "conduta e o evento se exaurem simultaneamente. Quando se trata da hipótese de grupos que vão se confrontar, o comportamento é próprio de atos preparatórios ou de tentativa de lesões corporais"[230].

Nosso entendimento: a tentativa é admissível.

7. CONCURSO DE CRIMES

Durante a ocorrência do entrevero diversos delitos podem ser cometidos pelos rixosos, os quais constituirão crimes autônomos. Os contendores, uma vez identificados, responderão pelos resultados individualmente produzidos em concurso ma-

---

226. E. Magalhães Noronha, *Direito penal*, cit., v. 2, p. 105.

227. Damásio E. de Jesus, *Código Penal anotado*, cit., p. 458; Nélson Hungria, *Comentários*, cit., v. VI, p. 28.

228. E. Magalhães Noronha, *Direito penal*, cit., v. 2, p. 106.

229. Nesse sentido: Cezar Roberto Bitencourt, *Manual*, cit., v. 2, p. 313.

230. Julio Fabbrini Mirabete, *Código Penal*, cit., p. 770.

terial com o crime de rixa simples. Os demais rixosos, frise-se, não responderão por esses resultados. Refoge a essa regra a prática dos crimes de lesão corporal de natureza grave e homicídio, que constituem formas qualificadas do crime de rixa, conforme estudaremos adiante.

Vejamos alguns exemplos de concurso de crimes:

(i) Ameaça: não há concurso material com o crime de rixa. O delito de ameaça é absorvido pelo crime de rixa.

(ii) Lesão corporal leve e contravenção penal de vias de fato: não há concurso material com o crime de rixa; ambos são absorvidos pelo crime de rixa.

(iii) Homicídio e lesão corporal de natureza grave: se ocorrer a morte ou lesão corporal de natureza grave de um dos contendores ou de alguém estranho à rixa, identificado o autor, responderá este pelo delito de homicídio ou lesão corporal de natureza grave em concurso material com a rixa qualificada (ou, segundo alguns autores, como veremos adiante, em concurso com a rixa simples). Os demais contendores, que não são autores das lesões ou do homicídio, responderão pela rixa qualificada. Se o autor não for identificado, ainda assim, todos responderão pela rixa qualificada.

(iv) Tentativa de homicídio e lesão corporal: nesta hipótese, tais crimes na forma tentada não constituirão formas qualificadas do delito de rixa. Desse modo, se for atribuída a algum dos contendores a tentativa de um desses crimes, responderá ele pelo crime em concurso material com a rixa simples. Os demais contendores, por sua vez, responderão apenas pela rixa na forma simples.

(v) Crime contra o patrimônio: se durante o entrevero houver a ocorrência de um crime de furto, por exemplo, uma vez identificado o autor do crime, será ele individualmente responsabilizado pelo delito patrimonial em concurso com o crime de rixa na forma simples.

(vi) Crime de disparo de arma de fogo (art. 15 da Lei n. 10.826/2003): de acordo com o art. 15, constitui crime disparar arma de fogo em local habitado ou em via pública. Dessa forma, se não houve a intenção de praticar outro crime (lesão corporal ou homicídio consumados ou tentados), aquele que disparou arma de fogo no transcorrer da rixa, responderá pelo respectivo crime da Lei n. 10.826/2003.

(vii) Crime de porte ilegal de arma de fogo (arts. 14 e 16 da Lei n. 10.826/2003): o rixoso que portar arma de fogo sem autorização ou em desacordo com determinação legal ou regulamentar pratica o crime dos arts. 14 ou 16 da referida lei especial, conforme a arma seja de uso permitido ou restrito. Na realidade, antes de adentrar na rixa, a consumação do crime de porte ilegal de arma de fogo já se operou, de modo que o rixoso responderá pelo crime respectivo previsto na Lei n. 10.826/2003 em concurso material com o crime de rixa simples.

Registre-se que a posse e o porte ilegal de arma de fogo de uso restrito e proibido são considerados crimes hediondos, incidindo, portanto, as regras do art. 2º da Lei n. 8.072/90.

8. FORMAS

8.1. Simples (art. 137, *caput*)

Está no *caput*.

8.2. Qualificada (art. 137, parágrafo único)

Prevê o parágrafo único hipóteses de rixa qualificada, quais sejam: (i) se ocorre morte; (ii) se ocorre lesão corporal de natureza grave (pena – detenção de 6 meses a 2 anos). A impossibilidade de se responsabilizar individualmente o autor pelos resultados mais graves não impede que os rixosos respondam por estes. Assim, todos os rixosos, ainda que não sejam responsáveis por aqueles delitos, incorrerão na pena majorada. Tal imputação constituiria responsabilidade penal objetiva? Importa aqui observar a lição de Nélson Hungria: "todos os participantes quiseram a rixa, isto é, o fato que, segundo *id quod plerumque accidit*, podia ser, como realmente foi, causa de crimes de sangue. Cada um dos corrixantes incorre na pena especialmente majorada porque contribuiu para criar e fomentar a situação de perigo, de que era previsível resultasse o evento *morte* ou *lesão corporal grave*. Nenhum deles, portanto, responde pelas consequências que não produziu, mas pelas consequências *não imprevisíveis* de uma situação ilícita, a que consciente e voluntariamente prestou sua cota de causalidade"[231].

E se o autor dos eventos for identificado? Nessa hipótese, responderá ele pelo crime de homicídio ou lesão corporal de natureza grave em concurso com o crime de rixa qualificada. Há posicionamento doutrinário no sentido de que o contendor responderia pela lesão corporal grave ou homicídio em concurso com a rixa na forma simples, pois, do contrário, o agente seria apenado duplamente pelo mesmo fato (*bis in idem*). Portanto, há duas posições: (i) o agente responde pelo crime previsto no art. 121 ou 129, §§ 1º, 2º e 3º, do Código Penal em concurso com a rixa simples[232]; (ii) há concurso material com a rixa qualificada[233].

Nosso entendimento: concordamos com a primeira posição (i), para evitar o *bis in idem*.

→ **Atenção:** para que incida a qualificadora, os resultados agravadores – morte ou lesão grave – não precisam, necessariamente, ter sido causados dolosamente. Os resultados agravadores justificam a qualificadora quando previsíveis aos rixantes e se aplicam independentemente do *animus* do seu causador.

---

231. Nélson Hungria, *Comentários*, cit., v. VI, p. 23. No mesmo sentido: E. Magalhães Noronha, *Direito penal*, cit., v. 2, p. 107.

232. Nesse sentido: Damásio E. de Jesus, *Código Penal anotado*, cit., p. 459.

233. Nesse sentido: Nélson Hungria, *Comentários*, cit., v. VI, p. 24; Cezar Roberto Bitencourt, *Manual*, cit., v. 2, p. 315.

E o participante que sofre a lesão grave responde também pela forma qualificada do crime de rixa? Ele também não se exime da pena qualificada. **E se atingir terceiros, estranhos à rixa?** Ensina Nélson Hungria que, "para aplicação da pena majorada, não importa que o crime de homicídio ou de lesão corporal seja doloso, culposo ou preterdoloso. Nem é preciso que a vítima seja um dos contendores: se por *error ictus*, é atingida uma pessoa estranha à rixa (espectador, transeunte, pacificador, interveniente em legítima defesa, policial que procura prender os contendores), a rixa se tem por qualificada"[234]. Ressalva, contudo, E. Magalhães Noronha: "mas é preciso que o evento, ainda que por *error ictus*, seja *oriundo da rixa*, seja por ela provocado. Se *v.g.*, em plena rixa, um dos briguentos divisa a certa distância um inimigo e, não sopitando seu rancor, desfecha-lhe um tiro, matando-o, não há falar em rixa qualificada, pois a contenda coletiva não foi a *causa* da morte: o que houve foi um simples homicídio, atribuível única e totalmente a seu autor; e ocorrido *no momento* da rixa, mas não *produzido* por ela"[235].

Veja-se que os resultados agravadores devem necessariamente ser produzidos por uma causa inerente à rixa, afastando-se a qualificadora na hipótese em que os eventos sobrevieram em decorrência de intervenção policial para conter o tumulto. Assim, se advier a morte de um rixoso pelo emprego de arma de fogo pela Polícia, não responderão os demais rixosos pela forma qualificada do delito.

Ao participante que se retira da rixa antes de ocorrer morte ou lesão grave, entende a doutrina que, ainda assim, aplica-se a pena majorada, porém não se pode deixar de lado situações em que o agente ingressa na rixa que se desenvolve através de tapas e, após a sua retirada, sem que haja previsibilidade por parte dele, há alteração da natureza do conflito. Nesse caso seria aplicável o art. 29, § 2º, do Código Penal.

- **Rixa qualificada e crime único:** a ocorrência de várias mortes caracteriza o crime único de rixa qualificada; contudo deverão ser levadas em consideração no momento da fixação da pena-base (CP, art. 59).
- **Rixa qualificada e tentativa de lesão corporal ou homicídio:** a tentativa dos crimes de lesão corporal e homicídio não qualifica o crime de rixa, de modo que, se o autor da tentativa for identificado, deverá responder por esses delitos individualmente em concurso com o crime de rixa simples. É que a qualificadora exige a consumação dos eventos criminosos, não bastando apenas a tentativa deles. Os demais contendores somente responderão pelo delito de rixa simples.
- **Rixa qualificada e autoria incerta. Distinção:** cumpre fazer a seguinte distinção: na rixa qualificada em que se desconhece o autor dos crimes de lesão corporal de natureza grave e de homicídio, os rixosos não querem o resultado mais gravoso, mas respondem pelo resultado qualificador diante da previsibilidade de tais eventos. Na autoria incerta, pelo contrário, duas pessoas ou mais, perfeitamente identificáveis, sem que uma saiba a conduta da outra, querem dar causa ao resultado criminoso, mas apenas uma delas consegue tal desiderato, e não se logra estabelecer entre elas quem deu causa efetivamente ao evento. Por exemplo: "A" e "B", sem qualquer liame subjetivo

234. Nélson Hungria, *Comentários*, cit., v. VI, p. 25.
235. E. Magalhães Noronha, *Direito penal*, cit., v. 2, p. 109.

entre eles, coincidentemente, deparam-se com o inimigo comum "C", e, ato contínuo, desferem-lhe simultaneamente vários tiros. Sabe-se que "A" e "B" atiraram; mas, se as armas têm o mesmo calibre, como identificar qual o projétil causador da morte? Nessa hipótese, aplicando-se o princípio *in dubio pro reo*, ambos devem responder por homicídio tentado. Verifique-se que não há como aplicar tal regra ao crime de rixa, em que não se consegue identificar os reais autores dos resultados letais; é que não se pode atribuir, por presunção, crimes aos rixosos, os quais não foram por eles cometidos (não são autores, coautores ou partícipes). Na autoria incerta, pelo contrário, há a execução direta do crime, e nisso se funda a responsabilidade penal do agente.

8.3. Culposa

Não há previsão legal da modalidade culposa do crime de rixa.

9. RIXA E LEGÍTIMA DEFESA

É necessário distinguir a figura da "rixa" da "agressão de várias pessoas contra uma ou algumas". Aqui os agredidos não trocam violência com os agressores, sendo certo que a defesa efetuada pelos primeiros poderá constituir legítima defesa. Na figura da rixa, as agressões são recíprocas, havendo consciência de que o comportamento deles é antijurídico. Aqui não há falar em legítima defesa. Não obstante, há situações em que esta se torna possível. Dar-se-á quando houver uma possível mudança nos padrões da contenda, que passa a assumir uma maior gravidade, destacando-se o fato das vias comuns que vinha seguindo a rixa; por exemplo: rixa que se desenvolve com tapas e socos quando um dos participantes saca uma arma de fogo. Assim, aquele que mata, durante a luta, em legítima defesa, não responde por crime de homicídio, mas por rixa na forma qualificada. Os demais contendores, igualmente, responderão pela rixa na forma qualificada em decorrência do evento morte. Não importa, no caso, a licitude da lesão grave ou morte, pois, de acordo com a lei, basta a ocorrência desses eventos para se considerar qualificado o crime.

10. RIXA E DELITO MULTITUDINÁRIO. DISTINÇÃO

Na rixa, os sujeitos agem uns contra os outros, ou seja, as condutas são contrapostas, os ataques são recíprocos; já no delito multitudinário, os sujeitos agem todos na mesma direção com um fim determinado, isto é, as condutas são paralelas, não há ataques recíprocos; por exemplo: linchamento de determinada pessoa por uma multidão.

11. AÇÃO PENAL. LEI DOS JUIZADOS ESPECIAIS CRIMINAIS. COMPETÊNCIA POR CONEXÃO

Trata-se de crime de ação penal pública incondicionada, que independe de representação do ofendido ou de seu representante legal.

A forma simples do crime e sua forma qualificada são infrações de menor potencial ofensivo, sujeitas às disposições da Lei n. 9.099/95.

É cabível a suspensão condicional do processo (art. 89 da Lei n. 9.099/95) nas formas simples e qualificada do crime de rixa (pena – detenção, de 6 meses a 2 anos).

No crime de rixa ocorre a competência por conexão intersubjetiva. Se forem propostas diversas ações criminais em face dos diversos contendores que participaram de uma mesma rixa, deve-se buscar a junção dos processos, propiciando ao julgador perfeita visão do quadro probatório. São efeitos da conexão: a reunião das ações penais em um mesmo processo e a prorrogação de competência[236].

Capítulo V
DOS CRIMES CONTRA A HONRA

1. OBJETO JURÍDICO

Sob a rubrica "Crimes contra a honra" cuida o Código Penal daqueles delitos que ofendem bens imateriais da pessoa humana, no caso, a sua honra pessoal. São eles: calúnia (CP, art. 138), difamação (CP, art. 139) e injúria (CP, art. 140). Tutela-se um bem imaterial, relativo à personalidade humana. Assim, o homem tem direito à vida, à integridade física e psíquica, como também a não ser ultrajado em sua honra, pois o seu patrimônio moral também é digno da proteção penal. Essa proteção é garantida pela Constituição de 1988, que em seu art. 5º, X, prevê que "são invioláveis a intimidade, a vida privada, a honra e a imagem das pessoas, assegurado o direito a indenização pelo dano material ou moral decorrente de sua violação". Se, por um lado, é certo que a proteção da honra salvaguarda um bem personalíssimo, por outro, conforme ressalva Uadi Lammêgo Bulos, "tutelando a honra, o constituinte de 1988 defende muito mais o interesse social do que o interesse individual, *uti singuli*, porque não está, apenas, evitando vinditas e afrontes à imagem física do indivíduo. Muito mais do que isso, está evitando que se frustre o justo empenho da pessoa física em merecer boa reputação pelo seu comportamento zeloso, voltado ao cumprimento de deveres socialmente úteis"[237].

A *honra*, segundo E. Magalhães Noronha, conceitua-se "como o complexo ou conjunto de predicados ou condições da pessoa que lhe conferem consideração social e estima própria"[238]. A doutrina costuma conceituar a honra sob vários aspectos. Primeiramente, distingue-se a *objetiva* da *subjetiva*[239]. Vejamos:

(i) Honra objetiva: diz respeito à opinião de terceiros no tocante aos atributos físicos, intelectuais, morais de alguém. Quando falamos que determinada pessoa tem boa ou má reputação no seio social, estamos nos referindo à honra objetiva, que é aquela que se refere à conceituação do indivíduo perante a sociedade. É o respeito que o indivíduo goza no

---

236. Fernando Capez, *Curso de processo penal*, cit., p. 293.

237. Uadi Lammêgo Bulos, *Constituição Federal anotada*, 2. ed., São Paulo, Saraiva, 2001, p. 105.

238. E. Magalhães Noronha, *Direito penal*, cit., v. 2, p. 110.

239. Cezar Roberto Bitencourt não concorda com essa distinção (*Manual*, cit., v. 2, p. 319).

meio social. A calúnia e a difamação ofendem a honra objetiva, pois atingem o valor social do indivíduo. Este, em decorrência da calúnia ou difamação, passa a ter má fama no seio da coletividade e, com isso, a sofrer diversos prejuízos de ordem pessoal e patrimonial. Assim, por exemplo, ao se imputar falsamente a alguém a prática de fato definido como crime, esse indivíduo poderá perder o seu emprego, ser excluído das rodas sociais e sofrer discriminações. Em tais casos, pese embora a aplicação da sanção penal contra o ofensor, é possível, inclusive, que o ofendido veja tais danos reparados na esfera cível por meio da competente ação de reparação de danos, conforme assegurado constitucionalmente.

(ii) Honra subjetiva: refere-se à opinião do sujeito a respeito de si mesmo, ou seja, de seus atributos físicos, intelectuais e morais; em suma, diz com o seu amor-próprio. Aqui não importa a opinião de terceiros. O crime de injúria atinge a honra subjetiva. Dessa forma, para a sua consumação, basta que o indivíduo se sinta ultrajado, sendo prescindível que terceiros tomem conhecimento da ofensa.

A doutrina, também, distingue a honra *dignidade* da honra *decoro*:

(i) Honra dignidade: compreende aspectos morais, como a honestidade, a lealdade e a conduta moral como um todo.

(ii) Honra decoro: consiste nos demais atributos desvinculados da moral, tais como a inteligência, a sagacidade, a dedicação ao trabalho, a forma física etc.

Finalmente, distingue a doutrina a honra *comum* da honra *profissional*:

(i) Honra comum: é aquela que todos os homens possuem.

(ii) Honra profissional: diz respeito a determinado grupo profissional ou social, por exemplo, chamar um médico de açougueiro.

2. CONSENTIMENTO DO OFENDIDO

A honra objetiva e a subjetiva constituem bens jurídicos disponíveis. Basta verificar todos os institutos jurídicos que norteiam os crimes contra a honra, tais como a ação penal privada, a renúncia e o perdão do ofendido (CP, arts. 104 a 106), constituindo os dois últimos causas extintivas da punibilidade (CP, art. 107, V).

Além dessa disponibilidade, o núcleo (verbo) de cada uma das ações típicas descritas nos arts. 138 a 140 do Código Penal pressupõe que a ofensa se dê contra a vontade do ofendido, razão pela qual o seu consentimento opera uma causa geradora de atipicidade, semelhante ao que ocorre em outras condutas que pressupõem o dissentimento da vítima para que existam (subtrair, constranger etc.). Importante lembrar que o consentimento posterior ao crime, revelado pela não propositura da ação penal privada, não tem o mesmo condão, sendo, nessa hipótese, causa extintiva da punibilidade, manifestada pela decadência (CP, art. 107, IV).

3. NATUREZA JURÍDICA

Os crimes contra a honra são considerados crimes formais. O agente age com dolo de dano, quer ofender a honra alheia, contudo para se ter o crime como consumado prescinde-se da ocorrência do resultado, ou seja, que o agente cause dano à reputação do ofendido.

4. CRIMES CONTRA A HONRA E LEGISLAÇÃO PENAL ESPECIAL

A previsão de crimes contra a honra não se exaure no Código Penal; também a legislação penal extravagante dispõe sobre esses mesmos delitos, mas cometidos em condições especiais. Dessa forma, primeiramente devemos sempre analisar se a ofensa à honra se enquadra em um dos tipos penais previstos nas leis especiais, e só depois tentar enquadrar o fato em um dos tipos do Código Penal. Podemos citar as seguintes leis especiais: Código Eleitoral, Lei de Segurança Nacional, Código Militar.

Com relação ao Código Eleitoral (Lei n. 4.737/65), importa asseverar que nele também há a previsão dos crimes de calúnia, difamação e injúria, desde que tais delitos sejam praticados contra alguém, na propaganda eleitoral, ou visando a fins de propaganda (arts. 324, 325 e 326 da lei). Quando o ataque é desferido contra a honra pessoal e não contra a pessoa do candidato, configura-se crime comum e não eleitoral. Ainda, se o delito não tem vinculação com o período eleitoral, compete à Justiça Comum o processo e julgamento.

Se, havendo motivação política, for lançada calúnia ou difamação, propalada ou divulgada, contra o Presidente da República, os Presidentes do Senado Federal, da Câmara dos Deputados e do Supremo Tribunal Federal, constituirão o fato crime contra a Segurança Nacional (art. 141, I e II, do CP).

Com relação ao Código Penal Militar (Decreto-Lei n. 1.001/69), os crimes contra a honra estão definidos nos arts. 214 a 219, sendo caracterizados pela ação ou omissão nas situações descritas pelo art. 9º desse Código, das quais a mais importante reside em cometer o fato em situação de serviço.

ART. 138 – CALÚNIA

1. OBJETO JURÍDICO

Tutela-se a honra objetiva (reputação), ou seja, aquilo que as pessoas pensam a respeito do indivíduo no tocante às suas qualidades físicas, intelectuais, morais, e demais dotes da pessoa humana.

2. ELEMENTOS DO TIPO

2.1. Ação nuclear (*caput*)

É o verbo *caluniar*, que significa imputar falsamente fato definido como crime. O agente atribui a alguém a responsabilidade pela prática de um crime que não ocorreu ou que não foi por ele cometido. Trata-se de crime de ação livre, que pode ser praticado mediante o emprego de mímica, palavras (escrita ou oral).

Conforme já estudado anteriormente, o fato de o delito de calúnia ser perpetrado através de meios de informação (serviço de radiodifusão, jornais etc.) tornava este um elemento especializante dos tipos, o que, em princípio, fazia com que prevalecesse sobre descrições mais genéricas, como as do Código Penal. Com efeito, dispunha o art. 12: "Aqueles que, através dos meios de informação e divulgação, praticarem abusos no exercício da liberdade de manifestação do pensamento e informação ficarão sujeitos às penas desta Lei e responderão pelos prejuízos que causarem". O parágrafo único, por sua vez, previa: "São meios de informação e divulgação, para os efeitos deste artigo, os jornais e outras publicações periódicas, os serviços de radiodifusão e os serviços noticiosos". Assim, ante o conflito aparente de normas, incidia o princípio da *Lex specialis derogat generali*.

Observe-se, finalmente, que o fato será enquadrado no Código Eleitoral se a calúnia for lançada em propaganda eleitoral.

Espécies de calúnia[240]:

(i) inequívoca ou explícita: o agente afirma explicitamente a falsa imputação, por exemplo, "fulano de tal é o sujeito que a Polícia está procurando pela prática de vários estupros";

(ii) equívoca ou implícita: a ofensa não é direta, depreendendo-se do conteúdo da assertiva, por exemplo, "não fui eu que por muitos anos me agasalhei nos cofres públicos";

(iii) reflexa: imputar o crime a uma pessoa, acusando outra, por exemplo, dizer que "um Promotor deixou de denunciar um indiciado porque foi por ele subornado". O indiciado também foi ofendido.

Os requisitos da calúnia são: **imputação de fato + qualificado como crime + falsidade de imputação**. A lei exige expressamente que o fato atribuído seja definido como crime. O fato criminoso deve ser determinado, ou seja, um caso concreto, não sendo necessário, contudo, descrevê-lo de forma pormenorizada, detalhada, como, por exemplo, apontar dia, hora, local. Não pode, por outro lado, a imputação ser vaga, por exemplo, afirmar simplesmente que José é um ladrão. Basta que se apontem circunstâncias capazes de identificar o fato criminoso (p.ex., constitui crime de calúnia afirmar falsamente que Pedro matou Paulo porque este não lhe pagou uma dívida de grande vulto). Por outro lado, não constitui crime de calúnia a simples assertiva de que Pedro é um assassino. Nesse caso, configura-se o crime de injúria, ante a atribuição de qualidade negativa ao ofendido.

— **Imputação de contravenção penal:** diante da expressa disposição legal que exige que o fato seja definido como crime, a imputação de fato definido como contravenção poderá configurar o crime de difamação.

240. Cf. Damásio E. de Jesus, *Código Penal anotado*, cit., p. 466.

– **Imputação de fato atípico:** não constitui crime de calúnia, que exige que a imputação seja de fato definido como crime, podendo constituir outro delito contra a honra. Por exemplo, afirmar falsamente que determinada pessoa, por imprudência, danificou o patrimônio público. Há aqui a imputação da prática de dano culposo contra o patrimônio público, que na realidade não configura o crime do art. 163, parágrafo único, uma vez que não há previsão da modalidade culposa do crime de dano. Poderá o fato constituir difamação ou injúria.

– **Imputação de fato que constitua ato de improbidade administrativa:** também não configura crime de calúnia, podendo configurar outro crime contra a honra. Nesse contexto, vale registrar que o art. 19 da Lei n. 8.429/92 considera crime "a representação por ato de improbidade contra agente público ou terceiro beneficiário quando o autor da denúncia o sabe inocente. Pena: detenção de seis a dez meses e multa". Sobre a questão da revogação do art. 19 pelo art. 339 do Código Penal (denunciação caluniosa), *vide* comentários ao art. 339 do CP, no v. 3 desta obra.

2.2. Elemento normativo do tipo: falsidade da imputação

O elemento normativo do tipo está contido no termo "falsamente". Assim, não basta a imputação de fato definido como crime, exige-se que este seja falso. Se o fato for verdadeiro, não há falar em crime de calúnia. O objeto da imputação falsa pode recair sobre o fato, quando este, atribuído à vítima, não ocorreu; e sobre a autoria do fato criminoso, quando este é verdadeiro, sendo falsa a imputação da autoria. Ensina E. Magalhães Noronha: "Pode o imputado não ser *totalmente* inocente e mesmo assim haverá calúnia (*v.g.*, se alguém furtou e se diz que estuprou). Em tal hipótese, é claro existir mudança *fundamental* do fato, como também ocorre se o crime foi *culposo* e a atribuição é pela forma *dolosa*. Diga-se o mesmo quando se imputa um homicídio a outrem, sabendo, entretanto, que foi cometido em legítima defesa. Já o mesmo não sucede, se a inculpação é de *simples circunstâncias* que agravam o fato (p.ex., dizer de alguém que apenas furtou, que o fez com fraude: furto simples e furto qualificado). Calúnia também não existe quando se apresenta equívoco *técnico-jurídico* na imputação: ninguém desconhece que, em nosso meio, a palavra *roubo* denomina outros delitos patrimoniais – o furto e a apropriação indébita – como crimes contra a economia popular etc.; que o substantivo *defloramento* designa não só a *sedução* como o *estupro*, quando a mulher é menor e virgem; e assim por diante"[241].

O dolo do agente deve abranger o elemento normativo "falsamente", ou seja, ao imputar a alguém a prática de fato definido como crime, o ofensor deve ter ciência da sua falsidade. Haverá erro de tipo se ele crê erroneamente na veracidade da imputação (CP, art. 20). Nessa hipótese, o fato é atípico ante a ausência de dolo.

Não é necessária a certeza da falsidade da imputação, contentando-se o Código Penal com o dolo eventual, de modo que a dúvida sobre a falsidade ou veracidade do fato não afasta a configuração do crime de calúnia.

---

241. E. Magalhães Noronha, *Direito penal*, cit., v. 2, p. 112.

2.3. Ação nuclear (§ 1º): propalação ou divulgação da calúnia

De acordo com o § 1º, na mesma pena incorre quem, sabendo falsa a imputação, a propala ou divulga. Cuida-se de um subtipo do crime de calúnia previsto no *caput*. Assim, os verbos-núcleos são *propalar* ou *divulgar*. Ambas as expressões exprimem a conduta de levar ao conhecimento de outrem a calúnia de que tenha tomado conhecimento. Segundo Nélson Hungria, "propalar refere-se mais propriamente ao relato verbal, enquanto divulgar tem acepção extensiva, isto é, significa relatar por qualquer meio"[242]. Para que exista o crime é imprescindível que o agente tenha ciência da falsidade do fato imputado. A dúvida afasta a configuração do crime em questão, ou seja, não se admite o dolo eventual, pois a lei faz expressa referência à expressão "sabendo falsa", que se refere ao dolo direto. A consumação desse delito opera-se com a só divulgação da calúnia para uma única pessoa, não sendo necessário que um número indeterminado de indivíduos tenha ciência do fato. Contudo, se for o crime cometido na presença de várias pessoas ou por meio que facilite a divulgação da calúnia, haverá a incidência de uma causa especial de aumento de pena (CP, art. 141, III). A tentativa é inadmissível, na hipótese de o crime ser praticado por meio verbal.

2.4. Sujeito ativo

Trata-se de crime comum. Qualquer pessoa pode ser sujeito ativo do crime de calúnia. Caluniador não é apenas o autor original da imputação, mas também quem a propala ou divulga (cf. § 1º). Assim como na calúnia original, é indispensável tenha o divulgador ou propalador ciência da falsidade ("... sabendo falsa a imputação...").

2.5. Sujeito passivo

Para melhor compreensão do tema, em face da divisão da doutrina quanto à admissibilidade dos sujeitos passivos a seguir elencados, faremos uma análise individualizada de cada um deles. Vejamos:

(i) Doentes mentais e menores de 18 anos: para uma corrente doutrinária, os inimputáveis podem ser sujeitos passivos do crime de calúnia. Leva-se, no caso, em consideração que os doentes mentais e os menores de 18 anos têm honra objetiva, que não é afetada pela incapacidade penal. Nesse sentido, leciona Nélson Hungria que, "quando a ofensa diz com a honra subjetiva (sentimento da própria dignidade), a existência do crime deve ser condicionada à capacidade de perceber a injúria por parte do sujeito passivo; quando, porém, a ofensa diz com a honra objetiva, o crime existe sempre, pois não se pode deixar de reconhecer que os incapazes em geral têm ou conservam uma certa reputação, que a lei deve proteger. Pouco importa, em qualquer caso, a inimputabilidade do sujeito passivo. Apesar de inimputáveis, os incapazes podem ser expostos à aversão ou irrisão pública, e seria iníquo deixar-se impune o injuriador ou difamador, como se a inimputa-

---

242. Nélson Hungria, *Comentários*, cit., v. VI, p. 73.

bilidade, no dizer de Altavilla, fosse uma culpa que se tivesse de expiar com a perda da tutela penal"[243].

Damásio[244] compartilha do entendimento de que os inimputáveis podem ser sujeitos passivos do crime em estudo, contudo utiliza-se de outro argumento. Sustenta o autor que crime é fato típico e ilícito, independentemente da culpabilidade do agente. Os doentes mentais e os menores de 18 anos, portanto, podem praticar crimes, muito embora não sejam culpáveis. Por essa razão, podem ser caluniados.

Nosso entendimento: concordamos com a citada posição, qual seja, os doentes mentais e menores de 18 anos podem figurar como sujeitos passivos do crime de calúnia.

Em verdade, os doentes mentais e menores de 18 anos podem ser vítimas não só do crime de calúnia, mas de todos os crimes contra a honra, uma vez que possuem reputação, a qual pode vir a ser atingida através da calúnia ou difamação. Contudo, é preciso ressalvar que, no caso da injúria, os inimputáveis somente poderão ser vítimas se tiverem condições de compreender as ofensas que ataquem sua honra subjetiva.

Para os partidários da doutrina clássica, os doentes mentais e os menores de 18 anos não podem ser sujeitos passivos do crime de calúnia. Sustentam que crime é fato típico, ilícito e culpável. A culpabilidade é assim requisito do crime e, uma vez excluída, não há falar em crime. Os doentes mentais e os menores de 18 anos são inimputáveis; logo, não são culpáveis; logo, não cometem crimes. Conclusão: se não praticam crimes, não podem ser sujeitos passivos de calúnia, pois esta é a atribuição de fato definido como crime. A imputação de crime a um irresponsável deve ser considerada difamação[245]. Cezar Roberto Bitencourt também compartilha do entendimento de que a culpabilidade é elemento integrante da definição de crime; portanto, os inimputáveis não praticam crime. Ressalva ele, contudo: "podem praticar 'fatos definidos como crime', ou seja, condutas que encontram receptividade em alguma moldura proibitiva da lei penal; abstratamente são definidas como crime, mas, concretamente, não se configuram pela ausência de capacidade penal"[246]. Conclusão: a lei penal define a calúnia como a imputação falsa de "fato definido como crime" e não como "a prática de crime"; assim, os inimputáveis, segundo o autor, podem ser caluniados. Mirabete, por sua vez, sustenta que, "para nós, mencionando a lei não a prática de 'crime', mas de 'fato definido como crime', é possível o cometimento do crime de calúnia contra o menor ou o alienado mental que possua algum entendimento"[247].

(ii) Pessoas jurídicas[248]: a questão relativa à possibilidade de a pessoa jurídica praticar delitos é bastante controvertida. Para uma corrente mais tradicional, fiel ao

---

243. Nélson Hungria, *Comentários*, cit., v. VI, p. 49 e 50.

244. *Código Penal anotado*, cit., p. 461 e 462.

245. E. Magalhães Noronha, *Direito penal*, cit., v. 2, p. 120.

246. Cezar Roberto Bitencourt, *Manual*, cit., v. 2, p. 322.

247. Mirabete, *Manual*, cit., v. 2, p. 155.

248. Cf. Fernando Capez, *Curso de direito penal*, cit., v. 1, p. 217.

brocardo romano *societas delinquere non potest*, a pessoa jurídica não comete delitos. Argumentam seus adeptos que a elas faltam: (i) capacidade de ação no sentido estrito do Direito Penal (consciência e vontade), ou seja, somente o homem é capaz de exercer uma atividade dirigida pela vontade à consecução de um fim; (ii) capacidade de culpabilidade (imputabilidade, potencial consciência da ilicitude e exigibilidade de conduta diversa); (iii) capacidade de pena (princípio da personalidade da pena): em face do princípio da personalidade da pena, esta deve recair exclusivamente sobre o autor do delito e não sobre todos os membros da corporação; em segundo lugar, a pena tem por escopo a ideia de retribuição, intimidação e reeducação. Conclusão: se a pessoa jurídica não pratica crime, não pode ser sujeito passivo do delito de calúnia.

Contra essa opinião opõe-se a corrente dos realistas, para os quais a pessoa jurídica é uma realidade, que tem vontade e capacidade de deliberação, devendo-se, então, reconhecer-lhe capacidade criminal. A Constituição da República de 1988 filiou-se à segunda posição, dispondo, em seu art. 225, § 3º, que "as condutas e atividades consideradas lesivas ao meio ambiente sujeitarão os infratores, pessoas físicas ou jurídicas, a sanções penais e administrativas, independentemente da obrigação de reparar os danos causados". O art. 173, § 5º, por sua vez, dispõe: "a lei, sem prejuízo da responsabilidade individual dos dirigentes da pessoa jurídica, estabelecerá a responsabilidade desta, sujeitando-se às punições compatíveis com sua natureza, nos atos praticados contra a ordem econômica e financeira e contra a economia popular".

Nosso entendimento: pela citada razão, entendemos que a pessoa jurídica pode ser sujeito ativo de crime. O princípio *societas delinquere non potest* não é absoluto. Há crimes que somente poderão ser praticados por pessoas físicas, como homicídio, estupro, roubo etc. Mas há outros que, por suas características, são cometidos quase exclusivamente por pessoas jurídicas e, sobretudo, no exclusivo interesse delas. São os crimes praticados mediante fraude, delitos ecológicos e diversas figuras culposas. Além do que é perfeitamente possível a aplicação de pena à pessoa jurídica, como multa, interdição temporária de direitos e as penas alternativas de modo geral.

No que toca à prática de crime ambiental, em julgamento inédito, a 5ª Turma do STJ acolheu a tese da possibilidade de a pessoa jurídica ser responsabilizada penalmente. O Ministro relator, Dr. Gilson Dipp, ressaltou que "a decisão atende a um antigo reclamo de toda a sociedade contra privilégios inaceitáveis de empresas que degradam o meio ambiente (...).

A Constituição Federal de 1988, consolidando uma tendência mundial de atribuir maior atenção aos interesses difusos, conferiu especial relevo à questão ambiental". Após ressaltar que países como Inglaterra, Estados Unidos, Canadá, Nova Zelândia, Austrália, França, Venezuela, México, Cuba, Colômbia, Holanda, Dinamarca, Portugal, Áustria, Japão e China já permitem a responsabilização penal da pessoa jurídica, "demonstrando uma tendência mundial", conclui dizendo que "a responsabilidade penal desta, à evidência, não poderá ser entendida na forma tradicional baseada na culpa, na responsabilidade individual subjetiva, propugnada pela Escola Clássica, mas deve ser entendida à luz de uma nova responsabilidade, classificada como social"[249]. Nesse mesmo contexto, "Conforme a jurisprudência deste Superior Tribunal, nos crimes que envolvem sociedades empresárias (nos quais a autoria nem sempre se mostra bem definida), a acusação tem que estabelecer, mesmo que minimamente, a ligação entre a empreitada criminosa e o denunciado. (...) Daí que o aditamento não se sustenta ao incluir a recorrente apenas por sua qualidade de proprietária da sociedade. A inépcia do aditamento também contamina a denúncia como um todo, em razão de agora só figurar a pessoa jurídica como denunciada, o que é formalmente inviável, pois é impossível a responsabilização penal da pessoa jurídica dissociada da pessoa física, a qual age com elemento subjetivo próprio. Precedentes citados: RHC 19.734-RO, *DJ* 23-10-2006; HC 86.259-MG, *DJe* 18-8-2008, e REsp 800.817-SC, *DJe* 22-2-2010" (STJ, RHC 24.239, *Informativo n. 438*, período: 7 a 11 de junho de 2010).

Ainda, vale mencionar que, para a admissibilidade da responsabilidade penal da pessoa jurídica nos crimes ambientais, não se exige a aplicação da chamada teoria da dupla imputação, ou seja, não é necessária a imputação simultânea da pessoa jurídica e da pessoa física que atua em seu nome ou em seu benefício (pode ser acusada somente a pessoa física ou somente a pessoa jurídica, conforme o caso)

Sobre a possibilidade de a pessoa jurídica figurar como sujeito passivo no crime de calúnia, como o delito em tela caracteriza-se pela imputação falsa de fato definido como crime, somente se pode falar em calúnia contra a pessoa jurídica com relação a infrações que podem ser por ela cometidas. Em face do previsto pelos arts. 225, § 3º, e 173, § 5º, da Constituição Federal, passou-se a admitir a responsabilidade penal das pessoas jurídicas nos crimes contra a ordem econômica e financeira, economia popular e meio ambiente. A regulamentação da responsabilidade penal das pessoas jurídicas nos crimes ambientais adveio com a Lei n. 9.605/98, em seus arts. 3º e 21 a 24. Com isso, a pessoa jurídica pode ser sujeito ativo de crime ambiental; logo, pode figurar como vítima de calúnia, ao ser-lhe imputada falsamente a prática de tais crimes. Quanto aos demais crimes mencionados na CF (crimes contra a ordem econômica, financeira, economia popular), como ainda não há regulamentação específica, não é possível responsabilizar penalmente as pessoas jurídicas pela sua prática e, portanto, não podem ser vítimas do crime de calúnia.

Com relação ao crime de difamação, não há qualquer impedimento, uma vez que a pessoa jurídica possui honra objetiva, na medida em que goza de reputação, sendo que esta pode ser, em tese, ofendida através da divulgação de fato a ela ofensivo. O mesmo não se pode dizer com relação ao delito de injúria, já que a tutela nesse caso é da honra subjetiva, ou seja, a autoimagem, o que é inconcebível nas pessoas jurídicas.

(iii) Desonrados: segundo entendimento doutrinário, os desonrados podem ser vítimas do crime de calúnia, uma vez que a honra é um bem incorporado à personalidade humana, sendo certo que jamais poderá haver a sua supressão total. Dessa forma, afirmar falsamente que determinado político, que um dia fora corrupto, ainda continua

---

249. Regina Célia Amaral, É possível a responsabilidade penal de pessoa jurídica por dano ambiental, Brasília, STJ, 3-6-2005. Disponível em: <www.stj.gov.br/noticia/imprimenoticia=14168>.

a utilizar-se de seu cargo para solicitar vantagens indevidas, caracteriza o crime de calúnia, uma vez que a sua honra subsiste, não obstante já ter sido outrora maculada pela constante prática de ilícitos.

(iv) Calúnia contra os mortos (§ 2º): o morto não é sujeito passivo de delito, não sendo possível falar em lesão de interesse seu. Vítimas são o cônjuge, o ascendente, o descendente ou o irmão do falecido, pois o que existe é ofensa a direito dos parentes do morto e à própria sociedade. Somente essas pessoas, por analogia ao art. 31 do Código de Processo Penal, poderão promover a ação penal.

3. ELEMENTO SUBJETIVO

É o dolo de dano, consistente na vontade e consciência de caluniar alguém, atribuindo-lhe falsamente a prática de fato definido como crime, de que o sabe inocente. Exige-se que tanto o caluniador quanto o propalador tenham consciência da falsidade da imputação. O dolo pode ser direto ou eventual na figura do *caput* e somente direto na figura do § 1º. Haverá o dolo eventual quando o agente, na dúvida, assumir o risco de fazer a imputação falsa.

Segundo parte da doutrina, nos crimes contra a honra, além do dolo, deve estar presente um especial fim de agir consubstanciado no *animus injuriandi vel diffamandi*, consistente no ânimo de difamar, ofender a honra do indivíduo. Não basta que o agente profira palavras caluniosas; é necessário que tenha a vontade de causar dano à honra da vítima. Dessa forma, na sua objetividade, os fatos atribuídos podem ser idôneos a causar a ofensa, contudo, subjetivamente, a falta, por exemplo, de seriedade no seu emprego, afasta a configuração do crime ante a ausência do *animus injuriandi vel diffamandi*.

Hipóteses em que o *animus injuriandi vel diffamandi* ficará excluído nos crimes contra a honra:

(i) *Animus jocandi*: o agente age com o ânimo de fazer gracejo, de caçoar; não há a intenção de ofender, desde que os limites toleráveis não sejam excedidos.

(ii) *Animus narrandi*: é a intenção de narrar ou relatar um fato. Não haverá crime se a testemunha ou a vítima, no estrito cumprimento do dever jurídico, narram fatos pertinentes à causa, atribuindo o crime a outrem, pois processar essas pessoas por crime contra a honra inviabilizaria a persecução penal. Por outro lado, se o depoimento for falso, responderá a testemunha pelo crime de falso testemunho. Da mesma forma, não pratica crime contra a honra, no caso calúnia, o indivíduo que se limita a comunicar o fato criminoso à Polícia, fornecendo uma lista de possíveis suspeitos.

(iii) *Animus defendendi*: é a intenção de se defender em processo. Em se tratando de crime de injúria e difamação, o art. 142, I, do Código afirma expressamente não ser punível "a ofensa irrogada em juízo, na discussão da causa, pela parte ou por seu procurador". Trata-se de hipótese de imunidade judiciária. Embora não incida essa imunidade no crime de calúnia, há entendimento no sentido de que o advogado, quando imputa a outrem fato definido como crime, no exercício de sua atividade profissional e na defesa de seu constituinte, não responde pelo crime de calúnia, ante a presença do *animus defen-*

dendi, pois "o objetivo é defender os direitos de seu constituinte e não acusar quem quer que seja". Segundo Cezar Roberto Bitencourt, "O advogado, no exercício de seu mister profissional, por exemplo, é obrigado a analisar todos os ângulos da questão em litígio e lhe é, ao mesmo tempo, facultado *emitir juízos de valor*, nos limites da demanda, que podem encerrar, não raro, conclusões imputativas a alguém, sem que isso constitua, por si só, crime de calúnia. Faz parte da sua atividade profissional, integra o exercício pleno da ampla defesa esgrimir, negar, defender, argumentar, apresentar fatos e provas, excepcionar, e, na sua ação, falta-lhe o *animus caluniandi*, pois o objetivo é defender os direitos de seu constituinte e não acusar quem quer que seja. Muitas vezes, com efeito, é indispensável a quem postula em juízo ampla liberdade de expressão para bem desempenhar seu mandato; nesses casos, no exercício regular e pleno de sua atividade profissional, eventuais excessos de linguagem que, porventura, cometa o advogado, na paixão do debate, não constituem crime de *calúnia* e devem ser relevados, pois são, quase sempre, recursos de defesa, cuja dificuldade da causa justifica ou, pelo menos, elide"[250]. Ante a ausência do propósito de ofender a honra alheia (*animus injuriandi vel diffamandi*), o fato é considerado atípico.

(iv) ***Animus corrigendi vel disciplinandi***: é a intenção de corrigir. O agente, na realidade, não quer ofender, mas apenas corrigir os erros daquele que se encontra sob a sua autoridade, guarda ou vigilância, e, para tanto, exaspera-se no emprego dos termos; contudo tal fato não constitui crime de difamação ou injúria, desde que exercido dentro dos limites toleráveis.

(v) ***Animus consulendi***: é a intenção de aconselhar, de informar acerca dos atributos de determinada pessoa, mediante solicitação de outrem ou por livre iniciativa. Por exemplo: carta de referência emitida por ex-empregador, para a contratação de empregado, ante solicitação da empresa contratante. Exige-se que haja um dever moral, pois, se houver dever jurídico, o próprio art. 142, III, prevê não constituir injúria ou difamação punível "o conceito desfavorável emitido por funcionário público, em apreciação ou informação que preste no cumprimento de dever de ofício". É necessário, contudo, que não haja excesso no modo como a informação é dada. Assim, ressalva Nélson Hungria: "em qualquer caso, porém, o *animus consulendi* não pode servir de dissimulação à calúnia, injúria ou difamação. Se há excesso no modo ou conteúdo da informação, ou desnecessária falta de reserva, deixando manifesta a intenção má de denegrir a honra ou ferir a dignidade da pessoa a cujo respeito se presta a informação, não pode o agente invocar o *animus consulendi* ou, como diz Carrara, a 'pietà d'intenzione'"[251].

(vi) Exaltação emocional ou discussão: prevalece o entendimento de que não há crime contra a honra se o discurso afrontoso e ofensivo do agente, motivado por um estado de justa indignação, traduz-se em expressões pronunciadas em momento de exaltação emocional ou proferidas no calor de uma discussão, em razão da ausência do elemento subjetivo específico do tipo (dolo de vulnerar a honra alheia).

---

250. *Manual*, cit., v. 2, p. 342.

251. Nélson Hungria, *Comentários*, cit., v. VI, p. 58.

4. MOMENTO CONSUMATIVO

Dá-se quando a falsa imputação se torna conhecida de outrem, que não o sujeito passivo. É necessário haver publicidade (basta que uma pessoa tome conhecimento), pois apenas desse modo atingir-se-á a honra da pessoa (reputação). Se houver consentimento do ofendido, inexiste o crime. O consentimento do representante legal é irrelevante.

5. TENTATIVA

Trata-se de um crime formal ou de simples atividade. A calúnia verbal, que se perfaz em um único ato, por se tratar de crime unissubsistente, não admite tentativa; ou a imputação é proferida e o fato está consumado, ou nada se diz e não há conduta relevante. A calúnia escrita admite a tentativa, pois é um crime plurissubsistente; há um *iter*, que pode ser fracionado ou dividido.

6. FORMAS

6.1. Simples (art. 138, *caput*)

Está prevista no *caput*. No § 1º estamos diante de um subtipo do crime de calúnia.

6.2. Majorada (art. 141)

Está prevista no art. 141 do Código Penal. Consulte o capítulo relativo às disposições comuns aos crimes contra a honra.

7. EXCEÇÃO DA VERDADE (*EXCEPTIO VERITATIS* - ART. 138, § 3º)

A calúnia é a imputação falsa de um crime. Conforme já estudado, o objeto da imputação falsa pode recair sobre o fato, quando este, atribuído à vítima, não ocorreu; e sobre a autoria do fato criminoso, quando este é verdadeiro, sendo falsa a imputação da autoria. A falsidade da imputação é sempre presumida e a ofensa à honra só deixa de existir se ficar provada a veracidade do crime atribuído ao ofendido. Em função disso, admite, em regra, a lei penal, que o agente prove que a ofensa é verdadeira, afastando, dessa forma, o crime. É a chamada exceção da verdade (CP, art. 138, § 3º), que se realiza por um procedimento especial (CPP, art. 523). Provada a veracidade do fato criminoso imputado, não há falar na configuração do crime de calúnia, ante a ausência do elemento normativo "falsamente". O fato, portanto, é atípico.

A faculdade de provar a veracidade do fato imputado pelo sujeito ativo da calúnia não é absoluta, não tendo o Código se filiado ao sistema *ilimitado*. Ele, na realidade, filiou-se ao sistema *misto*, que estabelece de modo taxativo as hipóteses em que a exceção da verdade é admissível ou não. Assim, a lei penal tipifica separadamente os crimes de calúnia e difamação e posteriormente admite a exceção da verdade como regra geral para o crime de calúnia e, como exceção, para o crime de difamação. Em resumo:

Calúnia

Regra geral: é admissível a exceção da verdade.

Exceção: não é admissível nas hipóteses do § 3º, I, II e III, do art. 138.

Difamação

Regra geral: não é admissível a exceção da verdade.

Exceção: é admissível na hipótese do parágrafo único do art. 139.

Injúria

Regra geral: jamais será admissível a exceção da verdade, pois não se trata de imputação de fato, mas de qualidade negativa.

Interessa-nos no momento analisar a exceção da verdade no crime de calúnia. Em regra, é admissível, salvo nas seguintes hipóteses:

(i) Se, constituindo o fato imputado crime de ação privada, o ofendido não foi condenado por sentença irrecorrível (inciso I): sabemos que o Estado, por razões de política criminal, outorga ao particular o direito de ação em determinados crimes. Procura-se com essa outorga evitar que o *streptus judicii* (escândalo do processo) provoque no ofendido um mal maior que a impunidade do criminoso, decorrente da não propositura da ação penal. Isso comumente ocorria nos crimes contra os costumes. Se a lei deixa ao exclusivo arbítrio do ofendido a propositura da ação penal, seria contraditório permitir que o autor do crime de calúnia viesse a juízo dar publicidade ao fato e ainda pretender prová-lo, desrespeitando a vontade da vítima. Por exemplo: "A" afirma que "B" estuprou a sua funcionária. "A", ao responder criminalmente pelo crime de calúnia, pretende provar que a imputação do crime de estupro é verdadeira. No entanto, "A" nada poderá fazer, pois incumbe à vítima do estupro propor a competente ação penal privada contra "B" e provar a existência do fato. A proibição de "A" se utilizar da exceção da verdade cessa no momento em que "B" (no caso, sujeito passivo do crime de calúnia) sofre condenação penal irrecorrível pelo crime a ele imputado, no caso, o crime de estupro.

(ii) Se o fato é imputado a qualquer das pessoas indicadas no n. I do art. 141 (inciso II): se o fato for imputado ao Presidente da República, ou chefe de governo estrangeiro, a exceção da verdade também é inadmissível. Em virtude do cargo e função que ocupam, evita-se com tal vedação macular o prestígio dessas pessoas, expondo-as ao vexame. Dessa forma, ainda que o fato imputado a elas seja verdadeiro, o caluniador não poderá opor a exceção da verdade. Indaga-se: *é possível responder pelo crime de calúnia quando for verdadeira a imputação da prática de fato definido como crime?* Consoante esse dispositivo penal, é possível, uma vez que não se admite a exceção da verdade contra as pessoas acima elencadas. Dessa forma, se o fato for verdadeiro, ainda assim, aquele que imputou o fato será considerado caluniador, em que pese o tipo penal conter o elemento normativo "falsamente". Cezar Roberto Bitencourt faz uma explanação a respeito dessa questão, combatendo veementemente a responsabilização do agente nessas hipóteses, quando o fato atribuído for verdadeiro. Argumenta o autor que a proibição da utilização do instituto da "exceção da verdade" representa apenas uma limitação aos meios de prova, permanecendo a necessidade de o Ministério Público demonstrar no processo criminal a prática de um fato típico, antijurídico e culpável, sendo certo que o sujeito ativo apenas não dispõe da utilização da exceção da verdade para provar que o fato imputado não é falso, mas poderá fazê-lo no processo de conhecimento, evitando, com isso, que aquelas pessoas (Presidente da República ou chefe de governo estrangeiro) figurem como réu em um processo criminal especial. Afirma o autor: "em outros termos, durante a instrução criminal o acusado tem todo o direito de comprovar que a sua conduta de imputar ao Presidente da República ou chefe de governo estrangeiro a autoria de um fato definido como crime é *atípica*, isto é, não constitui crime, por não concorrer um dos elementos do tipo, qual seja, a 'falsidade da imputação'. Como condená-lo, somente porque não lhe é permitido fazer uso de determinado meio de prova — *exceção da verdade* —, quando todos os demais meios *moralmente legítimos e não vedados em lei* podem demonstrar a *atipicidade* do fato que lhe é imputado?" Por fim, finaliza o autor fornecendo-nos mais um argumento no sentido de que aquele que imputa fato verdadeiro a alguém não age com o propósito de caluniar, o que afasta a justa causa para a ação penal ante a ausência do *animus caluniandi*[252].

(iii) Se do crime imputado, embora de ação pública, o ofendido foi absolvido por sentença irrecorrível (inciso III): a proibição da exceção da verdade nesse caso funda-se na autoridade da coisa julgada. Esta nada mais é que uma qualidade dos efeitos da decisão final, marcada pela imutabilidade e irrecorribilidade. Desse modo, temos que a sentença penal absolutória transitada em julgado jamais poderá ser revista, não sendo sequer cabível a revisão criminal, de maneira que se o caluniado foi absolvido do crime a ele imputado, por sentença irrecorrível, não poderá o sujeito ativo da calúnia violar a coisa julgada a pretexto de provar a veracidade do fato imputado. Assinala Nélson Hungria: "desde que o ofendido já foi absolvido do crime imputado, por decisão irrecorrível, a falsidade da acusação se presume *juris et de jure*. Se a sentença criminal absolutória, uma vez passada em julgado, não pode ser *revista*, ainda que surjam novas provas, não se pode admitir que a qualquer pessoa seja dado provar contra a *res judicata*"[253]. Ressalva, no entanto, Damásio E. de Jesus que, "se ocorreu a extinção da punibilidade em relação ao crime anterior: a exceção da verdade é cabível, uma vez que não houve apreciação do mérito (o sujeito não foi absolvido)"[254].

7.1. Exceção da verdade. Prerrogativa de foro. Competência

A autoridade com foro especial que for vítima de crime contra a honra poderá oferecer representação para que o Ministério Público ajuíze a ação penal ou, alternativamente, ajuizar ela própria queixa-crime (Súmula 714 do STF). De acordo com a jurisprudência, há, nesse caso, a chamada dupla titularidade (STJ, RHC 46.646/SP, *DJU* 7-4-2016). Em ambas as hipóteses, se o querelado ofertar exceção da verdade, segue-se a disciplina do art. 85 do Código de Processo Penal, o qual prevê que, "nos processos por

---

252. Cezar Roberto Bitencourt, *Manual*, cit., v. 2, p. 337-41.

253. Nélson Hungria, *Comentários*, cit., v. VI, p. 83.

254. Damásio E. de Jesus, *Código Penal anotado*, cit., p. 468.

crime contra a honra, em que forem querelantes as pessoas que a Constituição sujeita à jurisdição do Supremo Tribunal Federal e dos Tribunais de Apelação, àquele ou a estes caberá o julgamento, quando oposta e admitida a exceção da verdade". Trata o citado artigo da competência para julgar a exceção da verdade oposta contra querelante dotado de foro privilegiado. Exemplo: "A" afirma que "B", deputado federal, vem, continuadamente, desde a sua posse, se apropriando de dinheiro público. "B" propõe ação penal privada contra "A" por crime de calúnia, que se processa na 1ª Vara Criminal do Foro Central da Capital. Se "A" opuser exceção da verdade contra "B", ela deverá ser julgada pelo Supremo Tribunal Federal (CF, art. 102, I, *b*), que é o Tribunal competente para julgar membros do Congresso Nacional. Ressalve-se que o artigo em comento fala apenas que ao tribunal competente caberá o julgamento e não o processamento da exceção da verdade. Dessa forma, o juízo de admissibilidade e o processamento da exceção serão realizados pelo Juízo *a quo*, no exemplo, pelo Juiz da 1ª Vara Criminal do Foro Central da Capital, e o seu julgamento pelo Supremo Tribunal Federal. Esse é o entendimento pacífico do Supremo Tribunal Federal e do Superior Tribunal de Justiça. No tocante ao crime de difamação, é inaplicável o disposto no art. 85 do CPP, de modo que a exceção da verdade oposta contra querelante detentor de foro privilegiado deverá ser processada e julgada pelo próprio juiz do processo de conhecimento. É também o entendimento pacífico do Supremo Tribunal Federal.

7.2. Exceção da verdade. Processamento[255]

Por ocasião do oferecimento da defesa inicial (CPP, arts. 396 e 396-A), o querelado poderá apresentar a exceção da verdade ou da notoriedade do fato (CPP, art. 523). Deve ser alegada nos próprios autos principais, juntamente com essa defesa. Se a exceção não for oposta por ocasião da defesa inicial (antiga defesa prévia), não se presumirão verdadeiros os fatos, uma vez que inexiste a responsabilidade penal objetiva. Tourinho Filho, no entanto, entende que nesse caso a matéria fica preclusa à defesa. Apresentada a exceção da verdade nos autos principais, o querelante será notificado para, dentro de dois dias, oferecer contestação, podendo solicitar a oitiva das testemunhas arroladas na queixa, requerer sua substituição ou arrolar novas testemunhas até completar o número máximo de oito (CPP, art. 523). A partir desse instante, o procedimento se ordinariza. Cabe ao excipiente o ônus da prova, ou seja, cabe a ele demonstrar a veracidade da imputação. Se tal prova não for realizada, a exceção deverá ser rejeitada, prevalecendo a presunção *juris tantum* da falsidade da calúnia. Finalmente, registre-se que não há julgamento prévio da exceção da verdade, sendo esta decidida com a causa principal, no momento da sentença.

7.3. Exceção de notoriedade do fato

O art. 523 do Código de Processo Penal faz menção à exceção da verdade ou da notoriedade do fato imputado. Consiste na oportunidade facultada ao réu de demonstrar que suas afirmações são do domínio público. A exceção de notoriedade é admitida tanto

---

255. Fernando Capez, *Curso de processo penal*, cit., p. 643.

no crime de calúnia quanto no delito de difamação. Explica-se: se o fato já é de domínio público, não há como se atentar contra a honra objetiva, assim, por exemplo, dizer que determinada pessoa sai com travesti não implica difamação se ficar demonstrado que tal conduta já era de amplo conhecimento público.

8. CALÚNIA. DISTINÇÕES

8.1. Calúnia e denunciação caluniosa

Na calúnia, há apenas a imputação falsa da prática de um fato definido como crime. Na denunciação caluniosa (CP, art. 339), conforme ensina Damásio, o agente vai além: não só atribui à vítima, falsamente, a prática de um delito, como o leva ao conhecimento da autoridade, causando a instauração de um inquérito policial ou de ação penal contra ela[256]. A calúnia constitui crime contra a honra, ao passo que a denunciação caluniosa é crime contra a administração da Justiça. Se tiverem como base os mesmos fatos, a denunciação caluniosa absorve o crime de calúnia. Ademais, esta só existe quando ocorre imputação falsa de crime, enquanto na denunciação caluniosa pode referir-se à imputação falsa de crime e contravenção.

No tocante ao requerimento para instauração de inquérito policial, não pratica crime contra a honra a vítima que, ao noticiar fato criminoso, emprega expressões, reputadas caluniosas, se não extravasa da narrativa, (CPP, art. 5º, § 1º, *a*). Havendo imputação falsa, o crime será, em tese, o de denunciação caluniosa, de ação penal pública, não o de calúnia, de ação penal privada.

8.2. Calúnia e falso testemunho

Não comete crime a testemunha que, sob compromisso, narra fatos pertinentes à causa, ainda que tenha que atribuir fato criminoso a outrem, uma vez que age no estrito cumprimento do dever legal (CP, art. 23, III). Contudo, se o depoimento é falso, o crime será o de falso testemunho.

8.3. Calúnia e difamação

Na *calúnia*, há a imputação de fato definido como crime, e o fato imputado deve ser necessariamente falso; na *difamação*, o fato imputado não é criminoso, mas ofensivo à reputação; ele pode ou não ser falso, pois a falsidade da imputação não é exigida pelo tipo penal.

---

256. Cf. Damásio E. de Jesus, *Código Penal anotado*, cit., p. 979. Em 18 de dezembro de 2020, o *caput* do art. 339 do Código Penal passou a ter a seguinte redação: "Dar causa à instauração de inquérito policial, de procedimento investigatório criminal, de processo judicial, de processo administrativo disciplinar, de inquérito civil ou de ação de improbidade administrativa contra alguém, imputando-lhe crime, infração ético-disciplinar ou ato ímprobo de que o sabe inocente". Observe que a nova redação, ao se referir a "processo administrativo disciplinar", abrange não apenas o caráter investigativo, mas também quando houver no processo o caráter sancionador e acusatório.

8.4. Calúnia e injúria

Na *calúnia*, há a imputação de fato definido como crime, há o atingimento da honra objetiva, e o crime se consuma quando terceiros tomam conhecimento da imputação falsa; na *injúria*, há a atribuição de qualidade negativa, há o atingimento da honra subjetiva, e o crime se consuma quando a própria vítima toma conhecimento da imputação.

ART. 139 – DIFAMAÇÃO

1. OBJETO JURÍDICO

Tal como o crime de calúnia, protege-se a honra objetiva, ou seja, a reputação, a boa fama do indivíduo no meio social. Interessa, sobretudo, à coletividade preservar a paz social, evitando que todos se arvorem no direito de levar ao conhecimento de terceiros fatos desabonadores de que tenham ciência acerca de determinado indivíduo, ainda que tais fatos sejam verdadeiros.

2. ELEMENTOS DO TIPO

2.1. Ação nuclear

O núcleo do tipo é o verbo *difamar*, que consiste em imputar a alguém fato ofensivo à reputação. Imputar consiste em atribuir o fato ao ofendido. A reputação concerne à opinião de terceiros no tocante aos atributos físicos, intelectuais, morais de alguém. É o respeito que o indivíduo goza no meio social. A calúnia e a difamação ofendem a honra objetiva, pois atingem o valor social do indivíduo. Trata-se de crime de ação livre, que pode ser praticado mediante o emprego de mímica, palavras (escrita ou oral).

Não importa para a configuração do crime que a imputação do fato seja falsa, ao contrário da calúnia, de modo que haverá o crime se o fato for verdadeiro. É por essa razão que, em regra, não se admite a exceção da verdade no crime de difamação. Esta é meio de o ofensor comprovar que o fato imputado é verdadeiro; contudo, se tal constatação pouco importa para a não configuração do crime de difamação, não há falar em exceção da verdade. Observe-se que não há interesse social em averiguar se o fato imputado é verdadeiro ou não, diferentemente da calúnia, em que há a imputação da prática de um crime. Somente na hipótese em que há imputação de fato ofensivo à honra de funcionário público, relativo ao exercício de suas funções, é que se admite a exceção da verdade, na medida em que há o interesse social em fiscalizar a conduta moral daquele que exerce cargo público.

Não deve o fato imputado revestir-se de caráter criminoso; do contrário, restará configurado o crime de calúnia. A imputação de fato definido como contravenção penal caracteriza o crime em estudo.

O fato deve ser concreto, determinado, não sendo preciso, contudo, descrevê-lo em minúcias. Por outro lado, a imputação vaga e imprecisa, ou seja, em termos genéricos, não configura difamação, podendo ser enquadrada como injúria. Assim, se divulgo que Carlos traiu o seu partido político ao filiar-se ao partido oposicionista, há no caso difamação, diante da descrição de um fato concreto, determinado. No entanto, se divulgo genericamente que Carlos é um traidor, sem fazer menção a nenhum fato concreto, demonstrando apenas a minha opinião pessoal, haverá na hipótese o crime de injúria, diante da atribuição genérica de uma qualidade negativa. Em caso de dúvida, ressalva Nélson Hungria, "a solução deve ser no sentido de reconhecimento da injúria, que é menos severamente punida que a difamação (*in dubio pro reo*)"[257].

O fato ofensivo deve necessariamente chegar ao conhecimento de terceiros, pois o que a lei penal protege é a reputação do ofendido, ou seja, o valor que o indivíduo goza na sociedade, ao contrário da injúria, em que há a proteção da honra subjetiva, bastando para a configuração do crime o só conhecimento da opinião desabonadora pelo ofendido.

2.1.1. Propalação ou divulgação da difamação

O Código Penal não descreve o verbo *propalar*, como o faz na calúnia (art. 138, § 1º). Tal assertiva levar-nos-ia, em princípio, à conclusão de que quem propala ou divulga a difamação não comete crime algum, pois não se admite analogia *in malam partem* em Direito Penal. No entanto, a doutrina firmou entendimento no sentido de que o propalador, na realidade, comete nova difamação, conforme bem observa Cezar Roberto Bitencourt: "ora, propalar ou divulgar a difamação produz uma danosidade muito superior à simples imputação, sendo essa ação igualmente muito mais *desvaliosa*. A nosso juízo, pune-se a *ação de propalar* mesmo quando — e até com mais razão — se desconhece quem é o autor da difamação original. E não se diga que esse entendimento fere o princípio da reserva legal ou da tipicidade, pois propalar difamação de alguém é igualmente difamar e, quiçá, com mais eficiência, mais intensidade e maior dimensão"[258].

2.2. Sujeito ativo

Trata-se de crime comum. Qualquer pessoa pode ser sujeito ativo do crime em estudo, inclusive o propalador da difamação, uma vez que realiza nova difamação, muito embora o estatuto penal não o diga expressamente.

2.3. Sujeito passivo

Qualquer pessoa pode sê-lo, mas deve ser pessoa determinada.

(i) Inimputáveis: os menores e os doentes mentais podem ser sujeitos passivos do delito de difamação, uma vez que a honra é um bem inerente à personalidade humana. Segundo entendimento de Nélson Hungria[259], já anteriormente referido no crime de ca-

---

257. Nélson Hungria, *Comentários*, cit., v. VI, p. 87.
258. Cezar Roberto Bitencourt, *Manual*, cit., v. 2, p. 349.
259. *Comentários*, cit., v. VI, p. 49 e 50.

lúnia, quando a ofensa disser respeito à honra subjetiva, a existência do crime deve ser condicionada à capacidade de perceber a injúria por parte do sujeito ativo; no entanto, quando disser respeito à honra objetiva, o crime existirá sempre, ou seja, independentemente da capacidade de entendimento do ofendido. Cezar Roberto Bitencourt, discordando em parte de Hungria, argumenta no sentido de que os inimputáveis podem ser sujeitos passivos do crime de difamação desde que tenham capacidade suficiente para entender que estão sendo ofendidos em sua honra pessoal[260].

(ii) Pessoas jurídicas: doutrina e jurisprudência divergem acerca da possibilidade de a pessoa jurídica ser sujeito passivo de crime contra a honra.

Nosso entendimento: a pessoa jurídica possui reputação, de maneira que a divulgação de fatos desabonadores de seu conceito junto à sociedade pode acarretar-lhe dano irreparável. Assim, pode ser sujeito passivo de difamação.

Em sentido contrário, há quem sustente que a pessoa jurídica, apesar de possuir reputação, não pode ser sujeito passivo do crime de difamação, uma vez que os crimes contra a honra estão contidos no Título I da Parte Especial, que cuida "Dos crimes contra a pessoa", tendo, portanto, como vítima a pessoa humana[261]. Atualmente, no entanto, cada vez mais se tem admitido a possibilidade de a pessoa jurídica ser sujeito passivo de crime de difamação. O próprio STF já se manifestou nesse sentido.

(iii) Difamação contra a memória dos mortos: a lei penal não a prevê; apenas a calúnia (cf. art. 138, § 2º). O fato é atípico. É descabível o emprego de analogia ou interpretação analógica. Quando o legislador quis tutelar a honra dos mortos ele o fez expressamente no crime de calúnia, donde se conclui que a omissão dessa previsão quanto aos demais crimes foi intencional.

(iv) Desonrados: podem ser sujeitos passivos do crime de difamação, na medida em que a honra é inerente à personalidade humana, conforme já visto no crime de calúnia.

3. ELEMENTO SUBJETIVO

É o dolo de dano, consistente na vontade livre e consciente de difamar alguém imputando-lhe fato ofensivo a sua reputação. O dolo pode ser direto ou eventual. Não importa que o fato seja verdadeiro ou falso, pois mesmo que o agente tenha crença na veracidade da imputação o crime se configura, ao contrário da calúnia.

Assim como no delito de calúnia, o crime de difamação não se perfaz sem o *animus diffamandi*. Dessa forma, não basta apenas o dolo; exige-se um fim especial

260. Cezar Roberto Bitencourt, *Manual*, cit., v. 2, p. 346.

261. No mesmo sentido, E. Magalhães Noronha, *Direito penal*, cit., v. 2, p. 121; Julio Fabbrini Mirabete, *Manual*, cit., v. 2, p. 161.

de agir, consistente na vontade de ofender, denegrir a reputação do ofendido. Nesse contexto, o STF já se manifestou no sentido de que a tipicidade do crime contra a honra, como é o caso da difamação, deve ser caracterizada de acordo com o contexto em que foram proferidas as expressões, cabendo afastá-la quando existir simples crítica. Nesse sentido, julgamento do TJ/DF: "o simples *animus narrandi* ou *criticandi* não se compatibiliza com o dolo" (TJ/DF 20170110267263 DF 0006209-20.2017.8.07.0001). Também inexiste o crime de difamação se o agente atua com *animus jocandi, narrandi, consulendi, defendendi, corrigendi vel disciplinandi*, ou, ainda, segundo a jurisprudência, se as expressões são proferidas em razão de discussão ou exaltação emocional (para melhor compreensão do tema, consulte os comentários ao crime de calúnia).

4. MOMENTO CONSUMATIVO

Consuma-se no instante em que terceiro, que não o ofendido, toma ciência da afirmação que macula a reputação. É prescindível que várias pessoas tomem conhecimento da imputação.

5. TENTATIVA

Não se admite quando o caso for de difamação perpetrada pela palavra oral (hipótese de crime unissubsistente, em que não há um *iter criminis* a ser fracionado); por meio escrito, é plenamente possível a tentativa (hipótese de crime plurissubsistente, havendo um *iter criminis* que comporta fracionamento), por exemplo: sujeito passivo que consegue interceptar a correspondência antes que ela chegue ao seu destinatário.

6. FORMAS

6.1. Simples (art. 139, *caput*)

Está prevista no *caput*.

6.2. Majorada (art. 141)

Está prevista no art. 141 do Código Penal. Consulte o capítulo relativo às disposições comuns aos crimes contra a honra.

7. EXCEÇÃO DA VERDADE (ART. 139, PARÁGRAFO ÚNICO)

Na difamação é irrelevante que o fato imputado seja falso ou verdadeiro; logo, via de regra, não cabe a exceção da verdade. Em hipóteses excepcionais, porém, a lei permite a prova da verdade quando se trate de ofensa à reputação de funcionário público, estando este no exercício de suas funções. O fato difamatório deve guardar relação com o exercício do cargo público. Ensina E. Magalhães Noronha: "a *exceptio veritatis* encontra fundamento na razão de fiscalização ou crítica, que todos têm, a respeito do exercício das funções públicas. Consequentemente, é mister que a imputação do fato se refira à vida *funcional* da pessoa. Admite-se a prova da verdade se, *v.g.*, alguém diz de um funcionário que, todos os dias, quando no exercício de seu cargo, se embriaga. Já o mesmo não sucede se se disser que, à noite, ele costuma frequentar casa mal afamada: trata-se de sua vida privada, que escapa àquela censura (*la vie privée doit être murée*)"[262].

E se o funcionário deixou o cargo, admite-se a prova da verdade?

(i) Não se admite a prova da verdade, pois o texto legal é expresso ao dizer "...se o ofendido é funcionário público". Nesse sentido, E. Magalhães Noronha[263]. Dessa opinião comunga Nélson Hungria[264], ressaltando: "ainda que a imputação difamatória seja relativa ao exercício das antigas funções do sujeito passivo, mas atingindo-o *post depositum officium*, já não existe a *ratio essendi* da *exceptio veritatis*".

(ii) Admite-se a prova da verdade. Afirma Cezar Roberto Bitencourt[265]: "assim, se o ofendido deixar o cargo após a consumação do fato imputado, o sujeito ativo mantém o direito à *demonstratio veri*; se, no entanto, quando proferida a ofensa relativa à *função pública*, o ofendido não se encontrava mais no cargo, a *exceptio veritatis* será inadmissível, ante a ausência da qualidade de funcionário público, que é uma elementar típica que deve estar presente no momento da imputação".

A exceção da verdade, nessa hipótese, ao contrário do delito de calúnia, funciona como causa de exclusão da ilicitude, e não como causa de exclusão da tipicidade. Na calúnia, a falsidade da imputação integra o tipo penal; logo, provada a sua veracidade, exclui-se o tipo penal. Na difamação, ao contrário, pouco importa que o fato seja verdadeiro ou falso, de modo que, provada a veracidade da imputação, no caso em que tal prova é permitida, ela funcionará como causa excludente da ilicitude.

Conforme estudado anteriormente, no tocante ao crime de difamação é inaplicável o disposto no art. 85 do CPP, de modo que a exceção da verdade oposta contra querelante detentor de foro privilegiado deverá ser processada e julgada pelo próprio juiz do processo de conhecimento. É também o entendimento pacífico do Supremo Tribunal Federal.

Finalmente, conforme ressalva a doutrina, o parágrafo único do art. 139 não é extensível ao Presidente da República.

8. DISTINÇÃO ENTRE CALÚNIA, DIFAMAÇÃO E INJÚRIA

Na calúnia, o fato imputado é definido como crime; na injúria, não há atribuição de fato, mas de qualidade; na difamação, há a imputação de fato determinado. A calúnia e a

---

262. E. Magalhães Noronha, *Direito penal*, cit., v. 2, p. 121.

263. E. Magalhães Noronha, *Direito penal*, cit., v. 2, p. 121.

264. *Comentários*, cit., v. VI, p. 90.

265. *Manual*, cit., v. 2, p. 353.

difamação atingem a honra objetiva; a injúria atinge a honra subjetiva. A calúnia e a difamação consumam-se quando terceiros tomam conhecimento da imputação; a injúria consuma-se quando o próprio ofendido toma conhecimento da imputação.

ART. 140 - INJÚRIA

1. OBJETO JURÍDICO

Ao contrário dos delitos de calúnia e difamação, que tutelam a honra objetiva, o bem protegido por essa norma penal é a honra subjetiva, que é constituída pelo sentimento próprio de cada pessoa acerca de seus atributos morais (chamados de honra-dignidade), intelectuais e físicos (chamados de honra-decoro)[266]. Observe-se que no delito de injúria a honra objetiva, ou seja, o valor que o indivíduo goza na sociedade, também pode ser afetada, contudo tal ofensa é indiferente à configuração do crime; por exemplo: chamo alguém de ladrão e a atribuição dessa qualidade negativa é presenciada por terceiros. Poderá ser relevante, no entanto, para fins de dosimetria da pena, especialmente no que tange às consequências do delito (CP, art. 59).

No tocante à injúria real, prevista no art. 140, § 2º, do Código Penal, por se tratar de um crime complexo, tutela-se também a integridade ou incolumidade física do indivíduo. No caso, contudo, a real intenção do agente é atingir a honra pessoal da pessoa, sendo a violência ou vias de fato apenas um meio de se concretizar tal desiderato.

2. ELEMENTOS DO TIPO

2.1. Ação nuclear

Consubstancia-se no verbo *injuriar*, que é, conforme a definição de Nélson Hungria, "a manifestação, por qualquer meio, de um conceito ou pensamento que importe ultraje, menoscabo ou vilipêndio contra alguém"[267]. Trata-se de *crime de ação livre*. Todos os meios hábeis à manifestação do pensamento podem servir à injúria: a palavra oral ou escrita, a pintura, o gesto etc. Até mesmo por omissão é possível cometer a injúria, por exemplo, na abstenção da prática de algum ato, como o de não estender a mão a um cumprimento. Na jurisprudência podemos colher alguns exemplos de atitudes que configuram o crime em tela: despejar lixo na porta da residência da vítima, afixar papel com expressões ofensivas na porta da loja da vítima, atirar conteúdo de bebida no rosto da vítima etc.

A injúria, ao contrário da difamação, não se consubstancia na imputação de fato concreto, determinado, mas, sim, na atribuição de qualidades negativas ou de defeitos. Consiste ela em uma opinião pessoal do agente sobre o sujeito passivo, desacompanhada de qualquer dado concreto. São os insultos, xingamentos (p.ex., ladrão,

---

266. Damásio E. de Jesus, *Código Penal anotado*, cit., p. 474.

267. *Comentários*, cit., v. VI.

vagabundo, corcunda, estúpido, grosseiro, incompetente, caloteiro etc.). Ressalve-se que, ainda que a qualidade negativa seja verdadeira, isso não retira o cunho injurioso da manifestação. A injúria também pode constituir na imputação de fatos desabonadores, desde que essa imputação seja vaga, imprecisa. Nesse sentido é a lição de E. Magalhães Noronha: "pode a injúria conter fatos, porém estes são enunciados de modo vago e genérico. Se se diz que fulano não paga suas dívidas, injuria-se; mas falar que ele não pagou a quantia de tanto a beltrano, emprestada em condições angustiosas, é difamar"[268]. Diferentemente da calúnia, a injúria não diz respeito a fato definido como crime. O valor ofensivo da injúria deve ser aferido de acordo com o tempo, o lugar, as circunstâncias em que é proferida, até mesmo o sexo do ofendido deve ser levado em consideração. Assim, uma expressão usualmente empregada em determinada época, e que constituía elogio, pode passar a ser considerada injuriosa nos tempos atuais; por exemplo, chamar alguém de fascista[269].

De acordo com a classificação doutrinária, a injúria pode ser: (i) **imediata** – quando é proferida pelo próprio agente; (ii) **mediata** – quando o agente se vale de outro meio para executá-la (p.ex., de uma criança); (iii) **direta** – quando se referem ao próprio ofendido; (iv) **oblíqua** – quando atinge alguém estimado pelo ofendido (p.ex., "seu irmão é um ladrão"); (v) **indireta ou reflexa** – quando, ao ofender alguém, também se atinge a honra de terceira pessoa; (vi) **equívoca** – quando por meio de expressões ambíguas; (vii) **explícita** – quando são empregadas expressões que não se revestem de dúvidas. A injúria também pode ser *implícita, irônica, interrogativa, reticente, simbólica, truncada*[270].

Por vezes, a injúria pode configurar desacato (CP, art. 331) ou ultraje a culto (CP, art. 208), isto porque tais crimes também consistem em violação à dignidade ou decoro pessoal; contudo o crime de desacato constitui um delito contra a administração da Justiça. No tocante ao crime de ultraje ao culto ("escarnecer de alguém publicamente, por motivo de crença ou função religiosa"), há um interesse social em proteger o sentimento religioso, de modo que a ofensa pública contra alguém por motivo de crença ou função religiosa configura o crime do art. 208 do CP, e não o crime de injúria.

2.2. Sujeito ativo

Trata-se de crime comum. Qualquer pessoa pode ser sujeito ativo do crime em análise, pois o tipo penal não exige qualquer condição especial do agente. Assim, qualquer pessoa pode ofender outrem na sua dignidade ou decoro. Conforme anota Julio Fabbrini Mirabete, "não existe autoinjúria como fato típico, mas pode ela constituir crime se, ultrapassando da órbita da personalidade do agente, vem ela a atingir terceiro. Há crime no afirmar alguém ser filho de uma prostituta ou marido traído, sendo os sujeitos passivos a mãe e a esposa do agente"[271].

268. E. Magalhães Noronha, *Direito penal*, cit., v. 2, p. 124.

269. Idem, ibidem, p. 125.

270. Nesse sentido, Nélson Hungria, *Comentários*, cit., v. VI, p. 95 e 96.

271. Julio Fabbrini Mirabete, *Manual*, cit., p. 165.

2.3. Sujeito passivo

Qualquer pessoa, desde que tenha capacidade de discernimento do conteúdo da expressão ou atitude ultrajante[272]. O consentimento do ofendido exclui o crime, exceto nos casos de ofensa concomitante a um bem de que aquele não tenha disponibilidade.

(i) Inimputáveis: a injúria constitui ofensa à honra subjetiva. Desse modo, para a doutrina, conforme já estudado, quando a ofensa disser respeito à honra subjetiva, a existência do crime deve ser condicionada à capacidade de o sujeito ativo perceber a injúria. Assim, os doentes mentais podem ser injuriados, desde que haja uma residual capacidade de compreender a expressão ofensiva. De igual modo, os menores podem ser injuriados, dependendo da sua capacidade de compreensão da expressão ou atitude ofensiva[273].

(ii) Pessoa jurídica: predomina o entendimento na doutrina no sentido de que a pessoa jurídica não possui honra subjetiva, de modo que a ofensa contra ela poderá constituir ofensa contra os seus representantes legais.

(iii) Memória dos mortos: o morto não pode ser injuriado, por ausência de expressa disposição legal; nada obsta, porém, que se injurie pessoa viva, denegrindo a memória dos mortos.

3. ELEMENTO SUBJETIVO

É o dolo de dano, direto ou eventual, consistente na vontade livre e consciente de injuriar alguém, atribuindo-lhe qualidade negativa. Segundo o entendimento majoritário da doutrina, é necessário, além do dolo, um fim especial de agir, consistente na vontade de ofender, denegrir a honra do ofendido — trata-se do *animus injuriandi*. Inexiste o crime de injúria se o agente atua com *animus jocandi, narrandi, consulendi, defendendi, corrigendi vel disciplinandi*, ou, ainda, de acordo com a jurisprudência, se as expressões são proferidas em razão de discussão ou exaltação emocional, em virtude da ausência do elemento subjetivo do tipo. Para melhor compreensão do tema, consulte os comentários ao crime de calúnia.

4. CONSUMAÇÃO

Trata-se de delito formal. O crime se consuma quando o sujeito passivo toma ciência da imputação ofensiva, independentemente de o ofendido sentir-se ou não atingido em sua honra subjetiva, sendo suficiente, tão só, que o ato seja revestido de idoneidade ofensiva. Difere da calúnia e da difamação, uma vez que para a consumação da injúria prescinde-se que terceiros tomem conhecimento da imputação ofensiva. A injúria não precisa ser proferida na presença do ofendido; basta que chegue ao seu conhecimento, por intermédio de terceiro, correspondência ou qualquer outro meio.

---

272. Nesse sentido, Damásio E. de Jesus, *Código Penal anotado*, cit., p. 474.

273. Damásio E. de Jesus, *Código Penal anotado*, cit., p. 474.

5. TENTATIVA

É possível, no caso de meio escrito, pois há um *iter criminis* passível de ser fracionado (crime plurissubsistente); contudo, se a hipótese for de injúria verbal (crime unissubsistente), inadmissível será a tentativa; afinal, a palavra é ou não proferida, tratando-se de único e incindível ato.

6. FORMAS

6.1. Simples (art. 140, *caput*)

Está prevista no *caput* do art. 140.

6.2. Majorada (art. 141)

Está prevista no art. 141 do Código Penal. Consulte o capítulo relativo às disposições comuns aos crimes contra a honra.

6.3. Perdão judicial. Provocação e retorsão (art. 140, § 1º)

O Código Penal, em seu art. 140, § 1º, prevê duas hipóteses de perdão judicial. Há, nesses casos, a configuração do crime de injúria, porém o juiz pode deixar de aplicar a pena. Registre-se que não se trata de faculdade do juiz, mas de direito subjetivo do agente, ou seja, estando configurada a hipótese legal, o agente fará jus ao benefício.

Provocação: quando o ofendido, de forma reprovável, provocou diretamente a injúria (inciso I). Cuida-se de hipótese em que o provocador dá causa à injúria que sofre. Há uma provocação que é retorquida com uma injúria. A provocação pode consistir em um crime, como calúnia, difamação, ameaça, lesão corporal[274] (que não são alcançados pelo perdão judicial), como também pode consubstanciar-se em qualquer outra conduta reprovável, inoportuna, que não constitua crime. Não pode consistir em crime de injúria, do contrário estaremos diante da retorsão. A provocação deve ser reprovável, o que significa dizer censurável, injusta. Não se enquadram nesse conceito o exercício regular de direito e o estrito cumprimento de dever legal, desde que preenchidos os requisitos legais. Diante da provocação (que pode ser um crime contra a honra, ameaça ou qualquer outra conduta reprovável), é perfeitamente aceitável que o provocado se exalte emocionalmente, e a revide assacando uma injúria contra o provocador. A injúria proferida é consequência direta da ira, cólera que se apodera do agente ante a injusta, a censurável provocação. Nessas circunstâncias, o Direito leva em conta o seu estado psicológico e o isenta de pena, em que pese ter praticado um crime contra a honra. Frise-se que a provocação deve ser direta, ou seja, deve ser realizada face a face, pessoalmente, sem intermediários. Vejamos os seguintes exemplos de provocação:

---

274. Nesse sentido, E. Magalhães Noronha, *Direito penal*, cit., v. 2, p. 129; Nélson Hungria, *Comentários*, cit., v. VI, p. 105.

(i) "A" provoca de forma reprovável "B", sem que essa conduta constitua crime, e "B", encolerizado, assaca-lhe uma injúria. "B" será contemplado pelo perdão judicial, e "A" nada sofrerá, pois não praticou qualquer crime.

(ii) "A" acusa "B" de ter matado o seu funcionário por vingança, ou seja, imputa-lhe a prática de fato definido como crime. "B", dominado pela cólera, xinga "A" de ladrão e corrupto, ou seja, assaca-lhe uma injúria. Ambos são processados criminalmente. "B", apesar de ter praticado um crime contra a honra, será beneficiado pelo perdão judicial, pois apenas revidou a provocação. Em tal hipótese, contudo, a provocação também constituiu um crime contra a honra (calúnia), e "A" deverá responder pelo crime imputado a "B", não sendo contemplado pelo perdão judicial.

Retorsão: no caso de retorsão imediata, que consista em outra injúria (inciso II). Há uma provocação consistente em uma injúria que é retorquida com outra injúria. Perceba-se que, diferentemente da provocação, na retorsão há uma injúria que é rebatida com outra injúria. Na provocação, apenas o revide deve consistir em um crime de injúria. O retruque deve ser imediato, quer dizer, sem intervalo de tempo, do contrário a retorsão estará excluída. Para que a retorsão seja imediata, as partes devem necessariamente estar presentes, face a face. Em decorrência disso, somente se admite a retorsão na hipótese de injúria verbal. Nélson Hungria ressalva uma possibilidade de retorsão no caso de injúrias escritas, por exemplo: "dois desafetos, à mesa de refeição de um hotel, trocam, por intermédio do *garçon*, bilhetes injuriosos"[275]. Adverte Cezar Roberto Bitencourt que, "no caso de retorsão, mais que na provocação reprovável, a *proporcionalidade* assume importância relevante, não que se deva medir milimetricamente as *ofensas*, mas é inadmissível, por exemplo, retorquir uma *injúria comum* com uma *injúria real* ou, principalmente, com uma *injúria preconceituosa*. A desproporção e o abuso são flagrantes, e esse 'aproveitamento' da situação é incompatível com os fins do Direito Penal. Isso poderá representar, em outros termos, o *excesso punível*"[276].

— A retorsão constitui um caso de legítima defesa? Não, segundo pacífico entendimento doutrinário. Basta considerarmos o requisito da legítima defesa: injusta agressão "atual ou iminente" (CP, art. 25). Atual é a agressão que está ocorrendo; iminente é a que está prestes a ocorrer. A legítima defesa diz com uma ação preventiva, no sentido de evitar ou fazer cessar a injusta violação ao bem jurídico. A retorsão, por sua vez, é realizada contra uma injúria já proferida, ou seja, consumada, o que significa dizer, uma agressão passada, não havendo como conceber a tese de que o indivíduo ao retorquir a injúria pratica legítima defesa. O que pode acontecer é a hipótese em que o indivíduo, para evitar a reiteração de injúrias, agride o injuriador, constituindo essa agressão legítima defesa. Perceba-se, no entanto, que tal caso já não pode ser enquadrado como *retorsão*.

— A retorsão constitui caso de compensação de crimes? Nélson Hungria nos dá essa resposta fazendo alusão ao ensinamento de Pessina: "justamente ponderava Pessina que a compensação não é consentânea com o fim da justiça punitiva, além de contrária à índole própria do crime, não sendo admissível 'que os crimes recíprocos se compensem

---

275. *Comentários*, cit., v. VI, p. 106.

276. Cezar Roberto Bitencourt, *Manual*, cit., v. 2, p. 368.

entre si como débitos recíprocos, por isso que cada crime é sempre qualquer coisa que em si contém uma ofensa à ordem social, e, das injúrias proferidas, a primeira não deixava de ser crime porque outro crime lhe sobrevém, por ela provocado'"[277]. Com efeito, tanto não há a compensação de crimes que o primeiro injuriador, causador da retorsão, não é beneficiado pelo perdão judicial, respondendo pelo crime contra a honra. Somente o sujeito que sofreu a injúria e a retrucou será contemplado com a causa extintiva da punibilidade.

> → **Atenção:** na hipótese do agente que, por equivocada apreciação da realidade, acredita estar sendo injuriado ou provocado por terceiro e, nesse contexto, ofende ou revida a imputação imaginária, aplica-se o disposto no art. 20, § 1º, do Código Penal (descriminante putativa), excluindo-se o dolo e, por conseguinte, a tipicidade, em face da inexistência da figura culposa no tipo.

Perdão judicial: trata-se de causa extintiva da punibilidade, não subsistindo os efeitos da condenação (Súmula 18 do STJ e art. 120 do CP). Nas duas hipóteses acima elencadas há a configuração do crime de injúria, mas o juiz, ao constatar as circunstâncias legais, deixa de aplicar a pena. Sobre esse tema, consulte o capítulo relativo ao crime de homicídio (item n. 12).

6.4. Qualificada. Injúria real (art. 140, § 2º)

Encontra-se prevista no § 2º do art. 140. Caracteriza-se pelo emprego de violência ou vias de fato, que, por sua natureza ou pelo meio empregado, sejam considerados aviltantes (pena – detenção, de 3 meses a 1 ano, e multa, além da pena correspondente à violência).

- **Objeto jurídico:** dois são os bens ofendidos pelo crime em estudo – a honra individual e a incolumidade física. O Código Penal, contudo, prima em proteger a honra do indivíduo, já que a violência e as vias de fato são apenas meios de atingir a honra pessoal da vítima.
- **Elemento subjetivo:** a violência ou as vias de fato devem ser empregadas com o nítido propósito de injuriar (*animus injuriandi*), pois, ausente tal propósito, outro será o delito configurado (lesão corporal, contravenção de vias de fato, crimes de perigo).
- **Vias de fato:** ofensa física que não produz lesão ou incômodo à saúde, nem tampouco deixa vestígios (p.ex., empurrões, bofetadas, puxão de cabelos). Isoladamente, trata-se de contravenção penal (LCP, art. 21); no caso em tela, todavia, as vias de fato são absorvidas pelo delito de injúria.
- **Violência:** é a lesão corporal produzida na vítima com o fim de humilhar, ultrajar a sua honra. Haverá, nessa hipótese, concurso de delitos (injúria qualificada + lesão corporal), com aplicação cumulativa das penas. Embora seja caso de concurso formal, a lei impõe na fixação da pena a regra do concurso material (CP, art. 140, § 2º). A grave ameaça não configura a injúria real, ante a ausência expressa de previsão legal.
- **Violência ou vias de fato aviltantes:** exige a lei que a violência ou as vias de fato sejam consideradas aviltantes: (i) por sua própria natureza (p.ex., a bofetada, o corte ou puxão

277. Nélson Hungria, *Comentários*, cit., v. VI, p. 100.

de barba, a apalpação de certas partes do corpo sem fim libidinoso, o levantar as saias a uma mulher ou rasgar-lhe as vestes, o cavalgar o ofendido, o pintar-lhe a cara com piche, o virar-lhe o paletó pelo avesso); (ii) ou pelo meio empregado (p.ex., o bater em alguém com chicote ou rebenque, ou dar-lhe palmatoadas, ou atirar-lhe excremento ou outra imundice etc.)[278].

- **Injúria real e legítima defesa:** na hipótese em que a injúria real é praticada com a finalidade de evitar outra injúria real atual ou iminente, estamos diante de uma hipótese de legítima defesa, desde que presentes os demais requisitos desta. Se, contudo, a injúria real já estiver consumada, não há falar nessa causa excludente da criminalidade, pois já não há agressão atual ou iminente a ser repelida.
- **Injúria real e retorsão**[279]: é cabível a retorsão na injúria real. Assim, se a injúria real for praticada com a finalidade de revidar outra injúria real já consumada, estaremos diante de uma hipótese permissiva do perdão judicial (CP, art. 140, § 1º, II), aplicável àquele que revidou a ofensa. Contudo, ressalve-se que, ao contrário da injúria simples, a injúria real é um crime complexo (injúria + vias de fato ou violência), de modo que o crime de lesão corporal deverá ser devidamente sancionado. Cumpre, assim, fazer a seguinte distinção: **(i) vias de fato** – se a injúria for praticada mediante o emprego de vias de fato, o perdão judicial será cabível, pois as vias de fato são absorvidas pelo crime de injúria; **(ii) lesões corporais leves** – elas não são absorvidas pelo crime de injúria, devendo os agentes (ofensor e ofendido) responder pelas lesões nos moldes do art. 129, § 5º, II (lesões corporais recíprocas), mas aquele que revidou a ofensa será beneficiado com o perdão judicial no tocante à pena do crime de injúria (CP, art. 140, § 1º, II); **(iii) lesões corporais graves** – o agente só será beneficiado com o perdão judicial no tocante à pena da injúria real, devendo responder pelo crime de lesões corporais graves.
- **Provocação e injúria real**[280]: na hipótese em que há uma provocação (art. 140, § 1º, I) que é retorquida com uma injúria real, responde o provocado (conforme já vimos, ele não responde pelo crime de injúria simples no caso de revidar a provocação) pelas vias de fato ou violência empregadas? **(i) vias de fato** – elas são absorvidas pelo crime de injúria real; o agente deverá ser contemplado com o perdão judicial, sem que tenha de responder pela contravenção penal de vias de fato; **(ii) lesão corporal leve** – se a provocação também constituiu lesão corporal leve, poderão ambos (provocador e provocado) responder nos moldes do art. 129, § 5º, II (lesões corporais recíprocas), mas o provocado será beneficiado com o perdão judicial no tocante à pena do crime de injúria (CP, art. 140, § 1º, I); **(iii) lesões corporais graves** – o provocado somente será beneficiado com o perdão judicial no que respeita à pena da injúria real, devendo responder pelo crime de lesões corporais graves.

---

278. Exemplos citados por Nélson Hungria, *Comentários*, cit., v. VI, p. 109.

279. Cf. ensinamento de Nélson Hungria, *Comentários*, cit., v. VI, p. 109 e 110.

280. Idem, ibidem, p. 110.

6.5. Qualificada por preconceito de religião, condição de pessoa idosa ou portadora de deficiência (art. 140, § 3º, com a redação dada pela Lei n. 14.532, de 11 de janeiro de 2023)

Está prevista no § 3º do art. 140 e impõe penas de reclusão de 1 a 3 anos, além de multa, se a injúria for cometida mediante utilização de elementos referentes à religião ou pessoa idosa ou com deficiência. A Lei n. 14.532/2023[281] transportou a injúria racial do Código Penal para a Lei de Racismo (Lei n. 7.716/89), dispondo expressamente que a injúria racial é uma forma ilícita de discriminação. Dessa maneira, o § 3º do art. 140 tipifica a injúria qualificada por preconceito de religião, condição de pessoa idosa ou portadora de deficiência. Cuidou, então, o legislador de tipificar a injúria preconceituosa, que é aquela que envolve elementos discriminatórios referentes à religião, etarismo ou à condição de pessoa com deficiência, cominando-lhe pena mais severa. Desse modo, qualquer ofensa à dignidade ou decoro que envolva algum elemento discriminatório, como, por exemplo, "velho", "macumbeiro", "aleijado", configura o crime de injúria qualificada.

Para a configuração da injúria qualificada não basta que o agente profira as expressões com conteúdo discriminatório, ou seja, não basta o dolo, sendo necessário um especial fim de agir consistente na vontade de discriminar o ofendido em decorrência de sua religião ou condição de pessoa idosa ou com deficiência. Em consonância com o comentário acima exposto, não basta chamar um religioso de matriz africana de "macumbeiro" para que o crime se configure, pois nem sempre o emprego do termo demonstra a intenção discriminatória. Basta considerar que entre amigos tal expressão poderá ser utilizada como demonstração de proximidade, de amizade, sem que haja a intenção de discriminar. Por outro lado, se o termo é utilizado para humilhar, denotar uma suposta inferioridade do indivíduo em virtude de sua religião, com o dolo de ofender, diminuir, o crime é de injúria qualificada.

O § 3º, ao se referir à *condição de pessoa idosa ou com deficiência*, não faz qualquer referência à idade cronológica da pessoa ofendida, mas como essa lei, ao tipificar os crimes, considerou como sendo pessoa idosa aquela maior de 60 anos, temos que essa é a idade a ser levada em consideração quando da incidência da qualificadora. Com relação ao alcance do conceito de pessoa com deficiência, deve-se levar em conta a o conceito firmado na Convenção sobre os Direitos das Pessoas com Deficiência de Nova York em 2007, ratificada pelo Brasil por meio do Decreto n. 6.949/2009: "*São as pessoas que têm impedimento de longo prazo de natureza física, mental, intelectual ou sensorial, os quais, em interação com diversas barreiras, podem obstruir sua participação plena e efetiva na sociedade em igualdades de condições com as demais pessoas*". É preciso ressaltar que para incidir a qualificadora não basta que o ofensor profira alguma palavra com conteúdo injurioso contra a pessoa idosa ou com deficiência; por exemplo, afirmar a um cego que ele é um grande estelionatário. É necessário que a injúria esteja relacionada à condição da pessoa que se

---

281. Altera a Lei n. 7.716, de 5 de janeiro de 1989 (Lei do Crime Racial), e o Decreto-Lei n. 2.848, de 7 de dezembro de 1940 (Código Penal), para tipificar como crime de racismo a injúria racial, prever pena de suspensão de direito em caso de racismo praticado no contexto de atividade esportiva ou artística e prever pena para o racismo religioso e recreativo e para o praticado por funcionário público.

quer discriminar. Por exemplo, humilhar um deficiente visual, chamando-o de "zarolho" ou um ancião, de "pé na cova".

A redação do parágrafo único do art. 145 do Código Penal prevê expressamente a ação penal pública condicionada à representação do ofendido quando ocorrente a hipótese do art. 140, § 3º, desse Código.

Saliente-se que a figura típica do CP, art. 140, § 3º, também não admite o perdão judicial, tendo em vista a configuração topográfica do dispositivo, que apresenta o § 1º antes da injúria racial (§ 3º). Desta maneira, caso quisesse o legislador aplicar o perdão judicial à injúria preconceituosa, colocaria o benefício no último dos parágrafos do art. 140. A inadmissibilidade do perdão para a forma qualificada também se justifica pelo fato de que a promoção do bem comum, sem nenhuma forma de preconceito de origem, raça, credo, cor, sexo, idade e quaisquer outras formas de discriminação, é um dos objetivos da República (CF, art. 3º, IV), o que tornaria contraditória a aplicação do perdão ao caso.

Especificamente no que tange à questão da pessoa idosa, preceitua o art. 96, § 1º, do Estatuto da Pessoa Idosa que é crime desdenhar, humilhar, menosprezar ou discriminar pessoa idosa, independentemente do motivo. Porém, a aplicação do referido estatuto é subsidiária à do Código Penal, apenas prevalecendo em caso de não ficar plenamente caracterizada a figura da injúria preconceituosa.

Em que pese a larga abrangência da lei, os atos de intolerância e preconceito dos dias atuais nos mostram que nem todas as formas de segregação foram nela contidas. Exemplos clássicos são os atos de homofobia e transfobia, que, por não estarem presentes no texto do art. 1º, foram objeto de debate pelo STF.

Em julgamento do MI 4.733/DF, a Corte reconheceu a omissão do Congresso Nacional em elaborar lei específica para criminalizar a discriminação e o preconceito por orientação sexual e identidade de gênero. Na ADO 26/DF, garantiu eficácia geral e efeito vinculante à mora inconstitucional do Congresso Nacional em elaborar lei específica de combate à discriminação e o preconceito por orientação sexual e identidade de gênero, cientificando o Poder Legislativo de sua inoperância, nos termos da CF, art. 103, § 2º, e art. 12-H, Lei n. 9.869/99. Dessa forma, utilizando-se do instrumento da interpretação conforme a Constituição, interpretou os incisos XLI e XLII do art. 5º, CF, como "mandados constitucionais incriminadores", de forma que as condutas homofóbicas e transfóbicas são espécies do gênero "racismo social", consubstanciado na segregação e inferiorização de um segmento da sociedade. Assim, até que haja legislação específica, a Lei n. 7.716 terá incidência para a discriminação e preconceito por orientação sexual ou identidade de gênero.

6.5.1. Diferença de injúria preconceito, injúria racial e racismo

É preciso distinguir o delito em estudo do crime de racismo. Na hipótese de a ofensa envolver verdadeira segregação racial, o crime será o previsto na Lei n. 7.716/89. De acordo com o citado diploma legal, configuram racismo as seguintes hipóteses:

É preciso distinguir o delito em estudo do crime de racismo. Na hipótese de a ofensa envolver questão ou segregação racial, o crime será o previsto na Lei n. 7.716/89. De acordo com o citado diploma legal, configuram racismo as seguintes hipóteses:

(i) "Injuriar alguém, ofendendo-lhe a dignidade ou o decoro, em razão de raça, cor, etnia ou procedência nacional" (art. 2º-A)

(ii) "impedir ou obstar o acesso de alguém, devidamente habilitado, a qualquer cargo da Administração Direta ou Indireta, bem como das concessionárias de serviços públicos" (art. 3º);

(iii) "negar ou obstar emprego em empresa privada" (art. 4º);

(iv) "recusar ou impedir acesso a estabelecimento comercial, negando-se a servir, atender ou receber cliente ou comprador" (art. 5º);

(v) "recusar, negar ou impedir a inscrição ou ingresso de aluno em estabelecimento de ensino público ou privado de qualquer grau" (art. 6º);

(vi) "impedir o acesso ou recusar atendimento em restaurantes, bares, confeitarias, ou locais semelhantes abertos ao público" (art. 8º);

(vii) "impedir o acesso ou recusar atendimento em estabelecimentos esportivos, casas de diversões, ou clubes sociais abertos ao público" (art. 9º);

(viii) "impedir o acesso ou recusar atendimento em salões de cabeleireiros, barbearias, termas ou casas de massagem ou estabelecimento com as mesmas finalidades" (art. 10);

(ix) "impedir o acesso às entradas sociais em edifícios públicos ou residenciais e elevadores ou escada de acesso aos mesmos" (art. 11);

(x) "impedir o acesso ou uso de transportes públicos, como aviões, navios barcas, barcos, ônibus, trens, metrô ou qualquer outro meio de transporte concedido" (art. 12);

(xi) "impedir ou obstar o acesso de alguém ao serviço em qualquer ramo das Forças Armadas" (art. 13);

(xii) "praticar, induzir ou incitar a discriminação ou preconceito de raça, cor, etnia, religião ou procedência nacional" (art. 20, *caput*).

Essa situação, que pode trazer dúvidas ao intérprete, refere-se à ofensa dirigida a uma pessoa, mas que configure verdadeira apologia à segregação racial;

(xiii) "fabricar, comercializar, distribuir ou veicular símbolos, emblemas, ornamentos, distintivos ou propagandas que utilizem a cruz suástica ou gamada, para fins de divulgação do nazismo" (art. 20, § 1º).

Para melhor compreensão da distinção entre a injúria racial e o racismo, lembrar que a diferença básica entre tais crimes reside na indeterminação ou não do sujeito passivo: no delito de racismo (art. 20 da Lei 7.716/89), a ofensa diz respeito a um sentimento em relação a toda uma coletividade, ao passo que na injúria racial (art. 2º-A da Lei n. 7.716/89), atinge tão somente a honra subjetiva do ofendido.

No mais, o § 2º do art. 20, por sua vez, prevê: "Se qualquer dos crimes previstos no *caput* é cometido por intermédio dos meios de comunicação social ou publicação de qualquer natureza. Pena: reclusão, de 2 (dois) a 5 (cinco) anos, e multa". Christiano Jorge Santos, com propriedade, elucida-nos o tema, ao trazer o seguinte julgado: "Enfrentando a questão, o Tribunal de Justiça de Minas Gerais manteve a condenação de primeiro grau de jurisdição, na qual um colunista de pequeno jornal da comarca de Ponte Nova foi dado como incurso no tipo do art. 20, § 2º, da Lei Antidiscriminação. Publicou ele matéria contra uma professora negra, sindicalista local, por ter aforado ação trabalhista em face de uma escola superior daquela localidade. Terminou o artigo dizendo: 'a história da Faculdade nos ensina que o teor da melanina na pele não indica o bom ou o mau caráter das pessoas, mas ai que saudades do açoite e do pelourinho'"[282]. O autor nos traz ainda outro julgado proferido nesse sentido, "podendo-se destacar, dentre eles, a manutenção de condenação de radialista que em programa transmitido na comarca de São Carlos, interior de São Paulo, no dia 9 de abril de 1991, narrou um furto, acrescentando: 'Só podia ser preto (...)'". Em seguida, afirmou serem três os ladrões, dois brancos e um negro, mas completou: "cana neles, principalmente no preto"[283].

No que tange aos chamados discursos de ódio, vale trazer à baila o caso Ellwanger, paradigmático e que foi julgado pelo Supremo Tribunal Federal, versando sobre um autor que escrevera obra negando a existência do holocausto. A pauta da discussão era analisar se as ideias colocadas na obra configuravam o crime de racismo e, portanto, se era imprescritível, na medida em que foi levantada a tese de que os judeus não poderiam ser considerados como "raça" e sim "religião", e, portanto, o crime, àquela altura, estaria prescrito. Ao final, restou decidido que a obra incitava a discriminação aos judeus, razão pela qual foi imputado ao autor do livro o delito de discriminação (STF, HC 82.424, *DJU* 17-9-2013).

Finalmente, registre-se que a Lei n. 12.984/2014, define o crime de discriminação dos portadores do vírus da imunodeficiência humana (HIV) e doentes de Aids. Trata-se de hipótese específica de tutela da honra subjetiva da vítima que sofre a discriminação. Com pena de reclusão de 1 a 4 anos, tipificou-se a relação das seguintes condutas, todas relacionadas ao ato de discriminar os portadores do vírus HIV e doentes de Aids: (i) – recusar, procrastinar, cancelar ou segregar a inscrição ou impedir que permaneça como aluno em creche ou estabelecimento de ensino de qualquer curso ou grau, público ou privado; (ii) – negar emprego ou trabalho; (iii) – exonerar ou demitir de seu cargo ou emprego; (iv) – segregar no ambiente de trabalho ou escolar; (v) – divulgar a condição do portador do HIV ou de doente de Aids, com intuito de ofender-lhe a dignidade; (vi) – recusar ou retardar atendimento de saúde.

É cabível a retorsão na injúria qualificada por preconceito? Nessa hipótese, a retorsão não teria o condão de atuar como causa geradora de perdão judicial, uma vez que o preconceito manifestado não se reveste de simples injúria e, portanto, não poderia ser simplesmente elidido por outra, tratando-se de violação muito mais séria à honra e a uma das metas fundamentais do Estado Democrático de Direito (CF, art. 3º, IV).

7. EXCEÇÃO DA VERDADE

É inadmissível no crime de injúria. Em primeiro lugar, não interessa ao Direito comprovar a veracidade de opiniões pessoais que consistam em ultrajes contra alguém,

282. *Crimes de preconceito e de discriminação*, cit., p. 127.

283. *Crimes de preconceito e de discriminação*, cit., p. 128.

ou seja, não importa verificar se realmente fulano é "cornudo", "incompetente", "bêbado", "trapaceiro". No crime de calúnia, pelo contrário, por se tratar de imputação de fato definido como crime, interessa à Justiça Pública investigar se tal fato é ou não verdadeiro. Em segundo lugar, não importa para a configuração do crime de injúria a falsidade das ofensas, ao contrário do crime de calúnia.

ARTS. 141 A 145 – DAS DISPOSIÇÕES COMUNS AOS CRIMES CONTRA A HONRA

Em que pese a nomenclatura "disposições comuns" referir-se apenas ao art. 141, contempla o Código Penal também nos arts. 144 e 145 regras comuns aplicáveis aos crimes de calúnia, difamação e injúria, com exceção dos arts. 142 e 143, que abrangem somente alguns dos crimes contra a honra.

1. FORMAS MAJORADAS APLICÁVEIS AOS CRIMES DE CALÚNIA, DIFAMAÇÃO E INJÚRIA (ART. 141)

O Código Penal, em seu art. 141, prevê causas especiais de aumento de pena para os crimes de calúnia, difamação e injúria. Tais majorantes levam em conta a condição ou qualidade especial do sujeito passivo, o modo, o meio de execução e a motivação do crime. Assim, haverá aumento de pena (nas hipóteses dos incisos I, II, III e IV: aumento de 1/3; na hipótese do § 1º: a pena será aplicada em dobro; na hipótese do § 2º aplica-se em triplo a pena, e na hipótese do § 3º aplica-se a pena em dobro, quando o delito for praticado respectivamente:

(i) Contra o Presidente da República (inciso I): trata-se do Chefe Supremo da nação, de modo que o Direito, ao sancionar de forma mais gravosa a conduta daquele que ofende o representante maior do Estado, o faz não só levando em consideração a sua honra individual, mas principalmente as consequências que tais ofensas podem gerar sobre a sua vida pública. Em virtude da elevada função que ocupa, qualquer mácula à honra individual do Presidente da República pode representar desprestígio na sua vida política e, por conseguinte, afetar as diretrizes políticas da nação.

(ii) Contra chefe de governo estrangeiro (inciso I): a majorante também se estende ao "chefe de governo estrangeiro" por razões de política diplomática, ou seja, em função da manutenção das boas relações internacionais. Com efeito, a ofensa à honra de representante de governo estrangeiro pode repercutir sobre toda a nação que ele representa, o que, por consequência, pode gerar a quebra das boas relações internacionais mantidas entre o Brasil e o governo estrangeiro. Daí por que a maior reprovabilidade da conduta e, por conseguinte, o agravamento da sanção penal. Conforme ressalva Nélson Hungria, "a expressão 'chefe de governo' compreende não só o soberano ou chefe de Estado, como o 'primeiro-ministro' ou 'presidente de conselho', pois a este cabe também a alta direção governamental"[284].

---

284. Nélson Hungria, *Comentários*, cit., v. VI, p. 111. No mesmo sentido: E. Magalhães Noronha, *Direito penal*, cit., v. 2, p. 133. Em sentido contrário, Cezar Roberto Bitencourt, que inadmite a interpretação extensiva para majorar a pena, por violar o princípio da reserva legal (*Manual*, cit., v. 2, p. 383 e 384).

(iii) Contra funcionário público, em razão de suas funções ou contra os Presidentes do Senado Federal, da Câmara dos Deputados ou do Supremo Tribunal Federal: tutela o presente dispositivo a dignidade da função pública. Trata-se de hipótese em que as ofensas assacadas contra funcionário público se relacionam ao exercício do cargo. É que, nessa hipótese, qualquer mácula ao funcionário em razão de sua função gera efeitos perversos sobre a imagem da Administração Pública como um todo. Por exemplo: afirmo que "A", funcionário público, é um prevaricador, ou então que "B", tesoureiro, costuma apropriar-se do dinheiro público. Há aqui um liame entre a ofensa e a função pública exercida pelo funcionário. Ausente esse liame, afasta-se a incidência dessa majorante, respondendo o ofensor por quaisquer dos crimes contra a honra na sua forma simples. Conforme ressalva Nélson Hungria, "a causa da ofensa deve estar na função exercida pelo ofendido, e não em um ato qualquer que o ofendido haja praticado durante o exercício da função. É preciso que a ofensa se *insira* na função"[285]. Dessa forma, estará afastada a majorante se a ofensa irrogada disser respeito à vida particular do funcionário, por exemplo: afirmo que "A", funcionário público, praticou atos libidinosos com sua sobrinha. Também estará afastada a causa de aumento de pena se a ofensa for assacada após a sua demissão do cargo ou função pública, pois a lei expressamente se refere a "funcionário público".

Cumpre dizer que se a ofensa for irrogada na presença do funcionário, poderá configurar o *crime de desacato* (CP, art. 331: "desacatar funcionário público no exercício da função ou em razão dela"). Observe-se que nesse crime, ao contrário da forma majorada dos crimes contra a honra, prescinde-se que a ofensa diga respeito ao exercício da função pública. Assim, se se diz, por exemplo, a um juiz, em plena audiência, que ele é um conquistador barato, há o delito do art. 331[286].

> → **Atenção:** nessa hipótese do inciso II, o crime é de ação penal pública condicionada à representação ou, a critério do ofendido, de ação penal de iniciativa privada (Súmula 714 do STF).

(iv) Na presença de várias pessoas (inciso III): a majorante tem em vista a maior facilidade de divulgação das ofensas irrogadas, o que pode acarretar maiores danos ao ofendido. A lei menciona "várias pessoas", o que, segundo interpretação doutrinária, significa que deve haver pelo menos a presença de três pessoas, fora o ofendido, o ofensor e eventual copartícipe. Também estão excluídas desse número todas aquelas pessoas que não tenham capacidade de compreender o conteúdo da manifestação, por exemplo, deficiente visual ou auditivo, louco, criança etc. Importante lembrar que o ofensor deve necessariamente ter conhecimento da presença de várias pessoas, pois, do contrário, não incidirá essa majorante, ante a ausência de dolo.

(v) Ou por meio que facilite a divulgação da calúnia, da difamação ou da injúria (inciso III): o inciso III menciona uma segunda majorante, que diz respeito a outro meio

---

285. Nélson Hungria, *Comentários*, cit., v. VI, p. 112.

286. Exemplo citado por E. Magalhães Noronha, *Direito penal*, cit., v. 2, p. 133.

que facilite a divulgação das ofensas irrogadas contra o ofendido. Por exemplo, ofensa mediante pichação de muro ou alto-falante. Não é necessária a prova da efetiva divulgação das ofensas; basta o emprego de meio idôneo para que incida a majorante.

(vi) Contra criança, adolescente, pessoa maior de 60 (sessenta) anos ou pessoa com deficiência, exceto no caso da injúria prevista no § 3º do art. 140 (inciso IV)287: o Estatuto da Pessoa Idosa acrescentou ao art. 141 do Código Penal um quarto inciso, estabelecendo mais uma hipótese de causa de aumento de pena, quando a calúnia ou difamação forem praticadas contra criança, adolescente, maior de 60 anos ou pessoa com deficiência. Diferentemente dos outros três incisos do mencionado art. 141, que se estendem a todos os crimes contra a honra, a majorante desse novo inciso não incide sobre a injúria. Isso se explica porque esta, quando cometida contra pessoa idosa ou deficiente, é considerada forma qualificada pelo art. 140, § 3º, do Código Penal, com pena elevada de 1 a 3 anos de reclusão. Como tal qualificadora se refere também às ofensas assacadas por motivo de religião, se a majorante incidisse sobre a injúria cometida contra a pessoa idosa ou o deficiente, tais formas seriam consideradas mais graves do que as demais, pois somente elas estariam recebendo o aumento de um terço de pena, criando-se uma odiosa distinção dentro do art. 140, § 3º, pois o ataque à honra subjetiva desses ofendidos seria considerado um delito de maior gravidade do que as demais formas de ofensas discriminatórias, o que não se afiguraria justo nem proporcional. Daí por que só a calúnia e a difamação serão aumentadas de um terço, quando praticadas contra uma dessas pessoas, ou seja, criança, adolescente, pessoa idosa ou pessoa com deficiência.

(vii) Se o crime é cometido mediante paga ou promessa de recompensa (§ 1º): trata-se de motivo torpe, desprezível. Constitui qualificadora do crime de homicídio (CP, art. 121, § 2º, I) e é prevista como agravante genérica na Parte Geral do Código Penal (art. 62, VI). No presente estudo, assume a condição de causa especial de aumento de pena. Não se deve confundir a paga com a promessa de recompensa, pois, na paga, o recebimento do dinheiro antecede a prática do crime, o que não se dá na promessa de recompensa. Nesta, não é necessária a efetiva entrega da recompensa antes do crime, bastando apenas a sua promessa. A circunstância tem caráter pessoal, porque se trata do motivo do crime, ou seja, algo ligado ao agente, não ao fato (é o autor quem tem motivos para fazer ou deixar de fazer alguma coisa e não o fato). Assim, tratando-se de circunstância de caráter pessoal, não se comunica ao coautor ou partícipe, nos termos expressos do art. 30.

(viii) Se o crime é cometido ou divulgado em quaisquer modalidades das redes sociais da rede mundial de computadores (§ 2º): trata-se de majorante de pena para os casos em que o agente utiliza a internet para efetivar a prática de um crime e, para isso, busca redes sociais, tais como Facebook, Instagram, YouTube, Tik Tok, Twitter, WhatsApp, entre outras. Note que, se houver a prática do delito fora das mídias sociais, em uma reunião de condomínio, por exemplo, não se aplica a majorante.

---

287. A Lei n. 14.344/2022 (Lei Henry Borel) alterou o inciso IV do art. 141 do CP, incluindo, entre os casos de aumento de um terço da pena, os crimes cometidos contra criança e adolescente, exceto injúria difamatória, para a qual o código prevê reclusão.

(ix) Se o crime é cometido contra mulher por razões da condição do sexo feminino, nos termos do § 1º do art. 121-A desse Código, aplica-se a pena em dobro (§ 3º): considera-se que há razões de condição do sexo feminino quando o crime envolve violência doméstica e familiar; e/ou menosprezo ou discriminação à condição de mulher. Dessa maneira, de acordo com a inovação legislativa, as penas dos crimes contra a honra serão aplicadas em dobro, se praticados contra a mulher por razões da condição do sexo feminino.

→ **Atenção:** de acordo com o STJ, "o crime de injúria praticado pela *internet*, por meio de mensagens privadas, nas quais somente o autor e o destinatário tenham acesso ao conteúdo, consuma-se no local em que a vítima tomou conhecimento do conteúdo ofensivo" (STJ. 3ª Seção. CC 184.269-PB, rel. Min. Laurita Vaz, julgado em 9-2-2022).

2. CAUSAS ESPECIAIS DE EXCLUSÃO DA ILICITUDE. CRIMES DE DIFAMAÇÃO E INJÚRIA (ART. 142)

Sob a rubrica "Exclusão do crime" contempla o Código Penal em seu art. 142 causas de exclusão da ilicitude ou da antijuridicidade. Contraditoriamente, o *caput* do citado artigo menciona: "Não constituem injúria ou difamação punível", o que nos levaria, a princípio, a concluir que se trata de causas de exclusão de pena. A doutrina diverge: (i) o art. 142 contém causas excludentes da ilicitude (o fato é típico, mas não ilícito); (ii) a hipótese é de inexistência do elemento subjetivo do tipo (consistente no *animus injuriandi vel diffamandi*), afastando-se a tipicidade penal; (iii) por fim, trata-se de causas excludentes da punibilidade (o fato é típico, ilícito e culpável, mas o legislador previu hipóteses que afastariam a aplicação da pena). Prevalece o entendimento de que o art. 142 elenca causas excludentes da ilicitude ou da antijuridicidade, de maneira que haveria o fato típico difamação ou injúria (a calúnia não é tratada pelo art. 142 do CP), mas este não seria antijurídico. Antes de passarmos às hipóteses propriamente ditas, insta registrar que há uma tendência de que tais hipóteses sejam consideradas, todas, causas geradoras de atipicidade, por influxo da teoria da imputação objetiva. Com efeito, o tipo não pode alcançar condutas que constituam comportamentos sociais permitidos, padronizados e adequados. O Estado não pode dizer ao advogado que defenda os interesses em discussão com as garantias do Estado Democrático de Direito, ao parlamentar, que exerça o seu mandato e, ao mesmo tempo, definir esses comportamentos como crime. Seria contraditório. Daí por que o fato não pode estar, sequer, definido legalmente como delito, tratando-se de conduta atípica. A imputação objetiva é ainda uma teoria em discussão, prevalecendo o entendimento de que tais hipóteses configuram descriminantes (excluem a antijuridicidade).

→ **Atenção:** as disposições contidas no art. 142 não alcançam a calúnia, conforme se constata da redação do *caput*.

Dito isso, as hipóteses são as seguintes:

(i) A ofensa irrogada em juízo, na discussão da causa, pela parte ou por seu procurador (inciso I): trata-se da chamada imunidade judiciária. Aos litigantes e aos acusados em geral é constitucionalmente garantido o direito à ampla defesa (CF, art. 5º, LV), que se consubstancia na autodefesa (defesa pessoal) e na defesa técnica (efetuada por procurador); por isso, deve-se evitar que o advogado tenha esse direito tolhido. No embate judiciário, deve haver liberdade de argumentação, sem preocupação com melindres do suposto ofendido. Nesse contexto, ofensas relacionadas à causa posta em discussão, embora típicas, não podem configurar conduta antijurídica, sob pena de inibir a ampla defesa, funcionando como uma amarra jurídica ao exercício de um direito constitucionalmente assegurado. Os tribunais entendem que o art. 133 da Constituição Federal não conferiu imunidade absoluta aos advogados, continuando em vigor o art. 142, I, do Código Penal, pois não se pode dispensar tratamento desigual ao procurador e às partes, de modo a conceder privilégios ao primeiro. Assim, foi dada interpretação restritiva à inviolabilidade do advogado prevista no art. 133 da Constituição, entendendo não revestir ela caráter absoluto, tendo sido o art. 142, I, do Código Penal recepcionado pela Magna Carta.

Nessa seara interpretativa, a Lei n. 14.365/2022 alterou o Estatuto da OAB (Lei 8.906/94) trazendo a revogação do § 2º do art. 7º, que dispunha ter o advogado imunidade profissional, não constituindo injúria, difamação ou desacato puníveis qualquer manifestação de sua parte, no exercício de sua atividade, em juízo ou fora dele, sem prejuízo das sanções disciplinares perante a OAB, pelos excessos que comete.

Nessa esteira já decidiu o STJ que os "excessos cometidos pelo advogado não podem ser cobertos pela imunidade profissional, sendo em tese possível a responsabilização civil ou penal do causídico pelos danos que provocar no exercício de sua atividade (STJ. 3ª Turma. REsp 1731439-DF, rel. Min. Paulo de Tarso Sanseverino, julgado em 5-4-2022".

São requisitos legais da imunidade judiciária:

(i) Que a ofensa seja irrogada em juízo: pode ser verbal (alegações em audiência etc.) ou por escrito (contestação, réplica, alegações finais, razões recursais etc.), em processo judicial ou administrativo, entretanto não pode ser proferida fora dos autos, ou seja, da discussão da causa, como, por exemplo, no recinto do fórum. Nesse caso, haverá crime.

(ii) A existência de nexo entre a ofensa irrogada e a discussão da causa: deve haver conexão entre a expressão injuriosa ou difamatória irrogada e o objeto do litígio, além do que aquela precisa ser necessária à discussão da causa, ou seja, útil à realização da defesa. Caso contrário, não haverá a imunidade penal. Se, por exemplo, as ofensas proferidas decorrem de desentendimentos pessoais anteriores entre as partes, servindo o processo para extravasar o ódio pessoal, é óbvio que estará excluída a inviolabilidade.

(iii) Que a conduta tenha sido praticada pela parte ou seu procurador: a lei taxativamente delimita a extensão da imunidade judiciária, fazendo expressa referência à parte ou seu procurador. Considera-se parte o autor, o réu, o opoente, o litisconsorte, o assistente etc. O representante do Ministério Público, sob a ótica processual, também é considerado parte, de modo que a imunidade judiciária também o acoberta. Não podemos esquecer que o art. 41, V, da Lei n. 8.625/93 (LONMP) prevê a inviolabilidade dos membros do Ministério Público pelas opiniões por eles externadas ou pelo teor de suas manifestações processuais ou procedimentos, nos limites de sua independência funcional. Procurador é a pessoa legalmente habilitada para postular em juízo em nome da parte. A Constituição Federal, no art. 133, considera indispensável à administração da Justiça o advogado.

Os sujeitos processuais, tais como os juízes, serventuários da Justiça, testemunhas, peritos ou assistentes técnicos, não são beneficiados pela imunidade judiciária, contudo qualquer ofensa por eles irrogada no transcurso do processo poderá ser acobertada pela causa excludente da criminalidade prevista no art. 142, III, ou, conforme o caso, pelo art. 23, III (1ª parte), se tiverem agido no cumprimento de dever legal. No tocante ao magistrado, o art. 41 da Lei Orgânica da Magistratura Nacional (LC n. 35/79) dispõe que ele não pode ser punido ou prejudicado pelas opiniões que manifestar ou pelo teor das decisões que proferir, salvo os casos de impropriedade ou excesso de linguagem no discurso judiciário. Evidente que, tal discurso judiciário, manifestado no julgamento da causa, deve ser compatível com o objeto do litígio e guardar indissociável nexo de causalidade e de pertinência, além de ser desprovido de intuito ofensivo.

A imunidade judiciária abrange, além das ofensas irrogadas entre as partes ou seus procuradores, as proferidas contra sujeitos estranhos à relação processual, por exemplo, contra testemunha do processo, perito, assistente técnico, desde que tenham pertinência com a discussão da causa.

– **A imunidade judiciária acoberta as ofensas irrogadas pela parte ou procurador contra membro do Ministério Público?** Quando o Ministério Público atua como parte, sim; entretanto, quando o Promotor de Justiça funcionar como *custos legis*, não pode ser considerado parte, de maneira que a ofensa contra ele proferida não é acobertada pela imunidade penal.

– **A imunidade judiciária acoberta as ofensas irrogadas pela parte ou procurador contra o magistrado?** Há duas posições:

(i) Ofensas irrogadas contra terceiros estranhos à relação processual, desde que tenham pertinência com a discussão da causa, são acobertadas pela imunidade, pois a lei não prevê qualquer limitação. Com efeito, o tipo permissivo não faz nenhuma restrição à pessoa ofendida, assegurando, desde que exista razoabilidade na conduta, a excludente da antijuridicidade, seja quem for a pessoa do ofendido[288]. Eventuais excessos estarão sujeitos às sanções disciplinares, de acordo com o Estatuto da OAB, mas não à disciplina penal[289]. Dessa forma, as ofensas irrogadas pelo procurador contra o juiz da causa estariam acobertadas pela imunidade profissional constitucionalmente assegurada.

(ii) O ataque à honra do magistrado não é acobertado pela imunidade judiciária. Nélson Hungria sustenta que, "acima da indefinida amplitude de defesa de direitos em juízo está o respeito à função pública, pois, de outro modo, estaria implantada a indisciplina no foro e subvertido o próprio decoro da justiça. A *licentia conviciandi* não pode ser concedida em detrimento da administração pública. A ofensa *verbis* ou *factis* ao magistrado ou ao serventuário, ainda que em razão da lide e na discussão dela, pode constituir até mesmo o

---

288. Damásio E. de Jesus, *Direito penal*, cit., v. 2, p. 233.

289. Nesse sentido, Cezar Roberto Bitencourt, *Manual*, cit., v. 2, p. 394.

crime de desacato, como quando ocorre em audiência aberta, presente o ofendido. Se se trata de ofensa escrita, será injúria ou difamação *qualificada* (art. 141, n. II)"[290].

Nosso entendimento: concordamos com a segunda posição.

Para defender uma ideia, por mais importante que seja, não é preciso envolver na discussão o órgão jurisdicional, que, pela própria natureza da função, fica afastado, equidistante dos debates, não podendo ser envolvido.

(iii) A opinião desfavorável da crítica literária, artística ou científica, salvo quando inequívoca a intenção de injuriar ou difamar (inciso II): aquele que expõe a sua obra ao público está sujeito à censura, ao risco da crítica. É o denominado *risco profissional*. Dessa forma, o Código Penal autoriza a crítica literária, artística ou científica, ainda que em termos severos. Há, contudo, limites à liberdade de crítica. O próprio dispositivo legal afasta a imunidade quando inequívoca a intenção de injuriar ou difamar, ou seja, quando presente o *animus injuriandi vel diffamandi*. Ensina Nélson Hungria: "tolera-se a crítica, ainda que ferina; mas *est modus in rebus*. O *pravus animus* de atassalhar a honra alheia não pode afivelar a máscara da liberdade de crítica. A presunção de ausência de dolo cede, aqui, à evidência em contrário. Se digo, por exemplo, a propósito de um livro, que é um 'atestado de ignorância' do seu autor, não incorro na sanção penal; mas já não será assim se afirmo que o livro revela um 'mísero plagiário'. Neste último caso, a intenção do vilipêndio é manifesta"[291]. Na hipótese de a crítica ser expendida através dos meios de comunicação, como jornais, revistas, televisão, rádio e, caracterizada a intenção de ofender, restará configurado crime previsto no Código Penal.

(iv) O conceito desfavorável emitido por funcionário público, em apreciação ou informação que preste no cumprimento de dever do ofício (inciso III): o funcionário (membros do Ministério Público, magistrado, vereadores, deputados, senadores, Chefe do Poder Executivo etc.), no cumprimento do seu dever de ofício, é obrigado a fazer relatos, informar, expender opiniões, só que, muitas vezes, para o fiel relato dos fatos, ele é obrigado a se utilizar de expressões ultrajantes, de forma que, se fosse penalmente sancionado por emitir conceitos desfavoráveis, tal constituiria em obstáculo ao correto cumprimento de seu dever de ofício. Damásio nos proporciona o seguinte exemplo: "a autoridade policial, no relatório do inquérito policial, dá informações a respeito dos péssimos antecedentes do indiciado. Ressalve-se que a imunidade está adstrita ao objeto do relatório, informação, opinião etc. O agente, no entanto, responderá pelo crime de injúria ou difamação se presente a intenção de ofender. Assim, se, por exemplo, a ofensa expendida for desnecessária ao correto relato dos fatos, o funcionário não gozará da imunidade, devendo responder por crime contra a honra. Até mesmo o magistrado poderá responder penalmente por sua linguagem excessiva, imprópria ou abusiva, que, sem qualquer pertinência com a discussão da causa, culmine por vilipendiar, injustamente, a honra de

---

290. Nélson Hungria, *Comentários*, cit., v. VI.

291. Nélson Hungria, *Comentários*, cit., v. VI, p. 123 e 124.

terceiros, revelando intuito ofensivo. Entretanto, se o fizer de modo a criticar juridicamente o conteúdo material de uma peça dos autos, conquanto seja desnecessária tal crítica, não configura ato injurioso passível de sanção criminal.

– **Imunidade parlamentar:** a Constituição Federal prevê a inviolabilidade dos deputados e senadores por suas opiniões, palavras e votos (CF, art. 53). O texto constitucional estende essa inviolabilidade aos deputados estaduais (art. 27, § 1º) e aos vereadores; quanto a estes ressalva que devem estar no exercício do mandato e na circunscrição do Município (art. 29, VIII). A inviolabilidade dos parlamentares prevista constitucionalmente abrange os crimes contra a honra (calúnia, difamação ou injúria), desde que tenham relação com as atividades parlamentares. Nesse sentido, STF: "A inviolabilidade (imunidade material) não se restringe ao âmbito espacial da Casa a que pertence o parlamentar, acompanhando-o *muro a fora* ou *externa corporis*, mas com uma ressalva: sua atuação tem que se enquadrar nos marcos de um comportamento que se constitua em expressão do múnus parlamentar, ou num prolongamento natural desse mister. Assim, não pode ser um predicamento *intuitu personae*, mas rigorosamente *intuitu funcionae*, alojando-se no campo mais estreito, determinável e formal das relações institucionais públicas, seja diretamente, seja por natural desdobramento; e nunca nas inumeráveis e abertas e coloquiais interações que permeiam o dia a dia da sociedade civil. No caso, ficou evidenciado que o acusado agiu exclusivamente na condição de jornalista – como produtor e apresentador do programa de televisão –, sem que de suas declarações pudesse se extrair qualquer relação com o seu mandato parlamentar" (STF, Tribunal Pleno, Inq. 2036/PA, rel. Min. Carlos Britto, j. 23-6-2004, *DJ*, 22-10-2004, p. 5). E, ainda: "Calúnia. Informativo eletrônico. Divulgação de carta anônima. Parlamentar. 1. A divulgação, em informativo eletrônico gerado em gabinete de deputado federal, na Câmara dos Deputados, de fatos que, em tese, configuram crimes contra a administração pública, não pode ser tida como desvinculada do exercício parlamentar, principalmente quando tais fatos ocorrem no Estado que o parlamentar representa no Congresso Nacional. 2. Denúncia rejeitada" (STF, Tribunal Pleno, Inq. 2130/DF, rel. Min. Ellen Gracie, j. 13-10-2004, *DJ* 5-11-2004, p. 5).

(v) Nos casos dos incs. I e III, responde pela injúria ou pela difamação quem lhe dá publicidade (parágrafo único): prevê o parágrafo a responsabilização do agente pelo crime de injúria ou difamação, se der publicidade às ofensas irrogadas em juízo pela parte ou procurador na discussão da causa (inciso I), ou conferir publicidade ao conceito desfavorável emitido por funcionário público (inciso III). Dessa forma, ainda que as ofensas irrogadas nas circunstâncias dos incisos I e III estejam acobertadas pela causa de exclusão do crime, não constituindo difamação ou injúria, aquele que as divulga por elas responderá penalmente. Trata-se, portanto, de descriminantes de natureza pessoal, as quais só excluem a ilicitude do fato praticado por determinadas pessoas. Se cometido por outras, há crime. Ressalve-se que a publicação dos atos processuais constitui imposição legal, salvo aqueles processos sob segredo de justiça, de modo que tal divulgação não se enquadra no dispositivo em estudo. Por fim, importa para a configuração do crime que o agente ao divulgar as ofensas o faça com o ânimo de injuriar ou difamar.

→ **Atenção:** A difamação e a injúria exigem efetiva comprovação do propósito do agente de ofender, consistente *no animus diffamandi ou injuriandi*. Embora sejam crimes de conteúdo livre e variável, o elemento subjetivo é fundamental, portanto, o mero compartilhamento de charges de cartunista não tem o condão de presumir a vontade de ofender a honra ou o decoro da vítima (STJ, Corte Especial, Inq. 1.656/DF, rel. Min. Antônio Carlos Ferreira, j. 9 nov. 2023).

3. RETRATAÇÃO. CRIMES DE CALÚNIA E DIFAMAÇÃO (ART. 143)

Prevê o art. 143 do Código Penal a possibilidade de o querelado, antes da sentença, retratar-se cabalmente da calúnia ou da difamação, ficando isento de pena. *Retratar* significa retirar o que disse, reconsiderar o que foi afirmado anteriormente. Só é possível nos crimes de calúnia e difamação, em que há imputação de fatos, interessando à vítima que o ofensor os declare inverídicos, de modo a reparar os prejuízos sofridos; já na injúria, a retratação é incabível, tendo em vista que não importa à vítima que o ofensor desdiga as qualidades negativas, até porque a reconsideração poderá importar em prejuízos morais muito maiores.

A retratação constitui causa extintiva da punibilidade (CP, art. 107, VI). Há, assim, apenas a extinção do direito de punir por parte do Estado. Segundo Nélson Hungria: "do ponto de vista objetivo, é força reconhecer que o dano, se não é de todo apagado, é grandemente reduzido. A retratação é muito mais útil ao ofendido do que a própria condenação penal do ofensor, pois esta, perante a opinião geral, não possui tanto valor quanto a confissão feita pelo agente, *coram judice*, de que mentiu. Andou bem, portanto, o nosso legislador de 40 quando, a exemplo, aliás, do que dispunha o art. 22 da anterior Lei de Imprensa (seguida, neste particular, pela atual), atribui à retratação o efeito elisivo da punibilidade"[292].

Trata-se de *ato unilateral* que independe de aceitação do ofendido. Não se deve confundir a retratação com o perdão do ofendido, que é o ato pelo qual, iniciada a ação penal privada, o ofendido ou seu representante legal desiste de seu prosseguimento (CP, arts. 105 e 107, V), até porque o perdão é ato jurídico bilateral, que depende da aceitação do ofendido para produzir efeitos. Trata-se também de *circunstância subjetiva incomunicável*, de modo que a retratação realizada por um dos coautores não se comunica aos demais.

O art. 143 emprega expressamente o vocábulo "querelado"; entretanto, em seu parágrafo único, fala em retratação: "Nos casos em que o querelado tenha praticado a calúnia ou a difamação utilizando-se de meios de comunicação, a retratação dar-se-á, se assim desejar o ofendido, pelos mesmos meios em que se praticou a ofensa". Importa esclarecer que a retratação é incabível em ação penal pública condicionada à requisição ou representação (CP, art. 145, parágrafo único), uma vez que nessas hipóteses há denúncia e não queixa.

Em sendo assim, a retratação é incabível nos casos do art. 141, I e II, do CP (crime contra o Presidente da República, ou contra chefe de governo estrangeiro e crime contra funcionário público em razão de suas funções, ou contra os Presidentes do Senado Federal, da Câmara dos Deputados ou do Supremo Tribunal Federal). Cezar Roberto Bitencourt, em sentido oposto, afasta a interpretação literal do art. 143, que fala somente em

---

292. Nélson Hungria, *Comentários*, cit., v. VI, p. 126 e 127.

"querelado". Para o autor, a retratação pode existir nos crimes de calúnia e difamação, seja a ação de iniciativa privada, seja de iniciativa pública condicionada à requisição ou representação do ofendido[293].

Conforme o dispositivo legal, a retratação só é possível antes da sentença de 1ª instância. Não podemos olvidar que até esse momento pode o juiz modificá-la. Assim, admite-se que a retratação se realize até a publicação da sentença[294], o que ocorre no momento em que esta é recebida no cartório pelo escrivão. Assim, considera-se publicada a sentença na data de sua entrega em cartório, e não de sua assinatura pelo juiz. Em outros casos, quando é a sentença proferida em audiência, ter-se-á por publicada no instante de sua leitura pelo juiz. Desse modo, a retratação somente produzirá efeitos se for realizada antes da publicação em cartório ou antes da leitura da sentença pelo juiz em audiência. Com a publicação da sentença, não mais é possível ao juiz modificá-la.

Nesse viés interpretativo o STJ decidiu que "a retratação cabal da calúnia, feita antes da sentença, de forma clara, completa, definitiva e irrestrita, sem remanescer nenhuma dúvida ou ambiguidade quanto ao seu alcance – que é justamente o de desdizer as palavras ofensivas à honra, retratando-se o ofensor do malfeito –, implica a extinção da punibilidade do agente e independe de aceitação do ofendido. Inteligência do art. 143, c.c. o art. 107, VI, do CP (STJ. Corte Especial. APn 912/RJ, rel. Min. Laurita Vaz, julgado em 3-3-2021)".

A lei exige que a retratação seja cabal, isto é, deve ser completa, irrestrita, de modo a abranger todas as imputações que configurem o crime de calúnia ou difamação. Não se exige qualquer formalidade essencial para a sua formulação; basta que ela seja feita pelo ofensor ou seu procurador com poderes especiais e conste por escrito nos autos do processo, de forma expressa, inequívoca. Ressalte-se que a retratação não importa em negativa de autoria, de modo que, sustentada esta, não poderá ser aceita como retratação.

Com a inclusão do parágrafo único ao art. 143 do Código Penal, a lei deixou a critério do ofendido em sua honra buscar a mesma divulgação para a retratação, dada anteriormente para o crime contra a honra. Inteligente a lei ao deixar a critério do ofendido essa opção, pois submeter-se duas vezes à exposição pública, mesmo que para a retratação, pode não ser de sua vontade. Caso o ofendido faça a opção pelos mesmos meios em que se praticou a ofensa e o agressor não cumprir, não terá direito à extinção de sua punibilidade, pois a lei trouxe formalidade essencial ao ato (art. 143, parágrafo único).

→ **Atenção:** não confundir a retratação prevista no art. 143 do Código Penal com a retratação da representação, aplicável aos crimes contra a honra de ação penal pública condicionada àquela. A primeira é aplicável aos delitos de ação penal privada e deve ocorrer durante a ação penal, ao passo que a segunda é aplicável aos delitos de ação penal pública, devendo ocorrer até o oferecimento da denúncia (CPP, art. 25).

---

293. Nesse sentido, Cezar Roberto Bitencourt, *Manual*, cit., v. 2, p. 401-3.

294. Damásio E. de Jesus, *Código Penal anotado*, cit., p. 485.

4. PEDIDO DE EXPLICAÇÕES EM JUÍZO. CRIMES DE CALÚNIA, DIFAMAÇÃO E INJÚRIA (ART. 144)

Prevê o art. 144 do Código Penal: "Se, de referências, alusões ou frases, se infere calúnia, difamação ou injúria, quem se julga ofendido pode pedir explicações em juízo. Aquele que se recusa a dá-las ou, a critério do juiz, não as dá satisfatórias, responde pela ofensa". Cuida o presente dispositivo do "pedido de explicações". Trata-se de medida preliminar à ação penal por crime contra a honra, concedida àquele que se julga ofendido em sua honra de ir a Juízo e solicitar esclarecimentos do indivíduo acerca de situações, expressões ou frases equívocas, que podem constituir eventual crime de calúnia, difamação ou injúria. "A equivocidade da ofensa pode resultar do sentido duplo da palavra, por ex.: formidável (do latim *formidabilis*) é adjetivo que significa terrível, pavoroso, medonho etc., mas na linguagem do povo é sinônimo de admirável, notável e magnífico... A equivocidade ainda pode resultar do modo vago, impreciso da ofensa, por ex.: 'O maior ladrão ocupa importante cargo na Diretoria'. Enfim, a dubiedade pode resultar quer de referência à pessoa, quer do conteúdo da ofensa"[295]. Ausente a equivocidade, a dubiedade da ofensa, a interpelação é inadmissível. Desse modo, a lei autoriza que, na dúvida, a eventual vítima interpele o indivíduo a fim de que este explicite, torne claras as imputações. Tal medida servirá para aparelhar a ação penal principal por crime contra a honra. O "pedido de explicações" é, assim, uma verdadeira medida cautelar preparatória e facultativa destinada a instruir a ação penal principal.

- **Cabimento:** o "pedido de explicações" é cabível tanto na ação penal privada quanto na ação penal pública condicionada à representação. Quanto a esta última o Ministério Público não está legitimado a realizar a interpelação, incumbindo ao ofendido fazê-lo, já que compete a este autorizar a propositura de eventual ação penal pelo *Parquet*.
- **Prazo para pedir explicações:** a lei não fixa prazo para pedir explicações, entretanto, como a decadência do direito de queixa ou representação opera-se em seis meses (CPP, art. 38), o pedido de explicações deve ser formulado antes do decurso desse prazo.
- **Competência:** o "pedido de explicações" fixa a competência de eventual e futura propositura de ação penal por crime contra a honra; portanto, a denúncia ou a queixa devem ser oferecidas perante o mesmo juiz criminal que recebeu o pedido de explicações (prevenção — CPP, art. 83). A interpelação judicial requerida contra detentor de foro por prerrogativa de função, por exemplo, membro do Congresso Nacional, deve ser formulada no seu juízo privativo, no caso, o Supremo Tribunal Federal, pois o "pedido de explicações" constitui medida preparatória da ação penal por crime contra a honra.
- **Procedimento:** não há previsão na legislação penal sobre o rito do "pedido de explicações em juízo", tendo sido adotado o procedimento das "notificações ou interpelações judiciais", previsto no Código de Processo Civil (CPC, arts. 726 a 729). De acordo com esse rito, o juiz que recebe o "pedido de explicações" determinará a notificação do requerido para que este compareça em Juízo e forneça as explicações necessárias. O interpelado não é

295. E. Magalhães Noronha, *Direito penal*, cit., v. 2, p. 134 e 135.

obrigado a comparecer à audiência. Prestados ou não os esclarecimentos, satisfatoriamente ou não, o juiz determinará simplesmente que os autos sejam entregues ao requerente (CPC, art. 729), o qual poderá dar início à ação penal ou requerer a instauração de inquérito policial. Ensina Nélson Hungria: "os autos serão entregues ao suplicante, independentemente de traslado, abstendo-se o juiz de qualquer apreciação *de meritis* das explicações acaso prestadas, pois, do contrário, estaria prejudicado o recebimento ou rejeição preliminar da queixa ulterior (caso o ofendido entenda de oferecê-la, inconformado com as explicações dadas). O pedido de explicações é preparatório, e não excludente do oferecimento da queixa"[296]. Desse modo, o juiz que processa o "pedido de explicações" não analisa o mérito da questão, não realiza qualquer valoração dos esclarecimentos prestados, competindo ao juiz da ação principal fazê-lo. Havendo ação penal, é na fase do recebimento da queixa que o juiz, à vista das explicações, irá analisar a matéria, recebendo a peça inicial ou rejeitando-a, levando em conta, inclusive, as explicações dadas pelo ofensor. Assim, a 2ª parte do dispositivo — "aquele que se recusa a dá-las ou, a critério do juiz, não as dá satisfatoriamente, responde pelas ofensas" — contém um equívoco, haja vista que o juiz da medida preparatória jamais poderá analisar a responsabilidade do ofensor nesse procedimento cautelar, conforme visto acima, referindo-se, portanto, o dispositivo ao juiz perante quem foi proposta a ação penal principal. Esse é o entendimento que prevalece na doutrina e nos tribunais superiores. Importante, finalmente, alertar para o fato de que a recusa do ofensor em dar as explicações ou se as der insatisfatoriamente, não autoriza qualquer presunção acerca de sua responsabilidade pelas ofensas. Na realidade, a ausência de esclarecimentos apenas será levada em conta por ocasião do recebimento ou rejeição da denúncia ou queixa.

Importa aqui finalizar que está o juiz que processa o "pedido de explicações" impedido de indeferi-la liminarmente. Para alguns doutrinadores, contudo, se constatar a presença de causa excludente da ilicitude (CP, art. 142), decadência ou qualquer outra causa extintiva da punibilidade, poderá fazê-lo, pois a presença das mesmas inviabiliza a propositura de futura ação penal. Nesse sentido, citando alguns julgados, Damásio E. de Jesus e Julio Fabbrini Mirabete, *Código Penal*, cit., p. 816, também citando alguns julgados. Em sentido contrário, Cezar Roberto Bitencourt sustenta ser inadmissível qualquer juízo sobre a admissibilidade da interpelação pelo Juiz que recebe o pedido de explicações[297].

- **Decadência:** por ausência de previsão legal, o pedido de explicações não interrompe nem suspende o prazo decadencial para oferecimento da queixa-crime ou representação.

5. AÇÃO PENAL. CRIMES DE CALÚNIA, DIFAMAÇÃO E INJÚRIA (ART. 145)

- **Regra geral:** A ação penal é de iniciativa privada nos três delitos contra a honra. É aquela em que o Estado, titular exclusivo do direito de punir, transfere a legitimidade para a propositura da ação penal à vítima ou a seu representante legal. Com ela, evita-

---

296. Nélson Hungria, *Comentários*, cit., v. VI, p. 130.

297. Damásio E. de Jesus, *Código Penal anotado*, cit., p. 486; Julio Fabbrini Mirabete, *Código Penal*, cit., p. 816; Cezar Roberto Bitencourt (*Manual*, cit., v. 2, p. 404).

-se que o *streptus judicii* (escândalo do processo) provoque no ofendido um mal maior do que a impunidade do criminoso, decorrente da não propositura da ação penal. O ofendido ou seu representante legal poderão exercer o direito de queixa dentro do prazo de seis meses, contado do dia em que vierem a saber quem foi o autor do crime (CPP, art. 38). O prazo é decadencial (CP, art. 10), computando-se o dia do começo e excluindo-se o dia do final. Do mesmo modo, não se prorroga em face de domingo, feriado e férias, sendo inaplicável o art. 798, § 3º, do Código de Processo Penal.

- Exceções:

(i) Injúria real (CP, art. 140, § 2º):

– **se da violência empregada resultam vias de fato:** a ação penal é de iniciativa privada, pois as vias de fato são absorvidas pelo crime de injúria, que é delito mais grave;

– **se da violência empregada resultam lesões corporais:** a ação penal é pública incondicionada, consoante o disposto no art. 145, uma vez que a integridade física sempre foi considerada um bem indisponível, daí a iniciativa pública da ação penal nos crimes de lesão corporal, seja de natureza leve, seja de natureza grave ou gravíssima. Contudo, pelo art. 88 da Lei n. 9.099/95, a lesão corporal leve passou a ser crime de ação penal pública condicionada à representação, ou seja, concedeu-se ao ofendido o direito de autorizar ou não a propositura da ação penal pelo Órgão Ministerial, de modo que a situação passa a ser a seguinte: (i) se da violência empregada advém lesão corporal de natureza grave, a ação penal no crime de injúria real continua a ser pública incondicionada; (ii) se da violência empregada advém lesão corporal de natureza leve, a ação penal no crime de injúria real passa a ser condicionada à representação, em face da alteração promovida pela Lei n. 9.099/95, que exige a representação do ofendido nos crimes de lesões corporais de natureza leve. Em sentido contrário, Damásio E. de Jesus, para quem, em se tratando de crime complexo, a lesão corporal perde a sua autonomia, não sendo alcançada pela exigência de representação prevista no art. 88 da Lei n. 9.099/95. Julio Fabbrini Mirabete (por sua vez, sustenta que, "embora o crime de lesões corporais tenha passado a ser objeto de ação penal pública condicionada, não tendo havido alteração no art. 145 do CP, por falta de previsão legal expressa não se exige a representação para o crime de injúria real"[298].

(ii) Injúria decorrente de preconceito de raça, cor, etnia, religião, origem ou condição de pessoa idosa ou portadora de deficiência (CP, art. 140, § 3º): a ação penal é pública condicionada à representação do ofendido (CP, art. 145, parágrafo único).

(iii) Se os delitos forem cometidos contra o Presidente da República, ou contra chefe de governo estrangeiro (CP, art. 141, I): a ação penal é pública condicionada à requisição do Ministro da Justiça.

(iv) Se os delitos forem cometidos contra funcionário público, em razão de suas funções ou contra os Presidentes do Senado Federal, da Câmara dos Deputados ou do Supremo Tribunal Federal (CP, art. 141, II): a ação penal é pública condicionada à representação do ofendido. Não basta que a ofensa seja irrogada contra o funcionário público ou no seu local de trabalho, pois exige-se que ela tenha estreita relação com a função por ele exercida. Desse modo, se eu afirmo que fulano, funcionário público, é

---

298. Damásio E. de Jesus, *Código Penal anotado*, cit., p. 488; Julio Fabbrini Mirabete, *Código Penal*, cit., p. 819.

adúltero, a ação penal no caso deverá ser de iniciativa privada, uma vez que a qualidade negativa atribuída diz com a sua vida particular e não com a dignidade da função por ele exercida. Se, pelo contrário, afirmo que o funcionário público "A" habitualmente se apropria do dinheiro público, é claro que nesse caso a ação será pública condicionada à representação do ofendido, pois o fato imputado tem vinculação com a sua especial condição funcional. Funcionário público é aquele conceituado no art. 327 do Código Penal. Incluem-se nesse rol: o perito judicial, o vereador, o deputado estadual, o governador do Estado, o prefeito municipal etc. Haverá legitimidade concorrente entre o funcionário público ofendido, que poderá de imediato propor a ação penal privada, e o Ministério Público, que dependerá de representação da vítima da ofensa. Trata-se de opção do servidor público atingido em sua honra ou decoro, em virtude da função (Súmula 714 do STF). Necessário, no entanto, que esteja na ativa, pois, se já houver se aposentado, somente lhe restará a possibilidade de ingressar com a queixa.

(v) audiência de reconciliação: prevista no art. 520 do Código de Processo Penal, ocorre antes do recebimento da queixa, sendo somente exigível nos crimes contra a honra de ação penal privada, já que, quando se tratar de infração de menor potencial ofensivo, a reconciliação ocorrerá na ocasião da audiência preliminar prevista na Lei n. 9.099/95. Sua ausência configura nulidade relativa.

(vi) Exceção da verdade: prevista no art. 523 do Código de Processo Penal, tal tema restou estudado em item específico junto aos arts. 138 a 140.

6. PROCEDIMENTO ESPECIAL[299]. CRIMES DE CALÚNIA, DIFAMAÇÃO E INJÚRIA (CPP, ARTS. 519 A 523). LEI DOS JUIZADOS ESPECIAIS CRIMINAIS

Os crimes contra a honra previstos no Código Penal são infrações de menor potencial ofensivo e, por essa razão, estão submetidos ao procedimento dos Juizados Especiais Criminais a que a lei comine pena máxima igual ou inferior a dois anos de reclusão ou detenção, qualquer que seja o procedimento previsto. Ressalve-se que apenas os crimes de calúnia majorada (CP, art. 138 c/c o art. 141) e injúria qualificada por preconceito referente à religião, condição de pessoa idosa ou pessoa com deficiência (CP, art. 140, § 3º), por ultrapassarem o limite de pena, não se enquadram no conceito da lei. Convém mencionar que em três situações a Lei dos Juizados Especiais Criminais exclui as infrações de menor potencial ofensivo do seu procedimento sumaríssimo: (i) "quando não encontrado o acusado para ser citado, o juiz encaminhará as peças existentes ao Juízo comum para adoção do procedimento previsto em lei" (art. 66, parágrafo único, da Lei n. 9.099/95). Da mesma forma, quando houver necessidade da citação com hora certa, nas hipóteses em que o réu se oculta, dada a sua incompatibilidade com o rito célere dos Juizados Especiais Criminais (art. 362 do CPP). Em tais situações, deverá ser adotado procedimento previsto nos arts. 531 e seguintes do Código de Processo Penal (sumário) (CPP, art. 538); (ii) "se a complexidade ou circunstâncias do caso não permitirem a formulação da denún-

---

299. Nesse sentido, Fernando Capez, *Curso de processo penal*, cit., p. 550 e 551.

cia, o Ministério Público poderá requerer ao Juiz o encaminhamento das peças existentes, na forma do parágrafo único do art. 66 desta Lei" (art. 77, parágrafo único). Nessa hipótese, deverá ser adotado procedimento previsto nos arts. 531 e seguintes do Código de Processo Penal (sumário) (CPP, art. 538); (iii) em razão de conexão ou continência com infração de competência do juízo comum ou do tribunal do júri (art. 60 da Lei n. 9.099/95).

Cumpre ressalvar que há crimes contra a honra que seguem procedimento específico, como os previstos no Código Eleitoral e no Código Penal Militar, e que não admitem a incidência do rito processual da Lei dos Juizados Especiais Criminais. Nesse caso, deverão seguir as regras específicas da lei eleitoral e do Código de Processo Penal Militar, não havendo que cogitar da aplicação do rito especial dos crimes contra a honra previsto no Código de Processo Penal.

No tocante à incidência do instituto da suspensão condicional do processo (art. 89 da Lei n. 9.099/95), temos as seguintes hipóteses:

(i) Crimes de calúnia e difamação: é cabível o *sursis* processual nos casos de ação penal pública condicionada (CP, art. 145, parágrafo único, c/c o art. 141, I e II – crime praticado contra o Presidente da República ou contra chefe de governo estrangeiro; contra funcionário público, em razão de suas funções, ou contra os Presidentes do Senado Federal, da Câmara dos Deputados ou do Supremo Tribunal Federal). Se a pena for aumentada de um terço (CP, art. 141, I a IV) ou aplicada em dobro (CP, art. 141, § 1º), ainda assim é cabível a suspensão condicional do processo.

(ii) Crime de injúria: é cabível o *sursis* processual no crime de injúria simples (*caput*), mas, somente nas hipóteses em que a ação seja pública condicionada (CP, art. 145, parágrafo único, c/c o art. 141, I e II – crime praticado contra o Presidente da República ou contra chefe de governo estrangeiro; contra funcionário público, em razão de suas funções ou contra os Presidentes do Senado Federal, da Câmara dos Deputados ou do Supremo Tribunal Federal); e no crime de injúria real (CP, art. 140, § 2º). Se a pena for aumentada de um terço (CP, art. 141, I a IV) ou aplicada em dobro (CP, art. 141, § 1º), ainda assim é cabível a suspensão condicional do processo. No tocante à injúria preconceituosa (CP, art. 140, § 3º), será cabível o *sursis* processual, pois estamos diante de hipótese de ação penal pública condicionada (CP, art. 145, parágrafo único). Nesse caso, não poderão incidir as causas de aumento de pena previstas no art. 141, I a IV, e seu § 1º, uma vez que a pena ficará acima do limite legal mínimo permitido para a incidência do instituto em estudo (a Lei n. 9.099/95 exige que a pena mínima prevista seja de 1 ano).

Importante mencionar que o benefício processual previsto no art. 89 da Lei n. 9.099/95, mediante a aplicação da analogia *in bonam partem*, prevista no art. 3º do Código de Processo Penal, é cabível também nos casos de crimes de ação penal privada.

7. ESTATUTO DA PESSOA IDOSA

A conduta consistente em desdenhar, humilhar, menosprezar ou discriminar pessoa idosa, por qualquer motivo, constitui crime previsto no art. 96, § 1º, do Estatuto da Pessoa Idosa (Lei n. 10.741/2003), sancionado com a pena de reclusão de 6 seis meses a um ano e multa.

A ação de exibir ou veicular, por qualquer meio de comunicação, informações ou imagens depreciativas ou injuriosas à pessoa idosa configura crime previsto no art. 105 daquele Estatuto, sancionado com a pena de detenção de um a três anos e multa.

Capítulo VI
DOS CRIMES CONTRA A LIBERDADE INDIVIDUAL

1. CONSIDERAÇÕES PRELIMINARES

Sob a rubrica "Dos crimes contra a liberdade individual" contempla o Código Penal, no Capítulo VI, mais uma subclasse de crimes que integram o Título I: "Dos crimes contra a pessoa". A liberdade individual, ao lado da honra, da vida e da integridade física, é um bem inerente à pessoa humana, daí a razão de integrar esse título. Constituem espécies do gênero crimes contra a liberdade individual:

(i) os crimes contra a liberdade pessoal – *Seção I* (constrangimento ilegal, ameaça, sequestro e cárcere privado, redução a condição análoga à de escravo e tráfico de pessoas – CP, arts. 146 a 149-A);

(ii) os crimes contra a inviolabilidade do domicílio – *Seção II* (violação de domicílio – CP, art. 150);

(iii) os crimes contra a inviolabilidade de correspondência – *Seção III* (violação de correspondência, sonegação ou destruição de correspondência, violação de comunicação telegráfica, radioelétrica ou telefônica, correspondência comercial – CP, arts. 151 e 152);

(iv) os crimes contra a inviolabilidade dos segredos – *Seção IV* (divulgação de segredo, violação do segredo profissional e violação de dispositivo informático alheio – CP, arts. 153 a 154-B).

A objetividade jurídica tutelada em todos esses crimes é a liberdade individual. Segundo E. Magalhães Noronha: "É o homem protegido nos bens relacionados à liberdade, independentemente, em regra, de sua capacidade de entender ou de querer. Qualquer que seja, pois, sua condição social, sexo, idade etc., dispensa-lhe geralmente a lei proteção, pelo simples fato de ser criatura humana. A liberdade que aqui se protege compreende o *querer*, o *determinar-se*, o *agir*, o *movimentar-se*, a *casa*, a *correspondência*, o *segredo* de certas formas de *atividade individual* e a *essência* civil do homem livre. O delito consiste na lesão ou exposição a perigo de qualquer dessas manifestações de liberdade"[300].

---

300. E. Magalhães Noronha, *Direito penal*, cit., v. 2, p. 148.

Seção I
Dos crimes contra a liberdade pessoal

ART. 146 – CONSTRANGIMENTO ILEGAL

1. OBJETO JURÍDICO

O crime de constrangimento ilegal integra a seção intitulada "Dos crimes contra a liberdade pessoal". Liberdade pessoal consiste na liberdade de autodeterminação, compreendendo a liberdade de pensamento, de escolha, de vontade e de ação. Está ela consagrada na Magna Carta em seu art. 5º, II, que reza: "ninguém será obrigado a fazer ou deixar de fazer alguma coisa senão em virtude de lei". Tal dispositivo constitui, inicialmente, uma garantia assegurada ao cidadão de não ter a sua liberdade de ação ou omissão tolhida pela ação arbitrária do Estado e dos demais cidadãos, pois somente o comando legal poderá dizer o que lhe é permitido ou proibido fazer. Veda-se, assim, qualquer coação no sentido de obrigar outrem a fazer ou deixar de fazer algo a que por lei não está obrigado.

2. ELEMENTOS DO TIPO

2.1. Ação nuclear

Prevê o art. 146: "Constranger alguém, mediante violência ou grave ameaça, ou depois de lhe haver reduzido, por qualquer outro meio, a capacidade de resistência, a não fazer o que a lei permite, ou a fazer o que ela não manda". A conduta tem seu núcleo no verbo *constranger*, que significa coagir, compelir, forçar, obrigar alguém a fazer ou deixar de fazer algo que por lei não está obrigado. Há primeiramente a ação de constranger realizada pelo coator, a qual é seguida pela realização ou abstenção de um ato por parte do coagido. A ação de constranger deve ser ilegítima, ou seja, o coator não deve ter o direito de exigir da vítima a realização ou abstenção de determinado comportamento. Segundo Nélson Hungria, fazendo menção à distinção realizada por Manzini, a ilegitimidade pode ser absoluta ou relativa. "Dá-se a primeira quando o agente não tem faculdade alguma de impor ao paciente a ação ou inação (exemplos: deixar de passar numa determinada rua; restituir o que não é devido; participar ou não de uma associação; privar-se de um distintivo; beber aguardente; dar vivas a um clube esportivo); dá-se a segunda quando, embora ao agente não seja vedado exigir, *extra judicium*, a ação ou omissão, carece, no entanto, do direito de empregar coação (exemplo: pagamento do *pretium carnis* ou de dívida proveniente de jogo)"[301]. Se a pretensão do agente é legítima e o comportamento da vítima puder ser exigido por intermédio de ação judicial, haverá o delito de exercício arbitrário das próprias razões (CP, art. 345).

---

301. Nélson Hungria, *Comentários*, cit., v. VI, p. 150.

Não se pode compreender como ilegítima a ação daquele que impede que outrem pratique um crime, ainda que não configurada a legítima defesa; assim como não se pode conceber como ilegítima a ação de impedir o suicídio de outrem, pois, embora este não constitua crime, é um ato antijurídico. O próprio Código Penal, em seu § 3º, II, do artigo em comentário, exclui o crime de constrangimento ilegal na hipótese de impedimento de suicídio. Questiona-se se configura o crime em tela constranger outrem para que não pratique um ato imoral. Ato imoral é aquele não vedado pela lei; logo, é permitida a sua prática. Se é permitida a sua prática pela lei (p.ex., prostituição), não se pode conceber que alguém constranja outrem a não praticá-lo por entendê-lo imoral[302]. A ação de constranger, na hipótese, é ilegítima.

(i) Erro de tipo: se houver erro invencível, inevitável ou escusável no tocante às circunstâncias de fato que tornem a ação legítima, haverá exclusão do dolo e da culpa e, portanto, do crime em tela. Se o erro for vencível, evitável ou inescusável, haverá a exclusão do dolo, mas poderá o agente responder pela modalidade culposa do delito (CP, art. 20, *caput*). Como, porém, não há previsão legal da forma culposa do crime de constrangimento ilegal, restará apenas responsabilizar o agente pelo crime de lesões corporais culposas, se for empregada violência para obter o comportamento desejado.

(ii) Erro de proibição: poderá haver erro sobre a própria legitimidade da ação, ou seja, o agente supõe que está legitimado, pelo ordenamento jurídico, a impedir determinado comportamento, quando, na realidade, está praticando o crime de constrangimento ilegal. Por exemplo: se um homem rústico impede terceiro de prostituir-se ou de ser homossexual por supor que tais atos imorais são criminosos e, portanto, que estaria autorizado a impedi-los, há, no caso, erro de proibição. O agente acha-se no direito de realizar uma conduta que é proibida pelo ordenamento jurídico. Ele pensa agir plenamente de acordo com o ordenamento jurídico, mas, na verdade, incorre no crime de constrangimento ilegal, pois está impedindo a prática de uma ação autorizada, mas que supõe ilícita. Incide no caso a regra do art. 21 do Código Penal.

2.2. Ação física

Segundo o texto legal, os meios de execução do constrangimento consistem no emprego de violência, grave ameaça ou qualquer outro meio que reduza a capacidade de resistência do ofendido. Vejamos cada um deles:

– **Coação mediante violência:** consiste no emprego de força física contra o coagido, a fim de cercear a sua liberdade de escolha e obter o comportamento desejado. A violência pode ser:

(i) direta ou imediata: é aquela empregada diretamente contra a vítima, por exemplo, amordaçá-la, dar-lhe choques elétricos, fazê-la inalar gás, amarrá-la etc.;

(ii) indireta ou mediata: é aquela empregada "sobre terceira pessoa ou sobre coisa, a que o coagido esteja de tal modo vinculado, que sem uma ou outra fica tolhido na sua

302. Nesse sentido, E. Magalhães Noronha, *Direito penal*, cit., v. 2, p. 152; Nélson Hungria, *Comentários*, cit., v. VI, p. 151.

faculdade de ação"[303], por exemplo, empregar violência contra o filho do coagido, a fim de que este se sinta constrangido e realize o comportamento almejado pelo coator; ou, então, tirar as muletas de um aleijado, o guia de um cego.

Na hipótese em que o coator compele outrem a praticar crime, sendo a violência física empregada irresistível, não responderá o coagido por crime algum, pela ausência total de vontade de praticar o delito. O fato passa a ser atípico. É o caso, por exemplo, do agente que tortura a vítima, queimando o seu corpo com ferro em brasa, a fim de que ela pratique um homicídio. No caso, a violência empregada é irresistível, não respondendo o coagido por crime algum, pela ausência total de vontade de praticar o delito (praticou o crime porque se assim não o fizesse o coator não interromperia o suplício contra ele infligido). O coator, por sua vez, responderá pela ação ou omissão criminosa praticada pelo coagido (CP, art. 22) em concurso com o crime de tortura (art. 1º, I, *b*, da Lei n. 9.455/97). Em contrapartida, se a violência física empregada for resistível, coautor e coagido respondem pelo crime, ao primeiro aplica-se a agravante do art. 62, II, do Código Penal, e ao segundo a atenuante do art. 65, III, *c*, desse Código.

– **Coação mediante ameaça:** trata-se aqui da violência moral. É a promessa, oral ou escrita, dirigida a alguém, da prática de um mal, iminente ou futuro, de forma a exercer poder intimidatório sobre ele. O mal prometido deve ser relevante, ou seja, deve ser apto a exercer intimidação, sendo certo que a condição pessoal da vítima deve ser levada em conta para tal aferição. Ao contrário do crime de ameaça, o mal prometido não precisa ser injusto. São requisitos da ameaça[304]: (i) deve ser grave (p.ex., ameaça de morte); (ii) o mal anunciado deve ser certo (não pode ser vago), verossímil (possível de ser concretizado), iminente (prestes a acontecer) e inevitável (a evitabilidade do mal não gera poder inibitório sobre o coagido); (iii) não se exige a presença do ameaçado, pois ela pode ser feita por meio escrito ou através de interposta pessoa, sendo certo que o ameaçado pode ser terceira pessoa, como, por exemplo, "se você não matar Pedro, eu sequestro a sua esposa". Cuida-se aqui da ameaça indireta.

Indispensável é a existência de nexo causal entre o emprego da violência, da grave ameaça ou de qualquer meio e o estado de submissão do ofendido.

Não se deve confundir o crime de constrangimento ilegal mediante o emprego de ameaça com o crime de ameaça (CP, art. 147). Aqui a finalidade do agente é simplesmente intimidar a vítima, ao passo que no constrangimento ilegal, é o meio de que o agente se serve para obter determinado comportamento da vítima.

– **Qualquer outro meio que reduza a capacidade de resistência do ofendido:** por exemplo: a hipnose, os narcóticos, o álcool etc. O agente se utiliza de tais meios para reduzir a capacidade de resistência do ofendido e, assim, conseguir que realize o comportamento por ele desejado. Exclui-se o emprego de fraude, pois esta, na realidade, não priva o agente de sua liberdade de escolha.

---

303. Cf. Nélson Hungria, *Comentários*, cit., v. VI, p. 153.

304. Cf. E. Magalhães Noronha, *Direito penal*, cit., v. 2, p. 151.

2.3. Sujeito ativo

Trata-se de crime comum. Pode ser praticado por qualquer pessoa. Entretanto, se o agente for funcionário público no exercício de suas funções, ocorrerá outro tipo penal, como por exemplo os descritos na Lei de Abuso de Autoridade (Lei n. 13.869/2019) ou art. 322 do Código Penal (para aqueles que entendem que ele não tenha sido revogado).

2.4. Sujeito passivo

Qualquer pessoa física que possua capacidade de querer. O ofendido deve ter consciência de que a sua liberdade de querer está sendo tolhida. Ensina E. Magalhães Noronha: "... a lei, neste capítulo, protege, em regra, a liberdade da pessoa, independentemente de sua capacidade volitiva, condição social, idade etc. Todavia o delito em questão, estreitamente relacionado à liberdade de vontade do ofendido, não se configura se este não a possuir. Pode *constranger-se* um menor de quinze anos, mas não há constrangimento ilegal contra o insano ou o menor de dois anos"[305]. Não podem, portanto, ser sujeito passivo do crime em tela os enfermos destituídos de qualquer consciência, os doentes mentais etc. Quanto aos paralíticos, aleijados e cegos, falta aqui apenas a parcial ou total capacidade de autoexercício da liberdade física, sendo certo que tal situação não diz respeito à ausência da liberdade volitiva. Assim, haverá constrangimento ilegal no ato de impedir que um paralítico se transporte de um local para o outro[306]. Nessa hipótese, deverá incidir uma das agravantes previstas no art. 61, II, *h* ou *j*, do Código Penal.

Importa ressalvar que se o agente submeter criança ou adolescente, sob autoridade, guarda ou vigilância, a vexame ou constrangimento, o fato deverá ser enquadrado no art. 232 do Estatuto da Criança e do Adolescente (Lei n. 8.069/90). Se "aliciar, assediar, instigar ou constranger, por qualquer meio de comunicação, criança, com o fim de com ela praticar ato libidinoso", terá a sua conduta tipificada no art. 241-D do ECA. No caso de o agente coagir criança ou adolescente a participar de cena de sexo explícito ou pornográfica, *vide* a redação do art. 240 do ECA.

Finalmente, com relação à possibilidade de a pessoa jurídica ser vítima do crime em comento, há duas posições, sendo a primeira pela não possibilidade, sob o argumento de que a pessoa jurídica não possui consciência ou vontade próprias, de modo que não há como restringi-las. Por outro lado, há os que entendem que a pessoa jurídica pode ter sua liberdade de ação e/ou decisão tolhida por coação praticada por terceiro, sendo, portanto, possível figurar como vítima do delito em tela.

Nosso entendimento: a pessoa jurídica não pode ser vítima do crime em comento.

305. E. Magalhães Noronha, *Direito penal*, cit., v. 2, p. 150.

306. Nesse sentido, Nélson Hungria, *Comentários*, cit., v. VI, p. 155.

3. ELEMENTO SUBJETIVO

É o dolo (direto ou eventual), consistente na vontade livre e consciente de constranger a vítima, mediante o emprego de violência ou grave ameaça. O dolo deve abranger o conhecimento da ilegitimidade da pretensão (o agente deve saber que não está autorizado pela lei a exigir determinado comportamento), pois, do contrário, age em erro de proibição inevitável, ficando isento de pena (CP, art. 21), conforme explicitado no item 2.2; o emprego dos meios coativos (o agente deve ter conhecimento de que não está autorizado a se valer desse instrumento de coação para obter o comportamento desejado); e o nexo de causalidade entre o constrangimento e a conduta do sujeito passivo.

Não basta, entretanto, o dolo consistente na vontade de coagir para que o crime em análise se configure, pois é necessário um fim especial de agir, que se consubstancia na vontade de obter a ação ou omissão indevida, ou seja, que a vítima faça o que a lei não determina ou não faça o que ela manda. Ausente essa finalidade especial, o crime poderá ser outro, conforme for empregada ameaça ou violência física (crimes de ameaça, vias de fato, lesões corporais).

Não há previsão legal da modalidade culposa do crime de constrangimento ilegal.

4. MOMENTO CONSUMATIVO

Trata-se de crime material, de conduta e resultado naturalístico. O crime se consuma no momento em que a vítima faz ou deixa de fazer alguma coisa. Segundo Nélson Hungria, "o texto legal não fala em 'constranger para', mas em 'constranger a', isto é, em forçar efetivamente à ação ou omissão"[307]. Não se trata, portanto, de crime de mera atividade, ou seja, não basta o simples ato de constranger outrem mediante o emprego de violência ou grave ameaça. O tipo penal exige que a ação ou omissão desejada pelo agente seja realizada pela vítima. Nada impede, contudo, que essa realização se dê apenas de forma parcial[308].

5. TENTATIVA

Por ser crime material, a tentativa é perfeitamente possível. Isso ocorre na hipótese em que o ofendido não se submete à vontade do agente, apesar da violência, grave ameaça ou qualquer outro meio empregado.

6. FORMAS

6.1. Simples (art. 146, *caput*)

É a modalidade dolosa prevista no *caput*.

---

307. Nélson Hungria, *Comentários*, cit., v. VI, p. 155.

308. E. Magalhães Noronha, *Direito penal*, cit., v. 2, p. 153.

6.2. Majorada (art. 146, § 1º)

É a modalidade prevista no § 1º: "As penas aplicam-se cumulativamente e em dobro, quando, para a execução do crime, se reúnem mais de três pessoas, ou há emprego de armas".

(i) Número mínimo de quatro pessoas: a majorante em estudo refere-se à prática do delito de constrangimento ilegal mediante o concurso de agentes. Exige-se o número mínimo de quatro pessoas. A lei fala em *reunião de mais de três pessoas para a execução do crime*, portanto, incluem-se nesse cômputo tanto os coautores como os partícipes. É que, de acordo com a redação do dispositivo legal, não é necessário que os agentes efetivamente executem o crime; basta que se reúnam para tal desiderato, ou seja, de algum modo colaborem para o resultado, através das formas de participação (mediante induzimento, instigação ou auxílio)[309].

(ii) Emprego de armas: a majorante também incidirá se houver o emprego de armas. Segundo Hungria e Noronha, a lei fala em armas no plural para designar o gênero, e não porque exige a multiplicidade delas[310]. A arma pode ser: (i) **própria** – todo instrumento especificamente criado para servir ao ataque ou defesa; incluem-se nesse rol as armas de fogo, como, por exemplo, o revólver, e as armas brancas, como, por exemplo, punhais etc.; **(ii) imprópria** – todos os instrumentos ou objetos que, embora não tenham sido especificamente criados para servir ao ataque ou defesa, possam ser empregados para tal fim, por exemplo, facões, navalha, pedra, tesoura, garrafa, faca de cozinha etc. Para E. Magalhães Noronha, "é necessário que ela sirva para efetivação da violência ou realização da ameaça, isto é, seja idônea à consecução desses meios. Muitas vezes, uma arma pode não ser idônea para a realização da violência, de acordo com seu destino próprio; assim, por exemplo, um revólver descarregado. Mas será idônea para a ameaça se a vítima desconhecer essa circunstância. A lei exige apenas que a ameaça ou violência sejam exercidas com o emprego de arma. Não há questionar se o agente se preparou de antemão com ela, para pôr em ação aqueles meios. É suficiente empregá-la, ofendendo a integridade corporal ou ameaçando-a"[311]. É necessário que a arma (própria ou imprópria) seja utilizada pelo agente para lesionar ou ameaçar, não se configurando o agravamento o seu simples porte. Entretanto, se o porte é ostensivo, usado com o propósito de infundir medo, ocorre a majorante.

– Emprego de armas e Estatuto do Desarmamento: o Estatuto do Desarmamento inseriu entre suas ações nucleares típicas o verbo *empregar* (arts. 14 e 16). O emprego de arma de fogo, no caso, não abrange o disparo, na medida em que essa conduta já foi abarcada pelo art. 15 do Estatuto, que prevê o crime de disparo de arma de fogo. Ao interpretar o emprego de arma como sendo o próprio disparo, haveria o esvaziamento da conduta típica prevista no art. 15. Assim, deve-se interpretar o emprego como sendo qualquer forma de utilização da arma, com exceção do disparo.

---

309. Em sentido contrário, Cezar Roberto Bitencourt, *Manual*, cit., v. 2, p. 422; Julio Fabbrini Mirabete, *Código Penal*, cit., p. 146.

310. Nélson Hungria, *Comentários*, cit., v. VI, p. 161; E. Magalhães Noronha, *Direito penal*, cit., v. 2, p. 154.

311. Nesse sentido, E. Magalhães Noronha, *Direito penal*, cit., v. 2, p. 154.

Questão interessante versa sobre o constrangimento ilegal exercido com o emprego de arma de fogo para cujo porte o agente não possua autorização. A pena do crime de constrangimento ilegal mediante o emprego de arma de fogo é de detenção, de seis meses a dois anos, ou multa. A pena do crime de porte ilegal de arma de fogo de uso permitido é de reclusão, de dois a quatro anos, e multa. Se a arma de fogo for de uso restrito, a pena é de reclusão, de três a seis anos, e multa. Portanto, os crimes previstos no Estatuto do Desarmamento (crime-meio), em termos de sanção penal, são mais graves que o crime de constrangimento ilegal (crime-fim). Embora isso ocorra, a princípio, como tal artefato foi empregado no crime de constrangimento ilegal, o emprego deverá restar absorvido, porque tudo se passou dentro de um mesmo contexto fático, de modo que tal conduta integrou o *iter criminis* do delito previsto no art. 146, § 1º. Nesse caso, não importa a maior severidade do crime-meio. Embora desproporcional, o agente deverá responder pelo constrangimento ilegal majorado, ficando o emprego da arma de fogo absorvido. É estranho. O delito mais grave fica absorvido pelo mais leve. Entretanto, não há outro jeito, pois a finalidade do sujeito ativo era a de praticar crime contra a liberdade individual. Tais problemas derivam da falta de critério do legislador no momento de cominar as penas dos delitos previstos no Estatuto do Desarmamento. Imaginemos um sujeito portando ilegalmente uma arma de fogo de uso restrito, e outro empregando tal arma no cometimento do constrangimento ilegal. A primeira conduta, a despeito de inequivocamente menos perniciosa, é punida de modo mais rigoroso. Se o mesmo sujeito porta ilegalmente tal arma e depois a emprega em um crime de constrangimento ilegal, a melhor solução será o concurso material de crimes. Como antes do constrangimento ilegal, em contexto fático distinto, o agente já perambulava pelas ruas portando a arma de fogo sem licença da autoridade, e somente depois, em situação bem destacada e distinta, pratica o crime contra a liberdade individual, deverá responder por ambos os crimes (porte ilegal e constrangimento ilegal tentado ou consumado) em concurso material. Registre-se que a posse e o porte ilegal de arma de fogo de uso restrito e proibido são considerados crimes hediondos, incidindo, portanto, as regras do art. 2º da Lei n. 8.072/90.

6.2.1. Caráter subsidiário

O crime de constrangimento ilegal é um crime subsidiário, ou seja, somente se aplica se o fato não constitui delito mais grave. Ocorre que, em muitas situações, existe uma subsidiariedade implícita, na medida em que o delito de constrangimento ilegal figura como elemento ou circunstância de outro crime, tais como nos seguintes delitos:

(i) Código Penal: roubo (art. 157); extorsão (art. 158); sequestro relâmpago (art. 158, § 3º); extorsão mediante sequestro (art. 159); extorsão indireta (art. 160); atentados contra direitos dos trabalhadores (arts. 197-199); estupro (art. 213);

(ii) Legislação Especial: art. 232 do Estatuto da Criança e do Adolescente; art. 107 do Estatuto da Pessoa Idosa; art. 301 do Código Eleitoral.

→ **Atenção:** quando o meio executório do crime se der por violência e a conduta não caracterizar quaisquer dos crimes alhures elencados, aplicam-se cumulativamente as penas do crime de constrangimento ilegal e as correspondentes à violência (CP, art. 146, § 2º), conforme será explanado no item 7.

6.3. Culposa

Não há previsão legal da modalidade culposa do crime de constrangimento ilegal.

7. CONCURSO DE CRIMES (ART. 146, § 2º)

(i) Concurso material: prevê o § 2º do art. 146: "Além das penas cominadas, aplicam-se as correspondentes à violência". Haverá concurso material de crimes se do emprego de violência para a prática do crime de constrangimento ilegal advier lesão corporal (leve, grave ou gravíssima) ou lesão corporal seguida de morte. Cezar Roberto Bitencourt discorda desse posicionamento já pacificado na doutrina, pois para ele "o § 2º do art. 146 não criou uma espécie *sui generis* de concurso material, mas adotou-se tão somente o *sistema do cúmulo material* de aplicação de pena, a exemplo do que fez em relação ao *concurso formal impróprio* (art. 70, 2ª parte). Assim, quando a violência empregada na prática do constrangimento ilegal constituir em si mesma outro crime, havendo unidade de ação e pluralidade de crimes, estaremos diante de concurso formal de crimes. Aplica-se, nesse caso, por expressa determinação legal, o sistema de aplicação de pena do cúmulo material, independentemente da existência ou não de 'desígnios autônomos'. A aplicação cumulativa de penas, mesmo sem a presença de 'desígnios autônomos', constitui uma exceção da aplicação de penas previstas para o concurso formal imperfeito"[312]. Em tese, a regra seria a do concurso formal de crimes, mas o legislador optou em estabelecer a regra do concurso material.

Observe-se que a lei não se refere à ameaça, pois esta geralmente é meio empregado para o cometimento do crime de constrangimento ilegal.

(ii) Crime único: o agente emprega diversos meios violentos ou ameaçadores para obter a ação ou omissão da vítima, por exemplo: amarro a mão da vítima, dou-lhe alguns choques elétricos e depois faço com que ela inale gás. Todos esses meios são empregados para obter um só comportamento da vítima. Tal hipótese constitui crime único, e não crime continuado.

(iii) Crime continuado: o agente reiteradamente emprega meios violentos ou ameaçadores contra a vítima para obter sucessivamente ações ou omissões.

(iv) Concurso formal: por exemplo, mediante o emprego de arma de fogo, o agente coage um grupo de pessoas a acompanhá-lo a determinado local.

(v) Princípio da subsidiariedade[313]: sabemos que subsidiária é a norma que descreve um grau menor de violação de um mesmo bem jurídico, isto é, um fato menos amplo e menos grave, o qual, embora definido como delito autônomo, encontra-se compreendido em outro tipo como fase normal de execução de crime mais grave. Define, portanto, como delito independente conduta que funciona como parte de um crime maior. Dessa forma, se for cometido o fato mais amplo, duas normas aparentemente incidirão: aquela que define esse fato e a outra, que descreve apenas uma parte ou fase dele. A norma que descreve o

---

312. *Manual*, cit., v. 2, p. 421.

313. Fernando Capez, *Curso de direito penal*, cit., p. 127.

"todo", isto é, o fato mais abrangente, é conhecida como primária e, por força do princípio da subsidiariedade, absorverá a norma menos ampla, que é subsidiária, justamente porque esta última cabe dentro dela. Consequentemente, a norma primária prevalece sobre a subsidiária, que passa a funcionar como um soldado de reserva[314]. Tenta-se aplicar a norma primária, e somente quando isso não se ajustar ao fato concreto, recorre-se subsidiariamente à norma menos ampla. Assim, no caso em que a mulher é constrangida à conjunção carnal, ato libidinoso diverso, mediante violência ou grave ameaça, incidem aparentemente o tipo definidor do estupro (art. 213, norma primária) e o do constrangimento ilegal (art. 146, norma subsidiária). Comparando os tipos penais, conclui-se que o art. 213 prevalece sobre o art. 146, pois este é apenas fase executória do crime de estupro. O mesmo ocorre nos crimes previstos nos arts. 158, 161, II, 216-A etc., pois o constrangimento ilegal é igualmente elemento integrante desses delitos, conforme exemplificado no item 6.2.1.

Nada impede que o agente seja absolvido do crime principal e reste a responsabilização pelo crime de constrangimento ilegal. Por exemplo: agente que mediante o uso de faca não consegue subtrair a carteira da vítima pela ausência desta em seu bolso. O crime é impossível pela impropriedade absoluta do objeto, contudo o agente deverá responder pelo crime subsidiário de constrangimento ilegal.

Nada obsta que haja concurso material entre os delitos primários (roubo, extorsão, estupro etc.) e o crime de constrangimento ilegal. Basta que este não constitua meio de execução do delito principal. Assim, poderá ocorrer, por exemplo, no crime de roubo, na hipótese em que a violência ou ameaça empregada não se destinarem a assegurar a detenção da *res furtiva*, nem a impunibilidade do crime.

8. CONSTRANGIMENTO ILEGAL E LEI DE TORTURA

De acordo com o disposto no art. 1º, I, da Lei de Tortura, "constitui crime de tortura constranger alguém com emprego de violência ou grave ameaça, causando-lhe sofrimento físico ou mental". Referido inciso possui três alíneas, as quais funcionam como elemento subjetivo do tipo. São elas: (i) com o fim de obter informação, declaração ou confissão da vítima ou de terceira pessoa; (ii) para provocar ação ou omissão de natureza criminosa; (iii) em razão de discriminação racial ou religiosa. A pena será de reclusão de 2 a 8 anos. Tal como o crime de constrangimento ilegal (CP, art. 146), a ação nuclear típica consubstancia-se no verbo constranger, isto é, forçar, coagir ou compelir. A diferença entre ambos os delitos reside no fato de que o tipo penal da tortura explicita os atos que a vítima está obrigada a realizar. Segundo o texto legal, os meios de execução do constrangimento consistem no emprego de violência ou grave ameaça, causadores de sofrimento físico ou mental. A violência, no caso, é o emprego de força física contra o coagido (p.ex., dar choques elétricos, queimar a vítima aos poucos utilizando-se de ferro em brasa, realizar breves afogamentos, colocá-la no pau de arara, extrair os seus dentes etc.). A grave ameaça constitui a chamada violência moral (p.ex., a tortura psicológica, a ameaça, reiterada, realizada por enfermeiro, de aplicar injeção com substância venenosa

---

314. Expressão citada por Nélson Hungria.

em paciente que se encontra imobilizado em uma cama, sem meios de defesa; da mesma forma configura tortura psicológica a vítima ser obrigada a presenciar a simulação da execução de um ente familiar). Não é qualquer violência ou grave ameaça que configura o crime de tortura. É necessário que a vítima sofra um intenso sofrimento físico ou mental. Cuida-se, aqui, portanto, de situações extremadas, como os exemplos acima mencionados. Com efeito, a Convenção contra a Tortura e outros Tratamentos ou Penas Cruéis, Desumanas e Degradantes expressamente dispõe que o termo "tortura" designa qualquer ato pelo qual dores ou sofrimentos agudos, físicos ou mentais são infligidos à vítima. Assim, exige-se a intensidade ou gravidade da dor ou dos sofrimentos impostos[315]. Conforme assinala José Ribeiro Borges, "as expressões 'sofrimento físico e mental' são inovadoras em nossos textos legais, significando padecimento, martírio, inquietação, quer físico, quer mental, quase sempre expressos no sentimento de dor"[316]. Ausente esse elemento do tipo penal, o crime poderá transmudar-se em outro, por exemplo, constrangimento ilegal.

(i) Consequências da coação física: exclui a conduta, uma vez que elimina totalmente à vontade. O fato passa a ser atípico. No caso, a violência empregada é irresistível, não respondendo o coagido por crime algum, pela ausência total de vontade de praticar o delito (praticou o crime porque se assim não o fizesse o coator não interromperia o suplício contra ele infligido). O coator, por sua vez, responderá pela ação ou omissão criminosa praticada pelo coagido (CP, art. 22) em concurso com o crime de tortura (art. 1º, I, *b*, da Lei n. 9.455/97).

(ii) Consequências da coação moral irresistível: há crime, pois, mesmo sendo grave a ameaça, ainda subsiste um resquício de vontade que mantém o fato como típico. No entanto, o agente não será considerado culpado. O responsável pela tortura será autor mediato do crime cometido pelo coacto e por ele responderá, em concurso material com o crime de tortura. A vítima não responderá, por óbvio, pelo crime, ficando excluída a sua culpabilidade, em face do disposto no art. 22 do Código Penal (coação moral irresistível), que caracteriza a exculpante da inexigibilidade de conduta diversa (praticou o crime sob a grave ameaça de continuar a ser submetido a sofrimento físico ou mental).

(iii) Consequências da coação moral resistível: há crime, pois a vontade restou inatingida, e o agente é culpável, uma vez que, sendo resistível a ameaça, era exigível conduta diversa. Entretanto, a coação moral resistível atua como circunstância atenuante genérica (CP, art. 65, III, *c*, 1ª parte). Convém notar que se a ameaça empregada contra a vítima, para compeli-la à prática do crime, for resistível, dificilmente poder-se-á falar em crime de tortura. Com efeito, a Lei de Tortura exige que a ameaça seja grave e que acarrete sofrimento mental ao coagido. Ora, em virtude de sua maior gravidade, a ameaça empregada dificilmente será resistível. Se resistível, poderá, no caso, haver a configuração do crime de constrangimento ilegal pelo coator em concurso com o crime praticado pelo coagido. Este, por sua vez, responderá pelo delito cometido, com a incidência da circunstância atenuante genérica.

---

315. Nesse sentido: José Ribeiro Borges, ob. cit., p. 128.

316. José Ribeiro Borges, cit., p. 175.

9. CAUSAS ESPECIAIS DE EXCLUSÃO DA TIPICIDADE (ART. 146, § 3º)

Prevê o art. 146, § 3º, do Código Penal: "Não se compreendem na disposição deste artigo: I – a intervenção médica ou cirúrgica, sem o consentimento do paciente ou de seu representante legal, se justificada por iminente perigo de vida; II – a coação exercida para impedir suicídio".

Nos comentários ao crime de lesões corporais tivemos a oportunidade de sustentar que a intervenção médico-cirúrgica constitui exercício regular de direito. Contudo, para que exista a mencionada descriminante, é indispensável o consentimento do paciente ou de seu representante legal. Ausente o consentimento e estando o paciente correndo iminente perigo de vida, caracterizado estará o estado de necessidade em favor de terceiro (art. 146, § 3º, I). Por outro lado, ausente o consentimento e não estando o paciente sofrendo iminente perigo de vida, poderá a intervenção constituir o crime de constrangimento ilegal.

Conforme havíamos também explanado, é possível sustentar que a intervenção médico-cirúrgica consentida configura fato atípico por influência da teoria da imputação objetiva. O Estado não pode dizer aos médicos que operem e salvem vidas e, ao mesmo tempo, considerar a cirurgia um fato descrito em lei como crime. A conduta é permitida, e se é permitida não pode ser antinormativa.

A hipótese do art. 146, § 3º, I, poderia, conforme já dissemos, configurar o estado de necessidade em favor de terceiro, pois, em tese, há dois bens jurídicos de terceiros postos em situação de perigo atual, devendo um deles ser sacrificado em prol do bem maior. Tal situação comumente ocorre com enfermos seguidores de religiões que não permitem a intervenção médica ou cirúrgica, como, por exemplo, a proibição de transfusão de sangue, ou, então, nos casos em que a espera pelo consentimento do paciente ou de seu representante poderá acarretar-lhe perigo de vida. Assim, há dois interesses em jogo, por um dos quais deverá o médico optar: a preservação do bem jurídico liberdade pessoal (respeitar a vontade do paciente ou de seu representante no sentido da não realização da intervenção médica ou cirúrgica, mas sacrificar a sua vida), ou a preservação do bem jurídico vida (realizar a intervenção sem o consentimento do paciente ou de seu representante, com isso dando prioridade ao bem vida, em detrimento de sua liberdade de escolha). Em face do atual perigo de vida, bem maior, o médico deverá optar pela intervenção médica ou cirúrgica sem o consentimento do ofendido, sacrificando, assim, o bem menor (liberdade de não querer a intervenção). Tal situação, assim, não configuraria o crime de constrangimento ilegal, pois estaria presente uma causa excludente da ilicitude (estado de necessidade em favor de terceiro). Ocorre que, de acordo com a letra do artigo, que diz "não se compreendem na disposição deste artigo", a intervenção médica ou cirúrgica nas hipóteses de iminente perigo de vida é simplesmente atípica, em que pesem posicionamentos em sentido contrário[317], pois inocorre a adequação entre o fato e

---

317. No sentido de que constitui causa excludente da ilicitude (estado de necessidade em favor de terceiro): Nélson Hungria, *Comentários*, cit., p. 174-80; E. Magalhães Noronha, *Direito penal*, cit., p. 155; Julio Fabbrini Mirabete, *Código Penal*, cit., p. 830; e Victor E. Rios Gonçalves, *Dos crimes contra a pessoa*, *Coleção*, cit., v. 8, p. 108.

a norma penal. Assim, conforme afirma Damásio, o estado de necessidade em favor de terceiro foi elevado à categoria de causa excludente da tipicidade[318]. Importa distinguir o seguinte: na presença do estado de necessidade em favor de terceiro, o fato é típico, mas não é ilícito, pois aquele funciona como causa excludente da ilicitude (há adequação entre o fato e a norma penal, mas a ilicitude é excluída). Já na presença de causa excludente da tipicidade, o fato é simplesmente atípico, pois não há adequação entre o fato e a norma penal (o fato não é típico e muito menos ilícito). Importa ressalvar que o iminente perigo de vida deve estar presente, ou seja, a intervenção médica ou cirúrgica deve ser urgente, inadiável, em face da iminente morte do enfermo, já que, ausente essa situação, bem como o consentimento do ofendido, poderá haver o crime de constrangimento ilegal.

Na hipótese do inciso II — *coação exercida para impedir suicídio*, trata-se também de estado de necessidade de terceiro elevado à categoria de causa excludente da tipicidade. Aquele que coage outrem, mediante o emprego de violência ou ameaça, a não praticar o suicídio (não nos esqueçamos que o suicídio é ato antijurídico) não comete o crime de constrangimento ilegal. O fato é atípico.

10. AÇÃO PENAL. LEI DOS JUIZADOS ESPECIAIS CRIMINAIS

Cuida-se de crime de ação penal pública incondicionada.

Por se tratar de infração de menor potencial ofensivo, a forma simples (*caput*) do crime, cuja pena é de detenção de 3 meses a 1 ano, ou multa, e a forma majorada do crime (aplicação da pena em dobro) sujeitam-se às disposições da Lei n. 9.099/95.

É cabível a suspensão condicional do processo (art. 89 da Lei n. 9.099/95) no *caput* e § 1º do art. 146.

ART. 146-A. INTIMIDAÇÃO SISTEMÁTICA (*BULLYING*)

PARÁGRAFO ÚNICO: INTIMIDAÇÃO SISTEMÁTICA VIRTUAL (*CYBERBULLYING*)

1. CONCEITO DE *BULLYING* OU INTIMIDAÇÃO SISTEMÁTICA

A Lei n. 13.185/2015, que instituiu o Programa de Combate à Intimidação Sistemática (*Bullying*) em todo o território nacional, definiu *bullying* como toda intimidação sistemática, mediante violência física ou psicológica, praticada de modo intencional e repetitivo, contra uma ou mais pessoas, com o objetivo de agredir ou intimidar, causando dor e angústia à vítima, compreendendo todo tipo de ataque físico, ameaça, insulto, comentário pejorativo, pilhéria, manipulação de imagens, violação de intimidade, grafitagem, preconceito, humilhação, discriminação e provocações em geral.

---

318. Damásio E. de Jesus, *Código Penal anotado*, cit., p. 493; Celso Delmanto e outros, *Código Penal comentado*, cit., p. 291; e Cezar Roberto Bitencourt, *Manual*, cit., v. 2, p. 426.

2. CONCEITO DE *CYBERBULLYING* OU INTIMIDAÇÃO SISTEMÁTICA VIRTUAL

É a intimidação sistemática praticada por meio da rede mundial de computadores para depreciar, humilhar e aterrorizar a vítima ou vítimas, bem como incitar a violência, adulterar fotos e dados pessoais, produzindo grave constrangimento mental, psicológico e social.

3. OBJETO JURÍDICO

O novo tipo tutela a saúde física e psicológica da vítima contra atos sistemáticos de intimidação praticados pelas mais diversas formas, por meio virtual (*cyberbullying*) ou pessoal, direto ou indireto, aí incluídas ações verbais, morais, sexuais, físicas, sociais e de constrangimentos em geral. Protege também contra todo tipo de ataque dessa natureza por meio virtual (*cyberbullying*).

4. ELEMENTOS DO TIPO

4.1. Ação nuclear

A conduta típica consiste em intimidar, isto é, provocar, ameaçar, causar medo, levar a vítima a um estado de pânico, de estresse psicológico e emocional, produzindo-lhe dor, angústia, sofrimento, por meio de agressões físicas, verbais e morais, de toda e qualquer natureza. A intimidação deve ser sistemática, reiterada, não se caracterizando pela prática de um ato isolado. Trata-se de crime habitual.

Quanto praticada por meio virtual assume a forma qualificada e recebe reprimenda mais severa.

4.2. Demais elementares

Para a caracterização da conduta típica, a intimidação deve contar ainda com os seguintes elementos, sob pena de atipicidade:

(i) Ação praticada individualmente ou em grupo: o *bullying* normalmente é praticado em grupo, mas nada impede que seja cometido por um único agente.

(ii) Mediante violência física ou psicológica: a violência é elementar essencial para o aperfeiçoamento da figura típica. A violência física compreende qualquer meio empregado mediante ação corporal ou força bruta (*vis absoluta*), como empurrões, socos, pontapés, safanões ou até mesmo condutas que não deixem marcas ou lesões, como imobilizar a vítima. A violência psicológica ou moral (*vis compulsiva* ou relativa) compreende desde insultos e humilhações, até ameaças.

(iii) Contra uma ou mais pessoas: a ação pode ser dirigida contra uma só vítima ou contra todo um grupo ou comunidade, desde que não configure crime mais grave, como, por exemplo, racismo.

(iv) De modo intencional: o crime só pode ser praticado mediante dolo direto. A exigência expressa de que a ação seja intencional, exclui a possibilidade de dolo eventual. A modalidade culposa não foi prevista.

(v) Reiteradamente: a ação deve ser sistemática, isto é, contínua, constante e reiterada. Trata-se de crime habitual. A ação isolada não configura esse crime, podendo caracterizar outra infração, como ameaça.

(vi) Sem motivação evidente: não é necessária qualquer motivação especial, como ódio, preconceito, racismo ou divergência política, partidária ou ideológica. Basta a vontade livre e consciente de proceder à intimidação sistemática, desde que não configure crime mais grave.

(vii) Por meio de atos de intimidação, humilhação, discriminação ou ações verbais, morais, sexuais, sociais, psicológicas, físicas e materiais: a violência pode ser praticada por qualquer modo, físico ou moral. Trata-se de crime de forma livre ou variada. O tipo se serve de uma integração analógica, empregando de modo exemplificativo uma enumeração casuística de formas de violência física ou psicológica. Assim, qualquer meio de violência real ou psicológica pode ser empregado para a intimidação sistemática.

(viii) Emprego de meios virtuais: é a forma qualificada, quando o crime é praticado por meio da rede mundial de computadores.

4.2.1. Sujeito ativo

Trata-se de crime comum. Pode ser praticado por qualquer pessoa. Em se tratando da prática por criança e/ou adolescente, configura ato infracional submetido ao regime específico do ECA, com aplicação de medidas protetivas, medidas socioeducativas ou ambas.

Vale destacar que, em tese, é possível que os pais/responsáveis sejam punidos por instigar ou induzir (participação moral) ou auxiliar (participação material) os filhos a praticarem o *bullying*, de forma que, nesse caso, respondem pelo delito. Podem ainda, responder como autores mediatos do crime, na hipótese de cooperação dolosa por omissão, se houver quebra do dever objetivo de cuidado, na modalidade dever legal (CP, art. 13, § 2º, *a*), o chamado crime omissivo impróprio ou comissivo por omissão.

4.2.2. Sujeito passivo

Qualquer pessoa ou grupo de pessoas pode ser vítima do crime de *bullying* ou *cyberbullying*.

5. ELEMENTO SUBJETIVO

Somente o dolo direto, não se admitindo o dolo eventual, já que a lei exige expressamente que a conduta seja intencional, isto é, voltada diretamente para a intimidação. Não foi prevista a modalidade culposa.

6. MOMENTO CONSUMATIVO

A consumação do crime de *bullying* ou *cyberbullying* não ocorre em um momento determinado, uma vez que se trata de infração habitual, cujo momento consumativo se dá com a reiteração sistemática, ou seja, no momento em que se identifica a prática contínua e persistente da intimidação. A ação isolada não configura esse crime, podendo caracterizar outra infração penal, como ameaça. Para fins de marcar o início do prazo prescricional, o momento consumativo é incerto.

7. TENTATIVA

Não é admitida, por se tratar de crime habitual, o qual somente se consuma com a reiteração sistemática.

8. FORMAS

8.1. Simples (art. 146-A, *caput*)

É a modalidade prevista no *caput*, menos grave e punida apenas com multa, desde que não constitua crime mais grave (tipo subsidiário).

8.2. Qualificada (art. 146-A, parágrafo único)

É a intimidação sistemática virtual ou *cyberbullying*, punida com pena de reclusão de 2 (dois) a 4 (quatro) anos, e multa, desde que não constitua crime mais grave. Trata-se de infração mais grave que a prevista no *caput*, uma vez que, além de alcançar audiência muito maior, os conteúdos podem permanecer por tempo indeterminado, prolongando e aumentando o sofrimento da vítima.

9. AÇÃO PENAL. LEI DOS JUIZADOS ESPECIAIS CRIMINAIS. ANPP

O crime, tanto em sua forma simples, quanto qualificada, é de ação penal pública incondicionada e independe de manifestação de vontade da vítima ou seu representante legal.

A intimidação sistemática na sua forma simples, prevista no *caput*, é punida apenas com multa, sendo, portanto, infração de menor potencial ofensivo, admitindo-se transação penal e demais institutos despenalizadores da Lei n. 9.099/1995.

Quanto ao *cyberbullying*, que é a intimidação sistemática virtual, forma qualificada do parágrafo único do art. 146-A, a infração não comporta transação penal, uma vez que não é de menor potencial ofensivo. Não admite nem mesmo a suspensão condicional do processo, já que a pena mínima cominada é superior a 1 (um) ano, portanto, além do limite permitido pela Lei n. 9.099/95, art. 89. O ANPP também não é cabível, uma vez que, apesar de a pena mínima ser inferior a 4 (quatro) anos, o crime é praticado mediante violência (física ou moral), não preenchendo, por esse motivo, os requisitos do art. 28-A do CPP.

ART. 147 - AMEAÇA

1. OBJETO JURÍDICO

Contempla o Código Penal em seu art. 147 o crime de ameaça com a seguinte epígrafe: "Ameaçar alguém, por palavra, escrito ou gesto, ou qualquer outro meio simbólico, de causar-lhe mal injusto e grave". Tutela-se com o dispositivo a liberdade psíquica, íntima. A ameaça tolhe ou de certa forma suprime durante um período a livre manifestação da vontade. Na ameaça, ao contrário do crime de constrangimento ilegal, o ameaçado não é obrigado a fazer ou deixar de fazer algo a que por lei não está obrigado; ele simplesmente sofre uma intimidação através do prenúncio da prática de um mal injusto e grave contra ele. A ameaça atinge a liberdade interna do indivíduo, na medida em que a promessa da prática de um mal gera temor na vítima que passa a não agir conforme a sua livre vontade. Na lição de Carrara: "o critério que torna politicamente imputável a ameaça vem da influência que ela exerce no ânimo do ameaçado: o temor suscitado pela ameaça faz com que este se sinta menos livre, abstendo-se de muitas coisas que, sem isso, teria tranquilamente praticado, ou realizando outras de que teria se abstido. A agitação que a ameaça desperta no espírito restringe a faculdade de refletir placidamente e deliberar por livre alvedrio; impede certos atos, ao mesmo tempo que obriga a outros de prevenção e cautela, e daí resulta uma constrição, quer da liberdade interna, quer, muitas vezes, da liberdade externa"[319].

2. ELEMENTOS DO TIPO

2.1. Ação nuclear

A conduta típica é ameaçar, que significa intimidar, anunciar ou prometer castigo ou malefício. Os meios de execução da ameaça são os expressamente enunciados na lei: mediante palavras (p.ex., telefone), escritos (por correspondência, *e-mail*, fac-símile); gestos (p.ex., apontar arma de fogo), ou qualquer outro meio simbólico (enviar uma faca dentro de uma caixa de presente, pendurar uma caveira na porta da casa da vítima, enviar um boneco perfurado com agulhas). Segundo a doutrina pode a ameaça ser: (i) **direta** – a promessa de mal refere-se ao sujeito passivo ou seu patrimônio (p.ex., "o seu fim está mais próximo do que você espera" ou "qualquer dia desses você chegará em sua casa e somente verá cinzas dela"); (ii) **indireta** – a promessa se refere a terceira pessoa ligada à vítima (p.ex., "eu sei onde seu filho trabalha, por isso, posso muito bem sequestrá-lo"); (iii) **explícita** – quando manifestada de forma expressa, clara, induvidosa (p.ex., "eu ainda vou te matar", ou a exibição ostensiva de uma arma de fogo); (iv) **implícita** – quando, embora não formulada de modo expresso e induvidoso, pode ser depreendida do comportamento, gesto ou palavras do agente (p.ex., "o destino dos meus desafetos geralmente é o cemitério"); (v) **condicional** – quando o mal prometido estiver na dependência de um acontecimento. E. Magalhães

319. Apud Nélson Hungria, *Comentários*, cit., v. VI, p. 182.

Noronha cita os seguintes exemplos: "Se repetir o que disse, eu lhe parto a cara"; "Se fulano me denunciar, eu matarei você"[320]. Nélson Hungria faz a seguinte ressalva: "a ameaça pode ser condicional, mas nem por isso se identifica com a tentativa de constrangimento ilegal: nesta, há o propósito de intimidação como meio compulsivo para uma determinada ação ou abstenção do paciente, ao passo que na ameaça condicional o principal fim do agente não deixa de ser simples incutimento de medo"[321].

→ **Atenção:** de acordo com o STJ, o fato de as ameaças serem proferidas em um contexto de cólera ou ira entre o autor e a vítima não afasta a tipicidade do delito. Dessa maneira, o "fato de a conduta delitiva ter sido perpetrada em circunstância de entrevero/contenda entre autor e vítima não possui o condão de afastar a tipicidade formal ou material do crime de ameaça. Ao contrário, segundo as regras de experiência comum, delitos dessa natureza tendem a acontecer justamente em eventos de discussão, desentendimento, desavença ou disputa entre os indivíduos" (STJ. Corte Especial. APn 943-DF, rel. Min. Antônio Carlos Ferreira, julgado em 10-6-2024).

2.2. Elementos normativos do tipo: mal injusto e grave

São requisitos legais que o mal prenunciado seja injusto e grave. Por constituírem elementos normativos do tipo, a sua ausência acarreta a atipicidade da conduta, ou seja, o fato não se amolda ao tipo penal, ante a falta de um de seus requisitos básicos. Vejamos cada um deles.

(i) Injusto: ao contrário do crime de constrangimento ilegal, exige a lei que o mal prometido seja injusto. Assim será considerado quando o sujeito não tiver qualquer apoio legal para realizá-lo. Se, por exemplo, digo a alguém que vou sequestrá-lo, o mal anunciado é injusto, pois ninguém tem o direito de sequestrar outrem. Se, por outro lado, digo a alguém que vou despedi-lo porque se apropriou de bens da empresa, tal anúncio não pode constituir uma ameaça, na medida em que o mal prometido é justo, pois constitui um direito do empregador demitir maus empregados. Outras hipóteses em que o mal prometido é justo: promessa de protestar título de crédito; de hipotecar bens do devedor; de realizar a prisão em flagrante do infrator. Se o mal prometido é justo, acobertado pelo direito, não há configuração do tipo penal, pois a injustiça do mal prenunciado constitui elemento normativo do tipo.

(ii) Grave: trata-se aqui da extensão do dano. O mal prometido deve ser grave, ou seja, o dano anunciado (econômico, físico ou moral) deve ser de importância capital para a vítima, de modo que seja capaz de intimidá-la. Assim, predomina na doutrina o entendimento no sentido de que o mal prometido deve ser também *idôneo*. A ameaça deve ser capaz de atemorizar o homem médio. Considera-se idônea a ameaça feita com arma de fogo descarregada ou com arma de brinquedo, sem que a vítima tenha conhecimento de tais circunstâncias, pois são meios aptos a intimidar qualquer pessoa. Portanto, se o mal prometido não

---

320. Cf. classificação realizada por E. Magalhães Noronha, *Direito penal*, cit., v. 2, p. 158, e Nélson Hungria, *Comentários*, cit., v. VI, p. 184.

321. Nélson Hungria, *Comentários*, cit., p. 186.

for objetivamente grave para o senso comum dos homens, ou seja, não for meio idôneo a causar intimidação, mas a vítima se sentir intimidada, não há a configuração do crime em tela. Sustenta-se, por outro lado, que o poder intimidatório da ameaça deve ser avaliado conforme as circunstâncias pessoais da vítima (condições físicas e psíquicas). Há indivíduos que, pelas condições físicas ou psíquicas, se intimidam mais do que outros, de forma que se eu disser a um lutador de boxe que eu vou lhe dar uma surra, a única reação do ameaçado será gargalhar, ao passo que a mesma promessa poderá causar pânico em um enfermo ou pessoa idosa. Neste último caso, segundo esse entendimento, haveria a configuração do crime em tela, pois o meio empregado foi idôneo a atemorizar a vítima.

Finalmente, não configura o crime de ameaça a promessa de mal impossível de ser realizado (p.ex., "farei com que um raio parta a sua cabeça"); ou o mal anunciado que configure a *praga* (p.ex., "a chuva há de inundar toda a sua colheita"); ou, ainda, a ameaça de forma vaga (p.ex., "um dia você terá o que merece").

→ **Atenção:** o STJ já decidiu que "a contratação de serviços espirituais para provocar a morte de autoridades não configura crime de ameaça" (STJ. 6ª Turma. HC 697.581-GO, rel. Min. Laurita Vaz, julgado em 7-3-2023).

(iii) Exigência de prenúncio de mal futuro: discute-se na doutrina e na jurisprudência se o crime de ameaça exige que o mal prenunciado seja futuro. Há duas correntes:

(i) o mal prenunciado deve ser futuro, embora próxima a sua realização, não se configurando o crime se o mal prometido se concretizar no instante que a ameaça é proferida[322].

(ii) o mal pode ser atual ou futuro, não se fazendo distinção entre ameaça "em ato" e ameaça de "mal futuro". Para Damásio E. de Jesus, "a figura típica do art. 147 do CP não exige que o mal seja futuro. Além disso, 'futuro' é tudo aquilo que ainda não aconteceu, referindo-se ao fato que irá ocorrer em instantes ou depois de algum tempo. No primeiro caso, existe o que a doutrina chama de 'mal atual' ou ameaça 'em ato', que corresponde ao 'mal iminente'; no segundo, 'mal futuro'. Deve existir crime nos dois casos. Se o bem jurídico é a tranquilidade espiritual, não se compreende como só possa haver crime quando ocorre prenúncio de 'mal futuro'. A lesão jurídica também ocorre com o prenúncio de 'mal iminente'"[323].

Nosso entendimento: concordamos com a segunda posição (ii).

2.3. Sujeito ativo

Trata-se de crime comum; qualquer pessoa pode praticá-lo. Em caso de conduta de funcionário público no exercício de suas funções, poderá a ameaça configurar algum dos crimes de abuso de autoridade (Lei n. 13.869/2019).

---

322. Nesse sentido, Cezar Roberto Bitencourt, *Manual*, cit., v. 2, p. 433.

323. Nesse sentido, Damásio E. de Jesus, *Código Penal comentado*, cit., p. 494.

2.4. Sujeito passivo

Pessoa física determinada que tenha capacidade de entender e, portanto, esteja sujeita à intimidação. Não pode ser sujeito passivo a pessoa jurídica. Esta, cabe referir, não tem liberdade psíquica a ser violada. Somente as pessoas físicas que a compõem poderão ser sujeitos passivos do crime em tela. O sujeito passivo deve ser determinado, ou, ao menos, pelo conteúdo da ameaça, ser identificado. Não podem ser sujeitos passivos as crianças, os loucos de todo o gênero, os enfermos mentais, pois não são passíveis de intimidação, uma vez que a ausência total da capacidade de entendimento os impede de avaliar a gravidade do mal prometido e, portanto, de se sentirem violados em sua liberdade psíquica. Nos casos em que a incapacidade de entendimento for total, haverá crime impossível pela absoluta impropriedade do objeto (CP, art. 17). Se a incapacidade for relativa, haverá o crime em exame.

3. ELEMENTO SUBJETIVO

É o dolo, direto ou eventual, consistente na vontade livre e consciente de ameaçar alguém de causar-lhe mal injusto e grave. Exige-se a consciência de que o mal prometido é grave e injusto. Não é necessário que o agente queira no íntimo concretizar o mal prometido; basta a vontade de ameaçar. Caso a intenção seja de que a vítima apresente determinado comportamento, não haverá ameaça, e sim o crime de constrangimento ilegal. Não nos esqueçamos que a ameaça é um delito subsidiário, de modo que, sempre que houver uma finalidade específica, o crime será outro, por exemplo, apontar uma faca contra outrem tanto pode configurar o crime de ameaça quanto o crime de tentativa de homicídio ou lesões corporais. Não há previsão da modalidade culposa do crime em tela.

Não basta somente a vontade de ameaçar; é necessário um fim especial de agir, consistente na vontade de intimidar, de incutir medo na vítima, de cercear a sua liberdade psíquica. Tal não ocorre quando a ameaça, por exemplo, é proferida com *animus jocandi*. Doutrina e jurisprudência muito divergem acerca da caracterização do crime de ameaça quando o mal prometido for proferido em momento de ira, cólera, revolta ou em estado de embriaguez. Vejamos os posicionamentos:

(i) Ameaça proferida em momento de exaltação emocional:

1ª posição: a ameaça exige ânimo calmo e refletido. Não se pode, pois, considerar como séria a promessa de mal proferida em momento de ira, cólera, revolta. Há aqui a ausência do propósito específico de causar temor, inquietação na vítima[324].

2ª posição: a ameaça não exige ânimo calmo e refletido. Assim, configura o crime em tela a promessa de mal proferida em momento de ira, cólera, revolta. Tais estados, na realidade, não excluem a vontade de intimidar; pelo contrário, em geral, a ira é a força propulsora da vontade de intimidar, sendo, aliás, capaz de provocar maior temor na vítima, quando a ameaça é proferida nesse momento de exaltação emocional. Argumenta-se,

---

324. Nesse sentido, Nélson Hungria, *Comentários*, cit., v. VI, p. 188.

ainda, que o nosso sistema penal nem ao menos reconhece a emoção e a paixão como causas excludentes da responsabilidade penal[325].

Nosso entendimento: concordamos com a segunda posição. Importa menos o estado emocional e mais a seriedade da ameaça para a configuração desse crime.

(ii) Ameaça proferida em estado de embriaguez:

1ª posição: a embriaguez afasta o crime;

2ª posição: a embriaguez não exclui o delito de ameaça.

Nosso entendimento: correta a segunda posição. A embriaguez não exclui o dolo e, mesmo no caso de ser completa e decorrente de caso fortuito ou força maior, atua como mera excludente da culpabilidade, e não do crime (que é fato típico e ilícito), nos termos do art. 28, § 2º, do Código Penal.

4. MOMENTO CONSUMATIVO

Ao contrário do crime de constrangimento ilegal, este é crime formal. O delito consuma-se no momento em que a vítima toma conhecimento da ameaça, independentemente de sentir-se de fato ameaçada e de se concretizar o mal prenunciado. Basta o emprego de meios idôneos atemorizadores e o conhecimento deles pela vítima para a configuração do delito em tela. Note-se que, embora constitua crime formal, nada impede a produção do resultado naturalístico, consistente no temor sentido pela vítima, na perturbação de sua liberdade psíquica, mas este é prescindível para que o crime se repute consumado.

5. TENTATIVA

Trata-se de crime formal, mas tal aspecto não impede a tentativa do crime em questão, como no extravio de carta ameaçadora[326]. Na hipótese, há um *iter criminis* que pode ser fracionado. A carta só não chega ao conhecimento do ameaçado por circunstâncias alheias à vontade do agente. Contudo, conforme ressalva Damásio E. de Jesus, a tentativa "é admissível quando se trata de ameaça realizada por meio escrito. Na prática, porém, é de difícil ocorrência. Trata-se de crime cuja ação penal somente se procede mediante representação. Ora, se o sujeito exerce o direito de representação é porque tomou conhecimento do mal prenunciado. Se isso ocorreu, o crime é consumado e não tentado"[327].

---

325. Nesse sentido, Cezar Roberto Bitencourt, *Manual*, cit., v. 2, p. 434. No mesmo sentido, Damásio E. de Jesus, *Código Penal anotado*, cit., p. 496; Julio Fabbrini Mirabete, *Código Penal*, cit., p. 835.

326. Nesse sentido, E. Magalhães Noronha, *Direito penal*, cit., v. 2, p. 159. Em sentido contrário: Nélson Hungria, *Comentários*, cit., v. VI, p. 188; Cezar Roberto Bitencourt, *Manual*, cit., p. 436.

327. Damásio E. de Jesus, *Código Penal anotado*, cit., p. 496.

6. CONCURSO DE CRIMES

A ameaça é um delito tipicamente subsidiário. Quando for meio para a prática de outros delitos, será por estes absorvida; por exemplo: roubo, constrangimento ilegal, extorsão, sequestro relâmpago, extorsão mediante sequestro, extorsão indireta, estupro. Nesses crimes, a ameaça funciona como elementar do tipo penal, constando, portanto, de sua descrição típica. Em outras hipóteses, não obstante não integrar a descrição típica, a ameaça também restará absorvida na presença de delito mais grave; por exemplo, se o agente direciona uma arma de fogo para a cabeça da vítima e esta consegue fugir, tal fato, analisadas as circunstâncias concretas, poderá caracterizar a tentativa de homicídio, ante a comprovação da intenção de matar, e não o crime de ameaça. Nesse contexto, registre-se o art. 71 do Código de Defesa do Consumidor, que tipifica como crime contra as relações de consumo o ato de "utilizar, na cobrança de dívidas, de **ameaça**, coação, constrangimento físico ou moral, afirmações falsas incorretas ou enganosas ou de qualquer outro procedimento que exponha o consumidor, injustificadamente, a ridículo ou interfira com seu trabalho, descanso ou lazer". (*grifo nosso*)

7. CAUSA DE AUMENTO DE PENA

A Lei n. 14.994/2024 acrescentou uma causa de aumento de pena ao crime de ameaça. O § 1º determina que "se o crime é cometido contra mulher por razões da condição do sexo feminino, nos termos do § 1º do art. 121-A deste Código, aplica-se a pena em dobro" (§ 1º).

Nesse sentido, considera-se que há razões de condição do sexo feminino quando o crime envolve violência doméstica e familiar; e/ou menosprezo ou discriminação à condição de mulher. Dessa maneira, de acordo com a inovação legislativa, a pena prevista para o crime de ameaça será aplicada em dobro, se praticado contra a mulher por razões da condição do sexo feminino.

8. DISTINÇÕES: CRIMES DE CONSTRANGIMENTO ILEGAL E AMEAÇA

Enquanto no crime de ameaça o prenúncio deve incidir sobre o mal injusto e grave, no constrangimento ilegal exige-se que o mal prenunciado seja simplesmente grave, podendo ser justo. Enquanto na ameaça, o agente pretende atemorizar o sujeito passivo, no constrangimento ilegal, tenciona uma conduta positiva ou negativa da vítima.

9. AÇÃO PENAL. LEI DOS JUIZADOS ESPECIAIS CRIMINAIS

A figura simples prevista no *caput* é ação pública condicionada à representação do ofendido. A ação é de iniciativa pública, ou seja, incumbe ao Ministério Público propô-la; contudo, para tanto, depende de autorização do ofendido ou de seu representante legal, o qual deverá exercer esse direito no prazo decadencial de seis meses, contado do dia em que vier a saber quem é o autor do crime (CPP, art. 38). Por se tratar de infração de menor potencial ofensivo, incidem os institutos da Lei n. 9.099/95, inclusive a suspensão condicional do processo (art. 89 da lei).

No que concerne à figura majorada prevista no § 1º (ameaça praticada contra a mulher por razões da condição do sexo feminino), trata-se de crime de **ação pública incondicionada**, em conformidade com o que dispõe o § 2º do referido dispositivo.

ART. 147-A – DO CÓDIGO PENAL

Art. 147-A. Perseguir alguém, reiteradamente e por qualquer meio, ameaçando-lhe a integridade física ou psicológica, restringindo-lhe a capacidade de locomoção ou, de qualquer forma, invadindo ou perturbando sua esfera de liberdade ou privacidade.

Pena – reclusão, de 6 (seis) meses a 2 (dois) anos, e multa.

§ 1º A pena é aumentada de metade se o crime é cometido:

I – contra criança, adolescente ou idoso;

II – contra mulher por razões da condição de sexo feminino, nos termos do § 2º-A do art. 121 deste Código;

III – mediante concurso de 2 (duas) ou mais pessoas ou com o emprego de arma.

§ 2º As penas deste artigo são aplicáveis sem prejuízo das correspondentes à violência.

§ 3º Somente se procede mediante representação.

1. REVOGAÇÃO DA CONTRAVENÇÃO PENAL DO ART. 65

A infração penal (crime de perseguição ou *stalking*), prevista no art. 147-A do CP, substituiu a antiga contravenção de perturbação da tranquilidade (LCP, art. 65), cuja pena era prisão simples de quinze dias a dois meses, a qual restou revogada, operando-se verdadeira *abolitio criminis*. Agora, a conduta possui novas elementares e teve sua pena elevada para reclusão de seis meses a dois anos.

2. OBJETIVIDADE JURÍDICA

Visa a proteger a integridade física e psíquica, a liberdade ambulatorial e a vida íntima e privada da vítima. O ato de perseguir acaba por atemorizar a vítima a tal ponto que se vê impedida de agir conforme sua vontade, causando-lhe abalo físico ou psicológico.

A perseguição à vítima também pode atingir sua liberdade de ir e vir, vendo-se privada de sua livre locomoção.

Por fim, as perseguições do autor podem romper ou perturbar aspectos da vida íntima ou privada da vítima, constitucionalmente garantido pelo art. 5º, X, CF.

3. CONDUTA

A ação consiste em perseguir alguém, reiteradamente e por qualquer meio.

A partir daí, desdobra-se em três formas: (a) ameaçando a integridade física ou psicológica da vítima; (b) restringindo-lhe a capacidade de locomoção; (c) invadindo ou perturbando de qualquer forma sua esfera de liberdade ou privacidade.

O verbo *perseguir* não requer necessariamente uma ação contínua, pois pode haver perseguição mediante uma única importunação, razão pela qual a lei empregou a elementar "reiteradamente", não havendo que se falar em redundância do legislador, o qual se inspirou no crime de *stalking*, que, em inglês, equivale à perseguição obsessiva.

Na primeira forma, a ameaça pode se dar por qualquer meio, verbal, escrito, imagem ou gesto, sendo imprescindível a promessa de ofender a integridade corporal, ou a saúde psicológica ou física da vítima.

A Lei Maria da Penha conceitua a violência psicológica como "*qualquer conduta que cause dano emocional ou diminuição da autoestima ou que prejudique ou perturbe o pleno desenvolvimento da vítima ou que vise a degradar ou controlar suas ações, comportamentos, crenças e decisões, mediante ameaça, constrangimento, humilhação, manipulação, isolamento, vigilância constante, perseguição contumaz, insulto, chantagem, violação de sua intimidade, ridicularização, exploração e limitação do direito de ir e vir ou qualquer outro meio que lhe cause prejuízo à saúde psicológica e à autodeterminação*" (Lei n. 11.340/2006, art. 7º, II).

Na segunda forma, a perseguição visa a reduzir a capacidade de locomoção da vítima, incutindo medo permanente em sua pessoa. Não se confunde com o sequestro, no qual existe a privação efetiva mediante violência ou grave ameaça (CP, art. 148).

A terceira forma implica na invasão ou perturbação da esfera de liberdade ou privacidade da vítima, como ação reiterada de espionar ou acompanhar sua rotina. Nesta ação, não se compreende a atividade de detetives particulares, regulamentada pela Lei n. 13.432/2017, salvo se esta ação desbordar para a perturbação e intimidação psicológica. Quanto aos famosos *paparazzi*, fotógrafos que perseguem celebridades, há necessidade de que invadam a privacidade das vítimas, com a observação de que pessoas famosas devem ter maior tolerância quanto a sua vida privada, pois expõem voluntariamente sua imagem pública e disso dependem.

O crime é de ação livre, compreendendo ligações telefônicas, envio de mensagens por SMS, WhatsApp, e-mails, acompanhamento físico da vítima em seus deslocamentos e até envio reiterado de flores, bombons ou presentes indesejados.

Frise-se a exigência de reiteração da conduta, imprescindível na configuração do *stalking*.

4. FINALIDADE ESPECÍFICA DO TIPO

Não basta que o autor persiga reiteradamente a vítima para a ocorrência do delito, fazendo-se necessário que tal perseguição seja apta a causar temor na vítima, ameaçando-lhe a integridade física e psíquica, restringindo sua liberdade e invadindo ou perturbando sua privacidade.

A perseguição a que se refere o tipo não é o mero encontro casual de pessoas ou a busca legítima de um contato. Aqui, a perseguição ganha contornos de meio de imposição de ameaça à vítima, consubstanciando-se na importunação; agressão física e psicológica; no constante ato de estar presente em todos os lugares aos quais a vítima se destina, ficando à sua espreita; ou na busca de qualquer maneira de contato ilegítima, tal como:

incessantes contatos telefônicos, repetidos envios de e-mail, palavras, gritos ou gestos destinados à vítima, dentre outros.

5. SUJEITO ATIVO

O crime é comum, não sendo exigida nenhuma qualidade especial do autor. Todavia, caso seja funcionário público, a conduta poderá se enquadrar ao delito de abuso de autoridade (arts. 15 e 22, Lei n. 13.869/2019).

6. SUJEITO PASSIVO

Qualquer pessoa, desde que determinada e capaz de se sentir atemorizada ou ameaçada pela perseguição do agente, comprometendo sua sanidade biopsicológica, liberdade ou privacidade. Os incisos do § 1º trazem condições especiais da vítima que causam o aumento da pena pela metade, conforme será visto oportunamente.

7. ELEMENTO SUBJETIVO DO TIPO

Consubstancia-se no dolo, direto ou indireto, ou seja, na vontade livre e consciente do agente em perseguir a vítima. Exige-se a consciência do agente de que a perseguição por ele imposta está causando abalo psíquico na vítima; restringindo seu poder de ir e vir ou interferindo em sua privacidade.

Caso a intenção do autor não seja de atemorizar, ameaçar, transtornar ou causar qualquer desconforto à vítima, sendo a ameaça feita com *animus jocandi* (ex.: um grupo de amigos persegue outro amigo, no dia de seu aniversário, com o objetivo de avisar aos convidados de uma festa surpresa que o aniversariante está chegando). Não se vislumbra a modalidade culposa.

8. CONSUMAÇÃO

Trata-se de crime formal, consumando-se no momento em que a vítima toma conhecimento da perseguição e tem seu estado biopsicológico afetado; sua liberdade restrita ou sua privacidade invadida.

Trata-se de crime plurissubsistente, que exige a prática de vários atos para a sua configuração. Evidencia-se que o tipo penal exige a reiteração da conduta, afastando qualquer hipótese de que o crime se configure com um único ato.

9. TENTATIVA

Admite-se a tentativa, embora de difícil configuração. A consumação exige dois elementos: (1) reiteração da conduta até caracterizar a perseguição, uma vez que se trata de delito plurissubsistente, o qual exige uma pluralidade de condutas para seu aperfeiçoamento + (2) que a vítima tome conhecimento da perseguição e sofra seus efeitos. Deste modo, é possível que, a despeito da realização de seguidos atos de perseguição, a vítima não chegue a deles tomar conhecimento, por circunstâncias alheias à vontade do agente. Isto pode ocorrer na hipótese de perseguição escrita (correspondência, e-mail ou carta apócrifa), a qual tenha se extraviado por circunstâncias alheias à vontade do agente. No mesmo sentido, André Estefam[328], com o exemplo do *paparazzo*: "Imagine, por exemplo, um paparazzo contratado para fotografar determinada personalidade, em seus momentos privados e íntimos, diariamente, durante o período de um mês de férias do ofendido. Suponha, então, que logo no primeiro ato a vítima perceba que o agente invadiu sua propriedade e a está fotografando. Acionada a Polícia, há, em tese, flagrante por tentativa de perseguição, embora ainda não tenha havido reiteração, pois esta somente não se deu por circunstâncias alheias à vontade do agente, que planejava repetir o ato em dias seguidos".

10. CAUSAS DE AUMENTO DE PENA

O § 1º nos mostra três hipóteses que aumentam a pena em sua metade. O inciso I refere-se à perseguição feita contra criança, adolescente ou pessoa idosa. Aqui, trata-se de referencial meramente etário, incidindo a causa de aumento de pena se a vítima for criança (até 12 anos incompletos), adolescente (12 aos 18 anos) – art. 2º, ECA; ou pessoa idosa (60 anos ou mais) – Estatuto da Pessoa Idosa (Lei n. 10.471/2003).

O inciso II diz respeito à condição de gênero, devendo a pena ser aumentada quando a perseguição se der contra a mulher por conta de ser do sexo feminino. Aqui me parece que o legislador foi pouco técnico, reservando a presente causa de aumento às mulheres biologicamente femininas, excluindo aquelas que são identificadas juridicamente como mulheres. A mesma distorção pode ocorrer com aqueles que nasceram biologicamente como mulheres e no decorrer da vida foram juridicamente reconhecidos como homens.

Nesse inciso, melhor teria agido o legislador ao usar a terminologia gênero, já amplamente presente no ordenamento jurídico e adotada em outros diplomas legais (ex.: Lei Maria da Penha – Lei n. 11.340/2006).

Finalmente, o inciso III nos mostra duas hipóteses de majoração da pena, sendo a primeira delas quando a perseguição se dá mediante concurso de agentes (art. 29, CP); e a segunda quando a perseguição é feita com o emprego de arma de fogo. Ressalte-se que a incidência da segunda hipótese do inciso III (arma de fogo) não afasta o crime de porte de arma de fogo (art. 14, Lei n. 10.860/2003), caso não tenha autorização para tal, respondendo por ambos os crimes em concurso formal (art. 70, CP).

11. CUMULAÇÃO COM OS CRIMES DE VIOLÊNCIA

O § 2º serve como norma de reforço que demonstra a autonomia do delito de perseguição, devendo o agente responder em concurso material ou formal de crimes (arts. 60 e 70, CP), caso ocorra violência contra a vítima. A lei não faz distinção entre violência física (*vis corporalis*) e violência moral (*vis compulsiva*), sendo a cumulação de crimes cabível em ambos os casos.

---

328. ESTEFAM, André. *Direito penal*, v. 2. São Paulo: Saraiva, 2021, material complementar.

12. AÇÃO PENAL

O presente crime é de ação penal pública condicionada à representação da vítima, conforme se depreende do § 3º.

13. SUSPENSÃO CONDICIONAL DO PROCESSO

A forma simples do crime se apresenta como **infração de menor potencial ofensivo** e, como tal, segue o rito da Lei n. 9.099/95, aplicando-se, em regra, o **instituto** da suspensão condicional do processo. Por ser crime com pena mínima igual a 1 ano, poderá ser oferecido o benefício ao réu se preencher os requisitos. Contudo, se tratar de alguma das formas majoradas (§ 1º), convertem-se em **infração de médio potencial ofensivo**, e, especificamente no caso do § 1º, II, ou seja, quando motivada pela condição do sexo feminino, há vedação legal expressa no art. 41 da Lei Maria da Penha, quanto à aplicação da Lei n. 9.099/95.

14. SUSPENSÃO DA PENA

Caso o agente seja condenado por pena igual ou inferior a 2 (dois) anos e preencha os requisitos do art. 77, CP, poderá o juiz suspender a execução da pena quando privativa de liberdade, substituindo-a por outras medidas.

15. ACORDO DE NÃO PERSECUÇÃO PENAL

Não é cabível acordo de não persecução penal, por ser aplicável o instituto da transação penal (art. 28, § 2º, I, CPP), e por se tratar de crime de conduta reiterada (art. 28, § 2º, II, CPP). E, mormente, o acordo não seria cabível também no § 1º, II, em razão da vedação legal nos casos que envolvem crime praticado contra a mulher por razões da condição de sexo feminino (art. 28, § 2º, IV, CPP).

Nas hipóteses majorantes do § 1º, a pena máxima será de 3 anos de reclusão, deixando de ser de menor potencial ofensivo. Neste caso, não incidirá a transação penal, tornando possível a aplicação do ANPP.

ART. 147-B – VIOLÊNCIA PSICOLÓGICA CONTRA A MULHER

O art. 147-B, visa a proteger a mulher da violência psicológica, que pode se manifestar de diversas formas, tais como humilhação, ridicularização, isolamento, vigilância, manipulação e isolamento, muitas das quais, apesar de serem ilícitos civis, não caracterizam Infração penal.

O tipo penal consiste em: "Causar dano emocional à mulher que a prejudique e perturbe seu pleno desenvolvimento ou que vise a degradar ou a controlar suas ações, comportamentos, crenças e decisões, mediante ameaça, constrangimento, humilhação, manipulação, isolamento, chantagem, ridicularização, limitação do direito de ir e vir ou qualquer outro meio que cause prejuízo à sua saúde psicológica e autodeterminação: Pena – reclusão, de 6 (seis) meses a 2 (dois) anos, e multa, se a conduta não constitui crime mais grave".

Tutela-se o direito fundamental da mulher a uma vida livre de toda e qualquer forma de violência psicológica, tanto na esfera pública quanto na privada[329].

1. SUJEITO ATIVO

O crime é comum, razão pela qual pode ser cometido por homem ou mulher, ou seja, por qualquer pessoa.

2. SUJEITO PASSIVO

Trata-se de crime próprio quanto ao sujeito passivo, no qual somente a mulher pode figurar como ofendida.

3. ELEMENTO SUBJETIVO DO TIPO

É o dolo consubstanciado na vontade livre e consciente de: mediante ameaça, constrangimento, humilhação, manipulação, isolamento, chantagem, ridicularização, limitação do direito de ir e vir ou qualquer outro meio que cause prejuízo à sua saúde psicológica e autodeterminação, praticar violência psicológica contra a mulher, com a finalidade de causar dano emocional que a prejudique e perturbe seu pleno desenvolvimento ou que vise a degradar ou a controlar suas ações, comportamentos, crenças e decisões. No que tange ao resultado, poderá sobrevir tanto a título de dolo quanto de culpa. Em grande parte dos casos, na prática das condutas que configuram o crime de violência psicológica, o agente se mostra indiferente ao resultado que é previsível, caracterizando, portanto, o dolo eventual.

4. ABRANGÊNCIA DO TIPO

O art. 147-B é um tipo penal que não se restringe aos ambientes doméstico, familiar e afetivo de que trata a Lei Maria da Penha; é, portanto, mais amplo, aplicando-se às diversas formas de violência de gênero contra a mulher, ocorridas no âmbito estatal ou comunitário.

5. CONSUMAÇÃO E TENTATIVA

Trata-se de crime material, no qual o resultado naturalístico pode ser perquirido ou não pelo autor, tendo-se por consumado com a provocação do dano emocional à vítima. Malgrado, via de regra, seja possível o instituto do *conatus* ou tentativa, é muito difícil visualizar sua ocorrência no contexto fático, pois ou o agente ainda está na fase dos atos preparatórios ou já está em execução destes.

---

329. Decreto n. 1.973/96, Convenção de Belém do Pará, art. 3º.

6. CONFLITO APARENTE DE NORMAS

O delito traz a mesma pena que o da perseguição do art. 147-A, entretanto, essa pena será utilizada se não houver conduta que constitua crime mais grave, diante do caráter subsidiário da norma.

Dessa maneira, se há uma conduta apenas pelo fato de a vítima ser mulher, como é o caso do estupro, este crime por ser considerado mais gravoso, absorverá a conduta do delito em comento.

A agravante da violência contra a mulher, prevista no Código Penal, art. 61, I, *f*, tem afastada sua incidência, por se tratar de elementar do crime do 147-B, pois este somente pode ser praticado contra mulher.

7. AÇÃO PENAL

A ação é de iniciativa pública, ou seja, incumbe ao Ministério Público titular da ação penal o oferecimento da denúncia.

8. SUSPENSÃO CONDICIONAL DO PROCESSO

Nos casos de a conduta ser motivada pela condição do sexo feminino, há vedação legal expressa no art. 41 da Lei Maria da Penha, quanto à aplicação da Lei n. 9.099/95, incluindo seu rito e institutos despenalizadores.

9. SUSPENSÃO DA PENA

Caso o agente seja condenado por pena igual ou inferior a 2 (dois) anos e preencha os requisitos do art. 77, CP, poderá o juiz suspender a execução da pena quando privativa de liberdade, substituindo-a por outras medidas

10. ACORDO DE NÃO PERSECUÇÃO PENAL

No caso do tipo penal em estudo, não é cabível acordo de não persecução penal nos casos que envolvam crime praticado contra a mulher por razões da condição de sexo feminino, em razão da vedação legal (art. 28, § 2º, IV, CPP).

ART. 148 – SEQUESTRO E CÁRCERE PRIVADO

1. OBJETO JURÍDICO

Sob a rubrica "sequestro e cárcere privado" prevê o Código Penal em seu art. 148 mais um crime contra a liberdade individual. A lei tutela a liberdade física do sujeito passivo, notadamente a liberdade de locomoção e movimento, ou seja, "a liberdade de movimento no espaço".

2. ELEMENTOS DO TIPO

2.1. Ação nuclear e meios executórios

Dispõe o art. 148: "Privar alguém de sua liberdade, mediante sequestro ou cárcere privado". A ação nuclear do tipo penal é o verbo privar que significa destituir alguém de sua liberdade, no caso, de locomoção. Dá-se a privação da liberdade por dois modos: mediante sequestro ou cárcere privado. A doutrina costuma distinguir os termos "sequestro" e "cárcere privado", contudo, na prática, recebem o mesmo tratamento penal. No sequestro (gênero), a privação da liberdade de locomoção não implica confinamento (p.ex., manter uma pessoa em um sítio, em uma praia). Já no cárcere privado (que constitui uma espécie do gênero sequestro), a privação da liberdade ocorre em recinto fechado, enclausurado, confinado (p.ex., manter a vítima em um quarto fechado). Note-se que a privação da liberdade não precisa ser total; basta que a vítima não possa desvencilhar-se do sequestrador sem que corra perigo pessoal para que se configure o crime em tela[330].

(i) Detenção ou retenção: o crime de sequestro ou cárcere privado pode realizar-se por duas formas: **(i) detenção** – levar a vítima para outra casa e prendê-la em um quarto; **(ii) retenção** – impedir que a vítima saia de casa. No sequestro, a detenção ou retenção da vítima não importa em confinamento, ao contrário do cárcere privado. Podem ser empregados diversos meios para que se logre concretizar a detenção ou retenção da vítima: mediante violência física (p.ex., emprego de narcóticos), moral (p.ex., ameaça), fraude (p.ex., induzir a vítima em erro). Pode a privação da liberdade dar-se mediante omissão (p.ex., não liberar um enfermo que já se restabeleceu).

(ii) Dissentimento do ofendido: sendo a liberdade um bem jurídico disponível, não há falar no crime quando existir o consentimento válido da vítima. Desse modo, a internação de um indivíduo em uma clínica para alcoólatras com a sua autorização não configura o crime em estudo. Acentua E. Magalhães Noronha: "esse consentimento não tem valor, quando o tempo de privação de liberdade (perpétua ou por muito tempo) ou o modo de sua supressão (p.ex., ligado o indivíduo a cadeias, encerrado em lugar malsão etc.) ou o objetivo (prestação servil ou de qualquer modo ilícita) fere os princípios de direito público e de moral social, que querem incólumes a personalidade humana e a liberdade individual"[331].

(iii) Ilegitimidade da retenção ou detenção. Exige-se que a retenção ou detenção do indivíduo não decorra de permissão legal ou não seja tolerada pelo meio social. Assim, se houver justa causa para a privação da liberdade, o crime não se configura. Podemos mencionar exemplos citados por Nélson Hungria: internação de enfermos mentais, prisão em flagrante, isolamento de doentes contagiosos[332].

---

330. Nesse sentido, Nélson Hungria, *Comentários*, cit., v. VI, p. 193.

331. Nesse sentido, E. Magalhães Noronha, *Direito penal*, cit., p. 162.

332. Nélson Hungria, *Comentários*, cit., p. 195.

→ **Atenção:** se o agente acreditar, equivocadamente, que a retenção ou detenção é legítima, configura-se erro de proibição (CP, art. 21), isentando-o de pena, quando inevitável ou, se evitável, com redução da reprimenda.

2.2. Sujeito ativo

Trata-se de crime comum. Qualquer pessoa pode cometê-lo. Caso o agente seja funcionário público no exercício das suas funções, poderá ocorrer outro delito (art. 322 do CP, para aqueles que entendem que esse dispositivo do Código Penal não foi revogado).

2.3. Sujeito passivo

Qualquer pessoa, inclusive as paralíticas, aleijadas, pois estas também têm liberdade de movimento, ainda que exercida mediante o auxílio de cadeiras de rodas, muletas ou com a ajuda de outrem. A lei também tutela a liberdade de locomoção das crianças (quanto a estas, poderá configurar o crime previsto no art. 230 do ECA), dos loucos, das pessoas inconscientes, independentemente de sua capacidade de entendimento. Tais pessoas não podem consentir validamente que outrem suprima a sua liberdade de locomoção. O consentimento nesse caso é inválido, configurando-se o crime em tela. Lembra E. Magalhães Noronha que "não deixa de ser passível do delito a pessoa que já tem restrição de liberdade, sempre que a ação dirigida contra ela lese ainda mais esse direito, *v.g.*, acorrentar um preso, tirando-lhe a liberdade de locomoção que o regulamento presidiário lhe faculta"[333].

3. ELEMENTO SUBJETIVO

É o dolo, consistente na vontade livre e consciente de privar a vítima de sua liberdade de locomoção. Não registra a lei nenhuma finalidade específica, podendo ocorrer o crime por vingança, ciúme etc. O sequestro, porém, é um crime subsidiário e, por isso, tendo o agente a finalidade de receber vantagem, há extorsão mediante sequestro (art. 159); se sua conduta tem por finalidade dar vazão aos seus desejos sexuais, haverá crime de sequestro qualificado pelo fim libidinoso (art. 148, § 1º, V); se subtrair menor de 18 anos com a finalidade de dele cuidar, e não de privá-lo de sua liberdade de locomoção, haverá o crime de subtração ou sonegação de incapazes (CP, art. 249); se o praticar com a finalidade de atentar contra a segurança nacional, o fato será enquadrado no art. 20 da Lei de Segurança Nacional; se a finalidade da detenção ou retenção for corretiva, configura-se o crime de maus-tratos (art. 136); se a retenção for realizada para satisfazer pretensão legítima, haverá o crime de exercício arbitrário das próprias razões (CP, art. 345). Citemos um exemplo bastante comum: reter paciente em hospital até que este pague as despesas relacionadas à internação e tratamento médico. Se, finalmente, a finalidade for coagir outrem para que faça ou deixe de fazer algo, o crime será de constrangimento ilegal (CP, art. 146).

---

333. E. Magalhães Noronha, *Direito penal*, cit., p. 162.

O erro de tipo exclui o dolo e, portanto, o crime; por exemplo, médico que interna irmão gêmeo de paciente, em vez deste, em manicômio.

4. MOMENTO CONSUMATIVO

Trata-se de crime material. A consumação ocorre no instante em que a vítima se vê privada da liberdade de locomoção. Cuidando-se de delito permanente, perdura a consumação enquanto o ofendido estiver submetido à privação de sua liberdade de locomoção. Portanto, colocá-lo em liberdade não exclui o delito. Por se tratar de crime permanente, autoriza-se a prisão em flagrante do agente enquanto perdurar a privação ou restrição da liberdade de movimento da vítima. Tal característica também influencia na fixação da competência territorial, pois, se a consumação atingir mais de um foro, aquela será firmada pelo critério da prevenção (CPP, art. 71). Ainda, importante registrar que nos crimes permanentes não corre a prescrição até que a permanência esteja cessada. Finalmente, na hipótese de nova legislação, ainda que mais gravosa, esta será aplicável ao caso desde que a permanência, já iniciada, subsista sob a égide da nova lei, consoante a Súmula 711 do STF.

– **Necessidade de duração da privação da liberdade:** há duas correntes: (i) para a primeira, é irrelevante o tempo de duração da privação ou restrição da liberdade; o crime se consuma no momento em que a vítima se vê privada de sua liberdade de locomoção; assim configura-se o crime se a vítima é transportada em automóvel sem possibilidade de invocar socorro, por curto espaço de tempo; (ii) a segunda exige que a privação da liberdade perdure por tempo razoável, uma vez que, sendo momentânea, há só tentativa ou crime de constrangimento ilegal.

Nosso entendimento: adotamos a primeira corrente, pois, tratando-se de crime material, basta a privação da liberdade do agente, ainda que por curto espaço de tempo, para que se repute consumado o crime.

5. TENTATIVA

É possível na forma comissiva do delito, pois cuida-se aqui de crime plurissubsistente, havendo um *iter criminis* a ser fracionado. Assim, se o agente realiza os atos executórios sem que logre privar ou restringir a liberdade de locomoção, haverá tentativa do crime em análise. Por exemplo: o agente está prestes a amarrar a vítima a uma árvore quando é surpreendido; o agente está prestes a colocar a vítima no porta-malas do carro quando é impedido por terceiros. Em tais casos, há tentativa, pois não houve a produção do resultado naturalístico, qual seja, a efetiva privação da liberdade de movimento.

Nosso entendimento: a privação ou restrição momentânea da liberdade de movimento, segundo nosso entendimento, leva à consumação do crime, e não à tentativa; p.ex., vítima que é amarrada a uma árvore, mas, instantes depois, é encontrada pela Polícia.

6. FORMAS

6.1. Simples (art. 148, *caput*)

É a forma dolosa prevista no *caput* (pena de reclusão, de 1 a 3 anos).

6.2. Qualificada (art. 148, § 1º)

Encontra-se no § 1º (pena de reclusão, de 2 a 5 anos).

(i) Vítima ascendente, descendente, cônjuge ou companheiro do agente ou maior de 60 anos (inciso I): justifica-se a exasperação da pena pelos laços de sangue ou afetivos desrespeitados pelo agente. A qualificadora não pode ser interpretada extensivamente, de forma que não incide nas hipóteses de ser o ofendido padrasto ou genro do sujeito ativo. No tocante ao companheiro, a sua inclusão expressa nesse rol veio a atender ao preceito constitucional do art. 226, § 3º, da Constituição Federal, que reconhece expressamente a união estável entre homem e mulher como entidade familiar. Na realidade, sempre sustentamos que os companheiros, reunidos pelos laços da união estável, estariam incluídos nesse rol legal, na medida em que já eram equiparados constitucionalmente aos cônjuges. Não se tratava de interpretação extensiva da norma penal, ou seja, de analogia *in malam partem*, mas sim de mera declaração do seu exato conteúdo de acordo com o texto constitucional. Convém notar que a qualificadora em estudo é aplicável ao companheiro, bem como à companheira, assim como o termo "cônjuge" abrange o marido e a esposa. A lei, portanto, empregou os termos "companheiro" e "cônjuge" em sua acepção genérica, a qual abrange as pessoas do sexo masculino e feminino. No tocante ao descendente, o termo abrange também os filhos adotivos, os quais, de acordo com o art. 227, § 6º, da Constituição Federal, terão os mesmos direitos e qualificações que os filhos havidos do casamento. Lembre-se de que, caracterizada a figura qualificada, não se aplicam as agravantes genéricas do art. 61, II, *e*, do Código Penal, sob pena de *bis in idem*. A qualificadora, portanto, abrange os companheiros e os filhos adotivos. Com relação ao maior de 60 anos, referida qualificadora foi incluída no inciso I do § 1º. Vale registrar que é necessário que o agente tenha conhecimento dessa circunstância (idade do ofendido), pois, na medida em que haja o desconhecimento mais a impossibilidade de supor que se tratava de pessoa maior de 60 anos, responderá pelo crime na forma simples, aplicando-se o erro de tipo (CP, art. 20).

(ii) Crime praticado mediante internação da vítima em casa de saúde ou hospital (inciso II): há aqui o emprego de fraude, de artifício, o qual demonstra a maior periculosidade do agente, daí a previsão de sanção mais grave. Haverá erro de tipo se o agente supõe que a vítima efetivamente necessite ser internada.

(iii) Privação da liberdade superior a quinze dias (inciso III): o prazo deve ser contado de acordo com a regra do art. 10 do Código Penal, isto é, inclui-se o dia do começo. A qualificadora baseia-se no maior tempo de duração da privação da liberdade da vítima, o qual faz intensificar o sofrimento da vítima e de seus familiares. Ela demonstra também a maior periculosidade do agente, que se mostra indiferente ao sofrimento da vítima.

(iv) Crime praticado contra menor de 18 (dezoito) anos (inciso IV): tal qualificadora atende ao disposto na Constituição Federal, a qual determinou: "A lei punirá severamente o abuso, a violência e a exploração sexual da criança e do adolescente" (CF, art. 227, § 4º). A pessoa completa 18 anos no primeiro minuto do dia do seu aniversário, sendo considerada menor até a meia-noite do dia anterior. Dessa forma, se o delito for cometido no dia em que o menor completou 18 anos, afastada estará a incidência dessa qualificadora. De acordo com o art. 4º do Código Penal, a idade da vítima deverá ser considerada no momento da conduta. Caso a vítima venha a completar 18 anos no cativeiro, continuará incidindo a majorante, uma vez que, em algum momento do *iter criminis*, a qualificadora ficou caracterizada.

→ **Atenção:** não confundir o sequestro qualificado em razão da menoridade do ofendido com o crime do art. 230 do ECA, pois este demanda **apreensão** irregular de criança ou de adolescente: "privar a criança ou o adolescente de sua liberdade, procedendo à sua apreensão sem estar em flagrante de ato infracional ou inexistindo ordem escrita da autoridade judiciária competente" (ECA, art. 230).

→ **Atenção:** A partir da Lei n. 14.811/2024, que instituiu a Política Nacional de Prevenção e Combate ao Abuso e Exploração Sexual da Criança e do Adolescente, o sequestro e cárcere privado contra menor de 18 (dezoito) anos passaram a ser considerados crimes hediondos, dada a menor capacidade de resistência da vítima. Objetivou coibir a violência em ambientes educacionais ou similares.

A severidade da regra está associada à menor capacidade de resistência e inexperiência da criança e do adolescente, e reflete o intuito de impor medidas de proteção para os menores de 18 (dezoito) anos em ambientes educacionais ou similares.

(v) Crime praticado com fim libidinoso (inciso V): mencionada qualificadora se configura com a privação, com fim libidinoso, da liberdade de qualquer pessoa, homem ou mulher.

Quanto ao possível concurso de crimes com eventual estupro, a aplicação do princípio da consunção dependerá da similitude de contextos fáticos. Assim, na hipótese de o agente conduzir a vítima até local ermo, submetê-la à conjunção carnal e, logo em seguida, abandonar o local, não se poderá falar em concurso de crimes, pois a privação da liberdade perdurou o tempo estritamente necessário para conjunção carnal, integrando, por isso, o *iter criminis* do delito sexual mais grave. Aplica-se o princípio da consunção, evitando-se que o agente seja responsabilizado duas vezes pelo mesmo comportamento (*bis in idem*). Fica, assim, o sequestro absorvido pelo estupro, por ser mera fase normal de sua execução, desde que restrito ao tempo necessário à conjunção carnal. O concurso de crimes subsistirá apenas quando o sequestro e o crime subsequente forem praticados em contextos diversos e em momentos bem destacados temporalmente, fora da linha de desdobramento causal anterior. Por exemplo: o sujeito mantém a vítima em cativeiro, mesmo após satisfazer-se. Nesse caso, haverá concurso material de crimes, dado que as ações foram bem destacadas. Por essa razão, o agente deverá responder pelo sequestro em sua forma qualificada em concurso material com o estupro. Se as ações são autônomas e independentes uma da outra, não se pode conceber que uma acabe sendo absorvida, ainda que em parte. Em suma, se os contextos fáticos forem distintos e as ações destacadas no tempo e espaço, o agente deverá responder pelo sequestro qualificado pelo fim libidinoso em concurso com o estupro.

Caso a vítima seja menor de 14 anos, haverá o crime de sequestro ou cárcere privado na forma qualificada pelo fim libidinoso e pelo fato de a vítima ser menor de 18 anos (CP, art. 148, § 1º, IV e V). A primeira funcionará como qualificadora, e a segunda, como circunstância judicial desfavorável. Ainda que haja o consentimento da ofendida, entende-se que houve a caracterização do crime, pois lhe falta capacidade jurídica e mental para dispor do bem jurídico protegido pela norma penal, qual seja, a sua liberdade de locomoção e liberdade sexual. Caso o fim libidinoso venha a ser concretizado, poderá haver ou não o concurso material com um dos crimes contra a dignidade sexual, dependendo do contexto fático em que foram praticados, conforme já visto anteriormente.

> → **Atenção:** pode haver a existência concomitante de mais de uma das qualificadoras estudadas. Nesse caso, a orientação jurisprudencial que prevalece é no sentido de que basta uma das qualificadoras para que incida o § 1º. As demais devem figurar como circunstâncias agravantes, nos termos do art. 61 do Código Penal.

6.2.1. Qualificada pelo resultado (art. 148, § 2º)

Encontra-se no § 2º, nos seguintes termos: "se resulta à vítima, em razão de maus-tratos ou da natureza da detenção, grave sofrimento físico ou moral". A pena é de reclusão, de 2 a 8 anos. Dessa maneira, a previsão legal tem em vista *o grave sofrimento físico ou moral* do ofendido em razão dos maus-tratos produzidos pelo ofensor ou pela natureza da detenção.

(i) Maus-tratos: é o emprego de meios que acarretam grave sofrimento à vítima, seja a ofensa a sua saúde física (p.ex., privá-la de refeições, impedir que a vítima durma, sujeitá-la às intempéries – chuva, sol, frio); seja a ofensa a sua saúde mental (p.ex., expô-la constantemente a situações vexatórias, humilhantes). Se, em decorrência dos maus-tratos, o agente provocar dolosamente lesões corporais ou a morte da vítima, haverá concurso material entre tais crimes contra a vida (CP, arts. 121 ou 129) e o sequestro qualificado.

(ii) Natureza da detenção: nesta hipótese, o grave sofrimento físico ou moral deve advir do modo e condições objetivas da detenção em si mesma[334]. Por exemplo: manter a vítima em local insalubre, infestado de ratos; mantê-la algemada ao pé da cama; deixá-la amarrada a uma árvore. Exige-se que o modo e as condições objetivas da detenção proporcionem intenso sofrimento ao agente, fora do que normalmente acontece no sequestro ou cárcere privado na forma simples, pois neste basta a simples detenção do agente para que se configure o crime.

6.3. Culposa

Não há previsão da modalidade culposa.

---

334. Nesse sentido, Nélson Hungria, *Comentários*, cit., v. VI, p. 198.

7. CONCURSO DE CRIMES

(i) Sequestro e roubo (cf. inciso V do § 2º do art. 157): *vide* os comentários ao crime de roubo na forma qualificada.

(ii) Sequestro e Lei de Tortura (Lei n. 9.455/97): reza o art. 1º, § 4º, III, da Lei n. 9.455/97 que a pena será aumentada de 1/6 até 1/3 se o crime (os crimes elencados na Lei de Tortura) é cometido mediante sequestro. Portanto, o crime de sequestro na Lei de Tortura funciona como causa de aumento de pena, não se podendo falar em concurso de crimes. Note-se que a privação temporária da liberdade é decorrência quase que rotineira do emprego da tortura. Assim, essa causa de aumento somente será aplicável quando houver privação de liberdade por tempo prolongado, absolutamente desnecessário, ou com deslocamento da vítima para local distante etc.

8. PRESCRIÇÃO DA PRETENSÃO PUNITIVA. AÇÃO PENAL. PROCEDIMENTO. LEI DOS JUIZADOS ESPECIAIS CRIMINAIS

Nos crimes permanentes como o sequestro e cárcere privado a prescrição da pretensão punitiva só começa a correr na data em que se der o encerramento da conduta, ou seja, com o término da permanência (CP, art. 111, III). Isso ocorre porque nessa espécie de delito a cada dia se renova o momento consumativo e, com ele, o termo inicial do prazo.

Trata-se de crime de ação penal pública incondicionada, que independe de representação do ofendido ou de seu representante legal e que está sujeito ao procedimento comum ou ordinário (CPP, arts. 394 a 405).

É cabível a suspensão condicional do processo (art. 89 da Lei n. 9.099/95) somente no *caput* do art. 148, uma vez que a pena mínima prevista é de 1 ano de reclusão. Nos §§ 1º e 2º, ela é incabível, em virtude de a pena mínima prevista ser de 2 anos de reclusão.

Conforme art. 13-A do Código de Processo Penal, nos crimes de sequestro ou cárcere privado o membro do Ministério Público ou o delegado de polícia podem requisitar, de quaisquer órgãos do poder público ou de empresa de iniciativa privada, dados cadastrais da vítima ou de suspeitos, prescindindo de intervenção judicial.

ART. 149 – REDUÇÃO A CONDIÇÃO ANÁLOGA À DE ESCRAVO

1. CONCEITO. OBJETO JURÍDICO

Contempla o Código Penal no artigo em estudo o fato criminoso denominado *plagium* (plágio). Segundo Hungria, "é a completa sujeição de uma pessoa ao poder de outra. Protege a lei penal, aqui, o *status libertatis*, ou seja, a liberdade no conjunto de suas manifestações. Refere-se o texto legal 'à condição análoga à de escravo', deixando bem claro que não se cogita de redução à escravidão, que é um conceito jurídico, isto é, pressupondo a possibilidade legal do domínio de um homem sobre o outro. O *status libertatis*, como estado de direito, permanece inalterado, mas, *de fato*, é suprimido. Entre o agente e o sujeito passivo se estabelece uma relação tal, que o primeiro se apodera totalmente da liberdade pessoal do segundo, ficando este reduzido, de fato, a um estado de passividade idêntica à do antigo cativeiro"[335]. O art. 149 do Código Penal tem a seguinte redação: "Reduzir alguém a condição análoga à de escravo, quer submetendo-o a trabalhos forçados ou a jornada exaustiva, quer sujeitando-o a condições degradantes de trabalho, quer restringindo, por qualquer meio, sua locomoção em razão de dívida contraída com o empregador ou preposto: Pena — reclusão, de dois a oito anos, e multa, além da pena correspondente à violência. § 1º Nas mesmas penas incorre quem: I — cerceia o uso de qualquer meio de transporte por parte do trabalhador, com o fim de retê-lo no local de trabalho; II — mantém vigilância ostensiva no local de trabalho ou se apodera de documentos ou objetos pessoais do trabalhador, com o fim de retê-lo no local de trabalho". São figuras equiparadas (§ 1º, I e II) e, ainda, mediante a inclusão de um § 2º, estabelece-se causas de aumento de pena.

Nesse contexto, merece destaque o art. 8º do Pacto Internacional sobre Direitos Civis e Políticos, o qual proíbe expressamente a escravidão e a servidão, ratificado pelo Brasil através do Decreto Presidencial n. 592/92, bem como o art. 6º da Convenção Americana de Direitos Humanos (Pacto de São José da Costa Rica), o qual dispõe no mesmo sentido, ratificado pelo nosso país através do Decreto Presidencial n. 678/92.

2. ELEMENTOS DO TIPO

2.1. Ação nuclear

A Lei n. 10.803/2003 procurou elencar os modos pelos quais a redução a condição análoga à de escravo pode dar-se. Vejamos: (i) mediante submissão a trabalhos forçados ou a jornada exaustiva: submeter significa sujeitar, subjugar a vítima, no caso, a trabalhos forçados, entendendo-se como tais aqueles em que não há como oferecer resistência ou manifestar recusa, em face do emprego de violência, ameaça ou fraude; também se caracteriza o crime na hipótese em que se impõe a obrigação do labor até a exaustão física, sem perspectiva de interrupção a curto prazo; (ii) mediante a sujeição a condições degradantes de trabalho: aqui o indivíduo é obrigado a trabalhar em condições subumanas, sem a possibilidade de interrupção voluntária da relação empregatícia; (iii) mediante restrição, por qualquer meio, de sua locomoção em razão de dívida contraída com o empregador ou preposto: trata-se aqui de verdadeiro cerceamento à liberdade de ir e vir do indivíduo. A vítima se encontra obrigada a trabalhar sem permissão para deixar o local até a quitação total de dívida contraída com o patrão ou preposto. Neste último caso, geralmente não há pagamento em dinheiro, mas mediante compensação do débito, quase sempre de difícil quitação. Convém notar que basta a caracterização de uma dessas situações para que o crime se configure, não sendo necessária a coexistência de todas elas. Finalmente, vejam que todas essas ações (submissão, sujeição ou restrição) podem

---

335. Nélson Hungria, *Comentários*, cit., v. VI, p. 199 e 200.

ser praticadas mediante o emprego de fraude, ameaça, violência. Trata-se de crime de ação livre.

O STJ se posicionou acerca da dispensabilidade da restrição à liberdade de locomoção do trabalhador para a configuração do tipo ora estudado: "o delito pode ser praticado por meio de outras condutas como no caso em que os trabalhadores são sujeitados a condições degradantes, subumanas (STJ. 3ª Seção. CC 127.937-GO, rel. Min. Nefi Cordeiro, julgado em 28-5-2014)".

O STF também possui entendimento nesse sentido, pois de acordo com a Suprema Corte "para configuração do crime do art. 149 do Código Penal, não é necessário que se prove a coação física da liberdade de ir e vir ou mesmo o cerceamento da liberdade de locomoção, bastando a submissão da vítima 'a trabalhos forçados ou a jornada exaustiva' ou 'a condições degradantes de trabalho', condutas alternativas previstas no tipo penal. A 'escravidão moderna' é mais sutil do que a do século XIX e o cerceamento da liberdade pode decorrer de diversos constrangimentos econômicos e não necessariamente físicos. (STF. Plenário. Inq 3412, Rel. p/ Acórdão Min. Rosa Weber, julgado em 29-3-2012)".

Resta mencionar que alguns crimes acabam sendo absorvidos pela conduta do art. 149 do Código Penal; é o caso da ameaça, do constrangimento ilegal, do cárcere privado. Assim, a retenção forçada do trabalhador, pelo agente, no local de trabalho, privando-o de sua liberdade de ir e vir, em razão de dívida contraída, não configura o crime do art. 148, mas sim o delito mais grave previsto no art. 149 do Código Penal, dado que a restrição da liberdade da vítima foi realizada com o fim de reduzi-la a condição análoga à de escravo.

2.2. Sujeito ativo

Trata-se de crime comum. Qualquer pessoa pode praticar o crime em tela.

2.3. Sujeito passivo

Qualquer pessoa, independentemente da raça, sexo ou idade. O consentimento do ofendido é irrelevante. É que constitui um dos fundamentos da República Federativa do Brasil, a dignidade da pessoa humana (art. 1º, III) e um de seus objetivos fundamentais para a construção de uma sociedade livre, justa e solidária (art. 3º, I), regendo-se em suas relações internacionais pelo princípio da prevalência dos direitos humanos (art. 4º, II). Inclusive o art. 6º da Convenção Americana sobre Direitos Humanos (Pacto de São José da Costa Rica), promulgada, no Brasil, pelo Decreto n. 678, de 6-11-1992, assegura que "1. Ninguém pode ser submetido à escravidão ou a servidão, e tanto estas como o tráfico de escravos e o tráfico de mulheres são proibidos em todas as formas". Assim, não há que falar em consentimento do ofendido em tais crimes, pois princípios maiores de ordem constitucional e internacional devem ser garantidos, os quais não podem ser disponibilizados pela simples vontade da vítima.

→ **Atenção:** quando o agente mantém em condição análoga à de escravo mais de uma pessoa, há concurso formal de crimes. Serão tantos delitos quantos forem os sujeitos passivos.

3. FIGURAS EQUIPARADAS

Nas mesmas penas da figura constante do tipo básico incorre quem (art. 149, § 1º): (i) cerceia o uso de qualquer meio de transporte por parte do trabalhador, com o fim de retê-lo no local de trabalho; (ii) mantém vigilância ostensiva no local de trabalho ou se apodera de documentos ou objetos pessoais do trabalhador, com o fim de retê-lo no local de trabalho. Estamos diante de crimes que podem ser praticados não só pelo empregador ou preposto, como também por qualquer pessoa a mando destes. Na primeira modalidade, pressupõe-se que o agente queira retirar-se do local de trabalho, mas não tenha condições materiais para fazê-lo, sendo-lhe negado tal direito. Na segunda modalidade, o agente exerce constante vigilância sobre o trabalhador, impedindo, com isso, que ele se evada do local de trabalho; ou então impede a sua retirada retendo os seus documentos (documento de identidade, carteira de trabalho etc.) ou objetos pessoais (roupas, calçados etc.).

Importa notar que, se as ações acima forem praticadas sem que haja a finalidade específica de reter o trabalhador no local de trabalho, o crime poderá ser outro, por exemplo, constrangimento ilegal, cárcere privado etc.

4. ELEMENTO SUBJETIVO

É o dolo, consistente na vontade de submeter outrem ao seu poder, de forma a suprimir-lhe a liberdade de fato. Nas figuras equiparadas, constantes dos incisos I e II do § 1º do art. 149, é necessário o fim especial (elemento subjetivo do tipo, ou seja, o antigo dolo específico) de reter a vítima no local de trabalho. Assim, necessária a vontade de cercear a locomoção, de se apoderar de documentos ou objetos pessoais do empregado ou de manter vigilância ostensiva com a finalidade específica de impedir que ele deixe o local. Note-se que, nessas hipóteses, não é necessário que o agente se oponha frontalmente à saída do empregado, bastando que imponha obstáculos ou dificuldades, com o fim de mantê-lo sob seus domínios. O consentimento do ofendido é irrelevante.

5. MOMENTO CONSUMATIVO

Trata-se de crime material. Consuma-se quando o sujeito logra reduzir a vítima à condição análoga à de escravo. Trata-se, também, de crime permanente, sendo possível o flagrante enquanto perdurar a submissão, bem como as demais implicações estudadas no item 4 do art. 138. As figuras equiparadas também constituem condutas permanentes, as quais se aperfeiçoam no momento em que se verifica o cerceamento ou o apoderamento dos documentos ou objetos pessoais do trabalhador, com a finalidade especial de mantê-lo no local de trabalho. No caso da vigilância ostensiva, o aperfeiçoamento do crime ocorrerá no exato instante em que, instalado o esquema, o agente consegue dar-lhe caráter de estabilidade, de duração, de permanência, não podendo confundir-se com supervisão ou fiscalização eventual e efêmera. Em todos os casos, o momento consumativo perdurará enquanto durar a situação.

6. TENTATIVA

É admissível se o agente não consegue o resultado de submissão à sua vontade, apesar da prática de atos de execução (violência, ameaça etc.). Na hipótese das figuras equiparadas, a tentativa será possível quando o agente tentar, mas não conseguir, cercear a locomoção ou se apoderar de documentos ou objetos capazes de impedir a saída, ou quando não conseguir manter a vigilância no local.

7. FORMAS

7.1. Simples (art. 149, *caput* e § 1º)

É a forma dolosa prevista no *caput* e nas formas equiparadas dos incisos I e II do § 1º do artigo em comento (pena: reclusão, de 2 a 8 anos, e multa, além da pena correspondente à violência).

7.2. Culposa

Não há previsão da forma culposa do delito em estudo.

7.3. Causa de aumento (impropriamente chamada de forma qualificada) – art. 149, § 2º

De acordo com o § 2º do art. 149, a pena será aumentada de metade se o crime for cometido: (i) contra criança ou adolescente; (ii) por motivo de preconceito de raça, cor, etnia, religião ou origem.

Na hipótese do agente que mantém duas pessoas em regime de escravidão, sendo uma delas maior de idade e outra menor, haverá concurso formal de crimes, devendo ser aplicada a causa de aumento do § 2º, cumulada com a exasperação do art. 70 do Código Penal, decorrente do concurso formal.

8. SANÇÃO PENAL E CONCURSO DE CRIMES

A pena será de reclusão, de dois a oito anos, e multa, além da pena correspondente à violência. Primeiramente, convém mencionar que a Lei n. 10.803/2003 não modificou os limites de pena do crime em estudo, contudo acrescentou a pena de multa, sendo certo que neste aspecto a lei é mais grave, não podendo retroagir para prejudicar o réu. Em segundo lugar, o diploma legal cuidou de explicitar que o agente deverá responder também pela pena correspondente à violência. Assim, se da redução a condição análoga à de escravo advierem lesões corporais (leve, grave ou gravíssima) ou morte da vítima, deverá ele ser responsabilizado pelo concurso de crimes. As vias de fato restam absorvidas pelo delito em estudo.

9. AÇÃO PENAL. PROCEDIMENTO. COMPETÊNCIA

Cuida-se de crime de ação penal pública incondicionada, que independe de representação do ofendido ou de seu representante legal. A distinção entre os procedimentos ordinário e sumário dar-se-á em função da pena máxima cominada à infração penal. Assim, o crime em estudo estará sujeito ao procedimento ordinário, em virtude de a sanção máxima prevista ser superior a quatro anos de pena privativa de liberdade (CPP, art. 394, § 1º, I).

Trata-se de crime contra a organização do trabalho, sendo, portanto, de competência da Justiça Federal, de acordo com o art. 109, VI, da CF (*Informativo* n. 524 do STF).

Por fim, registre-se que a inclusão no Código de Processo Penal do art. 13-A possibilitou que no crime de redução à condição análoga à de escravo o membro do Ministério Público ou o delegado de polícia requisitem, de quaisquer órgãos do poder público ou de empresa de iniciativa privada, dados cadastrais da vítima ou de suspeitos, prescindindo de intervenção judicial.

ART. 149-A – TRÁFICO DE PESSOAS

1. CONCEITO

Pratica o novo crime de tráfico de pessoas quem agenciar, aliciar, recrutar, transportar, transferir, comprar, alojar ou acolher pessoa, mediante grave ameaça, violência, coação, fraude ou abuso, com a finalidade específica de remoção de órgãos, tecidos ou partes do corpo; de submetê-la a trabalho em condições análogas à de escravo; de submetê-la a qualquer tipo de servidão; adoção ilegal; ou ainda para fins de exploração sexual. Vale lembrar que os revogados arts. 231 e 231-A tutelavam apenas a finalidade específica de exploração sexual.

A respeito do conceito de exploração sexual, Rogério Sanches Cunha nos traz a seguinte lição: "A exploração sexual, de acordo com o primoroso estudo de Eva Faleiros, pode ser definida como uma dominação e abuso do corpo de criança, adolescentes e adultos (oferta), por exploradores sexuais (mercadores), organizados, muitas vezes, em rede de comercialização local e global (mercado), ou por pais ou responsáveis, e por consumidores de serviços sexuais pagos (demanda), admitindo quatro modalidades: (i) **prostituição** – atividade na qual atos sexuais são negociados em troca de pagamento, não apenas monetário; (ii) **turismo sexual** – é o comércio sexual, bem articulado, em cidades turísticas, envolvendo turistas nacionais e estrangeiros e principalmente mulheres jovens, de setores excluídos de Países de Terceiro Mundo; (iii) **pornografia** – produção, exibição, distribuição, venda, compra, posse e utilização de material pornográfico, presente também na literatura, cinema, propaganda etc.; e (iv) **tráfico para fins sexuais** – movimento clandestino e ilícito de pessoas através de fronteiras nacionais, com o objetivo de forçar mulheres e adolescentes a entrar em situações sexualmente opressoras e exploradoras, para lucro dos aliciadores, traficantes".

1.1. Tráfico internacional de pessoa para fim de exploração sexual e Lei de Lavagem de Dinheiro

Comparecemos, a convite do Professor Damásio E. de Jesus, ao 12º Período de Sessões da Comissão das Nações Unidas de Prevenção ao Crime e Justiça Penal, realizado entre os dias 13 e 22 de maio de 2003 no Centro Internacional de Viena, Áustria (CIV), coloquialmente conhecido como Cidade da ONU, cujo principal tema debatido foi o então delito de tráfico internacional de mulheres e crianças, o qual, a partir da Lei n. 11.106/2005, passou a alcançar também o tráfico internacional de pessoas do sexo masculino. Com base nos dados estatísticos oficialmente divulgados naquela ocasião, constatamos que o crime de tráfico internacional de mulheres, atualmente tráfico internacional de pessoa para fim de exploração sexual, assumiu, ultimamente, proporções assustadoras, sendo considerado a terceira atividade ilícita mais rentável (perdendo para o tráfico de drogas e de armas). Apesar disso, lembra-nos Damásio de Jesus que a conduta de ocultar ou dissimular a natureza, a origem, a localização, a disposição, a movimentação ou propriedade de bens, os direitos e valores provenientes, direta ou indiretamente, do crime de tráfico internacional de mulheres ou crianças (tráfico internacional de pessoa para fim de exploração sexual) não se enquadrava no rol legal do art. 1º da Lei n. 9.613/98 (Lei de Lavagem de Dinheiro), o qual era taxativo. Justificou o autor o esquecimento do legislador: "A razão histórica está em que nos idos de 1998, quando a Lei entrou em vigor, não obstante o delito de tráfico internacional de pessoas estivesse sendo cometido há muito tempo e em grande escala, não tinha grande repercussão social. Esquecido pela mídia, passou despercebido aos olhos do legislador. De modo que não há crime de branqueamento de capitais na hipótese de o objeto material advir de tráfico internacional de pessoas, subsistindo apenas o delito antecedente". No ponto específico aqui estudado, pode-se demonstrar a importante alteração sofrida pela Lei n. 9.613/98 no tocante à eliminação completa do rol de crimes antecedentes. Hoje, toda e qualquer infração penal, em tese, pode ser considerada antecedente da conduta de "lavagem" de capitais, inserindo-se entre suas possibilidades de origem de receita justamente o tráfico internacional de mulheres ou crianças (tráfico internacional de pessoa para fim de exploração sexual).

No tocante às organizações criminosas, convém notar que a Convenção das Nações Unidas contra o Crime Organizado Transnacional, realizada em Palermo, na Itália, em 15 de dezembro de 2000, definiu, em seu art. 2º, o conceito de organização criminosa como todo "grupo estruturado de três ou mais pessoas, existente há algum tempo e atuando concertadamente com o fim de cometer infrações graves, com a intenção de obter benefício econômico ou moral". Tal convenção foi ratificada pelo Decreto Legislativo n. 231, de 30 de maio de 2003, passando a integrar nosso ordenamento jurídico. Essa ratificação já seria suficiente para adequar a Lei do Crime Organizado ao princípio da legalidade penal. Além da Convenção, em 24 de julho de 2012 foi publicada a Lei n. 12.694, que eliminou totalmente a celeuma da ausência de conceito para organizações criminosas. Reza seu art. 2º: "Para os efeitos desta Lei, considera-se organização criminosa a associação, de 3 (três) ou mais pessoas, estruturalmente ordenada e caracterizada pela divisão de tarefas, ainda que informalmente, com objetivo de obter, direta ou indiretamente, vantagem de qualquer natureza, mediante a prática de crimes cuja pena máxima seja igual ou superior a 4 (quatro) anos ou que sejam de caráter transnacional". Com isso, a tendência é a de que acabe a restrição quanto à incidência da Lei do Crime Organizado sobre as organizações criminosas, ante o argumento de que não foram definidas em lei. Convém ressaltar que a nova conceituação, por determinação expressa da própria Lei, somente tem incidência para fins processuais, não podendo ser aplicada analogicamente em matéria penal, dado ser vedado, nessa hipótese, o emprego de analogia *in malam partem* e em normas incriminadoras. De fato, a Lei, ao estabelecer os elementos configuradores da organização criminosa, foi expressa ao dizer: "Art. 2º Para os efeitos desta Lei...".

Por fim, a Lei n. 12.850/2013 definiu organizações criminosas para fins penais: "Considera-se organização criminosa a associação de 4 (quatro) ou mais pessoas estruturalmente ordenada e caracterizada pela divisão de tarefas, ainda que informalmente, com objetivo de obter, direta ou indiretamente, vantagem de qualquer natureza, mediante a prática de infrações penais cujas penas máximas sejam superiores a 4 (quatro) anos, ou que sejam de caráter transnacional" (§ 1º do art. 1º)".

Importante ressaltar que o tipo penal confirma a tendência da prática do crime de tráfico de pessoas com o delito de organizações criminosas, ao conceder ao agente pena reduzida de um a dois terços se ele for primário e não integrar organização criminosa.

2. OBJETO JURÍDICO

O crime de tráfico de pessoas integra a seção intitulada "Dos crimes contra a liberdade pessoal". Liberdade pessoal consiste na liberdade de autodeterminação, compreendendo a liberdade de pensamento, de escolha, de vontade e de ação. Está ela consagrada na Magna Carta em seu art. 5º, II, que reza: "ninguém será obrigado a fazer ou deixar de fazer alguma coisa senão em virtude de lei". Tal dispositivo constitui, antes de mais nada, uma garantia assegurada ao cidadão de não ter a sua liberdade de ação ou omissão tolhida pela ação arbitrária do Estado e dos demais cidadãos, pois somente o comando legal poderá dizer o que lhe é permitido ou proibido fazer.

3. ELEMENTOS DO TIPO

3.1. Ação nuclear

As ações nucleares típicas do dispositivo legal estão consubstanciadas nos verbos *agenciar, aliciar, recrutar, transportar, transferir, comprar, alojar* ou *acolher* pessoa, mediante grave ameaça, violência, coação, fraude ou abuso, com a finalidade de: (i) – remover-lhe órgãos, tecidos ou partes do corpo; (ii) – submetê-la a trabalho em condições análogas à de escravo; (iii) – submetê-la a qualquer tipo de servidão; (iv) – adoção ilegal; ou (v) – exploração sexual. A sanção penal para o crime de tráfico de pessoas é de reclusão, de 4 (quatro) a 8 (oito) anos, e multa. Ainda, prevê o tipo penal que o crime em comento pode ser cometido pelos seguintes meios de execução: grave ameaça, violência, coação ou fraude.

O tipo penal possui causas específicas de aumento e diminuição de pena.

A pena será aumentada de um terço até a metade se: (i) — o crime for cometido por funcionário público no exercício de suas funções ou a pretexto de exercê-las; (ii) — o crime for cometido contra criança, adolescente ou pessoa idosa ou com deficiência; (iii) — o agente se prevalecer de relações de parentesco, domésticas, de coabitação, de hospitalidade, de dependência econômica, de autoridade ou de superioridade hierárquica inerente ao exercício de emprego, cargo ou função; ou (iv) — a vítima do tráfico de pessoas for retirada do território nacional.

E a causa especial de diminuição de pena terá lugar quando o réu for primário e não integrar organização criminosa. Nesse caso, fará jus a uma redução, que poderá variar de um a dois terços.

Tendo em vista justamente que a cadeia internacional do tráfico de pessoa conta com uma grande rede mundial de atravessadores, isto é, de interpostas pessoas que fazem o elo, a ligação, entre os "vendedores" e os "adquirentes" da "mercadoria", o tipo em comento ampliou a repressão a essa forma de criminalidade, incluindo diversas ações típicas: agenciar, aliciar, recrutar, transportar, transferir, comprar, alojar ou acolher pessoa. Trata-se de tipo misto alternativo ou de conteúdo variado.

Seguindo o Protocolo Adicional à Convenção das Nações Unidas contra o Crime Organizado Transnacional Relativo à Prevenção, Repressão e Punição do Tráfico de Pessoas, em Especial Mulheres e Crianças, o tipo penal do art. 149-A protege tanto crianças quando adultos, incluindo os adolescentes, jovens e pessoas idosas.

> → **Atenção:** A partir da Lei n. 14.811/2024, que instituiu a Política Nacional de Prevenção e Combate ao Abuso e Exploração Sexual da Criança e do Adolescente, o tráfico de pessoas cometido contra menor de 18 (dezoito) anos (criança ou adolescente) passou a ser considerado crime hediondo, dada a menor capacidade de resistência da vítima. Objetivou coibir a violência em ambientes educacionais ou similares.

Observa-se também, nessa situação específica, que a gravidade do crime está associada à condição da vítima, que é menor de 18 anos (criança ou adolescente), geralmente com menor capacidade de resistência e experiência em comparação com um adulto. A alteração legislativa reflete o intuito de estabelecer medidas de proteção para crianças e adolescentes contra a prática do tráfico de pessoas.

3.2. Sujeito ativo

Qualquer pessoa, homem ou mulher, pode ser sujeito ativo desse crime, sendo certo que é comum o delito ser praticado por uma pluralidade de agentes. Contudo, nada impede que somente uma pessoa se encarregue de traficar outra.

3.3. Sujeito passivo

O crime pode ter como vítima qualquer pessoa. Importante destacar que a pena será aumentada de um terço até a metade se a vítima for criança, adolescente ou pessoa idosa ou com deficiência (art. 149-A, § 1º, II).

4. ELEMENTO SUBJETIVO

É o dolo, consistente na vontade livre e consciente de agenciar, aliciar, recrutar, transportar, transferir, comprar, alojar ou acolher pessoa, mediante grave ameaça, violência, coação, fraude ou abuso.

O tipo penal ainda exige o dolo específico, ou seja, elemento subjetivo do injusto com a finalidade de: (i) – remover-lhe órgãos, tecidos ou partes do corpo; (ii) – submetê-la a trabalho em condições análogas à de escravo; (iii) – submetê-la a qualquer tipo de servidão; (iv) – adoção ilegal; ou (v) – exploração sexual.

5. CONSUMAÇÃO E TENTATIVA

Ocorre a consumação com a prática dos verbos nucleares do tipo associados à grave ameaça, violência, coação, fraude ou abuso. A efetiva remoção dos órgãos, tecidos ou partes do corpo, a submissão efetiva a condição análoga à de escravo, a servidão, a adoção ilegal ou a exploração sexual não são necessárias para fins de consumação, e poderão caracterizar tipos penais autônomos.

A tentativa é possível, pois se trata de crime plurissubsistente. Por exemplo: lenão[336] que, após preparar todos os papéis para a viagem, é preso em flagrante quando embarcava no navio com a vítima.

6. FORMAS

6.1. Simples (art. 149-A, *caput*)

Estão previstas no *caput*: agenciar, aliciar, recrutar, transportar, transferir, comprar, alojar ou acolher pessoa, mediante grave ameaça, violência, coação, fraude ou abuso, com a finalidade de: (i) – remover-lhe órgãos, tecidos ou partes do corpo; (ii) – submetê-la a trabalho em condições análogas à de escravo; (iii) – submetê-la a qualquer tipo de servidão; (iv) – adoção ilegal; ou (v) – exploração sexual. A sanção penal para o crime de tráfico de pessoas é de reclusão, de 4 (quatro) a 8 (oito) anos, e multa.

6.2. Majoradas (art. 149-A, § 1º)

O art. 149-A, em seu § 1º, tipifica quatro situações em que o agente terá sua pena agravada de um terço até a metade: (i) – quando o crime for cometido por funcionário público no exercício de suas funções ou a pretexto de exercê-las; (ii) – quando o crime for cometido contra criança, adolescente ou pessoa idosa ou com deficiência; (iii) – quando o agente se prevalecer de relações de parentesco, domésticas, de coabitação, de hospitalidade, de dependência econômica, de autoridade ou de superioridade hierárquica inerente ao exercício de emprego, cargo ou função; ou (iv) – quando a vítima do tráfico de pessoas for retirada do território nacional.

---

336. Lenão é a pessoa que vive do comércio da prostituição.

6.3. Causa especial de diminuição (art. 149-A, § 2º)

Trata-se do tráfico de pessoas privilegiado. Se o agente for primário e não integrar organização criminosa, terá direito à redução de sua pena na terceira fase de dosimetria, no patamar de um a dois terços.

7. COMPETÊNCIA. AÇÃO PENAL. PROCEDIMENTO

A competência dependerá da internacionalização do delito ou não.

Tratando-se de crime internacional, a competência é da Justiça Federal (CF/88, art. 109, V). De acordo com a doutrina, com base no art. 5º do Código Penal (teoria da ubiquidade), ainda que a pessoa não tenha como destino o Brasil, se ela passar pelo território nacional para atingir outro Estado, será competente a Justiça Federal brasileira, pois, de certa forma, ela saiu do nosso território com as finalidades específicas do tipo.

Tratando-se de crime nacional, a competência será da Justiça Estadual. Se, no entanto, perante a Justiça Federal estiver tramitando processo por crime de tráfico internacional de pessoas, dada a conexão entre esse delito e o crime de tráfico interno de pessoas, recomenda-se, por conveniência da apuração da verdade real, a reunião dos processos, uma vez que a prova de uma infração poderá influir na outra (é a chamada conexão instrumental ou probatória). Como o crime de tráfico internacional de pessoas é de competência da Justiça Federal, incidirá a Súmula 122 do STJ: "Compete à Justiça Federal o processo e julgamento unificado dos crimes conexos de competência federal e estadual, não se aplicando a regra ao art. 78, II, *a*, do Código de Processo Penal".

Cuida-se de crime de ação penal pública incondicionada. No tocante ao procedimento, seguirá o rito ordinário (*vide* CPP, art. 394), que passou a eleger critério distinto para a determinação do rito processual a ser seguido. A distinção entre os procedimentos ordinário e sumário dar-se-á em função da pena máxima cominada à infração penal e não mais em virtude de esta ser apenada com reclusão ou detenção.

Diante da prática dessa modalidade criminosa a lei permite a adoção de medidas assecuratórias relacionadas a bens, direitos ou valores pertencentes ao investigado ou acusado, ou existentes em nome de interpostas pessoas, que sejam instrumento, produto ou proveito do crime de tráfico de pessoas, bem como a aplicação subsidiária da Lei n. 12.850/2013, a qual apresenta grande utilidade, por exemplo, no quesito de meios de prova, como a colaboração premiada e a infiltração de agentes.

Finalmente, vale destacar a redação do art. 13-A, do Código de Processo Penal, que possibilita no crime de redução à condição análoga à de escravo que o membro do Ministério Público ou o delegado de polícia requisitem, de quaisquer órgãos do poder público ou de empresa de iniciativa privada, dados cadastrais da vítima ou de suspeitos, prescindindo de intervenção judicial. No mais, o art. 13-B do Código de Processo Penal, dispõe que, quando "necessário à prevenção e à repressão dos crimes relacionados ao tráfico de pessoas, o membro do Ministério Público ou o delegado de polícia poderão requisitar, mediante autorização judicial, às empresas prestadoras de serviço de telecomunicações e/ou telemática que disponibilizem imediatamente os meios técnicos adequados – como sinais, informações e outros – que permitam a localização da vítima ou dos suspeitos do delito em curso".

Seção II
Dos crimes contra a inviolabilidade do domicílio

ART. 150 - VIOLAÇÃO DE DOMICÍLIO

1. OBJETO JURÍDICO

Sob a epígrafe "Violação de domicílio" contempla o Código Penal mais uma espécie do gênero "crimes contra a liberdade individual". Tutela agora a lei penal a inviolabilidade da casa da pessoa. Segundo preceito constitucional: "a casa é o asilo inviolável do indivíduo..." (art. 5º, XI). A Constituição Federal tem em vista a proteção da tranquilidade e segurança da pessoa em sua vida privada, no reduto de seu lar, impedindo, com a repressão penal, que terceiros se arvorem no direito de perturbar, invadir a vida íntima alheia delimitada no âmbito de sua morada. O que se tutela é a tranquilidade do indivíduo em determinado espaço privado, e não a sua posse ou propriedade, ao contrário dos crimes patrimoniais.

2. ELEMENTOS DO TIPO

2.1. Ação nuclear

Trata-se de crime de ação múltipla. A ação nuclear do tipo consubstancia-se nos verbos *entrar* ou *permanecer* em casa alheia ou em suas dependências. *Entrar* é ingressar por completo, efetivamente, no domicílio. Por exemplo, agente que logra pular a janela e é surpreendido já no interior da habitação. *Permanecer* pressupõe que o agente já se encontre no interior do domicílio. Aqui há dois momentos distintos: primeiramente, uma permissão legal ou do dono da habitação para que o agente entre nela; em momento posterior a sua permanência não é mais aceita, mas ele se recusa a retirar-se de lá. Por se tratar de crime de ação múltipla, se o agente entrar clandestinamente e, ao ser descoberto, insistir em permanecer na habitação, haverá crime único.

O crime pode ser cometido mediante o emprego de diversos meios executórios, como, por exemplo, utilização de chave falsa, fraude etc. Se o crime é praticado com o emprego de violência ou de arma, incidirá a qualificadora prevista no § 1º.

2.2. Elementos normativos do tipo

A entrada ou permanência, segundo o dispositivo legal, pode ser:

(i) clandestina: quando realizada às ocultas, às escondidas, sem que o morador tome conhecimento;

(ii) astuciosa: quando o agente emprega algum artifício, fraude, ardil para induzir o morador em erro, obtendo, com isso, o seu consentimento para adentrar ou permanecer na habitação (p.ex., o indivíduo se traveste de operário de uma empresa telefônica);

(iii) ostensiva: quando a entrada ou permanência é realizada contra a vontade expressa ou tácita de quem de direito. O agente, nessa hipótese, pode utilizar-se de violência contra o morador. Este, por sua vez, pode manifestar a sua contrariedade por palavras, gestos, atos, ou por escrito. A manifestação pode também ser tácita, por exemplo, o silêncio, de acordo com as circunstâncias concretas, pode perfeitamente demonstrar o dissenso da vítima. Saliente-se que o silêncio do morador por si só não presume o seu dissentimento quanto à entrada ou permanência de outrem em sua habitação.

A entrada ou permanência deve ser realizada contra a vontade expressa ou tácita *de quem de direito*. Cumpre definir o real titular do direito de excluir ou admitir alguém em determinado espaço privado, pois ele será o sujeito passivo do crime em estudo. Cabe ao morador ou quem o represente essa faculdade. Assim, não importa que o imóvel seja objeto de locação, comodato, arrendamento. A proteção legal destina-se àquele que ocupa o espaço, não ao titular da propriedade, pois o que se tutela aqui é o direito à tranquilidade e segurança no espaço doméstico, e não o direito à posse ou propriedade.

Via de regra, em casa habitada por família, cabe aos cônjuges em igualdade de condições exercer o direito de admissão ou exclusão. Na falta destes, cabe aos seus ascendentes, descendentes, primos, tios, sobrinhos, empregados, ou seja, a qualquer um que os represente, exercer esse direito. Vejamos algumas situações:

(i) Relação de família. Divergência entre cônjuges (ou companheiros): o direito de admitir ou não a entrada ou permanência de estranhos é concedido a ambos em igualdade de condições (CF, art. 226, § 5º). Havendo divergência, prevalece, segundo Cezar Roberto Bitencourt, a negativa, "sob pena de haver violação de domicílio em relação ao dissidente, ou seja, admitimos, em outras palavras, o direito de veto a qualquer dos 'parceiros'"[337].

Em face do tratamento igualitário dispensado aos cônjuges pela CF, tem prevalecido na doutrina o entendimento no sentido de que não pratica o crime de violação de domicílio o amante que ingressa na residência do cônjuge infiel a pedido deste.

(ii) Relação de família. Divergência entre os cônjuges e os demais dependentes; pais e filhos: os filhos têm o direito de incluir ou excluir estranhos das dependências da casa a ele reservadas (p.ex., quarto), mas, havendo dissenso dos pais, prevalece a vontade destes. Se, no entanto, a casa pertencer ao filho maior de idade, a este pertencerá aquele direito[338].

(iii) Relação de subordinação. Divergência entre os cônjuges e os subordinados: os empregados da casa também têm o direito de incluir ou excluir estranhos das depen-

337. Cezar Roberto Bitencourt, *Manual*, cit., v. 2, p. 466.

338. Nesse sentido, Victor Rios Gonçalves, *Dos crimes contra a pessoa*, *Coleção*, cit., v. 8, p. 115.

dências da casa a eles reservadas, por exemplo, o quarto da empregada ou a edícula onde mora o motorista, desde que não entre em conflito com a vontade dos chefes da família. Assim, tem-se entendido haver crime na hipótese em que a empregada consente que o seu amante adentre em seu cômodo, contra a vontade expressa ou presumida do dono da casa[339].

(iv) Relação de subordinação. Conventos, colégios, pensionatos. Divergência entre superior e subordinado: prevalece sempre a autoridade de seu representante, por exemplo, reitor, diretor, representante eleito. Ausentes estes, o direito de decidir transfere-se aos seus subordinados.

(v) Relação de igualdade. Habitação coletiva e apartamento: todos os moradores da habitação coletiva são titulares do direito de admitir ou de excluir alguém, mas, em se tratando de coabitação, se houver divergência entre os moradores, prevalecerá a proibição (*melior est conditio prohibentis*). No caso de apartamento, os moradores têm o direito de impedir a entrada de estranhos nas respectivas unidades condominiais. Os lugares de uso comum, por exemplo, átrio, elevador, jardins, não são objeto da proteção legal, sendo de livre acesso; contudo, se for proibida a entrada de estranhos em tais locais, se isso ocorrer sem o consentimento do morador constituirá crime de invasão de domicílio. Havendo divergência entre os condôminos, prevalece a proibição.

2.3. Objeto material

A entrada ou permanência, segundo o dispositivo legal, deve dar-se *em casa alheia ou em suas dependências*. O § 4º esclarece o que se entende por "casa":

(i) Qualquer compartimento habitado (inciso I): cuida-se do apartamento, casa, barraca de campo, barracos da favela. Importa notar que não se compreende aqui apenas a coisa imóvel, mas também a móvel destinada à moradia (p.ex., *trailers*, iate etc.).

(ii) Aposento ocupado de habitação coletiva (inciso II): cuida-se do espaço ocupado por várias pessoas (p.ex., cortiços, hotel, pensionato). Somente é objeto da proteção legal a parte ocupada pelos moradores privativamente (p.ex., os aposentos). Excluem-se, portanto, os lugares de uso comum (p.ex., a sala de espera).

(iii) Compartimento não aberto ao público, onde alguém exerce profissão ou atividade (inciso III): trata-se do espaço não destinado propriamente à habitação, mas ao desenvolvimento de qualquer profissão ou atividade. Cuida-se aqui dos consultórios médicos, escritórios de advocacia, contabilidade. Ressalve-se, contudo, que a parte desses locais aberta ao público não é objeto da proteção legal. Excluem-se da proteção penal os compartimentos abertos ao público, como restaurantes, bares, lojas, mas a sua parte interna (p.ex., o escritório, o estoque) tem a inviolabilidade resguardada pela lei penal. Da mesma forma, a casa de prostituição, quando não estiver aberta ao público, é objeto da proteção penal[340].

---

339. Nesse sentido, Damásio E. de Jesus, *Código Penal anotado*, cit., p. 504; E. Magalhães Noronha, *Direito penal*, cit., v. 2, p. 170; Nélson Hungria, *Comentários*, cit., v. VI, p. 219.

340. Nesse sentido, Cezar Roberto Bitencourt, *Manual*, cit., v. 2, p. 467.

– **Dependências da casa:** define Nélson Hungria como "lugares que são um complemento da casa de moradia, ainda que não estejam materialmente unidos a esta: pátios, quintais, celeiros, adegas, garagens, estrebarias, caramanchões, jardins, etc. É preciso que tais lugares estejam cercados ou participem de recinto fechado, pois, do contrário, não estará indicada a vontade de excluir o ingresso de estranhos. Cumpre, além disso, que a casa de moradia propriamente dita e os ditos lugares formem um conjunto lógico, uma conexão de principal e acessório, de tal modo que a lesão deste repercuta sobre aquele"[341]. Assim, os jardins de uma casa que não esteja cercada ou murada não constituem recinto fechado, e, portanto, não são objeto da proteção penal.

– **Escritórios de advocacia:** os escritórios de advocacia estão inseridos na esfera de proteção da inviolabilidade, mas se sujeitam a regime jurídico diferenciado, em razão da condição profissional do advogado (art. 7º, §§ 6º e 7º, da Lei n. 8.906/94).

Segundo o § 5º, não se compreendem na expressão "casa":

(i) Hospedaria, estalagem ou qualquer outra habitação coletiva, enquanto aberta, salvo a restrição do n. II do parágrafo anterior (inciso I): é o local cujo acesso não esteja vedado ao público (p.ex., sala de espera de uma hospedaria), onde qualquer um pode entrar. A lei deixa claro com a ressalva que o espaço privativamente ocupado pelos moradores, como os quartos da hospedaria, por exemplo, não está aberto ao público e, por isso, é inviolável.

(ii) Taverna, casa de jogo e outras do mesmo gênero (inciso II): também estão excluídos da proteção legal os bares, restaurantes, lanchonetes, lojas, bingos, casas lotéricas, cujo acesso é liberado ao público. A parte interna desses locais, cujo acesso é vedado ao público, é protegida pela lei, uma vez que o § 4º, III, dispensa proteção legal ao compartimento não aberto ao público, onde alguém exerce profissão ou atividade (p.ex., escritório do comerciante nos fundos da loja). Nenhum cliente tem o direito de invadir esse recinto, pois o acesso ao público é vedado.

Mencione-se, finalmente, que o tipo penal visa à proteção da tranquilidade doméstica, de modo que só haverá crime se for violada casa habitada, ainda que eventualmente seus moradores lá não se encontrem. Conclui-se, portanto, que a casa desabitada não é objeto da proteção legal. Justifica Damásio: "Isto ocorre porque na primeira hipótese existe a possibilidade de lesão do objeto jurídico. Entretanto, estando a residência desabitada, não se podendo falar em tranquilidade doméstica, não há o fato típico. Na violação de casa desabitada poderá existir o delito descrito no art. 161 do Código Penal, que define usurpação"[342].

2.4. Sujeito ativo

Trata-se de crime comum. Qualquer pessoa pode praticá-lo, inclusive o proprietário do imóvel, quando a posse estiver legitimamente com terceiro, por exemplo, locação, como-

---

341. Nélson Hungria, *Comentários*, cit., v. VI, p. 215.

342. Damásio E. de Jesus, *Código Penal anotado*, cit., p. 503.

dato, arrendamento. Assim, comete o crime de invasão de domicílio o locador do imóvel que o invade contra a vontade do inquilino, pois este sempre terá direito à tranquilidade doméstica, em que pese o imóvel não ser de sua propriedade. Não se tutela, portanto, o direito de posse, mas o direito à tranquilidade no lar. Também comete o delito o ex-cônjuge ou ex-companheiro que adentra na residência da vítima sem o seu consentimento.

2.5. Sujeito passivo

Já estudamos no tópico relativo ao elemento normativo do tipo que a entrada ou permanência do agente deve ser realizada contra a vontade expressa ou tácita *de quem de direito*. Cabe ao morador ou quem o represente a faculdade de admitir ou não alguém em seu espaço privado. O sujeito passivo do crime, dessa forma, será aquele a quem couber essa faculdade legal.

Não importa que o imóvel seja objeto de locação, comodato, arrendamento; a proteção legal destina-se àquele que ocupa o espaço, não ao titular da propriedade, pois o que se tutela aqui é o direito à tranquilidade e segurança no espaço doméstico, e não o direito à posse ou propriedade.

3. ELEMENTO SUBJETIVO

É o dolo, consistente na vontade livre e consciente de entrar ou permanecer em casa alheia ou suas dependências, sem o consentimento de quem de direito. O agente deve saber que age "contra a vontade expressa ou tácita de quem de direito", bem como que se trata de casa alheia. Haverá erro de tipo se o agente ingressar em casa alheia supondo ser a sua.

Não se exige qualquer fim ou propósito especial de agir. Quando a entrada ou permanência for o próprio fim da conduta praticada, caracteriza-se como delito autônomo, mas, quando praticada como meio para o cometimento de outro crime, é absorvido por este (p.ex., furto em residência). Se, contudo, o agente desistir desse propósito criminoso (CP, art. 15 — desistência voluntária), ou seja, não realizar qualquer subtração, responderá pelos atos já praticados, isto é, pela violação de domicílio. O agente que vai visitar terceiro pela primeira vez e, por equívoco, ingressa na residência de outrem não comete o crime, caracterizando-se erro de tipo (CP, art. 20).

4. MOMENTO CONSUMATIVO

Trata-se de crime de mera conduta. O resultado naturalístico não é apenas prescindível, mas também impossível. Não há nenhum resultado que provoque modificação no mundo exterior.

Na conduta de *entrar* o crime é instantâneo, pois consuma-se em um dado instante, sem continuidade no tempo; por exemplo, a entrada integral do agente na casa alheia. Basta essa conduta para que o crime se repute consumado; não se exige que o momento consumativo se protraia no tempo. Na conduta de *permanecer*, como o próprio verbo já diz, o crime é permanente, pois o momento consumativo se protrai no tempo, o bem jurídico é agredido de forma contínua. A cessação da situação ilícita depende apenas da vontade do agente. Há a princípio uma conduta lícita: o agente é convidado a ingressar em casa alheia; depois a sua retirada é solicitada pelos donos da casa, mas o convidado insiste em lá permanecer. Neste momento, em que o agente demonstra o efetivo propósito de permanecer no domicílio alheio, não obstante o dissenso dos moradores, consuma-se o delito. A permanência no imóvel exige certa duração de tempo, não bastando uma momentânea hesitação do agente[343].

5. TENTATIVA

Em tese, é admissível, embora seja de difícil configuração, por se tratar de crime de mera conduta. Citemos o exemplo de Nélson Hungria: "se não há uma passagem integral, como quando, por exemplo, o agente é surpreendido e preso no momento em que está galgando a janela para entrar na casa, o que ocorre é simples tentativa do crime. E nenhum crime se pode identificar no mero fato de pôr-se alguém à escuta junto à casa, ou devassar-lhe com a vista o interior"[344]. No tocante à conduta "permanecer", E. Magalhães Noronha (para ele o crime de violação de domicílio é crime material) sustenta a possibilidade da tentativa do crime na hipótese em que, "manifestada a vontade de ficar, a permanência, por circunstâncias alheias à sua vontade, não atinge limite de tempo para que se diga consumado o crime"[345].

6. FORMAS

6.1. Simples (art. 150, *caput*)

É a forma dolosa prevista no *caput* (pena de detenção, de 1 a 3 meses, ou multa).

6.2. Qualificada (art. 150, § 1º)

Está prevista no § 1º. A pena é a de detenção, de 6 meses a 2 anos, além da pena correspondente à violência, se o crime é cometido:

(i) Durante a noite: ao contrário do crime de furto qualificado pelo repouso noturno (CP, art. 155, § 1º — *v.* comentários ao crime de furto), a lei fala na prática do crime durante a noite, conceito este mais amplo, pois, conforme sustenta Cezar Roberto Bitencourt, "'durante a noite' pode abranger períodos anteriores e posteriores ao *repouso noturno*, desde que esteja compreendido entre o início da noite e o crepúsculo da noite"[346]. Noite é o período de obscuridade, caracterizado pela ausência de luz solar. O período noturno geralmente é propício à prática delituosa, pois diminui a defesa do indivíduo, que, geralmente, não está em estado de vigília, daí a majoração da pena. Ressalva Nélson

343. Nesse sentido, Nélson Hungria, *Comentários*, cit., v. VI, p. 174.

344. Nélson Hungria, *Comentários*, cit., v. VI, p. 212.

345. E. Magalhães Noronha, *Direito penal*, cit., v. 2, p. 175.

346. Cezar Roberto Bitencourt, *Manual*, cit., v. 2, p. 472.

Hungria: "o indivíduo que penetra arbitrariamente na casa alheia, quando nesta, profusamente iluminada de frente ao fundo, se realiza um baile ou uma reunião festiva, não responde com a pena agravada"[347].

(ii) Ou em lugar ermo: é o habitualmente despovoado, deserto. O agente se vale da maior tranquilidade propiciada pelo lugar, onde a prestação de socorro é bastante remota, para concretizar a ação criminosa, daí a majoração da pena.

(iii) Ou com o emprego de violência: trata-se do emprego de violência contra a pessoa ou a coisa, pois a lei não faz qualquer distinção. Se for empregada violência contra a pessoa e advierem lesões corporais (leve, grave ou gravíssima) ou morte, haverá concurso entre os respectivos crimes e a violação de domicílio na forma qualificada. A lei é omissa quanto à grave ameaça; logo, esta não autoriza o aumento de pena.

(iv) Ou com o emprego de arma: cuida-se do emprego de arma própria (arma de fogo, punhal) ou imprópria (p.ex., faca, machado, navalha).

(v) Ou por duas ou mais pessoas: diz a lei "se o crime é cometido... por duas ou mais pessoas". De acordo com a redação do dispositivo legal, duas ou mais pessoas devem praticar a ação de *entrar* ou *permanecer* em casa alheia ou em suas dependências, portanto, somente se admite a coautoria e não a participação. Nesse sentido, Victor E. Rios Gonçalves: "Quanto ao concurso de pessoas, há que ressaltar que a redação do dispositivo ('se o crime é cometido por duas ou mais pessoas') demonstra que ele somente será aplicado quando duas ou mais pessoas efetivamente participarem do ato de invadir a casa alheia, já que se trata de crime de mera conduta". Em sentido contrário, Cezar Roberto Bitencourt sustenta que: "quando o Código exige participação efetiva na execução do crime, fá-lo expressamente, como ocorre no art. 146, § 1º; logo, a contribuição do partícipe também é computada"[348]. Difere do crime de constrangimento ilegal, pois neste exige-se que mais de três pessoas se reúnam para a execução do crime, ou seja, não é necessário que todos executem a ação nuclear típica, incluindo-se nesse cômputo legal tanto os coautores quanto os partícipes.

6.3. Causas de exclusão da ilicitude (art. 150, § 3º)

Estão previstas no § 3º. O fato é típico, mas não é ilícito, em face da presença de causas excludentes da ilicitude. Não há, portanto, crime de violação de domicílio. Prevê mencionado parágrafo que "não constitui crime a entrada ou permanência em casa alheia ou em suas dependências":

(i) Durante o dia, com observância das formalidades legais, para efetuar prisão ou diligência (inciso I): a prisão (civil, preventiva, temporária, em decorrência de sentença de pronúncia, em decorrência de sentença condenatória recorrível ou irrecorrível) e a realização de diligências (p.ex., busca e apreensão domiciliar pela Polícia, penhora de bens pelo

---

347. Nélson Hungria, *Comentários*, cit., v. VI, p. 222.

348. Victor E. Rios Gonçalves, *Dos crimes contra a pessoa*, *Coleção*, cit., v. 8, p. 117; Cezar Roberto Bitencourt, *Manual*, cit., v. 2, p. 474.

oficial de justiça, autuação pela ausência de pagamento de tributos pelo fiscal de rendas) somente podem ser realizadas durante o dia e mediante ordem escrita do juiz competente, consoante determinação expressa do art. 5º, XI, da Constituição Federal. Em tais hipóteses, é permitido o ingresso de terceiros em residência alheia, desde que munidos do respectivo mandado judicial, ainda que haja o dissenso do dono da residência. Em que pese haver o mandado judicial, poderá estar caracterizado o atentado à inviolabilidade domiciliar se ele não preencher as formalidades exigidas pela lei, como, por exemplo: quando o mandado de busca não indicar precisamente a casa em que será realizada a diligência e o nome do respectivo proprietário ou morador (*v.* também os arts. 240 a 248, bem como os arts. 293 e 294 do CPP); ou quando o mandado for expedido por juiz incompetente.

Durante a noite, ainda que munido do mandado judicial, o executor da medida só poderá ingressar na residência mediante o consentimento do morador. Na oposição deste ou da pessoa a ser presa, o executor não poderá invadir a casa. Deve aguardar até o amanhecer, e, então, arrombar a porta e dar cumprimento ao mandado. A violação do domicílio à noite, para cumprir a ordem judicial, sujeita o violador ao crime de abuso de autoridade previsto no art. 22, § 1º, III da Lei n. 13.869/2019.

(ii) A qualquer hora do dia ou da noite, quando algum crime está sendo ali praticado ou na iminência de o ser (inciso II): a Constituição Federal, em seu art. 5º, XI, autoriza, em outros termos, a violação de domicílio no caso de flagrante delito, à noite ou durante o dia, independentemente de ordem judicial escrita. Cuida-se de medida restritiva da liberdade, de natureza cautelar e processual, consistente na prisão, independentemente de ordem escrita do juiz competente, de quem é surpreendido cometendo ou logo após ter cometido um crime ou uma contravenção. Frise-se que ela não é só cabível em relação à prática de crime, como também de contravenção, aplicando-se a esta os preceitos do Código de Processo Penal que se referem à prisão em flagrante delito quando da prática de "infração penal" (art. 302, I)[349]. Assim, se alguém recebe uma denúncia de que pessoas estão guardando mercadorias contrabandeadas ou substâncias entorpecentes em residência, qualquer um poderá nela adentrar e realizar o flagrante, pois constituem crimes permanentes, cujos autores estão sujeitos à prisão em flagrante enquanto guardarem as mercadorias contrabandeadas ou as substâncias tóxicas. Da mesma forma, poderá ser preso em flagrante o agente que mantém um estabelecimento de jogo do bicho ou de jogo de azar no interior de sua residência (arts. 50 e 58 do Dec.-Lei n. 3.688/41). Se não for o caso de prisão em flagrante, tal ato será considerado ilegal e o agente que o realizou poderá responder por crime de violação de domicílio, se for particular, ou abuso de autoridade, se for agente público.

Importa notar que o Código Penal também se refere *ao crime que está na iminência de ser praticado*. Nessa hipótese é mais apropriado dizer que a invasão de domicílio está acobertada pela excludente da ilicitude, prevista no art. 5º, XI, da Constituição Federal, "para prestar socorro", pois não há na hipótese a situação de flagrante delito exigida pela *Constituição*. Lembre-se que esta autoriza a violação de domicílio no caso de fla-

---

349. Fernando Capez, *Curso de processo penal*, cit., p. 219.

grante delito, e o crime que está na iminência de ser praticado não constitui hipótese de flagrante delito.

A Constituição Federal enumera em seu art. 5º, XI, outras causas excludentes não previstas no parágrafo em estudo:

• **em caso de desastre:** pode o ingresso dar-se durante à noite ou durante o dia, independentemente do consentimento do morador — trata-se de hipótese de estado de necessidade;

• **para prestar socorro:** pode o ingresso ocorrer durante a noite ou durante o dia, independentemente do consentimento do morador — trata-se também de hipótese de estado de necessidade.

Não é demais repetir que fora das hipóteses legais o ingresso em residência alheia será considerado crime.

(iii) Outras causas excludentes da ilicitude previstas no Código Penal: o elenco acima citado evidentemente não exclui as causas gerais de exclusão da ilicitude mencionadas no art. 23 do Código Penal (legítima defesa, estado de necessidade, exercício regular de direito, estrito cumprimento do dever legal). Por exemplo: indivíduo que invade a residência de terceiros para fugir de um homicida não comete o crime de violação de domicílio, pois age em estado de necessidade.

7. CONCURSO DE CRIMES

A violação de domicílio é um crime eminentemente subsidiário. Sempre que servir como meio para executar crime mais grave, o crime-meio deverá ser absorvido pelo crime-fim. Assim ocorre no ingresso em residência alheia para o cometimento de crimes de roubo, furto, estupro, lesões corporais, homicídio, constrangimento ilegal. O mesmo não se dá se o ingresso em residência alheia for realizado com a finalidade de praticar crime menos grave, como, por exemplo, a contravenção penal de vias de fato. Nesse caso, o agente responderá tão somente pelo crime previsto no art. 150. Se houver dúvida quanto ao intento do agente ao ingressar em casa alheia, deverá ele responder pelo crime residual de violação de domicílio. Se o agente ingressar em residência alheia e não lograr consumar o crime-fim por circunstâncias que independem de sua vontade, não responderá pelo crime autônomo de violação de domicílio, mas apenas pela forma tentada do crime-fim. Se, entretanto, desistir de prosseguir na execução do crime ou impedir que o resultado se produza, deverá responder pelos atos até então praticados (CP, art. 15); logo, deverá responder pela violação de domicílio. Em que pese ser difícil a configuração do concurso de crimes, E. Magalhães Noronha nos mostra um exemplo: "Se *A*, por qualquer razão (*v.g.*, para mostrar aos correligionários políticos o pouco caso que faz do adversário), penetra a casa de *B* e, depois, por qualquer outro fato — protestos deste gesto de chamar a Polícia, discussão etc. — o agride, há dois crimes em concurso material. Não há falar em prevalência, absorção e quejandos, pois a *entrada* não foi *meio* para a *agressão* (fim)"[350].

---

350. E. Magalhães Noronha, *Direito penal*, cit., v. 2.

8. AÇÃO PENAL. LEI DOS JUIZADOS ESPECIAIS CRIMINAIS

Trata-se de crime de ação penal pública incondicionada, que independe de representação do ofendido ou de seu representante legal.

Por se tratar de infração de menor potencial ofensivo, incidem as disposições da Lei n. 9.099/95 no *caput* (pena: detenção, de 1 a 3 meses, ou multa), no *caput* combinado com o § 2º (aumento de 1/3) e no § 1º (detenção, de 6 meses a 2 anos).

A suspensão condicional do processo (art. 89 da Lei n. 9.099/95) é cabível em todas as hipóteses do art. 150, uma vez que a pena mínima prevista não ultrapassa 1 ano.

Seção III
Dos crimes contra a inviolabilidade de correspondência

1. CONSIDERAÇÕES PRELIMINARES

Com a rubrica "Dos crimes contra a inviolabilidade de correspondência" cuida o Código Penal de mais uma espécie do gênero "crimes contra a liberdade individual". Objetiva-se proteger a liberdade de manifestação de pensamento, de comunicação. Todos têm direito de se comunicar, de se corresponder, sem que terceiros se intrometam nessas relações. É com base nisso que a Constituição Federal, em seu art. 5º, XII, consagra a garantia da inviolabilidade do sigilo das comunicações: (i) por carta; (ii) telegráfica; (iii) de transmissão de dados; (iv) telefônica. Somente no último caso, ou seja, na hipótese do sigilo das comunicações telefônicas, o Texto Constitucional admitiu a quebra. Nos demais, aparentemente, o sigilo foi estabelecido de modo absoluto. Só aparentemente.

(i) Comunicação por carta e telegráfica: correspondência por carta ou epistolar é a comunicação por meio de cartas ou qualquer outro instrumento de comunicação escrita. Telegráfica é a comunicação por telegrama. Apesar de a Constituição não ressalvar hipótese de restrição ao sigilo desse tipo de transmissão de mensagens, deve-se consignar que não existe garantia absoluta em nenhum ordenamento constitucional. Nesse sentido, a lição de J. J. Gomes Canotilho, para quem "considera-se inexistir uma colisão de direitos fundamentais, quando o exercício de um direito fundamental por parte do seu titular colide com o exercício do direito fundamental por parte de outro titular"[351]. Em regra, o direito de confidenciar algo íntimo a outrem não deve ser alvo de interferência, exceto em hipóteses taxativas discriminadas na lei. De fato, não se justifica o sigilo absoluto em todos os casos. Ao invés, sua quebra é necessária para evitar a tutela oblíqua de condutas ilícitas ou práticas *contra legem*. A doutrina constitucional moderna é cediça nesse sentido, "porque as garantias fundamentais do homem não podem servir de apanágio à desordem, ao caos, à subversão da ordem pública"[352]. Dessa forma, a inviolabilidade de correspondência e das comunicações telegráficas e de dados admite exceção, desde que respeitados os preceitos

---

351. J. J. Gomes Canotilho, *Direito constitucional*, 6. ed., Coimbra, Livr. Almedina, 1993, p. 643, apud Fernando Capez, *Curso de processo penal*, 7. ed., São Paulo, cit., p. 34.

352. Lammêgo Bulos, *Constituição Federal anotada*, cit., p. 115.

constitucionais e legais, quando as liberdades públicas estiverem sendo usadas como meio para práticas ilícitas. Corroborando que tal liberdade não é absoluta, temos que o próprio art. 5º, XII, da Constituição Federal permite a violação da correspondência para fins de investigação criminal ou instrução processual penal. Nesse contexto, o art. 240, § 1º, do Código de Processo Penal prevê a possibilidade de busca e apreensão domiciliar com o objetivo de "apreender cartas, abertas ou não, destinadas ao acusado ou em seu poder, quando haja suspeita de que o conhecimento de seu conteúdo possa ser útil à elucidação do fato". Lembremos também de outras restrições trazidas pela Magna Carta, tal como nos casos de decretação de estado de defesa (art. 136, § 1º, I) ou estado de sítio (art. 139, III).

(ii) Comunicações telefônicas: "Comunicação telefônica é a transmissão, emissão, receptação e decodificação de sinais linguísticos, caracteres escritos, imagens, sons, símbolos de qualquer natureza veiculados pelo telefone estático ou móvel (celular)"[353]. Nas comunicações telefônicas incluem-se as transmissões de informações e dados constantes de computadores e telemáticos, desde que feitas por meio de cabos telefônicos (*e-mail – electronic-mail*, p.ex.). Telemática "é a ciência que estuda a comunicação associada à informática..."[354]. Em se tratando de comunicação telefônica, com transmissão de voz ou de dados, o sigilo poderá ser quebrado: (i) se houver prévia autorização judicial; (ii) se a finalidade for instruir investigação policial ou processo criminal (não se admite a quebra do sigilo para instruir processo cível, como, p.ex., ação de separação por adultério, em que é comum a ação de detetives particulares "grampeando" o telefone do cônjuge suspeito); (iii) desde que haja indícios razoáveis de autoria ou participação em crime; (iv) desde que o crime seja punido com reclusão (em tese, não poderia ser autorizada a quebra do sigilo para investigação de crime de ameaça, previsto no art. 147 do Código Penal, o qual é punido com detenção; a solução seria alegar que o objeto da investigação não é a própria ameaça, mas o delito mais grave que, por intermédio dela, seu autor está prometendo concretizar, como, p.ex., o homicídio, no caso da ameaça de morte); (v) somente quando aquela prova não puder ser produzida por nenhum outro meio disponível.

A Lei n. 9.296, de 24-7-1996, estabeleceu os requisitos para a autorização da quebra do sigilo no seu art. 2º, mas estendeu essa possibilidade também à hipótese das transmissões de dados (art. 1º, parágrafo único), tornando-a de duvidosa constitucionalidade, já que a norma do art. 5º, XII, da CF só permitiu a violação do sigilo no caso das comunicações telefônicas (convém lembrar que o mencionado dispositivo só admitiu a violação do sigilo "*no último caso...*", que é justamente o caso das comunicações telefônicas). Conforme anota Damásio de Jesus: "A circunstância de a CF expressamente só abrir exceção no caso da comunicação telefônica não significa que o legislador ordinário não possa permitir a interceptação na hipótese de transmissão de dados"[355]. No mesmo sentido, Luiz Flávio Gomes e Raúl Cervini[356].

---

353. Bulos, *Constituição Federal anotada*, cit., p. 118.

354. Idem, ibidem, p. 121.

355. Damásio de Jesus, Interceptação de comunicações telefônicas: notas à Lei n. 9.296/96, *RT*, 735/458.

356. *Interceptação telefônica – Lei n. 9.296, de 24-7-1996*, São Paulo, Revista dos Tribunais, 1997, p. 171-6.

Nosso entendimento: com efeito, se a transmissão dos dados se der por telefone, não haverá nenhuma inconstitucionalidade, uma vez que comunicação telefônica é gênero que comporta as seguintes espécies: transmissão telefônica da voz, de imagem, *de dados* e de sinais. Se os dados forem transmitidos por telefone, nada impede sejam interceptados. A comunicação telemática insere-se nesse contexto, pois é a transmissão de dados de informática por meio do telefone.

Em sentido contrário, entendendo que o parágrafo único é inconstitucional, já que a Carta Magna somente autoriza a interceptação de comunicação telefônica, na qual não se insere a transmissão de dados, Vicente Greco Filho: "a garantia constitucional do sigilo é a regra e a interceptação a exceção, de forma que a interpretação deve ser restritiva quanto a esta (*exceptiora non sunt amplianda*). Com esse entendimento, a conclusão é a de que a Constituição autoriza, nos casos nela previstos, somente a interceptação de comunicações telefônicas e não a de dados e muito menos as telegráficas"[357].

Outra questão seria quanto ao alcance do termo "interceptação". Interceptação provém de interceptar. Interceptar é intrometer e interromper, significando, portanto, a conduta de terceiro, estranho à conversa, que se intromete e capta a conversa dos interlocutores. Subdivide-se em: **(i) interceptação em sentido estrito**, que é a captação da conversa por terceiro sem o conhecimento de qualquer dos interlocutores; e **(ii) escuta telefônica**, que é a captação da conversa com o consentimento de apenas um dos interlocutores (a polícia costuma fazer escuta em casos de sequestro, em que a família da vítima geralmente consente nessa prática, obviamente sem o conhecimento do sequestrador, que está do outro lado da linha). Ambas exigem o preenchimento de todos os requisitos já mencionados, encontrando-se tanto a interceptação *stricto sensu* como a escuta telefônica inseridas na expressão "interceptação", prevista no art. 5º, XII, da Constituição Federal. Ambas se submetem às exigências constitucionais e à Lei n. 9.296/96. Diferente é o caso em que o próprio interlocutor grava a conversa. Aqui, não existe a figura do terceiro e, portanto, não se pode falar em interceptação. Trata-se da gravação telefônica, a qual se encontra fora da garantia da inviolabilidade do sigilo e é admitida tanto no Brasil como, em geral, no mundo inteiro. O STF já aceitou como válida a gravação de conversa telefônica como prova, sob o argumento de que a garantia constitucional do sigilo se refere à interceptação telefônica de conversa feita por terceiros. Nesse sentido, STJ, AREsp 1.055.239/SP. A gravação somente não será admitida, e considerada ilícita, quando afrontar outra garantia, qual seja, a da inviolabilidade da intimidade (CF, art. 5º, X). Dessa forma, se, excepcionalmente, o conteúdo for muito acintoso, a prova poderá, eventualmente, ser considerada ilícita, por afronta a outra norma de índole constitucional, a da inviolabilidade da intimidade e da vida privada. A gravação não feriu a inviolabilidade da comunicação telefônica, mas seu conteúdo acintoso pode torná-la ilícita, ante o suplício da humilhação imposto ao outro interlocutor, o qual terá sua intimidade e sua imagem protegidas.

---

357. Vicente Greco Filho, *Interceptação telefônica*, Saraiva, 1996, p. 12.

Conclusão: a regra é a inviolabilidade do sigilo de comunicação. A sua quebra poderá configurar um dos crimes contra a inviolabilidade de correspondência.

Há, contudo, as **exceções**:

(i) A Lei n. 9.296/96, estabeleceu os requisitos para a realização da quebra do sigilo telefônico no seu art. 2º. Sendo eles respeitados, não se configura o crime previsto no art. 10 da citada lei, que dispõe: "Constitui crime realizar interceptação de comunicações telefônicas, de informática ou telemática, ou quebrar segredo da Justiça, sem autorização judicial ou com objetivos não autorizados em lei. Pena: reclusão de dois a quatro anos, e multa".

(ii) Com base no princípio de que nenhuma liberdade individual é absoluta, conforme já mencionado, e observados os requisitos constitucionais e legais, é possível a interceptação das correspondências e as comunicações telegráficas e de dados para fins de investigação criminal ou instrução processual penal, sempre que as liberdades públicas forem utilizadas como instrumento de salvaguarda de práticas ilícitas (CF, art. 5º, XII, e CPP, art. 240, § 1º). Em tais casos, não sendo indevida a violação da comunicação, não há falar na configuração de um dos crimes contra a inviolabilidade de correspondência.

(iii) Para a defesa do Estado e da democracia, quando decretado estado de defesa ou estado de sítio, conforme já exposto.

- **Violação de sigilo de *e-mail*:** atualmente não se pode perder de vista a possibilidade de defraudação da correspondência eletrônica. Nesse caso, o fato não se subsume ao Código Penal, tampouco à Lei 6.538/78, que disciplina os serviços postais, mas configura o crime do art. 10 da Lei n. 9.296/96 (Lei das Interceptações Telefônicas).

2. FORMAS

Os crimes contra a inviolabilidade da correspondência estão previstos nos arts. 151 e 152, Seção III, Capítulo VI, do Código Penal.

2.1. Violação de correspondência (art. 151, *caput*)

Esse crime está previsto no art. 151, *caput*, do Código Penal e foi tacitamente revogado pelo art. 40 da Lei n. 6.538/78 (dispõe sobre os crimes contra o serviço postal e o serviço de telegrama) do seguinte teor: "Devassar indevidamente o conteúdo de correspondência fechada dirigida a outrem" (pena – detenção, até 6 meses, ou pagamento não excedente a 20 dias-multa).

2.2. Sonegação ou destruição de correspondência (art. 151, § 1º, I)

Esse delito está previsto no art. 151, § 1º, I, do Código Penal e também foi revogado de forma tácita pelo art. 40, § 1º, da Lei n. 6.538/78: "Incorre nas mesmas penas quem se apossa indevidamente de correspondência alheia, embora não fechada, para sonegá-la ou destruí-la, no todo ou em parte".

2.3. Violação de comunicação telegráfica, radioelétrica ou telefônica (art. 151, § 1º, II)

Esse crime está disciplinado no inciso II do § 1º do art. 151: "quem indevidamente divulga, transmite a outrem ou utiliza abusivamente comunicação telegráfica ou radioelétrica dirigida a terceiro, ou conversação telefônica entre outras pessoas".

2.4. Impedimento de comunicação ou conversação (art. 151, § 1º, III)

Esse crime vem contemplado no inciso III do § 1º do art. 151. Prevê que na mesma pena incorre "quem impede a comunicação ou a conversação referidas no número anterior".

2.5. Instalação ou utilização de estação ou aparelho radioelétrico, sem observância de disposição legal (art. 151, § 1º, IV)

Está previsto no inciso IV do § 1º do art. 151, cuja redação deve ser substituída pela do art. 70 da Lei n. 4.117/62 (Código Brasileiro de Telecomunicações): "Constitui crime punível com a pena de detenção de um a dois anos, aumentada da metade se houver dano a terceiro, a instalação ou utilização de telecomunicações, sem observância do disposto nesta Lei e nos regulamentos". Prevê o parágrafo único: "Precedendo ao processo penal, para os efeitos referidos neste artigo, será liminarmente procedida a busca e apreensão da estação ou aparelho ilegal".

2.6. Causa de aumento de pena (art. 151, § 2º)

Vem prevista no art. 151, § 2º: "As penas aumentam-se de metade, se há dano para outrem". Aplica-se somente aos crimes ainda regulados pelo Código Penal. Aos crimes disciplinados pela Lei n. 6.538/78 incide a causa de aumento de pena prevista no § 2º do art. 40 dessa lei, cuja redação tem a mesma abrangência.

2.7. Qualificadora (art. 151, § 3º)

Está prevista no § 3º do art. 151: "Se o agente comete o crime, com abuso de função em serviço postal, telegráfico, radioelétrico ou telefônico" (pena – detenção de 1 a 3 anos). Aplica-se somente aos crimes ainda regulados pelo Código Penal. Aos crimes disciplinados pela Lei n. 6.538/78 incide a agravante genérica prevista no art. 43 dessa lei, cuja redação tem a mesma abrangência.

2.8. Correspondência comercial

Esse crime está previsto no art. 152 do Código Penal. Seu teor é o seguinte: "Abusar da condição de sócio ou empregado de estabelecimento comercial ou industrial para, no todo ou em parte, desviar, sonegar, subtrair ou suprimir correspondência, ou revelar a estranho seu conteúdo" (pena – detenção, de 3 meses a 2 anos). Dispõe o seu parágrafo único: "Somente se procede mediante representação".

ART. 151, *CAPUT* - VIOLAÇÃO DE CORRESPONDÊNCIA

1. CONCEITO

O art. 151, *caput*, do Código Penal trata do crime de violação de correspondência. Esse artigo foi tacitamente revogado pelo art. 40 da Lei n. 6.538/78 (dispõe sobre os crimes contra o serviço postal e o serviço de telegrama), que contém a mesma redação do artigo tacitamente revogado, tendo sido apenas modificada a sanção penal: "Devassar indevidamente o conteúdo de correspondência fechada dirigida a outrem" (pena – detenção, até 6 meses) ou pagamento não excedente a 20 dias-multa).

2. ELEMENTOS DO TIPO

2.1. Ação nuclear. Objeto material. Elemento normativo do tipo

Ação nuclear: a *ação nuclear do tipo* consubstancia-se no verbo *devassar*, que significa invadir, olhar, tomar conhecimento do conteúdo da correspondência.

Objeto material: o *objeto material* do crime é a correspondência fechada. Correspondência, nos termos do art. 47 da Lei n. 6.538/78, é "toda comunicação de pessoa a pessoa, por meio de carta, através da via postal, ou por telegrama". Exige-se que a correspondência esteja fechada, pois, se estiver aberta, tal fato demonstra que não há interesse em que seu conteúdo fique resguardado do conhecimento de terceiros. A correspondência deve conter o nome do destinatário e o endereço onde possa ser encontrado, do contrário, não há falar em crime de violação de correspondência. Se o destinatário falecer, caberá aos seus herdeiros o direito de abrir a correspondência. Pouco importa para a configuração do crime que o conteúdo da correspondência seja confidencial, secreto, pois o que a lei incrimina é tão somente o ato de tomar conhecimento do conteúdo da correspondência alheia, sem atentar para a sua natureza.

Elemento normativo do tipo: quanto ao *elemento normativo*, o tipo penal exige que a devassa da correspondência alheia seja *indevida*, isto é, que o agente não tenha autorização para tanto. Se houver consentimento do remetente ou do destinatário para que terceiro abra a correspondência, não há falar no crime em tela. Da mesma forma, não se poderá falar que a violação foi indevida nas seguintes hipóteses, em que se autoriza a devassa da correspondência:

(i) A Lei n. 11.101, de 9 de fevereiro de 2005 – que regula a recuperação judicial, a extrajudicial e a falência do empresário e da sociedade empresária, prevê a possibilidade de o administrador judicial, sob a fiscalização do juiz e do Comitê, na falência, receber e abrir a correspondência dirigida ao devedor, entregando a ele o que não for assunto de interesse da massa.

(ii) O Código de Processo Penal, em seu art. 240, § 1º, *f*, prevê: "Proceder-se-á à busca domiciliar, quando fundadas razões a autorizarem, para: ... *f* – apreender cartas, abertas ou não, destinadas ao acusado ou em seu poder, quando haja suspeita de que o conhecimento do seu conteúdo possa ser útil à elucidação do fato".

(iii) O Código de Processo Penal, em seu art. 243, § 2º, dispõe: "Não será permitida a apreensão de documento em poder do defensor do acusado, salvo quando constituir elemento do corpo de delito". No tocante à busca realizada em escritório de advocacia, de acordo com a redação do inciso II do art. 7º do Estatuto da OAB, "São direitos do advogado: a inviolabilidade de seu escritório ou local de trabalho, bem como de seus instrumentos de trabalho, de sua correspondência escrita, eletrônica, telefônica e telemática, desde que relativas ao exercício da advocacia". E, segundo o art. 7º, § 6º: "Presentes indícios de autoria e materialidade da prática de crime por parte de advogado, a autoridade judiciária competente poderá decretar a quebra da inviolabilidade de que trata o inciso II do *caput* deste artigo, em decisão motivada, expedindo mandado de busca e apreensão, específico e pormenorizado, a ser cumprido na presença de representante da OAB, sendo, em qualquer hipótese, vedada a utilização dos documentos, das mídias e dos objetos pertencentes a clientes do advogado averiguado, bem como dos demais instrumentos de trabalho que contenham informações sobre clientes". Finalmente, consoante o art. 7º, § 7º: "A ressalva constante do § 6º deste artigo não se estende a clientes do advogado averiguado que estejam sendo formalmente investigados como seus partícipes ou coautores pela prática do mesmo crime que deu causa à quebra da inviolabilidade". Nesse sentido, a 5ª Turma do STJ concedeu ordem de *Habeas Corpus* para excluir de investigação policial os documentos apreendidos em escritório de advocacia do qual os suspeitos eram ex-clientes, sob o argumento de que a legislação brasileira protege o sigilo na relação do advogado com o seu cliente e considera o escritório inviolável, só admitindo busca e apreensão no local quando o próprio profissional é suspeito de crime e, ainda, assim, nenhuma informação sobre clientes poderia ser utilizada, em respeito à preservação do sigilo profissional, a não ser que tais clientes também fossem investigados pelo mesmo crime atribuído ao advogado (STJ, HC 149.008)[358].

(iv) Conforme interpretação doutrinária, permite-se a violação da correspondência do menor de idade pelo seu responsável. A criança tem direito à privacidade e intimidade, contudo, tal direito não é absoluto, podendo a correspondência ser violada sempre que caracterizado qualquer risco à criança. Em tais hipóteses, prevalece o comando do art. 227 da CF, que assegura a proteção do menor, bem este maior que o seu direito à intimidade[359]. Também se admite a violação de correspondência do doente mental pelo seu curador[360].

(v) Conforme interpretação do disposto no art. 41, parágrafo único, da Lei de Execução Penal, admite-se a interceptação de correspondência pelo diretor do estabelecimento penitenciário. Luiz Alberto David Araujo e Vidal Serrano Nunes Júnior trazem em sua obra um posicionamento do Supremo Tribunal Federal em que, segundo eles, este "entendeu que o art. 41, parágrafo único, da Lei de Execuções Penais é constitucional quando autoriza a restrição ou mesmo a suspensão, mediante ato motivado do diretor do

---

358. cf. notícia veiculada no *site*: <http://www.stj.gov.br>. Acesso em: 22-6-2010.

359. Nesse sentido, Luiz Alberto David Araujo e Vidal Serrano Nunes Júnior, *Curso de direito constitucional*, 3. ed., São Paulo, Saraiva, 1999, p. 103.

360. Nesse sentido, Damásio E. de Jesus, sustentando que não existem garantias constitucionais absolutas, podendo a legislação ordinária abrir-lhe exceções (*Código Penal anotado*, cit., p. 513).

estabelecimento, do direito de contato do reeducando com o mundo exterior mediante correspondência escrita ou outro meio de informação"[361].

Em que pese esse entendimento do STF, há posicionamento na doutrina sustentando a inconstitucionalidade das exceções legais, previstas nas letras, i, ii, iii e v, ao art. 5º, XII, pois argumenta-se que a Carta Magna somente estabeleceu uma exceção legal, a relativa ao sigilo das comunicações telefônicas, que está disciplinada na Lei n. 9.296/96[362]. Desse modo, de acordo com esse posicionamento doutrinário, a violação de correspondência realizada segundo essas autorizações legais, que se reputam inconstitucionais, seriam indevidas e, portanto, haveria a configuração do crime em estudo. Assim, por exemplo, a apreensão de correspondência em poder do acusado seria considerada crime. O sigilo de correspondência telegráfica e epistolar, em tese, jamais admitiria violação, pois a Constituição Federal, em seu art. 5º, XII, apenas prevê essa possibilidade para as comunicações telefônicas. No entanto, não existe liberdade individual que seja absoluta, devendo o direito à intimidade, ao sigilo da correspondência, ceder diante da maior relevância de outros interesses, cujo valor social exige a sua preservação. Suponhamos uma carta apreendida ilicitamente, que seria dirigida ao chefe de uma poderosa rede de narcotráfico internacional, com extensas ramificações com o crime organizado. Seria mais importante proteger o direito do preso ao sigilo de sua correspondência epistolar, do qual se serve para planejar crimes, do que desbaratar uma poderosa rede de distribuição de drogas, a qual ceifa milhões de vidas de crianças e jovens? Certamente não. Não seria possível invocar a justificativa do estado de necessidade? Nesse sentido, o STF já decidiu que a administração penitenciária pode, excepcionalmente, interceptar correspondência remetida pelos sentenciados, desde que tal ato tenha por motivação a segurança pública, uma vez que a inviolabilidade de correspondência não pode ser meio para práticas ilícitas.

(vi) Mulher que lê a correspondência do marido, sem autorização, e vice-versa. Vejamos as posições doutrinárias: (i) não constitui crime, pois a comunhão de vida que decorre do casamento (art. 1.566, II, do CC) não permite que se considere *alheia* a um dos cônjuges a correspondência do outro[363]; (ii) configura o delito em tela[364]; (iii) Julio Fabbrini Mirabete adota entendimento intermediário: "Aníbal Bruno parece-nos ter a opinião mais aceitável, ao afirmar que, 'em condições normais de convivência, é de presumir-se entre os cônjuges um consentimento tácito, que justificaria o fato', mas, inexistindo a presunção e não abrindo mão o cônjuge do direito disponível de sigilo de correspondência, vedado é o devassamento pelo outro"[365].

---

361. Luiz Alberto David Araujo e Vidal Serrano Nunes Júnior, *Curso*, cit., p. 103. Julgado citado pelos autores: *RT*, 709/418, Rel. Celso de Mello.

362. Nesse sentido, Cezar Roberto Bitencourt, *Manual*, cit., v. 2, p. 494 e 495; Julio Fabbrini Mirabete, *Manual*, cit., v. 2, p. 200 e 201.

363. Nesse sentido, Nélson Hungria, *Comentários*, cit., v. VI, p. 238. No mesmo sentido, Damásio E. de Jesus, *Código Penal anotado*, cit., p. 513; E. Magalhães Noronha, *Direito penal*, cit., v. 2, p. 183.

364. Celso Delmanto e outros, *Código Penal comentado*, cit., p. 301; Heleno Cláudio Fragoso, *Lições*, cit., v. I, p. 168.

365. Nesse sentido, Julio Fabbrini Mirabete, *Manual*, cit., p. 201.

Nosso entendimento: correta a segunda posição: configura o delito em tela.

(vii) O art. 10 da Lei n. 6.538/78 dispõe que "não constitui violação do sigilo da correspondência postal a abertura de carta: I — endereçada a homônimo, no mesmo endereço; II — que apresente indícios de conter objeto sujeito a pagamento de tributos; III — que apresente indícios de conter valor não declarado, objeto ou substância de expedição, uso ou entrega proibidos; IV — que deva ser inutilizada, na forma prevista em regulamento, em virtude de impossibilidade de sua entrega e restituição". Ainda, o parágrafo único ressalva que "nos casos dos incisos I e III a abertura será feita obrigatoriamente na presença do remetente ou do destinatário".

— **Erro de proibição sobre o elemento normativo do tipo:** se o agente, por erro, supõe estar autorizado pelo ordenamento jurídico a devassar a correspondência alheia, há erro de proibição sobre o elemento normativo do tipo.

2.2. Sujeito ativo

Trata-se de crime comum. Qualquer pessoa pode cometer o delito em tela, com exclusão do remetente e do destinatário. Remetente é o indivíduo que manifesta o seu pensamento. Destinatário é aquele que recebe a manifestação, ou seja, a quem se destina a correspondência. Quando o sujeito ativo se tratar de pessoa que se prevaleceu do cargo ou abusou de sua função, incidirá a agravante genérica contida no art. 43 da Lei n. 6.538/78.

2.3. Sujeito passivo

Cuida-se de crime de dupla subjetividade passiva. Os sujeitos passivos são o remetente e o destinatário. Segundo o art. 11 da Lei n. 6.538/78: "Os objetos postais pertencem ao remetente até a sua entrega a quem de direito. Quando a entrega não tenha sido possível em virtude de erro ou insuficiência de endereço, o objeto permanecerá à disposição do destinatário, na forma prevista nos regulamentos".

3. ELEMENTO SUBJETIVO

É punível somente a título de dolo, consubstanciado na vontade de devassar indevidamente a correspondência alheia. O erro de tipo afasta o dolo. Assim, não há crime se o agente abre a correspondência supondo ser ele o destinatário.

Não há previsão da modalidade culposa.

4. MOMENTO CONSUMATIVO

Consuma-se o delito no momento em que o agente toma conhecimento, ainda que parcialmente, do conteúdo da correspondência fechada. Não basta a abertura da correspondência para que o crime se repute consumado; exige-se o conhecimento de seu conteúdo. Se a correspondência estiver em branco, em códigos incompreensíveis ou indecifráveis, o fato será atípico em razão da absoluta impropriedade do objeto material (crime impossível – CP, art. 17).

Ainda, se da violação do sigilo resultar dano, material ou moral, a outrem, aplica-se a causa de aumento do art. 40, § 2º, da Lei n. 6.538/78.

5. TENTATIVA

É admissível. Ocorre nas hipóteses em que o agente logra abrir a correspondência, mas, por circunstâncias alheias à sua vontade, é impedido de tomar conhecimento de seu conteúdo.

6. AÇÃO PENAL. LEI DOS JUIZADOS ESPECIAIS CRIMINAIS

O crime é de ação penal condicionada à representação do ofendido (CP, art. 151, § 4º – preservado pelo art. 48 da Lei n. 6.538/78). Em se tratando o sujeito ativo de pessoa que se prevaleceu do cargo ou abusou de sua função, a ação será pública incondicionada (CP, art. 151, § 4º – preservado pelo art. 48 da Lei n. 6.538/78). Por se tratar de infração de menor potencial ofensivo, incidem as disposições da Lei n. 9.099/95, inclusive a suspensão condicional do processo (art. 89).

ART. 151, § 1º, I – SONEGAÇÃO OU DESTRUIÇÃO DE CORRESPONDÊNCIA

1. CONCEITO

O art. 151, § 1º, I, contempla o crime de sonegação ou destruição de correspondência, e foi tacitamente revogado pelo art. 40, § 1º, da Lei n. 6.538/78, cuja redação é semelhante à daquele: "Incorre nas mesmas penas quem se apossa indevidamente de correspondência alheia, embora não fechada, para sonegá-la ou destruí-la, no todo ou em parte". Trata-se de crime formal. Pune-se a conduta de se apossar de correspondência alheia com o fim de sonegá-la ou destruí-la, ao contrário do art. 151, *caput*, do Código Penal, pois este pune a conduta material de destruir ou sonegar correspondência alheia.

2. ELEMENTOS DO TIPO

2.1. Ação nuclear. Objeto material. Elemento normativo do tipo

A *ação nuclear do tipo* é o verbo *apossar*, isto é, reter, apoderar-se da correspondência alheia. Trata-se de crime de ação livre. Assim, o apossamento pode dar-se de diversas formas: mediante o emprego de ameaça, violência, fraude etc. Diferentemente do crime de violação de correspondência, em que se pune o conhecimento indevido de seu conteúdo por terceiros, no crime aqui em estudo pune-se o apoderamento indevido da correspondência, para o fim de sonegá-la ou destruí-la, pouco importando se o agente teve ou não conhecimento de seu conteúdo. O *objeto material* do crime tanto pode ser a correspondência fechada como a aberta, ao contrário do crime de violação. Se a correspondência tiver valor econômico a sua sonegação constituirá delito de furto e a sua destruição, crime de dano[366].

Assim como no crime de violação de correspondência, o apossamento deve ser *indevido* (*elemento normativo do tipo*). Se o agente tem o consentimento do remetente ou do destinatário para se apossar da correspondência ou há autorização do ordenamento jurídico para tanto, não se configura esse crime. Exemplificativamente, o pai que, para proteger o filho, se apossa da correspondência dele com o fim de sonegá-la ou destruí-la, não comete o crime em questão, pois, segundo a doutrina, o apoderamento não é indevido (aplicam-se aqui os comentários ao elemento normativo do crime de violação de correspondência, em que tivemos a oportunidade de elencar as hipóteses em que a violação de correspondência não é indevida).

O apossamento indevido da correspondência deve ser realizado com o fim de sonegá-la ou destruí-la. *Sonegar* significa ocultar, impedir que a correspondência chegue a seu real destinatário. *Destruir* significa queimar, rasgar, tornar a correspondência imprestável. A sonegação ou destruição do documento pode ser total ou parcial.

Se o agente se apossa de correspondência fechada, devassa seu conteúdo e a sonega ou destrói posteriormente, há o crime único de sonegação ou destruição de correspondência, e não concurso material com o crime de violação de correspondência.

2.2. Sujeitos ativo e passivo

Vide os comentários ao *caput* do art. 151.

3. ELEMENTO SUBJETIVO

É o dolo, consubstanciado na vontade de se apossar indevidamente da correspondência alheia. Além do dolo, exige a lei um fim especial de agir, consubstanciado na finalidade de sonegar ou destruir a correspondência alheia.

Se o agente se apossar da correspondência com a finalidade de tomar conhecimento de seu conteúdo, haverá o crime de violação de correspondência na forma tentada.

Aquele que, por engano, se apossa de carta alheia, pensando-a sua, e a destrói, incide em erro de tipo (CP, art. 20).

Não há previsão da modalidade culposa.

4. MOMENTO CONSUMATIVO

O crime se consuma no momento em que o agente se apodera da correspondência alheia. Trata-se de crime formal. Não se exige que o agente sonegue ou destrua a cor-

366. Nesse sentido, Nélson Hungria, *Comentários*, cit., v. VI, p. 239.

respondência para que o crime se consume; basta que o apossamento seja exercido com tal finalidade. A efetiva sonegação ou destruição da correspondência constituem mero exaurimento do crime, pois este já se considera consumado com o mero apossamento. Ainda, se da violação do sigilo resultar dano, material ou moral, a outrem, aplica-se a causa de aumento do art. 40, § 2º, da Lei n. 6.538/78.

5. TENTATIVA

É possível a tentativa nas hipóteses em que o agente é impedido de se apossar da correspondência por circunstâncias alheias a sua vontade.

6. AÇÃO PENAL. LEI DOS JUIZADOS ESPECIAIS CRIMINAIS

O crime é de ação penal condicionada à representação do ofendido (CP, art. 151, § 4º – preservado pelo art. 48 da Lei n. 6.538/78). Em se tratando o sujeito ativo de pessoa que se prevaleceu do cargo ou abusou de sua função, a ação será pública incondicionada (CP, art. 151, § 4º – preservado pelo art. 48 da Lei n. 6.538/78). Em face da pena prevista (detenção, até 6 meses, ou pagamento não excedente a 20 dias-multa), o crime está sujeito às disposições da Lei dos Juizados Especiais Criminais, cabendo, inclusive, a suspensão condicional do processo (art. 89 da Lei n. 9.099/95).

ART. 151, § 1º, II, III E IV - VIOLAÇÃO DE COMUNICAÇÃO TELEGRÁFICA, RADIOELÉTRICA OU TELEFÔNICA

1. VIOLAÇÃO DE COMUNICAÇÃO TELEGRÁFICA, RADIOELÉTRICA OU TELEFÔNICA (ART. 151, § 1º, INCISO II)

1.1. Conceito

Prevê o inciso II do § 1º do art. 151: "Na mesma pena incorre quem: II – indevidamente divulga, transmite a outrem ou utiliza abusivamente comunicação telegráfica ou radioelétrica dirigida a terceiro, ou conversação telefônica entre outras pessoas".

1.2. Elementos do tipo

1.2.1. Ação nuclear. Objeto material. Elemento normativo do tipo

Ação nuclear: são três as *ações nucleares típicas*: (i) *divulgar* comunicação telegráfica ou radioelétrica – significa levar ao conhecimento público o conteúdo da comunicação; (ii) *utilizar* – significa usar a comunicação obtida para qualquer fim. Se for utilizada para a prática de crime mais grave, o crime em tela será absorvido pelo crime-fim (p.ex., utilizar a comunicação com o fim de extorquir a vítima); (iii) *transmitir* – significa dar ciência, noticiar o conteúdo da correspondência a outrem. Adverte E. Magalhães Noronha que "diverge a figura da sua correspondente, no Código Penal italiano (art. 617), que pune o simples fato de *tomar conhecimento* da comunicação ou *conversa*, considerando a *revelação* circunstância agravante, enquanto o nosso incrimina apenas esta, isto é, a divulgação, transmissão ou utilização"[367]. Desse modo, não se incrimina a conduta daquele que somente toma conhecimento (p.ex., do teor do despacho telegráfico ou da conversa telefônica). É preciso que ele divulgue, transmita a outrem ou utilize a correspondência para qualquer fim.

Objeto material: o *objeto material* do delito é: (i) a comunicação telegráfica – telégrafo; (ii) a comunicação radioelétrica – rádio e televisão; (iii) conversação telefônica – telefone.

Elementos normativos do tipo: o crime em tela contém *elementos normativos do tipo*, quais sejam: (i) quem *indevidamente* divulga, transmite a outrem o conteúdo da comunicação, isto é, quem divulga ou transmite sem autorização legal ou sem autorização do ofendido (aplicam-se aqui os comentários anteriores ao elemento normativo do tipo); (ii) quem utiliza *abusivamente* do conteúdo da comunicação, ou seja, pratica excessos não acolhidos pelo ordenamento legal.

1.2.2. Sujeitos ativo e passivo

Trata-se de crime comum. Qualquer pessoa pode cometer o delito em tela, com exclusão do remetente e do destinatário. Remetente é o indivíduo que manifesta o seu pensamento. Destinatário é aquele que recebe a manifestação, ou seja, a quem se destina a correspondência. Quando o sujeito ativo se tratar de pessoa que se prevaleceu do cargo ou abusou de sua função, incidirá a qualificadora contida no § 3º do art. 151 do Código Penal.

Com relação ao sujeito passivo, *vide* comentários nos tópicos anteriores.

1.3. Elemento subjetivo

É o dolo, consubstanciado na vontade de praticar uma das ações nucleares típicas. O dolo deve abranger os elementos normativos do tipo. Não há previsão da modalidade culposa.

1.4. Momento consumativo

Trata-se de crime material, que se consuma no momento em que ocorre a divulgação ou transmissão da comunicação a outrem ou a sua utilização abusiva. Ainda, se da violação do sigilo resultar dano, material ou moral, a outrem, aplica-se a causa de aumento do § 2º do art. 151 do Código Penal.

1.5. Tentativa

Tratando-se de crime plurissubsistente, a tentativa é perfeitamente possível.

---

367. E. Magalhães Noronha, *Direito penal*, cit., v. 2, p. 184.

1.6. Ação Penal. Lei dos Juizados Especiais Criminais

O crime é de ação penal condicionada à representação do ofendido (CP, art. 151, § 4º). Em se tratando o sujeito ativo de pessoa que se prevaleceu do cargo ou abusou de sua função, a ação será pública incondicionada (CP, art. 151, § 4º). Por se tratar de infração de menor potencial ofensivo, incidem as disposições da Lei n. 9.099/95. É cabível a suspensão condicional do processo (art. 89).

1.7. Interceptação telefônica. Comentários ao art. 10 da Lei n. 9.296/96

O art. 5º, XII, da Constituição Federal autoriza que o sigilo das comunicações telefônicas seja objeto de interceptação, desde que haja autorização judicial e que aquela seja destinada a fazer prova em procedimento criminal. A Lei n. 9.296/96 regulamentou o dispositivo constitucional e determinou que aquele que realiza interceptação telefônica sem autorização judicial ou com objetivos não autorizados em lei incide no crime disposto em seu art. 10.

Com o advento da Lei n. 9.296/96, passou-se a questionar se o art. 151, § 1º, II, teria sido derrogado pelo art. 10 do referido diploma legal.

O art. 151, § 1º, II, conforme já visto, prevê em sua parte final o crime de violação de conversa telefônica, ou seja, pune a conduta daquele que divulga, transmite a outrem ou utiliza para qualquer fim o conteúdo da conversa. Não considera criminosa a interceptação de conversa telefônica, isto é, a sua captação mediante o emprego de recursos como o grampo telefônico. Pune-se, sim, aquele que divulga, transmite ou utiliza o conteúdo da conversa. Com a introdução da Lei n. 9.296/96 em nosso sistema legal, a interceptação de comunicações telefônicas, de informática ou telemática passou a ser considerada fato típico. Com efeito, estabelece o art. 10 da citada lei: "Constitui crime realizar interceptação de comunicações telefônicas, de informática ou telemática, ou quebrar segredo da Justiça, sem autorização judicial ou com objetivos não autorizados em lei (pena – reclusão de 2 a 4 anos, e multa)". A pedra de toque de nosso questionamento reside na segunda parte do art. 10: "quebrar segredo de Justiça", que significa violar, revelar o conteúdo do procedimento de interceptação telefônica. Teria o legislador, ao prever essa conduta, abarcado as hipóteses previstas do art. 151, § 1º, II, do Código Penal? Cremos que não houve derrogação do artigo do Código Penal, pelas seguintes razões: a segunda parte do art. 10 é delito próprio, ou seja, somente pode quebrar segredo de Justiça aquelas pessoas autorizadas legalmente a participar do procedimento de interceptação telefônica (juiz, promotor de justiça, delegado de polícia, escrivão, peritos, advogado), ao passo que o crime do art. 151, § 1º, II, do Código Penal é considerado crime comum, pois qualquer pessoa pode divulgar, transmitir a outrem ou utilizar para qualquer fim o conteúdo da conversa telefônica, sem que esta constitua segredo de Justiça em decorrência de procedimento judicial – até porque quando o art. 151 foi criado, a Lei de Interceptação Telefônica nem existia. É o caso, por exemplo, das linhas cruzadas[368]. Aquele que ocasionalmente

368. Luiz Flávio Gomes e Raúl Cervini, *Interceptação telefônica*, cit., p. 242.

tomou conhecimento de uma conversa telefônica alheia poderá responder pelo delito do Código Penal se vier a divulgar, transmitir a outrem ou utilizá-la para qualquer fim. Da mesma forma, responderá pelo crime do art. 151, § 1º, II, do Código Penal aquele que, não tendo participado do procedimento judicial de interceptação telefônica, divulgar o seu conteúdo, por exemplo, secretária do perito judicial toma conhecimento do conteúdo das gravações telefônicas e as divulga.

Façamos uma breve análise do art. 10 da citada lei, o qual dividimos em duas partes para melhor compreensão.

– **Objeto jurídico:** Protege-se a liberdade de comunicação.

– **Ação nuclear (1ª parte):** *realizar interceptação.* A interceptação telefônica em sentido estrito consiste na captação da conversa telefônica por um terceiro, sem o conhecimento dos interlocutores (é o chamado "grampeamento"). Não se confunde com a gravação clandestina, pois esta é praticada pelo próprio interlocutor, que registra sua conversa (telefônica ou não) sem conhecimento da outra parte, por exemplo, a gravação através de secretária eletrônica. O tipo penal não abrange a gravação clandestina. Exige-se que a interceptação seja realizada: (i) *sem autorização*: consiste na realização de interceptação sem a obtenção de autorização judicial através de procedimento previsto na lei; (ii) *ou com objetivos não autorizados em lei.* Pode ocorrer que o agente obtenha a autorização judicial para interceptar a conversa telefônica de outrem, mas não o faz com a finalidade de investigação criminal ou instrução processual penal, ou seja, de acordo com os fins previstos na lei. Tais elementos são alternativos, conforme ensina Vicente Greco Filho: "ainda que a interceptação seja judicialmente autorizada, se a finalidade não é a investigação criminal ou instrução processual penal, ocorre a infração; reciprocamente, se a interceptação é feita com essa finalidade, mas sem autorização judicial, também incide a norma penal. Evidentemente, na primeira situação inclui-se a conduta da autoridade que falseia dados ao juiz e obtém a autorização de interceptação em caso que, se revelada a verdade, tal situação não seria concedida. É também a conduta do juiz que, dolosamente, autoriza a interceptação fora dos casos legais"[369].

– **Ação nuclear (2ª parte):** *quebrar segredo de Justiça.* Consiste na quebra de segredo relativo ao procedimento de interceptação telefônica, ou seja, revelar a outrem o conteúdo do procedimento.

– **Sujeito ativo (1ª parte):** cuida-se de crime comum. Qualquer pessoa pode praticá-lo, não se exigindo nenhuma qualidade especial.

– **Sujeito ativo (2ª parte):** trata-se de crime próprio, pois, conforme ensinamento de Luiz Flávio Gomes, "sujeito ativo só pode ser quem por seu cargo (juiz, promotor, autoridade policial), função (perito, p.ex.) ou profissão (empregado das concessionárias telefônicas, advogado) venha a ter conhecimento da instauração do incidente de interceptação ou das diligências, gravações e transcrições. Não é um crime funcional, é dizer, não é preciso ser funcionário para cometê-lo (empregado de concessionária telefônica, p.ex., não é funcionário público e pode ser seu sujeito ativo). Mas também não é qualquer

369. Vicente Greco Filho, *Interceptação telefônica*, cit., p. 42.

pessoa que pode praticá-lo: somente aquelas que tenham tido acesso legítimo à interceptação ou ao seu resultado"[370]. Vicente Greco Filho não compartilha desse entendimento, pois para ele esse crime é funcional, ou seja, deve o sujeito ativo ser necessariamente funcionário público vinculado ao procedimento da interceptação. Segundo esse autor, "ao acusado ou seu defensor não se aplica o dispositivo porque não tem o dever jurídico de preservar segredo de justiça. O defensor pode, eventualmente, incidir em violação de sigilo profissional"[371].

— **Sujeito passivo (1ª parte):** são as pessoas cuja conversa está sendo captada pelo interceptador. Exige-se que pelo menos um dos comunicadores desconheça a interceptação, pois o consentimento deles exclui o crime ante a disponibilidade do bem jurídico.

— **Sujeito passivo (2ª parte):** consoante Luiz Flávio Gomes, "caso se concretize durante o procedimento inicial ou durante as diligências da interceptação, sujeito passivo é o Estado (que vê frustrada a possibilidade de se conseguir uma prova). Caso ocorra a quebra das gravações ou das transcrições, sujeitos passivos são todos os comunicadores"[372].

— **Elemento subjetivo:** é o dolo, consubstanciado na vontade de realizar a interceptação, ou quebrar segredo de Justiça, sem autorização judicial ou com objetivos não autorizados em lei.

— **Consumação (1ª parte):** consuma-se no momento em que o interceptador toma conhecimento, ainda que parcial, da comunicação alheia[373]. Não é necessária a revelação do seu conteúdo a terceiros.

— **Consumação (2ª parte):** consuma-se no momento em que "o agente revela a existência de uma ordem judicial de interceptação telefônica ou das diligências respectivas (há violação nesse caso de um interesse público — obtenção de uma prova) ou ainda quando revela o conteúdo das gravações e transcrições (há quebra nessa hipótese de interesses privados: intimidade, honra, imagem etc.). Revelar a existência do procedimento ou o conteúdo do seu resultado é comunicar, transmitir, noticiar tal fato a uma terceira pessoa, que não conheça, evidentemente, o segredo"[374].

— **Tentativa (1ª parte):** é possível, por exemplo, o agente estar colocando o instrumento destinado a captar a conversa telefônica quando é surpreendido por terceiros.

— **Tentativa (2ª parte):** a tentativa é possível, por exemplo, se o agente (juiz, promotor de justiça, perito, escrivão etc.) envia uma carta aos comunicadores avisando-os da existência de grampo telefônico, mas a carta é apreendida por terceiros.

---

370. Luiz Flávio Gomes e Raúl Cervini, *Interceptação telefônica*, cit., p. 245.

371. Vicente Greco Filho, *Interceptação telefônica*, cit., p. 44 e 45.

372. Luiz Flávio Gomes e Raúl Cervini, *Interceptação telefônica*, cit., p. 246.

373. Idem, ibidem, p. 243.

374. Idem, ibidem, p. 246.

2. IMPEDIMENTO DE COMUNICAÇÃO TELEGRÁFICA OU RADIOELÉTRICA OU CONVERSAÇÃO (ART. 151, § 1º, INCISO III)

Dispõe o inciso III do § 1º do art. 151: "Na mesma pena incorre quem ... III – impede a comunicação ou a conversação referidas no número anterior". Neste inciso pune-se a conduta de impedir (colocar obstáculo, embaraço, interromper) a comunicação telegráfica ou radioelétrica dirigida a terceiros ou a conversação entre outras pessoas. Assim, pune-se tanto a ação daquele que impede o início da comunicação ou conversação quanto a daquele que interrompe a comunicação ou conversação já iniciada. Neste delito, o agente não toma conhecimento do teor das informações trocadas ou as divulga para terceiro, mas tão somente interrompe a comunicação ou conversação. A ação física pode dar-se de diversas formas: "cortando os fios do telefone (em que existirá eventual crime de dano), produzindo ruídos no aparelho, interferindo na frequência das ondas hertzianas etc."[375].

O sujeito ativo pode ser qualquer pessoa, salvo os envolvidos na troca de informações (remetente, destinatário ou um dos interlocutores). Quando o sujeito ativo se tratar de pessoa que se prevaleceu do cargo ou abusou de sua função, incidirá a qualificadora contida no § 3º do art. 151 do Código Penal. As pessoas que travaram a comunicação ou participaram do diálogo telefônico são os sujeitos passivos.

A consumação do delito se dá com a interrupção da comunicação ou conversação. Se do crime resultar dano, material ou moral, a outrem, aplica-se a causa de aumento do § 2º do art. 151 do Código Penal. É admissível a tentativa.

O art. 72 da Lei n. 4.117/62 determina que "a autoridade que impedir ou embaraçar a liberdade da radiodifusão ou da televisão, fora dos casos autorizados em lei, incidirá, no que couber, na sanção do art. 322 do Código Penal".

Esse inciso não foi revogado pela Lei n. 9.296/96, pois pune a conduta de interceptar (através de escuta ou grampo) a conversa telefônica, e não a de impedir, colocar obstáculo.

O crime é de ação penal condicionada à representação do ofendido (CP, art. 151, § 4º). Em se tratando o sujeito ativo de pessoa que se prevaleceu do cargo ou abusou de sua função, a ação será pública incondicionada (CP, art. 151, § 4º). Por se tratar de infração de menor potencial ofensivo, são aplicáveis as disposições da Lei n. 9.099/95.

→ **Atenção:** em se tratando de telegrama escrito, sua interceptação configura o delito do art. 151, § 1º, I, do Código Penal.

3. INSTALAÇÃO OU UTILIZAÇÃO DE ESTAÇÃO OU APARELHO RADIOELÉTRICO, SEM OBSERVÂNCIA DE DISPOSIÇÃO LEGAL (ART. 151, § 1º, INCISO IV)

O inciso IV do § 1º do art. 151 foi tacitamente revogado pelo art. 70 da Lei n. 4.117/62 (Código Brasileiro de Telecomunicações), cujo teor é o seguinte: "Constitui crime punível com

375. Nesse sentido, Julio Fabbrini Mirabete, *Manual*, cit., p. 205.

a pena de detenção de um a dois anos, aumentada da metade se houver dano a terceiro, a instalação ou utilização de telecomunicações, sem observância do disposto nesta Lei e nos regulamentos. Parágrafo único: Precedendo ao processo penal, para os efeitos referidos neste artigo, será liminarmente procedida a busca e apreensão da estação ou aparelho ilegal".

O valor protegido pela norma é a segurança dos meios de comunicação. Trata-se de crime de ação múltipla. As *ações nucleares típicas* consubstanciam-se nos verbos: (i) *instalar* — significa montar uma estação ou aparelho radioelétrico sem autorização legal; ou (ii) *utilizar* — significa fazer uso da estação ou aparelho radioelétrico já instalados sem autorização legal. Segundo Mirabete, "inclui-se a transmissão de 'radioamadores', até aqueles que operam em automóveis (PX) quando o agente não possui a devida autorização do Contel"[376].

O artigo contém o *elemento normativo do tipo* — a instalação ou utilização de telecomunicações deve ser feita "sem observância do disposto nesta Lei e nos regulamentos". Trata-se de norma penal em branco. O Decreto n. 2.615/98 aprovou o Regulamento do Serviço de Radiofusão Comunitária.

A infração somente é prevista na forma dolosa. O desconhecimento do agente sobre a ilegalidade do aparato isenta-o da responsabilidade penal (erro de tipo — CP, art. 20). Em contrapartida, se o agente sabe que não houve autorização para o funcionamento, mas acredita que tal não é necessário, há erro de proibição (CP, art. 21).

O sujeito ativo pode ser qualquer pessoa (crime comum). O sujeito passivo é o Estado e, em caráter secundário, a pessoa que sofreu eventual dano.

O crime se consuma com a instalação ou com a utilização do aparato ilegal. Trata-se de crime formal, que se *consuma* independentemente da ocorrência de dano a terceiro; contudo, presente este, a lei determina que a pena será aumentada da metade. É admissível a tentativa.

O artigo também prevê uma *condição de procedibilidade* para propositura da ação penal — a busca e apreensão da estação ou aparelho ilegal.

A ação penal é pública incondicionada (CP, art. 151, § 4º). Em face da pena prevista — detenção de 1 a 2 anos, constitui infração de menor potencial ofensivo (Lei n. 9.099/95). Nesse contexto, importa mencionar que, a partir da instituição dos Juizados Especiais Federais, são considerados infrações de menor potencial ofensivo e, por essa razão, estão submetidos ao procedimento dos Juizados Especiais Criminais, tanto da Justiça Comum estadual quanto da Justiça Federal, os crimes a que a lei comine pena máxima igual ou inferior a 2 anos de reclusão ou detenção, qualquer seja o procedimento previsto. É, inclusive, cabível a suspensão condicional do processo (art. 89 da Lei n. 9.099/95). Contudo, se houver dano a terceiro, a pena será aumentada da metade, o que impedirá a incidência desse instituto da Lei dos Juizados Especiais Criminais.

Finalmente importa trazer à baila o art. 183 da Lei n. 9.472/97, que prevê a seguinte conduta: "Desenvolver clandestinamente atividades de telecomunicação. Pena: detenção, de 2 a 4 anos, aumentada da metade se houver dano a terceiro, e multa de

---

376. Julio Fabbrini Mirabete, *Manual*, cit., p. 206.

R$ 10.000.00 (dez mil reais). Parágrafo único: Incorre na mesma pena quem, direta ou indiretamente, concorrer para o crime". O parágrafo único do art. 184, por sua vez, diz: "Considera-se clandestina a atividade desenvolvida sem a competente concessão, permissão ou autorização de serviço, de uso de radiofrequência e de exploração de satélite".

ART. 151, § 2º – CAUSA DE AUMENTO DE PENA

Está contemplada no art. 151, § 2º: "As penas aumentam-se de metade, se há dano para outrem". Somente é aplicável aos crimes ainda regulados pelo Código Penal, pois aos crimes disciplinados pela Lei n. 6.538/78 incide idêntica causa de aumento de pena prevista no § 2º do art. 40 dessa lei. O dano a que se refere a lei é o material ou moral, que deve ser devidamente comprovado. O dano pode atingir qualquer pessoa, que não o remetente ou destinatário da correspondência.

ART. 151, § 3º – QUALIFICADORA

Está prevista no § 3º do art. 151: "Se o agente comete o crime, com abuso de função em serviço postal, telegráfico, radioelétrico ou telefônico: Pena – detenção, de um a três anos". Aplica-se somente aos crimes ainda regulados pelo Código Penal. Aos crimes disciplinados pela Lei n. 6.538/78 incide a qualificadora prevista no art. 43 dessa lei, cuja redação tem a mesma abrangência.

ART. 151, § 4º – AÇÃO PENAL

A ação penal é pública condicionada à representação do ofendido (remetente ou destinatário) ou de seu representante legal, pouco importando se a correspondência está nas mãos do remetente ou destinatário, pois o que se protege é a liberdade e segurança da correspondência e não a propriedade desta[377]. Nas hipóteses do § 1º, IV (instalação ou utilização de estação ou aparelho radioelétrico), e do § 3º (se o agente comete o crime com abuso de função), a ação penal será pública incondicionada (CP, art. 151, § 4º).

A divergência entre o remetente e o destinatário quanto ao exercício ou não do direito de representação não impede que um deles represente validamente e a ação penal seja proposta.

ART. 152 – CORRESPONDÊNCIA COMERCIAL

1. CONCEITO

Disciplina o Código Penal em seu art. 152 o crime de "correspondência comercial": "Abusar da condição de sócio ou empregado de estabelecimento comercial ou

377. Nesse sentido, Nélson Hungria, *Comentários*, cit., v. VI, p. 245.

industrial para, no todo ou em parte, desviar, sonegar, subtrair ou suprimir correspondência, ou revelar a estranho seu conteúdo: Pena – detenção, de três meses a dois anos".

2. ELEMENTOS DO TIPO

2.1. Ação nuclear. Objeto material

Trata-se de crime de ação múltipla. O tipo penal prevê as seguintes ações nucleares: *desviar* (dar à correspondência destino diverso), *sonegar* (omitir-se na sua entrega), *subtrair* (retirar, furtar), *suprimir* (eliminar) correspondência, ou *revelar* (divulgar) a estranho o seu conteúdo. O agente pratica uma dessas ações típicas mediante o abuso da condição de sócio ou empregado de estabelecimento comercial ou industrial, ou seja, indevidamente. Ele não está autorizado a realizar qualquer daquelas ações típicas, mas se aproveita de sua condição para fazê-lo. Para Nélson Hungria, "é preciso, para a existência do crime, que haja, pelo menos, possibilidade de dano, seja este patrimonial ou moral. Não se compreenderia que o sócio cometesse crime por praticar qualquer dos atos referidos no texto legal, se dele nenhum dano pudesse resultar à sociedade ou a outrem. Quanto ao empregado, se, do mesmo modo, não houvesse sequer perigo de dano, além do infligido à intangibilidade da correspondência, não haveria necessidade de incriminação fora do art. 151. Se o conteúdo da correspondência é fútil ou inócuo, não pode ser objeto do crime em questão"[378].

Importa notar que a prática de mais de uma conduta prevista no tipo penal configura crime único e não concurso de crimes, pois trata-se de crime de ação múltipla.

O *objeto material* do crime é a correspondência comercial, ou seja, carta, fax, balancetes, faturas etc., que pertençam a estabelecimento comercial ou industrial. Não se cuida no caso de correspondência que contenha segredo, pois esta já é tutelada pelos arts. 153 e 154 do Código Penal. Se a correspondência disser respeito a questões alheias ao estabelecimento comercial, o crime configurado será o de violação de correspondência (CP, art. 151).

> → **Atenção:** se a correspondência possuir valor econômico por seu conteúdo, o apossamento constituirá furto (CP, art. 155); a destruição, crime de dano (CP, art. 163).

2.2. Sujeito ativo

Trata-se de crime próprio. Sujeito ativo é o sócio ou empregado de estabelecimento comercial ou industrial remetente ou destinatário. Não é necessário que o agente seja sócio ou empregado especialmente incumbido de lidar com a correspondência ou de

---

378. Nesse sentido, Nélson Hungria, *Comentários*, cit., v. VI, p. 246.

guardá-la[379] (p.ex., secretária). Se outras pessoas praticarem o delito na condição de coautores ou partícipes, comunica-se a elas a elementar de natureza pessoal relativa à qualidade do agente (CP, art. 30).

2.3. Sujeito passivo

É o beneficiário do conteúdo da correspondência, o sócio prejudicado pela violação do sigilo e o próprio estabelecimento comercial ou industrial remetente ou destinatário, que pode ser prejudicado economicamente em razão da vulneração do conteúdo sigiloso.

3. ELEMENTO SUBJETIVO

É o dolo, consubstanciado na vontade de violar o sigilo da correspondência comercial pela prática de uma das condutas descritas no tipo. O agente deve ter conhecimento de que abusa de sua condição de sócio ou empregado; do contrário, haverá erro de proibição.

Não há previsão da modalidade culposa do delito em tela.

4. MOMENTO CONSUMATIVO

O delito é material, então a consumação ocorre com a efetivação de uma das condutas descritas, ou seja, quando o agente (no todo ou em parte) desvia, sonega, subtrai ou suprime a correspondência, ou revela seu conteúdo a estranho.

5. TENTATIVA

É crime plurissubsistente, portanto a tentativa é perfeitamente admissível.

6. AÇÃO PENAL E PROCEDIMENTO. LEI DOS JUIZADOS ESPECIAIS CRIMINAIS

Trata-se de crime de ação penal pública condicionada à representação da pessoa jurídica ofendida. O art. 152 é delito de menor potencial ofensivo.

É cabível a suspensão condicional do processo (art. 89 da Lei n. 9.099/95), uma vez que a pena prevista é de detenção, de 3 meses a 2 anos.

---

379. Nesse sentido, Nélson Hungria, *Comentários*, cit., v. VI, p. 245 e 246.

Seção IV
Dos crimes contra a inviolabilidade dos segredos

ART. 153 - DIVULGAÇÃO DE SEGREDO

1. OBJETO JURÍDICO

Sob a rubrica "Dos crimes contra a inviolabilidade dos segredos" tutela o Código Penal, mais uma vez, no art. 153 a liberdade individual, agora no que concerne à inviolabilidade dos segredos. Todo indivíduo tem o direito de resguardar, de impedir que outros tomem conhecimento de fatos secretos, que digam respeito a sua vida particular, e cuja violação e divulgação podem gerar graves consequências a ele ou a outras pessoas.

No plano internacional, o Pacto de São José da Costa Rica, ratificado pelo Brasil por força do Decreto Presidencial n. 592/92, dispõe em seu art. 11: "2. Ninguém pode ser objeto de interferência arbitrária ou abusiva em sua vida privada, sua família, seu lar ou sua correspondência, ou de ataques ilegais à sua honra ou reputação"; o Pacto Internacional dos Direitos Civis e Políticos, ratificado pelo Brasil por força do Decreto Presidencial n. 592/92, dispõe em seu art. 17: "1. Ninguém será objeto de interferências arbitrárias ou ilegais em sua vida privada, sua família, seu domicílio, sua correspondência, nem de atentados ilegais à sua honra e à sua reputação".

Outros dispositivos penais também resguardam a inviolabilidade do segredo. São eles: violação de sigilo funcional (CP, art. 325), crime de concorrência desleal (art. 195 da Lei n. 9.279/96) etc.

O art. 153 tem a seguinte redação: "Divulgar alguém, sem justa causa, conteúdo de documento particular ou de correspondência confidencial, de que é destinatário ou detentor, e cuja divulgação possa produzir dano a outrem. Pena — detenção, de um a seis meses, ou multa".

§ 1º: "Somente se procede mediante representação".

§ 1º-A: "Divulgar, sem justa causa, informações sigilosas ou reservadas, assim definidas em lei, contidas ou não nos sistemas de informações ou banco de dados da Administração Pública. Pena — detenção, de um a quatro anos, e multa".

§ 2º: "Quando resultar prejuízo para a Administração Pública, a ação penal será incondicionada".

2. ELEMENTOS DO TIPO

2.1. Ação nuclear. Objeto material. Elemento normativo

Ação nuclear: o art. 153 contém dois crimes distintos: a divulgação indevida de segredo contido em documento particular ou em correspondência confidencial (*caput*) e a divulgação indevida de informações sigilosas ou reservadas, definidas em lei (§ 1º-A). Em ambos, a *ação* *nuclear* do tipo consubstancia-se no verbo *divulgar*, que significa contar para outrem, narrar, "espalhar" abertamente o fato sigiloso. A divulgação pode dar-se por diversos meios: rádio, televisão etc. Quanto ao número de pessoas que devem tomar conhecimento do segredo, há duas posições: (i) basta que se conte o segredo para uma pessoa[380]; (ii) é necessário que o segredo seja divulgado para mais de uma pessoa (posição doutrinária majoritária)[381].

Objeto material: no *caput*, o *objeto material* do delito é: (i) O conteúdo de documento particular. Documento, segundo Nélson Hungria, "é todo escrito de que resulte prova de fato juridicamente relevante, tenha ou não caráter econômico"[382]. O documento deve ser particular, pois a inviolabilidade do documento público é resguardada por outros dispositivos penais. (ii) Ou o conteúdo de correspondência confidencial. Correspondência, nos termos do art. 47 da Lei n. 6.538/78, "é toda comunicação de pessoa a pessoa, por meio de carta, através da via postal ou por telegrama". No § 1º-A, são as informações sigilosas ou reservadas, assim definidas em lei, contidas ou não nos sistemas de informações ou banco de dados da Administração Pública.

Exige o dispositivo penal que o conteúdo do documento particular, da correspondência e das informações sejam confidenciais, ou seja, secretos. Define-se segredo como algo que é sigiloso, que não deve ser revelado. Conforme E. Magalhães Noronha, "esse caráter resulta da vontade expressa ou tácita da pessoa, ou da própria natureza do conteúdo. Há de oferecer também interesse moral ou material. Um fato absolutamente inócuo, contado em carta, não pode converter-se em segredo pela simples vontade do remetente"[383]. A divulgação de segredo verbal não configura esse delito.

Elemento normativo do tipo: o dispositivo em estudo contém um *elemento normativo do tipo*, pois exige-se que a divulgação do conteúdo do documento particular, da correspondência confidencial ou das informações sigilosas ou reservadas se dê *sem justa causa*, ou seja, contrária ao ordenamento jurídico. A doutrina enumera as seguintes hipóteses em que há justa causa para a divulgação do segredo, sendo o fato, portanto, atípico: (i) na hipótese de *delatio criminis* (CPP, art. 5º, § 3º); (ii) na hipótese em que a testemunha revela segredo em juízo (CPP, art. 206) — trata-se aqui do estrito cumprimento do dever legal; (iii) na hipótese em que o agente apresenta documento particular ou correspondência confidencial para fazer prova de sua inocência em processo judicial — trata-se de exercício regular de direito; (iv) na hipótese em que há apreensão de cartas destinadas ao acusado, quando haja suspeita de que o conhecimento de seu conteúdo possa ser útil à elucidação do fato (CPP, art. 240, § 1º, *f*) — cuida-se aqui do estrito cumprimento de dever legal; (v) na hipótese em que há consentimento do ofendido para a divulgação do segredo.

---

380. Celso Delmanto e outros, *Código Penal comentado*, cit., p. 307.

381. Damásio E. de Jesus, *Código Penal anotado*, cit., p. 521; Nélson Hungria, *Comentários*, cit., v. VI, p. 251; E. Magalhães Noronha, *Direito penal*, cit., v. 2, p. 190; Julio Fabbrini Mirabete, *Manual*, cit., v. 2, p. 211; Cezar Roberto Bitencourt, *Manual*, cit., v. 2, p. 514; Victor Eduardo Rios Gonçalves, *Dos crimes contra a pessoa*, *Coleção*, cit., v. 8, p. 126.

382. Nélson Hungria, *Comentários*, cit., v. VI, p. 250.

383. E. Magalhães Noronha, *Direito penal*, cit., v. 2, p. 189.

2.2. Sujeito ativo

No delito do *caput*, é a pessoa destinatária do documento particular ou da correspondência confidencial. O destinatário da correspondência não pode divulgar o seu conteúdo sem o consentimento do remetente, mas, se o faz, pratica o crime em tela. Sujeito ativo também é o detentor da correspondência, ou seja, aquele que a possui de alguma forma (seja essa detenção legítima ou ilegítima) e divulga o seu conteúdo. Segundo Mirabete, "o remetente somente poderá figurar como agente em caso de participação, quando determinar, por exemplo, ao destinatário ou detentor a divulgação do segredo contido no documento ou correspondência"[384].

Quando o sujeito ativo for o detentor do documento ou da correspondência confidencial, ele só responderá pelo crime único de divulgação de segredo. Não há falar no caso em concurso daquele delito com o de violação de correspondência. O crime-fim absorve o crime-meio.

No delito do § 1º-A, o sujeito ativo é aquele que tem acesso ou é detentor da informação sigilosa ou reservada. Sendo o agente funcionário público, responde pelo crime do art. 325 do Código Penal (violação de sigilo funcional).

2.3. Sujeito passivo

No delito do *caput*, o sujeito passivo é a pessoa que pode ser prejudicada pela divulgação do segredo, seja ele o remetente ou não. Já no delito do § 1º-A, o sujeito passivo é tanto a pessoa que pode ser prejudicada pela divulgação da informação quanto a Administração Pública, conforme o caso. Lembre-se de que, sendo atingido somente o indivíduo, a ação é pública condicionada à representação da vítima, conforme estipula o § 1º, mas, se houver prejuízo para a Administração Pública, a ação é incondicionada, conforme previsão do art. 2º.

3. ELEMENTO SUBJETIVO

É o dolo, consubstanciado na vontade de divulgar o segredo sem que exista uma justa causa para tanto. O agente deve ter conhecimento da ilegitimidade de sua conduta, bem como de que o conteúdo divulgado é sigiloso, podendo vir a causar prejuízo a outrem. O desconhecimento de que o objeto material do delito esteja protegido por segredo configura erro de tipo (CP, art. 20). Não há previsão da modalidade culposa desse delito. Cezar Roberto Bitencourt ressalva que não se deve confundir sujeito passivo com o prejudicado: "aquele é o titular do bem jurídico protegido e, na hipótese, lesado, enquanto este é qualquer pessoa que, em razão do crime, sofre prejuízo ou dano material ou moral; o primeiro será vítima da relação processual-criminal, e o segundo será testemunha, embora interessada". E continua: "a relevância da distinção repousa nos direitos decorrentes dessa *condição* que cada um tem: o sujeito passivo é titular do direito de representar criminalmente contra o sujeito ativo, detém a faculdade de auto-

---

384. Julio Fabbrini Mirabete, *Manual*, cit., v. 2, p. 210.

rizar a revelação do segredo, além de ter o direito da reparação *ex delicto*; ao prejudicado, por outro lado, resta-lhe o direito de postular a reparação do dano sofrido"[385].

4. MOMENTO CONSUMATIVO

Trata-se de crime formal, cuja consumação ocorre com a divulgação do segredo a um número indeterminado de pessoas, independentemente da produção de dano a outrem, pois basta a potencialidade lesiva.

5. TENTATIVA

É admissível. Cite-se o exemplo de E. Magalhães Noronha no qual o agente é interrompido por terceiro no momento em que está afixando um documento, que contém segredo, em logradouro público[386].

6. AÇÃO PENAL. LEI DOS JUIZADOS ESPECIAIS CRIMINAIS

Trata-se de crime de ação penal pública condicionada à representação do ofendido ou de seu representante legal (§ 1º). Quando, no entanto, resultar prejuízo para a Administração Pública, a ação penal será incondicionada (cf. § 2º).

Na figura do *caput*, constitui infração penal de menor potencial ofensivo, de acordo com os moldes da Lei n. 9.099/95. Tanto na figura do *caput* quanto na figura qualificada (§ 1º-A), é possível a aplicação da suspensão condicional do processo (art. 89 da Lei n. 9.099/95).

ART. 154 – VIOLAÇÃO DO SEGREDO PROFISSIONAL

1. OBJETO JURÍDICO

Com a rubrica "Violação do segredo profissional" prevê o Código Penal no art. 154 mais um crime contra a liberdade individual. Tutela-se, agora, a liberdade individual concernente à inviolabilidade do segredo profissional. Todos têm direito de solucionar seus problemas particulares buscando o auxílio profissional de terceiros, seja um advogado, um médico, um psicólogo, um padre. São os chamados *confidentes necessários*. É do interesse social que os fatos da vida privada revelados sejam resguardados, ocultados, isto é, sejam mantidos em segredo profissional, pois, do contrário, sem esse sigilo, poucas pessoas se arriscariam a procurar ajuda profissional, já que a todo instante correriam o risco de ver os seus problemas particulares expostos a um número indeterminado de pessoas. Assim, o indivíduo que confessa os seus problemas a um padre, o faz porque confia no dever deste de guardar segredo acerca de tudo que toma conhecimento em confessionário. Se assim não fosse, ele jamais se confessaria.

---

385. Cezar Roberto Bitencourt, *Manual*, cit., v. 2, p. 513 e 514.

386. E. Magalhães Noronha, *Direito penal*, cit., v. 2, p. 190.

2. ELEMENTOS DO TIPO

2.1. Ação nuclear. Objeto material. Elemento normativo do tipo

A *ação nuclear* do tipo consiste em *revelar*, *pôr* a descoberto, *transmitir* a outrem segredo de que tem ciência em razão da atividade que exerce e que possa produzir dano a outrem. Não confundir a conduta típica deste tipo legal com o ato de "divulgar", previsto no art. 153 do Código Penal, uma vez que este importa em comunicar o fato a um número indeterminado de pessoas, ao passo que aquele implica dar conhecimento a terceiro, bastando que o segredo seja revelado a uma só pessoa.

O conhecimento do segredo pode dar-se por diversas formas: mediante comunicação direta e pessoal do titular do segredo, mediante a remessa de documentos para análise etc. Para configurar esse crime, basta que o segredo seja revelado a uma única pessoa. O segredo pode ser revelado, inclusive, quando o agente não mais exerça a função, ministério, ofício etc. A pessoa a quem é revelado o segredo não comete o crime em estudo.

O *objeto material* do crime é o segredo, isto é, aquilo que é oculto, que não pode ser revelado. Segundo E. Magalhães Noronha, é o fato da vida íntima de alguém, em que há interesse e vontade de ocultar. Mais adiante afirma o autor que "o segredo pode ser conhecido por várias pessoas, não deixando por isso de o ser, como ocorre com o fato cuja ciência se limita aos diversos membros da família, que não querem a sua revelação"[387]. O segredo, ainda que diga respeito a fato criminoso, deve ser guardado (p.ex., indivíduo que confessa ao seu advogado que cometeu um crime).

A lei exige que a revelação do segredo "possa produzir dano a outrem". Não se exige a efetiva produção do dano, mas tão somente a possibilidade de ocorrência de dano (moral ou econômico).

O *elemento normativo do tipo* está consubstanciado na "revelação *sem justa causa*". O fato só será típico se o agente revelar o segredo profissional sem motivo justificável. Havendo justa causa para a revelação, o fato é atípico. **Quando haverá justa causa?** Sabemos que o direito ao sigilo profissional não é absoluto, devendo ceder em face de interesses jurídicos maiores. Desse modo, haverá justa causa para a quebra do sigilo profissional sempre que outro bem jurídico de maior relevância necessitar ser protegido. A doutrina cita os seguintes exemplos: criminoso confessa a prática de um crime a seu advogado e este acaba por revelar esse segredo como forma de inocentar terceiro acusado dessa prática delituosa; ou então advogado denuncia à Polícia o seu cliente porque este acabara de confessar que ao sair do escritório iria praticar um crime. São, na verdade, hipóteses de estado de necessidade. Também, segundo a doutrina, haverá justa causa nas seguintes hipóteses: (i) quando para a cobrança judicial de honorários o profissional for obrigado a revelar os fatos sigilosos, por exemplo, cobrança de honorários advocatícios decorrentes do trabalho realizado pelo causídico em ação de investigação de paternidade – trata-se de hipótese de exercício regular de direito; (ii) quando houver consentimento do titular do segredo, o que ocorre quando, por exemplo, o titular do segredo permite a revelação deste pelo profissional em depoimento em juízo (CPP, art. 207

387. E. Magalhães Noronha, *Direito penal*, cit., v. 2, p. 195 e 196.

– *v.* comentários constantes no item n. 6); (iii) quando necessário para comprovar crime ou sua autoria (CPP, art. 240, § 1º, *f*); (iv) quando a norma legal impuser a revelação do segredo, por exemplo, art. 269 do Código Penal, que prevê a obrigação de o médico comunicar à autoridade a ocorrência de moléstia contagiosa – trata-se de hipótese de estrito cumprimento de dever legal.

2.2. Sujeito ativo

Trata-se de crime próprio. Sujeito ativo é a pessoa que tiver conhecimento de um segredo em razão do exercício de função, ministério, ofício ou profissão. Segundo definição de E. Magalhães Noronha: **(i) função** – é o encargo que alguém recebe, em virtude de lei, decisão judicial ou contrato, por exemplo, tutores, curadores, inventariantes, diretores de empresas, hospitais etc.; **(ii) ministério** – é também um encargo, mas subordinado a um estado ou condição social, por exemplo, o sacerdote, a freira, o irmão de caridade etc.; **(iii) ofício** – refere-se à arte mecânica ou manual, por exemplo, costureiro, chapeleiro, sapateiro, ourives etc. (segundo o autor, também tem o significado de função pública); **(iv) profissão** – para alguns, é o exercício de ocupação de natureza intelectual e independente, e que, via de regra, necessita de habilitação do Estado, por exemplo, a profissão de advogado, médico, engenheiro etc. (para o autor, também indica toda atividade a que se entrega uma pessoa, com fim lucrativo)[388].

Segundo a doutrina, exige-se que o segredo seja descoberto pelo agente em razão do exercício de função, ministério, ofício ou profissão. Tal conhecimento pode dar-se de qualquer forma. Assim, se, eventualmente, do teor do documento remetido ao advogado este vem a tomar conhecimento de outros fatos não revelados pelo cliente, ainda assim o causídico está obrigado a guardar sigilo. Da mesma forma, se informado por terceiros vem a se certificar de que o seu cliente está envolvido em outras falcatruas, também estará adstrito ao sigilo profissional. Por outro lado, se o causídico tomar conhecimento e revelar fatos relativos ao seu cliente e que sejam alheios ao exercício de sua profissão, isso poderá ou não configurar o crime previsto no art. 153.

Os auxiliares daqueles que exercem função, ministério, ofício ou profissão também estão obrigados a guardar sigilo dos fatos que tiverem conhecimento em razão do auxílio prestado. Assim a enfermeira, o estagiário etc. estão obrigados, por exemplo, a não revelar a outrem o quadro clínico do paciente ou o teor do litígio envolvendo o cliente.

Se o sujeito ativo possuir uma qualidade especial, podemos estar diante de outros delitos: Código Penal, art. 325 (violação de sigilo funcional); Lei Complementar n. 105/2001, art. 10 (quebra de sigilo das operações de instituições financeiras); Lei n. 9.296/96, art. 10 (crime de violação de sigilo telefônico); Lei n. 7.492/86, art. 18 (violação de operação ou serviço prestado por instituição financeira); Lei n. 11.101/2005, art. 169 (violação de sigilo empresarial); Código Penal Militar, art. 326 (crime militar); Lei n. 6.385/76, art. 27-D (uso indevido de informação privilegiada no mercado de

388. Cf. definição de E. Magalhães Noronha, *Direito penal*, cit., v. 2, p. 193.

valores mobiliários); Lei n. 6.453/77, art. 23 (revelação de segredos relativos a energia nuclear).

2.3. Sujeito passivo

É a pessoa que possa sofrer dano com a sua divulgação, ou seja, o titular do segredo, que nem sempre é aquele que o revela, por exemplo, marido que informa ao médico que a sua esposa está com uma doença venérea gravíssima. O titular do segredo, no caso, é a mulher e a ela incumbirá o direito de representação na ação penal.

3. ELEMENTO SUBJETIVO

É o dolo, consubstanciado na vontade de revelar o segredo sem que exista justa causa para tanto. O agente deve ter conhecimento de que o fato é secreto e que inexiste justa causa para a sua revelação. O desconhecimento de que a informação se encontra protegida por segredo configura erro de tipo (CP, art. 20).

Não há previsão da modalidade culposa do delito. Assim, não pratica o crime em tela o advogado que, "conversando imprudentemente em voz alta com seu constituinte, mencione o fato secreto, de modo que um terceiro, inapercebido, venha a inteirar-se dele"[389].

4. MOMENTO CONSUMATIVO

Trata-se de crime formal. Consuma-se com a revelação do segredo a uma única pessoa, independentemente de ocorrer de fato dano a outrem. Basta, segundo o art. 154, que a revelação possa produzir dano a outrem.

5. TENTATIVA

Na hipótese em que a revelação do segredo a outrem se dê através de meio escrito, por se tratar de crime plurissubsistente, é possível a tentativa, por exemplo, revelação do segredo por meio de carta que é interceptada pelo confitente. É inadmissível na hipótese em que a revelação é oral.

6. SIGILO PROFISSIONAL. DEPOIMENTO TESTEMUNHAL

O art. 207 do Código de Processo Penal é expresso no sentido de que "são proibidas de depor as pessoas que, em razão de função, ministério, ofício ou profissão, devam guardar segredo, salvo se, desobrigadas pela parte interessada, quiserem dar o seu testemunho". Assim, tais pessoas, se chamadas para depor em juízo como testemunha sobre fatos que tiveram conhecimento no exercício da profissão, estarão proibidas de fazê-lo. Somente poderão depor se autorizadas pelo titular do segredo. Seria contraditório que a lei processual penal admitisse o depoimento dessas pessoas,

---

389. Nélson Hungria, *Comentários*, cit., v. VI, p. 274.

versando sobre segredo profissional, quando o próprio CP considera crime a revelação de segredo profissional.

Quanto ao depoimento do advogado, o art. 7º, XIX, da Lei n. 8.906/94 (EOAB) especificamente dispõe que "São direitos do advogado: ... XIX – recusar-se a depor como testemunha em processo no qual funcionou ou deva funcionar, ou sobre fato relacionado com pessoa de quem seja ou foi advogado, mesmo quando autorizado ou solicitado pelo constituinte, bem como sobre fato que constitua sigilo profissional". Dessa forma, o advogado, ainda que autorizado pelo constituinte, tem o direito de negar-se a depor como testemunha acerca de fatos a ele confidenciados. Contudo não poderá negar-se a comparecer e a depor como indiciado, por envolvimento em fato criminoso. Nesta hipótese, não estará obrigado a responder às perguntas que impliquem violação de segredo profissional.

Finalmente, no que toca ao sigilo médico, a jurisprudência tem-se manifestado no sentido de que o segredo profissional a que está sujeito o médico só pode ser dispensado para fornecimento de informes ou elementos para instrução de processos-crimes que visem à apuração de infrações criminais relacionadas com a prestação de socorro médico ou moléstia de comunicação compulsória. Nesses casos há justa causa para a revelação do segredo profissional; do contrário, o médico não estará obrigado a fornecer as informações solicitadas pelo juiz, não configurando a sua recusa crime de desobediência. Há, por outro lado, decisão no sentido de que os segredos confiados ao médico podem ser revelados no caso de ação criminosa, tendo o tribunal entendido haver justa causa para a requisição, pela autoridade coatora, da ficha clínica do paciente contra quem se atribui a prática de aborto. Entretanto, vale mencionar a aprovação do Código de Ética Médica (cf. Resolução CFM n. 1.931/2009), e, segundo o seu art. 73, é vedado ao médico "revelar fato de que tenha conhecimento em virtude do exercício de sua profissão, salvo por motivo justo, dever legal ou consentimento, por escrito, do paciente. Parágrafo único. Permanece essa proibição: (i) mesmo que o fato seja de conhecimento público ou o paciente tenha falecido; (ii) quando de seu depoimento como testemunha. Nessa hipótese, o médico comparecerá perante a autoridade e declarará seu impedimento; (iii) na investigação de suspeita de crime, o médico estará impedido de revelar segredo que possa expor o paciente a processo penal".

Finalmente, o art. 53, § 5º, da Constituição Federal dispõe, por sua vez, que "Os Deputados e Senadores não serão obrigados a testemunhar sobre informações recebidas ou prestadas em razão do exercício do mandato, nem sobre as pessoas que lhes confiaram ou deles receberam informações".

7. AÇÃO PENAL. LEI DOS JUIZADOS ESPECIAIS CRIMINAIS

Trata-se de crime de ação penal pública condicionada à representação do ofendido. Nos moldes da Lei n. 9.099/95, constitui infração penal de menor potencial ofensivo. É possível a aplicação da suspensão condicional do processo (art. 89 da Lei n. 9.099/95).

ARTS. 154-A E 154-B – INVASÃO DE DISPOSITIVO INFORMÁTICO

1. OBJETO JURÍDICO

Tutelam-se a intimidade, a vida privada e o direito ao sigilo de dados constantes de dispositivo informático, bem como a segurança informática.

Muito embora a infração penal esteja capitulada fora do Título II da Parte Especial do Código Penal, o tipo penal do art. 154-A tutela também, na figura típica descrita na parte final do *caput*, o patrimônio do titular do dispositivo violado, na medida em que pune o intuito do agente de obter vantagem ilícita, ao praticar o crime de instalar vulnerabilidades no dispositivo da vítima.

Ainda, vale registrar que os dispositivos legais em comento foram introduzidos no Código Penal pela Lei n. 12.737/2012, conhecida como "Lei Carolina Dieckmann[390]", a qual teve por escopo abarcar comportamentos ilícitos praticados no ambiente informatizado que careciam de tutela no ordenamento jurídico penal.

2. ELEMENTOS DO TIPO

2.1. Ação nuclear. Objeto material. Elemento normativo do tipo

O núcleo central da conduta típica consubstancia-se no verbo "invadir", isto é, ingressar virtualmente, sem autorização expressa ou tácita do titular do dispositivo.

A conduta de invadir traz ínsita a ausência de autorização do proprietário ou usuário do dispositivo, pois não se pode dizer que houve invasão quando o acesso se dá mediante sua aquiescência. Mesmo assim, o tipo penal do art. 154-A, *caput*, do Código Penal, de modo supérfluo, repete ao final a exigência do elemento normativo do tipo "sem autorização expressa ou tácita do titular do dispositivo".

O crime consiste em invadir dispositivo informático alheio (o equipamento *hardware*) utilizado para rodar programas (*softwares*), ou ser conectado a outros equipamentos. Exemplos: computador, *tablet*, *smartphone*, memória externa (HD externo), entre outros. O dispositivo informático deve ser de titularidade de terceiros, podendo ou não estar conectado à *internet*.

A invasão deve se dar por meio de violação indevida de mecanismo de segurança estabelecido pelo usuário do dispositivo. Como exemplos de mecanismos de segurança, podemos citar: *firewall*, antivírus, *antimalware*, *antispyware*, senha restrita para acesso pessoal de usuário etc.

O crime em tela exige também a finalidade especial do agente de buscar a obtenção, a adulteração ou a destruição de dados ou informações. Sem este fim especial, o delito não se aperfeiçoa.

---

390. A atriz teve seu computador devassado por terceiros, meio pelo qual obtiveram ilicitamente acesso a arquivos de cunho íntimo, que foram utilizados para extorqui-la.

Assim, temos a seguinte descrição:

(i) invadir (núcleo da ação típica) +

(ii) dispositivo informático conectado ou não **à rede de computadores + alheio + mediante violação indevida de mecanismo de segurança + sem autorização expressa ou tácita do titular do dispositivo** (elementos normativos do tipo) +

(iii) com o fim de obter, adulterar ou destruir dados ou informações (elemento subjetivo do tipo = finalidade especial do agente).

Questão polêmica: a segunda figura típica prevista no *caput*.

O art. 154-A do Código Penal, *caput*, em sua parte final, descreve outra conduta, consistente em instalar vulnerabilidades para obter vantagem ilícita. Trata-se da inserção de programas executáveis de captação de senhas e dados alheios, vulgarmente conhecidos como *cavalos de troia*. Existem, portanto, **duas descrições** típicas distintas: (i) **invadir dispositivo informático alheio** com o fim de obter, adulterar ou destruir dados ou informações + (ii) **instalar vulnerabilidades** para obter vantagem ilícita. No primeiro caso, a consumação se dá no momento da efetiva invasão, independentemente da ocorrência de obtenção, adulteração ou destruição dos dados ou informações (crime formal). No segundo caso, o aperfeiçoamento ocorre com a instalação da vulnerabilidade, não sendo exigível a obtenção da vantagem ilícita (também crime formal).

A redação, no entanto, é dúbia. Com isso, pode surgir também a interpretação de que só há um verbo no tipo penal, consistente na ação de invadir. Nesta hipótese, a invasão se daria com o fim especial de: (i) **obter, adulterar ou destruir dados**; ou (ii) **instalar vulnerabilidades**. Apenas um crime, portanto. E crime formal. A parte final, nessa hipótese, seria apenas mais sobre as finalidades especiais do agente exigidas pelo tipo penal (invadir dispositivo informático com o fim de instalar vulnerabilidades).

> **Nosso entendimento:** há dois crimes. O tipo se compõe de duas partes distintas e identificáveis.

Na primeira, o agente invade dispositivo alheio com o fim especial de obter, adulterar ou destruir dados. Na segunda, ele instala vulnerabilidades com o fim especial de obter vantagem ilícita. Duas finalidades diversas: invadir visando à obtenção, adulteração ou destruição de dados ou informações; instalar para obter vantagem ilícita. O crime de invasão possui uma qualificadora prevista no § 3º, não incidente sobre o delito de instalação constante da parte final do *caput*.

A exigência da finalidade especial de obter vantagem ilícita, restrita à segunda figura típica (instalar vulnerabilidades), é equivocada e desvirtua o crime, cujo objeto jurídico é a tutela da intimidade e não do patrimônio, tanto que se encontra fora do título relativo aos crimes contra o patrimônio.

3. SUJEITOS ATIVO E PASSIVO

Sujeito ativo: o delito pode ser cometido por qualquer pessoa (crime comum). *Sujeito passivo*: é o detentor da informação ou dado obtido e o responsável ou controlador do dispositivo informático, bem como a sociedade, titular da segurança informática.

4. ELEMENTO SUBJETIVO

É o dolo e, nessa hipótese, acrescido do elemento subjetivo do injusto consubstanciado no especial fim de obter, adulterar ou destruir dados ou informações do titular do dispositivo, ou instalar vulnerabilidades para obter vantagem ilícita.

5. MOMENTO CONSUMATIVO

A conduta de "invadir com o fim de" é formal, não importando que ocorra o resultado naturalístico perseguido pelo agente, no caso, a obtenção, a adulteração ou a destruição dos dados ou informações. Apesar de formal, como adiante se verá, é possível a tentativa, quando, a despeito de iniciada a invasão, esta não se efetivar por circunstâncias alheias à vontade do agente.

Na segunda figura, *instalar vulnerabilidades para obter vantagem ilícita*, o crime também é formal, pois o resultado naturalístico (efetiva obtenção de vantagem ilícita) é irrelevante para a consumação, bastando o comportamento de efetuar a instalação das vulnerabilidades. Igualmente, é possível a tentativa, desde que o agente não consiga efetuar a instalação.

Se da conduta resultar prejuízo econômico ao ofendido, aplica-se a causa de aumento de pena do § 2º.

Ainda, se com a conduta o agente obtém conteúdo de comunicações eletrônicas privadas, segredos comerciais ou industriais, informações sigilosas, assim definidas em lei, ou o controle remoto não autorizado do dispositivo invadido, incide a forma qualificada do § 3º.

6. TENTATIVA

Em ambas as formas, seja na invasão, seja na instalação, é possível a tentativa, desde que, iniciada a conduta, esta não se conclua por circunstâncias alheias à vontade do agente.

7. DELEGACIAS ESPECIALIZADAS EM CRIMES VIRTUAIS

A Lei n. 12.735/2012 determinou que os órgãos da polícia judiciária deverão estruturar suas equipes especializadas para combater os delitos informáticos praticados em rede de computadores, dispositivo de comunicação ou sistema informatizado (art. 4º).

8. FIGURA EQUIPARADA (ART. 154-A, § 1º)

"§ 1º Na mesma pena incorre quem produz, oferece, distribui, vende ou difunde dispositivo ou programa de computador com o intuito de permitir a prática da conduta definida no *caput*."

Também será responsabilizado com pena de detenção, de 3 (três) meses a 1 (um) ano, e multa, quem produz (fabrica, confecciona), oferece (oferta, disponibiliza), distribui (entrega a terceiro), vende (cede a título oneroso, mediante contraprestação) ou difunde (espalha, populariza) dispositivo ou programa de computador com o intuito de permitir a invasão de dispositivo informático alheio.

São os programas popularmente chamados de "cavalo de troia", que nada mais são do que *softwares* (programas de computador) utilizados para permitir a invasão do computador alheio. Há programa de computador que funciona como espião, e fica coletando os dados digitados no computador alheio, o que possibilita a violação de informações sigilosas, como senhas de contas e cartões de crédito.

Além dos programas de computador (*softwares*), a lei menciona também outros dispositivos (*hardwares*) destinados à invasão indevida de outros dispositivos informáticos. São os famosos "chupa-cabras", aparelhos utilizados para violar informações digitais de terceiros e, com isso, obter lucro indevido.

O tipo penal demanda elemento subjetivo específico, consistente no dolo de praticar a conduta descrita com a finalidade de permitir a invasão de dispositivo informático alheio para obtenção, adulteração ou destruição de dados ou informações ou a instalação de vulnerabilidades.

8.1. Invasão que gera prejuízo econômico (art. 154-A, § 2º)

Por razões de localização do dispositivo que aumenta a pena do delito, caso de a invasão resultar prejuízo econômico, essa causa de aumento refere-se exclusivamente ao disposto no *caput* e § 1º do art. 154-A. Não há que ampliar seu alcance para outras condutas, como as expressas no § 3º.

O prejuízo, por força da letra da lei, deve ser econômico, ou seja, tangível, aferido pericialmente. Ausente a comprovação do prejuízo econômico, mas comprovada a invasão de dispositivo informático alheio mediante as condutas previstas no art. 154-A, *caput* e § 1º, o agente responderá sem a causa de aumento.

8.2. Invasão qualificada pelo resultado (art. 154-A, § 3º)

O § 3º traz conduta típica qualificada, ou seja, com um preceito secundário exclusivo, diverso do *caput*. Nesse caso, a pena varia de 6 meses a 2 anos de reclusão, mas com a ressalva de sua não incidência em caso de crime mais grave praticado.

Dispõe o § 3º: "Se da invasão resultar a obtenção de conteúdo de comunicações eletrônicas privadas, segredos comerciais ou industriais, informações sigilosas, assim definidas em lei, ou o controle remoto não autorizado do dispositivo invadido: pena

– de reclusão, de seis meses a dois anos e multa, se a conduta não constitui crime mais grave".

Podemos exemplificar as comunicações eletrônicas privadas como *e-mails*, mensagens de texto etc. Além das comunicações eletrônicas privadas, temos ainda como objeto jurídico desse delito os segredos comerciais e industriais e, ainda, as informações sigilosas especificadas em lei.

O tipo penal do § 3º ainda apresenta figura pouco conhecida entre nós, mas de frequente utilização para *hackers*: o controle remoto. Não se trata do aparelho utilizado por todos para alternar os canais de programas televisivos, e sim do acesso remoto com manipulação dos dados presentes em dispositivos informáticos, tudo feito a distância.

Essa qualificadora vincula-se a uma das modalidades de cometimento do crime na figura principal (*caput*), qual seja, aquela na qual o agente invade o dispositivo alheio com o escopo de obter dado ou informação da vítima.

9. CAUSAS DE AUMENTO DE PENA (ART. 154-A, §§ 4º E 5º)

O § 4º traz uma causa de aumento de exclusiva aplicação para o crime previsto no § 3º do art. 154-A do Código Penal.

Além do crime de conseguir as informações de forma ilícita, aquele que a divulga, comercializa ou transmite a terceiros deverá receber reprimenda mais gravosa, no caso, aumento de um a dois terços.

O § 5º traz causas de aumento para os casos em que a invasão de dispositivo informático ocorrer contra autoridades expressamente selecionadas pelo legislador. A tutela específica de maior gravame justifica-se por força dos cargos e funções públicas de alta relevância exercidos pelos agentes arrolados no § 5º em comento.

10. AÇÃO PENAL. LEI DOS JUIZADOS ESPECIAIS CRIMINAIS (ART. 154-B)

Lei dos Juizados Especiais Criminais: o art. 154-A do Código Penal é crime de menor potencial ofensivo, sujeito à competência do Juizado Especial Criminal (art. 61 da Lei n. 9.099/95), salvo na hipótese do § 4º e dos §§ 3º e 5º, combinados. A ação penal é condicionada à representação do ofendido, salvo se o crime é cometido contra a administração pública direta ou indireta de qualquer dos Poderes da União, Estados, Distrito Federal ou Municípios ou contra empresas concessionárias de serviços públicos, nos termos do art. 154-B do Código Penal.

Título II
DOS CRIMES CONTRA O PATRIMÔNIO

1. CONSIDERAÇÕES PRELIMINARES

Sob a rubrica "Dos crimes contra o patrimônio" tutela o Código Penal, no Título II, o patrimônio da pessoa física e jurídica. O Direito Penal tem por escopo reforçar a tutela do patrimônio, que já é realizada pelo Direito Civil por meio de seus institutos. No entanto, por vezes, a sanção civil não é suficiente para prevenir e repreender a prática dos ilícitos civis patrimoniais. Dessa forma, o Direito Penal selecionou as condutas mais reprováveis e passou a considerá-las ilícito penal. Antes de objetivar a proteção individual da propriedade, almeja a lei penal impedir, com a ameaça da sanção penal, os atentados contra a propriedade, de modo a proteger o interesse social.

Discute-se na doutrina a real abrangência da expressão "patrimônio", pois para uns abrange somente as relações aferíveis economicamente, com o que concordamos; já para outros o valor econômico é prescindível. O patrimônio, em sentido amplo, segundo Carlos Roberto Gonçalves, é constituído pelo conjunto de bens, de qualquer ordem, pertencentes a um titular: "Em sentido estrito, tal expressão abrange apenas as relações jurídicas ativas e passivas de que a pessoa é titular, aferíveis economicamente. Restringe-se, assim, aos bens avaliáveis em dinheiro"[391]. Para Nélson Hungria, as coisas sem valor econômico ou de valor puramente *sentimental* (é furto a subtração, p.ex., de um amuleto sem valor de troca ou de um anel de cabelos que se guarda como lembrança da pessoa amada) também integram o patrimônio, de modo que podem ser objeto material dos crimes patrimoniais[392]. O patrimônio abrange: (i) a propriedade material e outros direitos reais (CC, art. 1.225 – a propriedade, a superfície, as servidões, o usufruto, o uso, a habitação, o direito do promitente comprador do imóvel, o penhor, a hipoteca e a anticrese); (ii) a propriedade imaterial (no tocante à propriedade imaterial – direito autoral, privilégio de invenção, direito de marca etc. –, em que pese integrar o patrimônio, está regulada no Título III, que cuida especificamente dos crimes contra a propriedade imaterial, bem como na Lei n. 9.279, de 14-5-1996; (iii) os direitos obrigacionais; (iv) a posse.

O legislador ao capitular os crimes contra o patrimônio utilizou como critério preponderante o interesse patrimonial sobre os demais interesses. Os crimes de peculato (CP, art. 312) e corrupção passiva (CP, art. 317), não obstante constituírem crimes contra

---

391. Carlos Roberto Gonçalves, *Direito civil*; parte geral (*Coleção Sinopses Jurídicas* – Direito Civil – Parte Geral), 25. ed., São Paulo, Saraiva, 2019, v. 1, p. 96.

392. Nélson Hungria, *Comentários*, cit. (2. ed., 1958, Rio de Janeiro, Forense), v. VII, p. 9 e 10. No mesmo sentido: E. Magalhães Noronha, *Direito penal*, cit., v. 2, p. 203.

o patrimônio, foram capitulados como "Crimes contra a Administração Pública", uma vez que releva no caso a proteção dos interesses da Administração Pública. Já o crime de roubo qualificado pelo resultado morte ou lesão corporal grave, por exemplo, em que pese a ofensa à vida e à integridade física, constitui crime contra o patrimônio, na medida em que, conforme ressalva Nélson Hungria: "é que em tais casos se apresentam *crimes complexos* (formando uma unidade jurídica), em que, sob o ponto de vista lógico-jurídico, o *crime-fim* (no caso, a lesão patrimonial), e não o *crime-meio*, decide da classificação"[393].

Capítulo I
DO FURTO

ART. 155 – FURTO

1. CONCEITO

Furto é a subtração, para si ou para outrem, de coisa alheia móvel.

2. OBJETO JURÍDICO

Tutela-se o patrimônio, não apenas a propriedade, mas também a posse. Em regra, estas se confundem em um mesmo titular, entretanto nada obsta que estejam dissociadas. É o que ocorre, por exemplo, na locação, no usufruto, no penhor. O tipo penal protege diretamente a posse e, indiretamente, a propriedade[394]. A proteção da primeira é proeminente em relação à proteção da propriedade, mas ambas são protegidas pelo Direito Penal. Tutela-se também a mera detenção[395]. Em sentido contrário, entendendo que o tipo penal protege principalmente a propriedade e só acessoriamente a posse, está a corrente liderada por Nélson Hungria, segundo a qual, na subtração da coisa móvel que esteja em poder de possuidor direto, quem, na realidade, tem o seu patrimônio desfalcado é o possuidor indireto, ou seja, o proprietário[396].

3. ELEMENTOS DO TIPO

3.1. Ação nuclear

Consubstancia-se no verbo *subtrair*, que significa tirar, retirar de outrem bem móvel, sem a sua permissão, com o fim de assenhoramento definitivo. A subtração implica

393. Nélson Hungria, *Comentários*, cit., v. VII, p. 13.

394. E. Magalhães Noronha, *Direito penal*, cit., v. II, p. 208; Damásio E. de Jesus, *Código Penal anotado*, cit., p. 526.

395. Julio Fabbrini Mirabete, *Manual*, cit., v. 2, p. 220.

396. Nélson Hungria, *Comentários*, cit., v. VII, p. 18.

sempre a retirada do bem sem o consentimento do possuidor ou proprietário. Ela pode acontecer até mesmo à vista deles; por exemplo, sujeito que entra em uma loja e sob a vigilância do comerciante se apodera da mercadoria, saindo em fuga depois.

Trata-se de *crime de ação livre ou conteúdo variado.* A subtração pode ser realizada por meios diretos de execução, como a retirada do objeto pelo agente, ou indiretos, como, por exemplo, no caso de alguém que se utiliza de um animal para tal mister, ou, então, de uma criança, usada para retirar mercadorias de uma loja. O emprego de violência, grave ameaça ou qualquer outro recurso que diminua a capacidade de resistência da vítima caracteriza roubo (CP, art. 157).

3.2. Objeto material

A tutela penal no delito de furto tem por objeto material a coisa móvel.

(i) Coisa: é toda substância material, corpórea, passível de subtração e que tenha valor econômico. Uma ideia, enquanto entidade imaterial, não pode ser furtada, salvo se estiver corporificada em um documento. As coisas de uso comum, como a luz, o ar, a água do mar ou dos rios, em princípio, também não podem ser objeto material desse delito, salvo se houver a possibilidade de seu destacamento e aproveitamento de forma individual (p.ex., água encanada para uso exclusivo de alguém). Ressalve-se, novamente, que o desvio ou represamento, em proveito próprio ou alheio, de águas correntes alheias constitui crime de usurpação previsto no art. 161, § 1º, I, do Código Penal. O Código Civil também dispõe que as coisas legalmente inalienáveis estão fora do comércio, porém tal obstáculo da lei civil não impede que sejam objeto de furto, desde que possível a sua mobilização. No tocante ao homem, o direito não o concebe como coisa na acepção jurídica, portanto jamais será objeto material do crime de furto, mas a sua subtração poderá constituir crime de subtração de incapaz, sequestro, extorsão mediante sequestro. Relativamente ao cadáver humano ou parte dele, é possível que sejam objeto de furto, desde que, segundo a doutrina, haja a disponibilidade do corpo em virtude de imposição legal, convenção ou testamento, por exemplo, destinar o cadáver para fins de pesquisa científica a determinado centro de pesquisa. O furto do corpo humano para posterior venda poderá configurar o delito em estudo. Se não houver o intuito de lucro, a subtração de cadáver poderá configurar o delito previsto no art. 211 do Código Penal, que cuida dos crimes contra o respeito aos mortos[397].

(ii) Móvel: é tudo aquilo que pode ser transportado de um local para outro, sem separação destrutiva do solo. Os animais e os semoventes estão sujeitos à apropriação por terceiros, por exemplo, furto de gado (denominado abigeato). Os bens imóveis, por sua vez, não podem ser objeto do delito de furto. É irrelevante o conceito fornecido pela lei civil, que considera imóveis determinados bens, como os navios, por pura ficção legal. Nesse caso, pouco importa a definição civil, pois, para fins penais, serão considerados móveis. Em contrapartida, há determinados bens que a lei considera móveis, como é o caso dos direitos reais sobre objetos móveis e as ações correspondentes, os direitos de obrigação e as ações respec-

397. Nesse sentido, Nélson Hungria, *Comentários*, cit., v. VII, p. 22; E. Magalhães Noronha, *Direito penal*, cit., v. 2, p. 215.

tivas, e os direitos de autor, mas que não poderão ser passíveis de furto, uma vez que se trata de bens imateriais, incorpóreos e, portanto, insuscetíveis de apropriação. Ressalve-se, por fim, que, conforme dito acima, se tais direitos se consubstanciarem em documentos, será possível constituírem objeto de furto, por exemplo, título de crédito, contudo a subtração deles, via de regra, é realizada com o fim de praticar outros delitos (p.ex., estelionato). Há divergências doutrinárias a respeito do *título de crédito*, pois argumenta-se que o furto somente se dá em relação ao título, ou seja, o instrumento que consubstancia o crédito, e não em relação à importância nele consignada. E. Magalhães Noronha nos faz a seguinte distinção: "se o agente, só com o apossamento do título, tem à disposição o valor nele consignado, sem necessitar de qualquer artifício, ou introduzir qualquer modificação, cremos que a hipótese será de furto, não só do título, mas também da importância que lhe vem às mãos. Caso contrário, a subtração do instrumento é delito-meio para consecução de delito-fim"[398].

3.3. Elemento normativo

Coisa alheia: é o patrimônio que se encontra na posse de outrem, proprietário ou possuidor. Não pode ser objeto de furto, por não constituir propriedade nem estar sob a posse de alguém: **(i) a *res nullius*** – é a coisa sem dono; **(ii) a *res derelicta*** – é a coisa abandonada; **(iii) a *res deperdita*** – é a coisa perdida. Neste último caso, a propriedade da coisa perdida não é renunciada espontaneamente pelo dono (ao contrário do que ocorre com a abandonada) e o seu apoderamento por terceiro poderá constituir o crime de apropriação de coisa achada (CP, art. 169, parágrafo único, II). A *res deperdita* não será objeto de furto, mas poderá sê-lo de outro delito contra o patrimônio, portanto.

– **Furto de coisa própria:** o tipo penal faz expressa menção à coisa "alheia", sobre cujo significado existem duas posições:

(i) Coisa alheia significa de propriedade de outrem. Dessa forma, o indivíduo que se apodera de coisa própria em poder de terceiro não comete o crime de furto, mas o crime do art. 346 (crime contra a administração da justiça), que pune quem subtrai coisa própria que se encontra em poder de terceiro em razão de contrato ou determinação judicial[399].

(ii) A expressão se refere também à posse de outrem. Assim, "alheia" também é a coisa que se acha legitimamente na posse de outrem. Assim, o proprietário que se apodera de coisa própria que se encontra na posse de terceiro também comete o delito de furto, ainda que seja o legítimo proprietário do bem[400].

– **Famulato:** é o furto realizado pelo empregado que se encontra a serviço de seu patrão, em sua residência ou não, por exemplo, empregada doméstica, operário. Tais pessoas têm apenas uma transitória disposição material dos bens, daí por que o seu apoderamento não constitui o crime de apropriação indébita, mas o de furto.

---

398. E. Magalhães Noronha, *Direito penal*, cit., v. 2, p. 216.
399. Nélson Hungria, *Comentários*, cit., v. VII, p. 18.
400. E. Magalhães Noronha, *Direito penal*, cit., v. 2, p. 210.

3.4. Sujeito ativo

Trata-se de crime *comum*. Qualquer pessoa pode praticá-lo, pois não exige a lei qualquer condição especial do sujeito ativo, ao contrário do crime de peculato impróprio ou peculato-furto (CP, art. 312, § 1º), em que se exige a qualidade de funcionário público do sujeito ativo.

3.5. Sujeito passivo

Qualquer pessoa, física ou jurídica, que tem a posse ou a propriedade do bem. Tal assertiva afasta da proteção legal aquele que detém a transitória disposição material do bem, como, por exemplo, a balconista de uma loja, o operário de uma fábrica. Nessa hipótese, a vítima do furto é o proprietário do bem.

4. ELEMENTO SUBJETIVO

É o dolo, consistente na vontade consciente de efetuar a subtração. Contudo não basta o dolo para que o tipo penal se configure; exige a lei que a subtração se efetue com a finalidade especial de assenhoramento definitivo, consubstanciado na expressão "para si ou para outrem". É o denominado *animus furandi* ou *animus rem sibi habendi*. A isso dá-se o nome de elemento subjetivo do tipo, de forma que a simples subtração de coisa móvel não é o bastante para a configuração do furto. É indispensável que o agente tenha a intenção de possuí-la, submetendo-a ao seu poder, isto é, de não devolver o bem, de forma alguma. Assim, se ele o subtrai apenas para uso transitório e depois o devolve no mesmo estado, não haverá a configuração do tipo penal. Cuida-se na hipótese de mero *furto de uso*, que não constitui crime, pela ausência do ânimo de assenhoramento definitivo do bem.

Não importa para a configuração do furto a motivação do agente (lucro, vingança etc.), basta a finalidade especial de apoderamento definitivo, entretanto, se ele subtrair a *res* para satisfazer pretensão jurídica, cometerá o crime de exercício arbitrário das próprias razões.

Somente há falar em furto no caso da subtração *invito domino*, isto é, contra a vontade expressa ou tácita da vítima. O consentimento dela exclui o crime. Subtrair significa retirar contra a vontade do possuidor. Assim, quem pega um bem com o consentimento do ofendido, não subtrai, e quem não subtrai não comete furto.

– **Erro de tipo:** se o agente, por erro, apodera-se de objeto alheio supondo ser próprio, ocorre erro de tipo, excluindo-se o dolo e o fato típico. Se ele não sabia que se tratava de "coisa alheia", então não tinha consciência nem vontade de subtraí-la, de modo que não houve furto doloso. Como não é prevista a modalidade culposa, o fato é atípico.

5. MOMENTO CONSUMATIVO

A consumação do furto ocorre com a inversão da posse, ou seja, no momento em que o bem passa da esfera de disponibilidade da vítima para a do autor. A subtração se opera no exato instante em que o possuidor perde o poder e o controle sobre a coisa, tendo de retomá-la porque já não está mais consigo. Basta, portanto, que o bem seja retirado do domínio de seu titular e transferido para o autor ou terceiro. Não se exige que, além da subtração, o agente tenha a posse tranquila e desvigiada da *res*. Nesse sentido, já decidiu o STJ sob a relatoria do Ministro Nefi Cordeiro, e definida a seguinte tese: "Consuma-se o crime de furto com a posse de fato da *res furtiva*, ainda que por breve espaço de tempo e seguida de perseguição ao agente, sendo prescindível a posse mansa e pacífica ou desvigiada". É a chamada teoria da *amotio* ou da *apprehensio*. A tese foi registrada no sistema dos repetitivos com o tema 934.

Há posição em sentido contrário, entendendo que para a consumação do furto exige-se a posse mansa e pacífica da *res*, ainda que por curto período de tempo.

Hipóteses em que o crime de furto se reputa consumado:

(i) Perda do bem subtraído: com a perda do bem subtraído reputa-se o crime consumado, pois não mais há possibilidade de o ofendido exercer seu direito sobre a coisa, por exemplo, o agente, durante a perseguição, joga as joias na correnteza do rio.

(ii) Prisão em flagrante de um dos agentes e fuga dos demais com a "res": nessa hipótese, em que pese a prisão de um dos agentes no local do crime, o delito se consumou para todos os coparticipantes, uma vez que alguns lograram fugir, detendo a posse tranquila da *res*.

(iii) Subtração de parte dos bens: se o agente se dispõe a subtrair uma pluralidade de bens, mas, após se apropriar de alguns e guardá-los em esconderijo próximo ao local do crime, é preso em flagrante ao tentar apoderar-se dos bens restantes, o crime reputa-se consumado, pois já houve anteriormente à prisão em flagrante a efetiva espoliação de bens, ainda que somente em parte.

(iv) Prisão em flagrante: a prisão em flagrante não é incompatível com a consumação do crime de furto. Assim, se o agente logra apoderar-se da *res*, mas é encontrado logo depois com instrumentos, armas, objetos ou papéis que façam presumir ser ele o autor da infração, a prisão em flagrante não terá o condão de interferir na consumação do crime, pois esta já se operou anteriormente com a retirada da *res* do domínio de seu titular.

6. TENTATIVA

Trata-se de crime material, portanto a tentativa é perfeitamente possível. Ocorrerá quando o agente, por circunstâncias alheias à sua vontade, não chega a retirar o bem do domínio de seu titular.

(i) Tentativa de furto ou mero ato preparatório: somente haverá tentativa quando houver início de execução, ou seja, quando houver começo de realização do verbo do tipo. A execução se inicia com o primeiro ato idôneo e inequívoco para a consumação do delito. Enquanto os atos realizados não forem aptos à consumação ou quando ainda não estiverem inequivocamente vinculados a ela, o crime permanece em sua fase de preparação. É necessário que não haja qualquer dúvida de que o ato se destina à consumação do crime. Vejamos alguns exemplos:

– O agente é surpreendido subindo a escada para entrar em uma residência: há mero ato preparatório. Não se pode falar em início de execução, porque o verbo *subtrair* ainda não começou a ser praticado, na medida em que o agente ainda não tinha começado a tirar nenhum bem da vítima.

– Após entrar na residência, o sujeito é surpreendido pelos donos da casa antes de se apoderar de qualquer objeto: se o agente é surpreendido quando está começando a pegar a carteira do dono da casa, há tentativa do crime; entretanto, se ainda estava andando pela casa, à procura da coisa móvel, o fato ainda não se enquadra no furto, pois não houve ainda início de subtração. Só responde pela violação de domicílio.

– Após entrar na residência, o autor é surpreendido pelos donos da casa se apoderando dos objetos: nessa hipótese, já existe início de execução, pois o verbo do tipo já começou a ser realizado.

(ii) Crime impossível ou tentativa de furto: crime impossível é aquele que, pela ineficácia absoluta do meio empregado ou pela impropriedade absoluta do objeto material, é impossível de consumar-se. Se a ineficácia ou a impropriedade forem relativas, haverá tentativa. Exemplos:

– Loja com sistema antifurto ou com fiscalização de segurança: indivíduo que se apodera de mercadorias de um supermercado e as esconde sob as vestes, mas, ao sair, desperta suspeitas no segurança, que o aborda; agente que, ao realizar a apreensão de mercadorias, tem a sua ação desde o início acompanhada pelos seguranças do estabelecimento; sujeito que se apropria de mercadorias com etiqueta antifurto. Em todas essas hipóteses há tentativa de furto. O STJ pacificou o entendimento de suas Turmas com a edição da Súmula 567, ao consignar que: "Sistema de vigilância realizado por monitoramento eletrônico ou por existência de segurança no interior de estabelecimento comercial, por si só, não torna impossível a configuração do crime de furto".

– Furto de automóvel. Dispositivo antifurto ou defeitos mecânicos: em nenhuma hipótese há crime impossível, mas mera tentativa. No caso do dispositivo antifurto, como, por exemplo, o corta-combustível, há mera impropriedade relativa do objeto material do crime, pois sempre existirá a possibilidade de o agente se valer de outros meios para apoderar-se do mesmo, por exemplo, rebocar o veículo ou então retirar-lhe as peças; poderá ainda o agente localizar o dispositivo antifurto e fazer com que cessem os seus efeitos. O mesmo sucede na presença de defeitos mecânicos do automóvel. É o posicionamento jurisprudencial majoritário.

– Punguista que enfia a mão no bolso errado das vestes do transeunte: a ausência do objeto é circunstância meramente acidental, que não torna impossível o crime, respondendo o agente pela tentativa de furto. Por outro lado, se o bem não estiver com a vítima, em bolso nenhum, a impropriedade passa a ser absoluta, inviabilizando totalmente a consumação do delito, tornando-o impossível. Não se pode subtrair coisa alheia de quem nada tem.

(iii) Desistência voluntária ou tentativa de furto: desistência voluntária é a interrupção do *iter criminis* pelo agente, por sua própria vontade, impedindo a sua consumação. Embora não necessariamente espontânea (a ideia não precisa ter partido dele), a ação deve ser voluntária, ou seja, comandada pela livre vontade consciente do autor. Por exemplo: o agente invade residência, cujos donos lá não se encontravam, começa a pegar os objetos, mas logo desiste de levá-los consigo. Mesmo que sua decisão tenha sido motivada pelo medo de, futuramente, vir a ser preso, em nada ficou afetada a voluntariedade de seu ato, pois, se quisesse, poderia ter prosseguido. Diferente é a hipótese daquele que, durante a execução do furto, assusta-se com a chegada de populares e, por circunstâncias alheias à sua vontade, é obrigado a fugir. Aqui, o sujeito não pôde prosseguir, dada a interferência de fatores externos. No primeiro exemplo, ao contrário, desistiu, após avaliar livremente e decidir por não correr o risco futuro de ser descoberto, muito embora tivesse todas as condições para consumar o delito.

7. CONCURSO DE PESSOAS

O delito de furto prescinde para a sua configuração típica que seja praticado por diversas pessoas (não se trata de crime plurissubjetivo), pelo contrário, basta que um único agente realize o núcleo da figura típica para que o delito se configure (trata-se de crime monossubjetivo).

De acordo com a teoria restritiva adotada pelo Código Penal, *autor do delito* é aquele que realiza a conduta expressa no verbo da figura típica, ou seja, a conduta descrita no tipo. É, portanto, no caso do delito de furto, aquele que subtrai a coisa alheia móvel. Se aquele que manda furtar não furta, será considerado partícipe do crime em estudo. Conforme já estudamos no capítulo relativo ao crime de homicídio, há uma forte corrente adepta da "teoria do domínio do fato", que sustenta ser autor todo aquele que detém o controle final da situação, de modo a ter o domínio total do fato até a sua consumação, pouco importa se foram realizados os atos de execução ou praticado o verbo do tipo. Autor, segundo essa corrente, é o mandante, aquele que planeja toda a ação delituosa (autor intelectual), o que coordena e dirige a atuação dos demais, embora não a realize materialmente. Desse modo, segundo esse entendimento, o mandante que planeja a atuação de seus comparsas para que estes furtem uma residência é também considerado coautor do crime, em que pese não realizar a ação nuclear do tipo.

Sabemos que o concurso de pessoas se perfaz pelo cometimento de um crime em coautoria ou participação. A **coautoria** ocorre quando dois ou mais agentes, conjuntamente, realizam o verbo (núcleo) do tipo. Por exemplo, três agentes subtraem objetos de uma loja. Os três realizaram materialmente o verbo da figura típica: *subtrair*. **Partícipe** é aquele que, sem realizar o núcleo (verbo) da figura típica, concorre de alguma maneira para a produção do resultado. Há duas formas de participação: **(i) moral** – através da instigação (instigar é reforçar uma ideia já existente); através do induzimento (induzir é fazer nascer a ideia na mente do agente); **(ii) material** – mediante auxílio, por exemplo, levar os agentes até o local do crime, emprestar o veículo para que eles se locomovam até o local do crime; vigiar o local do crime para que os sujeitos realizem a subtração.

(i) Autor mediato: conforme já estudado anteriormente, autor mediato é aquele que se serve de outra pessoa, sem condições de discernimento, para realizar, por ele, a conduta típica. A pessoa é usada como mero instrumento de atuação. O executor atua sem vontade ou sem consciência, e, por essa razão, considera-se que a conduta principal foi realizada pelo autor mediato, por exemplo, induzir um louco a subtrair mercadorias expostas em uma loja.

(ii) Participação mediante omissão em crime de furto: é possível, desde que o sujeito tenha o dever jurídico de impedir o resultado (CP, art. 13, § 2º) mas se omite intencionalmente, desejando que ocorra a consumação. Assim, se um empregado que deve fechar a porta do estabelecimento comercial não o faz para que terceiro possa mais tarde praticar uma subtração, há participação criminosa no furto, em decorrência do não cumprimento do dever jurídico de impedir o resultado[401].

(iii) Concurso de pessoas e ajuste prévio: o concurso de pessoas exige para a sua configuração a convergência de vontades para a prática delituosa, ou seja, que os agentes tenham consciência de que de alguma forma contribuem para a sua realização, contudo não se exige o prévio ajuste de vontades, ou seja, não se exige que os agentes planejem em conjunto e com antecedência, ou concomitantemente, a concretização do desígnio criminoso. Assim, no exemplo citado acima, o funcionário "A" toma conhecimento de que terceiros planejaram furtar o estabelecimento comercial em que trabalha. "A", sem o conhecimento desses terceiros, resolve deixar a porta da loja aberta durante o período noturno a fim de facilitar o furto, pois quer vingar-se do proprietário do estabelecimento. No caso, não houve qualquer prévio ajuste de vontades entre "A" e os autores do furto, mas "A", conscientemente, adere ao desígnio criminoso dos autores, contribuindo, mediante o auxílio material, para a prática delitiva, sendo certo que os autores do crime nem sequer tinham conhecimento do auxílio efetuado por "A".

(iv) Participação posterior à consumação do crime: é inadmissível a coautoria e participação posteriores à consumação do crime. Para que se opere a coautoria é necessário que os agentes tenham vontade comum de executar e consumar o crime. Conforme já estudado, autor é aquele que realiza o núcleo da figura típica. Ora, se o crime já está consumado, é impossível realizar o verbo do tipo e, portanto, configurar a coautoria. O mesmo se diga quanto à participação: só possível até a produção do resultado naturalístico. Desse modo, se "A" solicita a "B" que guarde o objeto por ele já furtado, jamais poderemos falar, na hipótese, em auxílio material em crime de furto. Há no caso crime autônomo, qual seja, o de favorecimento real (CP, art. 349). Igualmente, no delito de furto de veículo automotor com a finalidade de transporte para outro Estado ou para o exterior, o agente que, sem tomar parte na subtração, ou sem que tenha ocorrido um prévio ajuste, recebe o veículo apenas com esse objetivo não será considerado partícipe de furto qualificado (CP, art. 155, § 5º, c/c o art. 29), mas autor de receptação, pois sua atuação deu-se após a produção do resultado consumativo[402]. Observe-se, todavia, que é possível que a participação seja posterior, desde que acertada previamente. Desse modo, se "A" ajustou com "B" que o auxiliaria na ocultação do objeto subtraído, se aquele colocasse em prática o desiderato criminoso, configurada estaria a hipótese de concurso de pessoas mediante participação, isso porque "A" quis de algum modo colaborar para o resultado final.

401. Fernando Capez, *Curso de direito penal*, cit., p. 460.

402. Fernando Capez, *Curso de direito penal*, cit., p. 299.

8. CONCURSO DE CRIMES

(i) Concurso material: é possível; por exemplo: o agente estupra a vítima e posteriormente lhe subtrai os bens. Também é possível o concurso material entre os crimes contra a pessoa e o furto, como, por exemplo, o agente que, não conseguindo subtrair a *res*, por circunstâncias alheias à sua vontade, ao fugir é perseguido por policiais, contra os quais emprega violência ou grave ameaça. Perceba-se que, nessa hipótese, ocorre o furto tentado, após o que é empregada a violência, não para assegurar o produto do crime, que não existe, mas tão somente para assegurar a liberdade do agente. Se o agente violar sepultura com o fim de apoderar-se das próteses dentárias, joias etc., haverá crime único, visto que se trata de meio necessário para a prática do delito (não há como furtar objetos de um sepulcro sem antes violar a sepultura). Aplica-se o princípio da consunção.

Consoante o art. 1º, I, *a*, da Lei n. 9.455/97: "Constitui crime de tortura: I – constranger alguém com emprego de violência ou grave ameaça, causando-lhe sofrimento físico ou mental: (...) para provocar ação ou omissão de natureza criminosa". Desse modo, o torturador, ao obrigar a vítima a cometer o furto, responderá pelo crime de tortura em concurso material com o delito cometido pela vítima, na qualidade de autor mediato.

(ii) Concurso formal: é possível. Se, por exemplo, o agente, dentro de um ônibus, subtrair objetos de diversas pessoas. Com uma só ação, que se divide em vários atos, ele causa prejuízo patrimonial a diversas vítimas.

(iii) Crime continuado: pode ocorrer entre crimes da mesma espécie, como é o caso do furto simples e do furto qualificado. Neste caso, entretanto, dificilmente haverá continuidade delitiva, já que a semelhança no modo de execução é um dos requisitos exigidos expressamente pelo art. 71, *caput*, do Código Penal, e um furto simples, em regra, é executado de maneira diversa de outro que tenha qualificadora. Quanto ao furto e roubo, o STJ e o STF já se manifestaram no sentido da inadmissibilidade da continuidade delitiva, pois, embora sejam de igual natureza, não são crimes da mesma espécie.

(iv) Violação de domicílio ou dano como crime-meio para a prática do furto: há crimes que constituem meio para a prática do furto, como é o caso da violação de domicílio (CP, art. 150) e do dano, quando se tratar de furto qualificado pelo rompimento de obstáculo. Tais crimes serão absorvidos pelo crime de furto. Incide aqui o princípio da consunção.

(v) Furto e posterior venda do bem a terceiro de boa-fé: na hipótese de venda do objeto furtado a terceiro de boa-fé, há duas posições: (i) constitui *post factum* impunível, que é o entendimento majoritário da jurisprudência, pois no apoderamento da coisa alheia encontra-se ínsito o propósito de obtenção de proveito subsequente pelo autor[403]; (ii) há concurso material entre furto e estelionato – existem dois crimes autônomos, quais sejam, o furto (consumado com a posse da coisa) e o estelionato (consistente na venda da *res furtiva*)[404].

---

403. No mesmo sentido, Julio Fabbrini Mirabete, *Manual*, cit., p. 309.

404. Nesse sentido, E. Magalhães Noronha, *Direito penal*, cit., v. 2, p. 224; Damásio E. de Jesus, *Código Penal anotado*, cit., p. 618.

Nosso entendimento: correta a primeira posição, já que a venda é mero exaurimento de uma agressão já consolidada ao bem jurídico. Na destruição do objeto após o furto, o dano também restará absorvido. Cuida-se aqui de *post factum* impunível, pois não há novo prejuízo para a vítima. Incide aqui novamente o princípio da consunção.

(vi) Furto de talão de cheques em branco e estelionato: *o agente que furta talonário de cheques, preenche as suas folhas e depois as desconta comete qual crime?* Há três entendimentos: (i) há concurso material entre o furto e o estelionato; (ii) o estelionato constitui *post factum* impunível, sendo, portanto, absorvido pelo furto; (iii) o furto resta absorvido pelo estelionato.

Nosso entendimento: se o furto do talonário esgotar-se em um único estelionato, exaurindo a sua potencialidade lesiva, como no caso de o agente empregar todos os seus fólios em único golpe, haverá absorção; caso contrário, servindo o talão para a aplicação de uma série de fraudes, o agente deverá responder pelo furto em concurso material com o estelionato.

(vii) Falsificação de documento subtraído: se o agente, após subtrair o veículo automotor, falsificar o certificado de propriedade do veículo, comete dois crimes em concurso material – furto e crime de falsificação de documento público (CP, art. 297), pois aqui há uma ofensa não só ao patrimônio da pessoa física, como também uma ofensa à fé pública.

(viii) Furto de arma de fogo, acessório ou munição e posse ou porte ilegal dos artefatos: na hipótese de armas de fogo, acessórios ou munições provenientes de furto, roubo etc., é possível identificar duas situações distintas. Na primeira, o próprio autor do roubo ou furto da arma de fogo a mantém consigo, porta etc. Configura-se, aqui, o crime de que tratam os arts. 12 (posse irregular de arma de fogo de uso permitido), 14 (porte ilegal de arma de fogo de uso permitido) ou 16 (posse ou porte ilegal de arma de fogo de uso restrito ou proibido) da Lei n. 10.826/2003 (Estatuto do Desarmamento). Não há que falar em fato posterior não punível, sob o argumento de que a posse ulterior da arma furtada configuraria mero exaurimento do roubo ou furto anterior. Isto porque há ofensa a bens jurídicos diversos, de modo que a consunção não tem aplicação. Uma coisa é o crime contra o patrimônio do proprietário da arma de fogo roubada ou furtada, em que há lesão a vítima ou vítimas determinadas, e em que se pode falar em efetiva lesão. Outra bem diferente é o momento subsequente, em que ocorre o risco geral, contra toda a coletividade, mediante a manutenção ilegal de um artefato tão perigoso. Duas infrações diferentes, portanto, em dois momentos consumativos diversos, com duas objetividades jurídicas bastante destacadas (o furto ou o roubo + a posse ilegal de arma de fogo). Na segunda situação, o possuidor não é o próprio autor do furto ou roubo, mas um terceiro que adquire ou recebe a arma sabendo de sua procedência criminosa. Este último comete, aqui, o delito mais grave previsto no art. 14 do Estatuto do Desarmamento (ou art. 16, se a arma de fogo, acessório ou munição forem de uso restrito; ou art. 17, se a aquisição ou recebimento forem praticados no exercício de atividade comercial ou industrial), consistente em adquirir "arma de fogo, acessório ou munição, de uso permitido, sem autorização e em desacordo com determinação legal ou regulamentar", cuja pena varia de dois a quatro anos, sem prejuízo da multa. A consumação se dará no momento da aquisição ou recebimento da arma, mas o momento consumativo se protrairá na subsequente guarda ou depósito, sendo possível a prisão em flagrante. Não incide, nesse caso, a norma do art. 180 do Código Penal, que trata da receptação, tendo em vista a especialidade do tipo penal do art. 14 da Lei, bem como sua maior severidade (sua pena mínima é o dobro da pena da receptação), podendo-se falar também no princípio da subsidiariedade (a norma primária do art. 14 da Lei prevalece sobre a subsidiária do art. 180 do CP).

Vale destacar que a posse e o porte ilegal de arma de fogo de uso restrito e proibido, assim como o comércio ilegal de armas de fogo e o tráfico internacional de arma de fogo, acessório ou munição são crimes hediondos, incidindo, portanto, as regras da Lei n. 8.072/90.

9. FURTO DE USO

É indispensável que a subtração seja efetuada com ânimo definitivo, sendo necessária a intenção de não devolver o bem. É que o tipo do furto exige a elementar de natureza subjetiva "para si ou para outrem", que significa "finalidade de assenhoreamento permanente". Na hipótese em que o agente retira o bem da esfera de disponibilidade da vítima apenas para o seu uso transitório, passageiro, e depois o devolve no mesmo estado e local em que se encontrava, não há falar em realização da conduta tipificada no art. 155 do Código Penal. Trata-se de mero *furto de uso*, fato atípico, dada a ausência do elemento subjetivo do tipo exigido (ficar definitivamente com o bem ou entregá-lo a terceiro). O exemplo mais comum é aquele em que o indivíduo se utiliza de um automóvel alheio para dar um passeio e depois o devolve no mesmo local e no mesmo estado em que se encontrava. Não se pode dizer no caso que há a intenção de apoderamento do bem. Nélson Hungria assinala, com razão, que na hipótese do automóvel, poderá haver furto no tocante à gasolina e o óleo consumidos[405].

10. FURTO FAMÉLICO OU NECESSITADO

É aquele cometido por quem se encontra em situação de extrema miserabilidade, penúria, necessitando de alimento para saciar a sua fome e/ou de sua família. Não se configura, na hipótese, o crime, pois o estado de necessidade exclui a ilicitude do crime. Assim, o furto seria um fato típico, mas não ilícito. Dificuldades financeiras, desemprego, situação de penúria, por si sós, não caracterizam essa descriminante, do contrário estariam legalizadas todas as subtrações eventualmente praticadas por quem não estiver exercendo atividade laborativa. É necessário o preenchimento dos requisitos do art. 24 do Código Penal (atualidade do perigo, involuntariedade, inevitabilidade por outro modo e inexigibilidade de sacrifício do direito ameaçado). O furto deve ser um recurso inevitá-

405. Nélson Hungria, *Comentários*, cit., v. VII, p. 24.

vel, uma ação *in extremis*. Se o agente tinha plenas condições de exercer trabalho honesto ou se a conduta recair sobre bens supérfluos, não será o caso de furto famélico[406]. O estado de necessidade também estará presente no apoderamento de veículo de terceiro com o fim de transportar para o hospital pessoa gravemente enferma, que corre sérios riscos de vida.

11. FORMAS

(i) furto simples: está previsto no *caput* do art. 155 (pena – reclusão, de 1 a 4 anos, e multa);

(ii) furto noturno: está previsto no § 1º (a pena aumenta-se de 1/3);

(iii) furto privilegiado: está previsto no § 2º (o juiz pode substituir a pena de reclusão pela de detenção, diminuí-la de 1 a 2/3, ou aplicar somente a de multa);

(iv) furto de energia: está previsto no § 3º;

(v) furto qualificado: está previsto no § 4º (pena – reclusão de 2 a 8 anos, e multa);

(vi) furto qualificado pelo emprego de explosivo ou de artefato análogo que cause perigo comum: está previsto no § 4º-A (pena – reclusão de 4 a 10 anos e multa);

(vii) furto qualificado mediante fraude cometido por meio de dispositivo eletrônico ou informático, conectado ou não à rede de computadores, com ou sem violação de mecanismo de segurança ou utilização de programa malicioso: está previsto no § 4º-B (pena – reclusão de 4 a 8 anos e multa);

(viii) furto de veículo automotor que venha a ser transportado para outro Estado ou exterior: está previsto no § 5º (pena – reclusão de 3 a 8 anos);

(ix) furto de semovente domesticável de produção, ainda que abatido ou dividido em partes no local da subtração: está previsto no § 6º (pena – reclusão de 2 a 5 anos);

(x) furto de substância explosiva: está previsto no § 7º (pena – 4 a 10 anos e multa).

Por fim, resta esclarecer que, para os casos da qualificadora do § 4º-B, o § 4º-C veio demonstrar a relevância do resultado gravoso deste parágrafo, indicando que:

(i) Se o crime é praticado mediante utilização de servidor de fora do país, aumenta-se a pena de 1/3 a 2/3;

(ii) Se o crime é praticado contra pessoa idosa ou vulnerável, aumenta-se a pena de 1/3 ao dobro.

11.1. Furto noturno (art. 155, § 1º)

Está previsto no art. 155, § 1º, do Código Penal como causa especial de aumento de pena (1/3). A majorante funda-se no maior perigo a que é exposto o bem jurídico em

---

406. Fernando Capez, *Curso de direito penal*, cit., p. 379.

virtude da diminuição da vigilância e dos meios de defesa daqueles que se encontram recolhidos à noite para repouso, facilitando a prática delituosa. Procura-se, assim, repreender de forma mais drástica a conduta daquele que realiza o furto aproveitando-se dessas circunstâncias. Repouso noturno não se confunde com noite. Esta é caracterizada pela ausência de luz solar (critério físico-astronômico). Repouso noturno é o período de tempo, que se modifica conforme os costumes locais, em que as pessoas dormem (critério psicossociológico). Segundo Magalhães Noronha, na majorante do repouso noturno não está subentendida ser a casa habitada ou estarem as pessoas dormindo, pois "a restrição imposta por esses requisitos deixa fora do gravame os grandes furtos praticados em joalherias, fábricas, casas comerciais, museus, meta quase sempre de perigosos assaltantes, e onde, em hipótese alguma, haverá alguém dormindo, pois, se guardas houver, por certo estarão de vigia". No seu entendimento, o "período de sossego noturno é o tempo em que a vida das cidades e dos campos desaparece, em que seus habitantes se retiram, e as ruas e as estradas se despovoam, facilitando essas circunstâncias a prática do crime. Seja ou não habitada a casa, estejam ou não seus moradores dormindo, cabe a majoração se o delito ocorreu naquele período"[407]. É, sem dúvida, a melhor orientação doutrinária. Nélson Hungria também compartilha do entendimento no sentido de que "a majorante em questão não se conjuga, necessariamente, com a circunstância de ser o furto praticado em casa habitada". Por outro lado, este autor não reconhece o furto noturno na hipótese em que os moradores não se achavam repousando, mas em festiva vigília[408]. O Superior Tribunal de Justiça já se manifestou no sentido de que, para o reconhecimento da agravante do repouso noturno, não tem qualquer importância o fato de a casa onde ocorreu o furto estar habitada e seu morador dormindo. O Supremo Tribunal Federal também já se pronunciou no sentido de que não é necessário que o furto seja praticado em casa habitada, basta que a subtração ocorra durante o período de repouso noturno para que se configure a qualificadora. À vista disso, pouco importa que a casa esteja desabitada ou seus moradores em estado de vigília[409].

Finalmente, vale registrar que o entendimento clássico e majoritário encontrado na doutrina e na jurisprudência do STF e STJ era no sentido de que a majorante se aplicava somente ao furto simples, não incidindo sobre a forma qualificada. No entanto, a 6ª Turma do STJ, no julgamento do ERESP 842.425/RS, inovou ao aplicar a majorante em questão ao furto qualificado. Destarte tal julgamento, a 5ª Turma do STJ continua mantendo o posicionamento clássico, no sentido de que não é possível a aplicação da majorante na figura qualificada (§§ 4º e 5º). Nesse sentido, também é a doutrina de Celso Delmanto[410].

---

407. E. Magalhães Noronha, *Direito penal*, cit., v. 2, p. 226-9.

408. Nélson Hungria, *Comentários*, cit., v. VII, p. 30 e 31.

409. No mesmo sentido, Damásio E. de Jesus, *Código Penal anotado*, cit., p. 535; Julio Fabbrini Mirabete, *Manual*, cit., v. 2, p. 225 e 226.

410. Nesse sentido, Celso Delmanto, *Código Penal comentado*, cit., p. 313; Damásio E. de Jesus, *Código Penal anotado*, cit., p. 535.

→ **Atenção:** a causa de aumento prevista no § 1º do art. 155 do CP (durante o período noturno) não incide no furto qualificado (STJ. 3ª Seção. REsp 1.890.981-SP, rel. Min. João Otávio de Noronha, julgado em 25-5-2022, Recurso Repetitivo).

11.2. Furto privilegiado (art. 155, § 2º)

Vem previsto no art. 155, § 2º, do Código Penal: "Se o criminoso é primário, e é de pequeno valor a coisa furtada, o juiz pode substituir a pena de reclusão pela de detenção, diminuí-la de um a dois terços, ou aplicar somente a pena de multa". Cuida-se aqui do chamado furto de pequeno valor ou furto mínimo. Seus requisitos são:

(i) Primariedade: primário é todo aquele que não é reincidente. Assim, se o agente já sofreu diversas condenações, mas não é considerado reincidente porque não praticou nenhum delito após ter sido condenado em definitivo, será considerado tecnicamente primário e fará jus ao benefício legal. Também será considerado primário o condenado definitivamente pela prática de contravenção penal e que venha a praticar crime (CP, art. 63). O transcurso do prazo de cinco anos entre a data do cumprimento ou extinção da pena e a infração penal posterior (prescrição da reincidência – CP, art. 64, I), uma vez comprovado, faz com que o agente readquira a condição de primário. Assim, esse é o primeiro requisito para que se configure o privilégio. A lei não exige que os antecedentes do réu sejam verificados para concessão do privilégio, de modo que a presença de maus antecedentes não impede a incidência dessa causa de diminuição de pena.

(ii) Pequeno valor da coisa subtraída: a jurisprudência firmou entendimento no sentido de que o furto é mínimo quando a coisa subtraída não alcança o valor correspondente a um salário mínimo vigente à época do fato. Note-se que o pequeno valor da coisa não deve ser avaliado em função da situação financeira da vítima, pois, dessa maneira, "o furto de um carro para uma pessoa de muitas posses acabaria sendo considerado uma subtração de coisa de pequeno valor"[411]. Não se deve confundir o pequeno valor da coisa com o pequeno prejuízo sofrido pela vítima. Assim, a ausência de prejuízo em face de a vítima ter logrado apreender a *res furtiva* ou o pequeno prejuízo não autorizam o privilégio legal. Importa ressalvar que o pequeno prejuízo somente constitui causa de diminuição de pena no crime de estelionato (CP, art. 171, § 2º). Se o agente restituir a coisa ou reparar o dano no crime de furto, tal fato poderá caracterizar o arrependimento posterior que autoriza a diminuição de pena de um a dois terços (CP, art. 16) ou então a incidência da atenuante prevista no art. 65, III, *b*, do Código Penal. O valor da *res* no crime de furto deve ser medido ao tempo da subtração. No caso de furto tentado, leva-se em conta o valor do objeto que seria subtraído pelo agente. No crime de furto continuado, o privilégio leva em consideração o valor dos bens de cada furto, e não o valor total dos bens subtraídos, assim como os demais requisitos legais.

---

411. Nesse sentido, Victor Eduardo Rios Gonçalves, *Dos crimes contra o patrimônio, Coleção*, cit., p. 8.

(iii) Aplicação da pena: presentes os dois requisitos acima, o juiz está obrigado a conceder o privilégio legal. Em sentido contrário, Julio Fabbrini Mirabete[412]. Em que pese a lei conter o verbo "poder", denotando uma faculdade concedida ao juiz, é majoritário o entendimento de que se trata de um direito subjetivo do réu. Uma vez presentes os requisitos constantes dos itens "i" e "ii", o juiz estará obrigado a conceder o benefício. Assim, deverá substituir a pena de reclusão por detenção, diminuir a pena privativa de liberdade de um a dois terços ou aplicar somente a pena de multa. Nada impede que o juiz, cumulativamente, substitua a reclusão por detenção e, em seguida, diminua esta pena.

(iv) Furto noturno privilegiado: é possível. Prevalece o entendimento no sentido de que o privilégio se aplica ao furto simples e ao praticado durante o repouso noturno, tendo em vista o modo como está disposta a matéria na lei[413].

(v) Furto privilegiado-qualificado: nada impede, pois, as qualificadoras têm natureza objetiva. Nesse sentido, a Súmula 511 do STJ: "É possível o reconhecimento do privilégio previsto no § 2º do art. 155 do CP nos casos de crimes de furto qualificado, se estiverem presentes a primariedade do agente, o pequeno valor da coisa e a qualificadora for de ordem objetiva". Damásio E. de Jesus compartilha o entendimento no sentido de que a qualificadora não afasta o privilégio argumentando que, além dos requisitos legais, é necessário que o agente apresente antecedentes e personalidade capazes de lhe permitir o privilégio[414].

(vi) Furto privilegiado e princípio da insignificância: o direito penal não cuida de bagatelas, nem admite tipos incriminadores que descrevam condutas incapazes de lesar o bem jurídico. Se a finalidade do tipo penal é tutelar bem jurídico, se a lesão, de tão insignificante, torna-se imperceptível, não é possível proceder-se ao enquadramento, por absoluta falta de correspondência entre o fato narrado na lei e o comportamento iníquo realizado. Por essa razão, os danos de nenhuma monta devem ser considerados fatos atípicos. Tal não se confunde com o furto privilegiado, em que a coisa furtada é de pequeno valor, mas não é de valor insignificante, ínfimo. Somente a coisa de valor ínfimo autoriza a incidência do princípio da insignificância, o qual acarreta a atipicidade da conduta. No furto privilegiado, em que pese a coisa ser de pequeno valor, há um resultado penalmente relevante que tão somente merece um tratamento penal mais benigno, não deixando de configurar crime.

No tocante ao princípio da insignificância, o Supremo Tribunal Federal entende que devem ser analisadas algumas circunstâncias, a fim de aferir o relevo material da tipicidade penal, tais como: (i) a mínima ofensividade da conduta do agente, (ii) ausência de periculosidade social da ação, (iii) grau reduzido de reprovabilidade do comportamento e (iv) a inexpressividade da lesão jurídica provocada (*v.* STF, AgR HC 175945/PR). Assim, já

---

412. Nesse sentido, Celso Delmanto, *Código Penal comentado*, cit., p. 314; Damásio E. de Jesus, *Código Penal anotado*, cit., p. 536; Victor Eduardo Rios Gonçalves, *Dos crimes contra o patrimônio, Coleção*, cit., p. 10. Em sentido contrário, Julio Fabbrini Mirabete, *Manual*, cit., p. 227.

413. Julio Fabbrini Mirabete, *Manual*, cit., v. 2, p. 227.

414. Damásio E. de Jesus, *Código Penal anotado*, cit., p. 536.

se considerou que não se deve levar em conta apenas e tão somente o valor subtraído (ou pretendido à subtração) como parâmetro para aplicação do princípio da insignificância.

Finalmente, vale aqui trazer à baila alguns julgados do Supremo Tribunal Federal e do Superior Tribunal de Justiça sobre o aludido princípio: "no caso em apreço, o furto recaiu sobre seis lâmpadas usadas que custam em torno de R$ 8,00 a R$ 20,00 cada, situação que se enquadra dentro das hipóteses excepcionais em que é recomendável a aplicação do princípio da insignificância (...)" (STJ, AgRg no AREsp 1634953/MG). E mais, "cabível a aplicação do princípio da insignificância, tendo em vista o baixo valor do bem – R$ 67,39 (sessenta e sete reais e trinta e nove centavos), menos de 10% do salário vigente à época de R$ 724,00 (setecentos e vinte e quatro reais) –, o que demonstra a inexpressividade da lesão jurídica provocada" (STJ, AgRg no HC 424721/SP). Finalmente, "no caso em análise, trata-se de furto simples de um botijão de gás usado, avaliado em R$ 80,00 (oitenta reais), em que a *res furtiva*, além de ser de pequena monta, foi restituída à vítima (...)" (STF, RHC 0000428-97.2017.1.00.0000 SC).

O STJ em recente decisão se posicionou acerca da inaplicabilidade do princípio da insignificância no caso de um furto privilegiado de bens no valor de R$ 100, 00 (cem reais): "O princípio da insignificância reafirma a necessidade de lesão jurídica expressiva para a incidência do direito penal, afastando a tipicidade do delito em certas hipóteses em que, apesar de típica a conduta, não houve dano juridicamente relevante. Na hipótese dos autos, conforme registrado pela Corte de origem, o valor dos bens subtraídos foi de R$ 100,00 (cem reais), equivalente a mais de 10% do salário mínimo vigente, que era de R$ 954,00 (novecentos e cinquenta e quatro reais), refutando, por esse fundamento, a tese do princípio da insignificância, posicionamento em consonância com o entendimento pacificado pela Terceira Seção desta Corte Superior, que afasta o princípio bagatelar nas hipóteses em que o valor da res furtiva não seja ínfimo. 2. O simples fato de o bem haver sido restituído à vítima, não constitui, por si só, razão suficiente para a aplicação do princípio da insignificância. 3. Agravo regimental desprovido. (AgRg no Recurso Especial n. 1.996.285 – RS, Quinta Turma, rel. Min. Ribeiro Dantas, julgado em 9-9-2022, publicado no *DJ* em 15-9-2022)". Bem como, decidiu que a restituição imediata e integral do bem furtado não constitui, por si só, motivo suficiente para a incidência do princípio da insignificância (STJ. 3ª Seção. REsp 2.062.095-AL e REsp 2.062.375-AL, rel. Min. Sebastião Reis Júnior, julgado em 25-10-2023 (Recurso Repetitivo – Tema 1205).

11.3. Furto de energia (art. 155, § 3º)

O legislador equiparou à coisa móvel a energia elétrica ou qualquer outra que tenha valor econômico. Configura o furto de energia elétrica, por exemplo, a captação de energia antes da passagem desta pelo aparelho medidor (aplicação abusiva de fios derivativos sobre o fio condutor instalado pela empresa de eletricidade). A utilização de fraude de modo a induzir a vítima em erro poderá caracterizar o crime de estelionato (p.ex., fazer retroceder o ponteiro do medidor, para diminuir o *quantum* já assinalado[415]). Consoante interpretação analógica, também configura o crime em tela a subtração de energias atômica, térmica, solar etc., pois têm valor econômico.

> → **Atenção:** entendemos que a interceptação do sinal de TV a cabo, popularmente conhecido como "gatonet", configura o delito de furto (art. 155, § 3º).

Nesse contexto, vale mencionar a decisão dos ministros da Primeira Seção do STJ no REsp 1.412.433/RS – maio de 2018, que aprovaram, por unanimidade, a tese defendida pela Advocacia-Geral da União (AGU) no sentido de estar dentro da legalidade o corte de fornecimento de energia elétrica de consumidores que não pagam débitos decorrentes de furtos ou de fraudes descobertos pela distribuidora. De acordo com os procuradores federais da AGU, o não pagamento pela energia furtada deve, "impreterivelmente, acarretar a suspensão do serviço à unidade consumidora que, mediante emprego de meio que configura ilícito penal, gozou da prestação de um serviço público sem a devida contrapartida".

11.4. Furto qualificado (art. 155, § 4º)

Previsto nos §§ 4º e 5º do art. 155 do Código Penal, em rol taxativo, compreende as circunstâncias relativas aos modos de execução do crime de furto que lhe imprimem um cunho de maior gravidade. Há, assim, maior desvalor da ação criminosa, a qual deverá ser rigorosamente sancionada. Constituem qualificadoras objetivas, e se comunicam aos demais agentes, com exceção daquela de natureza subjetiva prevista no inciso II, qual seja, a do abuso de confiança. Basta a presença de uma das circunstâncias para que o crime se repute qualificado. Se presente mais do que uma qualificadora, a primeira servirá para qualificar o crime, elevando os limites mínimo e máximo da pena. Quanto às demais, há duas posições: (i) assumem a função de circunstâncias judiciais (art. 59), sendo consideradas pelo juiz na fixação da pena-base como circunstâncias desfavoráveis; (ii) funcionam como agravantes, na segunda fase de fixação da pena.

Nosso entendimento: adotamos a segunda posição.

(i) Com destruição ou rompimento de obstáculo à subtração da coisa (inciso I): trata-se de violência empregada contra obstáculo que dificulte a subtração da coisa. Destruir significa desfazer. Romper significa abrir. O emprego de violência contra a pessoa configura o crime de roubo.

– **Momento do emprego da violência:** o emprego de violência pode-se dar em qualquer momento durante a fase executória do crime. Ensina Nélson Hungria: "cumpre que a destruição ou rompimento do obstáculo ocorra em qualquer dos momentos da fase executiva do crime. O que vale dizer: para possibilitar ou facilitar tanto a *apprehensio* quanto a efetiva transferência da *res* furtiva ao poder de livre e tranquila disposição dela por parte do agente. Enquanto o furto não está consumado, ou ainda se ache em fase de

415. Cf. exemplos citados por Nélson Hungria, *Comentários*, cit., v. VII, p. 37.

execução, a violência contra o obstáculo é qualificativa. Assim o ladrão que, penetrando sem violência numa casa comercial e, já apreendida a *res*, tem de arrombar, para poder sair, porta de aço intercorrentemente, ou seja, durante a apreensão da *res*, durante a remoção e livre detenção do objeto"[416]. Por outro lado, se após a consumação do crime o agente quebrar a vidraça de uma loja, sem que isso constitua meio necessário à subtração da *res* furtiva, haverá concurso material entre os crimes de furto simples e dano.

– **Conceito de obstáculo:** o obstáculo a que se refere a lei é aquele destinado a proteger exclusivamente ou não a propriedade, por exemplo, janelas, portas, fechaduras, vidros, cadeados (constituem obstáculos passivos), dispositivos automáticos de segurança, como os alarmes (obstáculos ativos). O agente, na realidade, destrói, desfaz, quebra o obstáculo que dificulte, impeça a subtração da coisa. O mero desligamento de um alarme não configura a qualificadora em questão, assim como a retirada de telhas (esta configura a qualificadora da escalada). É importante notar que a qualificadora não se configura quando há a destruição da própria *res* furtiva, como no caso do agente que, para subtrair um veículo, força o quebra-vento deste ou rompe fios elétricos do sistema de ignição, pois estes constituem obstáculos inerentes à *res*. O mesmo não ocorre se o agente, para subtrair objetos que se encontrem no interior do veículo, quebra-lhe o vidro, pois este constitui obstáculo exterior à *res* furtiva. Tal situação, segundo o entendimento minoritário dos tribunais, cria um contrassenso: se o agente arromba o veículo para subtraí-lo, responde por furto simples; se arromba o veículo para tão só furtar um guarda-chuva, responde por furto qualificado, ou seja, a sanção penal é mais grave. Assim, para aqueles que adotam o último posicionamento, entende-se por obstáculo tudo quanto deva ser destruído ou rompido para que se viabilize a ação delituosa, não cabendo a distinção entre obstáculo inerente e obstáculo não inerente à coisa.

Por outro lado, o agente que corta a bolsa da vítima para subtrair-lhe a carteira não pratica furto qualificado, pois tem-se entendido que a bolsa é feita para o transporte, não constituindo obstáculo destinado à proteção de valores.

– **Exame pericial:** o STJ tem admitido que a prova técnica não é a única apta a comprovar a materialidade das condutas, podendo ser suprida por outros meios de prova capazes de levar ao convencimento o julgador, tal como a prova testemunhal (CPP, art. 167).

(ii) Com abuso de confiança, ou mediante fraude, escalada ou destreza (inciso II)

– **Abuso de confiança:** é a confiança que decorre de certas relações (que pode ser a empregatícia, a decorrente de amizade ou parentesco) estabelecidas entre o agente e o proprietário do objeto. O agente, dessa forma, aproveita-se da confiança nele depositada para praticar o furto, pois há menor vigilância do proprietário sobre os seus bens. É óbvio que se ele não fizer uso das facilidades proporcionadas por esse vínculo de confiança para praticar o furto, não se configurará a qualificadora. Assim, por exemplo, valer-se de subterfúgio para praticar o crime o empregado que alega ter esquecido a sua carteira na loja e

---

416. Nélson Hungria, *Comentários*, cit., v. VII, p. 40 e 41. Em sentido contrário, Magalhães Noronha, para quem a violência há de ser meio para se efetivar a apreensão da coisa; deve ser-lhe anterior ou concomitante (*Direito penal*, cit., v. 2, p. 233).

a ela retorna com o fim de subtrair bens de seu patrão. Importa notar que, no tocante às relações empregatícias, é necessário comprovar no caso concreto que o proprietário do bem depositava especial confiança no agente, ou seja, que havia um vínculo especial de lealdade, o que o levava a exercer menor vigilância sobre os seus bens. Ausente esse requisito, resta apenas a incidência da agravante prevista no art. 61, II, *f*, do Código Penal.

O furto qualificado pelo abuso de confiança difere do crime de apropriação indébita, pois no primeiro o agente, valendo-se da confiança nele depositada, aproveita-se para retirar o objeto da posse do proprietário, sem o conhecimento deste. Há aqui efetivamente uma subtração. Já no segundo, o proprietário, por confiar no agente, transfere a posse do objeto a este, o qual passa a agir como se dono fosse.

— **Mediante fraude:** é o ardil, artifício, meio enganoso empregado pelo agente para diminuir, iludir a vigilância da vítima e realizar a subtração. São exemplos de fraude: agente que se disfarça de empregado de empresa telefônica e logra entrar em residência alheia para furtar, ou agente que, a pretexto de realizar compras em uma loja, distrai a vendedora, de modo a lograr apoderar-se dos objetos. Não há que se confundir o *furto mediante fraude* com a figura do *estelionato*. A confusão reside no fato de que em ambas as figuras o agente se utiliza de ardil, engodo, para apropriar-se do bem. No estelionato, é o próprio dono da coisa que, enganado pelo agente, entrega-lhe voluntariamente o bem (p.ex., vítima que entrega seu computador ao agente, que se passa por técnico em informática). No furto mediante fraude, o agente, através de engodo, burla a vigilância do proprietário e se apodera da coisa, sem o conhecimento dele (p.ex., agente que, a pretexto de consertar o computador, se passa por técnico em informática para lograr subtrair as joias da dona da casa). Assim, se a vítima iludida entrega voluntariamente o bem, há estelionato; se a vítima é distraída, e o agente subtrai a coisa, há furto mediante fraude. A jurisprudência tem-se manifestado no sentido de que o sujeito que, a pretexto de comprar veículo, pede para experimentá-lo e foge com ele, comete o crime de furto mediante fraude e não estelionato, pois houve, no caso, subtração.

— **Mediante escalada:** é o acesso a um lugar, residência etc., por via anormal. Há aqui o uso de instrumentos para adentrar no local, como, por exemplo, escada, corda, ou então o agente é obrigado a empregar um esforço incomum, como saltar um muro de dois metros de altura; entrar pelo telhado, com a consequente remoção das telhas; passar por um túnel subterrâneo. A qualificadora não incidirá se, por exemplo, o muro da casa for baixo ou a janela estiver próxima ao solo, não necessitando o agente empregar qualquer esforço fora do comum. E se o agente for anão? Ainda assim não haverá a configuração dessa qualificadora, pois o obstáculo deve ser aferido sob o prisma objetivo, levando-se em conta o homem comum, uma vez que se trata de qualificadora de natureza objetiva. Desse modo, a escalada de um muro baixo jamais configurará a hipótese em tela, ainda que o agente seja anão.

É prescindível o exame pericial, pois nem sempre a escalada deixa vestígios. Geralmente a escalada é reconhecida pela só descrição do fato criminoso. Assim, a própria narrativa do réu no sentido de que removeu telhas para adentrar na residência, que pulou um muro muito alto, ou que passou por uma galeria subterrânea já configura a qualificadora em tela. A prova pericial somente será necessária se a escalada deixar vestígios.

É possível a tentativa de furto mediante escalada. Segundo Nélson Hungria: "a tentativa de furto qualificado pela escalada não pode ser reconhecida sem que esta tenha sido, pelo menos, iniciada: a simples colocação dos meios artificiais, sem começo de efetiva utilização deles pelo agente, não representa mais que ato preparatório"[417].

O STJ decidiu que excepcionalmente, na hipótese da presença nos autos de outros elementos propícios a revelar a escalada de forma inconteste, prescinde da prova pericial: "segundo entendimento desta Corte, excepcionalmente, quando presentes nos autos elementos aptos a comprovar a escalada de forma inconteste, pode-se reconhecer o suprimento da prova pericial, notadamente *in casu*, tendo em vista que toda a ação delitiva foi filmada com detalhes e pôde atestar, de forma cabal, que o paciente praticou a referida qualificadora para ter acesso ao imóvel da vítima. Precedentes (AgRg no HC n. 556.549/SC, Ministro Reynaldo Soares da Fonseca, Quinta Turma, *DJe* 1º-3-2021). 2. Na hipótese, a ação criminosa, que não deixou vestígios, foi capturada e registrada pelas câmeras do sistema interno de vigilância e monitoramento do local onde se deram os fatos, corroborada pela confissão do acusado e pelos depoimentos das testemunhas. (AgRg no HC 691.823/SC, Rel. Ministro Sebastião Reis Júnior, Sexta Turma, julgado em 28-9-2021, *DJe* 30-9-2021). Na hipótese, a circunstância qualificadora foi comprovada pela prova oral, inclusive pela confissão do próprio réu, além da existência de laudo papiloscópico 'que identificou impressões digitais no local apontado pela vítima como sendo o local onde o réu pulou o muro'. STJ. 6ª Turma. AgRg no REsp 1.895.487-DF, rel. Min. Antonio Saldanha Palheiro, julgado em 26-4-2022)".

– **Mediante destreza:** consiste na habilidade física ou manual do agente que lhe permite o apoderamento do bem sem que a vítima perceba. É a chamada punga. Tal ocorre com a subtração de objetos que se encontrem junto à vítima, por exemplo, carteira, dinheiro no bolso ou na bolsa, colar etc., que são retirados sem que ela note. Importa dizer que se a vítima perceber a subtração no momento em que ela se realiza, considera-se o furto tentado na forma simples, pois não há falar no caso em destreza do agente (p.ex., a vítima sente a mão do agente em seu bolso). Se, contudo, a vítima se dá conta da falta do objeto instantes após o bem-sucedido apoderamento pelo agente e antes do afastamento deste do local da subtração, há tentativa de furto qualificado, já que presente está a destreza do agente. Se terceiros notarem a subtração, haverá ainda tentativa de furto qualificado, já que presente está a habilidade do agente, na medida em que a própria vítima não se deu conta da retirada do bem. Não se pode falar em destreza na subtração de sujeito passivo que está dormindo, que se encontra embriagado ou em qualquer outro estado de inconsciência.

No ato da retirada, não deve advir qualquer dano à integridade física da vítima, pois, do contrário, estará caracterizado o crime de roubo.

(iii) Com emprego de chave falsa (inciso III): para Nélson Hungria, considera-se falsa: "a) a chave imitada da verdadeira; b) a chave diversa da verdadeira, mas alterada de modo a poder abrir a fechadura; c) a *gazua*, isto é, qualquer dispositivo (gancho, grampo, chave de feitio especial) usualmente empregado pelos gatunos, para abertura de tal

---

417. Nélson Hungria, *Comentários*, cit., v. VII, p. 44.

ou qual espécie de fechadura ou de fechaduras em geral"[418]. Nesse contexto, vale destacar que o STF já esposou entendimento no sentido de que o furto praticado mediante o emprego de chave "mixa" é qualificado (*Informativo do STF*, n. 625). Nesse sentido, também a jurisprudência do STJ: "(...) Entendendo o Tribunal de origem que o crime foi cometido com o uso de chave mixa, impossível o afastamento da qualificadora" (HC 200126/SP). Em verdade, o conceito de chave falsa abrange todo instrumento, com ou sem forma de chave, utilizado como dispositivo para abrir fechaduras, incluindo mixas. O emprego de chave verdadeira subtraída ou obtida mediante fraude não constitui a qualificadora em comento, mas a do meio fraudulento (art. 155, § 4º, II, 2ª figura), o que não é a opinião esposada por E. Magalhães Noronha, que equipara à chave falsa a chave verdadeira furtada[419]. Ainda, se a chave verdadeira é encontrada na fechadura ou em local de fácil acesso por descuido do proprietário, não configura a qualificadora em estudo. No tocante à utilização de chave falsa diretamente na ignição de veículo para acionar o motor, o Superior Tribunal de Justiça já decidiu que não configura a qualificadora em tela, pois ela só se verifica quando a chave falsa é utilizada externamente à *res* furtiva, vencendo o agente o obstáculo propositadamente colocado para protegê-la.

– **Exame pericial:** o STF já teve a oportunidade de se manifestar acerca da necessidade de exame de corpo de delito, direto ou indireto, do instrumento empregado para a execução do crime. Contudo, o STJ já expressou entendimento no sentido de que o exame pericial é prescindível em alguns casos: "o emprego de chave falsa pode, a depender da hipótese, não deixar vestígios, como, por exemplo, quando se emprega grampo, arame ou chave de feitio especial para a abertura de fechaduras, sem dano ou arrombamento, de modo que, nesses casos, é dispensável o exame pericial para a caracterização da qualificadora do crime de furto" (AgRg no AREsp 886.475/SC, *DJU* 26-9-2016). No mesmo sentido, o STJ decidiu que, em casos de furto qualificado pelo emprego de chave falsa, a perícia técnica pode ser dispensada excepcionalmente quando não houver vestígios no veículo furtado e a chave falsa for apreendida com o acusado, pois, nessas circunstâncias específicas, outros meios de prova podem substituir o exame pericial para comprovar a ocorrência da qualificadora prevista no art. 155, § 4º, inciso III, do Código Penal (STJ. 6ª Turma. AgRg no HC 876.671-SC, rel. Min. Antonio Saldanha Palheiro, julgado em 29-4-2024).

(iv) Mediante concurso de duas ou mais pessoas (inciso IV): há duas orientações quanto à necessidade de que todos os agentes realizem os atos de execução: (i) Nélson Hungria afirma ser "necessária a presença *in loco* dos concorrentes, ou seja, a cooperação deles na fase *executiva* do crime"[420]. Desse entendimento compartilha Celso Delmanto. Funda-se a qualificadora na maior dificuldade de defesa da *res* quando duas ou mais pessoas executam o crime. Assim, argumenta-se na jurisprudência que se a execução material do delito é feita apenas por uma pessoa, embora outras estejam envolvidas, a

---

418. Nélson Hungria, *Comentários*, cit., v. VII, p. 46.

419. E. Magalhães Noronha, *Direito penal*, cit., v. 2, p. 236.

420. Nélson Hungria, *Comentários*, cit., v. VII, p. 46; Celso Delmanto e outros, *Código Penal comentado*, cit., p. 318.

possibilidade de defesa da *res* é a mesma do furto simples. (ii) A segunda corrente sustenta haver a qualificadora ainda que os agentes não realizem os atos executórios, bem como não se encontrem no local do crime, por exemplo, mandante; o partícipe que previamente presta auxílio material ao agente fornecendo o carro. Argumenta-se que a lei se refere ao "concurso de duas ou mais pessoas", o que abrange tanto a coautoria como a participação, e que a lei não se refere à execução do crime como o fez no art. 146, § 1º, do Código Penal, ao tratar do constrangimento ilegal. Nesse sentido: Damásio E. de Jesus, Julio Fabbrini Mirabete[421].

Nosso entendimento: correta esta segunda posição, pois concurso de agentes é gênero do qual são espécies a coautoria e a participação, de maneira que não importa o modo pelo qual o sujeito concorre para o crime, havendo a incidência da qualificadora em qualquer caso.

Pouco importa que os coagentes sejam inimputáveis (doente mental ou com desenvolvimento mental incompleto ou retardado, ou menor de idade – arts. 26 e 27 do CP), tampouco que não possam ser identificados; basta a cooperação consciente deles para que a qualificadora se configure. O Superior Tribunal de Justiça, inclusive, já teve oportunidade de se manifestar no sentido de que, para que se configure o concurso de duas ou mais pessoas, como previsto no art. 155, § 4º, IV, do Código Penal, é necessário, pelo menos, que os coparticipantes tenham uma consciente combinação de vontades na ação conjunta. Assim, se o indivíduo "A" adere à conduta criminosa de "B", sem o conhecimento deste, "B" não deverá responder pela qualificadora, bem como, "A" e "B" poderão realizar a subtração no mesmo local, no mesmo momento, sem que um saiba da conduta do outro (autoria colateral). Nenhum deles responderá pela qualificadora. Por fim, se a prestação do auxílio se deu após o crime, também não há falar nessa qualificadora, pois, conforme já estudado, não há concurso de pessoas se o auxílio prestado não foi previamente prometido.

Finalmente, de acordo com a Súmula 442 do STJ: "É inadmissível aplicar, no furto qualificado, pelo concurso de agentes, a majorante do roubo".

– Coagente inimputável e art. 244-B do Estatuto da Criança e do Adolescente: Dispõe o art. 244-B do ECA: "Corromper ou facilitar a corrupção de menor de 18 (dezoito) anos, com ele praticando infração penal ou induzindo-o a praticá-la: Pena – reclusão, de 1 (um) a 4 (quatro) anos. § 1º Incorre nas penas previstas no *caput* deste artigo quem pratica as condutas ali tipificadas utilizando-se de quaisquer meios eletrônicos, inclusive salas de bate-papo da internet. § 2º As penas previstas no *caput* deste artigo são aumentadas de um terço no caso de a infração cometida ou induzida estar incluída no rol do art. 1º da Lei n. 8.072, de 25 de julho de 1990". Dessa maneira, o agente que usa menor de idade na prática do delito patrimonial comete o delito de furto qualificado em concurso com o crime de corrupção de menores previsto no aludido diploma legal.

---

421. Nesse sentido, Damásio E. de Jesus, *Código Penal anotado*, cit., p. 546; Julio Fabbrini Mirabete, *Manual*, cit., v. 2, p. 231.

– **Associação criminosa e furto qualificado pelo concurso de pessoas. Concurso material. Ocorrência ou não de *bis in idem*:** define-se o crime de associação criminosa como a reunião permanente de pelo menos três pessoas com o fim de reiteradamente praticar crimes. Trata-se de crime formal. Sua consumação se dá com a simples associação permanente, não se exigindo a prática de qualquer crime. Assim, os agentes ao furtar outrem já anteriormente consumaram o crime de associação criminosa, de modo que responderão pelo crime do art. 288 em concurso material com o crime de furto. Ressalve-se que apenas aqueles que efetivamente participaram do furto por ele responderão; do contrário, responderão somente pelo crime de associação criminosa. *Os agentes que participaram do furto deverão responder também pela qualificadora do concurso de pessoas?* Na hipótese haveria "bis in idem"? *Bis in idem* constitui a dupla sanção pela prática de um único fato, qual seja, o concurso de pessoas. Há duas orientações: (i) é admissível o concurso entre os crimes de furto qualificado pelo concurso de agentes e associação criminosa, não se configurando *bis in idem*, porquanto tutelam bens jurídicos distintos e são delitos autônomos. O crime de associação criminosa se consuma com a mera associação de três pessoas (requisito objetivo) para o fim específico de praticar crimes (requisito subjetivo) e não pelo resultado da participação conjunta das pessoas associadas, de forma que num roubo ou num furto praticado por membros de uma associação criminosa só respondem os que efetivamente participaram do delito. Interessa aqui dizer que no tocante ao crime de roubo qualificado pelo concurso de agentes, o Supremo Tribunal Federal pacificou entendimento no sentido de que o concurso material com crime de associação criminosa não constitui *bis in idem*. (ii) Configura *bis in idem*, pois o concurso de pessoas já foi devidamente sancionado no crime de associação criminosa. Desse modo, deverá o agente responder pelo furto simples em concurso com o crime de associação criminosa.

> **Nosso entendimento:** correta a primeira posição, pois a formação da associação criminosa independe de o crime de furto ser praticado em concurso de agentes ou não, sendo totalmente diversos os momentos consumativos. Haverá concurso material, portanto.

– **Absolvição do coautor:** Importante mencionar que a absolvição do coagente acarreta a desclassificação do furto do outro agente para a forma simples. Tal não ocorrerá se restar incontroverso nos autos que houve a presença de um segundo participante, o qual não se conseguiu identificar.

11.5. Furto qualificado pelo emprego de explosivo ou de artefato análogo que cause perigo comum (art. 155, § 4º-A)

O § 4º-A do art. 155 do Código Penal, prevê uma qualificadora para o crime de furto relacionada ao meio de execução: "a pena é de reclusão de 4 (quatro) a 10 (dez) anos e multa, se houver emprego de explosivo ou de artefato análogo que cause perigo comum".

A referida qualificadora tem por objetivo combater e punir com maior rigor os frequentes furtos praticados por grupos criminosos que, durante a noite, explodem caixas eletrônicos localizados em agências bancárias ou em estabelecimentos comerciais para dali subtrair valores depositados. O maior rigor na punição se justifica pelo potencial lesivo do meio empregado, cujas proporções são imprevisíveis. Convém observar que além dos danos materiais causados naqueles estabelecimentos e, por vezes, até em imóveis vizinhos, a conduta criminosa de subtração com o emprego de explosivo expõe a perigo a vida e a integridade física. Ou seja, os danos podem ser gravíssimos, indo além da esfera patrimonial. No caso do emprego de explosivo, portanto, a causação de perigo comum é presumida pela lei (presunção absoluta), o que não ocorre no caso de furto mediante emprego de substância análoga, exigindo-se que o perigo seja real e efetivo, o que se infere pela expressão empregada "que cause perigo comum".

De acordo com o anexo III do Decreto n. 10.030/2019, explosivo é "tipo de matéria que, quando iniciada, sofre decomposição muito rápida, com grande liberação de calor e desenvolvimento súbito de pressão". Para configurar explosivo é imprescindível a aptidão para a destruição (STJ, 6ª T., REsp 1.627.028/SP, j. 21-2-2017). O explosivo comumente utilizado por esses criminosos é a dinamite.

Uma questão, que merece reflexão, consiste em saber se o emprego de explosivo ou artefato análogo, causador de perigo comum, precisa ser aplicado especificamente sobre o obstáculo à subtração do bem para configurar a qualificadora. Por exemplo, o agente se utiliza de explosivo nos fundos de uma empresa para atrair a atenção dos vigias e, quando estes deixam seus postos para verificar o que está ocorrendo, se aproveita para ingressar no local e realizar o furto. Neste caso, o emprego do explosivo não foi utilizado sobre obstáculo à subtração do bem. Questiona-se, então, aplica-se a qualificadora em comento?

Nosso entendimento: a qualificadora deve ser aplicada uma vez que o texto legal não vincula ao fato de o emprego de explosivo ou artefato análogo ser utilizado sobre obstáculo à subtração do bem.

→ **Atenção:** vale salientar que a qualificadora em tese não se confunde com a causa de aumento de pena do roubo (art. 157, § 2º-A, II), já que nesta consta expressamente que a circunstância ocorre quando há destruição ou rompimento de obstáculo mediante o emprego de substância explosiva ou de acessório que, conjunta ou isoladamente, possibilitem sua fabricação, montagem ou emprego.

Importante mencionar que a Lei n. 7.102/83, dispõe sobre a segurança de estabelecimentos financeiros, exigindo que as instituições bancárias instalem equipamentos que inutilizem as cédulas de moeda corrente depositadas no interior das máquinas em caso de arrombamento, movimento brusco ou alta temperatura (art. 2ºA), sendo obrigatória a instalação de placa de alerta, que deverá ser afixada de forma visível no caixa eletrônico e na entrada da instituição financeira que possua caixa eletrônico em seu interior, informando a existência do referido dispositivo e seu funcionamento (art. 2º-A, § 2º). Ademais, o descumprimento da referida medida sujeitará as instituições financeiras a penalidades (art. 2º-A, § 3º).

→ **Atenção:** o crime previsto no art. 155, § 4º-A, é considerado hediondo, consoante art. 1º, IX, da Lei n. 8.072/90 (Lei de Crimes Hediondos): "São considerados hediondos (...) furto qualificado pelo emprego de explosivo ou de artefato análogo que cause perigo comum (art. 155, § 4º-A)".

→ **Atenção:** a Lei n. 10.446/2002, art. 1º, VI, atribui à Polícia Federal a competência para apuração de furto, roubo ou dano contra instituições financeiras, incluindo agências bancárias ou caixas eletrônicos, quando houver indícios da atuação de associação criminosa em mais de um Estado da Federação.

11.6. Furto de veículo automotor (art. 155, § 5º)

Se a subtração for de veículo automotor que venha a ser transportado para outro Estado ou para o exterior, o furto também será qualificado, passando sua pena para três a oito anos de reclusão, nos termos do § 5º. Essa qualificadora diz respeito, especificamente, à subtração de veículo automotor. Consideram-se como tal os automóveis, ônibus, caminhões, motocicletas, aeronaves, lanchas, *jet-skies* etc., porém o transporte de partes do veículo não é abrangido por essa figura típica[422]. Sanciona-se mais gravemente a conduta daquele que, após furtar o veículo automotor, transporta-o para outro Estado ou para o exterior. Tanto o próprio agente quanto terceiro por ele contratado poderão realizar o transporte. Nessa hipótese, o terceiro é considerado partícipe do crime de furto qualificado e não mero receptador do veículo, uma vez que previamente aderiu com sua vontade à ação criminosa. Se, ao invés, não houve qualquer prévio acordo, tendo sido o terceiro contratado posteriormente à ação criminosa, responderá ele pelo crime de receptação dolosa.

- **Configuração da qualificadora:** configura-se a qualificadora quando há o efetivo transporte do veículo automotor para outro Estado ou para o exterior, ou seja, quando há a transposição dos limites territoriais. A existência da qualificadora nada tem que ver com o momento consumativo do furto[423]. Vejamos algumas hipóteses:

  (i) ocorre a consumação do delito de furto e o efetivo transporte do veículo para outro Estado ou para o exterior — configura-se o crime de furto qualificado em tela;

  (ii) consumada a subtração, o agente é surpreendido antes de transpor a divisa do Estado — configura-se o furto simples, apenas não incidindo a qualificadora;

  (iii) se o veículo subtraído estava próximo da divisa do Estado, e o agente, ao ser perseguido, transpõe essa divisa, não tendo sequer a posse tranquila da *res* — há tentativa de furto qualificado; este não se consumou, mas houve a configuração da qualificadora.

- **Concurso de qualificadoras:** a incidência dessa qualificadora impede a incidência das outras, contudo, pelo fato de estas tratarem dos meios executivos do crime, nada impede que sejam valoradas como circunstâncias judiciais na fixação da pena-base (CP, art. 59).

---

422. Nesse sentido, Damásio E. de Jesus, *Código Penal anotado*, cit., p. 546 e 547.

423. Nesse sentido, Damásio E. de Jesus, *Código Penal anotado*, cit., p. 547.

11.7. Furto de semovente domesticável (art. 155, § 6º)

A qualificadora do § 6º, tipifica de forma mais gravosa o furto de semoventes domesticáveis de produção, ainda que abatido ou dividido em partes: "§ 6º A pena é de reclusão de 2 (dois) a 5 (cinco) anos se a subtração for de semovente domesticável de produção, ainda que abatido ou dividido em partes no local da subtração".

Entende-se por semovente o animal que possui condições de se deslocar por conta própria. É elementar que se cuide de semovente domesticável, ou seja, apto a ser domesticado.

A intenção do legislador com esse acréscimo foi a maior tutela em relação aos semoventes, já que, até então, os animais para efeito de furto eram tidos como coisas, bem como buscou-se salvaguardar os próprios produtores rurais, atendendo aos seus reclamos quanto à insegurança da vida no campo com relação à essa questão, qual seja, o furto de animais produtores (p.ex., vacas, ovelhas, galinhas, porcos, etc.), em especial o gado, sobretudo considerando que esses animais geralmente são meio de subsistência daquelas pessoas, que se servem deles diretamente ou os utilizam para atingir produtos em larga escala destinados ao comércio e ao lucro.

Destaque-se que a parte final do dispositivo legal tutela, inclusive, o semovente morto, a fim de evitar que o furtador escape da punição caso resolva matar um animal no pasto, por exemplo, para depois furtá-lo. Outro cuidado tomado pelo legislador foi o de tutelar os animais domesticáveis de produção, ainda que tenham sido abatidos e divididos em partes, situação que poderia ocorrer para facilitar o transporte da *res furtiva* pelo agente, por exemplo, ou até mesmo para descaracterizar a "coisa", a fim de se livrar da sanção penal desta qualificadora.

Questão que poderia se tornar tormentosa seria a de saber se quando o animal é abatido ou desmembrado em partes em local diverso da subtração incide a qualificadora, já que o dispositivo legal coloca tal hipótese "no local da subtração".

Nosso entendimento: a interpretação literal do dispositivo, além de não atender aos princípios hermenêuticos básicos, não faz jus à intenção do legislador, devendo o operador do direito ter cautela de interpretá-lo no caso concreto. Assim, se o furtador levou o animal, vivo ou abatido, para local diverso da subtração, com o fim de desmembrá-lo, incide a qualificadora, até porque a *mens legis* é a proteção de animal domesticável de produção.

No mais, vale mencionar que os animais selvagens, como leões, ursos, zebras, girafas, onças etc., estão excluídos dessa proteção, assim como os animais não domesticáveis, como jacarés, peixes e camarões, ainda que sirvam para a produção, seja de alimentos ou outra atividade de produção diversa.

Ainda, lembremos que uma qualificadora não pode incidir sobre outra qualificadora, ou seja, um crime não pode ser qualificado duas vezes. Assim, se as circunstâncias advêm de parágrafos diferentes do tipo legal "furto", deve-se optar pela mais grave, ou seja, a de maior pena.

Em razão da sanção penal imposta (reclusão, de 2 a 5 anos), não cabe suspensão condicional do processo (art. 89 da Lei n. 9.099/95), diferentemente do que ocorre com o furto simples.

11.8. Furto de substância explosiva (art. 155, § 7º)

O § 7º do art. 155 do Código Penal prevê uma qualificadora para o crime de furto, relativa ao objeto da subtração: "a pena é de reclusão de 4 (quatro) a 10 (dez) anos e multa, se a subtração for de substância explosiva ou de acessório que, conjunta ou isoladamente, possibilitem sua fabricação, montagem ou emprego". A intenção da legislação é punir com maior rigor a subtração daqueles artefatos em razão da sua própria natureza e finalidade, independentemente de sua utilização. Até porque a realidade tem demonstrado que a finalidade dessa conduta delitiva não é outra senão a sua utilização para a prática de outros crimes, e tal ato pode causar gravíssimos danos à sociedade em um futuro imediato.

12. DISTINÇÕES

É possível traçar algumas distinções entre o crime de furto e os seguintes crimes:

(i) Apropriação indébita: aqui a coisa é licitamente entregue pelo dono ao agente, para determinada finalidade, passando este, depois de algum tempo, a dela dispor como se fosse sua. Na apropriação indébita, frise-se, a posse do agente sobre o bem é desvigiada. No furto, o agente não tem a posse do bem, apoderando-se deste contra a vontade da vítima, que desconhece a subtração. Na hipótese em que o agente tem a mera detenção provisória do bem (p.ex., vendedor de loja, caixa de supermercado), esta é exercida sob a vigilância do proprietário, de modo que o apoderamento do objeto implica a configuração de crime de furto e não apropriação indébita.

(ii) Estelionato: difere o estelionato do furto mediante o emprego de fraude. No furto mediante fraude, há a retirada do bem contra a vontade da vítima, que tem a sua vigilância sobre o bem desviada em face do ardil empregado pelo agente. Este, então, utiliza-se da fraude para reduzir a vigilância do dono do bem e, com isso, facilitar a subtração. No estelionato, a vítima, iludida com o ardil empregado pelo agente, entrega-lhe o bem voluntariamente. A fraude não é empregada para reduzir a vigilância da vítima, mas, sim, para obter a entrega voluntária do próprio bem pelo proprietário.

(iii) Exercício arbitrário das próprias razões: quando a intenção do agente for fazer justiça pelas próprias mãos para satisfazer pretensão legítima (p.ex., credor que se apodera de objeto móvel de seu devedor para satisfazer dívida que este se recusa a pagar), o crime será de exercício arbitrário das próprias razões.

(iv) Favorecimento real: se o agente prestar auxílio após a consumação do crime, sem que tenha existido qualquer acordo anterior ao furto, responderá pelo crime de favorecimento real (CP, art. 349) (p.ex., amigo do agente que guarda o objeto da subtração em sua residência). Na hipótese de haver prévio acordo ao crime de furto, ambos responderão pelo crime de furto qualificado pelo concurso de agentes.

(v) Receptação: se o agente adquirir objeto que sabe ser produto do crime de furto, ou, se não o sabe, adquire-o culposamente, responderá pelo crime de receptação dolosa ou culposa. Se, no entanto, o recebimento do bem for ajustado previamente à prática do furto, responderão ambos os agentes pelo crime de furto qualificado pelo concurso de pessoas. Se o furto for de veículo automotor que venha a ser transportado para outro Estado ou para o exterior, responderão os agentes pelo furto na forma qualificada prevista no § 5º.

(vi) Roubo: aqui há o emprego de violência, grave ameaça ou qualquer outro meio que diminua a resistência da vítima.

(vii) Peculato-furto: no § 1º do art. 312 está prevista a figura do peculato-furto. Trata-se de crime praticado por aquele que detém a qualidade de funcionário público, e que se vale da facilidade proporcionada por essa condição para subtrair ou concorrer para que terceiro subtraia dinheiro, valor ou bem de que não tem a posse.

13. AÇÃO PENAL. PROCEDIMENTO. LEI DOS JUIZADOS ESPECIAIS CRIMINAIS

Trata-se de crime de ação penal pública incondicionada, portanto independe de representação do ofendido ou de seu representante legal.

No tocante ao procedimento, *vide* art. 394 do Código de Processo Penal, o qual elege critérios distintos para a determinação do rito processual a ser seguido. A distinção entre os procedimentos ordinário e sumário dar-se-á em função da pena máxima cominada à infração penal e não mais em virtude de esta ser apenada com reclusão ou detenção.

Nos moldes do art. 89 da Lei n. 9.099/95, é cabível a suspensão condicional do processo no *caput* (furto simples), sem o aumento de pena do repouso noturno (§ 1º), no § 2º (furto privilegiado), bem como no § 2º c/c o § 1º (para aqueles que entendem que a agravante do repouso noturno se aplica também ao furto privilegiado).

→ **Atenção:** o furto praticado entre cônjuges separados judicialmente ou desquitados, entre irmãos ou entre tio e sobrinho, se houver, nesse caso, coabitação, se processa mediante ação penal pública condicionada à representação (CP, art. 182), salvo se a vítima tem idade igual ou superior a 60 anos (CP, art. 183, III).

→ **Atenção:** o furto — e os demais crimes contra o patrimônio cometidos sem violência ou grave ameaça — praticado no prejuízo do cônjuge, na constância da sociedade conjugal; de ascendente ou descendente, seja o parentesco legítimo ou ilegítimo, seja civil ou natural, não são puníveis (escusa absolutória do art. 181 do CP). Porém, tal causa de isenção de pena não se aplica ao terceiro que participa do crime ou quando a vítima é pessoa de idade igual ou superior a 60 anos (CP, art. 183).

ART. 156 - FURTO DE COISA COMUM

1. OBJETO JURÍDICO

Tutela-se a posse e a propriedade legítimas. Ao contrário do crime de furto comum, aqui somente é tutelada a posse legítima.

2. ELEMENTOS DO TIPO

2.1. Ação nuclear. Objeto material

A ação nuclear é a mesma do furto comum: *subtrair*. O objeto material, contudo, difere, pois trata-se aqui da subtração de coisa comum, sendo esta pertencente a todos os condôminos, coerdeiros ou sócios.

2.2. Sujeito ativo

Cuida-se de crime próprio. São sujeitos ativos o condômino, coerdeiro ou sócio. O *condomínio* existe quando determinado bem pertence a mais de uma pessoa, cabendo a todas elas igual direito sobre o bem. *Herança* é uma universalidade de bens, cujo domínio e posse se transferem aos herdeiros legítimos e testamentários tão logo ocorra a morte de seu titular (CC, art. 1.784). *Sociedade* consiste na reunião de duas ou mais pessoas para a realização de escopos comuns. Discute-se na doutrina se o sócio de sociedade com personalidade jurídica comete o crime em questão ou o crime de furto comum (CP, art. 155): (i) para uma corrente doutrinária, a propriedade e a posse do patrimônio pertencem à pessoa jurídica e não aos seus sócios, de modo que quem subtrair bens de pessoa jurídica estará se apropriando de bens de terceiro, portanto comete o crime de furto comum (CP, art. 155)[424]; (ii) para outra corrente doutrinária, "o patrimônio que serve ao fim social é condomínio ou propriedade comum dos sócios"[425]. Desse modo, aquele que subtrair bens da pessoa jurídica, pratica o crime de furto de coisa comum (CP, art. 156).

Nosso entendimento: adotamos a segunda corrente doutrinária.

Os promitentes-compradores e os cessionários de direitos relativos às unidades autônomas também são considerados condôminos e, portanto, sujeitos ativos do crime em estudo, por força do art. 1.334, § 2º, do Código Civil, o qual dispõe: "São equiparados aos proprietários, para os fins deste artigo, salvo disposição em contrário, os prominentes-compradores e os cessionários de direitos relativos às unidades autônomas".

---

424. E. Magalhães Noronha, *Direito penal*, cit., v. 2, p. 242; Julio Fabbrini Mirabete, *Manual*, cit., v. 2, p. 233.

425. Nélson Hungria, *Comentários*, cit., v. VII, p. 49.

2.3. Sujeito passivo

É o condômino, coerdeiro ou sócio, ou quem legitimamente detenha a coisa, com exceção do agente. Se a coisa estava sendo legitimamente detida pelo próprio agente, a disposição que este faça dela, como dono exclusivo, constitui apropriação indébita, e não furto[426].

3. ELEMENTO SUBJETIVO

É o dolo, consubstanciado na vontade de subtrair a coisa comum, exigindo a lei um especial fim de agir, contido na expressão "para si ou para outrem".

4. MOMENTO CONSUMATIVO E TENTATIVA

A consumação se dá com a inversão da posse, ou seja, no momento em que o bem passa da esfera de disponibilidade da vítima para a do autor. Não se exige que o agente tenha a posse mansa e pacífica do bem.

A tentativa é admissível, haja vista se tratar de crime plurissubsistente.

5. CAUSA DE EXCLUSÃO DO CRIME

Prevê o § 2º do art. 156 que "não é punível a subtração de coisa comum fungível, cujo valor não excede a quota a que tem direito o agente". Fungíveis são as coisas móveis que podem substituir-se por outras da mesma espécie, qualidade e quantidade (CC, art. 85). A lei diz não ser punível a subtração. À primeira vista, supõe-se constituir uma causa de exclusão da punibilidade, mas trata-se de causa de exclusão da ilicitude. Basta verificar que o artigo mencionado afirma não ser punível a subtração, e não o autor do crime[427]. Assim, não comete o crime em questão o agente que se apodera de parte ideal da coisa fungível cujo valor não ultrapasse a sua quota-parte. Por outro lado, haverá o crime se o agente se apoderar de parte do bem que ultrapasse o valor de sua quota-parte. No caso de subtração de coisa comum infungível (são os móveis que não podem ser substituídos por outros da mesma espécie, qualidade e quantidade) haverá crime.

6. AÇÃO PENAL. PROCEDIMENTO. LEI DOS JUIZADOS ESPECIAIS CRIMINAIS

Trata-se de ação penal pública condicionada à representação de um dos ofendidos ou de seus representantes legais (CP, art. 156, § 1º). É crime de menor potencial ofensivo, nos termos da Lei n. 9.099/95.

Em face da pena prevista (detenção, de 6 meses a 2 anos, ou multa), é cabível a suspensão condicional do processo (art. 89 da Lei n. 9.099/95).

---

426. Idem, ibidem.

427. Nesse sentido, Damásio E. de Jesus, *Código Penal anotado*, cit., p. 551; Victor Rios Gonçalves, *Dos crimes contra o patrimônio, Coleção*, cit., v. 9, p. 19. Em sentido contrário, E. Magalhães Noronha, para quem o § 2º contém uma causa de isenção de pena (*Direito penal*, cit., v. 2, p. 243).

Capítulo II
DO ROUBO E DA EXTORSÃO

ART. 157 - ROUBO

1. CONCEITO

O roubo constitui crime complexo, pois é composto por fatos que individualmente constituem crimes. São eles: furto + constrangimento ilegal + lesão corporal leve, quando houver (as vias de fato ficam absorvidas pelo constrangimento ilegal). Em que pesem tais crimes contra a pessoa integrarem o crime de roubo, este foi inserido no capítulo relativo aos crimes patrimoniais, tendo em vista que o escopo final do agente é a subtração patrimonial.

2. OBJETO JURÍDICO

Em virtude de o crime em estudo ser considerado complexo, tutela-se, além da posse e propriedade, a integridade física e a liberdade individual.

3. ELEMENTOS DO TIPO

3.1. Roubo próprio e impróprio. Ação nuclear e meios executórios

O Código Penal prevê o chamado roubo próprio e impróprio. *Roubo próprio*, segundo o disposto no *caput* do art. 157, é a subtração, para si ou para outrem, de coisa alheia móvel, mediante o emprego de grave ameaça ou violência a pessoa, ou depois de havê-la, por qualquer meio, reduzido à impossibilidade de resistência. No *roubo impróprio*, consoante o § 1º, o agente, "logo depois de subtraída a coisa, emprega violência contra pessoa ou grave ameaça, a fim de assegurar a impunidade do crime ou a detenção da coisa para si ou para terceiro". A diferença reside no momento em que é empregada a grave ameaça ou violência contra a pessoa, conforme veremos mais adiante.

A ação nuclear do tipo, identicamente ao furto, consubstancia-se no verbo *subtrair*, que significa tirar, retirar, de outrem, no caso, bem móvel. Agora, contudo, estamos diante de um crime mais grave que o furto, na medida em que a subtração é realizada mediante o emprego de grave ameaça ou violência contra a pessoa, ou por qualquer outro meio que reduza a capacidade de resistência da vítima.

São os seguintes os **meios executórios** do crime de roubo:

(i) Mediante o emprego de grave ameaça: trata-se do emprego da *vis compulsiva*, ou seja, da grave ameaça, consubstanciada na promessa da prática de mal grave e iminente. Segundo Nélson Hungria, a ameaça deve "tornar-se idônea, pelo menos no caso concreto, a paralisar a reação contra o agente. A eficácia virtual da ameaça deve ser aferida tendo-se em conta a psicologia média dos indivíduos da mesma condição do sujeito passivo (Manzini)"[428]. A ameaça pode ser praticada mediante o emprego de palavras, gestos, ou mediante o porte ostensivo de arma. Assim, basta tão somente o porte ostensivo da arma de fogo para que se configure a grave ameaça, pois se o agente a apontar em direção à vítima ou engatilhá-la, poderá configurar-se, nesse caso, a causa de aumento de pena relativa ao emprego de arma de fogo. Frise-se que a exibição da arma deve ser ostensiva, de modo que a vítima perceba que o agente a está portando (p.ex., arma na cintura). Se a arma está escondida nas vestes da vítima ou se encontra em sua maleta, ou em seu veículo, sem que o agente a tenha utilizado ostensivamente para intimidar, não há falar no crime de roubo, mas no crime de furto. Assim, o porte de arma nem sempre caracterizará o crime de roubo. Na hipótese, poderá o agente tão só responder pelo crime de furto em concurso material com o crime de porte ilegal de arma de fogo. *A simulação de porte de arma de fogo constitui grave ameaça?* Sim, a simulação de porte de arma de fogo constitui meio idôneo intimidatório capaz de diminuir a resistência da vítima, em face do temor nela incutido (p.ex., o agente que coloca a mão no bolso da calça ou do casaco fingindo estar armado). É óbvio que qualquer pessoa, naquelas circunstâncias, presumirá que a ameaça é séria e, por isso, temerá um eventual ataque. Esse, inclusive, é o posicionamento do Supremo Tribunal Federal. O emprego de arma defeituosa ou desmuniciada ou de arma de brinquedo, em que pese a ineficácia (relativa no primeiro caso e absoluta nos demais) do meio empregado, também constitui meios ameaçadores, idôneos a intimidar a vítima.

(ii) Mediante o emprego de violência física: trata-se do emprego da *vis absoluta*, ou seja, da força física (da qual decorram lesão corporal ou vias de fato) capaz de dificultar ou paralisar os movimentos do ofendido, de modo a impedir a sua defesa (p.ex., amarrar as mãos da vítima, jogá-la ao chão, dar-lhe tapas, pontapés, segurar-lhe fortemente os braços, disparar contra ela tiros de arma de fogo). Constitui a chamada violência própria.

– **"Trombada":** trata-se de termo vulgarmente empregado para definir o choque, a colisão, ou seja, a força física empregada pelo ladrão contra o corpo do transeunte para lograr subtrair os seus bens (joias, dinheiro, carteira etc.). Tal fato configuraria o crime de roubo ou furto? Depende. Se a violência for empregada contra a vítima, com o mero intuito de distraí-la, sem qualquer contundência capaz de machucá-la, como no caso de o ladrão deslocar a pessoa sutilmente para arrancar-lhe a carteira do bolso, haverá o crime de furto. Se, contudo, a violência for preponderantemente dirigida contra o ofendido, consistindo em lesão corporal ou vias de fato, destinadas a reduzir ou paralisar os seus movimentos, haverá roubo (p.ex., desequilibrar a vítima com empurrão pelas costas vindo ela a cair ao chão).

– **Arrebatamento de objeto preso ao corpo da vítima:** é também um tema que gera bastante controvérsia. A hipótese em tela difere da "trombada", pois nesta há o emprego de força física diretamente contra o corpo da vítima com o fim de diminuir a sua capacidade de resistência, de modo que a violência é dirigida com preponderância contra a sua pessoa; em contrapartida, no arrebatamento, o golpe é dirigido contra o próprio ob-

---

428. Nélson Hungria, *Comentários*, cit., v. VII, p. 55.

jeto a ser furtado, vindo o dono da coisa a ser atingido por repercussão. Nesse caso, há duas posições na jurisprudência: (i) como a violência foi empregada contra a coisa, não existe constrangimento à pessoa, configurando-se o furto; (ii) o arrebatamento acarreta lesões corporais, as quais atuam como *conditio sine qua non* para a consumação da subtração; logo, a conduta é tipificada no art. 157 do Código Penal.

Nosso entendimento: é mais acertada a primeira posição, pois, se a violência é empregada só acessoriamente contra a pessoa, a hipótese será mesmo a do art. 155 do Código Penal.

(iii) Qualquer outro meio que reduza à impossibilidade de resistência: cuida-se da violência imprópria, consistente em outro meio que não constitua violência física ou grave ameaça, como, por exemplo, fazer a vítima ingerir bebida alcoólica, narcóticos, soníferos ou hipnotizá-la.

Nosso entendimento: quanto à possibilidade de ela configurar também o roubo impróprio (CP, art. 157, § 1º), entendemos não ser possível, em face da ausência de previsão expressa.

Em sentido contrário, Magalhães Noronha argumenta: "Será inverossímil o fato de, detido o ladrão, fora da casa onde efetuou o roubo, empregar qualquer outro recurso, por exemplo, deitar narcótico na água, café etc., que irá tomar a pessoa que o está detendo e espera a chegada de reforço para mais seguramente efetuar a prisão?"[429]. O autor admite, portanto, o emprego deste meio no roubo impróprio, o que, todavia, implica conferir interpretação extensiva à elementar violência, contrariando o princípio da reserva legal.

3.2. Objeto material

São a coisa alheia móvel e a pessoa humana.

3.3. Sujeito ativo

Trata-se de crime comum. Qualquer pessoa pode praticá-lo, com exceção do possuidor ou proprietário do bem.

3.4. Sujeito passivo

A ofensa perpetrada no crime de roubo pode ser:

(i) imediata: é a perpetrada contra o titular do direito de propriedade ou posse (p.ex., violência empregada contra o dono da loja para que este entregue o dinheiro do caixa);

---

429. Nélson Hungria, *Comentários*, cit., v. VII, p. 56; E. Magalhães Noronha, *Direito penal*, cit., v. 2, p. 248.

(ii) mediata: é a empregada contra terceiro que não seja titular do direito de propriedade ou posse (p.ex., agente que ameaça com arma de fogo o empregado da loja para que este lhe entregue o dinheiro do caixa).

Na primeira hipótese, temos um único sujeito passivo, enquanto na segunda o crime é de dupla subjetividade passiva, pois uma pessoa sofreu a grave ameaça e outra teve o seu patrimônio espoliado.

E no caso de o roubo em uma ação única ofender patrimônios plúrimos?

O STJ firmou entendimento acerca dessa hipótese e decidiu se tratar de concurso formal de crimes: (...) "o Tribunal *a quo* decidiu no mesmo sentido da jurisprudência do STJ de que praticado o crime de roubo em um mesmo contexto fático, mediante uma só ação, contra vítimas diferentes, tem-se configurado o concurso formal de crimes, e não a ocorrência de crime único, visto que violados patrimônios distintos. Assim, não há falar em crime único quando, em um mesmo contexto fático, são subtraídos bens pertencentes a pessoas diferentes, no caso, o automóvel de uma vítima e o celular de outra. (AgRg no AREsp n. 2.127.610/SP, relator Ministro Reynaldo Soares da Fonseca, Quinta Turma, julgado em 16-8-2022, *DJe* de 22-8-2022)".

4. ELEMENTO SUBJETIVO

É o dolo, consubstanciado na vontade de subtrair coisa alheia móvel, com o fim especial de tê-la para si ou para outrem (*animus rem sibi habendi*). No roubo impróprio há também a finalidade de assegurar a impunidade do crime ou a detenção da coisa, para si ou para terceiro.

— **Roubo de uso:** discute-se se há roubo na hipótese em que a finalidade do assalto é a utilização transitória, com devolução posterior da *res* no mesmo local e estado em que ela se encontrava (p.ex., roubo de automóvel para uso próprio). Não há aqui similitude com o crime de furto, em que pese o agente não querer o objeto para si ou para outrem, pois há, além do ataque ao patrimônio, a ofensa à pessoa[430]. Há decisões dos tribunais estaduais, entretanto, admitindo o roubo de uso, entendendo-se, no caso, que o agente responderá tão só pelo crime de constrangimento ilegal, em face da violência empregada.

Nosso entendimento: a nosso ver, somente caracterizará constrangimento ilegal, em vez de roubo, quando o uso for imediato. Na hipótese de a restituição do bem demorar horas, dias, como no roubo de carro para uso posterior em outro assalto ou em sequestro, por exemplo, estará caracterizado o delito previsto no art. 157 do Código Penal, dada a ausência de imediatidade entre o primeiro e o segundo crime.

---

430. Segundo Damásio E. de Jesus, a equipe de repressão a roubos do Ministério Público do Estado de São Paulo adotou o entendimento uniforme no sentido de que o roubo de uso constitui crime (*Código Penal anotado*, cit., p. 553). No mesmo sentido: Julio Fabbrini Mirabete, *Manual*, cit., v. 2, p. 236.

5. PRINCÍPIO DA INSIGNIFICÂNCIA. ROUBO PRIVILEGIADO

É inadmissível a incidência do princípio da insignificância no crime de roubo. Essa figura delituosa representa um dos mais graves atentados à segurança social, de modo que, ainda que ínfimo o valor subtraído, ou seja, ainda que a ofensa ao patrimônio seja mínima, tal não afasta o desvalor da ação representado pelo emprego de violência ou grave ameaça à pessoa. O Superior Tribunal de Justiça, inclusive, já se manifestou no sentido da não incidência desse princípio ao crime de roubo (STJ, REsp 1176944/PE e AREsp 643185/DF). A jurisprudência do STF também é no mesmo sentido (STF, AgR ARE 680427/SP). Poderia o autor de roubo, quando primário, beneficiar-se dos favores legais previstos no § 2º do art. 155 se roubasse um objeto de pequeno valor? Não. É inadmissível a extensão desse preceito benéfico ao crime de roubo, uma vez que este crime revela uma ação de maior gravidade, ou seja, há maior desvalor da ação, em virtude do emprego de violência ou grave ameaça à pessoa, de modo que o pequeno valor do objeto roubado não pode por si só ser capaz de atrair o benefício legal. O Supremo Tribunal Federal já se manifestou no sentido da inaplicabilidade ao roubo do privilégio previsto para o furto simples.

6. CRIME IMPOSSÍVEL

Pode ocorrer que o agente não logre consumar o crime de roubo, pela impropriedade absoluta do objeto, ou seja, pela ausência total de objetos materiais a serem subtraídos. Há, na hipótese, crime impossível, não respondendo o agente pelo crime de roubo; deve, contudo, responder pelo emprego da violência ou grave ameaça ou de qualquer outro meio que reduza a capacidade de resistência da vítima.

7. DESISTÊNCIA VOLUNTÁRIA

Se o agente empregar violência ou grave ameaça, ou qualquer outro meio que reduza a capacidade de resistência da vítima e, após, desistir voluntariamente de se apoderar dos objetos dela, não responderá pelo crime de roubo, mas sim pelos atos até então praticados (violência ou grave ameaça).

8. FORMAS

(i) Roubo próprio: está previsto no *caput* do art. 157 (pena: reclusão, de 4 a 10 anos, e multa).

(ii) Roubo impróprio: está previsto no § 1º do art. 157 (pena: reclusão, de 4 a 10 anos, e multa).

(iii) Causas de aumento de pena: estão previstas no § 2º, II a VII (pena: aumenta-se de 1/3 até a metade); § 2º-A, I e II (pena: aumenta-se de 2/3); e § 2º-B (aplica-se em dobro a pena do *caput*), do art. 157.

(iv) Roubo qualificado pelo resultado lesão corporal grave: está previsto no § 3º, I. Se da violência resulta lesão corporal grave: a pena será a de reclusão, de 7 a 18 anos, além da multa.

(v) Roubo qualificado pelo resultado morte (latrocínio): está previsto no § 3º, II. Se da violência resulta morte: a pena será a de reclusão de 20 a 30 anos, sem prejuízo da multa.

8.1. Roubo próprio (art. 157, *caput*). Conceito. Consumação e tentativa

- **Conceito:** no roubo próprio, o constrangimento é empregado no início ou concomitantemente à subtração da coisa, ou seja, antes ou durante a retirada do bem. Finda essa ação, qualquer grave ameaça ou violência posterior caracterizará o roubo impróprio.
- **Momento consumativo e tentativa:** o roubo se consuma no momento em que o agente subtrai o bem do ofendido. Subtrair é retirar contra a vontade do titular. Levando-se em conta esse raciocínio, o roubo estará consumado tão logo o sujeito, após o emprego de violência ou grave ameaça, retire o objeto material da esfera de disponibilidade da vítima, sendo irrelevante se chegou a ter a posse tranquila ou não da *res furtiva*. Por exemplo: agente que depois de apontar uma arma na cabeça da vítima se apodera de sua carteira. O crime se consuma nesse instante, ou seja, com o apoderamento do bem, pois nesse momento a posse do agente substituiu a da vítima, já não tendo esta o poder de disponibilidade sobre o bem. Ainda que venha a perseguir continuadamente o agente e consiga recuperar a *res*, já houve a anterior espoliação da posse ou propriedade da vítima. Vale aqui transcrevermos o seguinte pronunciamento do Supremo Tribunal Federal: "O roubo se consuma no instante em que o ladrão se torna possuidor da coisa móvel alheia subtraída mediante grave ameaça ou violência. Para que o ladrão se torne possuidor, não é preciso, em nosso direito, que ela saia da esfera de vigilância do antigo possuidor, mas, ao contrário, basta que cesse a clandestinidade ou a violência, para que o poder de fato sobre a coisa se transforme de detenção em posse, ainda que seja possível ao antigo possuidor retomá-la pela violência, por si ou por terceiro, em virtude de perseguição imediata. Aliás a fuga com a coisa em seu poder traduz inequivocamente a existência de posse. E a perseguição – não fosse a legitimidade do desforço imediato – seria ato de turbação (ameaça à posse do ladrão)".

O STJ firmou entendimento sobre o momento consumativo do crime de roubo. Consuma-se o crime de roubo com a inversão da posse do bem, mediante emprego de violência ou grave ameaça, ainda que por breve tempo e em seguida a perseguição imediata ao agente e recuperação da coisa roubada, sendo prescindível a posse mansa e pacífica ou desvigiada. Nesse sentido, STJ, REsp 1.704.976/SP e REsp 1.499.050/RJ, é a chamada teoria da *amotio*.

Para consolidar a questão, o STJ editou a Súmula 582: "Consuma-se o crime de roubo com a inversão da posse do bem mediante emprego de violência ou grave ameaça, ainda que por breve tempo e em seguida à perseguição imediata ao agente e recuperação da coisa roubada, sendo prescindível a posse mansa e pacífica ou desvigiada".

Hipóteses de consumação:

(i) perda do bem subtraído: se o agente durante a fuga perde o bem ou dele se desfaz, o crime reputa-se consumado;

(ii) prisão em flagrante de um dos agentes e fuga dos demais com a *res*: nessa hipótese, em que pese a prisão de um dos agentes no local do crime, o delito se consumou para todos os coparticipantes, uma vez que a subtração já havia se aperfeiçoado por completo quando da prisão daquele;

(iii) prisão em flagrante: a prisão em flagrante não é incompatível com a consumação do crime de roubo. Assim, se o agente após o emprego de violência ou grave ameaça logra apoderar-se da *res*, retirando-a completamente da posse da vítima, mas é encontrado logo depois com instrumentos, armas, objetos ou papéis que façam presumir ser ele autor da infração, a prisão em flagrante não terá o condão de interferir na consumação do crime, uma vez que o bem já tinha sido retirado completamente da vítima.

8.2. Roubo impróprio (art. 157, § 1º). Conceito. Consumação e tentativa

- **Conceito:** ao contrário do próprio, no roubo impróprio o agente primeiro subtrai a coisa, sem empregar qualquer constrangimento contra a vítima, e somente após efetuá-la emprega violência ou grave ameaça com o fim de garantir a sua posse ou assegurar a impunidade do crime, isto é, evitar a prisão em flagrante ou a sua identificação. Portanto, a diferença está no momento e na finalidade em que ocorre o constrangimento[431].

  Exigem-se, portanto, três requisitos:

  (i) Efetiva retirada da coisa.

  (ii) Emprego de violência ou grave ameaça "logo depois" da subtração. Pela expressão "logo depois", deve-se entender a imediatidade entre a retirada do bem e o emprego da violência ou grave ameaça. A demora entre uma ação (subtração) e outra (violência ou grave ameaça) poderá caracterizar o concurso material entre o crime de furto e o crime contra a pessoa (lesão corporal, homicídio, constrangimento ilegal, ameaça).

  (iii) Finalidade de assegurar a impunidade do crime ou a detenção da coisa para si ou para terceiro. O tipo penal exige uma finalidade especial de agir. Nem toda violência ou grave ameaça empregada logo depois de subtraída a coisa configurará o crime de roubo impróprio. É preciso que seja empregada com o fim de assegurar a impunidade do crime ou a detenção da coisa para si ou para terceiro. Se o agente, logo depois de subtraída a coisa, ao empreender fuga, depara-se com seu inimigo que, coincidentemente, passeava pela rua, e aproveita-se dessa circunstância para feri-lo, não há falar em roubo impróprio, mas em crime de furto em concurso material com um dos crimes contra a pessoa, pois o dolo do agente era o de lesionar ou matar o seu inimigo por vingança e não o de assegurar a impunidade do crime ou a detenção da coisa.

- **Momento consumativo e tentativa:** a consumação do crime ocorre no momento em que, após a retirada do bem, emprega-se a violência ou grave ameaça contra os perseguidores. Se o sujeito não empregar a violência ou grave ameaça contra a pessoa, há furto tentado ou consumado. Assim, temos duas hipóteses: (i) o sujeito, após a retirada do bem, emprega violência ou grave ameaça contra a pessoa, e há a consumação do

431. Nesse sentido, E. Magalhães Noronha, *Direito penal*, cit., v. 2, p. 247.

crime de roubo impróprio; (ii) o sujeito, após a retirada do bem, não emprega violência ou grave ameaça contra a pessoa, e há somente a consumação do crime tentado ou consumado de furto. Por essa razão, não há como, no caso, falar em tentativa de roubo impróprio. Esse é entendimento dominante na doutrina e jurisprudência[432].

– E se o agente não conseguir apoderar-se da *res* por ter sido surpreendido por terceiros, mas vem a empregar violência ou grave ameaça contra eles para assegurar a sua fuga? Há no caso o crime de furto na forma tentada, em concurso material com o crime contra a pessoa, uma vez que a violência ou grave ameaça devem ser empregadas após a efetiva subtração da coisa para que se configure o roubo impróprio. No caso, a subtração não se consumou. Diferente é o caso do agente que, tendo consumado a subtração, tenta empregar violência ou grave ameaça para assegurar a posse da coisa ou a impunidade do crime, mas é impedido por terceiros. Aqui, há tentativa de roubo impróprio[433].

8.3. Causas especiais de aumento de pena (roubo qualificado) – art. 157, § 2º, § 2º-A e § 2º-B

As agravantes previstas nos §§ 2º, II a VII, 2º-A, I a II, e § 2º-B, do art. 157 são erroneamente denominadas "qualificadoras". Não é correto o emprego desse termo, pois, tecnicamente, trata-se de causa especial de aumento de pena, a incidir na terceira fase de aplicação da pena. E, consoante a Súmula 443 do STJ: "O aumento na terceira fase de aplicação da pena no crime de roubo circunstanciado exige fundamentação concreta, não sendo suficiente para a sua exasperação a mera indicação do número de majorantes".

(i) Concurso de duas ou mais pessoas (§ 2º, inciso II): incidem aqui os mesmos comentários relativos ao crime de furto qualificado. Para uma corrente, apoiada por Nélson Hungria, é necessária a presença *in loco* dos concorrentes, ou seja, a cooperação deles na fase *executiva* do crime. Acrescenta o autor que as várias pessoas devem estar reunidas e presentes junto à vítima, embora nem todas cooperem materialmente na violência[434]. O mandante do crime ou aquele que empresta o veículo para a prática delitiva não pode ser computado no número mínimo configurador do concurso de agentes, pois tais coagentes não estão presentes junto à vítima. Para outra corrente, compartilhada por Damásio e Mirabete, incide a majorante ainda que os agentes não realizem os atos executórios, bem como não se encontrem no local do crime.

Nosso entendimento: concordamos com a segunda posição.

Assim, incide a causa de aumento de pena se um agente planeja o crime, outro empresta o carro, outro apreende os bens, outro emprega violência, e outro faz a vigilância

432. Nélson Hungria, *Comentários*, cit., v. VII, p. 61 e 62; E. Magalhães Noronha, *Direito penal*, cit., p. 248; Damásio E. de Jesus, *Código Penal anotado*, cit., p. 559.

433. Nesse sentido, Julio Fabbrini Mirabete, *Manual*, cit., v. 2, p. 239.

434. Nélson Hungria, *Comentários*, cit., v. VII, p. 46 e 58; Celso Delmanto e outros, *Código Penal comentado*, cit., p. 318.

do local. Argumenta-se que a lei se refere ao "concurso de duas ou mais pessoas", o que abrange tanto a coautoria como a participação. Argumenta-se também que a lei não se refere à execução do crime como o fez no art. 146, § 1º[435].

Aplicam-se aqui os comentários sobre o crime de furto qualificado no tocante às seguintes questões: (i) coagente inimputável e art. 244-B do Estatuto da Criança e do Adolescente; (ii) associação criminosa e roubo majorado pelo concurso de pessoas, concurso material, ocorrência ou não de *bis in idem*; (iii) absolvição do coautor.

(ii) Transporte de valores (§ 2º, inciso III): a pena é agravada se a vítima, regra geral por dever de ofício (caixeiro viajante, empresa de segurança especialmente contratada para o transporte de valores), realiza serviço de transporte de valores (dinheiro, joia etc.). O sujeito ativo deve ter consciência de que a vítima está em serviço de transporte de valores. Exige-se que a finalidade do transporte seja a condução de valores de uma localidade para outra. Tal não ocorre, por exemplo, no caso de roubo de valores recebidos diariamente pelo motorista de táxi, pois este não se encontra na condição de prestador de serviço de transporte de valores.

(iii) Roubo de veículo automotor (§ 2º, inciso IV): já tivemos oportunidade de estudá-lo no crime de furto qualificado. Cumpre aqui apenas repisar que, na hipótese de pluralidade de causas de aumento de pena previstas na Parte Especial, o juiz aplicará somente uma, funcionando as demais como circunstâncias agravantes genéricas ou simplesmente judiciais. No entanto, conforme ressalva Damásio E. de Jesus, "o novo tipo surtirá pouco efeito prático, uma vez que esse delito, na maioria das vezes, já terá a pena especialmente agravada pela natureza do instrumento utilizado (arma) ou pela forma de execução (concurso de pessoas), atuando a espécie do objeto material (veículo automotor) e o transporte como meras circunstâncias judiciais, uma vez que não estão descritas no art. 61 do CP, sem a importância que a lei lhes pretendeu emprestar"[436].

(iv) Agente que mantém a vítima em seu poder (§ 2º, inciso V): de acordo com o art. 157, § 2º, inciso V, do Código Penal, a pena aumenta-se de 1/3 até a metade se, no crime de roubo, o agente mantém a vítima em seu poder, restringindo a sua liberdade. Esse inciso objetiva aumentar a reprimenda do chamado "sequestro-relâmpago", modalidade bastante comum na atualidade e que não contava com uma repressão adequada.

Ocorre que, embora tivesse sido a intenção da lei sancionar com maior rigor tal prática, referida causa de aumento não podia ser aplicada ao "sequestro-relâmpago". Isto porque na hipótese em que o ladrão conduzisse a vítima até caixas eletrônicos e a constrangesse a entregar-lhe o cartão magnético e a fornecer-lhe a senha, a fim de sacar o numerário, restaria verificado o crime de extorsão, uma vez que seria imprescindível a atuação do sujeito passivo do ataque patrimonial para a obtenção da vantagem indevida pelo autor. Nesse sentido, leciona Damásio E. de Jesus: "A extorsão se assemelha ao rou-

---

435. Nesse sentido; Damásio E. de Jesus, *Código Penal anotado*, cit., p. 546; Julio Fabbrini Mirabete, *Manual*, cit., v. 2, p. 231.

436. Damásio E. de Jesus, *Código Penal anotado*, cit., p. 567.

bo em face dos meios de execução, que são a violência física e a grave ameaça. Os dois crimes, entretanto, diversificam-se: na extorsão é imprescindível o comportamento do sujeito passivo imediato, enquanto no roubo ele é dispensável. Como se tem entendido, 'na extorsão o agente não pode realizar o escopo útil a que se propôs a não ser passando pelo trâmite de um comportamento da vítima, comportamento esse que pode ser negado sem que o autor possa superar a negativa' (*Julgados do TACrimSP*, 77:264). Assim, no assalto, é irrelevante que a coisa venha a ser entregue pela vítima ('tradição') ao agente ou que este subtraia ('apreensão'). Trata-se de roubo. Constrangido o sujeito passivo, a tradição do bem não pode ser considerada ato livre voluntário, tornando tal ação de nenhuma importância no plano jurídico (*RT*, 718:429). A entrega pode ser dispensada pelo autor do fato. Já no chamado 'sequestro-relâmpago'..., o apoderamento do objeto material depende necessariamente da conduta da vítima, fornecendo ao agente seu cartão magnético bancário e a senha. Sem este comportamento, torna-se impossível a obtenção do proveito ilícito"[437].

Tendo em vista que o fato descrito não configurava o crime de roubo na forma majorada, como ficava a repressão do sequestro, já que o art. 158 não o previa como causa especial de aumento ou qualificadora? Infelizmente, a momentânea privação da liberdade da vítima como meio executório do delito não dava azo à incidência de qualquer majorante, nem podia configurar crime autônomo, pois, em face do princípio da consunção, restava absorvida pela extorsão, como fase normal de sua execução (crime-meio). Diante disso, em que pese a boa intenção do legislador, o "sequestro relâmpago" havia ficado de fora. Restava, no entanto, a punição do sequestro (CP, art. 148), quando praticado depois da extorsão (CP, art. 158), sem que a restrição da liberdade da vítima fosse necessária para a consumação do crime, operando-se, no caso, o concurso material de delitos. Mencione-se que, na hipótese, não era sequer possível falar no delito hediondo de extorsão mediante sequestro (CP, art. 159), pois este pressupunha que a liberdade da vítima fosse condicionada ao pagamento de resgate por terceira pessoa, o que não ocorria no "sequestro relâmpago".

Percebe-se que, infelizmente, a modificação legislativa não teve o condão de surtir os efeitos almejados, pois o sequestro acabou por não constituir circunstância apta a agravar a pena desse delito.

Na tentativa de solucionar o problema, houve o acréscimo do § 3º ao art. 158 do Código Penal, segundo o qual, "Se o crime é cometido mediante a restrição da liberdade da vítima, e essa condição é necessária para a obtenção da vantagem econômica, a pena é de reclusão, de 6 (seis) a 12 (doze) anos, além da multa; se resulta lesão corporal grave ou morte, aplicam-se as penas previstas no art. 159, §§ 2º e 3º, respectivamente".

Portanto, a partir dessa inovação legal, o "sequestro relâmpago" configurará o crime de extorsão na forma qualificada. Sobre o tema, *vide* comentários ao art. 158, § 3º.

Quanto ao roubo, diferentes situações podem apresentar-se[438]:

---

437. Cf. artigo publicado no *Phoenix*, n. 21, Órgão Informativo do Complexo Jurídico Damásio de Jesus, agosto de 2000.

438. Julio Fabbrini Mirabete, *Manual*, cit., v. 2, p. 241; Damásio E. de Jesus, *Código Penal anotado*, cit.,

(i) O sequestro é cometido como meio de execução do roubo ou contra a ação policial: ainda que haja restrição da liberdade por curto período de tempo, incide a majorante. O sequestro é absorvido pelo roubo, porém incide a causa de aumento do inciso V do § 2º do art. 157 do Código Penal. Roubo "qualificado", portanto.

(ii) O sequestro é praticado depois da subtração, sem que a restrição da liberdade da vítima tenha sido empregada para a consumação do crime, mas como forma de facilitar a fuga; ou, de modo geral, em qualquer situação na qual o sequestro seja praticado de modo bem destacado do roubo, isto é, em contextos fáticos distintos: haverá concurso de crimes. Assim, por exemplo, na hipótese em que o agente após se apoderar da *res*, mediante violência ou grave ameaça, ainda mantém a vítima consigo por vários dias, haverá crime autônomo de sequestro em concurso material com o de roubo, sem a incidência da mencionada causa especial de aumento.

→ **Atenção:** o crime previsto no art. 157, § 2º, V, é considerado hediondo, consoante art. 1º, II, *a*, da Lei n. 8.072/90 (Lei de Crimes Hediondos): "São considerados hediondos (...) roubo circunstanciado pela restrição de liberdade da vítima (art. 157, § 2º, inciso V)".

(iii) Roubo de substâncias explosivas ou acessórios (§ 2º, inciso VI): o inciso VI prevê uma nova causa de aumento de pena para o crime de roubo, relativa ao objeto da subtração: "a pena aumenta-se de um terço até a metade: (...) VI – se a subtração for de substância explosiva ou de acessório que, conjunta ou isoladamente, possibilitem sua fabricação, montagem ou emprego". A intenção da legislação é punir com maior rigor a subtração daqueles artefatos em razão da sua própria natureza e finalidade, independentemente de sua utilização. Até porque a realidade tem demonstrado que a finalidade dessa conduta delitiva não é outra senão a sua utilização para a prática de outros crimes, e tal ato pode causar gravíssimos danos à sociedade em um futuro imediato.

(IV) Violência ou grave ameaça exercida com emprego de arma branca (§ 2º, VII): a Lei n. 13.964/2019 acrescentou o inciso VII, prevendo uma nova causa de aumento de pena para o crime de roubo: "a pena aumenta-se de um terço até a metade: (...) VII – se a violência ou grave ameaça é exercida com emprego de arma branca". Arma branca é o instrumento que não foi criado especificamente para ataque ou defesa, mas que é capaz de ofender a integridade física (facão, faca de cozinha, canivete, machado, barra de ferro).

O STJ em sede de REsp, entendeu que, naqueles casos em que se aplica a Lei n. 13.654/2018, é possível a valoração do emprego de arma branca como circunstância judicial desabonadora do crime de roubo: "1. Em razão da *novatio legis in mellius* engendrada pela Lei n. 13.654/2018, o emprego de arma branca, embora não configure mais causa de aumento do crime de roubo, poderá ser utilizado como fundamento para a majoração da pena-base, quando as circunstâncias do caso concreto assim justificarem. 2. O julgador deve fundamentar o novo apenamento ou justificar a não realização do incremento na basilar, nos termos do que dispõe o art. 387, II e III, do CPP. 3. Não cabe a esta Corte Superior a transposição valorativa da circunstância para a primeira fase da dosimetria ou

---

p. 568; Victor Eduardo Rios Gonçalves, *Dos crimes contra o patrimônio*, *Coleção*, cit., v. 9, p. 31.

mesmo compelir que o Tribunal de origem assim o faça, em razão da discricionariedade do julgador ao aplicar a *novatio legis in mellius*. STJ. 3ª Seção. REsp 1921190-MG, rel. Min. Joel Ilan Paciornik, julgado em 25-5-2022 (Recurso Repetitivo – Tema 1110)".

(v) Emprego de arma de fogo (§ 2º-A, inciso I): o fundamento dessa causa de aumento é o poder intimidatório que a arma de fogo exerce sobre a vítima, anulando-lhe a capacidade de resistência. Por essa razão, não importa o poder vulnerante da arma, ou seja, a sua potencialidade lesiva, bastando que ela seja idônea a infundir maior temor na vítima e assim diminuir a sua possibilidade de reação. Trata-se, portanto, de circunstância subjetiva. Assim, a arma de fogo descarregada ou defeituosa ou o simulacro de arma (arma de brinquedo) configuram a majorante em tela, pois o seu manejamento, não obstante a ausência de potencialidade ofensiva, é capaz de aterrorizar a vítima. Pouco importa que outros tipos, como, por exemplo, o dos arts. 14 e 16 da Lei n. 10.826/2003, não considerem como arma a de brinquedo ou a inapta a efetuar disparos. É que, nesse caso, cuida-se de objetividade jurídica diversa. Aqui, o que vale é a idoneidade para assustar, intimidar, fazer o ofendido sentir-se constrangido. Somente não deve incidir a causa de aumento se o simulacro for tão evidente que se torne inidôneo até mesmo para intimidar, aplicando-se, nesse caso, o art. 17 do Código Penal, que trata do crime impossível. Por essa razão, a arma de brinquedo (a arma finta) deveria ser considerada majorante, tanto quanto a real, em face do seu idêntico poder intimidatório. Prevalece o entendimento de que referida causa de aumento de pena tem por fundamento o perigo real que representa à incolumidade física da vítima o emprego de arma. À vista disso, a arma deve ter idoneidade ofensiva, capacidade de colocar em risco a integridade física da vítima. Tal não ocorre com o emprego de arma desmuniciada ou defeituosa ou arma de brinquedo[439].

– **1ª Questão:** Na hipótese em que o agente emprega arma de brinquedo para praticar crime de roubo, ele responderá por qual crime?

Nosso entendimento: arma de brinquedo equipara-se a arma de verdade, para os fins específicos do tipo que define o roubo, já que sua finalidade se restringe à intimidação da vítima, o que é perfeitamente possível fazer com um simulacro. Por essa razão, o autor responderá como incurso no art. 157, § 2º-A, I, do Código Penal.

Atualmente, contudo, prevalece a posição de que o agente responderá pelo roubo na forma simples, tendo em vista a revogação da Súmula 174 do STJ. Nesse sentido, STJ, REsp 1629304/SP e TJ/PE APL 2821025/PE.

– **2ª Questão:** E a simulação de porte de arma constitui a causa especial de aumento de pena? Não, pois não há o emprego de arma. Conforme já estudado, a simulação de porte de arma de fogo é meio idôneo intimidatório capaz de diminuir a resistência da vítima, o que constitui, por si só, a grave ameaça, meio executório do crime de roubo, por exemplo, o agen-

439. Celso Delmanto, *Código Penal comentado*, cit., p. 324; Damásio E. de Jesus, *Código Penal anotado*, cit., p. 562.

te que coloca a mão no bolso da calça ou do casaco fingindo estar armado. Este, inclusive, é o posicionamento do STF, que entende configurado o emprego de arma – causa especial de aumento da pena do roubo –, na utilização de arma de brinquedo, quando o agente simular estar armado, mediante o gesto que aparente portar o revólver sob a camisa.

– 3ª **Questão:** É necessário o manejamento da arma para que se configure a causa de aumento de pena ou basta o seu porte ostensivo? De acordo com o texto legal, exige-se efetivamente o seu emprego, ou seja, que o agente maneje a arma. Não basta o porte ostensivo, pois este serve apenas para configurar a grave ameaça, meio executório do crime de roubo. É necessário que o agente a aponte em direção à vítima ou a engatilhe, de modo a colocar em risco a sua incolumidade física.

– 4ª **Questão:** É necessária a apreensão da arma de fogo e posterior elaboração de laudo pericial para a configuração da causa de aumento de pena? Para a caracterização do crime de roubo simples basta tão somente o relato da vítima ou a prova testemunhal no sentido de que o agente portava arma de fogo, pouco importando a sua eficácia, pois exige-se apenas a prova da grave ameaça. Dúvidas surgem quanto à caracterização da agravante do emprego de arma. Para aqueles que entendem que o roubo será agravado, ainda que a arma não tenha potencialidade lesiva (arma de brinquedo, defeituosa ou desmuniciada), prescinde-se da apreensão da arma de fogo e posterior confecção de laudo pericial para constatação da eficácia do meio empregado, pois não importa para a incidência da causa de aumento de pena se o meio empregado tem ou não poder vulnerante. Desta feita, basta o relato da vítima ou a prova testemunhal para que a majorante incida. Por outro lado, para aqueles que entendem que a majorante somente incidirá se o meio empregado tiver potencialidade ofensiva, é preciso realizar a apreensão da arma de fogo e posterior confecção de laudo pericial, pois, ausente o poder vulnerante dela, afasta-se a causa de aumento de pena. Tal será prescindível se do relato da vítima ou da prova testemunhal for possível concluir que a arma é eficaz, por exemplo, afirmar que o agente efetuou disparos; ou a constatação da presença de buracos de bala na parede da residência ou de cápsulas deflagradas no chão do local do crime.

Nosso entendimento: adotamos a primeira posição.

– 5ª **Questão:** O agente que pratica o crime de roubo mediante emprego de arma de fogo, tendo o porte ilegal desta, responde pelo crime previsto nos arts. 14 ou 16 da Lei n. 10.826/2003? O Estatuto do Desarmamento inseriu entre suas ações nucleares típicas o verbo *empregar* (arts. 14 e 16). O emprego, no caso, não abrange o disparo, na medida em que essa conduta já foi abarcada pelo art. 15 do Estatuto. Ao interpretar o emprego de arma como o próprio disparo, haveria o esvaziamento da conduta típica prevista no art. 15. Deve-se interpretar o emprego como qualquer forma de utilização da arma, com exceção do disparo. Assim, no crime de roubo cometido mediante o emprego de arma de fogo, para cujo porte o agente não possua autorização, sendo o crime consumado, o roubo absorverá o emprego da arma, por força do princípio da consunção. Ocorre que, se o crime contra o patrimônio tiver sido praticado com o emprego de arma de uso *restrito* (art. 16) e ficar na esfera da *tentativa*, a pena mínima do delito previsto no art. 16 (3 anos) será superior ao piso legal do roubo tentado (1 ano, 9 meses e 10 dias). Nessa hipótese também haverá absorção pelo princípio da consunção. Em princípio, como tal artefato foi empregado na tentativa de executar o roubo, o emprego deverá restar absorvido, porque tudo se passou dentro de um mesmo contexto fático, de modo que a conduta integrou o *iter criminis* do delito previsto no art. 157, § 2º, I, c/c o art. 14, II, do Código Penal. Nesse caso, não importa a maior severidade do crime-meio. Embora desproporcional, o agente deverá responder pelo roubo tentado, ficando o emprego da arma de uso restrito absorvido. É estranho. O delito mais grave fica absorvido pelo mais leve. Entretanto, não há outro jeito, pois a finalidade do sujeito ativo era praticar crime contra o patrimônio. Tais problemas derivam da falta de critério do legislador no momento de cominar as penas dos delitos previstos no Estatuto do Desarmamento. Imaginemos um sujeito portando ilegalmente arma de fogo de uso restrito e outro empregando tal arma no cometimento de um roubo tentado. A primeira conduta, a despeito de inequivocamente menos perniciosa, é punida de modo mais rigoroso. Se o mesmo sujeito porta ilegalmente a arma e depois a emprega em um roubo, a melhor solução será o concurso material de crimes. Como antes do roubo, em contexto fático distinto, o agente já perambulava pelas ruas portando a arma de fogo sem licença da autoridade, e, somente depois, em situação bem destacada e distinta, pratica o roubo, deverá responder por ambos os crimes (porte ilegal e roubo tentado ou consumado) em concurso material. Veja-se que os momentos consumativos são diversos, na medida em que a incolumidade pública já havia sido violada muito antes de o roubo ser praticado, pois o agente trazia consigo a arma de fogo pelas ruas, pondo, já aí, em perigo a coletividade. O roubo posterior não nulifica essa lesão ao bem jurídico. Dois crimes em concurso material, portanto.

— 6ª **Questão:** O emprego de arma por apenas um dos coagentes do crime constitui circunstância que se comunica aos demais? Sim, pois trata-se de circunstância objetiva, prescindindo-se, inclusive, da identificação do agente que empregou a arma (STJ, HC 564115/RJ).

O STJ recentemente ratificou tal entendimento: "(...) em relação à exclusão da majorante do emprego de arma de fogo, sob o argumento de que não fora o acusado que fez uso da arma ou de violência para a prática delitiva, o pleito não merece melhor sorte. Em atendimento à teoria monista ou unitária adotada pelo Código Penal, apesar do réu não ter praticado a violência elementar do crime de roubo, conforme o entendimento consagrado por este Superior Tribunal de Justiça, havendo prévia convergência de vontades para a prática de tal delito, as circunstâncias objetivas da prática criminosa comunicam-se ao coautor, mesmo não sendo ele o executor direto do gravame. (AgRg no AREsp n. 2.127.610/SP, relator Ministro Reynaldo Soares da Fonseca, Quinta Turma, julgado em 16-8-2022, *DJe* de 22-8-2022)".

— 7ª **Questão:** É possível a cumulação da majorante do crime de roubo (emprego de arma) com a majorante da associação criminosa (emprego de arma) prevista no parágrafo único do art. 288? Tal cumulação não constituiria *bis in idem*? O crime de associação criminosa constitui crime contra a paz pública. Consuma-se com a associação de três ou mais agentes para o fim de cometer crimes. A pena aumenta-se até a metade se os associados estiverem armados. A partir do momento em que os associados passam a realizar as ações criminosas, consuma-se o crime de associação criminosa, o qual já colocou em risco a paz pública. Dessa forma, ao praticarem o delito de roubo, mediante o emprego de arma, haverá uma nova violação a um novo bem jurídico, agora individual, qual seja, a integridade física da vítima ou de terceiros. Não podemos, assim, dizer que há dupla apenação para um mesmo fato, sendo, portanto, possível cumular as majorantes. O Supremo Tribunal Federal, inclusive, tem-se manifestado no sentido da possibilidade dessa cumulação. O STJ também partilha desse entendimento (STJ, AgRg no HC 470629/MS[440]).

> → **Atenção:** com o advento da Lei n. 13.964/2019, o crime previsto no art. 157, § 2º-A, I, passou a ser crime hediondo, consoante art. 1º, II, *b*, da Lei n. 8.072/90 (Lei de Crimes Hediondos): "São considerados hediondos (...) roubo circunstanciado pelo emprego de arma de fogo (art. 157, § 2º-A, inciso I)".

(vi) Destruição ou rompimento de obstáculo mediante o emprego de explosivo (§ 2º-A, inciso II): esse inciso prevê uma nova causa de aumento de pena relativa ao meio de execução para o crime de roubo: "a pena aumenta-se de dois terços: (...) II – se há destruição ou rompimento de obstáculo mediante o emprego de explosivo ou de artefato análogo que cause perigo comum". Note-se que tal causa de aumento de pena tem incidência mais restrita que a qualificadora do furto (art. 155, § 4º-A), pois esta não requer que o explosivo ou artefato similar provoque destruição ou rompimento de algum tipo de obstáculo, exigência prevista para o roubo. O objetivo desse acréscimo legislativo foi o de combater e punir com maior rigor os roubos praticados com o emprego daqueles artefatos. Tal se justifica pelo potencial lesivo do meio empregado, cujas proporções são imprevisíveis. Veja que, além dos danos materiais causados, a conduta criminosa de subtração com o emprego de explosivo expõe a perigo a vida e a integridade física. Ou seja, os danos podem ser gravíssimos, indo além da esfera patrimonial. No caso do emprego de explosivo, portanto, a causação de perigo comum é presumida pela lei (presunção absoluta), o que não ocorre no caso de roubo mediante emprego de substância análoga, exigindo-se que o perigo seja real e efetivo, o que se infere pela expressão empregada "que cause perigo comum".

De acordo com o anexo III do Decreto n. 10.030/2019, explosivo é "tipo de matéria que, quando iniciada, sofre decomposição muito rápida, com grande liberação de calor e desenvolvimento súbito de pressão"[441]. Para configurar explosivo é imprescindível a aptidão para a destruição (STJ, 6ª T., REsp 1.627.028/SP, j. 21-2-2017). O explosivo comumente utilizado por esses criminosos é a dinamite.

Com relação a destruição e rompimento de obstáculo, *vide* comentários ao crime de furto (art. 155).

> → **Atenção:** de modo equivalente ao que ocorre com o crime de furto qualificado (art. 155, § 4º-A), o agente que empregar explosivo ou artefato análogo para realizar a subtração não responderá pelo crime autônomo de explosão (CP, art. 251).

---

440. Embora o julgado cite em alguns momentos "quadrilha armada", referindo-se à antiga redação do art. 288 do CP, leia-se "associação criminosa".

441. Vale mencionar que o dispositivo legal citado também traz o conceito de acessório explosivo, explosivos de ruptura ou altos explosivos e explosivos primários ou iniciadores.

(vii) Violência ou grave ameaça exercida com emprego de arma de fogo de uso restrito ou proibido (§ 2º-B): a Lei n. 13.964/2019 acrescentou o § 2º-B ao art. 157, prevendo uma nova causa de aumento de pena para o crime de roubo: "Se a violência ou grave ameaça é exercida com emprego de arma de fogo de uso restrito ou proibido, aplica-se em dobro a pena prevista no *caput* deste artigo".

→ **Atenção:** o crime previsto no art. 157, § 2º, V, é considerado hediondo, consoante art. 1º, II, *a*, da Lei n. 8.072/90 (Lei de Crimes Hediondos): "São considerados hediondos (...) roubo circunstanciado pela restrição de liberdade da vítima (art. 157, § 2º, inciso V)".

8.4. Roubo qualificado pela lesão corporal de natureza grave (art. 157, § 3º, I)

Trata-se de crime complexo, resultante da somatória de roubo + lesões graves, estando previsto no § 3º, I, do art. 157, que aumenta a pena máxima para 18 anos: "se da violência resulta lesão corporal grave (...)". Ocorre quando, do emprego de violência física contra a pessoa, com o fim de subtrair a *res*, de assegurar a sua posse ou de garantir a impunidade do crime, decorrem lesões corporais graves. Referido resultado agravador pode derivar de culpa, quando o sujeito emprega a violência sem o intuito de lesionar a vítima com gravidade, mas, por imprudência, exceder-se. Por exemplo: o agente desfere um soco na vítima com o fim de subtrair-lhe o bem, vindo ela a cair, bater a cabeça em uma pedra e sofrer ferimentos graves. Ainda que não tenha querido, nem assumido o risco do evento, responderá o agente culposamente pelo resultado agravador, ou seja, pelo roubo qualificado. Trata-se de hipótese de delito preterdoloso, em que há dolo no fato antecedente (roubo) e culpa no consequente (lesões graves). Não admite tentativa. É que as lesões podem também derivar de dolo, direto ou eventual. Se, por exemplo, o ladrão, para roubar, joga ácido no rosto da vítima, visando provocar-lhe deformidade permanente, não se pode falar em preterdolo, já que a consciência e a vontade estiveram presentes no roubo e nas lesões. Nesse caso, o roubo qualificado admitirá a tentativa (suponha-se que o ácido não tenha atingido o ofendido). Ocorrido esse crime qualificado pelo resultado, não há falar em concurso material entre o roubo e a lesão corporal de natureza grave, mas tão somente na forma qualificada, em face do princípio da consunção, que se aplica aos crimes complexos. Por "lesões graves" devemos entender compreendidas as hipóteses de lesão grave e gravíssima, descritas no art. 129, §§ 1º e 2º, do Código Penal. A lesão leve é absorvida pelo crime de roubo. Pode ser produzida no titular do direito de propriedade ou em terceiro. Note-se que o agravamento da pena se aplica tanto ao roubo próprio quanto ao impróprio. A lesão grave pode ser produzida em pessoa diversa da vítima que sofre a espoliação patrimonial. Conforme nota E. Magalhães Noronha, "nossa lei só considerou a violência (*vis corporalis*) como causa da lesão corporal grave, deixando de lado a ameaça e o outro *meio*, considerados no art. 157, que, sem dúvida, podem produzir lesão corporal de natureza grave, como traumas psíquicos, choques nervosos, cardiopatias e outras enfermidades. Não se houve com coerência, desprezando, no parágrafo, meios considerados no artigo e que também produzem a lesão que ela tem em vista. O fato de a ofensa, nestes casos, atribuir-se mais a título de preterdolo não seria motivo para a omissão"[442]. Na hipótese, haverá o crime de roubo simples em concurso formal com o crime de lesões corporais de natureza grave. Cumpre frisar que a lesão corporal grave deve decorrer do emprego de violência pelo agente para o fim de se apoderar da *res* ou assegurar a sua posse ou garantir a impunidade do crime.

- **Qualificadora do § 3º e a incidência das causas de aumento de pena do § 2º:** as causas de aumento dos §§ 2º, 2º-A e 2º-B, não incidem sobre as formas qualificadas do § 3º, mas tão somente sobre o roubo na sua forma simples. Tal entendimento leva-nos à seguinte situação: (i) se o agente, ao empregar arma de fogo ou explosivo, causar lesão corporal de natureza grave, a pena mínima será de sete anos, sem prejuízo da pena pelo crime de lesão corporal grave ou gravíssima; (ii) se o agente, ao empregar arma de fogo ou explosivo, apenas para atemorizar a vítima, a pena mínima será de seis anos e oito meses (pena mínima de 4 anos — roubo simples + 2/3 do emprego de arma de fogo — § 2º-A, I). A pena prevista para o roubo qualificado por lesões corporais é de reclusão, de 7 a 18 anos, além de multa. Ainda prevalece o entendimento no sentido da inaplicabilidade das causas de aumento de pena às formas qualificadas.
- **Consumação:** consuma-se o crime com a subtração da *res* e a produção das lesões corporais graves.
- **Tentativa:** nas hipóteses em que o roubo qualificado é preterdoloso (o evento mais gravoso decorre de culpa), a tentativa é impossível, já que o resultado agravador não era desejado, não sendo possível ao sujeito tentar produzir um evento que não era querido. Por exemplo, o assaltante golpeia levemente a cabeça do ofendido para intimidá-lo, mas este vem a cair, ferindo-se com gravidade. Não existe tentativa. Ou a vítima sofre efetivamente a lesão corporal de natureza grave e opera-se o resultado agravador, ou sofre apenas lesão leve, caracterizando-se mero roubo, sem a incidência da qualificadora em questão. Já no resultado agravador pretendido a título de dolo, será perfeitamente possível a tentativa, pois o evento mais grave também era visado pelo agente. É o caso do sujeito que desfere um tiro contra a perna da vítima, visando fraturar-lhe o fêmur, errando, no entanto, o alvo. Haverá tentativa de roubo qualificado pela lesão grave, pois a finalidade do autor era produzir a lesão grave, o que não ocorreu por circunstâncias alheias à sua vontade.
- **Roubo qualificado pelas lesões corporais de natureza grave e a Lei dos Crimes Hediondos:** o roubo qualificado pelas lesões corporais de natureza grave, com o advento da Lei n. 13.964/2019, passou a ser crime hediondo, consoante art. 1º, II, *c*, da Lei n. 8.072/90 (Lei de Crimes Hediondos).

8.5. Latrocínio (art. 157, § 3º, II)

O crime de latrocínio está previsto no art. 157, § 3º, II, do Código Penal e ocorre quando, do emprego de violência física contra a pessoa com o fim de subtrair a *res*, ou

---

442. E. Magalhães Noronha, *Direito penal*, cit., v. 2, p. 249.

para assegurar a sua posse ou a impunidade do crime, decorre a morte da vítima. Trata-se de crime complexo, formado pela junção de roubo + homicídio (doloso ou culposo), constituindo uma unidade distinta e autônoma dos crimes que o compõem. Há, assim, um crime contra o patrimônio + um crime contra a vida. Em que pese a presença de crime contra a pessoa, o latrocínio é precipuamente um delito contra o patrimônio, já que a finalidade última do agente é a subtração de bens mediante o emprego de violência, do qual decorre o óbito da vítima ou de terceira pessoa que não o coautor. Pode haver dois sujeitos passivos: um que sofre a espoliação patrimonial e outro que suporta a violência física ocasionadora do óbito (p.ex., a morte do guarda-costas da vítima).

Tratando-se de crime qualificado pelo resultado, a morte da vítima ou de terceiro tanto pode resultar de dolo (o assaltante atira na cabeça da vítima e a mata) quanto de culpa (o agente desfere um golpe contra o rosto do ofendido para feri-lo, vindo, no entanto, a matá-lo). Não se trata, portanto, de infração necessariamente preterdolosa. Só cabe tentativa quando o resultado agravador for perseguido por dolo, pois não se pode tentar algo produzido por acidente.

Mesmo quando houver dolo em relação ao homicídio, responderá o agente pelo roubo qualificado, pois o fim era patrimonial. Não haverá latrocínio, porém, se a morte advier do emprego de grave ameaça, visto que a lei expressamente afirma "se da *violência* resultar (...)". Dessa forma, se a vítima morrer de ataque cardíaco em decorrência da grave ameaça, por exemplo, o emprego de arma de fogo, responderá o agente pelos crimes de roubo em concurso formal com homicídio (se houver dolo ou culpa).

Importa frisar que a morte deve decorrer do emprego de violência pelo agente com o fim de se apoderar da *res* ou assegurar a sua posse ou garantir a impunidade do crime. Se, contudo, a morte advier de motivos outros, como ciúmes, vingança etc., haverá o crime de roubo em concurso com o crime de homicídio. Nesse sentido: "No roubo com resultado morte ("latrocínio"), a violência empregada – da qual deve resultar a morte –, ou se dirige à subtração, ou, após efetivada esta, a assegurar a posse da coisa ou a impunidade do delito patrimonial, que constitui a finalidade da ação. Diversamente, tem-se concurso de homicídio e roubo (ou furto), se a morte da vítima, em razão de animosidade pessoal de um dos agentes (...) foi a finalidade específica da empreitada criminosa (...) – STF, HC 84.217/SP". É que, ausente uma daquelas finalidades contidas na lei, não é possível estabelecer um nexo causal entre o roubo e a morte produzida e, portanto, o crime qualificado pelo resultado.

- **Consumação e tentativa no crime qualificado pelo resultado:** dá-se a consumação com a efetiva subtração da *res* e a morte da vítima. Dúvidas surgem se um dos crimes componentes do latrocínio não se consuma. Obviamente, só se cogita, aqui, do latrocínio em que há dolo quanto ao resultado agravador morte, pois, como vimos, quando a infração é preterdolosa, não há tentativa. Doutrina e jurisprudência convencionaram o seguinte:

  (i) havendo subtração patrimonial consumada e morte consumada, teremos **latrocínio consumado (agora crime hediondo)**;

  (ii) havendo subtração patrimonial consumada e morte tentada, teremos **latrocínio tentado** (art. 157, § 3º, 2ª parte, c/c o art. 14, II);

(iii) havendo subtração tentada e morte consumada, teremos **latrocínio consumado** (Súmula 610 do STF: "Há crime de latrocínio, quando o homicídio se consuma, ainda que não realize o agente a subtração de bens da vítima");

(iv) havendo subtração patrimonial tentada e morte tentada, teremos **latrocínio tentado** (art. 157, § 3º, 2ª parte, c/c o art. 14, II).

O que prevalece, portanto, é a situação *em relação à vida*.

Competência: em que pese o homicídio ser elemento do crime de latrocínio, ele é de competência do juiz singular, e não do Tribunal do Júri. Segundo E. Magalhães Noronha, "a classificação do crime complexo, ao contrário do que se possa pensar, não é feita sempre consoante a importância maior do bem lesado. É antes matéria de política legislativa, como escreve Ranieri: 'é unicamente problema de política legislativa estabelecer qual bem seja prevalente, para o fim de colocação do crime complexo em um título antes que em outro da parte especial do Código Penal'. Em nosso diploma, prevaleceu o delito-fim. Por último, convenha-se que o art. 141, § 28, da Constituição Federal de 1946, o art. 153, § 18, da Constituição Federal de 1967, e o art. 5º, XXXVIII, *d*, da Constituição Federal de 1988, não podem ser interpretados ampliativamente por ser o Júri tribunal especial"[443].

- **Concurso de pessoas:** no roubo praticado com o emprego de arma de fogo, do qual resulte a morte da vítima ou de terceiro, é coautor do latrocínio tanto aquele que somente se apoderou da *res* quanto o comparsa que desferiu tiros contra a pessoa para assegurar a posse da *res* ou a impunidade do crime. Os agentes ao participar do roubo à mão armada assumem os riscos provenientes dessa ação criminosa, de modo que está inserida perfeitamente no desdobramento causal da ação delitiva a produção do evento morte por ocasião da subtração. É que, em se tratando de crime qualificado pelo resultado, incide a regra do art. 19 do Código Penal: "pelo resultado que agrava especialmente a pena, só responde o agente que o houver causado ao menos culposamente". Esse, inclusive, é o posicionamento adotado pelo STJ. Não importa saber qual dos coautores do latrocínio desferiu os tiros, pois todos respondem pelo mesmo fato. É óbvio que eles devem ter conhecimento de que um comparsa traz consigo arma de fogo. Assim, se os coagentes planejam realizar um roubo mediante o emprego de arma de brinquedo, mas um deles leva consigo arma de fogo verdadeira, sem o conhecimento dos demais, a morte produzida por este somente a ele deverá ser imputada, já que incide no caso a regra do art. 29, § 2º: "se algum dos concorrentes quis participar de crime menos grave, ser-lhe-á aplicada a pena deste; essa pena será aumentada até metade, na hipótese de ter sido previsível o resultado mais grave".
- **Pluralidade de vítimas fatais e única subtração patrimonial. Crime único ou concurso de crimes?** No caso de uma única subtração patrimonial e pluralidade de mortes, há um único latrocínio e não concurso de crimes, devendo o número delas ser considerado nos termos do art. 59 do Código Penal; por exemplo: agente que mata a vítima e o vigi-

---

443. E. Magalhães Noronha, *Direito penal*, cit., v. 2, p. 254 e 255.

lante noturno para assegurar a posse da *res*. Isso ocorre porque no crime de latrocínio a morte da vítima ou de terceiro é produzida com o fim de assegurar a posse da *res* ou a impunidade do crime. O homicídio é um meio para a plena realização do roubo. A produção de várias mortes configura a de vários atos executórios realizados tão só com o fim de cometer uma única subtração, ou seja, apenas um crime. Nesse diapasão, considera-se que as várias mortes não desnaturam o crime único de latrocínio[444].

- **Aplicação das causas de aumento de pena do § 2º ao § 3º:** *vide* comentários ao crime de roubo qualificado pelas lesões corporais de natureza grave.
- **Morte do coautor:** se o agente pretendia matar a vítima ou terceira pessoa, mas por erro na execução do crime (*aberratio ictus*) acaba por matar o seu comparsa, há o crime de latrocínio, pois considera-se no caso a pessoa que o agente realmente pretendia atingir.
- **Latrocínio e Lei dos Crimes Hediondos:** a Lei n. 8.072/90 excluiu o termo latrocínio do rol dos crimes hediondos incluindo roubo e suas alíneas, sendo a alínea *c* correspondente a qualificadora pelo resultado lesão corporal grave e morte (art. 157, § 3º, do CP). O preceito sancionatório cominado no inciso II do § 3º do art. 157 do Código Penal tem como mínimo de pena privativa de liberdade 20 anos de reclusão, além da multa. Por se tratar de crime hediondo, incidem as regras do art. 2º da Lei n. 8.072/90: (i) trata-se de crime insuscetível de anistia, graça e indulto (inciso I) e fiança (inciso II); (ii) deverá a pena ser inicialmente cumprida em regime fechado (§ 1º); (iii) a progressão de regime condicionada ao cumprimento de 40% da pena, se primário; 50% da pena, se condenado pela prática de crime hediondo ou equiparado, com resultado morte, se for primário; 60% se reincidente na prática de crime hediondo ou equiparado; 70% se for reincidente em crime hediondo ou equiparado com resultado morte (art. 112 da LEP – com redação dada pela Lei n. 13.964/2019[445]); (iv) em caso de sentença condenatória, o juiz decidirá fundamentadamente se o réu poderá apelar em liberdade (§ 3º); (v) a prisão temporária terá o prazo de 30 dias, prorrogável por igual período em caso de extrema e comprovada necessidade (§ 4º).
- **Homicídio doloso e subsequente furto da vítima:** há decisão do STJ no sentido de que está configurado o crime de latrocínio, ainda que não haja intenção de roubar a vítima se, após o agente matá-la, levar consigo bens a ela pertencentes. Anteriormente, entendia-se que a subtração ocasional, após a consumação do homicídio (o agente não queria matar para roubar, mas realizou a subtração, aproveitando-se de que a vítima já estava morta), caracterizava concurso material entre furto e homicídio doloso. Agora, já há precedente no sentido de que configura latrocínio.
- **Latrocínio no caso de roubo seguido de infarto e morte da vítima:** a Sexta Turma do STJ qualifica como latrocínio, o roubo seguido de morte provocada por infarto da víti-

---

444 Nesse mesmo sentido: STJ. 3ª Seção. AgRg no AREsp 2.119.185-RS, rel. Min. Laurita Vaz, julgado em 13-9-2023.

445. Vale observar que a Lei n. 13.964/2019, além de modificar a redação do art. 112 da LEP, revogou o art. 2º, § 2º, da Lei n. 8.072/90, que tratava da progressão de regime para os crimes hediondos.

ma, quando ocorrido em razão da conduta dos criminosos. Eles invadiram a residência do idoso de 84 anos e o agrediram, amarraram e amordaçaram. O colegiado considerou irrelevantes as condições preexistentes de saúde, que indicaram doença cardíaca. Segundo a relatora, Ministra Laurita Vaz, "*para se imputar o latrocínio, basta que a morte seja causada por conduta meramente culposa, não se exigindo comportamento doloso*" (STJ – HC 704.718/SP, rel. Min. Laurita Vaz, julgado em 16-5-2023). Cumpre observar que a morte por infarto durante o roubo deve necessariamente derivar da violência empregada, para caracterização do latrocínio, e não apenas da grave ameaça, uma vez que o CP é expresso ao exigir que o resultado morte derive da violência empregada no roubo (CP, art. 157, § 3º).

9. CONCURSO DE CRIMES

Vejamos as seguintes hipóteses configuradoras ou não do concurso de crimes, segundo a jurisprudência dominante.

(i) Haverá crime único:

(i) No assalto a várias pessoas, com subtração patrimonial de apenas uma: houve uma só subtração; logo, um só crime contra o patrimônio. Crime único, portanto. Tem-se entendido que a subtração de bens de uma única família constitui crime único e não concurso formal, pois o patrimônio é familiar, portanto, único.

(ii) Na ameaça a uma só pessoa, que detém consigo bens próprios e de terceiros, a jurisprudência tem entendido haver crime único, pois argumenta-se que a posse é o bem juridicamente tutelado, embora o mais correto fosse o concurso formal de crimes, pois, com uma única ação de subtrair mediante violência ou ameaça, foram lesados dois ou mais patrimônios de pessoas diversas.

(iii) Se o agente adentra em uma residência e, mantendo os moradores amarrados, retira alguns objetos e os leva até o esconderijo, e, momentos depois, retorna para retirar o restante da *res*, e assim sucessivamente até se apoderar de todos os objetos lá encontrados, há crime único e não crime continuado, pois ele realizou diversos atos que formam uma única ação criminosa. Trata-se, conforme ensina José Frederico Marques, de um contexto único de conduta que em tantos atos se desdobram. Assinala esse autor: "pode-se falar em unidade de ação sempre que os múltiplos atos realizados pelo agente encontrem um fundo comum de coesão: e esse fundo comum é constituído pela unidade de tempo e lugar"[446].

(ii) Haverá concurso formal e não crime continuado: se em um só contexto o sujeito subtrai bens de várias pessoas, ameaçando-as ou submetendo-as a violência (em agência bancária, ônibus, residência etc.). De acordo com a jurisprudência dominante dos tribunais superiores, trata-se de concurso formal, e não de crime continuado. No concurso formal o agente com uma só ação dá causa a dois ou mais resultados criminosos. A ação pode ser dividida em diversos atos. Se em um único contexto espacial e temporal o

---

446. José Frederico Marques, *Tratado*, cit., v. 2, p. 451.

agente, mediante o emprego de violência ou grave ameaça, retira os bens de diversas vítimas, o que se tem é a unidade de ação e pluralidade de resultados criminosos. Não se trata de continuidade delitiva, pois esta exige a prática de duas ou mais ações criminosas, separadas por um intervalo de tempo. Assim, se um indivíduo assalta um ônibus subtraindo diversos bens de diversas vítimas e após empreender fuga resolve entrar em outro ônibus e realizar novas subtrações, vislumbram-se perfeitamente no caso duas condutas criminosas separadas por um intervalo de tempo. Já no crime formal, em um só contexto fático, o agente mediante uma ação única, desdobrada em diversos atos, acarreta diversas lesões patrimoniais.

(iii) Crime continuado e habitualidade criminosa: é admissível crime continuado entre roubos praticados contra vítimas diferentes. Conforme já decidiu o STJ, não há, entretanto, continuidade delitiva em caso de criminosos habituais que, com reiteração, praticam roubos autônomos contra vítimas diferentes, embora na mesma comarca e em curto espaço de tempo. Nesse sentido, STJ, HC 396030 PR: "a doutrina e a jurisprudência predominantes firmaram-se no sentido de que não se aplica o crime continuado ao criminoso habitual ou profissional, já que o instituto é voltado ao criminoso eventual". Na continuidade delitiva há sucessão circunstancial de crimes; na habitualidade criminosa, sucessão planejada, indiciária do *modus vivendi* do agente.

(iv) Inexistência de continuidade delitiva: sabemos que um dos requisitos configuradores do crime continuado consiste na necessidade de os crimes serem da mesma espécie. Segundo a corrente doutrinária e jurisprudencial dominante, são assim considerados aqueles previstos no mesmo tipo penal, isto é, que possuem elementos descritivos idênticos, abrangendo a forma simples, privilegiada e qualificada, tentada ou consumada. Desta forma, não constituem crimes da mesma espécie: (i) *roubo e extorsão*, pois estão previstos em tipos penais autônomos; (ii) *roubo e furto, idem*; estão previstos em tipos penais autônomos. Na hipótese de roubo e latrocínio, os crimes são da mesma espécie, dado que previstos no mesmo tipo incriminador (CP, art. 157), sendo irrelevante se o delito vem capitulado no *caput* ou em um dos parágrafos. A continuidade delitiva, no entanto, é de difícil configuração, uma vez que não se poderá falar em semelhança no modo de execução desses crimes, requisito também exigido pelo art. 71 do Código Penal. Com efeito, "no roubo ocorrem a subtração e o constrangimento ilegal, enquanto no latrocínio, subtração e a morte da vítima"[447], sendo diversas as formas de execução.

(v) Haverá concurso formal e não concurso material entre roubo e corrupção de menor (art. 244-B do ECA): se o agente induzir menor a participar da atividade criminosa. Com uma só ação o agente dá causa a dois resultados criminosos. Convém frisar, no entanto, que o simples fato de menor participar do crime, por si só, não presume a existência da corrupção, sendo necessária a efetiva demonstração de que tal ocorreu.

---

447. Comentários sobre continuidade delitiva extraídos da nossa obra *Curso de direito penal*, 2020, p. 746.

10. AÇÃO PENAL E PROCEDIMENTO

Trata-se de crime de ação penal pública incondicionada. Com relação ao procedimento, *vide* art. 394 do Código de Processo Penal, que define critério distinto para a determinação do rito processual a ser seguido. A distinção entre os procedimentos ordinário e sumário dar-se-á em função da pena máxima cominada à infração penal e não mais em virtude de esta ser apenada com reclusão ou detenção.

No tocante ao crime de latrocínio, igualmente incidem as regras acima mencionadas, pois a competência para o seu julgamento é do juiz singular e não do Tribunal do Júri, conforme já estudado.

ART. 158 – EXTORSÃO

1. CONCEITO

A definição do crime de extorsão consta do art. 158 do Código Penal: "Constranger alguém, mediante violência ou grave ameaça, e com o intuito de obter para si ou para outrem indevida vantagem econômica, a fazer, tolerar que se faça ou deixar de fazer alguma coisa. Pena: reclusão, de quatro a dez anos, e multa". A característica básica desse crime é que o agente coage a vítima a fazer, não fazer, ou tolerar que se faça algo, mediante o emprego de violência ou grave ameaça. Em suma, estamos diante de uma forma do crime de constrangimento ilegal, acrescida, contudo, de uma finalidade especial do agente, consubstanciada na vontade de auferir vantagem econômica.

2. OBJETOS JURÍDICOS

A extorsão constitui crime contra o patrimônio, portanto tutela-se sobretudo a inviolabilidade patrimonial. Secundariamente objetiva-se a tutela da vida, a integridade física, a tranquilidade e a liberdade pessoal. É que, assim como no crime de roubo, a ofensa à pessoa é o meio executório para o auferimento da vantagem patrimonial (objetivo final). Trata-se de crime complexo. Daí por que, nos moldes do delito de roubo, a extorsão foi classificada como crime patrimonial e não como crime contra a pessoa.

3. OBJETO MATERIAL

O objeto material do crime está contido na expressão "fazer, tolerar que se faça ou deixar de fazer alguma coisa". Assim, não é apenas a coisa móvel que está amparada, como no furto e roubo, mas também a coisa imóvel, pois o agente pode obrigar a vítima a assinar uma escritura pública, por meio da qual ela lhe transfere uma propriedade imóvel. Conforme assinala E. Magalhães Noronha, "pelos próprios dizeres do dispositivo, verifica-se que a *coisa*, aqui, não é empregada no sentido usado nos crimes de roubo e furto, no sentido material de móvel, mas designa tudo aquilo que pode ser objeto de ação ou omissão, da qual resultará proveito indevido para o agente"[448].

4. ELEMENTOS DO TIPO

4.1. Ação nuclear. Meios executórios. Elemento normativo do tipo

Ação nuclear do tipo: a *ação nuclear do tipo* consubstancia-se no verbo *constranger*, que significa coagir, compelir, forçar, *obrigar alguém a fazer* (p.ex., quitar uma dívida não paga), *tolerar que se faça* (p.ex., permitir que o agente rasgue um contrato) ou deixar de fazer alguma coisa (p.ex., obrigar a vítima a não propor ação judicial contra o agente). Há primeiramente a ação de constranger realizada pelo coator, a qual é seguida pela realização ou abstenção de um ato por parte do coagido.

Meios executórios: o constrangimento pode ser exercido mediante o emprego de violência[449] ou grave ameaça, os quais podem atingir tanto o titular do patrimônio quanto pessoa ligada a ele (p.ex., filhos, pai, mãe, esposa etc.). Não se refere a lei ao *emprego de qualquer outro meio*, ao contrário do crime de roubo, de modo que se o constrangimento é realizado mediante o emprego de álcool, substância entorpecente, poderá configurar-se o crime de roubo, estelionato etc. A ameaça é o meio mais comum utilizado pelo agente para constranger a vítima a agir ou se abster de determinado comportamento. Há diversos bens que podem ser visados na ameaça: "a *vida*, a *integridade física*, a *honra*, a *reputação*, o *renome profissional* ou *artístico*, o *crédito comercial*, o *equilíbrio financeiro*, a *tranquilidade pessoal* ou *familiar*, a *paz domiciliar*, a *propriedade de uma empresa*, em suma: todo bem ou interesse cujo sacrifício represente, para o respectivo titular, um mal maior que o prejuízo patrimonial correspondente à vantagem exigida pelo extorsionário"[450]. Assim, a vítima cede à chantagem ante o temor que um bem seu de maior valor seja sacrificado. Não é requisito do crime que o dano da ameaça seja injusto. Assim, na lição de E. Magalhães Noronha, "lembraremos apenas que o dano da ameaça pode não ser, em si, injusto, porém assim se torna, pela injustiça do objetivo do agente. No caso, por exemplo, de quem possui provas inconcussas de crime cometido por alguém e o ameaça de denunciar à Justiça, se ele não lhe pagar determinada soma, haverá extorsão, por ser indevida a vantagem econômica buscada"[451].

Analisando a ação nuclear e os meios executórios do crime de extorsão tem-se a impressão de que estamos diante do crime de constrangimento ilegal. Contudo exige o tipo penal um fim especial do agente, consubstanciado na vontade de obter indevida vantagem econômica, em seu benefício ou de terceiro. Não se trata necessariamente de obtenção de dinheiro, mas de qualquer vantagem patrimonial que beneficie o agente ou terceira pessoa (p.ex., obrigar a vítima a não cobrar dívida de um amigo do agente).

---

448. E. Magalhães Noronha, *Direito penal*, cit., v. 2, p. 259.

449. Quanto à violência física, consulte os comentários ao crime de roubo.

450. Nélson Hungria, *Comentários*, cit., v. VII, p. 69.

451. E. Magalhães Noronha, *Direito penal*, cit., v. 2, p. 262.

Elemento normativo: percebam que o tipo penal contém um *elemento normativo* representado pela expressão "indevida". Indevida é aquela vantagem contrária ao direito. Se for devida, configura-se o crime de exercício arbitrário das próprias razões (CP, art. 345). Assim, se o credor ameaçar o devedor de divulgar fatos difamatórios sobre este caso ele não lhe pague a quantia devida, responderá pelo crime previsto no art. 345, em que pese o emprego da ameaça, pois a vantagem almejada é devida.

4.2. Sujeito ativo

Cuida-se de crime comum; qualquer pessoa pode praticá-lo. Tratando-se de funcionário público, poderá cometer o crime de concussão com a simples exigência de vantagem indevida em razão da função (CP, art. 316). Importa distinguir algumas situações: (i) se o agente é funcionário público e, sem empregar violência ou grave ameaça, exige vantagem indevida em razão dela, pratica concussão; (ii) se o funcionário público, em razão da função, além da exigência indevida, chega a empregar violência ou grave ameaça, haverá extorsão, crime este mais grave, em face dos meios empregados.

4.3. Sujeito passivo

Podem ser sujeitos passivos: (i) aquele que sofre a violência ou grave ameaça; (ii) aquele que faz, deixa de fazer ou tolera que se faça algo; (iii) aquele que sofre o prejuízo econômico.

5. ELEMENTO SUBJETIVO

É o dolo, consubstanciado na vontade de constranger outrem, mediante o emprego de violência ou grave ameaça, a fazer, tolerar que se faça ou deixar de fazer alguma coisa. Além do dolo, é necessário um fim especial de agir, consistente no intuito de obter vantagem econômica. Ausente essa finalidade econômica, o fato pode constituir outro crime, como, por exemplo, o delito de constrangimento ilegal.

6. MOMENTO CONSUMATIVO

Diverge-se na doutrina acerca do momento consumativo do crime de extorsão. Há duas correntes:

(i) A extorsão é crime formal ou de consumação antecipada. Assim se denomina o tipo penal que não exige a produção do resultado para a consumação do crime, embora seja possível a sua ocorrência. Basta que a vítima, constrangida pelo emprego de violência ou grave ameaça, faça, tolere que se faça ou deixe de fazer alguma coisa para que o crime se repute consumado; não se exige a obtenção da indevida vantagem econômica pelo agente. É claro que, por vezes, a ação ou omissão da vítima já importa em prejuízo patrimonial e, por consequência, em vantagem econômica para o agente. É o caso da destruição de documento, em que está consubstanciada a dívida do extorsionário. Há, por outro lado, hipóteses em que a vantagem econômica é obtida posteriormente ao comportamento da vítima. Vejamos o exemplo citado por Hungria: "Suponha-se, *verbi gratia*, que, sob a pressão da carta ameaçadora que lhe enviou o extorsionário, a vítima deposite no lugar determinado a quantia exigida, e que aquele, intercorrentemente preso por outro crime, não alcança apoderar-se do dinheiro, que vem a ser recuperado pela vítima no mesmo lugar em que o deixara; tem-se de reconhecer, não obstante o insucesso final do agente, que a extorsão se consumou"[452]. Da mesma forma, se a vítima deposita o dinheiro no local assinalado pelo agente, mas, concomitantemente, denuncia o fato à autoridade policial, que vem a flagrá-lo no momento em que ele se apodera da quantia, haverá crime consumado, e não tentado, pois o crime se perfez em momento anterior, qual seja, no instante em que a vítima atendeu à exigência do agente. Esse é o entendimento que prevalece na doutrina. Nesse mesmo sentido o Superior Tribunal de Justiça editou a Súmula 96: "O crime de extorsão consuma-se independentemente de obtenção da vantagem indevida".

(ii) A extorsão é crime material. Consuma-se com a produção do resultado — a obtenção da indevida vantagem econômica[453].

> **Nosso entendimento:** esta posição é minoritária e vencida. A primeira posição é a mais correta, pois o verbo do tipo não é *obter* vantagem econômica, mas *constranger* a vítima com essa finalidade. A obtenção da vantagem indevida, por isso, constitui mero exaurimento do crime.

7. TENTATIVA

É possível. Mesmo para quem entende ser a extorsão crime formal (posição tecnicamente mais correta), essa qualidade não impede a incidência da tentativa. Explica-se: a extorsão é crime formal e plurissubsistente, e, assim, comporta um *iter* que pode ser obstado por circunstâncias alheias à vontade do agente. Desse modo, haverá tentativa se a vítima, constrangida pelo emprego da violência ou grave ameaça, não realizar o comportamento ativo ou omissivo por circunstâncias alheias à vontade do agente. Exige-se para a configuração da tentativa que o meio coativo empregado seja idôneo a intimidar, a constranger a vítima, de modo a levá-la à realização do comportamento almejado pelo agente. Se inidôneo, nem sequer se poderá falar em tentativa. Diz-se idôneo o meio, conforme Hungria, "quando seja capaz de intimidar o *homo medius*, o homem comum. Se o meio se apresenta, razoavelmente ou segundo *id quod plerumque accidit*, adequado ao fim a que visa o agente, não deixa de ser considerado como tal quando, no caso concreto, não logre êxito, em razão de excepcional resistência ou bravata da vítima ou outra circunstância alheia à vontade do agente. Assim, no caso de ameaça que, de regra ou segundo *soepius fit*, se reconheça eficiente, mas acontecendo que o ameaçado vence o temor inspirado e deixa de atender à imposição quanto ao *facere*, *pati* ou *omittere*, preferindo arros-

---

452. Nélson Hungria, *Comentários*, cit., v. VII, p. 76; Celso Delmanto e outros, *Código Penal comentado*, cit., p. 330; Damásio E. de Jesus, *Código Penal anotado*, cit., p. 576; Julio Fabbrini Mirabete, *Manual*, cit., v. 2, p. 249.

453. E. Magalhães Noronha, *Direito penal*, cit., v. 2, p. 263.

tar o perigo ou solicitar, confiantemente, a intervenção policial, é inquestionável a tentativa de extorsão"[454]. Também haverá tentativa se, praticada a violência ou grave ameaça, a vítima não realizar o comportamento exigido pelo sujeito ativo.

8. FORMAS

8.1. Simples (art. 158, *caput*)

Está prevista no *caput* (pena – reclusão, de 4 a 10 anos, e multa).

8.2. Causa especial de aumento de pena (art. 158, § 1º)

Está prevista no § 1º. É também conhecida como qualificadora, embora tecnicamente se trate de causa especial de aumento de pena (que é elevada de 1/3 até metade). Assim, essa circunstância é impropriamente denominada extorsão "qualificada". Vejamos.

(i) Cometimento do crime por duas ou mais pessoas: aqui a lei fala em cometimento, não em concurso, sendo indispensável, pois, que os coagentes pratiquem atos executórios do crime, ou seja, constranjam a vítima, mediante o emprego de violência ou grave ameaça. Desse modo, não se configurará essa majorante se um dos agentes se limitar a realizar vigília para que o seu comparsa realize a extorsão. Exige-se, portanto, a coautoria e não a mera participação. Não se deve confundir essa majorante com a prevista no crime de roubo e furto, pois os arts. 155, § 4º, IV, e 157, § 2º, II, preveem o concurso de pessoas, que abrange a coautoria e a participação, ao contrário da majorante em estudo[455].

(ii) Ou com emprego de arma: cuida-se aqui das chamadas armas próprias, ou seja, dos instrumentos especificamente criados para ataque ou defesa (arma de fogo: pistolas, revólveres; arma branca: estilete; explosivos: bombas), e impróprias, isto é, os instrumentos que não foram criados especificamente para aquela finalidade, mas são capazes de ofender a integridade física (facão, faca de cozinha, canivete, machado, barra de ferro). O fundamento dessa majorante é o poder intimidatório que a arma exerce sobre a vítima, anulando-lhe a capacidade de resistência. Por essa razão, não importa o poder vulnerante da arma, ou seja, a sua potencialidade lesiva, bastando que ela seja idônea a infundir maior temor na vítima e assim diminuir a sua possibilidade de reação. Trata-se, portanto, de circunstância subjetiva. Assim, a arma de fogo descarregada ou defeituosa ou o simulacro de arma (arma de brinquedo) configuram a majorante em tela, pois o seu manejamento, não obstante a ausência de potencialidade ofensiva, é capaz de aterrorizar a vítima. Pouco importa que outros tipos, como, por exemplo, o dos arts. 14 e 16 da Lei n. 10.826/2003, não considerem como arma a de brinquedo ou a inapta a efetuar disparos. É que, nesse caso, cuida-se de objetividade jurídica diversa. Aqui, o que vale é a idoneidade para assustar, intimidar, fazer o ofendido sentir-se constrangido. Somente não deve incidir a causa de aumento se o si-

454. Nélson Hungria, *Comentários*, cit., p. 77 e 78.
455. No mesmo sentido, Julio Fabbrini Mirabete, *Manual*, cit., v. 2, p. 250.

mulacro for tão evidente que se torne inidôneo até mesmo para intimidar, aplicando-se, nesse caso, o art. 17 do Código Penal, que trata do crime impossível. Por essa razão, a arma de brinquedo (a arma finta) deveria ser considerada majorante, tanto quanto a real, em face do seu idêntico poder intimidatório. Prevaleceu, portanto, o entendimento de que referida causa de aumento de pena tem por fundamento o perigo real que representa à incolumidade física da vítima o emprego de arma. À vista disso, a arma deve ter idoneidade ofensiva, capacidade de colocar em risco a integridade física da vítima. Tal não ocorre com o emprego de arma desmuniciada ou defeituosa ou arma de brinquedo[456].

No mais, aplicam-se aqui os demais comentários ao crime de roubo majorado pelo emprego de arma de fogo (art. 157, § 2º-A, I).

→ **Atenção:** recentemente o STJ firmou entendimento pela possibilidade da incidência do § 1º tanto para a extorsão prevista no *caput* quanto para a extorsão qualificada pela restrição da liberdade (REsp 1.353.693/RS, *Informativo n. 590*).

8.3. Qualificada (art. 158, § 2º)

A extorsão qualificada está prevista no § 2º. De acordo com esse parágrafo, aplica-se a ela o disposto no § 3º do art. 157, ou seja, o mesmo preceito sancionatório. Trata-se, efetivamente, de qualificadora, já que o dispositivo cuida de situações que elevam os limites da pena de extorsão em razão de seu resultado (a pena passa a ser de 7 a 18 anos de reclusão, se resultar lesão corporal grave e permanece de 20 a 30 anos, se houver morte).

O crime de extorsão com morte da vítima, assim como o latrocínio, é da competência do juiz singular, e não do Tribunal do Júri.

Para melhor compreensão do tema, consulte os comentários ao crime de roubo qualificado.

8.4. Qualificada: "Sequestro relâmpago" (art. 158, § 3º)

Segundo o § 3º ao art. 158 do Código Penal, "Se o crime é cometido mediante a restrição da liberdade da vítima, e essa condição é necessária para a obtenção da vantagem econômica, a pena é de reclusão, de 6 (seis) a 12 (doze) anos, além da multa; se resulta lesão corporal grave ou morte, aplicam-se as penas previstas no art. 159, §§ 2º e 3º, respectivamente".

Portanto, o "sequestro relâmpago", em que o agente restringe a liberdade de locomoção da vítima, conduzindo-a até caixas eletrônicos, a fim de obrigá-la a entregar-lhe o cartão magnético e a fornecer-lhe a senha, para sacar o numerário, configurará o crime de extorsão na forma qualificada (sobre o tema, *vide* comentários ao CP, art. 157, § 2º, V).

Mencione-se que a pena prevista para o sequestro relâmpago é de reclusão, de 6 (seis) a 12 (doze) anos, além da multa, portanto, maior que a estabelecida para o delito de roubo na forma agravada (em decorrência da privação da liberdade da vítima).

---

456. Celso Delmanto, *Código Penal comentado*, cit., p. 324; Damásio E. de Jesus, *Código Penal anotado*, cit., p. 562.

Do mesmo modo, o § 3º do art. 158 determina a incidência das penas previstas no art. 159, §§ 2º e 3º, se do crime resultar lesão corporal grave (reclusão, de 16 a 24 anos) ou morte (24 a 30 anos), portanto, superiores às sanções cominadas no art. 157, § 3º, o qual prescreve que, se da violência resulta lesão corporal grave, a pena é de reclusão, de 7 a 18 anos, além da multa; se resulta morte, a reclusão é de 20 a 30 anos, sem prejuízo da multa. Dessa forma, se um assaltante, por exemplo, obriga um pedestre a adentrar em seu veículo, a fim de que este o leve à sua residência para realizar o roubo, responde pelo aludido delito, nas condições do art. 157, § 3º, caso advenham aqueles resultados agravadores. Se, no entanto, a privação da liberdade de locomoção visa obrigar a vítima a entregar-lhe o cartão magnético e a fornecer-lhe a senha, para sacar o numerário em agências bancárias, responde pela extorsão nas condições do art. 158, § 3º, caso advenham as consequências mais gravosas. A previsão das sanções, nesse contexto, fere o princípio da proporcionalidade das penas, na medida em que, muito embora sejam crimes autônomos, são praticamente idênticos, pois muito se assemelham pelo modo de execução, além de tutelarem idêntico bem jurídico.

→ **Atenção:** com o advento da Lei n. 13.964/2019, o art. 158, § 3º, passou a ser crime hediondo, consoante art. 1º, III, da Lei n. 8.072/90 (Lei dos Crimes Hediondos): "São considerados hediondos (...) extorsão qualificada pela restrição de liberdade da vítima, ocorrência de lesão corporal ou morte (art. 158, § 3º)".

→ **Atenção:** consoante o art. 13-A do Código de Processo Penal, no caso de sequestro relâmpago, o membro do Ministério Público ou delegado de polícia pode requisitar diretamente, de quaisquer órgãos do poder público ou de empresas da iniciativa privada, dados e informações cadastrais da vítima ou de suspeitos.

9. DISTINÇÕES

(i) Extorsão e concussão: neste último crime, o sujeito ativo é funcionário público, e, em razão da função, exige vantagem indevida, a qual a vítima cede, exclusivamente, em virtude do *metus auctoritatis causa*. Não há, assim, o emprego de qualquer violência (física ou grave ameaça) contra a vítima. Contudo nada impede que o funcionário público, ainda que em razão do cargo, pratique o crime de extorsão; basta que constranja a vítima mediante o emprego de violência ou grave ameaça. Vejamos este exemplo: policiais que constrangem a vítima, sob a mira de revólveres e sob ameaça de injusta prisão, a lhes entregar dinheiro. Cometem eles o crime de extorsão, em face do emprego de grave ameaça.

(ii) Extorsão e constrangimento ilegal: como já estudado, a extorsão é uma espécie do gênero "constrangimento ilegal" (CP, art. 146). Se a vantagem almejada for apenas moral, haverá constrangimento ilegal. Trata-se de crime eminentemente subsidiário. Caso o intuito do agente seja auferir vantagem econômica, haverá o crime de extorsão.

(iii) Extorsão e estelionato: o ponto em comum desses dois crimes reside na entrega da coisa ao agente pela própria vítima. Na extorsão, a entrega da coisa se dá mediante o emprego de meios coativos (violência ou grave ameaça); no estelionato, a entrega do bem se dá em virtude de fraude empregada pelo agente, ou seja, por estar iludida, enganada, a vítima faz a entrega voluntariamente. Nada impede que o agente se utilize da fraude e da coação (violência ou grave ameaça) para obtenção da vantagem econômica indevida, configurando-se no caso o crime de extorsão. Nélson Hungria exemplifica: "o agente *finge* de autoridade policial e, sob ameaça de prisão ou de futuro procedimento penal, faz com que o adelo lhe entregue o objeto de valor, a pretexto de se tratar de coisa proveniente de furto, ou lhe dê dinheiro em troca de seu silêncio. A vítima cedeu pela *coação*, embora para a eficácia desta haja contribuído decisivamente um *engano*"[457].

(iv) Extorsão e exercício arbitrário das próprias razões: o crime de extorsão caracteriza-se pela exigência, mediante o emprego de violência ou grave ameaça, de *indevida* vantagem econômica. Se tais meios de coação forem empregados contra a vítima com o intuito de se obter vantagem econômica *devida*, o crime será outro: exercício arbitrário das próprias razões (CP, art. 345). Assim, conforme anteriormente visto, se o credor ameaçar o devedor de divulgar fatos difamatórios sobre este caso ele não lhe pague a quantia devida, responderá pelo crime previsto no art. 345, em que pese o emprego da ameaça, pois a vantagem almejada é devida.

(v) Extorsão e roubo: *o agente que coage a vítima, mediante o emprego de arma de fogo, a entregar-lhe a carteira comete o crime de roubo ou extorsão?* Observe-se que na prática se costuma classificar tal fato como crime de roubo, até porque as penas do crime de extorsão e de roubo são idênticas. Vejamos aqui as correntes doutrinárias que buscam os pontos diferenciais desses dois crimes:

(i) Segundo Hungria, na extorsão a própria vítima entrega o bem para o agente, ao passo que no roubo há subtração, ou seja, o bem é retirado pelo agente, razão pela qual seria tecnicamente mais correto dizer que há na espécie crime de extorsão, pois não houve de fato a subtração, mas a entrega da coisa pela vítima[458].

(ii) Para uma segunda corrente doutrinária, no roubo o mal é iminente e a vantagem contemporânea, ao passo que na extorsão o mal prometido e a vantagem a que se visa são futuros[459].

(iii) Para uma terceira corrente, sustentada por Damásio E. de Jesus, "na extorsão é imprescindível o comportamento da vítima, enquanto no roubo é prescindível. No exemplo do assalto, é irrelevante que a coisa venha a ser entregue pela vítima ao agente ou que este a subtraia. Trata-se de roubo. Constrangido o sujeito passivo, a entrega do bem não pode ser considerada ato livremente voluntário, tornando tal conduta de nenhuma importância no plano jurídico. A entrega pode ser dispensada pelo autor do fato. Já na extorsão o apoderamento do objeto material depende da conduta da vítima. A jurisprudência tem-se manifestado nesse sentido.

Nosso entendimento: concordamos com esta última posição.

457. Nélson Hungria, *Comentários*, cit., v. VII, p. 68.

458. Nélson Hungria, *Comentários*, cit., p. 66; Celso Delmanto e outros, *Código Penal comentado*, cit., p. 330.

459. Carrara apud E. Magalhães Noronha, *Direito penal*, cit., v. 2, p. 266.

10. CONCURSO DE CRIMES

(i) Extorsão. Continuidade delitiva: é possível a caracterização da continuidade delitiva se os vários crimes de extorsão forem praticados contra uma só ou diversas pessoas; basta que estejam presentes os demais requisitos do crime continuado. Há na jurisprudência decisão no sentido de que o pagamento parcelado da vantagem econômica exigida não constitui vários crimes, mas crime único, pois uma única ação foi desmembrada em vários atos.

(ii) Roubo e extorsão. Continuidade delitiva: um dos requisitos para a configuração da continuidade delitiva é que os crimes sejam da mesma espécie. Roubo e extorsão, em que pese constituírem crimes patrimoniais, ou seja, da mesma natureza, não são delitos da mesma espécie, pois não estão previstos no tipo penal diverso; logo, não há falar em continuidade delitiva entre ambos.

(iii) Roubo e extorsão. Concurso material ou crime único? São comuns situações em que o agente rouba a vítima e, em ação subsequente, ainda a obriga a emitir cheque ou a entregar-lhe qualquer outro objeto, por exemplo, cartão de crédito com a respectiva senha. Discute-se se, na hipótese, há concurso material entre roubo e extorsão, ou crime único. Em tais situações é importante lançar mão das distinções entre os crimes acima citados, pois se não atentarmos a elas, consideraremos como crime único ações que tipificam crimes autônomos. Com efeito, tendo em vista a distinção já realizada nos comentários ao delito do art. 157 do Código Penal, o ato de obrigar a vítima a emitir um cheque, ou fornecer o cartão magnético com a respectiva senha, configura crime de extorsão, em face da imprescindibilidade do comportamento do sujeito passivo, pois sem a ação deste é inviável a obtenção da vantagem econômica pelo agente, ao contrário do crime de roubo. Desta feita, não há como conceber a existência de crime único na hipótese supramencionada, mas, sim, de concurso material. Há dois crimes autônomos: roubo dos objetos e extorsão (forçada emissão de cheque ou fornecimento do cartão com a respectiva senha). O Supremo Tribunal Federal inclusive já se manifestou no sentido de que responde por concurso material de delitos o agente que, em uma única oportunidade fática, pratica, mediante ações imediatamente subsequentes, roubo e extorsão. Na mesma linha de precedentes do Pretório Excelso, o Superior Tribunal de Justiça também tem decidido no sentido de que se configuram os crimes de roubo e extorsão, em concurso material, se o agente, após subtrair alguns pertences da vítima, obriga-a a entregar o cartão do banco e fornecer a respectiva senha (STJ, HC 324896/SP).

11. AÇÃO PENAL E PROCEDIMENTO

Trata-se de crime de ação penal pública incondicionada. Com relação ao procedimento, *vide* art. 394 do Código de Processo Penal, que define critério distinto para a determinação do rito processual a ser seguido. A distinção entre os procedimentos ordinário e sumário dar-se-á em função da pena máxima cominada à infração penal e não mais em virtude de esta ser apenada com reclusão ou detenção.

No tocante ao crime de extorsão qualificada pelo resultado morte, igualmente incidem as regras acima mencionadas, pois a competência para o seu julgamento é do juiz singular, e não do Tribunal do Júri, conforme já estudado.

ART. 159 – EXTORSÃO MEDIANTE SEQUESTRO

1. CONCEITO

Contempla o Código Penal no art. 159 mais um crime de extorsão. Cuida-se aqui, contudo, da privação da liberdade da vítima tendo por finalidade a obtenção de vantagem, como condição ou preço do resgate.

2. OBJETO JURÍDICO

Por se tratar de crime complexo, formado pela fusão de dois crimes – sequestro ou cárcere privado e extorsão –, tutela-se a inviolabilidade patrimonial e a liberdade de locomoção, além da integridade física, diante da previsão das formas qualificadas pelo resultado lesão corporal grave ou morte. Em que pese haver ofensa à liberdade pessoal, cuida-se de crime patrimonial, pois o sequestro é crime-meio para obtenção de vantagem patrimonial.

3. ELEMENTO DO TIPO

3.1. Ação nuclear

Consubstancia-se no verbo *sequestrar*, que significa privar a vítima de sua liberdade de locomoção, ainda que por breve espaço de tempo. O objeto material deve ser, necessariamente, pessoa, pois o sequestro de um animal de estimação para extorquir seu dono, por exemplo, configura o delito previsto no art. 158 do Código Penal. A lei não se refere ao cárcere privado, ao contrário do art. 148 do Código Penal; entretanto, segundo a doutrina, o termo "sequestro" tem acepção ampla, compreendendo também o cárcere privado, ou seja, a segregação da vítima em recinto fechado[460]. O que difere o sequestro previsto no art. 148 da extorsão mediante sequestro é que neste último há uma finalidade especial do agente, consubstanciada na vontade de obter, para si ou para outrem, vantagem como condição ou preço do resgate. Embora o tipo fale em "qualquer vantagem", esta deve, necessariamente, ser de natureza econômica, pois se trata de um crime contra o patrimônio. A intenção de se obter essa vantagem não necessita ser anterior ao sequestro; pode ocorrer posteriormente a este. Assim exemplifica E. Magalhães Noronha: "tal é o caso de quem sequestra um inimigo, por qualquer razão – até para se defender – mas exige depois, para restituição à liberdade, lhe seja paga certa quantia"[461]. A vantagem deve ser indevida, pois, do contrário, entende a jurisprudência estar configurado o crime de exercício arbitrário das próprias razões (CP, art. 345) em concurso com o sequestro (CP, art. 148).

---

460. Nesse sentido, Nélson Hungria, *Comentários*, cit., v. VII, p. 72; Damásio E. de Jesus, *Código Penal anotado*, cit., p. 578; Julio Fabbrini Mirabete, *Manual*, cit., v. 2, p. 253.

461. E. Magalhães Noronha, *Direito penal*, cit., v. 2, p. 271.

3.2. Sujeito ativo

Trata-se de crime comum. Qualquer pessoa pode praticá-lo. Sujeito ativo do crime não é apenas aquele que realiza o sequestro da pessoa, mas também o que vigia a vítima no local do crime para que ela não fuja e também aquele que leva a mensagem aos parentes da vítima. Por ser crime formal, é irrelevante a obtenção de vantagem indevida. Se alguém forjar o próprio sequestro para extorquir, por intermédio de terceiros, seus familiares, também comete o crime de extorsão (CP, art. 158).

3.3. Sujeito passivo

São sujeitos passivos tanto a pessoa que sofre a lesão patrimonial como a que é sequestrada. Se a vítima possuir idade menor de 18 anos ou maior de 60, o delito será qualificado (§ 1º).

4. ELEMENTO SUBJETIVO

É o dolo, consistente na vontade livre e consciente de sequestrar a vítima, acrescido da finalidade especial de obter, para si ou para outrem, qualquer vantagem, como condição ou preço do resgate. Se não estiver presente essa finalidade especial, o crime passa a ser outro: sequestro ou cárcere privado (se, p.ex., a intenção for a de se vingar da vítima).

Em que pese a lei se referir a *qualquer vantagem*, somente a vantagem econômica pode ser objeto desse crime (dinheiro, joia, títulos de crédito ou outro documento que tenha algum valor econômico etc.), pois estamos diante de um delito patrimonial[462]. A lei também não diz expressamente se a vantagem almejada é devida ou indevida, ao contrário do crime de extorsão (CP, art. 158). Hungria afirma ser supérflua essa menção "desde que a sua ilegitimidade resulta de ser exigida como preço da cessão de um crime. Se o sequestro visa à obtenção de vantagem *devida*, o crime será o de 'exercício arbitrário das próprias razões' (CP, art. 345) em concurso formal com o de sequestro (art. 148)"[463]. Por exemplo: credor que sequestra o seu devedor como forma de constranger os filhos deste a lhe pagarem a dívida.

A lei se refere à obtenção de qualquer vantagem, *como condição ou preço do resgate*. Segundo Mirabete, "referindo-se a *preço do resgate*, a lei indica a exigência de um valor em dinheiro ou em qualquer utilidade e, ao se referir a *condição*, a qualquer tipo de ação do sujeito passivo que possa conduzir a uma vantagem econômica (assinatura de uma promissória, entrega de um documento etc.)"[464].

---

462. Nesse sentido, E. Magalhães Noronha, *Direito penal*, cit., v. 2, p. 272; Nélson Hungria, *Comentários*, cit., v. VII, p. 72; Julio Fabbrini Mirabete, *Manual*, cit., v. 2, p. 253. Em sentido contrário, Damásio E. de Jesus, *Código Penal anotado*, cit., p. 578, para quem a vantagem pode ser econômica ou não econômica.

463. Nélson Hungria, *Comentários*, cit., v. VII, p. 72. No mesmo sentido, Celso Delmanto e outros, *Código Penal comentado*, cit., p. 333. Em sentido contrário, Damásio E. de Jesus (*Código Penal anotado*, cit., p. 579), para quem a vantagem pode ser devida ou indevida.

464. Julio Fabbrini Mirabete, *Manual*, cit., v. 2, p. 253.

5. MOMENTO CONSUMATIVO

Trata-se de crime formal ou de consumação antecipada, e não material. Dessa forma, o crime se consuma com o sequestro, ou seja, com a privação da liberdade da vítima, independentemente da obtenção da vantagem econômica. Basta comprovar-se a intenção do agente de obter a vantagem como condição ou preço do resgate, o que se faz por intermédio das negociações entre o sequestrador e os parentes da vítima, via telefone, quanto às condições ou preço do resgate; ou então por meio de mensagens escritas enviadas pelos sequestradores. Não comprovada essa intenção, o crime poderá ser outro (sequestro ou cárcere privado etc.). Dessa forma, se o agente não entrar em contato com os parentes da vítima para negociar a condição ou o preço do resgate, é de supor, no caso, que a intenção dele era outra, por exemplo, vingar-se da vítima.

É crime permanente, cujo momento consumativo se prolonga no tempo, enquanto a vítima é mantida no cativeiro A cessação do crime depende única e exclusivamente da vontade do agente. A prisão em flagrante pode ser realizada a qualquer momento, enquanto a vítima ainda se encontra sob o poder dos sequestradores.

6. TENTATIVA

Cuida-se de crime plurissubsistente, portanto a tentativa é perfeitamente possível. Tal ocorre nos mesmos moldes do crime de sequestro. Dessa maneira, se o agente não logra privar a vítima de sua liberdade de locomoção por circunstâncias alheias à sua vontade, provada a sua intenção específica de obter vantagem econômica, haverá o crime de tentativa de extorsão mediante sequestro; por exemplo, no momento em que a vítima está sendo levada para o veículo do sequestrador, este é interceptado pela Polícia, vindo o agente a confessar posteriormente que pretendia com tal ação obter vantagem como condição ou preço do resgate.

7. FORMAS

7.1. Simples (art. 159, *caput*)

Está prevista no *caput*. Trata-se de crime hediondo, nos termos do art. 1º, IV, da Lei n. 8.072/90.

7.2. Qualificadas (art. 159, §§ 1º, 2º e 3º)

Estão previstas nos §§ 1º, 2º e 3º. Trata-se também de crimes hediondos, nos termos do art. 1º, III e IV, da Lei n. 8.072/90.

§ 1º (pena – de 12 a 20 anos):

(i) Sequestro por mais de 24 horas: ao contrário do previsto no art. 148, § 1º, III (se a privação de liberdade no crime de sequestro dura mais de 15 dias), o crime é punido de maneira mais severa se o sequestro dura mais de 24 horas. Contenta-se a lei, portanto, com um prazo menor. Isso se dá em virtude da maior gravosidade do crime de extorsão mediante sequestro. Ressalva Noronha: "Depois, porque, no delito do art. 148, a finalidade do agente é privar a vítima de sua liberdade e, assim, a fixação de prazo exíguo levaria a punir com acréscimo o que é da essência do próprio crime".

(ii) Sequestro de menor de 18 ou maior de 60 anos: de acordo com a teoria da atividade, prevista no art. 4º do CP, a idade da vítima deverá ser considerada no momento da conduta: "Considera-se praticado o crime no momento da ação ou omissão, ainda que outro seja o momento do resultado".

Os agentes devem ter conhecimento sobre a idade da vítima, pois, do contrário, configura erro de tipo (CP, art. 20).

(iii) Sequestro praticado por associação criminosa: trata-se do crime a que se refere o art. 288 do Código Penal, ou seja, a reunião de três ou mais pessoas para o fim de cometer crimes, não se configurando, pois, essa majorante se a reunião for ocasional – especificamente para cometer o crime de extorsão mediante sequestro. Questiona-se sobre a possibilidade de responsabilizar-se o agente pelo crime autônomo de associação criminosa (CP, art. 288) em concurso material com a forma qualificada em estudo. A controvérsia reside em saber se a hipótese configura ou não *bis in idem*. Não há falar em *bis in idem* porque os momentos consumativos e a objetividade jurídica entre tais crimes são totalmente diversos, além do que a figura prevista no art. 288 do Código Penal existe independentemente de algum crime vir a ser praticado pela associação criminosa. Do mesmo modo que não há dupla apenação entre associação para o tráfico (art. 35 da Lei n. 11.343/2006) e o tráfico por ela praticado, aqui também incide a regra do concurso material.

§ 2º Extorsão mediante sequestro, qualificada pela lesão corporal de natureza grave (pena – de 16 a 24 anos)

Trata-se de crime qualificado pelo resultado. O evento posterior agravador tanto pode ter sido ocasionado de forma dolosa quanto culposa. Pode resultar "tanto dos maus-tratos acaso infligidos ao sequestrado quanto da própria natureza ou modo do sequestro"[465]. Conforme entendimento da doutrina, se a vítima desses resultados agravadores não é o próprio sequestrado, mas, sim, terceira pessoa, por exemplo, um segurança da vítima ou a pessoa que estava efetuando o pagamento do resgate[466], haverá o crime de extorsão mediante sequestro na forma simples em concurso com crime contra a pessoa[467].

§ 3º Extorsão mediante sequestro, qualificada pela morte (pena – de 24 a 30 anos)

É a pena mais elevada do Código Penal. Incidem aqui os comentários ao crime de extorsão mediante sequestro, qualificada pela lesão corporal de natureza grave. Desse modo, a morte da vítima deve decorrer dos maus-tratos dispensados ao sequestrado como da natureza ou modo do sequestro.

---

465. Nélson Hungria, *Comentários*, cit., v. VII, p. 74.

466. Cf. exemplo citado por Victor Eduardo Rios Gonçalves, *Dos crimes contra o patrimônio, Coleção*, cit., v. 9, p. 41.

467. Nesse sentido, Julio Fabbrini Mirabete, *Manual*, cit., v. 2, p. 254.

7.3. Causa de diminuição de pena. Delação eficaz ou premiada (art. 159, § 4º)

Está prevista no § 4º: "Se o crime é cometido em concurso, o concorrente que o denunciar à autoridade, facilitando a libertação do sequestrado, terá a sua pena reduzida de um a dois terços".

- **Requisitos para a delação eficaz:** para a aplicação da delação eficaz são necessários os seguintes pressupostos: (i) prática de um crime de extorsão mediante sequestro; (ii) cometido em concurso; (iii) delação feita por um dos coautores ou partícipes à autoridade; (iv) eficácia da delação.

  (i) Liame subjetivo entre os agentes: para aplicação dessa causa de diminuição de pena é necessário que o crime tenha sido cometido em concurso. Se a extorsão mediante sequestro não tiver sido praticada em concurso, por dois ou mais agentes, isto é, não havendo unidade de desígnios entre os autores e partícipes, ainda que haja a delação, a pena não sofrerá qualquer redução. Na hipótese de autoria colateral não há falar em aplicação do benefício, ante a inexistência da unidade de desígnios entre os agentes.

  (ii) A delação deve ser eficaz: a locução "denunciá-lo à autoridade" diz respeito ao delito de extorsão mediante sequestro. No entanto, aquele que simplesmente dá a conhecer a existência do crime, sem indicar dados que permitam a libertação da vítima por ele sequestrada, ainda que coautor ou partícipe, não pode beneficiar-se da delação eficaz. Não confundir delação eficaz com a figura da traição benéfica que está prevista no art. 8º, parágrafo único, da Lei n. 8.072/90, pois na delação o que deve ser levado ao conhecimento da autoridade é o crime de extorsão mediante sequestro. É necessário, portanto: que o coautor ou partícipe delate o crime à autoridade; que a vítima seja libertada; que a delação tenha efetivamente contribuído para a libertação.

  (iii) Libertação do sequestrado: a eficácia da delação consiste na libertação do sequestrado. Para que a denúncia seja tida como eficaz são necessários dois requisitos: a efetiva libertação do ofendido e o nexo causal entre esta e a delação.

- **Autoridade:** para os fins do texto, é todo agente público ou político, com poderes para tomar alguma medida que dê início à persecução penal. Portanto, o delegado de polícia, que pode instaurar o inquérito policial, o promotor de justiça e o juiz de direito, que podem requisitar a sua instauração. A jurisprudência pode vir a incluir outros agentes nesse rol.

- **Critério para redução:** o *quantum* a ser reduzido pelo juiz varia de acordo com a maior ou menor contribuição da delação para a libertação do sequestrado. Quanto maior a contribuição, tanto maior será a redução. Trata-se de causa obrigatória de diminuição de pena. Preenchidos os pressupostos, não pode ser negada pelo juiz. É também circunstância de caráter pessoal, incomunicável aos demais agentes. Cuidando-se de norma de natureza penal, pode retroagir em benefício do agente, para alcançar os crimes de extorsão mediante sequestro cometidos antes da sua entrada em vigor.

- **Binômio:** a delação eficaz tem por base o seguinte binômio: denúncia da extorsão mediante sequestro e libertação do sequestrado.

7.4. Lei de proteção a vítimas e testemunhas ameaçadas, bem como a acusados ou condenados que tenham voluntariamente prestado efetiva colaboração à investigação policial e ao processo criminal (Lei n. 9.807/99)

De acordo com o art. 13 da Lei n. 9.807/99, "poderá o juiz, de ofício ou a requerimento das partes, conceder o perdão judicial e a consequente extinção da punibilidade ao acusado que, sendo primário, tenha colaborado efetiva e voluntariamente com a investigação e o processo criminal, desde que dessa colaboração tenha resultado: I — a identificação dos demais coautores ou partícipes da ação criminosa; II — a localização da vítima com a sua integridade física preservada; III — a recuperação total ou parcial do produto do crime".

Fará jus ao perdão judicial: (i) o acusado que for primário, isto é, que não for reincidente (art. 13, *caput*); (ii) que identificar os demais coautores ou partícipes da ação criminosa (art. 13, I); (iii) que possibilitar a localização da vítima com a sua integridade física preservada (art. 13, II); (iv) que proporcionar a recuperação total ou parcial do produto do crime (art. 13, III); (v) e, ainda, que tiver as circunstâncias do parágrafo único do art. 13 a seu favor ("a concessão do perdão judicial levará em conta a personalidade do beneficiado e a natureza, circunstâncias, gravidade e repercussão social do fato criminoso"). Dessa forma, o acusado por crime de extorsão mediante sequestro que preencher todos os requisitos legais acima apontados poderá ser contemplado com o perdão judicial e não apenas na tímida forma do art. 7º da Lei dos Crimes Hediondos.

Na hipótese do art. 13, o agente deverá, necessariamente, ser primário. O reincidente poderá, no máximo, e desde que preencha os requisitos legais, ser enquadrado no art. 14. A primariedade, no entanto, não confere direito público subjetivo ao perdão judicial, devendo o juiz analisar os antecedentes, a personalidade, a conduta social, a gravidade e as consequências do crime, nos termos do parágrafo único do art. 13 da Lei de Proteção a Testemunhas. Além disso, há necessidade de que a delação tenha eficácia, identificada em um dos incisos do art. 13, os quais não são cumulativos, ficando a critério do juiz conceder o perdão diante da configuração de apenas uma das hipóteses. Não concedendo o perdão, ainda assim restará a possibilidade de redução de pena, com base no art. 14, cuja natureza é residual.

O art. 14, por sua vez, prevê: "O indiciado ou acusado que colaborar voluntariamente com a investigação policial e o processo criminal na identificação dos demais coautores ou partícipes do crime, na localização da vítima com vida e na recuperação total ou parcial do produto do crime, no caso de condenação, terá pena reduzida de um a dois terços". A lei, aqui, não exige a primariedade, tampouco o resultado, bastando a colaboração. Em compensação, os efeitos são bem menos abrangentes, havendo mera diminuição de pena. O art. 14 fica, portanto, previsto de modo residual, ou seja, aplica-se subsidiariamente, desde que não configurada a hipótese do art. 13. Por exemplo: se o criminoso não for primário, ou quando sua cooperação não tiver levado a uma das situações previstas no art. 13, poderá ter incidência o dispositivo em foco.

A delação eficaz prevista nos arts. 13 e 14 da Lei de Proteção a Testemunhas, como se percebe, é mais abrangente do que a prevista no art. 7º da Lei dos Crimes Hediondos, pois a Lei n. 9.807/99, no art. 13, prevê a possibilidade de aplicar o perdão judicial, e não apenas a redução da pena. Além disso, a lei em questão é aplicável genericamente a todos os delitos, hediondos ou não, e não só ao crime de extorsão mediante sequestro praticado em concurso de agentes. Quanto ao art. 14, embora também preveja mera diminuição de pena, sua aplicação não se restringe aos delitos previstos na Lei dos Crimes Hediondos, e não exige efetivo resultado na delação, mas apenas e tão somente a cooperação voluntária do criminoso.

8. A QUESTÃO DA MULTA

A Lei n. 8.072/90, visando a exacerbar a reação penal no que tange aos crimes hediondos, incidiu em enorme erro: omitiu a referência à pena pecuniária. Em razão disso, revogou os preceitos secundários do art. 159 do Código Penal no tocante à multa. Isso é lamentável, pois a cupidez é o móvel principal desse crime. Ocorreu, *in casu*, verdadeira *abolitio poena*, e, como norma penal mais benéfica, a regra, na parte em que aboliu a sanção pecuniária, retroage para alcançar todos os crimes de extorsão mediante sequestro praticados anteriormente, levando à extinção imediata de todos os processos de execução das multas aplicadas a esses delitos.

9. AÇÃO PENAL E PROCEDIMENTO

Trata-se de crime de ação penal pública incondicionada. No tocante ao procedimento, *vide* art. 394 do Código de Processo Penal, que define critério distinto para a determinação do rito processual a ser seguido. A distinção entre os procedimentos ordinário e sumário dar-se-á em função da pena máxima cominada à infração penal e não mais em virtude de esta ser apenada com reclusão ou detenção.

→ **Atenção:** consoante o art. 13-A do Código de Processo Penal, no caso de sequestro relâmpago, o membro do Ministério Público ou delegado de polícia pode requisitar diretamente, de quaisquer órgãos do poder público ou de empresas da iniciativa privada, dados e informações cadastrais da vítima ou de suspeitos.

ART. 160 – EXTORSÃO INDIRETA

1. CONCEITO

Contempla o art. 160 do Código Penal o crime de extorsão indireta, nos seguintes termos: "Exigir ou receber, como garantia de dívida, abusando da situação de alguém, documento que pode dar causa a procedimento criminal contra a vítima ou contra terceiro". Segundo a Exposição de Motivos do Código Penal, "destina-se o novo dispositivo a coibir os torpes e opressivos expedientes a que recorrem, por vezes, os agentes de usura[468], para garantir-se contra o risco do dinheiro mutuado. São bem conhecidos esses

---

468. Segundo Hungria, a Exposição de Motivos, quando se refere ao sujeito ativo da extorsão indireta, está apenas exemplificando, pois, do contrário, seria evidente a sua infidelidade ao irrestrito texto legal (*Comentários*, cit., v. VII, p. 80).

recursos como, por exemplo, o de induzir o necessitado cliente a assinar um contrato simulado de depósito ou a forjar no título de dívida a firma de algum parente abastado, de modo que, não resgatada a dívida no vencimento, ficará o mutuário sob a pressão da ameaça de um processo por apropriação indébita ou falsidade". O agente, portanto, vale-se da situação economicamente mais fraca da vítima, que necessita de auxílio financeiro, para extorquir-lhe garantias ilícitas em troca da prestação econômica, garantias estas que se consubstanciam em documentos que podem dar causa a procedimento criminal contra o devedor, caso este não pague a dívida.

2. OBJETO JURÍDICO

Tutela-se o patrimônio, assim como a liberdade individual, já que a vítima, diante da necessidade econômica, é obrigada a fazer o que a lei não manda.

3. ELEMENTOS DO TIPO

3.1. Ação nuclear

Trata-se de crime de ação múltipla. O tipo penal contém duas ações nucleares: (i) *exigir* – obrigar, reclamar. Aqui a iniciativa parte do sujeito ativo. Ele exige do sujeito passivo, como garantia de dívida, documento que pode dar causa a procedimento criminal. Cuida-se de condição *sine qua non* para fornecer o crédito; ou (ii) *receber* – aqui o agente, como garantia de dívida, aceita o documento fornecido por iniciativa da própria vítima. Esta, não tendo outros meios de obter o crédito, oferece ao agente como garantia da dívida documentos que a incriminem.

A exigência ou recebimento do documento devem ser realizados abusando da situação de alguém, isto é, o sujeito ativo se vale da situação de necessidade da vítima para exigir ou aceitar o documento como garantia de dívida. Na verdade, a vítima se sente coagida a entregar o documento em virtude da própria situação angustiosa em que se encontra, de forma que nem sempre esse estado de coação é produzido pelo sujeito ativo, ao contrário do que sucede nos crimes previstos nos arts. 158 e 159, em que o estado de coação é produzido pela violência, grave ameaça ou sequestro. Daí por que o delito é denominado extorsão indireta. O agente indiretamente se vale da situação angustiosa da vítima para lograr seu objetivo[469].

3.2. Objeto material

É o documento exigido ou recebido como garantia de dívida que possa dar causa a procedimento criminal contra vítima ou terceiro. Consoante ensinamento de Nélson Hungria, trata-se de simulação de corpo de delito: "a vítima, com a formação do documento, presta-se a *fingir* um *corpus delicti* (cheque sem fundos, título de dívida em que se

469. Cf. E. Magalhães Noronha, *Direito penal*, cit., v. 2, p. 278.

falsifique a assinatura de terceiro como emitente, fiador ou avalista, título de depósito imaginário como prova para futura acusação de apropriação indébita, etc.). Não há, por parte da vítima, o *animus delinquendi*, senão, exclusivamente, o propósito de, à falta de outra garantia, colocar nas mãos do credor uma espécie de *espada de Dâmocles* contra si próprio, no caso em que a dívida não seja paga no vencimento"[470].

Ressalve-se que para a configuração do crime em tela não se exige que o procedimento criminal contra a vítima seja efetivamente instaurado. Basta tão somente que o documento tenha potencialidade para tanto. Em decorrência disso, diverge a jurisprudência quanto à configuração ou não do crime em tela no caso em que, com o conhecimento do credor, o devedor emite cheque sem suficiente provisão de fundos (CP, art. 171, § 2º, VI) como garantia de dívida. A discussão reside no fato de que, para uma posição jurisprudencial majoritária, o cheque emitido como garantia de dívida não constitui o crime de estelionato e, portanto, não pode dar causa a procedimento criminal contra o emitente. Em que pese esse posicionamento, prevalece o entendimento no sentido de que basta a simples possibilidade em abstrato de se instaurar processo criminal contra o devedor para que se configure o crime em questão, pouco importando que aquele não venha a ser condenado[471]. Ainda, se o devedor, compelido ou não, emite cheque em branco assinado, deixando nas mãos do credor a possibilidade de preenchê-lo como se cheque emitido fosse e, portanto, caracterizando-se ordem de pagamento à vista, configura-se o crime em tela.

3.3. Sujeito ativo

É quem exige ou recebe o documento como garantia de dívida.

3.4. Sujeito passivo

É a pessoa que cede à exigência do agente ou oferece o documento como garantia de dívida. De forma secundária, pode também ser vítima terceira pessoa contra a qual pode ser instaurado procedimento criminal, conforme expressa disposição da lei, pois o documento entregue pelo devedor ao credor pode ferir direitos de terceiros.

4. ELEMENTO SUBJETIVO

É o dolo, consistente na vontade de exigir ou receber documento que pode dar causa a procedimento criminal. Exige-se também o elemento subjetivo do tipo, consistente no fim específico de obter o documento como garantia de dívida (o chamado dolo de aproveitamento).

---

470. Nélson Hungria, *Comentários*, cit., v. VII, p. 81.

471. Nesse sentido, Nélson Hungria, *Comentários*, cit., v. VII, p. 81; E. Magalhães Noronha, *Direito penal*, cit., v. 2, p. 280; Julio Fabbrini Mirabete, *Manual*, cit., v. 2, p. 257; Damásio E. de Jesus, *Código Penal anotado*, cit., p. 582.

5. MOMENTO CONSUMATIVO

Na modalidade *exigir*, trata-se de crime formal; logo, consuma-se com a simples exigência do documento como garantia de dívida. Na modalidade *receber*, o crime é material, portanto, consuma-se com o efetivo recebimento do documento pelo sujeito ativo.

Conforme já havíamos dito, não se exige que o procedimento criminal seja efetivamente instaurado contra o devedor para que se opere a consumação do crime.

6. TENTATIVA

Na modalidade *exigir*, a tentativa somente será possível se a exigência for realizada por escrito e não chegar ao conhecimento da vítima por circunstâncias alheias à vontade do agente. Na modalidade *receber*, a tentativa é perfeitamente possível.

7. CONCURSO DE CRIMES

(i) Extorsão indireta e denunciação caluniosa: o crime de extorsão indireta consuma-se independentemente de ser dado início ao procedimento criminal contra a vítima (devedor) e, no momento em que este é iniciado, outro crime se configura, qual seja, o de denunciação caluniosa. Ambos os delitos atingem objetividades jurídicas diversas. O primeiro constitui crime contra o patrimônio, ao passo que o segundo, crime contra a administração da justiça. Daí por que o delito de denunciação caluniosa não pode ser considerado *post factum* impunível. Concluímos, assim, que haverá concurso material entre os crimes em tela na hipótese em que o credor, na posse do documento que garanta a sua dívida, der causa ao procedimento criminal contra o devedor[472].

(ii) Extorsão indireta e crime de usura (art. 4º da Lei n. 1.521/51): prevalece o entendimento no sentido de que o crime de usura absorve a extorsão indireta.

8. AÇÃO PENAL. PROCEDIMENTO. LEI DOS JUIZADOS ESPECIAIS CRIMINAIS

Trata-se de crime de ação penal pública incondicionada. Com relação ao procedimento, *vide* art. 394 do Código de Processo Penal, que define critério distinto para a determinação do rito processual a ser seguido. A distinção entre os procedimentos ordinário e sumário dar-se-á em função da pena máxima cominada à infração penal e não mais em virtude de esta ser apenada com reclusão ou detenção.

É perfeitamente cabível a suspensão condicional do processo, de acordo com o art. 89 da Lei n. 9.099/95 em face da pena mínima prevista: reclusão, de 1 a 3 anos, e multa. Por ser infração cometida sem violência ou grave ameaça contra a pessoa, admite-se a substituição da pena privativa de liberdade por pena alternativa (CP, art. 44). Permite-se, ainda, a suspensão condicional da pena, desde que preenchidas as exigências contidas nos arts. 77 e seguintes do Código Penal.

---

472. Em sentido contrário, Julio Fabbrini Mirabete, *Manual*, cit., v. 2, p. 258.

Capítulo III
DA USURPAÇÃO

ART. 161, *CAPUT* - ALTERAÇÃO DE LIMITES

1. CONCEITO

No capítulo referente à usurpação, concentram-se crimes que, em sua maioria, destinam-se a proteger a propriedade imóvel, ao contrário dos delitos de roubo e furto, cuja proteção abarca a propriedade móvel. Dentre os crimes previstos no presente capítulo temos o de *alteração de limites*, cujo teor é o seguinte "Suprimir ou deslocar tapume, marco ou qualquer outro sinal indicativo de linha divisória, para apropriar-se, no todo ou em parte, de coisa imóvel alheia". Pena: detenção de 1 a 6 meses, e multa.

2. OBJETO JURÍDICO

Tutela-se de forma direta a posse, e indireta, a propriedade dos bens imóveis.

3. ELEMENTOS DO TIPO

3.1. Ação nuclear

A ação nuclear típica está consubstanciada em dois verbos: (i) suprimir – fazer desaparecer, eliminar; ou (ii) deslocar – transferir para outro local. A alteração da linha divisória da propriedade tanto pode ser total quanto parcial.

3.2. Objeto material

Constituem objetos materiais do crime em tela: (i) o tapume – pela definição do art. 1.297, § 1º, do Código Civil são as sebes vivas, as cercas de arame ou de madeira, as valas ou banquetes, ou quaisquer outros meios de separação dos terrenos...; (ii) o marco – conforme definição de Hungria, é toda coisa corpórea (pedras, piquetes, postes, árvores, tocos de madeira, padrões etc.) que, artificialmente colocada ou naturalmente existente em pontos da linha divisória de imóveis, serve, também, ao fim de atestá-la permanentemente (ainda que não perpetuamente)[473]; ou (iii) qualquer outro sinal indicativo de linha divisória – trata-se de cláusula genérica, e compreende todo sinal que sirva para assinalar os limites entre dois imóveis (p.ex., fossos, valetas, cursos d'água etc.).

---

473. Nélson Hungria, *Comentários*, cit., v. VII, p. 86.

3.3. Sujeito ativo

Aquele que suprime ou desloca o tapume, marco ou qualquer outro sinal indicativo da linha divisória. Apenas o confinante do imóvel pode praticar o delito em tela? E. Magalhães Noronha, com razão, sustenta não se tratar de crime de vizinho ou confinante, pois, fazendo menção ao ensinamento de Crivellari, "o futuro comprador de um imóvel pode suprimir ou deslocar sinais da linha divisória para que, mais tarde, venha a obter, pelo preço ajustado, área maior que possa explorar ou desfrutar"[474]. Desse entendimento não compactua Nélson Hungria, para quem a "possibilidade de usurpação subordinada à futura aquisição de imóvel vizinho é uma possibilidade condicionada, incompatível com o crime de alteração de limites"[475]. E o condômino? Pode ser sujeito ativo do crime em estudo? Mais uma vez, segundo Noronha, no condomínio *pro diviso*, em que há somente indivisão de direito, mas não de fato, é possível que o condômino remova marcos e tapumes e obtenha, ainda que provisoriamente, a posse da parte usurpada[476]. Em contrapartida, no condomínio *pro indiviso*, o crime é impossível (CP, art. 17), em razão da absoluta impropriedade do objeto material, uma vez que o imóvel é de posse de todos os condôminos, sem qualquer divisão de posse e de direitos. Finalmente, o possuidor do bem também pode figurar como sujeito ativo.

3.4. Sujeito passivo

É o proprietário ou possuidor do bem imóvel cujos limites foram alterados.

4. ELEMENTO SUBJETIVO

É o dolo, consubstanciado na vontade livre e consciente de alterar os sinais divisórios da propriedade imóvel. Exige-se também o elemento subjetivo do tipo, qual seja, a intenção de apropriar-se, no todo ou em parte, de coisa alheia móvel, sendo necessário que o agente tenha a intenção de apossar-se da propriedade imóvel para seu uso e fruição. Ausente essa intenção específica, o crime poderá ser outro: dano (CP, art. 163), exercício arbitrário das próprias razões (CP, art. 345), fraude processual (CP, art. 347).

5. MOMENTO CONSUMATIVO

Consuma-se com a supressão ou deslocamento de tapume, marco ou qualquer outro sinal divisório, ou seja, contenta-se a lei com a simples alteração dos limites, desde que comprovada a intenção de o agente apropriar-se do bem. Não é necessária, portanto, a efetiva apropriação do bem, o efetivo apossamento da propriedade. Trata-se de crime formal.

---

474. E. Magalhães Noronha, *Direito penal*, cit., v. 2, p. 284.
475. Nélson Hungria, *Comentários*, cit., v. VII, p. 89.
476. E. Magalhães Noronha, *Direito penal*, cit., v. 2, p. 284.

6. TENTATIVA

A tentativa é possível nos casos em que o sujeito ativo é obstado a prosseguir na supressão ou deslocamento do tapume, marco ou qualquer outra linha divisória.

7. CONCURSO DE CRIMES

Haverá concurso material de crimes se o agente empregar violência. É o que dispõe o § 2º do art. 161: "se o agente usa de violência, incorre também na pena a esta cominada". Trata-se, consoante a doutrina, de violência física empregada contra a pessoa da qual decorre lesão corporal ou a morte da vítima. Não abrange, portanto, a violência moral, pois não há expressa referência à grave ameaça. Desta feita, se o agente, ao realizar a alteração de limites entre as propriedades confinantes, deparar-se com o proprietário desta, e contra ele empregar violência, deverá responder em concurso material pelos crimes de lesões corporais e de alteração de limites.

Segundo Hungria, se ao crime de alteração de limites "vem a seguir-se a invasão, com violência a pessoa, ou grave ameaça, ou mediante o concurso de duas ou mais pessoas, o crime a identificar-se é o 'esbulho possessório' (art. 161, § 1º, II), que *absorverá a alteração de limites*".

8. AÇÃO PENAL. LEI DOS JUIZADOS ESPECIAIS CRIMINAIS

Consoante o disposto no § 3º, a ação penal é, via de regra, privada se a propriedade é particular e não há o emprego de violência. Por outro lado, se a propriedade não é particular ou há emprego de violência, a ação penal será pública.

Nos moldes da Lei n. 9.099/95, constitui infração de menor potencial ofensivo, pois a pena máxima prevista é igual a 6 meses (detenção, de 1 a 6 meses, e multa). Se a ação penal for pública, é possível a aplicação da suspensão condicional do processo (art. 89 da Lei n. 9.099/95), uma vez que a pena mínima cominada é inferior a 1 ano. Há, no entanto, diversas decisões do STJ no sentido de que o benefício processual previsto no art. 89 da Lei n. 9.099/95, mediante a aplicação da analogia *in bonam partem*, prevista no art. 3º do Código de Processo Penal, é cabível também nos casos de crimes de ação penal privada.

ART. 161, § 1º, I – USURPAÇÃO DE ÁGUAS

1. CONCEITO

Dispõe o inciso I do § 1º do art. 161: "Na mesma pena incorre quem: I — desvia ou represa, em proveito próprio ou de outrem, águas alheias".

2. OBJETO JURÍDICO

Tutela-se a posse das águas consideradas patrimônio imobiliário.

3. ELEMENTOS DO TIPO

3.1. Ação nuclear

Duas são as ações nucleares típicas: (i) *desviar* – deslocar, alterar, mudar o curso da água; e (ii) *represar* – reprimir, impedir que flua, conter o fluxo da água para a formação de reservatórios etc.

→ **Atenção:** não confundir o crime em comento com a conduta de realizar ligação clandestina com o fim de subtrair água canalizada, pois este configura furto (CP, art. 155).

3.2. Objeto material

É a água alheia, a pertencente a terceiros, corrente ou estagnada, pública ou particular. O Decreto n. 24.643/34 (Código de Águas) define o que se considera água pública ou particular. As águas subterrâneas, ou seja, aquelas que se encontram debaixo da superfície (Código de Águas, art. 96), assim como as águas pluviais, isto é, as que procedem das chuvas (Código de Águas, art. 103), também são objeto material do crime em estudo.

3.3. Sujeito ativo

É aquele que desvia ou represa águas alheias, ou seja, que não lhe pertençam. *O condômino poderá ser sujeito ativo desse crime?* De acordo com Nélson Hungria: "no caso, porém, de águas comuns ou em condomínio, poderá ser sujeito ativo do crime qualquer dos proprietários das terras atravessadas ou banhadas pelas águas ou qualquer dos condôminos, desde que, com o desvio ou represamento, seja impedida a utilização pelos demais proprietários ou condôminos"[477].

3.4. Sujeito passivo

É o proprietário ou possuidor da água desviada ou represada.

4. ELEMENTO SUBJETIVO

É o dolo, consubstanciado na vontade livre e consciente de desviar ou represar as águas alheias. Exige-se também que o agente realize tais ações com a intenção de obter proveito próprio ou alheio. Trata-se do elemento subjetivo do tipo. Ausente essa finalidade específica, o crime poderá ser outro: dano (CP, art. 163); exercício arbitrário das próprias razões (CP, art. 345) etc.

---

477. Nélson Hungria, *Comentários*, cit., v. VII, p. 91.

5. MOMENTO CONSUMATIVO

Consuma-se com o ato de desviar ou represar a água. Não se exige que o agente obtenha o proveito almejado para si ou terceira pessoa. É crime formal.

Segundo Noronha: "trata-se de crime instantâneo, uma vez que a violação jurídica se realiza no instante da consumação e extingue-se com esta. Pode, entretanto, ter *efeitos permanentes*, e também se apresentar como delito permanente toda vez que, para se manter o desvio ou o represamento, tornar-se necessária uma atividade continuada e ininterrupta. Em tal hipótese, cumpre ter presente que a consumação termina, cessada a permanência; porém o delito completa-se no momento em que tem início o desvio ou represamento"[478].

6. TENTATIVA

A tentativa é perfeitamente possível.

7. CONCURSO DE CRIMES

Haverá concurso material de crimes se o agente empregar violência. É o que dispõe o § 2º do art. 161: "se o agente usa de violência, incorre também na pena a esta cominada". Para melhor compreensão do tema, *vide* comentários ao crime do *caput* do art. 161.

Se do desvio ou represamento de águas alheias advier inundação (CP, art. 254), haverá concurso formal entre este crime e o crime de usurpação de águas.

8. AÇÃO PENAL E PROCEDIMENTO

Vide comentários ao *caput* do art. 161, os quais se aplicam aqui.

ART. 161, § 1º, II – ESBULHO POSSESSÓRIO

1. CONCEITO

Prevê o inciso II do § 1º do art. 161: "Na mesma pena incorre quem: II – invade, com violência a pessoa ou grave ameaça, ou mediante concurso de mais de duas pessoas, terreno ou edifício alheio, para o fim de esbulho possessório".

2. OBJETO JURÍDICO

Tutela-se a inviolabilidade patrimonial, sobretudo a posse do bem imóvel. Tutela-se também a integridade física e liberdade da vítima, pois a invasão do imóvel alheio pode

478. E. Magalhães Noronha, *Direito penal*, cit., v. 2, p. 293.

ser realizada mediante o emprego de violência (física ou moral) ou concurso de mais de duas pessoas.

3. ELEMENTOS DO TIPO

3.1. Ação nuclear

Consubstancia-se no verbo *invadir*, isto é, penetrar no terreno ou edifício alheio. Exige a lei que a invasão seja realizada com o emprego de violência (física ou moral) ou mediante o concurso de mais de duas pessoas. Ausente um desses requisitos legais, o crime não se configura. Dessa forma, aquele que penetra no imóvel de forma pacífica não comete o crime em tela.

Na hipótese de concurso de pessoas a lei presume a violência. Exige-se o concurso de mais de duas pessoas. Para Noronha, "pela redação do § 1º – 'Na mesma pena incorre quem... II – invade... mediante concurso de mais de duas pessoas...' – torna-se inquestionável que são quatro as pessoas: uma (*quem*) e três outras (*mais de duas*)"[479]. Para Hungria, o número mínimo é de três agentes[480].

Segundo Mirabete, não é preciso que os quatro agentes participem do ato executivo do crime[481], ou seja, que todos invadam efetivamente o imóvel.

3.2. Objeto material

É o terreno ou edifício alheio, ou seja, não pertencente ao agente.

3.3. Sujeito ativo

É aquele que invade o terreno ou edifício que se encontra legitimamente na posse de terceiro. O proprietário do bem pode ser considerado esbulhador quando invade imóvel seu que se encontra legalmente na posse de terceira pessoa, como no contrato de locação? Não, pois para que se configure o crime o prédio deve ser alheio, ou seja, não deve pertencer ao agente[482]. Quanto ao condômino, este somente pode praticar o crime em tela se o condomínio for *pro diviso*, pois aqui existe indivisão de direito, mas não de fato, ocupando cada condômino parte certa e determinada, sobre a qual exerce a posse[483].

→ **Atenção:** entendemos que a invasão de terras ocasionada por movimentos populares configura o delito em tela.

---

479. E. Magalhães Noronha, *Direito penal*, cit., v. 2, p. 296. No mesmo sentido, Julio Fabbrini Mirabete, *Manual*, cit., v. 2, p. 264; Damásio E. de Jesus, *Código Penal comentado*, cit., p. 585; Victor Eduardo Rios Gonçalves, *Dos crimes contra o patrimônio, Coleção*, cit., v. 9, p. 46.

480. Nélson Hungria, *Comentários*, cit., v. VII, p. 93.

481. Julio Fabbrini Mirabete, *Manual*, cit., v. 2, p. 264.

482. Nesse sentido, Nélson Hungria, *Comentários*, cit., v. VII, p. 92. Em sentido contrário, E. Magalhães Noronha, *Direito penal*, cit., v. 2, p. 295.

483. Nesse sentido, E. Magalhães Noronha, *Direito penal*, cit., v. 2, p. 295.

3.4. Sujeito passivo

É o indivíduo que legitimamente detém a posse do bem imóvel, por exemplo, proprietário, locatário, usufrutuário, arrendatário etc.

4. ELEMENTO SUBJETIVO

É o dolo, consubstanciado na vontade livre e consciente de invadir terreno ou edifício alheio. Além deste, exige a lei uma finalidade específica: "para o fim de esbulho possessório".

5. MOMENTO CONSUMATIVO

Consuma-se o crime com a invasão do terreno ou edifício alheio, mediante o emprego de violência ou o concurso de mais de duas pessoas. Deve-se comprovar que a intenção do agente era o esbulho possessório; do contrário, o crime poderá ser outro, por exemplo, violação de domicílio ou exercício arbitrário das próprias razões.

6. TENTATIVA

É perfeitamente possível; por exemplo, o sujeito tenta invadir um sítio, mas é impedido pelos vizinhos de nele entrar.

7. CONCURSO DE CRIMES

Haverá concurso material de crimes se o agente empregar violência. É o que dispõe o § 2º do art. 161: "se o agente usa de violência, incorre também na pena a esta cominada". A violência, primeiramente, funcionará como elemento constitutivo do crime de esbulho possessório, ou seja, consoante a Exposição de Motivos do Código Penal, constituirá condição de punibilidade; contudo, se dela resultar outro crime (lesão corporal ou morte da vítima), haverá concurso material de crimes.

8. AÇÃO PENAL E PROCEDIMENTO

Vide os comentários ao *caput* do art. 161, os quais se aplicam aqui.

ART. 162 – SUPRESSÃO OU ALTERAÇÃO DE MARCAS EM ANIMAIS

1. CONCEITO

Estabelece o art. 162 do Código Penal: "Suprimir ou alterar, indevidamente, em gado ou rebanho alheio, marca ou sinal indicativo de propriedade". Pena: detenção, de 6 meses a 3 anos, e multa.

2. OBJETO JURÍDICO

Tutelam-se a posse e a propriedade do semovente, em especial o gado ou rebanho, considerados para efeitos penais coisa móvel.

3. ELEMENTOS DO TIPO

3.1. Ação nuclear. Objeto material. Elemento normativo do tipo

O tipo penal contém duas ações nucleares: (i) *suprimir* – extinguir, eliminar, fazer desaparecer; ou (ii) *alterar* – mudar, desfigurar, no caso, marca ou sinal indicativo de propriedade em gado ou rebanho alheio. A marca "é o característico empregado, relativo à propriedade do animal, para distingui-lo de outros. Consiste, geralmente, nas iniciais do proprietário, mas é frequente também o uso de desenhos (p.ex., estrela, círculo etc.)"[484]. Sinal "é todo distintivo artificial, diverso da marca (ex.: argolas de determinado feitio nos chifres ou focinho dos animais)"[485].

A supressão ou alteração da marca ou sinal indicativo de propriedade aposta em gado ou rebanho deve ser indevida (elemento normativo do tipo). Assinala Hungria que "o emprego deste advérbio, no texto do art. 162, não é de todo supérfluo (como parece a Magalhães Noronha): com ele, quis o legislador significar que não é protegida a marca ou sinal em si mesmos, mas a propriedade que indicam, tanto assim que, se alguém adquire animais e vem a suprimir ou alterar a respectiva marca ou sinal, não comete crime algum"[486].

A proteção penal não incide sobre animais desmarcados, ainda que pertencentes a gado ou rebanho alheio. Ainda, se o agente introduz marca ou sinal em animal de outrem com a intenção de fazê-lo parecer seu e com isso tê-lo para si, comete crime de furto.

O objeto material é o semovente cujo sinal identificador foi suprimido ou alterado.

3.2. Sujeito ativo

É aquele que suprime ou altera a marca ou sinal indicativo de propriedade aposta em gado ou rebanho.

3.3. Sujeito passivo

É o proprietário do gado ou rebanho marcados.

4. ELEMENTO SUBJETIVO

É o dolo, consubstanciado na vontade livre e consciente de suprimir ou alterar, de forma indevida, em gado ou rebanho, marca ou sinal indicativo de propriedade.

---

484. E. Magalhães Noronha, *Direito penal*, cit., v. 2, p. 300.

485. Nélson Hungria, *Comentários*, cit., v. VII, p. 98.

486. Idem, ibidem, p. 98 e 99.

Quanto ao elemento subjetivo do tipo, para Noronha, em que pese a oração do artigo, por si, não o exigir, é necessário que o agente tenha o escopo específico de apoderar-se dos semoventes, pois ele suprime ou altera a marca para, depois, irrogar a propriedade[487].

Nosso entendimento: a lei não exige nenhuma finalidade especial, sendo suficiente a vontade de realizar a ação nuclear do tipo tendo a consciência de sua ilegitimidade (o chamado dolo genérico).

5. MOMENTO CONSUMATIVO

Consuma-se com a supressão ou alteração da marca ou sinal indicativo da propriedade, independentemente de o agente se apropriar ou não do animal. Para a configuração do crime não é necessário que tais ações sejam realizadas em vários animais; é suficiente a supressão ou alteração em um único animal[488].

6. TENTATIVA

É perfeitamente possível; basta que o agente seja surpreendido no momento em que inicia a supressão ou alteração da marca ou sinal.

7. CONCURSO DE CRIMES

Em regra, o crime em estudo será absorvido pelo crime de furto, pois se o agente realiza a supressão ou alteração da marca ou sinal distintivo da propriedade e posteriormente se apodera do animal, haverá o crime de furto, e não o crime em tela, que ficará absorvido. Se, por outro lado, o agente furta o animal e posteriormente realiza a supressão ou alteração da marca ou sinal distintivo, essa última ação constituirá *post factum* impunível. O mesmo se dá com o crime de apropriação indébita.

8. AÇÃO PENAL E PROCEDIMENTO. LEI DOS JUIZADOS ESPECIAIS CRIMINAIS

Trata-se de crime de ação penal pública incondicionada. No tocante ao procedimento, *vide* art. 394 do Código de Processo Penal, a qual passou a eleger critério distinto para a determinação do rito processual a ser seguido. A distinção entre os procedimentos ordinário e sumário dar-se-á em função da pena máxima cominada à infração penal e não mais em virtude de esta ser apenada com reclusão ou detenção.

É cabível a suspensão condicional do processo (art. 89 da Lei n. 9.099/95).

---

487. E. Magalhães Noronha, *Direito penal*, cit., v. 2, p. 301.

488. Nesse sentido, Nélson Hungria, *Comentários*, cit., v. VII, p. 98. Em sentido contrário, Celso Delmanto e outros, *Código Penal comentado*, cit., p. 340 e 341.

Capítulo IV
DO DANO

ART. 163 – DANO

1. CONCEITO

Diz o art. 163 do Código Penal: "Destruir, inutilizar ou deteriorar coisa alheia". Sabemos que todo crime produz um resultado danoso, quer de ordem econômica, quer moral etc., por exemplo, aquele que furta a carteira de outrem causa a este um dano, pois lhe ocasionou um prejuízo financeiro. O artigo em tela, entretanto, cuida propriamente do dano físico, ou seja, daquele que recai diretamente sobre a coisa, causando nesta modificações de ordem material (p.ex., a destruição de um orelhão).

Apesar de ser um crime contra o patrimônio, o fim de obtenção de vantagem econômica não constitui seu elemento essencial, nada impedindo, contudo, a sua presença.

2. OBJETO JURÍDICO

Tutela esse dispositivo legal a propriedade e a posse de coisas móveis e imóveis.

3. OBJETO MATERIAL

É a coisa alheia móvel ou imóvel, em cujo conceito se inclui também aquela perdida pelo dono. A *res nullius* não pode ser objeto do delito em estudo, pois se trata de coisa que não pertence a ninguém, e o crime de dano exige que a coisa seja alheia.

Aplica-se ao crime de dano o princípio da insignificância, que afasta a tipicidade penal. É necessário que a coisa tenha valor econômico e, assim, quebrar simples pedaços de vidro de janela, por exemplo, não basta à configuração do crime.

4. ELEMENTOS DO TIPO

4.1. Ação nuclear

Ação nuclear: as ações nucleares do tipo consubstanciam-se nos verbos: (i) *Destruir* – demolir, desmanchar, exterminar, desfazer a própria coisa, de modo que esta perca a sua essência. Só ocorre quando houver perda da identidade da coisa (p.ex., matar um porco, romper a vidraça, cortar uma árvore etc.); (ii) *Inutilizar* – tornar inútil, inservível, de modo que a coisa não perca sua individualidade mas torne-se, total ou parcialmente, inadequada à sua finalidade (p.ex., quebrar um revólver, castrar um reprodutor etc.); (iii) *Deteriorar* – reduzir o valor da coisa (p.ex., alterar uma obra de arte sem destruí-la; tirar os ponteiros de um relógio etc.).

A conduta de "pichar" muros e paredes é crime ambiental e vem regulada pelo art. 65 da Lei n. 9.605, cujo teor é o seguinte: "Pichar ou por outro meio conspurcar edificação ou monumento urbano: Pena – detenção, de 3 (três) meses a 1 (um) ano, e multa. § 1º Se o ato foi realizado em monumento ou coisa tombada em virtude do seu valor artístico, arqueológico ou histórico, a pena é de 6 (seis) meses a 1 (um) ano de detenção e multa". Quando se tratar de bem especialmente protegido por lei, ato administrativo ou decisão judicial, arquivo, registro, museu, biblioteca, pinacoteca, instalação científica ou similar, também se dá crime ambiental, disposto no art. 62 da Lei n. 9.605/98. Igualmente, será crime ambiental praticar abuso, maus-tratos, ferir ou mutilar animais silvestres, domésticos ou domesticados, nativos ou exóticos, de acordo com o art. 32 da referida lei. Fazer desaparecer a coisa móvel, por exemplo, soltar um animal na floresta, segundo a doutrina, é fato atípico, pois não há como enquadrar essa conduta em um dos verbos do tipo penal[489], exceto para Nélson Hungria, que equipara essa conduta ao dano[490]. É, contudo, fato típico no Código Penal Militar (art. 259).

O crime tanto pode ser praticado por ação quanto por omissão; por exemplo, indivíduo que, tendo assumido o dever de cuidar do maquinário alheio, propositadamente se abstém de retirá-lo da chuva, vindo ele a enferrujar-se.

Meios de execução: vários são os meios de execução do crime: (i) imediatos, por exemplo, jogar o objeto no chão, amassá-lo com as mãos, desferir-lhe pauladas; (ii) mediatos, por exemplo, utilizar-se de um cão ou uma criança para danificar o objeto; empregar fogo ou água etc. Nestas duas últimas hipóteses, o emprego desses meios executivos poderá colocar em risco a incolumidade pública e, portanto, configurar outros crimes mais graves (CP, arts. 250 e 254).

4.2. Sujeito ativo

Aquele que destrói, inutiliza ou deteriora coisa alheia. Só pode ser pessoa física, exceto o proprietário, uma vez que o tipo penal exige que a coisa seja alheia. Caso o autor da conduta danosa seja o proprietário, estará configurada a figura típica prevista no art. 346 do Código Penal (subtração ou dano de coisa própria em poder de terceiro)[491]. O condômino da coisa comum também poderá ser o sujeito ativo desse crime, caso o prejuízo exceda o valor de sua cota-parte, e desde que se trate de bem infungível[492]. Registre-se que a autorização do legítimo proprietário para alguém destruir, inutilizar ou deteriorar bem seu afasta a tipicidade da conduta (consentimento do ofendido).

4.3. Sujeito passivo

Em regra, o proprietário do objeto danificado. Excepcionalmente, porém, o possuidor.

---

489. E. Magalhães Noronha, *Direito penal*, cit., v. 2, p. 306; Julio Fabbrini Mirabete, *Manual*, cit., v. 2, p. 270; Damásio E. de Jesus, *Código Penal anotado*, cit., p. 588.

490. Nélson Hungria, *Comentários*, cit., v. VII, p. 105.

491. Nesse sentido, Nélson Hungria, *Comentários*, cit., v. VII, p. 106.

492. Nélson Hungria, *Comentários*, cit., v. VII, p. 107.

5. ELEMENTO SUBJETIVO

É o dolo, consubstanciado na vontade de praticar uma das condutas previstas no tipo penal. Discute-se acerca da exigência ou não de um fim especial de agir, consubstanciado na vontade de causar prejuízo (*animus nocendi*), para a configuração do crime. Há duas correntes quanto à necessidade do *animus nocendi*:

(i) Segundo Nélson Hungria, é indispensável o *animus nocendi*. Para tanto, exemplifica: "não poderia ser considerado agente de crime de dano o meu amigo que, sem ânimo hostil, tenha cortado, para *pregar-me uma peça*, os fios da campainha elétrica de minha casa"[493].

(ii) Para Damásio de Jesus e Magalhães Noronha, basta a vontade de destruir, não sendo exigível o fim especial de causar prejuízo ao ofendido, pois a figura penal não faz referência expressa a nenhum elemento subjetivo do tipo. Na realidade, a vontade de prejudicar está compreendida na própria ação criminosa[494].

Nosso entendimento: correta a segunda posição, pois, de fato, a lei não exige nenhum fim especial por parte do agente. É a posição majoritária na doutrina.

O crime de dano só é punido a título de dolo, ou seja, quando presentes a consciência e a vontade de destruir, inutilizar ou deteriorar a coisa alheia. Contudo a divergência da doutrina quanto à exigência ou não do animus nocendi trouxe também divisão na jurisprudência quanto à configuração do crime de dano na hipótese em que o preso danifica as grades da cela para fugir. Há, assim, duas posições:

(i) Para aqueles que entendem que o crime de dano exige o propósito de causar prejuízo ao ofendido (*animus nocendi*), o preso que danifica as grades para fugir não comete o crime em tela, uma vez que o dano é praticado com o nítido propósito de realizar a fuga, e não com a intenção de causar prejuízo ao Estado, ou seja, danificar os obstáculos materiais. A destruição destes é apenas o meio para o preso ganhar a liberdade. Não há intenção de causar prejuízo. O Superior Tribunal de Justiça já se manifestou nesse sentido. É a posição majoritária nos tribunais.

(ii) Para aqueles que entendem que o crime de dano dispensa o *animus nocendi*, ou seja, a intenção de causar prejuízo, exigindo apenas a vontade de praticar uma das condutas previstas no tipo penal, o preso que danifica a cela para fugir comete o crime em estudo. O Supremo Tribunal Federal já se manifestou nesse sentido. O STJ, por sua vez, entende de forma diversa: "2. Consoante entendimento firmado por esta Corte, o delito de dano ao patrimônio público, quando praticado por preso para facilitar a fuga da prisão, exige o dolo específico (*animus nocendi*) de causar prejuízo ou dano ao bem público. Observe-se que, no caso, deverá ele responder pela forma qualificada do crime (art. 163, parágrafo único, III).

---

493. Idem, ibidem, p. 108.

494. Damásio E. de Jesus, *Código Penal anotado*, cit., p. 589; E. Magalhães Noronha, *Direito penal*, cit., v. 2, p. 309.

Nosso entendimento: concordamos com a segunda posição. É suficiente a vontade de danificar ou destruir sem a exigência de qualquer finalidade especial pelo tipo.

Em nosso ordenamento jurídico, em que o dano culposo não ultrapassa a órbita do ilícito civil, exceto perante o Código Penal Militar, não é considerado crime.

O que distingue o crime de dano dos demais crimes contra o patrimônio é que nele a ofensa é dirigida contra o direito de propriedade, objetivando apenas prejudicar o legítimo dono, sem o intuito de vantagem econômico-financeira.

6. MOMENTO CONSUMATIVO

Trata-se de crime material. Consuma-se com o dano efetivo ao objeto material, total ou parcialmente. É indispensável para a comprovação do dano, não a suprindo a prova testemunhal nem a confissão, a prova pericial.

Observe-se que, na modalidade simples (*caput*), por ser infração de menor potencial ofensivo, a reparação do dano poderá culminar na extinção da punibilidade (art. 74 da Lei n. 9.099/95). Na modalidade qualificada (§ 1º), embora a reparação do dano não possa surtir o mesmo efeito, já que a pena máxima excede 2 anos, é possível sua utilização como causa de redução de pena (arrependimento posterior, CP, art. 16) ou circunstância atenuante genérica (art. 65, III, *c*, parte final), conforme o ato da reparação se dê antes ou depois do recebimento da denúncia ou queixa.

7. TENTATIVA

É possível no crime plurissubsistente. Exemplo: agente que atira objeto ao fogo, mas, antes de ele se deteriorar, é de lá retirado por terceiro.

8. FORMAS

8.1. Simples (art. 163, *caput*)

Está prevista no *caput* (pena – detenção, de 1 a 6 meses, ou multa).

8.2. Qualificada (art. 163, parágrafo único e incisos)

Está prevista no parágrafo único e incisos (pena – detenção, de 6 meses a 3 anos, e multa, além da pena correspondente à violência).

(i) Dano praticado com violência ou grave ameaça à pessoa (inciso I): tal delito somente se aperfeiçoa quando a violência à pessoa ou a grave ameaça são empregadas com o intuito de viabilizar a concretização dos danos, ou seja, antes ou durante a execução do crime. Se o dano se consumou sem violência à pessoa, mas, posteriormente, há emprego de violência contra a vítima, haverá dano simples em concurso material com lesão corporal. O sujeito ativo pode valer-se desses meios de execução não só contra o titular da propriedade, mas também contra terceira pessoa, a este ligada. Bastam as vias de fato para caracterizar a violência. Segundo o disposto no parágrafo único, a pena será de detenção, de 6 meses a 3 anos, e multa, além da pena correspondente à violência. Cuida-se aqui, portanto, do concurso material entre o crime de dano qualificado pela violência ou grave ameaça e o crime de lesões corporais (leve, grave ou gravíssima) ou homicídio.

(ii) Uso de substância inflamável ou explosiva (inciso II): são substâncias inflamáveis o álcool, o petróleo etc. São substâncias explosivas a dinamite, a pólvora etc. O uso dessas substâncias qualifica o dano, se o fato não constitui crime mais grave por colocar em risco a incolumidade pública (CP, arts. 250 ou 251). Se, por exemplo, o incêndio provocado não ocasionar perigo comum, tipificar-se-á o delito de dano qualificado. É uma hipótese de subsidiariedade explícita, pois a lei expressamente a menciona.

(iii) Dano contra o patrimônio da União, de Estado, do Distrito Federal, de Município ou de autarquia, fundação pública, empresa pública, sociedade de economia mista ou empresa concessionária de serviços públicos (inciso III): este inciso foi alterado e incluiu no dispositivo os seguintes entes: "Distrito Federal", "autarquia", "fundação pública" e "empresa pública". A expressão "patrimônio", nesse dispositivo, deve ser considerada de forma ampla, englobando até mesmo os bens de uso comum do povo e os de uso especial. Exemplo: bancos de praça etc. A locação ou cessão de prédio a órgão da Administração Pública não tem o condão de tornar público esse bem. Trata-se, no caso, de bem particular. Os bens particulares alugados pelo Poder Público estão excluídos da tutela do art. 163 do Código Penal. Quanto ao preso que danifica a cela para fugir, *vide* tópico n. 4 (elemento subjetivo).

> → **Atenção:** conforme o STJ, "não se enquadra como dano qualificado a lesão a bens das entidades não previstas expressamente no rol do art. 163, parágrafo único, III, do CP, em sua redação anterior à Lei n. 13.531/2017, vedada a analogia *in malam partem*" (STJ. 3ª Seção. EREsp 1.896.620-ES, rel. Min. Joel Ilan Paciornik, julgado em 2-3-2023).

(iv) Dano causado por motivo egoístico ou com prejuízo considerável para a vítima (inciso IV):

– **Motivo egoístico:** para Hungria, "não é o que se liga à satisfação de qualquer sentimento pessoal (ódio, inveja, despeito, prazer da maldade, desprezo pela propriedade alheia, etc.), pois, de outro modo, não haveria como distinguir entre o dano qualificado em tal caso e o dano simples (sempre informado de algum sentimento pessoal na sua motivação). *Egoístico* é o motivo quando se prende ao desejo ou expectativa de um ulterior *proveito* pessoal *indireto*, seja econômico, seja moral"[495]. Por exemplo: matar o cavalo com-

495. Nélson Hungria, *Comentários*, cit., v. VII, p. 111.

petidor para ganhar a corrida mais facilmente. Para Noronha, motivo egoístico é o gênero dentro do qual cabem várias espécies de motivos – ódio, vingança, inveja, vaidade[496].

– **Prejuízo considerável para a vítima:** o sujeito ativo deve praticar o fato com intenção de causar prejuízo considerável à vítima. O prejuízo que qualifica o dano deve ser aferido em relação à situação econômica do ofendido. A ação penal, nesse inciso, é privada (CP, art. 167).

9. AÇÃO PENAL. LEI DOS JUIZADOS ESPECIAIS CRIMINAIS

(i) Ação penal privada: de acordo com o art. 167 do Código Penal é cabível no crime de dano simples (*caput*) e qualificado (somente na hipótese do inciso IV do parágrafo único).

(ii) Ação penal pública incondicionada: é cabível nas demais hipóteses do art. 167 do CP. Se, por ocasião da sentença, o juiz entende que o dano era simples e não qualificado, deve absolver ou anular a ação pública para que a privada seja intentada, salvo decadência; não pode condenar por dano simples em ação penal pública.

(iii) Concurso entre crime de ação penal pública e crime de ação penal privada: se houver, por exemplo, concurso entre os crimes de dano qualificado (inc. III) e dano simples (*caput*), sendo a primeira ação de iniciativa pública e a segunda de iniciativa privada, formar-se-á um litisconsórcio ativo entre o Ministério Público e a vítima, devendo esta oferecer queixa-crime e aquele, denúncia.

(iv) Procedimento: nos moldes da Lei n. 9.099/95, o crime de dano simples (*caput*) constitui infração penal de menor potencial ofensivo, pois a pena máxima prevista é igual a 6 meses (pena – detenção, de 1 a 6 meses, ou multa). É possível a aplicação da suspensão condicional do processo (art. 89 da Lei n. 9.099/95), uma vez que a pena mínima cominada é de detenção de 1 mês, portanto inferior a 1 ano.

No tocante ao crime de dano qualificado (parágrafo único, I a III), embora não seja infração de menor potencial ofensivo, é cabível a suspensão condicional do processo (art. 89 da Lei n. 9.099/95), uma vez que a pena mínima cominada é de 6 meses de detenção.

Convém mencionar que há diversas decisões do STJ no sentido de que o benefício processual disposto no art. 89 da Lei n. 9.099/95, mediante a aplicação da analogia *in bonam partem*, prevista no art. 3º do Código de Processo Penal, é cabível também nos casos de crimes de ação penal privada.

10. CONCURSO DE CRIMES

Por ser um crime subsidiário, só haverá crime de dano quando o fato constituir um fim em si mesmo; se for meio para outro crime, perde sua autonomia e passa a ser elemento de crime complexo ou progressivo; por exemplo, quebrar o vidro da janela para furtar objetos no interior do imóvel (configura furto qualificado). Aproveitando esse

---

496. *Direito penal*, cit., v. 2, p. 312.

exemplo, podemos afirmar que, se o agente, após quebrar o vidro da janela da casa, desistir voluntariamente de praticar o furto, deverá responder apenas pelos atos até então praticados, isto é, pelo dano patrimonial (CP, art. 15 — desistência voluntária).

Pode suceder que o agente pratique um crime patrimonial e posteriormente danifique o objeto obtido mediante apropriação, furto, roubo, estelionato etc. Nessa hipótese, o crime de dano será considerado *post factum* impunível.

11. OUTRAS CONDUTAS TÍPICAS DANOSAS

(i) danificar sepultura subsume-se na norma do art. 210, e não na do art. 163 do Código Penal;

(ii) quando o dano incide em documento público ou particular, em benefício próprio ou alheio ou em prejuízo de terceiro, o crime será o do art. 305 do Código Penal;

(iii) dano às coisas destinadas ao culto religioso, o crime será o descrito no art. 208 do Código Penal;

(iv) a Lei n. 9.605/98, que dispõe sobre as sanções penais e administrativas derivadas de condutas e atividades lesivas ao meio ambiente, e dá outras providências, passou a prever as seguintes condutas danosas:

"Art. 32. Praticar ato de abuso, maus-tratos, ferir ou mutilar animais silvestres, domésticos ou domesticados, nativos ou exóticos: Pena — detenção, de três meses a um ano, e multa. § 1º Incorre nas mesmas penas quem realiza experiência dolorosa ou cruel em animal vivo, ainda que para fins didáticos ou científicos, quando existirem recursos alternativos. § 1º-A Quando se tratar de cão ou gato, a pena para as condutas descritas no *caput* deste artigo será de reclusão, de 2 (dois) a 5 (cinco) anos, multa e proibição da guarda. § 2º A pena é aumentada de um sexto a um terço, se ocorre morte do animal".

"Art. 62. Destruir, inutilizar ou deteriorar: I — bem especialmente protegido por lei, ato administrativo ou decisão judicial; II — arquivo, registro, museu, biblioteca, pinacoteca, instalação científica ou similar protegido por lei, ato administrativo ou decisão judicial: Pena — reclusão, de um a três anos, e multa. Parágrafo único. Se o crime for culposo, a pena é de seis meses a um ano de detenção, sem prejuízo da multa".

"Art. 65. Pichar ou por outro meio conspurcar edificação ou monumento urbano: Pena — detenção, de 3 (três) meses a 1 (um) ano, e multa. § 1º Se o ato for realizado em monumento ou coisa tombada em virtude do seu valor artístico, arqueológico ou histórico, a pena é de 6 (seis) meses a 1 (um) ano de detenção e multa. § 2º Não constitui crime a prática de grafite realizada com o objetivo de valorizar o patrimônio público ou privado mediante manifestação artística, desde que consentida pelo proprietário e, quando couber, pelo locatário ou arrendatário do bem privado e, no caso de bem público, com a autorização do órgão competente e a observância das posturas municipais e das normas editadas pelos órgãos governamentais responsáveis pela preservação e conservação do patrimônio histórico e artístico nacional".

ART. 164 – INTRODUÇÃO OU ABANDONO DE ANIMAIS EM PROPRIEDADE ALHEIA

1. CONCEITO

Prevê o art. 164 do Código Penal: "Introduzir ou deixar animais em propriedade alheia, sem consentimento de quem de direito, desde que do fato resulte prejuízo".

2. OBJETO JURÍDICO

Tutela-se a inviolabilidade da posse ou propriedade do bem imóvel contra as ações danosas de animais que nele são introduzidos, os quais destroem as plantações ou vegetações, cercas etc.

3. ELEMENTOS DO TIPO

3.1. Ação nuclear. Objeto material. Elemento normativo do tipo

As ações nucleares típicas consubstanciam-se nos verbos: (i) *introduzir* – levar para dentro; aqui o agente, propositadamente, conduz o animal para dentro da propriedade alheia; (ii) *deixar* – largar, abandonar. O abandono pode ocorrer de duas formas: ou o agente tem permissão para conduzir o animal até a propriedade alheia e o abandona; ou então tendo notícias de que o animal penetrou na propriedade alheia, nada faz para retirá-lo de lá.

Deve o agente introduzir ou deixar animais em propriedade alheia (objeto material do crime), que pode ser terreno rural ou urbano, desde que tenha plantações ou vegetações passíveis de serem danificadas por algum animal[497].

O agente deve introduzir ou deixar o animal em propriedade alheia sem o consentimento de quem de direito (elemento normativo do tipo), ou seja, do proprietário ou possuidor ou quem tenha qualidade para responder em nome destes.

Embora o tipo penal fale em "animais", não é necessário que o agente introduza ou deixe dois ou mais semoventes para a configuração do delito. A expressão no plural serve apenas para indicar o gênero (qualquer animal).

3.2. Sujeito ativo

É aquele que introduz ou deixa animais em propriedade alheia. Segundo Noronha, é possível que o proprietário do imóvel seja autor do crime em tela. Tal ocorre na hipótese em que a propriedade se encontra legitimamente na posse de terceira pessoa e o agente introduz animais para danificar as plantações do possuidor[498]. Nélson Hungria discorda desse entendimento[499].

---

497. Nesse sentido, Nélson Hungria, *Comentários*, cit., v. VII, p. 112.

498. E. Magalhães Noronha, *Direito penal*, cit., v. 2, p. 315.

499. Nélson Hungria, *Comentários*, cit., v. VII, p. 113.

3.3. Sujeito passivo

É o possuidor ou proprietário do bem imóvel.

4. ELEMENTO SUBJETIVO

É o dolo, consistente na vontade livre e consciente de introduzir ou deixar animais em propriedade alheia. É necessário que o agente saiba que não tem o consentimento de quem de direito para introduzir ou deixar o animal na propriedade. O erro quanto à existência do consentimento exclui o dolo e, portanto, o tipo penal.

Ressalva Noronha que se o fim do agente for o lucro ou proveito diretos, haverá o crime de furto, por exemplo, o agente introduz seus animais para se alimentarem com grama, erva ou plantações. Haverá o crime previsto no art. 345 se a introdução ou abandono tiver por fim satisfazer pretensão, ainda que legítima[500]. Ainda, não é necessário que o agente pratique a conduta com a intenção de gerar prejuízo à vítima, mas, se assim o fizer, responderá por crime de dano (CP, art. 163).

5. MOMENTO CONSUMATIVO

Não basta que o agente introduza ou deixe o animal em propriedade alheia para que o crime se repute consumado. Exige o tipo penal que do fato resulte prejuízo à propriedade.

6. TENTATIVA

É inadmissível. O Código considera como elemento constitutivo do tipo a existência do prejuízo. Dessa forma, o fato somente será típico se da introdução ou abandono dos animais advier algum prejuízo para a vítima. Ausente este, o fato é penalmente atípico.

7. AÇÃO PENAL. LEI DOS JUIZADOS ESPECIAIS CRIMINAIS

De acordo com o art. 167, trata-se de crime de ação penal privada, salvo quando o sujeito passivo for a União, Estado ou Município (CPP, art. 24, § 2º). Nos moldes da Lei n. 9.099/95, o crime em tela constitui infração penal de menor potencial ofensivo, pois a pena máxima prevista é igual a seis meses (pena – detenção, de 15 dias a 6 meses, ou multa).

Convém mencionar que há diversas decisões do STJ no sentido de que o benefício processual disposto no art. 89 da Lei n. 9.099/95, mediante a aplicação da analogia *in bonam partem*, prevista no art. 3º do Código de Processo Penal, é cabível também nos casos de crimes de ação penal privada.

---

500. E. Magalhães Noronha, *Direito penal*, cit., v. 2, p. 316 e 317.

ART. 165 – DANO EM COISA DE VALOR ARTÍSTICO, ARQUEOLÓGICO OU HISTÓRICO

O art. 165 do Código Penal contém a seguinte redação: "Destruir, inutilizar ou deteriorar coisa tombada pela autoridade competente em virtude de valor artístico, arqueológico ou histórico: Pena — detenção, de seis meses a dois anos, e multa". Ocorre que a Lei n. 9.605/98, que dispõe sobre as sanções penais e administrativas derivadas de condutas e atividades lesivas ao meio ambiente, e dá outras providências, revogou tacitamente citada disposição legal ao prever, no inciso I do art. 62, a seguinte conduta criminosa: "Destruir, inutilizar ou deteriorar: I — bem especialmente protegido por lei, ato administrativo ou decisão judicial; II — arquivo, registro, museu, biblioteca, pinacoteca, instalação científica ou similar protegido por lei, ato administrativo ou decisão judicial: Pena — reclusão, de um a três anos, e multa. Parágrafo único. Se o crime for culposo, a pena é de seis meses a um ano de detenção, sem prejuízo da multa".

ART. 166 – ALTERAÇÃO DE LOCAL ESPECIALMENTE PROTEGIDO

O art. 166 tem a seguinte redação: "Alterar, sem licença da autoridade competente, o aspecto de local especialmente protegido por lei: Pena — detenção, de um mês a um ano, ou multa". Essa disposição legal também foi tacitamente revogada pelo art. 63 da citada Lei n. 9.605/98, cujo teor é o seguinte: "Alterar o aspecto ou a estrutura de edificação ou local especialmente protegido por lei, ato administrativo ou decisão judicial, em razão de seu valor paisagístico, ecológico, turístico, artístico, histórico, cultural, religioso, arqueológico, etnográfico ou monumental, sem autorização da autoridade competente ou em desacordo com a concedida. Pena: reclusão, de um a três anos, e multa".

Capítulo V
DA APROPRIAÇÃO INDÉBITA

ART. 168 – APROPRIAÇÃO INDÉBITA

1. CONCEITO

Dispõe o art. 168 do Código Penal: "Apropriar-se de coisa alheia móvel, de que tem a posse ou a detenção".

2. OBJETO JURÍDICO

Assim como nos demais delitos contra o patrimônio, tutela-se aqui o direito à propriedade.

3. OBJETO MATERIAL

Como no delito de furto, somente a coisa móvel pode ser objeto material do crime em tela (*v.* comentários ao crime de furto).

— **O dinheiro pode ser apropriado?** Nos termos do art. 85 do Código Civil brasileiro, "são fungíveis os móveis que podem substituir-se por outros da mesma espécie, qualidade e quantidade". As coisas fungíveis dadas em depósito ou em empréstimo, com obrigação de restituição da mesma espécie, qualidade e quantidade, não podem ser objeto material de apropriação indébita. Nesses casos, há transferência de domínio, de acordo com os arts. 645 e 587 do mesmo estatuto, que tratam, respectivamente, do depósito irregular e do mútuo. É por isso que não existe crime de apropriação indébita, uma vez que o tipo penal exige que a coisa seja alheia[501]. Entretanto, na hipótese em que o bem fungível, no caso o dinheiro, é confiado a alguém, pelo proprietário, para ser entregue a terceiro, como no caso do caixeiro-viajante ou de algum cobrador, pode ocorrer a apropriação indébita[502].

Os títulos de crédito podem ser apropriados, assim como os documentos comprobatórios de direitos.

Tal como ocorre em todos os crimes patrimoniais, é imprescindível que o objeto material tenha um valor significante, pois, se irrelevante, ínfimo, poderá incidir o princípio da insignificância, que exclui a tipicidade penal, por exemplo, apropriar-se de um isqueiro, cujo valor é irrisório. Se a coisa for de pequeno valor, configurar-se-á o crime de apropriação indébita privilegiada (CP, art. 170 c/c o art. 155, § 2º).

4. ELEMENTOS DO TIPO

4.1. Ação nuclear

Consubstancia-se no verbo *apropriar-se*, que significa fazer sua a coisa de outrem; mudar o título da posse ou detenção desvigiada, comportando-se como se dono fosse. O agente tem legitimamente a posse ou a detenção da coisa, a qual é transferida pelo proprietário, de forma livre e consciente, mas, em momento posterior, inverte esse título, passando a agir como se dono fosse. Nesse momento se configura a apropriação indébita. Veja-se: há a lícita transferência da posse ou detenção do bem para o agente pelo proprietário. O agente, por sua vez, estando de boa-fé, recebe o bem sem a intenção de apoderar-se dele. Até aqui nenhum crime ocorre. A conduta passa a ter conotação criminosa no momento em que o agente passa a dispor da coisa como se dono fosse.

Não pode haver o emprego de violência ou fraude por parte do agente para conseguir a posse ou detenção do objeto, pois sua obtenção contra a vontade do dono caracterizará outras figuras criminosas (estelionato, roubo, furto etc.). Assim, se o agente

501. Damásio E. de Jesus, *Código Penal anotado*, cit., p. 599.

502. Nesse sentido, Nélson Hungria, *Comentários*, cit., v. VII, p. 134.

aluga uma joia para utilizá-la em uma festa e depois resolve dela apoderar-se, comete o crime de apropriação indébita. Se, por outro lado, o agente aluga o bem com a intenção de apropriar-se dele, utilizando o contrato como artifício para induzir a vítima em erro, haverá o crime de estelionato, pois a obtenção da posse se deu mediante o emprego de fraude iludente da vontade da vítima.

Conclusão: (i) o agente obtém a posse ou detenção do bem mediante lícita transferência deste pelo proprietário; (ii) não há o emprego de fraude, violência, grave ameaça – o proprietário transfere a posse ou detenção de forma livre e consciente; (iii) nos demais crimes patrimoniais (furto, roubo, estelionato) a apropriação é contemporânea à aquisição da posse ou detenção do bem, pois a vontade de apoderar-se deste existe desde o início da conduta. Na apropriação indébita, a apropriação é posterior à aquisição da posse ou detenção do bem, pois inicialmente o agente está imbuído de boa-fé, não tendo a intenção de se apropriar dele, porém, num segundo instante, surge a vontade de tê-lo para si.

Vejamos em que consistem a posse e a detenção.

– **Posse** (*v.* CC, art. 1.197): cuida-se aqui da posse direta exercida pelo locatário, usufrutuário, mandatário, ou seja, é a posse exercida pelo indivíduo em nome de outrem. O exercício da posse nesse caso é desvigiado. Por exemplo: indivíduo que aluga um automóvel com o fim de fazer turismo pela cidade, mas, posteriormente, resolve apoderar-se dele, não mais o devolvendo. O indivíduo não cometeu crime de furto, uma vez que a posse direta do bem lhe foi entregue licitamente. Ele não subtraiu o bem, a sua retirada não foi clandestina, contudo, após a sua obtenção lícita, passou a dispor daquele como se dono fosse.

– **Detenção** (*v.* CC, arts. 1.198 e 1.208): A detenção sobre o bem pode ser vigiada ou desvigiada. Segundo Hungria, "somente na última hipótese é que pode haver apropriação indébita, pois, na primeira, inexistindo o *livre* poder de fato sobre a coisa (não passando o detentor de um *instrumento* do *dominus* a atuar sob as vistas deste), o que pode haver é *furto*"[503]. Exemplos citados pelo autor: "caixeiro-viajante que se apropria de objetos do mostruário recebido do patrão, comete apropriação indébita qualificada, mas o *caixeiro sedentário* que se apropria de objetos tirados à prateleira ou do dinheiro recebido no balcão, iludindo a custódia do patrão, é réu de furto".

Conclusão: somente na detenção desvigiada, em que há livre disponibilidade sobre a coisa, pode-se falar em crime de apropriação indébita. Não exerce detenção desvigiada o vendedor de uma loja, que está sob constante vigilância do proprietário, porém o representante comercial exerce, pois está fora da esfera de vigilância daquele. O primeiro pratica furto; o segundo, apropriação indébita.

A apropriação da coisa alheia pode-se dar de diversas maneiras: **(i) consumindo a coisa** – "A" entrega a "B" prato de alimento para levar a "C", e "B" ingere-o no caminho; **(ii) alterando a coisa** – o ourives que funde um tipo de ouro de menor valia do que aquele que lhe foi entregue para confecção de uma joia; **(iii) retendo a coisa** – o agente não devolve o objeto ou não lhe dá o destino conveniente, para o qual o recebeu; **(iv) ocultando o objeto** – o agente afirma que não recebeu a coisa.

---

503. Nélson Hungria, *Comentários*, cit., v. VII, p. 131.

Uma das formas de execução do crime em tela é a não restituição do bem e a recusa em devolvê-lo. É preciso tomar muito cuidado na análise desses casos, visto que o simples ato de não restituir ou se recusar a tanto pode não denotar o propósito de apropriar-se do bem. Nesse diapasão, leciona Noronha que a não restituição e a recusa em devolver são atos que corporificam o delito, mas que devem ser examinados com o dolo do agente, que é o de apropriar-se. Afirma o autor: "Saillard, reproduzindo Garçon, cita os exemplos de pessoa que recebeu do amigo um relógio para usar em viagem, acontecendo que, no decurso desta, perdeu sua passagem, tendo, então, de empenhar aquele objeto..."[504]. Conclui Noronha que, nesse caso, não houve a intenção de se apropriar do bem, dando-se o mesmo com a recusa em devolver. Compartilha desse entendimento Hungria: "suponha-se, por exemplo, o caso de um credor pignoratício que, por necessidade momentânea de dinheiro, faz um arbitrário subpenhor da coisa recebida em garantia, mas com a intenção de ulterior resgate e oportuna restituição, e tendo capacidade financeira para tanto: não comete apropriação indébita"[505]. A maioria dos casos de não restituição do bem configura descumprimento de obrigações contratuais, e pode ser resolvida na esfera cível. De qualquer forma, *quando podemos dizer que a não restituição do bem configura o delito em tela?* Quando já houver vencido o prazo para a devolução da coisa. *E se não houver prazo para tal?* O vencimento do prazo passa a ficar na dependência de prévia interpelação, notificação ou protesto por parte da vítima (CC, art. 397, *caput* e parágrafo único), muito embora tais medidas não sejam indispensáveis à configuração do crime. É que, antes da interpelação judicial, pode o agente ter alienado a coisa a terceiro, não se vendo razão para aquela medida preliminar. Vale dizer, qualquer tipo de interpelação, judicial ou extrajudicial, sem forma solene, mas apta a caracterizar a intenção de receber a coisa de volta, dá margem ao surgimento do crime.

É preciso mencionar que muitas vezes o Código Civil autoriza em determinadas situações específicas a não restituição do bem pelo indivíduo, é o denominado direito de retenção (*jus retentionis*), por exemplo, o art. 664 do Código Civil menciona que "o mandatário tem o direito de reter, do objeto da operação que lhe foi cometida, quanto baste para pagamento de tudo que lhe for devido em consequência do mandato". O mesmo sucede com os arts. 450 e seguintes do Código Civil, que preveem o direito de compensação (*jus compensationis*).

→ **Atenção:** não confundir o crime de apropriação indébita com o delito de disposição de coisa alheia como própria (art. 171, § 2º, I), pois neste o objeto material pode ser coisa móvel ou imóvel, enquanto naquele apenas bens móveis. Ainda, no primeiro o agente tem a posse ou detenção legítimas da coisa, enquanto no segundo o agente não tem, nem sequer, a posse do objeto.

4.2. Elemento normativo

Exige o tipo penal que a coisa móvel seja *alheia*, mas, conforme veremos logo a seguir, o condômino, sócio ou proprietário podem praticar o crime em tela.

---

504. E. Magalhães Noronha, *Direito penal*, cit., v. 2, p. 332.

505. Nélson Hungria, *Comentários*, cit., v. VII, p. 136.

4.3. Sujeito ativo

Qualquer pessoa que tenha a posse ou detenha licitamente a coisa móvel alheia, por exemplo, locatário, usufrutuário, caixeiro-viajante. O condômino, sócio ou coerdeiro podem praticar o crime em tela, no momento em que tornam sua a coisa comum. No entanto, tratando-se de coisa fungível, e a apropriação restringir-se à cota que cabe ao agente, não ocorre o crime em estudo, ante a ausência de qualquer lesão ou possibilidade de lesão patrimonial[506].

Se o sujeito ativo for funcionário público e apropriar-se de qualquer bem móvel, público ou particular, de que tem a posse em razão do cargo, responderá pelo crime de peculato-apropriação (CP, art. 312, *caput*). Contudo, se o bem particular não estiver sob a guarda ou custódia da administração e o funcionário público dele se apropriar, responderá por apropriação indébita.

4.4. Sujeito passivo

É a pessoa física ou jurídica, titular do direito patrimonial diretamente atingido pela ação criminosa, ou seja, aquele que experimenta o prejuízo, que pode ser diverso daquele que entregou ou confiou a coisa ao agente.

5. ELEMENTO SUBJETIVO

É apenas o dolo, consubstanciado na vontade livre e consciente de apropriar-se da coisa alheia móvel, o que pressupõe a intenção de apoderar-se da *res*, o propósito de assenhorear-se dela definitivamente, ou seja, de não restituir, agindo como se dono fosse, ou de desviá-la do fim para que foi entregue. É o denominado *animus rem sibi habendi*[507]. O tipo penal não exige qualquer fim especial de agir (elemento subjetivo do tipo). Para autores como E. Magalhães Noronha, o verbo *apropriar* contém o dolo específico (elemento subjetivo do tipo), consistente na vontade de obter proveito para si ou para outrem, pois do contrário outro crime configurar-se-á. Assim, "quem retém um objeto, a que julga ter direito, ao invés de recorrer à justiça, pode cometer exercício arbitrário das próprias razões, mas não pratica apropriação indébita"[508].

É preciso reforçar que o dolo de se apropriar da coisa não pode anteceder à posse ou detenção desta pelo agente. Nesse instante, deve estar presente a boa-fé do agente. Do contrário, poderá configurar-se o crime de estelionato, em virtude de a vítima ter sido induzida em erro. Assim, a má-fé do agente deve ser subsequente à posse ou detenção da coisa para que se configure a apropriação indébita.

– **A apropriação indébita para uso configura o crime em questão?** Segundo a doutrina, não se configura o crime em estudo se, por exemplo, o depositário de um au-

---

506. Nélson Hungria, *Comentários*, cit., v. VII, p. 140.

507. Nesse sentido, Nélson Hungria, *Comentários*, cit., v. VII, p. 138.

508. E. Magalhães Noronha, *Direito penal*, cit., v. 2, p. 334 e 335; Julio Fabbrini Mirabete, *Manual*, cit., v. 2, p. 285.

tomóvel se serve dele para um simples passeio[509]. No caso, presente está a intenção de restituir a coisa, e não a de apropriar-se dela definitivamente.

Não há previsão da modalidade culposa do crime.

6. MOMENTO CONSUMATIVO

Trata-se de crime material. Consuma-se no momento em que o agente transforma a posse ou detenção sobre o objeto em domínio, ou seja, quando passa a agir como se fosse dono da coisa. A inversão de ânimo é demonstrada pela própria conduta do agente, que passa a adotar comportamentos incompatíveis com a mera posse ou detenção da coisa.

(i) Apropriação indébita propriamente dita: consuma-se com o ato de disposição. Só admite a modalidade comissiva. Por exemplo, alienar, doar ou locar a coisa que foi dada ao agente em depósito.

(ii) Apropriação indébita – negativa de restituição: consuma-se com a não restituição do bem uma vez vencido o prazo para a sua entrega. Ausente esse prazo, o vencimento passa a ficar na dependência de prévia interpelação, notificação ou protesto por parte da vítima (CC, art. 397, *caput* e parágrafo único), muito embora tais medidas, conforme já estudado, não sejam indispensáveis à configuração do crime.

7. ARREPENDIMENTO POSTERIOR

Ressarcimento do prejuízo antes e depois do oferecimento da denúncia. Efeitos: em que pesem alguns posicionamentos divergentes dos tribunais no tocante à exclusão ou não da tipicidade penal na hipótese em que o agente repara o prejuízo antes do oferecimento da denúncia, incide a regra do art. 16 do Código Penal (arrependimento posterior – causa geral de diminuição de pena, de 1/3 a 2/3). Na hipótese, não podemos falar em exclusão da tipicidade, uma vez que no momento em que o prejuízo foi ressarcido o crime já tinha se consumado. O dolo de apropriar-se da coisa não desaparece com o mero ressarcimento posterior do dano. Assim, acordos e avenças posteriores não podem dar o caráter de licitude a um fato delituoso. Nesse sentido, inclusive, firmou-se jurisprudência no Supremo Tribunal Federal. Se a reparação do dano ocorrer após o oferecimento da denúncia, incidirá a atenuante genérica prevista no art. 65, III, *b*, do Código Penal.

8. TENTATIVA

Controverte-se na doutrina acerca da possibilidade da tentativa do crime de apropriação indébita. Tratando-se de crime material, em tese, ela seria possível[510] no caso de apropriação indébita propriamente dita, por exemplo, agente que é impedido de vender o objeto de que tem a posse ou a detenção. O *conatus*, porém, não seria possível na hipótese de negativa de restituição. Em sentido contrário, Noronha, que adverte: "a dificulda-

509. Cf. exemplo citado por Nélson Hungria, *Comentários*, cit., v. VII, p. 137.

510. Nesse sentido, Nélson Hungria, *Comentários*, cit., v. VII, p. 145; Celso Delmanto e outros, *Código Penal comentado*, p. 348; Damásio E. de Jesus, *Código Penal anotado*, cit., p. 601.

de da realização reside em que a apropriação indébita é crime instantâneo e tem como pressuposto material achar-se já a coisa na posse ou detenção do agente. Ora, considerado isso e atendendo-se a que a apropriação (consumação) se realiza por um ato da vontade do agente em relação à coisa, parece-nos problemática a hipótese de se fracionar a figura delituosa, isolando-se a intenção da consumação"[511].

9. FORMAS

9.1. Simples (art. 168, *caput*)

Está prevista no *caput* (pena – reclusão, de 1 a 4 anos, e multa).

9.2. Causas de aumento de pena (art. 168, § 1º)

Estão previstas no § 1º (na realidade, houve erro do legislador, pois trata-se de parágrafo único, já que não existe nenhum outro). A pena é aumentada de um terço.

(i) Depósito necessário (inciso I): é considerado depósito necessário, segundo o art. 647 do Código Civil, aquele que se faz no desempenho de obrigação legal (*inciso I – depósito legal*); o que se efetua por ocasião de alguma calamidade, como o incêndio, a inundação, o naufrágio, ou o saque (*inciso II – depósito miserável*). O art. 649 do Código Civil, por sua vez, equipara a esses depósitos o das bagagens dos viajantes ou hóspedes nas hospedarias onde estiverem (*depósito por equiparação*). Há grande divergência doutrinária no tocante à abrangência dessa causa de aumento de pena. Vejamos os entendimentos:

(i) O dispositivo abrange apenas o depósito miserável. Não está incluído o depósito legal, pois o depositário legal é sempre funcionário público, que recebe a coisa em razão do cargo, e, portanto, comete o crime de peculato. O depósito por equiparação também não é compreendido no inciso I, devendo, no caso, o agente responder pelo delito do art. 168, § 1º, III. Nesse sentido, Nélson Hungria[512].

(ii) O dispositivo compreende o depósito legal, miserável e por equiparação. Nesse sentido, E. Magalhães Noronha. Contudo, "se o hoteleiro ou estalajadeiro não incidir neste inciso, incidirá no inciso III, por haver cometido o crime em razão de profissão"[513].

(iii) Segundo Damásio, "tratando-se de depósito necessário legal, duas hipóteses podem ocorrer. Se o sujeito ativo é funcionário público, responde por delito de peculato (CP, art. 312). Se o sujeito ativo é um particular, responde por apropriação indébita qualificada, nos termos do art. 168, parágrafo único, II, última figura (depositário judicial). Assim, não se aplica a disposição do n. I. Tratando-se de depósito necessário por equiparação, não aplicamos a qualificadora do 'depósito necessário', mas sim a do n. III do pará-

---

511. *Direito penal*, cit., p. 336.

512. *Comentários*, cit., v. VII, p. 147 e 148.

513. E. Magalhães Noronha, *Direito penal*, cit., v. 2, p. 339 e 340.

grafo único (coisa recebida em razão de profissão). O parágrafo único, I, quando fala em depósito necessário, abrange exclusivamente o depósito necessário miserável"[514].

Nosso entendimento: adotamos a primeira posição.

(ii) Apropriação indébita qualificada pela qualidade pessoal do autor (inciso II)[515]: a enumeração legal é taxativa e não abrange, por conseguinte, pessoa que desempenhe função diversa das mencionadas. São elas: (i) **tutor** – pessoa que rege o menor e seus bens; (ii) **curador** – aquele que dirige a pessoa e bens de maiores incapazes; administrador judicial – pessoa incumbida da administração da falência. Quanto a ele, aplica-se a conduta prevista no art. 168, § 1º, II, do Código Penal ("Art. 168. Apropriar-se de coisa alheia móvel, de que tem a posse ou a detenção... § 1º A pena é aumentada..., quando o agente recebeu a coisa: ... II – na qualidade de ... síndico..."). Com base nesse entendimento, temos que a competência para processar e julgar a ação penal é do juízo criminal, já que o delito cometido foi o de apropriação indébita de bens da massa falida (*Informativo STF* n. 79); (iii) **inventariante** – quem administra o espólio até a partilha; (iv) **testamenteiro** – aquele que cumpre as disposições de última vontade do *de cujus*; (v) **depositário judicial** – a pessoa nomeada pelo juiz com a incumbência de guardar objetos até decisão judicial. Cuida-se aqui do particular nomeado depositário judicial pelo juiz, pois, se funcionário público, responderá por peculato.

Nesse sentido, a Sexta Turma do STJ entendeu que "o fiel depositário de penhora judicial sobre o faturamento está sujeito às penas previstas no art. 168, § 1º, II, do Código Penal. (STJ. 6ª Turma. AgRg no REsp 1.871.947/PR, rel. Min. Rogério Schietti Cruz, julgado em 26-4-2022)".

Conclui-se que tais pessoas, apesar de exercerem um *munus* público, não cometem crime de peculato, mas apropriação indébita qualificada.

(iii) Coisa recebida em razão de ofício, emprego ou profissão (inciso III): para que se configure a agravante especial em exame é necessário que o sujeito tenha recebido a posse ou detenção do objeto material em razão do emprego, ou seja, deve existir um nexo de causalidade entre a relação de trabalho e o recebimento.

– **Ofício:** é a atividade, com fim de lucro, habitual e consistente em arte mecânica ou manual, por exemplo, ourives, sapateiro etc.

– **Emprego:** é a ocupação em serviço particular em que haja relação de subordinação e dependência, por exemplo, empregada doméstica, operário de fábrica etc. Exige-se a justificável confiança da vítima.

– **Profissão:** é a atividade habitual remunerada, de caráter intelectual, por exemplo, médico, advogado etc. Assim, o advogado que, depois de receber o valor da prestação alimentícia devida à sua cliente, se recusa a entregá-la, obrigando-a a uma ação de prestação de contas, para só depois de vencido nesta efetuar o pagamento, pratica o delito em comento.

---

514. Damásio E. de Jesus, *Código Penal anotado*, cit., p. 602.

515. Desse rol excluiu-se a figura do liquidatário, extinta pela Lei de Falências.

→ **Atenção:** se a coisa foi recebida em razão da função pública, configura peculato (CP, art. 312).

→ **Atenção:** as causas de aumento dos incisos II e III têm caráter pessoal, razão pela qual se comunicam a eventuais coautores e partícipes do crime (CP, art. 30).

9.3. Privilegiada

Vem prevista no art. 170 c/c o art. 155, § 2º, do Código Penal. Determina o art. 170 desse Código que se aplica ao crime de apropriação indébita o disposto no art. 155, § 2º, ou seja, se (i) o criminoso for primário e (ii) a coisa for de pequeno valor, o juiz deverá substituir a pena de reclusão por detenção, reduzir a pena de um a dois terços ou aplicar somente multa. Presentes as circunstâncias legais, o juiz está obrigado a reduzir a pena de reclusão de um terço a dois terços ou substituí-la por detenção, ou aplicar apenas a multa. *Vide* comentários ao art. 155, § 2º, do Código Penal, para melhor compreensão do tema.

10. ESTATUTO DA PESSOA IDOSA

A conduta de apropriar-se de ou desviar bens, proventos, pensão ou qualquer outro rendimento da pessoa idosa, dando-lhes aplicação diversa da de sua finalidade, constitui crime previsto no art. 102 do Estatuto da Pessoa Idosa (Lei n. 10.741/2003), punido com pena de reclusão de um a quatro anos e multa. Trata-se de crime de ação penal pública incondicionada, não se lhe aplicando os arts. 181 e 182 do Código Penal (art. 95 do Estatuto).

11. DISTINÇÕES

(i) Apropriação indébita e estelionato: na apropriação indébita, a coisa é entregue livremente ao agente. Este não emprega nenhum artifício para obter a posse ou detenção da coisa. Não há o emprego de fraude iludente da vontade do proprietário. A posse e a detenção são obtidas de forma lícita. No estelionato, o agente emprega artifícios que induzem a vítima em erro. Esta lhe entrega o bem sem saber que está sendo enganada. A posse ou a detenção pelo agente é ilícita. Na apropriação indébita, o agente não age com dolo *ab initio*, ou seja, não há vontade de se assenhorear da coisa, de tê-la para si. A inversão de ânimo somente ocorre em momento posterior, ou seja, após obter a detenção ou a posse da coisa. Assim, o dolo, no crime de apropriação indébita, é sempre posterior ao recebimento da coisa (*dolus subsequens*), vale dizer, o sujeito ativo inicialmente tem a posse ou detenção da coisa alheia móvel e, em seguida, dela resolve apropriar-se ilicitamente. No estelionato, pelo contrário, o agente age com dolo *ab initio*, ou seja, o sujeito ativo desde o início tem a intenção de apoderar-se definitivamente da *res*. A posse ou a detenção da coisa desde o início já é ilícita. Assim, se me comprometo a ficar como depositário de um automóvel e com o passar do tempo resolvo vendê-lo, cometo o crime de apropriação indébita. Contudo se me comprometo a ficar como depositário daquele bem, já visando desde o início que esse poder sobre ele me proporcionará vendê-lo, cometo o crime de estelionato.

(ii) Apropriação indébita e furto: se a detenção for vigiada, haverá furto, pois o agente não tem a livre disponibilidade do bem (p.ex., empregado de uma loja que é vigiado pelo gerente). Se for desvigiada, ocorrerá apropriação indébita (p.ex., representante comercial que detém os bens para a venda fora da esfera de vigilância do proprietário). Já a posse do bem é sempre desvigiada, ou seja, o seu exercício não é controlado pelo proprietário; logo, sempre admite a apropriação indébita (p.ex., locação de um automóvel).

12. CONCURSO DE CRIMES

Apropriação indébita e crime de falsidade documental: pode suceder que o agente pratique outro crime para dissimular a apropriação indébita. Se o crime praticado for o de falsidade documental, questiona-se: haverá concurso material de crimes ou a apropriação indébita absorverá o crime de falso? Há duas posições:

(i) Haverá concurso material de crimes, pois o crime de falsidade documental lesa interesse ou bem jurídico diverso da inviolabilidade do patrimônio, além disso, consuma-se em momento anterior.

(ii) O crime de apropriação indébita absorve o delito de falsidade documental.

> **Nosso entendimento:** somente será possível falar em concurso de crimes se as ações forem bem destacadas e praticadas em situações bastante diferentes. Se tudo tiver se desenvolvido em um mesmo contexto fático, haverá crime único, ficando absorvida a falsificação.

Aplica-se, por analogia, o entendimento da Súmula 17 do STJ: "Quando o falso se exaure no estelionato, sem mais potencialidade lesiva, é por este absorvido". Assim, em todas as situações nas quais se configurar conflito aparente de normas, a consunção será aplicada dependendo de o crime-meio estar ou não inserido no mesmo contexto, pois só nessa hipótese será possível falar em fase normal de execução do delito posterior.

13. INTERPELAÇÃO JUDICIAL E PRESTAÇÃO DE CONTAS

A interpelação judicial, conforme visto, nas hipóteses de não restituição ou recusa na devolução do bem, não constitui formalidade essencial para a propositura da ação penal.

Do mesmo modo, não se exige a prévia prestação de contas para o exercício da ação penal, devendo a matéria ser resolvida na própria ação penal, a não ser em determinadas situações: compensação de créditos, mandato, gestão de negócios. Desse modo, se o advogado que, em decorrência de procuração outorgada pelo seu cliente, detém poderes gerais para receber e quitar, retém importância em nome de seu constituinte, este deverá entrar com uma prévia ação de prestação de contas contra aquele, em que o advogado será obrigado a especificar as receitas e a aplicação das despesas, bem como o respectivo saldo (CPC, art. 551), pois é a partir desses cálculos contábeis que se poderá constatar a efetiva retenção de valores. A ação de prestação de contas deverá ser proposta no juízo cível, de acordo com o procedimento previsto nos arts. 550 a 553 do Código de Processo Civil. Trata-se de questão prejudicial heterogênea.

14. COMPETÊNCIA. AÇÃO PENAL. PROCEDIMENTO

A competência no crime de apropriação indébita é do lugar onde o agente converte em proveito próprio a coisa que deveria restituir.

Na apropriação indébita praticada por representante comercial, é competente para processar e julgar o delito o Juízo do lugar da empresa onde seria efetuada a prestação de contas.

Trata-se de crime de ação penal pública incondicionada. No que diz respeito ao procedimento a ser seguido, *vide* art. 394 do Código de Processo Penal, a qual passou a eleger critério distinto para a determinação do rito processual a ser seguido. A distinção entre os procedimentos ordinário e sumário dar-se-á em função da pena máxima cominada à infração penal e não mais em virtude de esta ser apenada com reclusão ou detenção.

A suspensão condicional do processo (art. 89 da Lei n. 9.099/95) somente é cabível na forma simples do crime de apropriação indébita (*caput*), uma vez que a pena mínima cominada é de reclusão de um ano.

ART. 168-A – APROPRIAÇÃO INDÉBITA PREVIDENCIÁRIA

1. CONSIDERAÇÕES PRELIMINARES

Dispõe o art. 194 da Constituição Federal: "A seguridade social compreende um conjunto integrado de ações de iniciativa dos Poderes Públicos e da sociedade, destinadas a assegurar os direitos relativos à saúde, à previdência e à assistência social". O art. 195 da Carta Constitucional, por sua vez, elenca os modos pelos quais será financiada a seguridade social: (i) por recursos provenientes dos orçamentos da União, dos Estados, do Distrito Federal e dos Municípios; (ii) por contribuições sociais (*v.* incisos I a III). Foram editados vários diplomas legais com o fim de regulamentar o art. 194 da Constituição Federal, são eles: Leis n. 8.080/90, 8.212/91, 8.213/91, 8.742/93. Alguns delitos contra a Previdência Social estão dispostos no Código Penal; entre eles: (i) a apropriação indébita previdenciária – art. 168-A; (ii) sonegação de contribuição previdenciária – art. 337-A; (iii) falsidade documental contra a Previdência – §§ 3º e 4º do art. 297.

Cabe aqui comentar o art. 168-A do CP: "Deixar de repassar à previdência social as contribuições recolhidas dos contribuintes, no prazo e forma legal ou convencional: Pena – reclusão, de dois a cinco anos, e multa".

2. OBJETO JURÍDICO

Trata-se de mais um crime contra o patrimônio; contudo, conforme assevera Antonio Lopes Monteiro: "Na verdade esse artigo protege o patrimônio não de uma pessoa ou de algumas pessoas, como nos demais crimes previstos nesse Título, mas o patrimônio de todos os cidadãos que fazem parte do sistema previdenciário"[516].

3. ELEMENTOS DO TIPO

3.1. Ação nuclear

O *caput* do artigo incrimina a conduta de deixar de repassar, isto é, deixar de transferir, não encaminhar à Previdência Social (INSS – autarquia federal) as contribuições recolhidas dos contribuintes, no prazo e forma legal ou convencional. Trata-se de crime omissivo puro[517].

A lei faz referência ao prazo e à forma pelos quais a contribuição deverá ser repassada. Trata-se, portanto, de norma penal em branco, que dependerá para a sua efetiva aplicação de definições contidas nas leis previdenciárias.

3.2. Sujeito ativo

Cuida-se de crime próprio. Somente pode ser praticado por aquele que tem o dever legal de repassar à Previdência Social as contribuições recolhidas dos contribuintes. A lei também se refere ao prazo convencional. Consoante Damásio E. de Jesus: "As contribuições, muitas vezes, são recolhidas em instituições bancárias, que, por convênios ('convenções') celebrados com o INSS, dispõem de prazo para repassar os valores à Previdência Social. Portanto, poderão também figurar como sujeitos ativos. Os agentes públicos também podem praticar tal delito, tendo em vista que as contribuições das empresas incidentes sobre o faturamento e o lucro, bem como aquelas referentes à receita de concursos de prognóstico, são arrecadadas e fiscalizadas pela Secretaria da Receita Federal, cujos valores devem ser repassados mensalmente ao Tesouro Nacional. A violação desse dever legal, que antes era uma simples infração administrativa, tornou-se ilícito penal"[518].

3.3. Sujeito passivo

É o Estado, em especial o órgão da Previdência Social, que é o responsável pelo recolhimento das contribuições.

---

516. Antonio Lopes Monteiro, *Crimes contra a Previdência Social*, São Paulo, Saraiva, 2000, p. 31.

517. Nesse sentido, Antonio Lopes Monteiro, *Crimes contra a Previdência Social*, cit., p. 32. Em sentido contrário, Cezar Roberto Bitencourt, *Código Penal comentado*, cit., 2002, p. 736; Luiz Flávio Gomes, *Crimes previdenciários*, São Paulo, Revista dos Tribunais, 2001, p. 32; Damásio E. de Jesus, *Código Penal anotado*, cit., 12. ed., 2002, p. 623. Para esses autores, cuida-se aqui de um crime comissivo-omissivo, isto é, de conduta mista. Há primeiramente uma ação, consistente no recolhimento das contribuições sociais, e em seguida uma conduta omissiva relativa ao não repasse das mesmas à Previdência Social.

518. Damásio E. de Jesus, *Código Penal*, cit., p. 622.

4. ELEMENTO SUBJETIVO

É o dolo, consistente na vontade livre e consciente de recolher as contribuições e não as repassar à Previdência Social. É pacífico o entendimento de que o dolo do crime de apropriação indébita previdenciária é a consciência e a vontade de não repassar à Previdência, dentro do prazo e na forma da lei, as contribuições recolhidas, não se exigindo a demonstração de especial fim de agir ou o dolo específico de fraudar a Previdência Social como elemento essencial do tipo penal(*animus rem sibi habendi*).

5. CONSUMAÇÃO

Consuma-se no momento em que se exaure o prazo legal ou convencional assinalado para o repasse das contribuições recolhidas pelo agente. Nas modalidades do § 1º, a consumação se dá com a falta de recolhimento do tributo ou pagamento do benefício ao segurado.

A caracterização definitiva do crime, no entanto, condiciona-se à constituição definitiva do crédito tributário, a qual se dá com o lançamento.

O STF já decidiu nesse mesmo sentido: "a representação fiscal para fins penais relativa aos crimes de apropriação indébita previdenciária e de sonegação de contribuição previdenciária será encaminhada ao ministério público depois de proferida a decisão final, na esfera administrativa, sobre a exigência fiscal do crédito tributário correspondente (STF. Plenário. ADI 4980/DF, rel. Min. Nunes Marques, julgado em 10-3-2022)".

Nessa mesma seara interpretativa, o STJ decidiu que "o crime de apropriação indébita previdenciária, previsto no art. 168-A, § 1º, I, do Código Penal, possui natureza de delito material, que só se consuma com a constituição definitiva, na via administrativa, do crédito tributário, consoante o disposto na Súmula Vinculante 24 do Supremo Tribunal Federal" (STJ. 3ª Seção. REsp 1.982.304-SP, rel. Min. Laurita Vaz, julgado em 17-10-2023. Recurso Repetitivo – Tema 1.166).

6. TENTATIVA

A tentativa é inadmissível, uma vez que se cuida aqui de crime omissivo puro.

7. FORMAS

7.1. Simples (art. 168-A, *caput*)

Está prevista no *caput*.

7.2. Figuras assemelhadas (art. 168-A, § 1º)

O § 1º do art. 168-A, I a III, prevê outros tipos penais assemelhados. Conforme assevera Cezar Roberto Bitencourt, "a conduta tipificada no *caput* tem a finalidade de punir o *substituto tributário*, que deve recolher à previdência social o que arrecadou do contribuinte e deixa de fazê-lo (*vide* art. 31 da Lei n. 8.212/91). Já as figuras descritas no § 1º destinam-se ao *contribuinte-empresário*, que deve recolher a contribuição que arrecadou do contribuinte"[519]. No tocante à individualização dos sócios das empresas responsáveis pelo recolhimento das contribuições, temos que, para ser incluído na denúncia, não é suficiente ser sócio de pessoa jurídica, ou, nela, exercer atividade de administração ou gerência. É necessária a apresentação de evidências de que aquele praticou conduta – comissiva ou omissiva – penalmente relevante. Nesse contexto, vale mencionar que a denúncia prescinde de descrição pormenorizada, individualizando a participação/conduta de cada um dos acusados, bastando que se estabeleça o vínculo de cada um ao ilícito. Contudo, a peça acusatória deve atender, por óbvio, aos requisitos do art. 41 do CPP.

Nas mesmas penas incorre quem:

(i) Inciso I: *deixar de recolher, no prazo legal, contribuição ou outra importância destinada à previdência social que tenha sido descontada de pagamento efetuado a segurados, a terceiros ou arrecadada do público.* O dispositivo legal refere-se ao substituto tributário, ou seja, o sujeito encarregado de recolher a contribuição ou importância dirigida à previdência social, que descontou de pagamento ao segurado, a terceiros ou a arrecadou do público.

(ii) Inciso II: *deixar de recolher contribuições devidas à previdência social que tenham integrado despesas contábeis ou custos relativos à venda de produtos ou à prestação de serviços (inciso II).* Segundo Luiz Flávio Gomes, "já não se trata, agora, de deixar de recolher aquilo que se descontou de outras pessoas, senão de deixar de recolher o que 'tenha integrado despesas contábeis ou custos relativos à venda de produtos ou à prestação de serviços'. A *ratio legis* é a seguinte: no preço final do produto ou do serviço já está embutido (ou poderia estar) o valor das contribuições devidas. Sendo assim, se são contabilizadas e depois não repassadas para o INSS, há a apropriação desse 'custo'"[520].

(iii) Inciso III: *deixar de pagar benefício devido a segurado, quando as respectivas cotas ou valores já tiverem sido reembolsados à empresa pela previdência social.* Nesta modalidade, é dever do agente (contribuinte-empresário) pagar os benefícios devidos ao segurado, uma vez realizado o reembolso das respectivas cotas ou valores pelo INSS. Dessa forma, configurar-se-á esse delito na hipótese em que o agente não repassa ao empregado (segurado) os valores já reembolsados. Cite-se como exemplo o salário-família[521].

7.3. Privilegiada

Está prevista no art. 170 do Código Penal. Incide sobre as figuras simples e assemelhadas acima mencionadas.

---

519. Cezar Roberto Bitencourt, *Código Penal comentado*, cit., p. 737.
520. Luiz Flávio Gomes, *Crimes previdenciários*, cit., p. 38.
521. Exemplo de Luiz Flávio Gomes, *Crimes previdenciários*, cit., p. 39.

7.4. Causa extintiva da punibilidade (art. 168-A, § 2º)

O § 2º do art. 168-A prevê: "É extinta a punibilidade se o agente, espontaneamente, declara, confessa e efetua o pagamento das contribuições, importâncias ou valores e presta as informações devidas à previdência social, na forma definida em lei ou regulamento, antes do início da execução fiscal".

(i) Pagamento integral do débito previdenciário: o § 2º considera causa extintiva da punibilidade do agente o pagamento integral do débito antes do início da ação fiscal, a qual somente ocorre com a cientificação pessoal do contribuinte acerca de sua instauração, e não com a mera formalização, pela autoridade pública, do Termo de Início da Ação Fiscal (TIAF).

(ii) Pagamento integral e parcelamento do débito previdenciário:

(ii.1) parcelamento: se houver a concessão, na órbita administrativa, do parcelamento do débito, fica **suspensa** a pretensão punitiva do Estado durante o período em que a pessoa física ou jurídica relacionada com o agente estiver incluída no regime de parcelamento, desde que o pedido de parcelamento tenha sido formalizado **antes do recebimento da denúncia** (Lei n. 9.430/96, art. 83, § 2º). Além disso, a prescrição criminal não corre durante o período de suspensão da pretensão punitiva (Lei n. 9.430/96, art. 83, § 3º). Note-se, que, de acordo com a redação do art. 83, § 1º, da Lei n. 9.430/96, na hipótese de concessão de parcelamento do crédito tributário, a representação fiscal para fins penais somente será encaminhada ao Ministério Público após exclusão da pessoa física ou jurídica do parcelamento.

(ii.2) pagamento integral: o pagamento integral do débito importará na **extinção** da punibilidade (Lei n. 9.430/96, art. 83, § 4º). De acordo com a redação do § 6º do art. 83 da Lei n. 9.430/96 "as disposições contidas no *caput* do art. 34 da Lei n. 9.249, de 26 de dezembro de 1995, aplicam-se aos processos administrativos e aos inquéritos e processos em curso, desde que não recebida a denúncia pelo juiz", isto é, o pagamento do tributo ou contribuição social, inclusive acessórios, ou seja, o pagamento integral, **até o recebimento da denúncia**, extinguirá a punibilidade (art. 34 da Lei n. 9.249/95).

7.5. Perdão judicial ou pena de multa (art. 168-A, §§ 3º e 4º)

Prevê o § 3º do art. 168-A: "é facultado ao juiz deixar de aplicar a pena ou aplicar somente a de multa se o agente for primário e de bons antecedentes, desde que":

(i) Inciso I: *Tenha promovido, após o início da ação fiscal e antes de oferecida a denúncia, o pagamento da contribuição social previdenciária, inclusive acessórios.* Nessa primeira hipótese será cabível o perdão judicial ou a pena de multa se o pagamento das contribuições, inclusive acessórios (pagamento integral), se der após o início da ação fiscal e antes de oferecida a denúncia. No entanto, tal previsão resta inócua, haja vista dispositivo mais abrangente que prevê a extinção da punibilidade na hipótese de pagamento do débito antes do recebimento da denúncia (*vide* item anterior). Assim, ainda que oferecida a exordial acusatória, restará a possibilidade de o devedor efetuar o pagamento antes do seu recebimento e ver extinta a sua punibilidade, o que é mais benéfico do que o perdão judicial ou a imposição da pena de multa.

(ii) Inciso II: *O valor das contribuições devidas, inclusive acessórios, seja igual ou inferior àquele estabelecido pela previdência social, administrativamente, como sendo o mínimo para o ajuizamento de suas execuções fiscais.* O legislador previu no mencionado dispositivo legal a aplicação alternativa pelo juiz do perdão judicial ou uma sanção penal menos rigorosa (aplicação exclusiva da pena de multa), desde que o agente preencha os seguintes requisitos: (i) seja primário e de bons antecedentes (requisito subjetivo); (ii) o valor das contribuições devidas, inclusive acessórios, seja igual ou inferior àquele estabelecido pela previdência social, administrativamente, como sendo o mínimo para o ajuizamento de suas execuções fiscais (requisito objetivo). E qual seria o valor mínimo estabelecido para o ajuizamento de execuções fiscais de contribuições previdenciárias? O art. 20, *caput*, da Lei n. 10.522/2002 dispõe que "serão arquivados, sem baixa na distribuição, mediante requerimento do Procurador da Fazenda Nacional, os autos das execuções fiscais de débitos inscritos na Dívida Ativa pela Procuradoria-Geral da Fazenda Nacional ou por ela cobrados, de valor consolidado igual ou inferior a R$ 10.000,00 (dez mil reais)". Por sua vez, a Portaria n. 75/2012 do Ministério da Fazenda recalculou o valor mínimo para o ajuizamento das execuções fiscais para R$ 20.000,00.

Importante destacar que, de acordo com o STF e o STJ, não se aplica o princípio da insignificância ao crime de sonegação de contribuição previdenciária: "AGRAVO REGIMENTAL NO RECURSO ESPECIAL PENAL. SONEGAÇÃO DE CONTRIBUIÇÃO PREVIDENCIÁRIA. PRINCÍPIO DA INSIGNIFICÂNCIA. INAPLICABILIDADE. VALOR DO DÉBITO. IRRELEVÂNCIA. CONDUTA ALTAMENTE REPROVÁVEL. PRECEDENTES. AGRAVO REGIMENTAL DESPROVIDO. 1. Ambas as Turmas que compõem o Supremo Tribunal Federal entendem ser inaplicável o princípio da insignificância aos crimes de sonegação de contribuição previdenciária, tendo em vista a elevada reprovabilidade dessas condutas, que atentam contra bem jurídico de caráter supraindividual e contribuem para agravar o quadro deficitário da Previdência Social. 2. A Terceira Seção desta Corte Superior concluiu que não é possível a aplicação do princípio da insignificância aos crimes de apropriação indébita previdenciária e de sonegação de contribuição previdenciária, independentemente do valor do ilícito, pois esses tipos penais protegem a própria subsistência da Previdência Social, de modo que é elevado o grau de reprovabilidade da conduta do agente que atenta contra esse bem jurídico supraindividual. 3. Agravo regimental desprovido" (AgRg no REsp 1783334/PB, *DJU* 7-11-2019).

Importa, finalmente, mencionar que, uma vez preenchidos todos os requisitos acima elencados (subjetivos e objetivos), o réu tem o direito público subjetivo de ser contemplado com o perdão judicial ou a pena de multa.

(iii) § 4º: dispõe que: "A faculdade prevista no § 3º deste artigo não se aplica aos casos de parcelamento de contribuições cujo valor, inclusive dos acessórios, seja superior àquele estabelecido, administrativamente, como sendo o mínimo para o ajuizamento de suas execuções fiscais". O acréscimo legislativo trata de hipótese semelhante àquela que pode ser extraída do § 3º, II. No caso dessa disposição, é o valor das **contribuições parceladas**, incluindo os acessórios, que, se superior àquele estabelecido, administrativamente, como sendo o mínimo para o ajuizamento de suas execuções fiscais, impede a aplicação do perdão judicial e a aplicação de apenas multa, ainda que o agente seja primário e de bons antecedentes. Com relação ao valor mínimo, o art. 20, *caput*, da Lei n. 10.522/2002 dispõe que "serão arquivados, sem baixa na distribuição, mediante requerimento do Procurador da Fazenda Nacional, os autos das execuções fiscais de débitos inscritos na Dívida Ativa pela Procuradoria-Geral da Fazenda Nacional ou por ela cobrados, de valor consolidado igual ou inferior a R$ 10.000,00 (dez mil reais)". Por sua vez, a Portaria n. 75/2012 do Ministério da Fazenda recalculou o valor mínimo para o ajuizamento das execuções fiscais para R$ 20.000,00.

8. PRÉVIO ESGOTAMENTO DA VIA ADMINISTRATIVA

É cediço o entendimento de que o Ministério Público não pode oferecer denúncia pelo crime do art. 168-A do Código Penal enquanto não finalizado o processo administrativo relativo à discussão sobre existência, valor ou exigibilidade da contribuição previdenciária. Ou seja, a conclusão do processo administrativo é condição de procedibilidade para o exercício da ação penal. Aliás, de acordo com posição consolidada no STF e no STJ, nem sequer pode ser instaurado inquérito policial para a investigação do delito sem que o processo administrativo esteja findo, com fundamento no art. 142 do Código Tributário Nacional, que assim dispõe: "Compete privativamente à autoridade administrativa constituir o crédito tributário pelo lançamento, assim entendido o procedimento administrativo tendente a verificar a ocorrência do fato gerador da obrigação correspondente, determinar a matéria tributável, calcular o montante do tributo devido, identificar o sujeito passivo e, sendo o caso, propor a aplicação da penalidade cabível". Conclusão: o magistrado não tem competência para decidir sobre a existência ou não do crédito tributário, sendo imprescindível a conclusão de processo administrativo para que possibilite o exercício da ação penal. Ademais, a Súmula Vinculante 24 dispõe que "Não se tipifica crime material contra a ordem tributária, previsto no artigo 1º, incisos I a IV, da Lei 8.137/90, antes do lançamento definitivo do tributo". Embora a súmula mencione apenas os delitos tipificados no art. 1º, I a IV, da Lei n. 8.137/90, produz reflexos em todos os crimes de natureza tributária, já que os fundamentos que justificam a sua criação aplicam-se igualmente a todos eles.

9. AÇÃO PENAL. PROCEDIMENTO. COMPETÊNCIA

Trata-se de crime de ação penal pública incondicionada. No tocante ao procedimento, *vide* art. 394 do Código de Processo Penal, que determina critérios distintos para a determinação do rito processual a ser seguido. A distinção entre os procedimentos ordinário e sumário dar-se-á em função da pena máxima cominada à infração penal e não mais em virtude de esta ser apenada com reclusão ou detenção.

Os crimes contra a Previdência Social são de competência da Justiça Federal, uma vez que compete a esta processar e julgar "as causas em que União, entidade autárquica ou empresa pública federal forem interessadas" (CF, art. 109, I). Como é cediço, as contribuições sociais são repassadas para os cofres da União.

ART. 169, *CAPUT* – APROPRIAÇÃO DE COISA HAVIDA POR ERRO, CASO FORTUITO OU FORÇA DA NATUREZA

1. CONCEITO

Dispõe o art. 169, *caput*, do Código Penal: "Apropriar-se alguém de coisa alheia vinda ao seu poder por erro, caso fortuito ou força da natureza. Pena: detenção, de um mês a um ano, ou multa".

2. OBJETO JURÍDICO

Tutela-se a inviolabilidade do patrimônio.

3. OBJETO MATERIAL

É a coisa alheia móvel.

4. ELEMENTOS DO TIPO

4.1. Ação nuclear

Consubstancia-se no verbo *apropriar-se*, ou seja, apoderar-se de coisa alheia. Trata-se de espécie do crime de apropriação indébita prevista no art. 168, de forma que as lições expendidas no capítulo relativo a esse crime aqui também se aplicam. Contudo difere esse crime do previsto no art. 168 no tocante à origem da posse da coisa, pois na figura do art. 168 a posse ou detenção do bem pelo agente decorre da voluntária e consciente transferência pelo proprietário, ao passo que no art. 169 o bem é havido por erro, caso fortuito ou força da natureza. Veja-se que nesse crime o agente adquire o bem independentemente de sua vontade. Mas, no momento em que deixa de restituí-lo, passando a agir como se dono fosse, haverá a configuração do crime em tela. Passemos a conceituar *erro*: é a representação falsa de algo. O sujeito passivo entrega o bem ao agente incidindo em equívoco, que pode recair: (i) *sobre a pessoa* ("*error in persona*"), por exemplo, "Tício manda, por um flâmulo, certa quantia a Caio, seu credor; mas o dinheiro é entregue a um homônimo que se apropria"[522]; (ii) *sobre a identidade, a qualidade, ou a quantidade da coisa* ("*error in substantia*"). Exemplifica Noronha: "uma pessoa vende a outra um imóvel, ignorando haver em seu interior dinheiro de que o comprador se apropria; o agente compra da vítima jornais velhos, porém, juntamente com eles, vem a seu poder um título de valor econômico; uma pessoa manda sua roupa a lavar no tintureiro, mas em um dos bolsos acha-se seu dinheiro, do qual o segundo se apropria. Há ainda erro sobre a coisa quando alguém entrega a outrem quantidade maior do que a devida. Finalmente quando uma

---

522. E. Magalhães Noronha, *Direito penal*, cit., v. 2, p. 343.

coisa é entregue por outra"[523]. Especificamente sobre o exemplo de entrega a outrem de quantidade maior que a devida, registre-se hipótese na qual o agente se dirige à agência bancária, onde retira quantia em dinheiro mensalmente creditada em sua conta corrente, oportunidade em que recebe, por engano, valor superior ao que de costume, recusando-se, mesmo após perceber o equívoco, a ressarcir o banco vítima sob a alegação de culpa exclusiva do estabelecimento. Neste caso, plenamente configurado o *animus rem sibi habendi*, devendo responder pelo delito do art. 169. Em todas essas hipóteses o agente não pode ter provocado o erro, pois, se o fizer, comete crime de estelionato.

O bem pode também ser havido em decorrência de *caso fortuito* ou *força da natureza*. Tanto um quanto outro constituem, segundo a doutrina, acontecimento estranho à vontade do agente e do proprietário do bem, tendo, inclusive, Hungria assinalado a desnecessidade dessa distinção, pois o caso fortuito abrange todo e qualquer acontecimento estranho à vontade do agente e do *dominus*[524]. A doutrina costuma distinguir ambos com os seguintes exemplos: considera-se caso fortuito se um animal de uma fazenda passar para outra fazenda e o proprietário desta dele se apropriar; também é considerado caso fortuito se, em decorrência de um acidente viário, objetos caírem no terreno do agente e serem por ele apropriados. Considera-se força da natureza ou força maior o evento natural, como, por exemplo, as roupas levadas pelos ventos ao terreno vizinho, os objetos arrastados pela correnteza da chuva, os quais são apropriados.

4.2. Sujeito ativo

É aquele que tendo a coisa alheia vinda ao seu poder por erro, caso fortuito ou força da natureza, dela se apropria. Trata-se de crime comum, pois qualquer pessoa pode praticá-lo.

4.3. Sujeito passivo

É o proprietário do bem, aquele que é desapossado da coisa em decorrência de erro, caso fortuito ou força da natureza. Nem sempre é o proprietário do bem quem incidirá em erro, podendo sê-lo, por exemplo, terceira pessoa incumbida de fazer a entrega de uma mercadoria em nome daquele.

5. ELEMENTO SUBJETIVO

É o dolo, consubstanciado na vontade livre e consciente de apropriar-se de coisa alheia, tendo conhecimento de que ela veio ao seu poder por erro, caso fortuito ou força da natureza. Não há o dolo de apropriar-se se o agente, tendo o bem chegado às suas mãos por erro, caso fortuito ou força maior, não tem condições de saber quem é o seu proprietário.

Quanto ao elemento subjetivo, *vide* comentários ao art. 168, *caput*.

---

523. E. Magalhães Noronha, *Direito penal*, cit., v. 2, p. 343.

524. Nélson Hungria, *Comentários*, cit., v. VII, p. 151.

6. CONSUMAÇÃO E TENTATIVA

Vide os comentários ao art. 168, *caput*, do Código Penal.

7. FORMAS

7.1. Simples (art. 169, *caput*)

Está prevista no *caput* do art. 169 (pena – detenção, de 1 mês a 1 ano, ou multa).

7.2. Privilegiada

Está prevista no art. 170 c/c o art. 155, § 2º: "Se o criminoso é primário, e é de pequeno valor a coisa furtada, o juiz pode substituir a pena de reclusão pela de detenção, diminuí-la de um a dois terços, ou aplicar somente a pena de multa". Consulte os comentários ao art. 155, § 2º.

8. DISTINÇÃO

Importa fazer a seguinte distinção: se a coisa vem ao poder do agente por erro de outrem, sem que ele tenha provocado esse erro e sem que tome conhecimento desse equívoco no momento da entrega do bem, a posterior apropriação deste caracterizará o delito de apropriação de coisa havida por erro (CP, art. 169, *caput*). Haverá, por outro lado, o crime de estelionato se o agente provocar o erro em que incidiu a vítima, por exemplo, apresentar-se como o destinatário da mercadoria, ou, então, no momento da entrega do bem pela vítima, tendo conhecimento de que esta se enganou, continuar a mantê-la em erro, por exemplo, a vítima entrega o bem a "C" pensando tratar-se de "D", e "C", no momento da entrega, cala-se com o intuito de ficar com o bem.

9. AÇÃO PENAL

Trata-se de crime de ação penal pública incondicionada. Nos moldes da Lei n. 9.099/95, o crime em tela constitui infração penal de menor potencial ofensivo, admitindo-se a suspensão do processo.

ART. 169, PARÁGRAFO ÚNICO, I – APROPRIAÇÃO DE TESOURO

1. CONCEITO

Dispõe o art. 169, parágrafo único, I, do Código Penal: "Nas mesmas penas incorre: I – quem acha tesouro em prédio alheio e se apropria, no todo ou em parte, da quota a que tem direito o proprietário do prédio".

2. OBJETO JURÍDICO

Tutela-se a inviolabilidade patrimonial, em especial a quota do tesouro a que tem direito o proprietário do prédio em que ele se encontra.

3. OBJETO MATERIAL

É o tesouro que se encontra em prédio alheio. O art. 1.264 do Código Civil define tesouro como "o depósito antigo de coisas preciosas, oculto e de cujo dono não haja memória...". Não constituem tesouro, segundo Noronha, "as minas, os filões etc., porque se incorporam naturalmente ao solo; como também as ruínas de antigos monumentos, ou as coisas imobilizadas, tal como uma estátua fixada a um prédio"[525].

4. ELEMENTOS DO TIPO

4.1. Ação nuclear

Assim como nos arts. 168 e 169, *caput*, pune-se a conduta de apropriar-se de coisa alheia, ou seja, a conduta de quem pratica atos de disposição ou se nega a entregar o bem, fazendo-se passar por dono.

Incrimina-se no art. 169, parágrafo único, I, do Código Penal a conduta do inventor do tesouro que se apropria da quota-parte que caberia ao proprietário do prédio em que aquele foi encontrado. Há, assim, primeiramente a posse lícita do bem pelo inventor, em decorrência da invenção, contudo, no momento em que se recusa a dividir por igual o tesouro entre ele e o proprietário, pratica o crime em tela. O art. 1.265 do Código Civil assinala que, "o tesouro pertencerá por inteiro ao proprietário do prédio, se for achado por ele, ou em pesquisa que ordenou, ou por terceiro não autorizado". Nessas hipóteses, aquele que se apropria do tesouro achado comete o crime de furto.

Ainda, é fundamental que o encontro do tesouro seja ao acaso, pois, do contrário, poderá incidir o agente em crime de furto. Se alguém provar que os objetos encontrados lhe pertencem, não há falar em tesouro. Finalmente, registre-se que o encontro de pedras preciosas em imóvel alheio, ali inseridas na condição de depósito geológico natural, não configura tesouro e gera obrigação de entregá-las ao dono do solo; do contrário, se o agente delas se apoderar, comete furto.

4.2. Sujeito ativo

É o inventor, ou seja, aquele que achou casualmente o tesouro em prédio alheio e se apodera da quota-parte do proprietário do imóvel.

---

525. E. Magalhães Noronha, *Direito penal*, cit., v. 2, p. 351.

4.3. Sujeito passivo

É o proprietário do prédio em que foi encontrado o tesouro. O enfiteuta também poderá ser sujeito passivo do crime em tela, quando o inventor não lhe der a quota-parte do tesouro encontrado no terreno aforado, pois consoante o disposto no art. 1.266 do Código Civil: "Achando-se em terreno aforado, o tesouro será dividido por igual entre o descobridor e o enfiteuta, ou será deste por inteiro quando ele mesmo seja o descobridor".

5. ELEMENTO SUBJETIVO

É o dolo, consubstanciado na vontade livre e consciente de se apropriar, no todo ou em parte, da quota do tesouro a que tem direito o proprietário do prédio. Quanto ao elemento subjetivo, *vide* comentários ao art. 168, *caput*. Se o agente encontrar o tesouro e desconhecer que tem obrigação legal de entregar metade ao proprietário do prédio, agirá em erro de proibição (CP, art. 21).

6. CONSUMAÇÃO E TENTATIVA

Quanto à consumação e tentativa, *vide* comentários ao art. 168, *caput*.

7. FORMAS

7.1. Simples

Está prevista no inciso I do parágrafo único do art. 169 (pena – detenção, de 1 mês a 1 ano, ou multa).

7.2. Privilegiada

Está prevista no art. 170 c/c o art. 155, § 2º: "Se o criminoso é primário, e é de pequeno valor a coisa furtada, o juiz pode substituir a pena de reclusão pela de detenção, diminuí-la de um a dois terços, ou aplicar somente a pena de multa". Consulte os comentários ao art. 155, § 2º.

8. AÇÃO PENAL

Trata-se de crime de ação penal pública incondicionada. Nos moldes da Lei n. 9.099/95, o crime em tela constitui infração penal de menor potencial ofensivo, admitindo-se a suspensão do processo.

ART. 169, PARÁGRAFO ÚNICO, II – APROPRIAÇÃO DE COISA ACHADA

1. CONCEITO

Diz o art. 169, parágrafo único, II, do Código Penal: "Na mesma pena incorre: (...) II – quem acha coisa alheia perdida e dela se apropria, total ou parcialmente, deixando de restituí-la ao dono ou legítimo possuidor ou de entregá-la à autoridade competente, dentro no prazo de quinze dias".

2. OBJETO JURÍDICO

Tutela-se o direito de propriedade, assim como a posse do bem móvel.

3. OBJETO MATERIAL

É a coisa perdida. Considera-se como tal o objeto que saiu do poder de fato do proprietário ou legítimo possuidor, encontrando-se em local público ou de uso público. Afirma Hungria: "uma pedra preciosa que se depara caída numa sarjeta é, *ictu oculi*, uma *res deperdita*"[526]. Não se considera perdida segundo o mesmo autor, "a coisa que, embora ignorado o exato lugar onde foi parar, continua na esfera de custódia do *dominus*. Assim, o pequeno brilhante que se desprendeu de um anel, sem que o percebesse o *dominus*, e foi insinuar-se na greta do soalho da casa deste, não é, *sub specie juris*, uma coisa perdida, não podendo ser objeto do crime em questão, mas, sim, de furto"[527]. Por fim, não se considera perdida a coisa que é simplesmente esquecida, podendo ser reclamada a qualquer momento. A apropriação do bem, no caso, constituirá também crime de furto[528], por exemplo, vítima que esquece a sua bolsa no sofá de uma loja, podendo a qualquer momento retornar para pegá-la, tendo sido, no entanto, apropriada por terceiro. Comete este crime de furto, pois a coisa não é perdida.

Também não se consideram coisa perdida a *res derelicta* (coisa abandonada) e a *res nullius* (coisa que nunca teve proprietário ou possuidor).

4. ELEMENTOS DO TIPO

4.1. Ação nuclear

O tipo penal não incrimina a conduta de achar coisa perdida, mas, sim, a de apropriar-se do bem após a sua invenção. Tal incriminação vem ao encontro das disposições da lei civil. Com efeito, impõe o Código Civil o dever de o descobridor da coisa perdida restituí-la ao dono ou legítimo possuidor (art. 1.233). Em não se conhecendo este, o descobridor fará por descobri-lo, e, não logrando êxito, entregará a coisa achada à autoridade competente (art. 1.233, parágrafo único).

A configuração do crime se dá de duas formas: (i) o agente deixa de restituir a coisa achada ao dono ou legítimo possuidor quando o conhece; a lei não fixou um prazo para a entrega do mesmo; (ii) o agente, não conhecendo o dono ou legítimo possuidor, deixa de entregar o bem à autoridade competente (policial ou judiciária, cf. CPC, art. 746) dentro

---

526. Nélson Hungria, *Comentários*, cit., v. VII, p. 153.
527. Idem, ibidem, p. 154.
528. Idem, ibidem, p. 154.

do prazo de quinze dias. Veja-se, portanto, que o crime se perfaz com a apropriação do bem pelo agente. Não basta a mera invenção (ou descoberta).

A invenção da coisa perdida, aliás, pode ser casual ou intencional. Será casual se o agente encontrar o bem por acaso, por exemplo, ele está passeando pelo parque quando encontra uma pulseira no chão. Será intencional se o agente, por exemplo, presenciar a carteira caindo do bolso de um transeunte em via pública e aguardar o afastamento deste para dela apropriar-se. Tal entendimento, contudo, comporta divergências, pois, para Hungria, a invenção somente pode ser casual, de forma que neste último exemplo há verdadeira subtração[529]. Para E. Magalhães Noronha e Julio Fabbrini Mirabete[530], há a configuração do crime de apropriação de coisa achada. Victor Eduardo Rios Gonçalves, porém, ressalva: "é claro, pois, que, se alguém está almoçando em um restaurante e sua carteira vai ao solo sem que ele perceba, mas o fato é visto por outra pessoa, que dela se apodera, existe furto, posto que, nesse caso, ainda não se consumara a situação de perda do bem, já que a carteira poderia ser encontrada de imediato pela vítima, que certamente daria pela sua falta por ocasião do pagamento da conta e obviamente a procuraria no chão"[531].

4.2. Sujeito ativo

É aquele que acha a coisa perdida e, tendo o dever legal de restituí-la ao dono, ao legítimo possuidor ou de entregá-la à autoridade competente, dela se apropria.

4.3. Sujeito passivo

É o proprietário ou legítimo possuidor da coisa perdida.

5. ELEMENTO SUBJETIVO

É o dolo, consubstanciado na vontade livre e consciente de se apropriar da coisa perdida, deixando de restituí-la ao dono ou legítimo possuidor ou de entregá-la à autoridade competente, dentro do prazo de quinze dias. É preciso comprovar no caso concreto o nítido propósito do agente em apropriar-se do bem. Se o agente, por exemplo, deixa de entregar a coisa à autoridade competente por mera negligência, sem que haja a vontade de se apossar dela, afastada está a configuração do crime em tela. Aliás, ressalva Hungria que "a própria expiração do prazo de 15 dias, sem entrega da coisa à autoridade, não faz surgir, fatalmente, o crime: não passa de uma presunção *juris tantum*, isto é, que pode ser elidida por prova em contrário"[532]. Com efeito, pode suceder que o agente comprove que por diversos meios (p.ex., publicação em jornais) tentou encontrar o proprietário ou pos-

---

529. Nélson Hungria, *Comentários*, cit., v. VII, p. 155.

530. E. Magalhães Noronha, *Direito penal*, cit., v. 2, p. 354; Julio Fabbrini Mirabete, *Manual*, cit., v. 2, p. 296.

531. Victor Eduardo Rios Gonçalves, *Dos crimes contra o patrimônio, Coleção*, cit., v. 9, p. 106.

532. Nélson Hungria, *Comentários*, cit., v. VII, p. 156.

suidor legítimo do bem, motivo este que o levou a não entregar a coisa perdida à autoridade competente no prazo de quinze dias.

Se o agente supuser, pelas condições do objeto, que se trata de coisa abandonada, haverá erro sobre o elemento constitutivo do tipo legal, que exclui o dolo (CP, art. 20, *caput*).

Quanto ao elemento subjetivo do tipo, *vide* também os comentários ao art. 168, *caput*.

6. CONSUMAÇÃO E TENTATIVA

Na hipótese em que o agente não ignora quem é o proprietário ou legítimo possuidor da coisa achada, por estar obrigado a devolvê-la de imediato, o crime se consuma quando deixa de fazê-lo. Se ignorar quem é o dono ou legítimo possuidor da coisa, deverá entregá-la à autoridade competente no prazo de quinze dias (CPC, art. 746). Somente quando ultrapassado esse prazo o crime reputar-se-á consumado. É denominado pela doutrina "crime a prazo". Ressalve-se a hipótese em que o agente dispõe do bem durante esse lapso temporal, ou seja, vende, doa, aluga, pois tais atos por si sós comprovam a intenção de apropriar-se.

No que diz respeito à tentativa, *vide* os comentários ao crime de apropriação indébita previsto no art. 168, *caput*.

7. FORMAS

7.1. Simples

Está prevista no inciso II do parágrafo único do art. 169 (pena – detenção, de 1 mês a 1 ano, ou multa).

7.2. Privilegiada

Está prevista no art. 170 c/c o art. 155, § 2º. "Se o criminoso é primário, e é de pequeno valor a coisa furtada, o juiz pode substituir a pena de reclusão pela de detenção, diminuí-la de um a dois terços, ou aplicar somente a pena de multa". Consulte os comentários ao art. 155, § 2º.

8. CONCURSO DE CRIMES

Suponhamos que um indivíduo encontre um talonário de cheques perdido na rua, dele se apodere, preencha uma das folhas, falsificando a assinatura de seu titular, e posteriormente a desconte em um estabelecimento comercial. *Qual crime comete esse indivíduo?* Apropriação de coisa achada ou estelionato? Os tribunais estaduais têm-se manifestado no sentido de que se configura na hipótese o crime de apropriação de coisa achada[533].

---

533. Victor Eduardo Rios Gonçalves, *Dos crimes contra o patrimônio, Coleção*, cit., v. 9, p. 67.

Nosso entendimento: concordamos com Victor Eduardo Rios Gonçalves, para quem "a folha de cheque em branco, em si mesma, não tem valor patrimonial. Tanto é assim que o agente, para obter algum lucro, tem de empregar uma fraude (preenchê-lo e ludibriar terceiro dizendo que o recebera do correntista). Dessa forma, o que gera lucro para o agente é a conduta posterior (estelionato), que absorve os crimes-meio (apropriação de coisa achada e falsificação de documento)".

9. AÇÃO PENAL. LEI DOS JUIZADOS ESPECIAIS CRIMINAIS

A ação penal é pública incondicionada em todas as figuras penais previstas no art. 169 do Código Penal (*v.* comentários ao CP, arts. 181 a 183).

O crime do art. 169, *caput*, e parágrafo único constitui infração de menor potencial ofensivo, em virtude da pena cominada: detenção, de 1 mês a 1 ano, ou multa. Portanto, incidem as disposições da Lei n. 9.099/95, inclusive a suspensão condicional do processo.

Capítulo VI
DO ESTELIONATO E OUTRAS FRAUDES

ART. 171 - ESTELIONATO

1. CONCEITO

Dispõe o art. 171 do Código Penal: "Obter, para si ou para outrem, vantagem ilícita, em prejuízo alheio, induzindo ou mantendo alguém em erro, mediante artifício, ardil, ou qualquer outro meio fraudulento".

2. OBJETO JURÍDICO

Tutela-se a inviolabilidade do patrimônio. O dispositivo penal visa, em especial, reprimir a fraude causadora de dano ao patrimônio do indivíduo. Ensina Manzini: "o crime de estelionato não é considerado um fato limitado à agressão do patrimônio de Tício ou de Caio, mas antes como manifestação de delinquência que violou o preceito legislativo, o qual veda o servir-se da fraude para conseguir proveito injusto com dano alheio, quem quer que seja a pessoa prejudicada em concreto. O estelionatário é sempre um criminoso, mesmo que tenha fraudado em relações que, por si mesmas, não merecem proteção jurídica, porque sua ação é, em qualquer caso, moral e juridicamente ilícita"[534].

---

534. Manzini, apud E. Magalhães Noronha, *Direito penal*, cit., v. 2, p. 362.

3. ELEMENTOS DO TIPO

3.1. Ação nuclear

Consiste em induzir ou manter alguém em erro, mediante o emprego de artifício, ardil, ou qualquer meio fraudulento, a fim de obter, para si ou para outrem, vantagem ilícita em prejuízo alheio.

Trata-se de crime em que, em vez da violência ou grave ameaça, o agente emprega um estratagema para induzir em erro a vítima, levando-a a ter uma errônea percepção dos fatos, ou para mantê-la em erro, utilizando-se de manobras para impedir que ela perceba o equívoco em que labora.

Os meios empregados para tanto são:

(i) Artifício: significa fraude no sentido material. Segundo Mirabete, "o artifício existe quando o agente se utilizar de um aparato que modifica, ao menos aparentemente, o aspecto material da coisa, figurando entre esses meios o documento falso ou outra falsificação qualquer, o disfarce, a modificação por aparelhos mecânicos ou elétricos, filmes, efeitos de luz etc."[535].

(ii) Ardil: é fraude no sentido imaterial, intelectualizada, dirigindo-se à inteligência da vítima e objetivando excitar nela uma paixão, emoção ou convicção pela criação de uma motivação ilusória. Uma boa conversa, uma simulação de doença, sem nenhum outro disfarce ou aparato, além da "cara de pau".

(iii) Qualquer outro meio fraudulento: embora compreenda o artifício e o ardil (o que torna a distinção sem importância prática), constitui expressão genérica, a qual deve ser interpretada de acordo com os casos expressamente enumerados (interpretação analógica), de modo que, além das duas formas anteriores, alcança todos os outros comportamentos a elas equiparados.

— **Idoneidade do meio fraudulento empregado:** seja qual for o meio empregado, só há estelionato quando existir aptidão para iludir o ofendido. A aferição dessa potencialidade deve ser realizada segundo as características pessoais da vítima (sua maior ou menor experiência e capacidade de percepção) e as circunstâncias específicas do caso concreto. Desde que o meio fraudulento empregado pelo agente seja apto a burlar a boa-fé da vítima, pouco importa que a fraude seja grosseira ou inteligente, pois o mundo do estelionatário comporta gente de variada densidade intelectual. No entanto, quando totalmente inapta a iludir, mesmo o mais ingênuo dos mortais, o fato será atípico.

— **Erro:** consiste na falsa percepção da realidade, provocando uma manifestação de vontade viciada. A situação na qual a vítima acredita não existe. Houvesse o conhecimento verdadeiro dos fatos, jamais teria ocorrido a vantagem patrimonial ao agente, que, para obtê-la, provoca ou mantém a vítima no erro (nesta última hipótese, o autor aproveita uma situação preexistente, um erro espontâneo anterior por ele não provocado, e emprega manobras fraudulentas para manter esse estado e assim obter a vantagem ilícita).

---

535. Julio Fabbrini Mirabete, *Manual*, cit., v. 2, p. 301.

– **Vantagem ilícita:** é o objeto material do crime em tela. O agente emprega meio fraudulento capaz de iludir a vítima com a finalidade de obter vantagem ilícita em prejuízo alheio. Deve a vantagem ser econômica, pois trata-se de crime patrimonial[536]. Deve também ser ilícita, ou seja, não corresponder a qualquer direito. Se for lícita, haverá o crime de exercício arbitrário das próprias razões. Cumpre ressalvar que se o agente obtém a vantagem ilícita em prejuízo alheio, afasta-se qualquer indagação relativa à idoneidade do meio fraudulento empregado. Tal questionamento somente é cabível na tentativa.

– **Prejuízo alheio:** é o dano de natureza patrimonial. Concomitantemente à obtenção da vantagem ilícita pelo agente, deve ocorrer prejuízo para a vítima, ou seja, uma perda patrimonial.

Temos, portanto, quatro momentos no crime de estelionato: (i) o do emprego da fraude pelo agente; (ii) o do erro em que incidiu a vítima; (iii) o da vantagem ilícita obtida pelo agente; (iv) o do prejuízo sofrido pela vítima.

3.2. Sujeito ativo

Trata-se de crime comum, que pode ser praticado por qualquer pessoa. Nada impede a coautoria ou participação. Vejamos duas hipóteses:

(i) Um dos agentes induz ou mantém a vítima em erro mediante o emprego de fraude. O outro, de comum acordo, apodera-se do bem, produto do estelionato, ou seja, obtém a vantagem ilícita. Ambos são coautores do crime de estelionato[537]. Da mesma forma, pratica estelionato não só aquele que preenche e assina cheque pertencente a outro titular da conta, mas todos os que, em coautoria, mediante esse meio fraudulento, obtêm vantagens ilícitas, adquirindo mercadorias, usufruindo-as, mantendo, assim, em erro os fornecedores, que vêm a sofrer prejuízos.

(ii) O agente induz ou mantém a vítima em erro, mediante o emprego de fraude, com a intenção de obter vantagem ilícita que beneficiará terceiro. Se esse beneficiário induziu ou instigou o agente a praticar o crime, responderá como partícipe do crime de estelionato. Se ele tomou conhecimento da origem criminosa do bem no momento em que recebeu o objeto, responderá por receptação dolosa. Se, contudo, não tinha qualquer conhecimento da origem criminosa do bem, não responderá por qualquer crime[538].

Em se tratando do empresário que procura lesar seus credores, antes ou depois da falência, pode caracterizar crime falimentar (art. 168 da Lei n. 11.101/2005).

3.3. Sujeito passivo

É a pessoa enganada, ou seja, aquela que sofre o prejuízo, porém pode o sujeito passivo, que sofre a lesão patrimonial, ser diverso da pessoa enganada. A pessoa deve

---

536. Damásio E. de Jesus, *Código Penal anotado*, cit., p. 613; Julio Fabbrini Mirabete, *Manual*, cit., v. 2, p. 303. Em sentido contrário, E. Magalhães Noronha, *Direito penal*, cit., v. 2, p. 372.

537. Cf. Victor Eduardo Rios Gonçalves, *Dos crimes contra o patrimônio*, Coleção, cit., v. 9, p. 69.

538. Cf. Victor Eduardo Rios Gonçalves, *Dos crimes contra o patrimônio*, Coleção, cit., v. 9, p. 69.

ser determinada. O número indeterminado de pessoas caracteriza, além do estelionato contra as vítimas específicas, crime contra a economia popular ou contra a ordem econômica, em concurso formal. Por exemplo: balança viciada de um açougue ou adulteração de bomba de gasolina. O enganado terá de ter capacidade para ser iludido, pois, se for louco ou menor, incorrerá o agente no crime de abuso de incapazes (art. 173) ou no crime de furto (art. 155).

É causa especial de aumento de pena o § 4º do art. 171 do Código Penal, ou seja, a pena do estelionato simples aumenta-se de 1/3 ao dobro (passa a ser de 2 a 10 anos) se o crime for praticado contra pessoa idosa (60 anos ou mais) ou vulnerável. Com isso, o crime de estelionato passa a ter tratamento específico para o sujeito passivo com 60 anos de idade ou mais, ou sujeito vulnerável. De rigor que o agente saiba, ou deva saber, acerca da idade do agente, pois do contrário poderá incorrer em erro de tipo (CP, art. 20).

4. MOMENTO CONSUMATIVO

Trata-se de crime material. Consuma-se com a obtenção da vantagem ilícita indevida, em prejuízo alheio, ou seja, quando o agente aufere o proveito econômico, causando dano à vítima. Via de regra, esses resultados ocorrem simultaneamente. Há, assim, ao mesmo tempo, a obtenção de proveito pelo estelionatário e o prejuízo da vítima.

A competência para esse crime, via em regra, é do local em que o agente obteve a vantagem ilícita. Nas hipóteses de pagamento mediante depósito[539], emissão de cheques sem fundos, pagamento frustrado ou mediante transferência de valores, a competência será definida pelo local do domicílio da vítima, e, em caso de pluralidade de vítimas, pela prevenção.

5. ARREPENDIMENTO POSTERIOR

É pacífico nos tribunais o entendimento no sentido de que a reparação do dano antes do recebimento da denúncia não afasta o crime de estelionato, constituindo a hipótese verdadeiro arrependimento posterior (CP, art. 16), causa geral de diminuição de pena. Dessa forma, quando se tratar da figura fundamental do crime de estelionato (*caput*), não há falar na aplicação extensiva da Súmula 554 do STF, que prevê a extinção da punibilidade do agente na hipótese de pagamento de cheque emitido sem provisão de fundos, antes do recebimento da denúncia, pois a mesma somente se refere à modalidade prevista no § 2º, VI, do art. 171 (fraude no pagamento por meio de cheque), a qual estudaremos logo mais adiante. Dessa forma, ainda que o agente repare o dano antes do oferecimento da denúncia, haverá justa causa para a propositura da ação penal pelo Ministério Público, pois o crime de estelionato já se perfez, devendo, contudo, ser apenado mais brandamente em face do arrependimento do agente.

Assim, aplicam-se as seguintes regras à figura fundamental do crime de estelionato (*caput*):

---

539. Alteração no Código de Processo Penal operada pela Lei n. 14.155/2021.

(i) antes do recebimento da denúncia – constitui causa geral de diminuição de pena (CP, art. 16 – arrependimento posterior);

(ii) depois do recebimento da denúncia e antes da sentença – constitui circunstância atenuante genérica (CP, art. 65, III, *d*).

6. TENTATIVA

É admissível. Há tentativa se o agente não logra obter a vantagem indevida por circunstâncias alheias à sua vontade, por exemplo, indivíduo que, simulando ser um técnico em informática, vai à residência da vítima e, a pretexto de consertar o computador, afirma que terá de levá-lo consigo, porém, no momento em que dele se apodera, é surpreendido pelo verdadeiro profissional. Na hipótese, o agente não chegou a obter a vantagem ilícita em prejuízo do sujeito passivo. Tentativa, portanto.

É também necessário verificar se o meio empregado era realmente apto a ludibriar a vítima, caso em que haverá tentativa. É a hipótese em que alguém tenta iludir a balconista de uma loja, com um cheque adulterado, mas esta, por cautela, vem a certificar-se da fraude, mediante consulta ao terminal de computador. Haverá tentativa, pois o meio era eficaz, tendo sido frustrado por circunstâncias alheias à vontade do autor. Tal não ocorre se o meio empregado for totalmente ineficaz, como, por exemplo, na adulteração grosseira de documento, que pode de pronto ser constatada. Nesse caso, haverá crime impossível pela ineficácia absoluta do meio empregado (CP, art. 17).

7. ELEMENTO SUBJETIVO

É o dolo, consubstanciado na vontade livre e consciente de realizar a conduta fraudulenta em prejuízo alheio. É necessário, contudo, um fim especial de agir, consistente na vontade de obter a vantagem ilícita para si ou para outrem. Ressalte-se que deve o agente ter consciência de que a vantagem almejada é ilícita; do contrário, poderá ele responder pelo crime de exercício arbitrário das próprias razões. Cite-se o exemplo de Hungria: "um indivíduo, supondo-se falsamente credor de outro, consegue, mediante artifício ou qualquer outro meio fraudulento, induzi-lo em erro e captar-lhe o dinheiro a que se julga com direito. Haverá, aqui, 'exercício arbitrário das próprias razões', mas não estelionato"[540]. Importa mencionar que simples inadimplemento de compromisso comercial não é suficiente, por si só, para caracterizar o crime. Só há crime quando o dolo haja atuado desde o início da formação do contrato, ou seja, se já havia a intenção de frustrar a execução quando da criação do ajuste.

8. TORPEZA BILATERAL (FRAUDE BILATERAL)

Trata-se de hipótese em que a vítima também age de má-fé. A má-fé aqui se refere ao intuito de obter proveito mediante um negócio ilícito ou imoral, e não ao emprego de

---

540. Nélson Hungria, *Comentários*, cit., v. VII, p. 227.

fraude pela vítima. Conforme E. Magalhães Noronha, "a esperança de um proveito ilícito, o êxito fácil e ilegal, a avidez de lucro fazem com que ela caia no engodo armado pelo agente. Frequentemente, aliás, seu erro consiste em crer que o agente se presta a um crime que ela crê praticar. Com maior ou menor dose de má-fé, apresentam-se nesta hipótese os chamados, na gíria criminal, *conto do vigário, da guitarra, da cascata, do violino, do toco-mocho* e outros"[541]. Vejamos um exemplo citado por Nélson Hungria: "um indivíduo, inculcando-se *assassino profissional*, ardilosamente obtém de outro certa quantia para matar um inimigo, sem que jamais tivesse o propósito de executar o crime (...) o simulado falsário capta dinheiro de outrem, a pretexto de futura entrega de cédulas falsas ou em troca de máquina para fabricá-las, vindo a verificar-se que aquelas não existem ou esta não passa de um truque (conto da guitarra)"[542]. Veja-se que, no primeiro exemplo, aquele que contratou os serviços do falso assassino profissional também está agindo de má-fé, por almejar um proveito ilícito (produzir a morte de alguém). Da mesma forma, aquele que entrega dinheiro ao simulado falsário tem por finalidade a obtenção de proveito ilícito, qual seja, a compra de uma máquina de fazer dinheiro. Por outro lado, em ambos os exemplos, as vítimas, em que pese tratar-se de negócio ilícito ou imoral, foram enganadas, iludidas pelos agentes, sofrendo prejuízo patrimonial. Desse modo, questiona-se: a má-fé da vítima tem o condão de excluir o crime de estelionato praticado pelo agente? Esse tema foi bastante discutido na doutrina e jurisprudência. Vejamos.

(i) 1ª Posição: não existe crime de estelionato. É o entendimento de Nélson Hungria, com os seguintes argumentos: (i) somente goza de proteção legal o patrimônio que serve a um fim legítimo, dentro de sua função econômico-social; (ii) o Código Civil, em seu art. 883, *caput*, dispõe que "não terá direito à repetição aquele que deu alguma coisa para obter fim ilícito, imoral, ou proibido por lei". Só existe estelionato quando alguém é iludido em sua boa-fé; logo, quando houver má-fé da vítima, falta um pressuposto básico para o crime[543].

(ii) 2ª Posição: existe estelionato, não importando a má-fé do ofendido. É a posição majoritária[544].

Nosso entendimento: consideramos correta esta última posição, porque: (i) o autor revela maior temibilidade, pois ilude a vítima e lhe causa prejuízo; (ii) não existe compensação de condutas no Direito Penal, devendo punir-se o sujeito ativo e, se for o caso, também a vítima; (iii) a boa-fé do lesado não constitui elemento do tipo do crime de estelionato; (iv) o dolo do agente não pode ser eliminado apenas porque houve má-fé, pois a consciência e a vontade finalística de quem realiza a conduta independem da intenção da vítima.

541. E. Magalhães Noronha, *Direito penal*, cit., v. 2, p. 375.

542. Nélson Hungria, *Comentários*, cit., v. VII, p. 192.

543. Nélson Hungria, *Comentários*, cit., v. VII, p. 192-202.

544. E. Magalhães Noronha, *Direito penal*, cit., v. 2, p. 375; Julio Fabbrini Mirabete, *Manual*, cit., v. 2, p. 303.

O § 4º do art. 70 do CPP, determina que, nos crimes previstos no art. 171 do CP, a competência será definida pelo local do domicílio da vítima quando praticados mediante depósito, emissão de cheques sem suficiente provisão de fundos em poder do sacado ou pagamento frustrado, ou ainda mediante transferência de valores, e, em caso de pluralidade de vítimas, firmar-se-á pela prevenção. Essa também é a posição do STJ (CC 182.977/PR, rel. Min. Laurita Vaz, Terceira Seção, *DJe* 14-3-2022).

→ **Atenção:** em conformidade com o entendimento do STJ, "compete ao juízo estadual processar e julgar crime de estelionato contra fundo estrangeiro, no qual os atos desenvolvidos foram praticados em território nacional, ainda que diverso o domicílio de sócio lesado" (STJ. 3ª Seção. AgRg no CC 192.274-RJ, rel. Min. Ribeiro Dantas, julgado em 8-3-2023).

Quanto ao local competente para processar e julgar a infração, o STJ se posicionou, aplicando o disposto no art. 70, § 4º, do CPP, fixando o do domicílio da vítima e, havendo mais de um, pela prevenção: "O dissenso jurisprudencial deixou de existir com o advento da Lei 14.155/2021, que acrescentou o § 4º do art. 70 do CPP: 'nos crimes previstos no art. 171 do CP, quando praticados mediante depósito, emissão de cheques sem fundos ou pagamento frustrado ou ainda mediante transferência de valores, a competência será definida pelo local do domicílio da vítima, e, em caso de pluralidade de vítimas, pela prevenção'. Quando não identificadas as hipóteses do referido § 4º, deverá incidir o *caput* do art. 70 do CPP, segundo o qual 'a competência será, de regra, determinada pelo lugar em que se consumar a infração, ou, no caso de tentativa, pelo lugar em que for praticado o último ato de execução'. Sobre o tema a Terceira Seção desta Corte Superior, recentemente, pronunciou-se no sentido de que nas situações não contempladas pela *novatio legis*, aplica-se o entendimento pela competência do Juízo do local do eventual prejuízo. Precedente: CC 182.977/PR, rel. Min. Laurita Vaz, Terceira Seção, *DJe* 14-3-2022".

– **Jogos de azar:** os mesmos argumentos expendidos acima incidem aqui. O Supremo Tribunal Federal, inclusive, já se manifestou no sentido de que, no jogo de azar, a fraude, eliminando o fator sorte, tira ao sujeito passivo toda a possibilidade de ganho. O jogo torna-se, então, simples roupagem, para *mise-en-scène*, destinada a ocultar o expediente de que se serve o criminoso para iludir a vítima. Igualmente, o jogo de chapinha ou o "jogo do pinguim", em que o agente fica ao centro de uma roda fazendo um jogo com a utilização de uma bolinha de espuma ou rolha, que com incrível habilidade é manuseada de forma a iludir todo aquele que ali tenta sua sorte no jogo, sendo que a vítima também participa do ato, e com alta dose de esperteza, uma vez que tenta ser mais rápida do que o agente que está manuseando as chapinhas e com isso obter ganhos fáceis, são formas de estelionato e não mera contravenção do art. 50 da Lei das Contravenções Penais.

9. FRAUDE PENAL E FRAUDE CIVIL

Em que pese toda a discussão doutrinária que busca as diferenças entre a fraude penal e a fraude civil, a doutrina acena no sentido da inexistência de qualquer diferença ontológica entre elas. A fraude é uma só. É certo que há fraudes que ficam de fora da órbita penal, ou seja, não merecem o sancionamento penal. Podemos dizer que a fraude presente nas transações civis ou comerciais (*dolus bonus*), ou seja, os expedientes utilizados pelas partes para obter mais vantagens, não configuram, via de regra, crime de estelionato. Contudo, situações há em que, mesmo nos negócios civis ou comerciais, vislumbra-se o emprego de fraude configuradora do crime de estelionato. Tal ocorre no inadimplemento preordenado ou preconcebido. O agente simula celebrar um negócio comercial com o propósito *ab initio* de não o cumprir. Desse modo, o estelionatário simula um contrato como meio de induzir a vítima a lhe entregar determinada vantagem patrimonial, sendo certo que ela, supondo estar celebrando efetivamente esse contrato, na realidade está sofrendo uma verdadeira espoliação em seu patrimônio, visto que o agente jamais lhe dará a contraprestação negociada, por exemplo, o agente realiza um contrato de aquisição de veículo em que fica estabelecido o pagamento em várias parcelas. Uma vez adquirido o bem, o agente desaparece da cidade em que morava, sem realizar o pagamento de qualquer prestação. Ora, será que poderemos dizer que no caso há mero descumprimento contratual? Dadas as circunstâncias concretas, verifica-se o propósito inicial do agente em não adimplir a obrigação. Na realidade, ele simulou um contrato para obter a indevida vantagem econômica em prejuízo da vítima. Em tais casos, conforme ensina Noronha, diante da ausência de um critério seguro que diferencie a fraude penal da fraude civil, incumbe ao juiz diferenciar, à luz do caso concreto, uma fraude da outra[545]. Sem dúvida, contudo, o melhor critério é o formulado por Nélson Hungria: "Há quase sempre fraude penal quando, relativamente idôneo o meio iludente, se descobre, na investigação retrospectiva do fato, a ideia preconcebida, o propósito *ab initio* da frustração do equivalente econômico"[546].

→ **Atenção:** de acordo com entendimento do STJ, o chamado estelionato judicial é figura atípica. Consiste no uso de ações judiciais com o objetivo de obtenção de vantagem indevida. De acordo com essa posição, trata-se de crime impossível pela impropriedade absoluta do objeto, já que o contraditório e o devido processo legal, com os recursos a ele inerentes, inviabilizam a indução do magistrado a erro (STJ. 6ª Turma. AgRg no HC 841.731-MS, rel. Min. Sebastião Reis Júnior, julgado em 15-4-2024).

10. MENDICÂNCIA

Discutia-se se configurava estelionato a atitude de pedintes que mentiam sobre sua condição para impressionar as pessoas e delas receber algum valor. A conduta, quando não ultrapassasse da simples mendicância, era tipificada como mendicância mediante meio fraudulento (LCP, art. 60, parágrafo único, *a*). Atualmente a questão encontra-se superada, uma vez que a Lei n. 11.983/2009 revogou expressamente aquele dispositivo legal.

11. FORMAS

11.1. Simples (art. 171, *caput*)

Está prevista no *caput* (pena – reclusão, de 1 a 5 anos, e multa).

---

545. E. Magalhães Noronha, *Direito penal*, cit., v. 2, p. 362. (Os artigos citados correspondem aos arts. 145 a 150 do atual Código Civil.)

546. Nélson Hungria, *Comentários*, cit., v. VII, p. 191.

11.2. Privilegiada (art. 171, § 1º)

Está prevista no § 1º. Se o criminoso é primário, e é de pequeno valor o prejuízo, o juiz pode aplicar a pena conforme o disposto no art. 155, § 2º. Difere, porém, do furto privilegiado, pois neste exige-se que a coisa furtada seja de pequeno valor. No crime de estelionato, exige-se que seja pequeno o valor do prejuízo, o qual deve ser aferido no momento da consumação do crime. A jurisprudência considera como pequeno valor do prejuízo aquele que não ultrapassa um salário mínimo. Essa figura criminal aplica-se ao *caput* e § 2º do art. 171. Para melhor compreensão do tema, consulte os comentários ao crime de furto privilegiado.

11.3. Figuras equiparadas (art. 171, § 2º)

Estão previstas no § 2º, I a VI. A pena é a mesma da figura penal prevista no *caput*.

(i) Disposição de coisa alheia como própria (inciso I): "Nas mesmas penas incorre quem: I – vende, permuta, dá em pagamento, em locação ou em garantia coisa alheia como própria".

- **Ações nucleares:** Consubstanciam-se nos seguintes verbos: **(i) Vender (CC, art. 481):** é a transferência do domínio de certa coisa mediante o pagamento do preço. O agente, dessa forma, vende como própria coisa que não lhe pertence, induzindo o comprador em erro. Segundo a doutrina, com relação aos bens imóveis, para a configuração do crime, bastam a lavratura da escritura e o recebimento do preço, sendo prescindível o registro no Cartório de Registro de Imóveis. Entretanto, se o adquirente sabia tratar-se de coisa alienada fiduciariamente e inexistiu prejuízo para o credor fiduciário, não se configura o crime. O tipo penal também abarca a alienação de coisa adquirida com reserva de domínio. O rol legal é taxativo. O verbo vender expressa, exclusivamente, a compra e venda, não incluindo o mero compromisso de compra e venda. A hipótese poderá configurar o crime de estelionato em sua forma fundamental (art. 171, *caput*). **(ii) Permutar (CC, art. 533):** é a troca. As partes se obrigam a trocar uma coisa por outra. No caso, uma das partes troca coisa que não lhe pertence como sendo própria. **(iii) Dar em pagamento (CC, art. 356):** havendo o consentimento do credor, este pode receber coisa que não seja dinheiro, em substituição da prestação que lhe era devida. O devedor, na hipótese, entrega bem que não lhe pertence como sendo próprio. **(iv) Dar em locação (CC, arts. 565 e s., e Lei de Locação de Imóveis):** o agente cede à outra parte, por tempo determinado, ou não, o uso e gozo de coisa fungível, mediante certa retribuição. No caso, a coisa dada em locação é alheia. O Código Civil prevê situações em que o não proprietário do bem pode locá-lo, não constituindo, portanto, crime: art. 1.507. **(v) Dar em garantia (CC, arts. 1.419 e s.):** refere-se o artigo aos direitos reais de garantia: penhor (arts. 1.431 e s.), anticrese (arts. 1.506 e s.) e hipoteca (arts. 1.473 e s.). Somente o proprietário do bem pode gravá-lo com ônus real. Dessa forma, devedor que dá em garantia bem alheio como se fosse próprio comete o crime em tela. A constituição de outros direitos reais sobre bem alheio (p.ex., usufruto) configura o crime de estelionato em sua figura fundamental (art. 171, *caput*).

- **Objeto material:** é a coisa alheia móvel ou imóvel. Se a coisa for móvel, não há necessidade de haver tradição; basta o recebimento do preço pelo agente. Se for imóvel, conforme já dissemos, não é necessário haver o registro no Cartório de Registro de Imóveis (embora deva existir escritura).
- **Sujeito ativo:** qualquer pessoa pode praticar o delito em estudo, contudo, se o agente tem a posse ou a detenção da coisa, incorrerá no delito de apropriação indébita.
- **Sujeito passivo:** é o terceiro de boa-fé que adquire o bem, ou seja, aquele que sofre o prejuízo patrimonial, na medida em que pagou pelo bem e não teve a contraprestação. Para Fragoso, considera-se também sujeito passivo o proprietário da coisa[547].
- **Elemento subjetivo:** é o dolo, consistente na vontade livre e consciente de praticar uma das ações típicas. É necessário que o agente tenha ciência de que se trata de coisa alheia.
- **Momento consumativo:** o crime de estelionato se consuma com a obtenção da vantagem ilícita em prejuízo alheio. Vejamos aqui os momentos consumativos em cada uma das ações nucleares do tipo: (i) **venda** – quando o agente recebe o preço; (ii) **permuta** – quando ele recebe o objeto permutado; (iii) **dação em pagamento** – quando ele logra a quitação da dívida; (iv) **locação** – quando ele recebe o primeiro aluguel; (v) **garantia** – no momento em que ele obtém o empréstimo.
- **Tentativa:** é admissível em todas as ações nucleares típicas.
- **Concurso de crimes:** na hipótese em que o agente, por exemplo, pratica crime de roubo ou furto e depois vende o produto do crime a terceiro de boa-fé, questiona-se se ele deve também responder pelo crime de estelionato. Há duas posições: (i) o estelionato constitui *post factum* impunível; esse é o entendimento majoritário da jurisprudência, pois argumenta-se que no apoderamento da coisa alheia encontra-se ínsito o propósito de obtenção de proveito pelo agente[548]; (ii) há concurso material entre o crime de furto e o estelionato; existem dois crimes autônomos: o furto (consumado com a posse da coisa) e o estelionato (consistente na venda da *res furtiva*)[549].

Nosso entendimento: concordamos com a segunda posição.

(ii) Alienação ou oneração fraudulenta de coisa própria (inciso II): "Nas mesmas penas incorre quem: (...) II – vende, permuta, dá em pagamento ou em garantia coisa própria inalienável, gravada de ônus ou litigiosa, ou imóvel que prometeu vender a terceiro, mediante pagamento em prestações, silenciando sobre qualquer dessas circunstâncias". O silêncio do agente a respeito do ônus ou encargo que pesam sobre a coisa é que constitui a fraude configuradora do crime de estelionato em tela. Ainda que as circunstâncias impedidoras da aquisição do móvel ou imóvel constem no Registro Público,

---

547. Heleno Fragoso, apud Celso Delmanto e outros, *Código Penal comentado*, cit., p. 361.

548. No mesmo sentido, Julio Fabbrini Mirabete, *Manual*, cit., v. 2, p. 309.

549. Nesse sentido, E. Magalhães Noronha, *Direito penal*, cit., v. 2, p. 224; Damásio E. de Jesus, *Código Penal anotado*, cit., p. 618.

o que gera a presunção de que terceiros conheçam a situação legal daqueles, isso não impede a configuração do crime. Mesmo assim, o silêncio do agente configura a fraude, pois, conforme Noronha, "a publicidade do registro não produz, dessarte, perante a lei penal, os efeitos gerados no direito civil"[550].

- **Ações nucleares:** o tipo penal contém as mesmas ações nucleares típicas do inciso anterior, com exceção da locação.
- **Objeto material:** o que difere esse tipo penal do antecedente é o objeto material, pois no inciso anterior a ação do agente recai sobre coisa alheia, móvel ou imóvel, ao passo que no presente inciso a coisa pertence ao próprio sujeito ativo. Passemos à análise do inciso: **(i) coisa própria inalienável** – é a coisa que não pode ser vendida por disposição legal (CC, art. 100 – imóveis dotais) ou por convenção (CC, art. 1.911, *caput*, e parágrafo único – cláusula de inalienabilidade temporária, ou vitalícia, imposta aos bens pelos testadores ou doadores); **(ii) coisa própria gravada de ônus** – refere-se a lei não somente à hipoteca, anticrese e penhor (direitos reais de garantia), mas também a outros direitos reais, como a servidão (CC, arts. 1.378 e s.), o usufruto (CC, arts. 1.390 e s.), o uso (CC, arts. 1.412 e s.), e a habitação (CC, arts. 1.414 e s.); **(iii) coisa própria litigiosa** – é a coisa objeto de discussão judicial, por exemplo, vender imóvel sobre o qual pesa ação de reivindicação. Se o adquirente sabia que o bem era objeto de litígio, o crime de estelionato não se configura, mas ele não poderá demandar pela evicção (CC, art. 457); **(iv) imóvel que prometeu vender a terceiro, mediante pagamento em prestações** – o agente aqui vende, permuta, dá em pagamento ou em garantia, imóvel que já havia prometido vender a terceira pessoa (compromissário comprador), mediante pagamento em prestações. Veja-se que aqui a lei somente se refere ao bem imóvel.

  O indivíduo que pratica qualquer uma das ações típicas tendo por objeto imóvel seu penhorado em processo de execução civil, em decorrência do não pagamento de uma dívida, responde pelo crime em tela? Segundo Mirabete, embora já se tenha decidido que constitui o fato crime de alienação fraudulenta de coisa própria, a penhora é instituto processual e não o ônus a que se refere o dispositivo, ou seja, o direito real sobre coisa alheia. Por essa razão, tem-se entendido ora pela atipicidade do fato e responsabilidade meramente civil do agente como depositário infiel, ora pelo delito de fraude à execução, ora pelo delito de estelionato na forma básica"[551].
- **Sujeito ativo:** qualquer pessoa.
- **Sujeito passivo:** é a pessoa que suporta a lesão patrimonial.
- **Elemento subjetivo:** é o dolo consubstanciado na vontade livre e consciente de praticar uma das condutas típicas, tendo ciência dos ônus ou encargos que pesam sobre o bem móvel ou imóvel.
- **Momento consumativo:** o crime se consuma com a obtenção da vantagem ilícita em prejuízo alheio. A tentativa é perfeitamente admissível.

---

550. E. Magalhães Noronha, *Direito penal*, cit., v. 2, p. 392.
551. Julio Fabbrini Mirabete, *Manual*, cit., v. 2, p. 310.

(iii) Defraudação de penhor (inciso III): "Nas mesmas penas incorre quem: (...) III – defrauda, mediante alienação não consentida pelo credor ou por outro modo, a garantia pignoratícia, quando tem a posse do objeto empenhado". De acordo com o art. 1.431 do Código Civil: "Constitui-se o penhor pela transferência efetiva da posse que, em garantia do débito ao credor ou a quem o represente, faz o devedor, ou alguém por ele, de uma coisa móvel suscetível de alienação". Nessa espécie de penhor a coisa móvel dada em garantia pelo devedor fica em poder do credor, ou seja, há a entrega real da coisa. No entanto, há outra espécie de penhor em que, pelo efeito da *clausula constituti*, a coisa móvel empenhada continua em poder do devedor. É o caso do penhor. Somente nessas hipóteses é que se pode falar em defraudação de penhor, pois o bem continua na posse do devedor. Se a coisa móvel dada em garantia fica em poder do credor (p.ex., penhor legal – CC, art. 1.467), não se cogita da configuração do crime em tela.

- **Ação nuclear:** o agente defrauda mediante alienação (venda, doação etc.) ou por outro modo (destruição, abandono, ocultação etc.) a garantia pignoratícia. A defraudação pode ser parcial: o devedor que vende parte do gado comete defraudação de penhor. Contudo, se tiver o consentimento do credor, poderá fazê-lo (CC, art. 1.445), não cometendo crime algum. O próprio tipo penal exige o dissentimento do credor para a configuração do delito em apreço.
- **Objeto material:** é a coisa móvel dada em penhor.
- **Sujeito ativo:** é o devedor que conserva em seu poder o bem empenhado.
- **Sujeito passivo:** é o credor que, tendo a sua dívida assegurada pelo objeto empenhado, sofre dano patrimonial com a sua alienação, destruição ou abandono etc., pelo devedor.
- **Elemento subjetivo:** é o dolo, consubstanciado na vontade livre e consciente de defraudar mediante alienação ou por outro modo a garantia pignoratícia. É necessário que o agente tenha consciência de que a coisa é objeto de penhor.
- **Consumação e tentativa:** consuma-se com a defraudação da garantia pignoratícia, isto é, com a efetiva alienação, destruição, ocultação do bem móvel. A tentativa é perfeitamente possível.

(iv) Fraude na entrega da coisa (inciso IV): "Nas mesmas penas incorre quem: (...) IV – defrauda substância, qualidade ou quantidade de coisa que deve entregar a alguém".

- **Ação nuclear:** está consubstanciada no verbo defraudar, isto é, espoliar, desfalcar, adulterar, privar fraudulentamente.
- **Objeto material:** o agente defrauda substância (é a essência da coisa, p.ex., substitui o ouro de uma joia por latão), qualidade ("quando se substitui uma coisa determinada por outra aparentemente idêntica, mas intrinsecamente inferior, p.ex., substituir um anel de ouro maciço por outro apenas folheado a ouro, ou uma pérola verdadeira por uma pérola falsa"[552]) ou quantidade (diz respeito ao número, peso e dimensões, p.ex., entregar 500 sacas de laranja em vez de 600) de coisa que deve entregar a alguém. A coisa imóvel também pode ser defraudada. Assim, "se alguém deseja comprar um terreno

552. Nélson Hungria, *Comentários*, cit., v. VII, p. 240.

elevado, para dele tirar terra que será aplicada a determinados fins, e se o alienante, fechado o negócio, e antes da transcrição, realiza a tirada da terra para seu uso, não transfere depois imóvel defraudado na quantidade?"[553].

- **Elemento normativo:** exige o tipo penal que haja uma obrigação que vincule o agente à vítima, de forma que aquele tenha o dever de entregar algo a esta última. Tal obrigação pode decorrer de lei, contrato ou ordem judicial. A entrega de coisa defraudada a título gratuito não configura o crime em tela, por ausência de dano patrimonial àquele que a recebe.
- **Sujeito ativo:** aquele que tem a obrigação de entregar a coisa a outrem e a defrauda.
- **Sujeito passivo:** aquele que recebe a coisa defraudada, isto é, o credor da obrigação.
- **Elemento subjetivo:** é o dolo, consubstanciado na vontade livre e consciente de entregar a alguém a coisa, consciente de que foi defraudada a sua substância, qualidade ou quantidade.
- **Consumação e tentativa:** ao contrário do que se possa pensar, o crime não se consuma com a mera defraudação da substância, qualidade ou quantidade da coisa; exige o tipo penal a efetiva entrega dela ao destinatário[554]. Se, contudo, este descobre a fraude e se recusa a receber a coisa, haverá mera tentativa do crime em apreço.

(v) Fraude para recebimento de indenização ou valor de seguro (inciso V): "Nas mesmas penas incorre quem: ... V – destrói, total ou parcialmente, ou oculta coisa própria, ou lesa o próprio corpo ou a saúde, ou agrava as consequências da lesão ou doença, com o intuito de haver indenização ou valor de seguro". Sabemos que no Direito Penal a autolesão e a danificação ou destruição da própria coisa não constituem atos ilícitos, exceto quando acarretam prejuízo a terceiro. É o que se dá no crime em apreço, que objetiva proteger o patrimônio das empresas de seguro. A lei penal pune a conduta do segurado que propositadamente produz o risco previsto no contrato (p.ex., incêndio da residência ou estabelecimento comercial, furto de automóvel ou de joias, perda do navio em decorrência de acidente marítimo etc.), com o fim de obter indevidamente o prêmio do seguro (importância paga pelo segurado ao segurador em razão da responsabilidade por este assumida), prejudicando, dessa forma, as empresas privadas que exploram as operações de seguro contra acidentes pessoais, incêndio, marítimos etc. Pressuposto básico do crime, portanto, é a existência de contrato de seguro válido e vigente ao tempo da ação.

- **Ação nuclear:** consubstancia-se nos seguintes verbos: **(i) destruir ou ocultar coisa própria** – *destruir* é a ação de causar dano à coisa (p.ex., colocar fogo no veículo segurado). Pode a destruição ser total ou parcial. *Ocultar* significa esconder, fazer com que a coisa não seja encontrada ou, segundo Hungria, dissimulá-la de modo a torná-la irreconhecível ou parecer outra[555]. Ela, porém, continua existindo (p.ex., afirmar que o veículo fora furtado quando na realidade o agente o escondeu em local ignorado); **(ii)**

553. E. Magalhães Noronha, *Direito penal*, cit., v. 2, p. 397.

554. Nesse sentido, E. Magalhães Noronha, *Direito penal*, cit., v. 2, p. 398; Nélson Hungria, *Comentários*, cit., v. VII, p. 240.

555. Cf. Nélson Hungria, *Comentários*, cit., v. VII, p. 242.

lesar o corpo ou saúde – cuida-se aqui da autolesão. Abrange a ofensa à integridade anatômica (p.ex., causar ferimentos em si próprio), assim como qualquer perturbação da saúde (p.ex., contrair propositadamente alguma doença); **(iii) agravar lesão ou doença** – aqui a lesão ou doença não foram provocadas pelo agente, mas este com o propósito de obter maior indenização, agrava-lhe as consequências. Trata-se, como se vê, de crime de ação múltipla; ainda que o agente pratique todas as condutas descritas no tipo, responderá por um só crime, em face do princípio da alternatividade.

- **Objeto material:** é o preço do seguro[556].
- **Sujeito ativo:** é o proprietário da coisa que a destrói, total ou parcialmente, ou a oculta, ou lesa o próprio corpo ou a saúde, ou agrava as consequências da lesão ou doença. Nada impede que terceiro pratique essas condutas. Cumpre, no entanto, diferenciar as seguintes situações:

  (i) no caso de destruição ou ocultação da coisa, se o terceiro age a mando do proprietário daquela ou conjuntamente com este, ambos respondem pelo crime de estelionato (inciso V); no caso em que terceiro lesiona o corpo ou a saúde do segurado ou lhe agrava a lesão ou doença a pedido deste, ciente da finalidade de obter fraudulentamente o prêmio do seguro, ambos responderão pelo crime de estelionato (inciso V) em concurso de pessoas, e o terceiro responderá também pelo crime de lesões corporais[557];

  (ii) "caso a lesão ou o dano sejam praticados à revelia do beneficiário, porém, não haverá o crime em apreço, mas o de lesões corporais ou dano e, se o ato levar à locupletação ilícita de alguém, o crime de estelionato descrito no *caput* do art. 171, ainda em concurso formal"[558].
- **Sujeito passivo:** o segurador, isto é, o responsável pelo pagamento do valor do seguro. O segurado poderá ser vítima desse crime quando terceiro o lesione.
- **Elemento subjetivo:** é o dolo, consubstanciado na vontade livre e consciente de praticar uma das ações típicas, acrescido da finalidade específica de obter a indenização ou valor do seguro (elemento subjetivo do tipo).
- **Momento consumativo:** nessa modalidade, o estelionato é um crime formal; consuma-se com a ação física (destruir, ocultar etc.). Desnecessário, portanto, que o agente receba a indenização ou o valor do seguro[559]. Se a vantagem for conseguida, há mero exaurimento do crime. A competência, neste caso, é do local da conduta e não do local onde o segurado obteve a vantagem ilícita.
- **Tentativa:** é possível, pois, em que pese ser um crime formal, é plurissubsistente. Desse modo, se o agente está prestes a atear fogo em seu veículo segurado e é surpreendido por terceiros, há tentativa do crime em tela.

---

556. Nesse sentido, E. Magalhães Noronha, *Direito penal*, cit., v. 2, p. 404.

557. Cf. E. Magalhães Noronha, *Direito penal*, cit., v. 2, p. 401.

558. Cf. Julio Fabbrini Mirabete, *Manual*, cit., v. 2, p. 315.

559. Nesse sentido, Nélson Hungria, *Comentários*, cit., v. VII, p. 244; E. Magalhães Noronha, *Direito penal*, cit., v. 2, p. 405.

- **Concurso de crimes:** na hipótese em que a prática da conduta típica resulta em risco para a incolumidade pública, por exemplo, incendiar residência (art. 250, § 1º, I), explodir um armazém (art. 251, § 2º), expor a perigo embarcação ou aeronave (art. 261, § 2º), responderá o agente apenas pelo subtipo do crime de estelionato (inciso V). Sustenta a doutrina que em tais crimes de perigo comum o legislador previu a finalidade de obtenção de vantagem pecuniária para o agente ou outrem, de forma que os tipos penais contêm os mesmos elementos, e a responsabilização do sujeito ativo por ambos os delitos constituiria verdadeiro *bis in idem*[560]. Trata-se, destarte, de concurso aparente de normas, prevalecendo a norma prevista no art. 171, § 2º, V, diante do princípio da especialidade[561]. Somente os crimes capitulados nos arts. 254 (inundação), 256 (desabamento ou desmoronamento), 260, § 1º (desastre ferroviário), podem concorrer (concurso formal) com o subtipo do crime de estelionato, uma vez que não preveem causa de aumento de pena referente ao intuito de obtenção de vantagem pecuniária.

(vi) Fraude no pagamento por meio de cheque (inciso VI): "Nas mesmas penas incorre quem: ... VI – emite cheque, sem suficiente provisão de fundos em poder do sacado, ou lhe frustra o pagamento". O cheque constitui uma ordem de pagamento à vista. Uma vez emitido o título em favor do beneficiário (tomador), a instituição bancária (sacado) tem o dever de realizar o pagamento do valor nele inscrito, caso o emitente disponha de suficiente provisão de fundos. Por vezes, o banco não efetua o pagamento em virtude de o titular da conta bancária não dispor de numerário suficiente. Tal situação pode caracterizar tanto mero ilícito civil quanto criminal. Se o indivíduo emite um cheque na certeza de que tem fundos disponíveis para o devido pagamento pelo banco, quando na realidade não há qualquer numerário depositado na agência bancária, não se pode falar em ilícito criminal, ante a ausência de má-fé. No máximo, o portador da cártula (beneficiário) poderá propor uma ação de execução civil contra o emitente para reaver o valor do título devolvido pela instituição bancária, pois, consoante a lei processual civil, o cheque é um título executivo extrajudicial. O que a lei penal pune é o pagamento fraudulento. Nesse sentido é o teor da Súmula 246 do Supremo Tribunal Federal: "Comprovado não ter havido fraude, não se configura o crime de emissão de cheque sem fundos". Destarte, o fato somente passa a ter conotação criminal se ficar comprovada *ab initio* a má-fé do emitente, ou seja, o conhecimento da ausência ou insuficiência de fundos, denotando o propósito de não realizar o pagamento. O beneficiário quando recebe pagamento por meio de cheque espera, confia, que o emitente tenha o valor correspondente depositado na instituição bancária. Na realidade, em uma relação comercial, por exemplo, ele somente entrega as mercadorias porque está certo de que será pago por elas. A fraude, portanto, reside no ato de o emitente fazer o beneficiário crer na existência de fundos suficientes em sua conta bancária para arcar com o pagamento prometido. Com o engodo, ele obtém a vantagem almejada, sem que realize a contraprestação pecuniária exigida. Se o tomador do cheque tem conhecimento da ausência de fundos, não há falar em fraude configuradora do crime

---

560. Nesse sentido, E. Magalhães Noronha, *Direito penal*, cit., v. 2, p. 406; Nélson Hungria, *Comentários*, cit., v. VII, p. 244.

561. Nesse sentido, Julio Fabbrini Mirabete, *Manual*, cit., v. 2, p. 317.

de estelionato. É o que ocorre na emissão de cheque pós-datado ou pré-datado. O tomador (beneficiário) não é induzido em erro. Ele tem plena ciência da ausência ou insuficiência de provisão de fundos. Caso apresente o cheque antes da data acordada, o emitente não responderá por crime algum. De qualquer forma, segundo a doutrina e jurisprudência, toda vez que o cheque for desvirtuado de sua finalidade específica, qual seja, ordem de pagamento à vista, o delito em estudo não se perfaz. É o que ocorre na emissão de cheque pós ou pré-datado, em que a data posterior o transforma em documento de dívida[562].

O crime de estelionato praticado por meio de saque de cheque fraudado compete ao Juízo do local da agência bancária da vítima (STJ, 3ª Seção, CC 182977-PR, rel. Min. Laurita Vaz, julgado em 9-3-2022).

Importa notar que, no caso de emissão de cheque sem provisão de fundos para pagamento de dívida preexistente, há entendimento no sentido de que não se perfaz o crime em estudo. Vejamos este exemplo: "A" realiza um contrato de locação com "B". Este deixa de pagar os aluguéis por vários meses. Ao realizar um acordo, "B" emite em pagamento um cheque sem provisão de fundos. "B" comete o crime de estelionato na forma em estudo? Entende-se que não, uma vez que a causa direta do prejuízo da vítima foi o descumprimento do contrato de locação por parte do agente, e não o pagamento frustrado do cheque por ele emitido. O agente, na realidade, não obtém qualquer vantagem e a vítima não sofre novo prejuízo, tendo esta agora, mais um novo documento que garanta o seu crédito, pois o cheque pode ser executado judicialmente. Então, cumpre distinguir a emissão do cheque como contraprestação da emissão relativa à dívida pré-constituída. Na primeira hipótese, configurados o dolo e o prejuízo patrimonial, haverá crime. Na segunda, não. A explicação é lógica e simples. Falta o dano patrimonial. O estelionato é crime contra o patrimônio, de forma que, se a dívida já existia, a emissão da cártula, ainda que não honrada, não provoca prejuízo ao credor.

No tocante aos cheques especiais, se o agente emitir o título com valor acima do contratual, não haverá a tipificação do crime em tela, pois, de acordo com Cezar Roberto Bitencourt, "habitualmente as agências bancárias têm honrado o pagamento de cheques de clientes especiais mesmo quando ultrapassam os limites contratados. A recusa, nesses casos, é eventual. Essa eventualidade não pode ser decisiva para tipificar criminalmente a conduta do emitente. O estelionato pressupõe sempre a má-fé do agente, que, nesses casos, à evidência, não existe. Nesse sentido, aplica-se a Súmula 246 do STF: 'Comprovado não ter havido fraude, não se configura o crime de emissão de cheque sem fundos'"[563].

Finalmente, quanto à emissão de cheque sem fundos para pagamento de jogos ilícitos, Noronha entende que, no caso, não há crime, pois o Direito Civil não protege o patrimônio do jogador, tendo disposto o art. 814 do Código Civil a inexistência da obrigação de pagamento de dívida de jogo. Somente na hipótese de pagamento de jogos lícitos, isto é, autorizados e regulamentados, o patrimônio do jogador estaria acobertado pelo Direi-

562. Nesse sentido, E. Magalhães Noronha, *Direito penal*, cit., v. 2, p. 418.

563. Cezar Roberto Bitencourt, *Código Penal comentado*, cit., p. 754.

to Penal (p.ex., loteria). No que tange aos jogos ilícitos, ressalva o autor: "se o cheque é transmitido a terceiro de boa-fé, por simples tradição ou endosso, ocorre a responsabilidade penal, pois a ilicitude da causa que o originou não pode ser oposta ao terceiro que a ignora; ela vigora apenas entre as partes primitivamente em contato"[564]. Hungria discorda do entendimento de Noronha, pois sustenta que, na hipótese de pagamento de dívida de jogo ilícito ou fraudado, o crime não deixa de existir[565]. No que respeita à emissão de cheque sem fundos como pagamento de relações sexuais mantidas com prostituta, os tribunais estaduais têm posições divergentes. Alguns entendem que inexiste o crime, pois não se trata de patrimônio juridicamente tutelado pela lei; outros sustentam que a torpeza bilateral não tem o condão de excluir o delito.

Nosso entendimento: adotamos a segunda posição: configura crime.

- **Ação nuclear:** o tipo penal contém duas ações nucleares: **(i) Emitir cheque sem suficiente provisão de fundos** – o agente preenche, assina e coloca o cheque em circulação sem ter numerário suficiente na instituição bancária (banco sacado) para cobrir o valor quando da apresentação do título pelo tomador, por exemplo, "A" (emitente) realiza uma compra na loja "B" (beneficiário ou tomador) e efetua o pagamento com cheque, sem, contudo, ter numerário suficiente no banco "C" (sacado) para cobrir o valor devido. "B" apresenta o cheque ao banco "C", e este é devolvido por insuficiente provisão de fundos. Não basta a mera emissão do cheque para que o crime se configure; é preciso comprovar que o emitente desde o início tinha conhecimento da insuficiência de fundos na conta bancária. **(ii) Frustrar o pagamento de cheque** – o agente possui fundos suficientes na instituição bancária quando da emissão do cheque, contudo, antes de o beneficiário apresentar o título ao banco, aquele retira todo o numerário depositado ou apresenta uma contraordem de pagamento. Por vezes, há justa causa para a efetivação dessa contraordem de pagamento; é o que ocorre, por exemplo, quando o cheque é furtado. Nessa hipótese, o titular da conta bancária está autorizado a impedir que os cheques colocados em circulação pelo criminoso sejam compensados.

Se, antes da emissão do cheque, o agente realiza atos que frustrem o seu pagamento, por exemplo, o encerramento de conta corrente ou a anterior sustação do título com base em falsa notícia de que fora furtado, e, após utilizar esses artifícios emite as cártulas em prejuízo alheio, estamos diante de uma hipótese de estelionato na forma simples, pois a fraude foi anterior à emissão do título.

- **Objeto material:** é o cheque.
- **Sujeito ativo:** é a pessoa titular de uma conta bancária ativa que emite cheque sem suficiente provisão de fundos ou lhe frustra o pagamento. Se o agente não for titular de fundos em instituição bancária, poderemos estar diante do crime de estelionato na forma fundamental. Vejamos dois exemplos: (i) indivíduo realiza o pagamento de uma dívida mediante

564. E. Magalhães Noronha, *Direito penal*, cit., v. 2, p. 421.
565. Nélson Hungria, *Comentários*, cit., v. VII, p. 250.

cheque sem fundos emitido por terceira pessoa, conhecendo o agente a insuficiência de fundos, que esconde do credor; (ii) indivíduo emite cheque em nome de terceiro com falsificação de sua assinatura, mas o banco acaba por devolvê-lo por insuficiência de fundos. Em ambos os casos não foi o titular da conta bancária quem emitiu o cheque.

Na hipótese em que o beneficiário do cheque (tomador), ciente da ausência de provisão de fundos, realiza endosso a terceiro, comete o crime em apreço? Há duas posições doutrinárias: (i) para uma corrente, o endosso não é considerado nova emissão de cheque, ou seja, a conduta não se enquadra no verbo-núcleo do tipo *emitir*. Nesse sentido é o ensinamento de Damásio E. de Jesus: "sem recurso à analogia, proibida na espécie, não se pode afirmar que a conduta de *endossar* ingressa no núcleo *emitir*, considerando-se o endosso como segunda emissão. O que pode acontecer, tratando-se de endosso, é participação. É possível também que o endossante responda por estelionato em seu tipo fundamental. Por exemplo: o sujeito recebe o cheque como garantia de dívida e o transfere a terceiro para pronto pagamento"[566]. (ii) Em sentido contrário: Nélson Hungria e E. Magalhães Noronha, para os quais o endosso equivale a nova emissão dos cheques[567]. Argumenta Noronha: "o verbo *emitir* deve ser interpretado extensivamente — o que é de todo permitido no direito penal — para também se compreender o *endossar*, já que emissão e endosso têm efeitos equivalentes, sendo este mesmo uma nova emissão, 'o endosso do cheque equivale a um novo cheque'"[568]. Quanto ao avalista do emitente, Mirabete admite a possibilidade de ele ser sujeito ativo do crime em tela "quando, de má-fé, participa da elaboração da cambial"[569].

- **Sujeito passivo:** é o tomador, isto é, o beneficiário do cheque.
- **Elemento subjetivo:** é o dolo, consubstanciado na vontade de emitir cheque sem fundos ou de frustrar o seu pagamento. Exige-se que o agente tenha consciência da falta ou insuficiência de provisão de fundos quando da emissão do cheque. Entende Noronha que o tipo contém dolo específico (elemento subjetivo do tipo), consistente na vontade de lograr vantagem ilícita[570].
- **Momento consumativo:** o beneficiário do cheque deve apresentá-lo na praça nos prazos previstos no art. 33 da Lei do Cheque: 30 dias (mesmo lugar); 60 dias (outro lugar). Se o fizer após, a emissão do cheque será considerada promessa de pagamento. Segundo o art. 4º, § 1º, da Lei n. 7.357/85 (Lei do Cheque), a existência de fundos disponíveis é verificada no momento da apresentação do cheque para pagamento. Destarte, o crime se consuma no momento e no local em que o banco sacado recusa o pagamento, pois só nesse momento ocorre o prejuízo (trata-se de crime material). Esse é o teor da Súmula 521 do STF: "O foro competente para o processo e julgamento dos crimes de estelionato, sob a modalidade da emissão dolosa de cheque sem provisão de fundos, é o do local onde se deu a recusa do pagamento pelo sacado". Arrependendo-

---

566. Damásio E. de Jesus, *Código Penal anotado*, cit.

567. Respectivamente: *Comentários*, cit., p. 248 e 249; *Direito penal*, cit., v. 2, p. 407.

568. E. Magalhães Noronha, *Direito penal*, cit., v. 2, p. 408.

569. Julio Fabbrini Mirabete, *Manual*, cit., v. 2, p. 318. No mesmo sentido, E. Magalhães Noronha, *Direito penal*, cit., v. 2, p. 408. Em sentido contrário, Celso Delmanto e outros, *Código Penal comentado*, cit., p. 365.

570. E. Magalhães Noronha, *Direito penal*, cit., v. 2, p. 416.

-se o agente antes da apresentação do título pelo beneficiário no banco sacado, e depositando o numerário necessário para cobrir a quantia constante do cheque, haverá arrependimento eficaz, não respondendo ele por crime algum. Se, por outro lado, o agente se arrepender somente após a consumação do crime, ou seja, após a recusa do pagamento pelo banco sacado, incidirá a Súmula 554 do STF: "O pagamento de cheque emitido sem provisão de fundos, após o recebimento da denúncia, não obsta ao prosseguimento da ação penal". Assim, o pagamento do cheque antes do recebimento da denúncia extingue a punibilidade do agente. A Súmula 554, portanto, fica valendo como uma exceção à regra contida no art. 16. Se o pagamento ocorrer após o recebimento da denúncia e antes da sentença de 1ª instância, incidirá a atenuante genérica prevista no art. 65, III, *b*, do Código Penal.

Tentativa: é possível, embora haja discussões doutrinárias acerca de sua admissibilidade. Damásio nos apresenta as seguintes hipóteses: "é admissível na emissão. Ex.: sustação do pagamento do cheque (...). Na frustração, é também possível, embora a hipótese só tenha valor doutrinário. É o caso da carta extraviada que contém contraordem de pagamento ou do emitente que é apanhado pelo tomador no momento da retirada da provisão"[571].

11.4. A fraude eletrônica (art. 171, §§ 2º-A e 2º-B)

Segundo o § 2º-A, em caso de fraude cometida com utilização de informações fornecidas pela vítima ou por terceiro induzido a erro por meio de redes sociais, contatos telefônicos ou envio de correio eletrônico fraudulento ou meio análogo, a pena é de reclusão de 4 a 8 anos e multa. É o caso, por exemplo, das mensagens via SMS encaminhadas para celulares oferecendo prêmios, cliques em links falsos ou até ligações em que atendem pessoas vulneráveis ou idosas que acabam por passar informações que darão "munição" para o fraudador atuar. Se o crime for praticado mediante a utilização de servidor mantido fora do território nacional, considerada a relevância do resultado gravoso, a pena será aumentada de 1/3 (um terço) a 2/3 (dois terços) (§ 2º-B).

11.5. Majorante (art. 171, §§ 3º e 4º)

Estão previstas nos §§ 3º e 4º. A pena aumenta-se de 1/3, se o crime for cometido em detrimento de entidade de direito público ou de instituto de economia popular, assistência social ou beneficência. Essa majorante tem em vista a lesão a interesse social[572], o que torna a conduta criminosa mais reprovável. São entidades de direito público, além da União, Estado, Município e Distrito Federal, também as autarquias e entidades paraestatais. Essa causa de aumento de pena incidirá sobre o *caput* e variantes do § 2º. Importa aqui mencionar a Súmula 24 do Superior Tribunal de Justiça: "Aplica-se ao crime de estelionato, em que figure como vítima entidade autárquica da Previdência Social, a qualificadora do § 3º do art. 171 do Código Penal".

---

571. Damásio E. de Jesus, *Código Penal anotado*, cit., p. 171.

572. Nesse sentido, E. Magalhães Noronha, *Direito penal*, cit., v. 2, p. 424.

O § 4º é causa especial de aumento de pena, qual seja, a pena do estelionato aumenta-se de 1/3 para o dobro (passa a ser de 2 a 10 anos) se o crime for praticado contra pessoa idosa (60 anos ou mais) ou contra vulnerável.

Isso afasta a aplicação da suspensão condicional do processo, por força da alteração do patamar quantitativo da sanção mínima cominada ao delito. Antes da vigência da referida lei, a circunstância de o crime ser praticado contra pessoa idosa funcionava apenas como agravante genérica (CP, art. 61, II, *h*).

Com essa inovação legislativa, tal circunstância foi erigida, no crime de estelionato, em causa especial de aumento de pena. Obviamente que a incidência desta afasta a circunstância agravante genérica prevista no art. 61, II, *h*, do Código Penal (delito cometido contra criança ou maior de 60 anos), sob pena da ocorrência de *bis in idem*. Nesse caso, houve uma *novatio legis in mellius* porque, antes, a pena deveria ser sempre dobrada. Agora, ela pode ser aumentada de 1/3 até o dobro.

11.6. Ação penal (art. 171, § 5º)

Segundo o § 5º, introduzido pela Lei n. 13.964/2019, a ação apenas se procederá mediante representação, salvo se a vítima for: a Administração Pública, direta ou indireta; criança ou adolescente; pessoa com deficiência mental; ou maior de 70 (setenta) anos de idade ou incapaz.

A alteração quanto à ação penal do crime de estelionato, trazida pela Lei n. 13.964/2019, retroage para abranger processos penais em curso?

As cortes superiores, todavia, não encontraram um consenso acerca do tema[573]:

De acordo com o STJ, "a representação da vítima no crime de estelionato NÃO retroage para atingir os processos nos quais a denúncia já foi oferecida". (STJ. 3ª Seção. HC 610201/SP, rel. Min. Ribeiro Dantas, julgado em 24-3-2021.

Noutra banda, o plenário do STF firmou orientação no sentido da retroatividade do Pacote Anticrime (Lei n. 13.964/2019), na parte em que passou a exigir representação da vítima como condição para a ação penal no crime de estelionato. Assim, mesmo para os processos já em andamento, deverá se proceder à intimação das vítimas para manifestação em 30 dias, no sentido de autorizar o prosseguimento do processo, sob pena de decadência (STF, HC 208.817 AgR, rel. Min. Cármen Lúcia, Tribunal Pleno, julgado em 13-4-2023).

12. CONCURSO DE CRIMES

Questão bastante discutida na doutrina e jurisprudência é a relativa à prática do delito de estelionato mediante o uso de documento falso. Sabemos que o crime de falsidade

573. CAVALCANTE, Márcio André Lopes. *A mudança na ação penal do crime de estelionato, promovida pela Lei 13.964/2019, retroage para alcançar os processos penais que já estavam em curso?* Buscador Dizer o Direito, Manaus. Disponível em: https://www.buscadordizerodireito.com.br/jurisprudencia/detalhes/48dfb0e62ef53dc160c26788433c2d1a>. Acesso em: 26 out. 2022.

documental tem por sujeito passivo o Estado, pois constitui crime contra a fé pública. O falso, portanto, atinge interesse público, ao passo que o estelionato, interesse particular, pois tutela-se o patrimônio do indivíduo. Indaga-se: se o sujeito falsificar um documento público ou particular e com esse expediente induzir alguém em erro para obter indevida vantagem patrimonial, por qual crime responde? Há quatro posições na jurisprudência:

(i) Superior Tribunal de Justiça[574] – o estelionato absorve a falsidade, quando esta foi o meio fraudulento empregado para a prática do crime-fim, que era o estelionato. Nesse sentido, a Súmula 17 desse tribunal, cujo teor é o seguinte: "Quando o falso se exaure no estelionato, sem mais potencialidade lesiva, é por este absorvido". Veja que a súmula, portanto, exige que o falso se esgote no crime do art. 171 do Código Penal. Por exemplo, pagar mercadorias em uma loja com folha de cheque falsificada. Uma vez utilizada a cártula, não há como o documento falsificado ser novamente empregado na prática de outros crimes. A fraude, portanto, esgotou-se no crime de estelionato. Se, pelo contrário, a falsidade for apta à prática de outros crimes, afasta-se a incidência da súmula mencionada, havendo o concurso de crimes, por exemplo, carteira de identidade falsificada. Finalmente, reafirmando a orientação no sentido da absorção do crime de falso pelo estelionato, o Superior Tribunal de Justiça editou a Súmula 73: "A utilização de papel-moeda grosseiramente falsificado configura, em tese, o crime de estelionato, da competência da Justiça Estadual".

(ii) Supremo Tribunal Federal – há concurso formal de crimes. Conforme havíamos falado inicialmente, o crime de falso atinge a fé pública, ao passo que o estelionato atinge o patrimônio. Tais crimes, portanto, atingem bens jurídicos diversos. Mencione-se, ainda, que o primeiro (falsidade de documento público) é mais severamente apenado que o segundo, argumentos estes que afastam a teoria da absorção de crimes.

(iii) Há concurso material.

(iv) O crime de falso (aqui a falsidade deve ser de documento público, cuja pena é superior à do crime de estelionato) prevalece sobre o estelionato.

Segundo Damásio, sob o aspecto doutrinário, trata-se de concurso material de crimes e não de concurso formal, pois "o concurso formal exige unidade de conduta (CP, art. 70). Na espécie, existe pluralidade de comportamentos (da falsificação e do estelionato), normalmente distanciados no tempo. Suponha-se que o sujeito falsifique o objeto material em janeiro e engane a vítima em dezembro: como considerar a presença de uma só ação? (...) no sentido prático, de ver-se que a jurisprudência, diante da gravidade das penas impostas aos delitos de falso e da aspereza das disposições sobre o concurso material de crimes, ou reconhece a existência de uma só infração penal ou a presença do concurso formal. Trata-se de uma justa preocupação: a louvável intenção de suavizar as regras do Código Penal sobre o cúmulo material. Força é reconhecer, então, sob o aspecto prático, que a consideração de um só delito ou do concurso formal, se não é doutrinariamente

574. A falsidade ideológica foi o crime-meio, que fica absorvido pelo crime-fim, uso de documento falso (STJ. 5ª Turma. AgRg no AgRg no AREsp 2.077.019-RJ, rel. Min. Daniela Teixeira, Rel. para o acórdão Min. Reynaldo Soares da Fonseca, julgado em 19/3/2024).

correta, tem aceitação prevalente na jurisprudência sob a inspiração de princípios de política criminal. A posição é justa. E a justiça deve prevalecer sobre a técnica"[575].

> **Nosso entendimento:** tudo depende da existência ou não de um só contexto fático. Se a potencialidade lesiva do falso se exaurir no estelionato, como, por exemplo, no caso do agente que falsifica uma folha de cheque e a entrega a um comerciante, o qual, iludido, sofre prejuízo, não há como deixar de reconhecer a existência de crime único. Com efeito, o fólio falsificado não poderá ser empregado em nenhuma outra fraude, até porque não está mais na posse do agente, mas com a vítima, ficando evidente que a falsificação foi um meio para a prática do delito-fim, no caso, o estelionato. Correta, portanto, a posição do STJ.

13. DISTINÇÕES

(i) Estelionato e extorsão: em ambos os delitos, a entrega da coisa é feita pela vítima. A diferença reside no seguinte: na extorsão a coisa é entregue mediante o emprego de violência ou grave ameaça pelo agente; já no estelionato, há o emprego de fraude, e a vítima, iludida, entrega a coisa livremente.

(ii) Estelionato e apropriação indébita: *vide* comentários ao delito de apropriação indébita.

(iii) Estelionato e furto de energia: conforme já oportunamente estudado no capítulo referente ao crime de furto, a subtração de energia elétrica ocorrerá se o agente captar a energia antes que ela passe pelo relógio medidor. No entanto, se este for alterado pelo consumidor de energia elétrica, haverá estelionato.

(iv) Estelionato e furto mediante fraude: neste último, há subtração, pois a coisa é retirada sem o consentimento da vítima, que, na realidade, tem a sua vigilância sobre a *res* amortecida pela fraude empregada pelo agente; por exemplo, agente que se faz passar por eletricista e se aproveita para subtrair objetos da casa, sem que a vítima perceba. No estelionato, há também o emprego de fraude, mas aqui a própria vítima, enganada, entrega espontaneamente a coisa para o agente, não há qualquer subtração; por exemplo, agente que se faz passar por técnico em informática e leva o computador consigo, com o consentimento da vítima, a pretexto de consertá-lo.

14. AÇÃO PENAL E PROCEDIMENTO. LEI DOS JUIZADOS ESPECIAIS CRIMINAIS

Até o advento da Lei n. 13.964/2019, o crime de estelionato era de ação penal pública incondicionada. Agora, com a inserção do § 5º ao art. 171 trazida por aque-

---

575. Damásio E. de Jesus, *Código Penal anotado*, cit., p. 867.

la legislação, a ação penal é pública condicionada à representação, salvo se a vítima for: a Administração Pública, direta ou indireta (§ 5º, I); criança ou adolescente (§ 5º, II); pessoa com deficiência mental (§ 5º, III); ou maior de 70 anos ou incapaz (§ 5º, IV).

No que se refere ao procedimento, *vide* art. 394 do Código de Processo Penal, que estabelece critérios distintos para a determinação do rito processual a ser seguido. A distinção entre os procedimentos ordinário e sumário dar-se-á em função da pena máxima cominada à infração penal e não mais em virtude de esta ser apenada com reclusão ou detenção.

É cabível a suspensão condicional do processo (art. 89 da Lei n. 9.099/95) no *caput* e no § 2º, desde que não incidam as majorantes previstas nos §§ 2º-A, 2º-B, 3º e 4º.

15. LEGISLAÇÃO PENAL ESPECIAL

Em se tratando do empresário que procura lesar seus credores, antes ou depois da falência, pode caracterizar crime falimentar (art. 168 da Lei n. 11.101/2005).

A Lei n. 11.101/2005 (Lei de Recuperação Judicial e Falências), dispõe em seu art. 168 a seguinte conduta criminosa: "Praticar, antes ou depois da sentença que decretar a falência, conceder a recuperação judicial ou homologar a recuperação extrajudicial, ato fraudulento de que resulte ou possa resultar prejuízo aos credores, com o fim de obter ou assegurar vantagem indevida para si ou para outrem. Pena – reclusão, de 3 (três) a 6 (seis) anos, e multa".

(i) Aumento da pena: "§ 1º A pena aumenta-se de 1/6 (um sexto) a 1/3 (um terço), se o agente: I – elabora escrituração contábil ou balanço com dados inexatos; II – omite, na escrituração contábil ou no balanço, lançamento que deles deveria constar, ou altera escrituração ou balanço verdadeiros; III – destrói, apaga ou corrompe dados contábeis ou negociais armazenados em computador ou sistema informatizado; IV – simula a composição do capital social; V – destrói, oculta ou inutiliza, total ou parcialmente, os documentos de escrituração contábil obrigatórios".

(ii) Contabilidade paralela: "§ 2º A pena é aumentada de 1/3 (um terço) até metade se o devedor manteve ou movimentou recursos ou valores paralelamente à contabilidade exigida pela legislação".

(iii) Concurso de pessoas: "§ 3º Nas mesmas penas incidem os contadores, técnicos contábeis, auditores e outros profissionais que, de qualquer modo, concorrerem para as condutas criminosas descritas neste artigo, na medida de sua culpabilidade".

(iv) Redução ou substituição da pena: "§ 4º Tratando-se de falência de microempresa ou de empresa de pequeno porte, e não se constatando prática habitual de condutas fraudulentas por parte do falido, poderá o juiz reduzir a pena de reclusão de 1/3 (um terço) a 2/3 (dois terços) ou substituí-la pelas penas restritivas de direitos, pelas de perda de bens e valores ou pelas de prestação de serviços à comunidade ou a entidades públicas".

COMPETÊNCIA: CASO EM QUE O PREJUÍZO OCORREU EM LOCAL DIFERENTE DA OBTENÇÃO DA VANTAGEM – ALTERAÇÃO NO CÓDIGO DE PROCESSO PENAL

A Lei n. 14.155/2021 também trouxe alterações no que tange à competência para julgamento do crime de estelionato quando o prejuízo ocorrer em local diverso ao da obtenção da vantagem pelo agente, ao inserir o § 4º ao art. 70 do CPP:

Art. 70. (...)

§ 4º Nos crimes previstos no art. 171 do Código Penal, quando praticados mediante depósito, mediante emissão de cheques sem suficiente provisão de fundos em poder do sacado ou com o pagamento frustrado ou mediante transferência de valores, a competência será definida pelo local do domicílio da vítima, **e, em caso de pluralidade de vítimas, a competência firmar-se-á pela prevenção.**

Em virtude do princípio da *perpetuatio jurisdictionis* (perpetuação da jurisdição), previsto no art. 43 do CPC/2015, aplicável ao processo penal, conforme dispõe o art. 3º do CPP, uma vez iniciado o processo penal perante determinado juízo, nele deve prosseguir até seu julgamento. Assim, depois que o processo se iniciou perante um juízo, as modificações que ocorrerem serão consideradas, em regra, irrelevantes para fins de competência. Dessa forma, aos processos penais que estavam em curso, quando entrou em vigor a Lei n. 14.155/2021, não se aplicam às novas regras do § 4º do art. 70 do CPP.

O STJ já decidiu que "*nos termos do § 4º do art. 70 do CPP, acrescentado pela Lei n. 14.155/2021, no estelionato praticado mediante depósito, emissão de cheque sem fundos, cheque sustado ou mediante transferência de valores, a competência será definida pelo domicílio da vítima, e, em caso de pluralidade de vítimas, pela prevenção. Tratando-se de norma processual, sua incidência será imediata, ainda que os fatos tenham sido anteriores à nova lei*" (CC 180.832/RJ, rel. Min. Laurita Vaz, Terceira Seção, julgado em 25-8-2021).

ART. 171-A – FRAUDE COM A UTILIZAÇÃO DE ATIVOS VIRTUAIS, VALORES MOBILIÁRIOS OU ATIVOS FINANCEIROS

Art. 171-A. Organizar, gerir, ofertar ou distribuir carteiras ou intermediar operações que envolvam ativos virtuais, valores mobiliários ou quaisquer ativos financeiros com o fim de obter vantagem ilícita, em prejuízo alheio, induzindo ou mantendo alguém em erro, mediante artifício, ardil ou qualquer outro meio fraudulento.

Pena – reclusão, de 4 (quatro) a 8 (oito) anos, e multa.

1. OBJETO JURÍDICO

O tipo penal busca tutelar a higidez do sistema financeiro nacional. O bem jurídico tutelado nesse diploma é, fundamentalmente, o sistema financeiro nacional[576], consisten-

576. Alexandre Assaf Neto, *Mercado financeiro*, 2021, p. 43: "O Sistema Financeiro Nacional pode ser entendido como um conjunto de instituições financeiras e instrumentos financeiros que visam, em te no conjunto de instituições (monetárias, bancárias e sociedades por ações) e do mercado financeiro (de capitais e valores mobiliários) e a inviolabilidade do patrimônio daqueles envolvidos nas operações que compreendam ativos virtuais, valores mobiliários ou quaisquer ativos financeiros. Pretende-se, portanto, reprimir as fraudes causadoras de dano ao patrimônio dos indivíduos envolvidos nas referidas operações, bem como, ao sistema financeiro nacional. Trata-se de delito pluriofensivo.

– **Ativos virtuais/criptoativos:** "são ativos representados digitalmente, protegidos por criptografia, que podem ser objeto de transações executadas e armazenadas por meio de tecnologias de registro distribuído *(Distributed Ledger Technologies – DLTs)*. Usualmente, os criptoativos (ou a sua propriedade) são representados por *tokens*, que são títulos digitais intangíveis"[577].

– **Valores mobiliários:** "são títulos negociados no mercado financeiro. Podem ser de propriedade ou de crédito e são emitidos por entidades públicas ou privadas"[578].

– **Ativos financeiros:** podem ser definidos como "ativos de investimento cujo valor deriva dos direitos contratuais que representam. Em outras palavras, são qualquer coisa que um investidor ou empresa possua e que possa ser convertida em dinheiro, seja tangível ou intangível"[579]. De acordo com a Comissão de Valores Mobiliários – CVM na Instrução Normativa n. 555/2014, ativo financeiro é gênero do qual são espécies: títulos da dívida pública; contratos derivativos; desde que a emissão ou negociação tenha sido objeto de registro ou de autorização pela CVM, ações, debêntures, bônus de subscrição, cupons, direitos, recibos de subscrição e certificados de desdobramentos, certificados de depósito de valores mobiliários, cédulas de debêntures, cotas de fundos de investimento, notas promissórias, e quaisquer outros valores mobiliários; títulos ou contratos de investimento coletivo, registrados na CVM e ofertados publicamente, que gerem direito de participação, de parceria ou de remuneração, inclusive resultante de prestação de serviços, cujos rendimentos advêm do esforço do empreendedor ou de terceiros; certificados ou recibos de depósitos emitidos no exterior com lastro em valores mobiliários de emissão de companhia aberta brasileira; o ouro, ativo financeiro, desde que negociado em padrão internacionalmente aceito; quaisquer títulos, contratos e modalidades operacionais de obrigação ou coobrigação de instituição financeira; e *warrants*, contratos mercantis de compra e venda de produtos, mercadorias ou serviços para entrega ou prestação futura, títulos ou certificados representativos desses contratos e quaisquer outros créditos, títulos, contratos e modalidades operacionais desde que expressamente previstos em regulamento.

Trata-se de *novatio legis incriminadora*[580], com aplicação somente após sua entrada em vigor. Por se tratar de novo tipo penal, não retroage.

última análise, transferir recursos dos agentes econômicos (pessoas, empresas, governo) superavitários para os deficitários".

577. Comissão de Valores Mobiliários- CVM: *Parecer de Orientação n. 40*, de 11 de outubro de 2022.

578. *Vide* Lei n. 6.385/76.

579. Disponível em: https://exame.com/invest/guia/o-que-sao-ativos-financeiros/.

580. Lei n. 14.478, de 21 de dezembro de 2022.

2. ELEMENTOS DO TIPO

2.1. Ação nuclear

Consiste nas condutas de organizar, gerir, ofertar ou distribuir carteiras ou intermediar operações que envolvam ativos virtuais, valores mobiliários ou quaisquer ativos financeiros com o fim de obter vantagem ilícita, em prejuízo alheio, induzindo ou mantendo alguém em erro, mediante artifício, ardil ou qualquer outro meio fraudulento.

Trata-se de crime em que, em vez da violência ou grave ameaça, o agente emprega estratagemas para gerir, ofertar ou distribuir carteiras ou intermediar operações que envolvam ativos virtuais, valores mobiliários ou quaisquer ativos financeiros, induzindo em erro a vítima, levando-a a ter uma errônea percepção dos fatos, ou para mantê-la em erro, utilizando-se de manobras para impedir que ela perceba o equívoco em que labora. Os meios empregados para tanto podem ser:

(i) **Artifício:** significa fraude no sentido material. Segundo Mirabete, "o artifício existe quando o agente se utilizar de um aparato que modifica, ao menos aparentemente, o aspecto material da coisa, figurando entre esses meios o documento falso ou outra falsificação qualquer, o disfarce, a modificação por aparelhos mecânicos ou elétricos, filmes, efeitos de luz etc."[581].

(ii) **Ardil:** é fraude no sentido imaterial, intelectualizada, dirigindo-se à inteligência da vítima e objetivando excitar nela uma paixão, emoção ou convicção pela criação de uma motivação ilusória. Uma boa conversa, uma simulação de doença, sem nenhum outro disfarce ou aparato, além da "cara de pau".

(iii) **Qualquer outro meio fraudulento:** embora compreenda o artifício e o ardil (o que torna a distinção sem importância prática), constitui expressão genérica, a qual deve ser interpretada de acordo com os casos expressamente enumerados (interpretação analógica), de modo que, além das duas formas anteriores, alcança todos os outros comportamentos a elas equiparados.

– **Idoneidade do meio fraudulento empregado:** seja qual for o meio empregado, só há fraude com a utilização de ativos virtuais, valores mobiliários ou ativos financeiros quando existir aptidão para iludir o ofendido. A aferição dessa potencialidade deve ser realizada segundo as características pessoais da vítima (sua maior ou menor experiência e capacidade de percepção) e as circunstâncias específicas do caso concreto. Desde que o meio fraudulento empregado pelo agente seja apto a burlar a boa-fé da vítima, pouco importa que a fraude seja grosseira ou inteligente, pois o a prática das condutas descritas no tipo, requer densidade intelectual.

– **Erro:** consiste na falsa percepção da realidade, provocando uma manifestação de vontade viciada. A situação na qual a vítima acredita não existe. Houvesse o conhecimento verdadeiro dos fatos, jamais teria ocorrido a vantagem patrimonial ao agente, que, para obtê-la, provoca ou mantém a vítima no erro (nesta última hipótese, o autor aproveita uma situação preexistente, um erro espontâneo anterior por ele não provocado, e emprega manobras fraudulentas para manter esse estado e assim obter a vantagem ilícita).

---

581. Julio Fabbrini Mirabete, *Manual*, cit., v. 2, p. 301.

– **Vantagem ilícita:** é o objeto material do crime em tela. O agente emprega meio fraudulento na gestão, oferta/distribuição de carteiras ou intermediação de operações que envolvam ativos virtuais, valores mobiliários ou quaisquer ativos financeiros, de forma a iludir a os investidores com a finalidade de obter vantagem ilícita em prejuízo alheio. Deve a vantagem ser econômica, pois trata-se de crime contra o sistema nacional e patrimonial Deve também ser ilícita, ou seja, não corresponder a qualquer direito. Se for lícita, haverá o crime de exercício arbitrário das próprias razões.

– **Prejuízo alheio:** é o dano de natureza patrimonial. Concomitantemente à obtenção da vantagem ilícita pelo agente, deve ocorrer prejuízo para a vítima, ou seja, uma perda patrimonial.

Trata-se de tipo misto alternativo ou de conteúdo variado, no qual mesmo que o agente pratique mais de um núcleo do tipo no mesmo contexto fático, responderá por apenas um, o outro será considerado pelo juiz na primeira fase da dosimetria da pena, quando da fixação da pena base (CP, arts. 68 e 59, respectivamente). Presente, contudo, uma contiguidade comportamental entre as condutas, restará configurado o concurso de crimes.

2.2. Sujeito ativo

Sujeito ativo do delito é a pessoa apta a organizar, gerir, ofertar ou distribuir carteiras e/ou intermediar operações que envolvam ativos virtuais, valores mobiliários ou quaisquer ativos financeiros.

2.3. Sujeito passivo

O mercado financeiro, incluindo as instituições financeiras e os investidores, assim como o Estado.

3. ELEMENTO SUBJETIVO

É o dolo, consubstanciado na vontade livre e consciente de realizar as condutas descritas no tipo, em prejuízo alheio. É necessário, contudo, um fim especial de agir, consistente na vontade de obter a vantagem ilícita para si ou para outrem. Ressalte-se que deve o agente ter consciência de que a vantagem almejada é ilícita.

4. CONSUMAÇÃO E TENTATIVA

Organizar, gerir e ofertar são crimes formais, os chamados delitos incongruentes, nos quais basta a realização da conduta para a consumação, sendo possível, mas irrelevante, a produção do resultado naturalístico.

No tocante à conduta de distribuir, trata-se de crime material, cuja consumação depende de alguém receber a carteira.

Quanto à intermediação, também é necessário que a operação se ultime para o aperfeiçoamento dessa figura típica.

Uma vez iniciada a execução da conduta e esta não se consumar, por circunstâncias alheias à vontade do agente, a tentativa será cabível diante da prática dos verbos distribuir e intermediar.

4.1. Ação penal

Trata-se de crime de ação penal pública incondicionada.

Será admitida ação privada se a ação penal pública não for intentada no prazo legal, cabendo ao Ministério Público aditar a queixa, repudiá-la e oferecer denúncia substitutiva, intervir em todos os termos do processo, fornecer elementos de prova, interpor recurso e, a todo tempo, no caso de negligência do querelante, retomar a ação como parte principal.

No que se refere aos institutos despenalizadores, em virtude de a cominação da pena ser de reclusão de 4 (quatro) a 8 (oito) anos, e multa, não será cabível nenhum instituto previsto na Lei n. 9.099/95 e tampouco a celebração do Acordo de Não Persecução Penal – ANPP, previsto no art. 28-A do CPP.

ART. 172 – DUPLICATA SIMULADA

1. CONCEITO

Dispõe o art. 172 do Código Penal: "Emitir fatura, duplicata ou nota de venda que não corresponda à mercadoria vendida, em quantidade ou qualidade, ou ao serviço prestado. Pena – detenção, de dois a quatro anos, e multa".

2. OBJETO JURÍDICO

Tutela-se a propriedade, assim como "a boa-fé de que devem estar revestidos os títulos comerciais, equiparados a documentos públicos (art. 297, § 2º)"[582].

3. ELEMENTOS DO TIPO

3.1. Ação nuclear

O núcleo do tipo consubstancia-se no verbo *emitir*, isto é, produzir, preencher, criar o documento. A antiga redação do art. 172 previa a conduta de *expedir*, o que exigia a colocação do título em circulação. A redação contenta-se com a mera produção ou criação do título. Até porque a fatura e a nota de venda não podem ser colocadas em circulação[583].

---

582. Julio Fabbrini Mirabete, *Manual*, cit., p. 324.

583. Fernando Capez, Emissão fraudulenta de duplicata na compra e venda mercantil: fato típico ou atípico? *Revista Ministério Público Paulista*, p. 11/12, agosto de 1996. No mesmo sentido, acolhendo nosso posicionamento, Julio Fabbrini Mirabete, *Manual*, cit., v. 2, p. 325. Em sentido contrário, Victor Eduardo Rios Gonçalves, *Dos crimes contra o patrimônio, Coleção*, cit., v. 9, p. 81; Celso Delmanto e outros,

A fatura, duplicata ou nota de venda emitida não deve corresponder à mercadoria vendida, em quantidade ou qualidade, ou ao serviço prestado. Aí reside a fraude do crime em tela. O título produzido não corresponde ao negócio realizado pelas partes, e o comerciante, utilizando essa fraude, desconta, por exemplo, a duplicata com terceira pessoa de boa-fé, para receber indevidamente o valor do documento. O terceiro, que descontou o título, sofrerá injustamente prejuízo, pois, ao apresentá-lo ao comprador das mercadorias, este recusar-se-á a pagar o valor constante da cártula, já que não corresponde ao negócio efetivamente realizado. O tipo penal exige que tenha havido a efetiva venda de mercadoria, devendo, portanto, haver um negócio subjacente. Na ausência deste, o crime será outro (arts. 171 e 299 do CP; art. 1º, III, da Lei n. 8.137/90)[584]. Em sentido contrário, entendendo haver a configuração do crime em tela na hipótese de inexistência de venda, Celso Delmanto e outros. Sustenta esse autor: "seria ilógico que o novo dispositivo tipificasse como crime uma conduta evidentemente menos grave (emissão de fatura, duplicata ou nota de venda com quantidade ou qualidade do produto alterada) e deixasse de punir, igualmente, uma conduta indubitavelmente mais grave (emissão de fatura, duplicata ou nota de venda sem qualquer venda efetuada)"[585].

3.2. Objeto material

É a fatura, duplicata ou nota de venda que não corresponda à mercadoria vendida, em quantidade ou qualidade, ou ao serviço prestado.

Nas relações mercantis são comuns as vendas a prazo. O vendedor (sacador), no caso, extrai uma fatura que contém a discriminação das mercadorias, o nome do vendedor, comprador etc., a qual será apresentada ao comprador (sacado) para aceite e pagamento. A fatura, portanto, representa uma compra e venda mercantil efetivamente realizada. A nota fiscal também tem aptidão para servir como fatura. Permite a lei que da fatura seja extraída a duplicata (a sua extração não é obrigatória), o que permite a sua livre circulação e antecipado desconto pelo vendedor, ou seja, este poderá oferecer o título a terceiro e obter antecipadamente o pagamento da mercadoria vendida. O terceiro que realiza o desconto, por sua vez, quando do vencimento do título, o apresentará ao comprador (sacado) para receber o respectivo pagamento. No crime em apreço o vendedor, visando obter uma indevida vantagem econômica, emite uma fatura, duplicata ou nota de venda que não corresponde à quantidade ou qualidade da mercadoria vendida, ou ao serviço prestado, isto é, não corresponde ao negócio efetivamente realizado.

→ **Atenção:** a emissão de triplicata se subsume ao tipo penal em estudo, uma vez que tal documento nada mais é que uma segunda via da duplicata extraviada ou substituída.

Código Penal comentado, cit., p. 371; Damásio E. de Jesus, *Código Penal anotado*, cit., p. 630.

584. Fernando Capez, Emissão fraudulenta ..., cit.

585. Celso Delmanto, *Código Penal comentado*, cit., p. 371. No mesmo sentido, Damásio E. de Jesus, *Código Penal anotado*, cit., p. 629.

3.3. Sujeito ativo

Aquele que emite a fatura, duplicata ou nota de venda, isto é, o comerciante, o prestador de serviço (crime próprio). O endossatário ou avalista, segundo Damásio E. de Jesus, não pode ser sujeito ativo do crime em tela, pois o comportamento dele não se enquadra no verbo-núcleo *emitir*[586].

3.4. Sujeito passivo

É quem realiza o desconto de duplicata, bem como o sacado (comprador), ou seja, a pessoa contra quem é emitida a fatura, duplicata ou nota de venda. Deve este último estar agindo de boa-fé.

4. ELEMENTO SUBJETIVO

É o dolo, consubstanciado na vontade livre e consciente de emitir fatura, duplicata ou nota de venda que não corresponda à mercadoria vendida, em quantidade ou qualidade, ou ao serviço prestado.

5. MOMENTO CONSUMATIVO

Consuma-se com a emissão da fatura, duplicata ou nota de venda, ou seja, basta a sua criação, extração[587]. Para grande parte da doutrina, o crime se consuma com a colocação do título em circulação.

> **Nosso entendimento:** com a redação do art. 172, determinada pela Lei n. 8.137/90, que passou a prever a conduta de *emitir* e não mais a de *expedir*, o crime se consuma com a mera criação, produção da fatura, duplicata ou nota de venda. Por se tratar de crime formal, não se exige a causação de dano patrimonial, nem mesmo a obtenção de lucro pelo emitente. Se este ocorrer, haverá mero exaurimento.

6. TENTATIVA

Trata-se de crime unissubsistente, portanto a tentativa é inadmissível. Assim, ou o sujeito emite a fatura, duplicata ou nota de venda, e o crime está consumado, ou ele não cria o título, e o delito não se consuma.

---

586. Damásio E. de Jesus, *Código Penal anotado*, cit., p. 629. No mesmo sentido, Celso Delmanto e outros, *Código Penal comentado*, cit., p. 371. Em sentido contrário, E. Magalhães Noronha, *Direito penal*, cit., v. 2, p. 428.

587. Nesse sentido, Julio Fabbrini Mirabete, *Manual*, cit., v. 2, p. 326.

7. FORMAS

7.1. Simples (art. 172, *caput*)

Está prevista no *caput* do art. 172.

7.2. Equiparada (art. 172, parágrafo único)

Está prevista no parágrafo único do art. 172, cujo teor é o seguinte: "Nas mesmas penas incorrerá aquele que falsificar ou adulterar a escrituração do Livro de Registro de Duplicatas". Cuida-se aqui de um crime de falsidade documental; contudo o legislador optou em enquadrá-lo como crime patrimonial. Duas são as ações nucleares típicas: (i) **falsificar** – consiste em criar a escrituração do livro; (ii) **adulterar** – a escrituração do livro é válida, mas é modificada. O sujeito passivo do crime em tela é o Estado, pois cuida-se de crime que atenta contra a boa-fé dos títulos e documentos[588]. Fazendo menção ao ensinamento de Fragoso, afirma Mirabete: "Caso a falsificação anteceda a expedição da duplicata simulada e ocorra esta, o primeiro delito é absorvido. Caso o falso seja posterior, será considerado impunível. Assim, só há crime autônomo quando, falsificado ou adulterado o Livro de Registro de Duplicatas, não for expedida a duplicata simulada, bem como no falso registro por pessoa diversa daquela que expede o título simulado"[589].

8. AÇÃO PENAL E PROCEDIMENTO

Trata-se de crime de ação pública incondicionada. Com relação ao procedimento a ser seguido, *vide* art. 394 do Código de Processo Penal, a qual passou a eleger critério distinto para a determinação do rito processual a ser seguido. A distinção entre os procedimentos ordinário e sumário dar-se-á em função da pena máxima cominada à infração penal e não mais em virtude de esta ser apenada com reclusão ou detenção.

ART. 173 – ABUSO DE INCAPAZES

1. CONCEITO

Prescreve o art. 173 do Código Penal: "Abusar, em proveito próprio ou alheio, de necessidade, paixão ou inexperiência de menor, ou da alienação ou debilidade mental de outrem, induzindo qualquer deles à prática de ato suscetível de produzir efeito jurídico, em prejuízo próprio ou de terceiro: Pena – reclusão, de dois a seis anos, e multa".

2. OBJETO JURÍDICO

Protege-se, mais uma vez, o patrimônio.

---

588. Nesse sentido, Julio Fabbrini Mirabete, *Manual*, cit., v. 2, p. 327.

589. Julio Fabbrini Mirabete, *Manual*, cit., v. 2, p. 328.

3. ELEMENTOS DO TIPO

3.1. Ação nuclear

A conduta criminosa consiste em *abusar* de necessidade, paixão ou inexperiência de menor, ou da alienação ou debilidade mental de outrem, *induzindo* qualquer deles à prática de ato suscetível de produzir efeito jurídico. O agente, portanto, aproveita-se dessas condições peculiares da vítima para convencê-la, persuadi-la, à prática de ato capaz de produzir efeito jurídico. Veja que o texto legal exige, quanto ao menor de idade, que o abuso esteja relacionado à sua necessidade, paixão ou inexperiência. É que, consoante o ensinamento de Hungria, "ao estado de menoridade são inerentes ou naturais a impaciência na satisfação de necessidades (supostas ou reais, com ou sem motivos reprováveis), a impulsividade dos sentimentos e a fácil sugestionabilidade em matéria de negócios, decorrente do desconhecimento da vida prática"[590]. Tal exigência não existe quanto ao alienado ou débil mental, pois basta a verificação da enfermidade. Justifica Noronha: "em relação ao alienado e ao débil mental, eles oferecem campo muito mais fértil ao agente, apresentam condições muito melhores que aquelas, para o desígnio delituoso; são, enfim, presas mais fáceis do que o menor. Em se tratando deles, não há cogitar, pois, se foram explorados em sua necessidade, se havia estado passional ou de inexperiência. Basta a enfermidade"[591].

O tipo penal não se contenta com o mero abuso das condições peculiares da vítima. É necessário que o agente se aproveite dessas condições para induzir, isto é, convencer, persuadir o menor, alienado mental ou débil mental, a praticar ato que lhe traga proveito, mas que acarrete prejuízo patrimonial ao incapaz ou a terceiro. Induzir, no caso, não significa necessariamente empregar fraude, ou seja, ardil ou artifício, ao contrário do crime de estelionato. Importa ressalvar que na ausência de qualquer induzimento por parte do agente, se o incapaz pratica o ato por livre e espontânea vontade, não há que falar no crime em estudo.

O ato a que essas pessoas elencadas no tipo são induzidas a praticar deve ser capaz de produzir efeito jurídico em prejuízo próprio ou de terceiro, ou seja, deve ter idoneidade para tanto. Assim, se o ato for nulo por motivo que não seja a incapacidade do sujeito ativo, não podendo produzir qualquer efeito jurídico, inexiste o crime em apreço[592].

Por se tratar de crime contra o patrimônio, o prejuízo a que se refere a lei deve ser patrimonial. Não é necessário, contudo, que o dano se concretize, basta que o prejuízo seja potencial, o que difere esse delito do crime de estelionato, visto que este exige prejuízo efetivo[593].

---

590. Nélson Hungria, *Comentários*, cit., v. VII, p. 267.

591. E. Magalhães Noronha, *Direito penal*, cit., v. 2, p. 435.

592. Nesse sentido, Nélson Hungria, *Comentários*, cit., v. VII, p. 269; E. Magalhães Noronha, *Direito penal*, cit., v. 2, p. 437.

593. Nesse sentido, E. Magalhães Noronha, *Direito penal*, cit., v. 2, p. 436.

3.2. Sujeito ativo

Trata-se de crime comum, portanto pode ser praticado por qualquer pessoa.

3.3. Sujeito passivo

É o incapaz, isto é, o menor, alienado mental ou débil mental. Trata-se de enumeração taxativa.

(i) Menor: Considera-se menor aquele cuja idade é inferior a 18 anos. O emancipado não pode ser sujeito passivo, pois, estando legalmente habilitado para exercer os negócios da vida civil, não se pode considerá-lo sem discernimento ou capacidade de autodeterminação.

(ii) Alienado mental: é o louco.

(iii) Débil mental: é o deficiente psíquico que se situa na zona fronteiriça entre a imbecilidade e a sanidade psíquica[594]. Incluem-se os idiotas e os imbecis, embora estes sejam considerados psiquicamente inferiores ao débil mental.

4. ELEMENTO SUBJETIVO

É o dolo, consubstanciado na vontade livre e consciente de induzir o incapaz à prática do ato, abusando de necessidade, paixão ou inexperiência de menor, ou da alienação ou debilidade mental de outrem. O dolo, portanto, deve abranger o conhecimento do agente acerca das condições da vítima. O seu desconhecimento pode levar à caracterização do crime de estelionato, se houver o emprego de meio fraudulento, ou tornar o fato atípico (CP, art. 20). Se o agente agir com dolo eventual, ainda assim o crime se configura.

Exige-se o chamado elemento subjetivo do tipo, consistente na finalidade de obter *proveito próprio ou alheio*, ou seja, alguma vantagem que não necessita ser econômica. Conforme Noronha, "o delito é patrimonial, porque o patrimônio é que foi a objetividade jurídica atingida, nada importando que o agente não tenha auferido vantagem econômica. O que, a nosso ver, não pode deixar de ser patrimonial... é o prejuízo da vítima ou de terceiro"[595]. Finalmente, cumpre ressalvar que o proveito obtido deve ser indevido, pois, do contrário, outro crime poderá caracterizar-se (exercício arbitrário das próprias razões)[596].

5. MOMENTO CONSUMATIVO

O crime não se consuma com o mero ato de induzir o incapaz, mas, sim, com a efetiva prática do ato potencialmente lesivo a que ele foi induzido. Por exemplo, o delito consuma-se com o ato da vítima, débil mental, de outorgar procuração para venda de seus bens, embora aquela não se tenha verificado. Trata-se de crime formal, de conduta e resultado,

594. Nesse sentido, E. Magalhães Noronha, *Direito penal*, cit., v. 2, p. 433.

595. E. Magalhães Noronha, *Direito penal*, cit., v. 2, p. 438.

596. Nesse sentido, Nélson Hungria, *Comentários*, cit., v. VII, p. 269.

em que o tipo não exige sua produção. Basta que o ato seja apto a produzir efeitos jurídicos. E é evidente que a procuração por instrumento público é idônea para esse fim. Pouco importa que o agente não tenha obtido qualquer proveito em seu favor ou de terceiro, bem como a vítima não tenha sofrido prejuízo econômico. Trata-se de crime formal.

6. TENTATIVA

É possível, pois há um *iter criminis* passível de ser fracionado. Dessa forma, se o agente induzir o incapaz à prática do ato e este antes de concretizá-lo é impedido por terceiros, temos a tentativa do crime em apreço[597].

7. AÇÃO PENAL E PROCEDIMENTO

Trata-se de crime de ação pública incondicionada. No tocante ao procedimento, *vide* art. 394 do Código de Processo Penal, a qual passou a eleger critério distinto para a determinação do rito processual a ser seguido. A distinção entre os procedimentos ordinário e sumário dar-se-á em função da pena máxima cominada à infração penal e não mais em virtude de esta ser apenada com reclusão ou detenção.

ART. 174 – INDUZIMENTO À ESPECULAÇÃO

1. CONCEITO

Determina o art. 174: "Abusar, em proveito próprio ou alheio, da inexperiência ou da simplicidade ou inferioridade mental de outrem, induzindo-o à prática de jogo ou aposta, ou à especulação com títulos ou mercadorias, sabendo ou devendo saber que a operação é ruinosa. Pena – reclusão, de um a três anos, e multa".

2. OBJETO JURÍDICO

Tutela-se o patrimônio da pessoa simplória, ignorante, rústica, que, induzida pelo agente à prática de jogo ou aposta ou a especular com títulos ou mercadorias, fatalmente sofrerá lesão patrimonial.

3. ELEMENTOS DO TIPO

3.1. Ação nuclear

A ação nuclear típica é a mesma do art. 173. O agente, visando obter lucro para si ou para terceiro, abusa, isto é, aproveita-se da inexperiência, simplicidade ou inferioridade mental da vítima, para induzi-la, persuadi-la a praticar jogo ou aposta, ou a especular com

---

597. Nesse sentido, E. Magalhães Noronha, *Direito penal*, cit., v. 2, p. 439. No mesmo sentido, Julio Fabbrini Mirabete, *Manual*, cit., v. 2, p. 330.

títulos ou mercadorias (*v.* CC, art. 816). Basta que ele induza a pessoa inexperiente, ignorante para essa prática. Não importa que esta seja lícita ou ilícita[598], até porque o art. 814, *caput*, do Código Civil determina que as dívidas decorrentes de jogo ou aposta não obrigam pagamento, sem fazer distinção quanto à sua natureza. Por outro lado, de acordo com o tipo penal, se o induzimento for para que a vítima especule com títulos ou mercadorias, é necessário que o agente proceda "sabendo ou devendo saber que a operação é ruinosa"[599].

3.2. Sujeito ativo

Qualquer pessoa que induza a vítima à prática de jogo, aposta ou a especular com títulos ou mercadorias.

3.3. Sujeito passivo

A pessoa inexperiente (sem prática nos negócios), simples (destituída de malícia) ou mentalmente inferior (que tem índice de inteligência inferior ao normal, mas que não sofre necessariamente de alguma enfermidade psíquica).

4. ELEMENTO SUBJETIVO

É a vontade livre e consciente de induzir a vítima à prática de jogo, aposta ou a especular com títulos ou mercadorias, abusando de sua inexperiência, simplicidade ou inferioridade mental. Exige-se também o chamado elemento subjetivo do tipo, consistente na finalidade de obter proveito próprio ou alheio. Na modalidade *induzir a vítima a especular*, exige o tipo penal que o agente proceda "sabendo ou devendo saber" que a operação é ruinosa. Segundo Damásio, "a expressão 'sabendo' indica plena consciência do sujeito de que a operação é ruinosa; a expressão 'devendo saber' indica dúvida sobre o proveito da operação. Assim, o tipo, na última figura, admite o dolo direto e o eventual. Direto quando o agente sabe que a operação é ruinosa; eventual quando, em face de determinados fatos, deveria saber da possibilidade de prejuízo"[600]. A expressão "devendo saber" de forma alguma pode indicar fraude culposa, pois a fraude importa em expediente utilizado pelo sujeito ativo para induzir alguém em erro, o que é incompatível com a culpa[601].

5. MOMENTO CONSUMATIVO

Consuma-se o crime com a prática do jogo, aposta ou com a especulação com títulos ou mercadorias. Não é preciso que o agente obtenha proveito próprio ou alheio, nem

---

598. Nesse sentido, E. Magalhães Noronha, *Direito penal*, cit., v. 2, p. 441; Nélson Hungria, *Comentários*, cit., v. VII, p. 270.

599. Cf. Nélson Hungria, *Comentários*, cit., v. VII, p. 271.

600. Damásio E. de Jesus, *Código Penal anotado*, cit., p. 635; Celso Delmanto e outros, *Código Penal comentado*, cit., p. 375.

601. E. Magalhães Noronha, *Direito penal*, cit., v. 2, p. 442. No mesmo sentido, Nélson Hungria, *Comentários*, cit., v. VII, p. 271.

mesmo que a vítima sofra prejuízo. Configura-se o crime ainda que a vítima consiga beneficiar-se. É que estamos diante de um crime formal, que não exige o prejuízo da vítima para a sua consumação. Para Hungria o crime se contenta com a criação do perigo *in abstracto* de dano da vítima ou de terceiro, "sendo indiferente que fatos supervenientes, inteiramente imprevisíveis no momento em que ocorre o induzimento à especulação, venham, *in concreto*, demonstrar o contrário"[602].

6. TENTATIVA

Ocorre quando a vítima é impedida, por circunstâncias alheias à sua vontade, de praticar o jogo, a aposta ou a especulação.

7. AÇÃO PENAL. PROCEDIMENTO. LEI DOS JUIZADOS ESPECIAIS CRIMINAIS

Trata-se de crime de ação penal pública incondicionada. No que diz respeito ao procedimento, *vide* art. 394 do Código de Processo Penal, a qual passou a eleger critério distinto para a determinação do rito processual a ser seguido. A distinção entre os procedimentos ordinário e sumário dar-se-á em função da pena máxima cominada à infração penal e não mais em virtude de esta ser apenada com reclusão ou detenção.

É cabível a suspensão condicional do processo (art. 89 da Lei n. 9.099/95), em face da pena mínima prevista no dispositivo legal (1 ano de reclusão).

ART. 175 – FRAUDE NO COMÉRCIO

1. CONCEITO

Dispõe o art. 175 do Código Penal: "Enganar, no exercício de atividade comercial, o adquirente ou consumidor: I — vendendo, como verdadeira ou perfeita, mercadoria falsificada ou deteriorada; II — entregando uma mercadoria por outra: Pena — detenção, de seis meses a dois anos, ou multa".

2. OBJETO JURÍDICO

Tutela-se o patrimônio, assim como a moralidade do comércio.

3. ELEMENTOS DO TIPO

3.1. Ação nuclear

A conduta criminosa consiste em enganar, no exercício de atividade comercial, o adquirente ou consumidor (*v.* conceito no CDC, art. 2º):

---

602. Nélson Hungria, *Comentários*, cit., v. VII, p. 271. No mesmo sentido, Damásio E. de Jesus, *Código Penal anotado*, cit., p. 635.

(i) Vendendo, como verdadeira ou perfeita, mercadoria falsificada ou deteriorada (inciso I): não se inclui no tipo penal a permuta ou a dação em pagamento, podendo tais condutas configurar crime de estelionato (CP, art. 171)[603]. Há quem entenda que esse inciso foi revogado pela Lei n. 8.137/90[604], que em seu art. 7º dispõe: "Constitui crime contra as relações de consumo: ... III – misturar gêneros e mercadorias de espécies diferentes, para vendê-los ou expô-los à venda como puros; misturar gêneros e mercadorias de qualidades desiguais para vendê-los ou expô-los à venda por preço estabelecido para os de mais alto custo; (...) IX – vender, ter em depósito para vender ou expor à venda ou, de qualquer forma, entregar matéria-prima ou mercadoria, em condições impróprias ao consumo. Pena – detenção, de dois a cinco anos, ou multa".

(ii) Entregando uma mercadoria por outra (inciso II): nessa hipótese, há uma relação obrigacional anterior em que se estipula a entrega de coisa determinada, mas acaba havendo a substituição de uma mercadoria por outra.

Não há necessidade de emprego de qualquer artifício, ardil, pois, conforme nota Noronha, a fraude é ínsita ao ato incriminado pelo dispositivo; há, então, engano de fato[605].

→ **Atenção:** a fraude no comércio não se confunde com o crime contra as relações de consumo previsto no art. 7º, VII, da Lei n. 8.137/90: "Induzir o consumidor ou usuário a erro, por via de indicação ou afirmação falsa ou enganosa sobre a natureza, qualidade do bem ou serviço, utilizando-se de qualquer meio, inclusive a veiculação ou divulgação publicitária". Também não se confunde com o delito de propaganda falsa ou enganosa, disposto no art. 66 do Código de Defesa do Consumidor: "Fazer afirmação falsa ou enganosa, ou omitir informação relevante sobre a natureza, característica, qualidade, quantidade, segurança, desempenho, durabilidade, preço ou garantia de produtos ou serviços".

3.2. Objeto material

É a coisa móvel ou semovente, no caso, a mercadoria fraudada. A fraude consiste em vender: **(i) mercadoria falsificada** – o agente vende, como verdadeira ou perfeita, mercadoria imitada, adulterada, mas que aparenta ser verdadeira; **(ii) mercadoria deteriorada** – é aquela que se encontra em mau estado de conservação, danificada, estragada; **(iii) mercadoria substituída** – o agente entrega mercadoria diversa daquela a que se obrigou. A mercadoria pode ser diversa[606]: **(iii.1) por origem** – segundo Noronha, "refere-se ao local da produção, ou, em se tratando de animais, à ascendência ou *pedigree*", por exemplo, o comprador solicita uvas que sejam colhidas em vinhedo de determinada região, mas o vendedor lhe fornece uvas de vinhedo diverso; **(iii.2) em razão da qualidade** – cite-se como exemplo a entrega de café de qualidade inferior ao adquirido; **(iii.3) em**

---

603. Nesse sentido, E. Magalhães Noronha, *Direito penal*, cit., v. 2, p. 447.

604. Nesse sentido, Marco Antonio Zanellato, Apontamentos sobre crimes contra as relações de consumo e contra a economia popular, *Cadernos de Doutrina e Jurisprudência*, São Paulo, Associação Paulista do Ministério Público, 1991, n. 5, p. 57, apud Damásio E. de Jesus, *Código Penal anotado*, cit., p. 636. No mesmo sentido, Victor Eduardo Rios Gonçalves, *Dos crimes contra o patrimônio, Coleção*, cit., v. 9, p. 85.

605. Cf. E. Magalhães Noronha, *Direito penal*, cit., v. 2, p. 447.

606. Conforme classificação de E. Magalhães Noronha, *Direito penal*, cit., v. 2, p. 448.

razão da proveniência da coisa – exemplifique-se com a entrega de uma joia supostamente do século XVIII, quando na realidade trata-se de imitação.

→ Atenção: se o objeto material do crime for substância alimentícia ou medicinal que acarrete perigo para a saúde pública, o crime poderá ser outro: arts. 272, § 1º, 273, § 1º, 276 ou 280 do Código Penal. Pode ainda o fato configurar crime contra a economia popular (art. 2º, III e V, da Lei n. 1.521/51).

3.3. Sujeito ativo

Cuida-se de crime próprio. Somente pode ser praticado por comerciante ou comerciário, pois a atividade comercial pressupõe continuidade, habitualidade e profissionalidade[607]. Se o agente não se reveste de tal qualidade, o crime será outro: "fraude na entrega de coisa" (art. 171, § 2º, IV)[608].

3.4. Sujeito passivo

É o adquirente ou consumidor, ou seja, qualquer pessoa pode ser sujeito passivo. O comerciante também pode ser vítima ao adquirir mercadorias para revenda.

4. ELEMENTO SUBJETIVO

É o dolo, consubstanciado na vontade livre e consciente de vender mercadoria falsificada ou deteriorada como verdadeira ou perfeita; ou entregar uma mercadoria por outra. Não se exige o elemento subjetivo do tipo, consistente na finalidade de obter proveito econômico, "embora o crime, pela sua classificação, há de representar, pelo menos, um perigo de dano patrimonial a outrem"[609]. O erro do agente quanto às condições da mercadoria exclui o dolo (erro de tipo).

5. CONSUMAÇÃO E TENTATIVA

Consuma-se com a tradição da coisa ao adquirente ou consumidor. A tentativa é possível, pois trata-se de crime plurissubsistente.

6. FORMAS

6.1. Simples (art. 175, *caput*)

Está prevista no *caput* do art. 175.

---

607. Nesse sentido, Nélson Hungria, *Comentários*, cit., v. VII, p. 272. No mesmo sentido, Julio Fabbrini Mirabete, *Manual*, cit., v. 2, p. 333; Damásio E. de Jesus, *Código Penal anotado*, cit., p. 636. Em sentido contrário, E. Magalhães Noronha, *Direito penal*, cit., v. 2, p. 446.

608. Nesse sentido, Nélson Hungria, *Comentários*, cit., v. VII, p. 273.

609. Nélson Hungria, *Comentários*, cit., v. VII, p. 275.

6.2. Fraude no comércio de metais ou pedras preciosas (art. 175, § 1º)

Essa figura criminosa está prevista no § 1º do art. 175, cujo teor é o seguinte: "Alterar em obra que lhe é encomendada a qualidade ou o peso de metal ou substituir, no mesmo caso, pedra verdadeira por falsa ou por outra de menor valor; vender pedra falsa por verdadeira; vender, como precioso, metal de outra qualidade: Pena — reclusão, de um a cinco anos, e multa". Comina-se pena mais grave ao crime de fraude no comércio que tenha por objeto material metal ou pedra preciosa. É que nesses casos o prejuízo é maior e também maior é a dificuldade de descoberta da fraude.

6.3. Privilegiada (art. 175, § 2º)

Está prevista no § 2º. Incide no crime de fraude no comércio o disposto no art. 155, § 2º: "Se o criminoso é primário, e é de pequeno valor a coisa furtada, o juiz pode substituir a pena de reclusão pela de detenção, diminuí-la de um a dois terços, ou aplicar somente a pena de multa". Consulte os comentários ao art. 155, § 2º.

7. AÇÃO PENAL. LEI DOS JUIZADOS ESPECIAIS CRIMINAIS

Trata-se de crime de ação penal pública incondicionada.

O crime de fraude no comércio na sua forma simples (*caput*) enquadra-se no conceito de infração de menor potencial ofensivo do art. 61 da Lei n. 9.099/95, estando sujeito ao seu procedimento especial.

É cabível a suspensão condicional do processo (art. 89 da Lei n. 9.099/95) no *caput* (pena — detenção, de 6 meses a 2 anos, ou multa) e no § 1º (pena — reclusão, de 1 a 5 anos, e multa) do art. 175 do Código Penal.

ART. 176 - OUTRAS FRAUDES

1. CONCEITO

Diz o art. 176: "Tomar refeição em restaurante, alojar-se em hotel ou utilizar-se de meio de transporte sem dispor de recursos para efetuar o pagamento: Pena — detenção, de quinze dias a dois meses, ou multa".

2. OBJETO JURÍDICO

Tutela-se mais uma vez o patrimônio; agora, daqueles cujo gênero de atividade relaciona-se à oferta de alimentos, alojamento ou transporte.

3. ELEMENTOS DO TIPO

3.1. Ação nuclear

Três são as ações nucleares típicas:

(i) Tomar refeição em restaurante, sem dispor de recursos para efetuar o pagamento – *tomar refeição* tanto engloba o consumo de alimentos quanto a ingestão de bebidas. A palavra "restaurante" abrange também bares, boates, lanchonetes, cafeterias etc., ou seja, locais cuja atividade consista em fornecer alimentos. Segundo Noronha, não constitui crime o ato de encomendar comida a um restaurante para ser consumida na residência do agente, pois o tipo penal exige que o consumo seja feito no próprio restaurante[610].

(ii) Alojar-se em hotel, sem dispor de recursos para efetuar o pagamento – o sentido da palavra "hotel" é bastante abrangente, compreendendo as hospedarias, pensões, albergues, motéis, ou seja, estabelecimento exclusivamente destinado ao alojamento de pessoas.

(iii) Utilizar-se de meio de transporte, sem dispor de recursos para efetuar o pagamento – *meio de transporte* compreende o ônibus, o táxi etc., cujo pagamento ocorre durante ou ao final da viagem, excluindo-se, portanto, os meios de transporte cujo pagamento é anterior (p.ex., avião, navio, metrô etc.). Ressalva Noronha que na hipótese de passageiro clandestino, isto é, que se introduz sub-repticiamente no veículo de transporte, ou seja, às ocultas, configura-se o crime de estelionato[611]. Caso o agente se utilize de bilhete falsificado, haverá o crime de estelionato (CP, art. 171). Responderá em concurso material com o delito de uso de documento falso se o bilhete puder ser empregado em outras fraudes. Em contrapartida, se a falsidade exaurir a sua potencialidade ofensiva no crime de estelionato, não podendo ser mais empregada em outro golpe, nesse caso restará absorvida como fase normal da execução da conduta prevista no art. 171 do Código Penal, incidindo o disposto na Súmula 17 do Superior Tribunal de Justiça.

Em todas essas situações o agente silencia acerca da impossibilidade de efetuar o pagamento, ou seja, sobre a sua condição financeira. O silêncio constitui a fraude configuradora do crime em estudo, pois o sujeito passivo é levado a crer que, ao final do fornecimento dos serviços, o sujeito ativo lhe pagará a contraprestação devida. É requisito do crime que o agente não disponha de numerário para o pagamento. Nos casos de "pendura", em que estudantes de Direito tomam refeições em restaurantes, tendo numerário suficiente para o pagamento, mas se recusam a realizá-lo, há mero ilícito civil, uma vez que a conduta é praticada com *animus jocandi*, estimulada por uma tradição e não com a intenção de cometer fraude. Contudo, se a conduta dos estudantes extravasar os limites do mero espírito jocoso, haverá crime.

→ **Atenção:** se a pessoa se encontra em estado de penúria não há crime, pois presente uma excludente de ilicitude (estado de necessidade).

3.2. Sujeito ativo

É aquele que tomar refeição em restaurante, alojar-se em hotel ou utilizar-se de meio de transporte sem possuir meios para efetivar o pagamento. Qualquer pessoa pode praticar o crime em tela (crime comum).

---

610. Nesse sentido, E. Magalhães Noronha, *Direito penal*, cit., v. 2, p. 453.

611. E. Magalhães Noronha, *Direito penal*, cit., v. 2, p. 455.

3.3. Sujeito passivo

A pessoa física ou jurídica proprietária do restaurante, hotel ou meio de transporte. Também é vítima aquele que foi enganado, por exemplo, recepcionista do hotel.

4. ELEMENTO SUBJETIVO

É a vontade livre e consciente de praticar uma das ações previstas no tipo. Deve o agente ter ciência de que não possui de numerário para o pagamento das despesas com os serviços prestados. Dessa forma, se ele, por exemplo, ao pagar, verifica que esqueceu o dinheiro em casa, não há o dolo configurador do crime em estudo. Noronha sustenta que o tipo penal exige o dolo específico (elemento subjetivo do tipo), consistente na vontade de obter vantagem ilícita, pois, ausente essa finalidade, o crime passa a ser outro, por exemplo, exercício arbitrário das próprias razões (CP, art. 345)[612].

5. MOMENTO CONSUMATIVO

Consuma-se com a tomada da refeição, com o alojamento em hotel ou com a utilização de meio de transporte, ainda que a prestação desses serviços seja parcial. Para Noronha, trata-se de crime formal[613]. Hungria, por sua vez, entende que o crime é de dano[614].

6. TENTATIVA

É possível. Cite-se o exemplo de Mirabete: "o agente prepara-se para tomar a refeição quando o garçom descobre que não pode ele pagá-la, impedindo, assim, que se alimente"[615].

7. PERDÃO JUDICIAL

O parágrafo único prevê o instituto do perdão judicial. Assim, o juiz, conforme as circunstâncias, pode deixar de aplicar a pena. Cite-se como exemplo o pequeno prejuízo causado ao prestador do serviço. No caso de o indivíduo ingerir refeição por se encontrar em estado de necessidade (estado famélico), presentes os requisitos dessa excludente da ilicitude, o crime não se configura.

8. AÇÃO PENAL. LEI DOS JUIZADOS ESPECIAIS CRIMINAIS

Cuida-se de crime de ação penal pública condicionada à representação.

Por se tratar de infração de menor potencial ofensivo, incidem plenamente no crime em estudo os institutos da Lei n. 9.099/95.

---

612. E. Magalhães Noronha, *Direito penal*, cit., v. 2, p. 456. No mesmo sentido, Julio Fabbrini Mirabete, *Manual*, cit., v. 2, p. 337.

613. E. Magalhães Noronha, *Direito penal*, cit., v. 2, p. 457.

614. Nélson Hungria, *Comentários*, cit., v. VII, p. 278.

615. Julio Fabbrini Mirabete, *Manual*, cit., v. 2, p. 337. No mesmo sentido, Nélson Hungria, *Comentários*, cit., v. VII, p. 278. Em sentido contrário, E. Magalhães Noronha, *Direito penal*, cit., v. 2, p. 457.

ART. 177 - FRAUDES E ABUSOS NA FUNDAÇÃO OU ADMINISTRAÇÃO DE SOCIEDADES POR AÇÕES

1. CONCEITO

Dispõe o art. 177 do Código Penal: "Promover a fundação de sociedade por ações, fazendo, em prospecto ou em comunicação ao público ou à assembleia, afirmação falsa sobre a constituição da sociedade, ou ocultando fraudulentamente fato a ela relativo: Pena – reclusão, de um a quatro anos, e multa, se o fato não constitui crime contra a economia popular". Há também a previsão de figuras equiparadas (§ 1º, I a IX). Constituem crimes praticados desde a fundação da sociedade por ações até a sua liquidação.

Trata-se de tipo penal expressamente subsidiário. O fato somente será enquadrado nessa figura criminosa se não constituir crime contra a economia popular (art. 3º, VI a X, da Lei n. 1.521/51). A diferença entre ambos reside no seguinte aspecto: o delito de fraude na fundação de sociedade por ações atinge o patrimônio de um número pequeno e definido de pessoas, ao passo que o crime contra a economia popular atinge o patrimônio de um número indeterminado de pessoas.

2. OBJETO JURÍDICO

Tutela-se, mais uma vez, o patrimônio.

3. ELEMENTOS DO TIPO

3.1. Ação nuclear

A conduta criminosa consiste em promover a fundação de sociedade por ações, isto é, criar uma sociedade, *fazendo*, em prospecto ou em comunicação ao público ou à assembleia, *afirmação falsa* sobre a constituição da sociedade, por exemplo, afirmar a existência de condições financeiras ou técnicas que não possui; ou *ocultando fraudulentamente fato a ela relativo*, por exemplo, "ocultarem que os bens constitutivos dos *apports* estão onerados; sonegarem informações sobre circunstâncias que façam prever como certo ou provável o insucesso da planejada empresa ou especulação, etc."[616].

A fraude, portanto, consiste em afirmar falsamente ou omitir a verdade acerca de fatos relacionados à sociedade por ações, de forma a atrair o maior número de interessados na aquisição das ações.

3.2. Sujeito ativo

É o fundador da sociedade por ações.

3.3. Sujeito passivo

Qualquer pessoa pode ser sujeito passivo do crime em tela.

---

616. Nélson Hungria, *Comentários*, cit., v. VII, p. 282.

4. ELEMENTO SUBJETIVO

É o dolo, consubstanciado na vontade livre e consciente de fazer afirmação falsa sobre a constituição da sociedade, ou ocultar fraudulentamente fato a ela relativo. Mirabete entende que o tipo penal exige o elemento subjetivo do tipo, consistente no intuito de constituir a sociedade[617].

5. CONSUMAÇÃO E TENTATIVA

Trata-se de crime formal. Consuma-se com a afirmação falsa ou a ocultação de fatos relativos à sociedade por ações. Não se exige a efetiva subscrição de ações pelos interessados. Assim, o crime se consuma independentemente do prejuízo causado a estes; basta que o dano seja potencial.

A tentativa é inadmissível, pois ou é feita a publicação ou comunicação contendo a afirmação falsa ou a ocultação de fatos, e o crime se consuma; ou ela não é realizada, e o crime não se configura.

6. FORMAS

6.1. Simples (art. 177, *caput*)

Está prevista no *caput*.

6.2. Equiparadas (art. 177, § 1º)

Estão previstas no § 1º, I a IX. Comentemos cada uma delas separadamente.

(i) Fraude sobre as condições econômicas da sociedade (inciso I): "Incorrem na mesma pena, se o fato não constitui crime contra a economia popular: I — o diretor, o gerente ou o fiscal de sociedade por ações, que, em prospecto, relatório, parecer, balanço ou comunicação ao público ou à assembleia, faz afirmação falsa sobre as condições econômicas da sociedade, ou oculta fraudulentamente, no todo ou em parte, fato a elas relativo". Essa figura criminosa difere daquela prevista no *caput* em razão dos seguintes aspectos: (i) na figura equiparada a sociedade já foi formada, já está em funcionamento — o crime, portanto, ocorre quando ela já está em atividade; (ii) a afirmação falsa aqui pode ocorrer não só em prospecto, comunicação ao público ou à assembleia, mas também em relatório, parecer ou balanço; (iii) o sujeito ativo do crime em tela é o diretor, gerente ou fiscal. Trata-se, portanto, de crime próprio. Afirma Noronha: "Quer administrando a sociedade, quer fiscalizando-a, devem agir com honestidade, com sinceridade, e daí a punição quando infringirem esse princípio. Impelidos pela necessidade de encobrir a situação ruinosa da sociedade; movidos pelo objetivo de melhorar a cotação das ações; aspirando à consecução de um empréstimo; visando obter crédito em bancos etc., podem

617. Julio Fabbrini Mirabete, *Manual*, cit., v. 2, p. 339. No mesmo sentido, Damásio E. de Jesus, *Código Penal anotado*, cit., p. 641.

eles lançar mão da afirmação falsa, ou ocultar fato, no todo ou em parte, relativo à verdadeira situação econômica da sociedade"[618].

(ii) Falsa cotação de ações ou títulos da sociedade (inciso II): "Incorrem na mesma pena, se o fato não constitui crime contra a economia popular: (...) II – o diretor, o gerente ou o fiscal que promove, por qualquer artifício, falsa cotação das ações ou de outros títulos da sociedade". Aqui o crime consiste em alterar o valor real das ações ou títulos. "Trata-se da criação de mercados fictícios para encarecimento dos títulos da sociedade (e consequente granjeio de lucros artificiais), ou, ao contrário, para forçar a baixa de sua cotação (facilitando a compra deles pela própria sociedade, com ou sem interposição de pessoa)"[619]. O sujeito ativo do crime é o diretor, gerente ou fiscal. Cuida-se de crime próprio. O objeto material do crime circunscreve-se às ações ou títulos. O crime se consuma com a promoção da falsa cotação das ações ou títulos, independentemente da causação de prejuízo.

(iii) Empréstimo ou uso indevido de bens ou haveres da sociedade (inciso III): "Incorrem na mesma pena, se o fato não constitui crime contra a economia popular: (...) III – o diretor ou o gerente que toma empréstimo à sociedade ou usa, em proveito próprio ou de terceiro, dos bens ou haveres sociais, sem prévia autorização da assembleia geral". A sociedade por ações tem patrimônio distinto de seus sócios. Dessa forma, pune-se a conduta do diretor ou gerente que, no exercício da administração da sociedade, sem prévia autorização da assembleia, empresta ou usa bens ou haveres daquela. Havendo a mencionada autorização, o crime não se perfaz. Sujeito ativo do crime é o diretor ou gerente da sociedade. Trata-se de crime próprio, cuja consumação se dá com o empréstimo ou uso dos bens ou haveres. Exige o tipo penal o dolo, consubstanciado na vontade livre e consciente de emprestar ou usar bens ou haveres da sociedade. Exige-se também o elemento subjetivo do tipo, que está contido na expressão "em proveito próprio ou de terceiro".

(iv) Compra e venda de ações emitidas pela sociedade (inciso IV): "Incorrem na mesma pena, se o fato não constitui crime contra a economia popular: ... IV – o diretor ou o gerente que compra ou vende, por conta da sociedade, ações por ela emitidas, salvo quando a lei o permite". O art. 30, *caput*, da Lei n. 6.404/76 dispõe que "a companhia não poderá negociar com as próprias ações". Dessa forma, em reforço a essa lei, pune o Código Penal o diretor ou gerente que compra e vende, por conta da sociedade, ações por ela emitidas. Afirma Noronha: "o inciso IV do § 1º do art. 177 é, destarte, sanção ao princípio básico de que a sociedade não negocia com as próprias ações; não as vende nem mesmo ao se constituir; há subscrição pública ou particular, para se formar o capital social; o que não é venda"[620]. Não haverá crime, no entanto, se a própria lei permitir a venda (consulte art. 30, §§ 1º a 5º, da Lei n. 6.404/76).

(v) Penhor ou caução de ações da sociedade (inciso V): "Incorrem na mesma pena, se o fato não constitui crime contra a economia popular: ... V – o diretor ou o gerente que, como garantia de crédito social, aceita em penhor ou em caução ações da própria socie-

---

618. E. Magalhães Noronha, *Direito penal*, cit., v. 2, p. 462.

619. Nélson Hungria, *Comentários*, cit., v. VII, p. 288.

620. E. Magalhães Noronha, *Direito penal*, cit., v. 2, p. 466.

dade". Dispõe o art. 30, § 3º, da Lei n. 6.404/76: "A companhia não poderá receber em garantia as próprias ações, salvo para assegurar a gestão dos seus administradores". Em reforço a essa disposição legal, pune o Código Penal a conduta do diretor ou gerente que aceita, como garantia de crédito social, em penhor ou caução, ações da própria sociedade. Trata-se de hipótese em que esta tem um crédito em que figura como devedor o seu acionista ou terceiro, e estes oferecem ações da própria sociedade credora como garantia. Veda-se, portanto, que a sociedade figure simultaneamente como credora e fiadora.

(vi) Distribuição de lucros ou dividendos fictícios (inciso VI): "Incorrem na mesma pena, se o fato não constitui crime contra a economia popular: ... VI – o diretor ou o gerente que, na falta de balanço, em desacordo com este, ou mediante balanço falso, distribui lucros ou dividendos fictícios". Para a distribuição de lucros ou dividendos aos sócios é necessário que anualmente se realize um balanço em que, pelo confronto do ativo e passivo, é possível verificar a existência ou não de superávit. Pune-se a conduta do diretor ou gerente que: (i) distribui lucros ou dividendos na ausência de balanço; (ii) distribui lucros ou dividendos em desacordo com o balanço; (iii) distribui lucros ou dividendos com base em balanço falso. Consiste no balanço fraudulento, ou seja, "aquele que, artificialmente, apresenta majoração dos valores ativos ou minoração dos valores passivos, de modo a fazer supor um lucro inexistente ou superior ao que realmente existe"[621]. Nessa hipótese, se o documento falsificado puder ser empregado em qualquer outra fraude, deverá o agente responder pelo crime de falso e por essa modalidade de crime em concurso material. Em contrapartida, se a falsidade exaurir sua potencialidade ofensiva no crime previsto no art. 177, não podendo ser mais empregada em outro golpe, nesse caso restará absorvida como fase normal da execução da conduta prevista no art. 177 do Código Penal, incidindo o disposto na Súmula 17 do Superior Tribunal de Justiça.

Afirma Mirabete que "duas são as razões da incriminação: o agente pode obter uma vantagem pessoal ilegítima em prejuízo da sociedade, uma vez que os administradores participam do lucro da companhia (art. 152 da Lei n. 6.404/76), e a distribuição de falsos lucros ou dividendos induz em erro os investidores, dando a impressão de prosperidade e obtendo, com isso, muitas vezes, captação de recursos"[622].

O crime se consuma com a distribuição dos lucros ou dividendos fictícios aos acionistas, independentemente da obtenção de vantagem pessoal pelo gerente ou diretor.

(vii) Conluio para aprovação de conta ou parecer (inciso VII): "Incorrem na mesma pena, se o fato não constitui crime contra a economia popular: ... VII – o diretor, o gerente ou o fiscal que, por interposta pessoa, ou conluiado com acionista, consegue a aprovação de conta ou parecer". Ensina Mirabete: "Na assembleia geral ordinária, devem ser apreciadas as contas ou pareceres (arts. 132 a 134 da Lei n. 6.404/76). Os administradores da companhia não poderão votar como acionistas ou procuradores o relatório anual, as demonstrações financeiras ou os pareceres independentes (art. 134, § 1º). Têm eles interesse na aprovação porque, sendo esta sem reservas, estarão eles exonerados de

621. Nélson Hungria, *Comentários*, cit., v. VII, p. 291.

622. Julio Fabbrini Mirabete, *Manual*, cit., v. 2, p. 345.

responsabilidade, assim como os fiscais (art. 134, § 3º). Podem, portanto, pretender a aprovação fraudulentamente, convencendo alguém a quem cedem suas ações para votar (é o *testa de ferro* ou *homem de palha*) ou induzindo acionistas a que aprovem as contas ou pareceres"[623]. As contas ou pareceres devem estar em contraste com a verdade, de forma que a sua aprovação acarrete lesão ou perigo de lesão à sociedade ou terceiros[624]. O crime se consuma com a aprovação das contas ou pareceres.

(viii) Crimes do liquidante (inciso VIII): "Incorrem na mesma pena, se o fato não constitui crime contra a economia popular: ... VIII – o liquidante, nos casos dos ns. I, II, III, IV, V e VII". Com a dissolução da sociedade por ações, o liquidante passa a assumir as funções dos sócios-gerentes ou administradores. Punem-se as condutas criminosas praticadas pelo liquidante quando do encerramento da sociedade, uma vez que incumbe a ele vender os bens do acervo social e com o valor obtido pagar os credores, bem como partilhar aos sócios ou acionistas o líquido apurado[625].

(ix) Crimes do representante de sociedade anônima estrangeira (inciso IX): "Incorrem na mesma pena, se o fato não constitui crime contra a economia popular: ... IX – o representante da sociedade anônima estrangeira, autorizada a funcionar no País, que pratica os atos mencionados nos ns. I e II, ou dá falsa informação ao Governo". Pune-se a conduta do representante de sociedade anônima estrangeira, autorizada a funcionar no País, que faz afirmação falsa acerca das condições econômicas da sociedade, ou oculta fraudulentamente fatos a ela relativos (inciso I); ou, então, promove falsa cotação das ações ou outros títulos da sociedade. Pune também o dispositivo legal a conduta de prestar informações falsas ao Governo.

6.3. Negociação de voto (art. 177, § 2º)

Essa conduta criminosa está prevista no § 2º do art. 177. Dispõe o mencionado parágrafo: "incorre na pena de detenção, de seis meses a dois anos, e multa, o acionista que, a fim de obter vantagem para si ou para outrem, negocia o voto nas deliberações de assembleia geral". Esse dispositivo passou a ter aplicação restrita, na medida em que o art. 118 da Lei n. 6.404/76 permite o acordo de acionistas quanto ao exercício do direito de voto. Segundo Mirabete, sua aplicação no momento restringe-se à hipótese em que a negociação não esteja revestida das formalidades legais ou contrariar dispositivo expresso da lei[626]. O tipo penal, além do dolo, consubstanciado na vontade de negociar o voto, exige o elemento subjetivo do tipo, consistente na finalidade de obter vantagem para si ou para outrem. A vantagem pretendida tanto pode ser de ordem econômica quanto moral. Se a negociação for realizada com o fito de obter a aprovação de conta ou parecer, o crime será o previsto no inciso VII do § 1º do art. 177. O crime se consuma com a negociação.

623. Julio Fabbrini Mirabete, *Manual*, cit., v. 2, p. 345.
624. Cf. Nélson Hungria, *Comentários*, cit., v. VII, p. 292.
625. Cf. E. Magalhães Noronha, *Direito penal*, cit., v. 2, p. 468.
626. Julio Fabbrini Mirabete, *Manual*, cit., v. 2, p. 346.

7. AÇÃO PENAL. PROCEDIMENTO. LEI DOS JUIZADOS ESPECIAIS CRIMINAIS

Trata-se de crime de ação pública incondicionada.

O art. 177, *caput*, e § 1º seguem o procedimento ordinário (CPP, arts. 304 a 405). O § 2º, por sua vez, enquadra-se no novo conceito de infração de menor potencial ofensivo estando sujeito ao procedimento especial da Lei n. 9.099/95.

É cabível a suspensão condicional do processo (art. 89 da Lei n. 9.099/95) em todas as figuras do art. 177 (*caput* e §§ 1º e 2º).

ART. 178 – EMISSÃO IRREGULAR DE CONHECIMENTO DE DEPÓSITO OU *WARRANT*

1. CONCEITO

Dispõe o art. 178 do Código Penal: "Emitir conhecimento de depósito ou *warrant*, em desacordo com disposição legal: Pena – reclusão, de um a quatro anos, e multa". Conceitua o art. 1º do Decreto n. 1.102, de 21-11-1903, as *empresas de armazéns gerais* como sendo aquelas que têm por fim "a guarda e conservação de mercadorias e a emissão de títulos especiais que a representem". Há entre essas empresas e o indivíduo que lhes entrega as mercadorias um verdadeiro contrato de depósito, em que o primeiro se compromete a guardar e conservar a coisa em nome do segundo. Tais mercadorias em depósito ficam imobilizadas, contudo, para possibilitar ao depositante a transmissão delas a terceiro (venda ou penhor das mercadorias), sem que haja necessidade do transporte das mesmas; os armazéns gerais expedem em favor dele, depositante, o conhecimento de depósito ou *warrant*. Tais títulos, que representam as mercadorias depositadas, podem ser colocados em circulação através do chamado endosso (em preto ou branco). Cada um tem uma função específica. Com o endosso do conhecimento de depósito há a transferência da propriedade das mercadorias ao portador do título; já com o endosso do *warrant*, assegura-se ao seu portador o direito real de penhor sobre as mercadorias; trata-se, portanto, de um título de garantia. Esses títulos circulam de forma unida, conferindo ao seu portador a plena propriedade das mercadorias. É possível, no entanto, a sua circulação separada, ou seja, podem ser endossados a pessoas diversas. O art. 15, § 1º, do Decreto n. 1.102 enumera os requisitos que os mencionados títulos devem conter.

2. OBJETO JURÍDICO

Tutela-se o patrimônio, mas, em especial, "a *ratio* da incriminação é garantir a seriedade da operação de que resultam os títulos em questão ou promover a segurança de sua circulabilidade, evitando que seja ludibriado o respectivo endossatário ou portador, que ignora a nulidade ou infidelidade deles"[627].

---

627. Nélson Hungria, *Comentários*, cit., v. VII, p. 295.

3. ELEMENTOS DO TIPO

3.1. Ação nuclear. Elemento normativo do tipo

A ação nuclear típica está consubstanciada no verbo *emitir*, isto é, criar, produzir o título. A emissão do título deve ser realizada *em desacordo com disposição legal* (elemento normativo do tipo). Trata-se de norma penal em branco, cujo complemento deve ser buscado no Decreto n. 1.102. Vejamos, então, as hipóteses em que a emissão do conhecimento de depósito ou *warrant* é irregular. Assim será considerada quando: (i) a empresa de armazém geral não estiver legalmente constituída (art. 1º); (ii) o governo federal não tiver autorizado a emissão dos títulos (arts. 2º e 4º); (iii) não existirem as mercadorias ou gêneros especificados no título; (iv) emitirem sobre as mesmas mercadorias mais de um conhecimento de depósito ou *warrant*, exceto quando a lei o permite (art. 20).

3.2. Sujeito ativo

Qualquer pessoa pode praticar o crime em tela. Em regra, é sujeito ativo o depositário da mercadoria.

3.3. Sujeito passivo

É o portador ou endossatário dos títulos.

4. ELEMENTO SUBJETIVO

É o dolo, consubstanciado na vontade livre e consciente de emitir conhecimento de depósito ou *warrant*, ciente da irregularidade da emissão.

5. CONSUMAÇÃO E TENTATIVA

Ocorre a consumação do crime com a emissão do título, independentemente da causação de prejuízo. Trata-se de crime formal. Segundo Hungria, a emissão de um só título (somente o conhecimento de depósito ou somente o *warrant*) não configura o delito em apreço[628].

A tentativa é inadmissível, pois trata-se de crime unissubsistente.

6. AÇÃO PENAL E PROCEDIMENTO. LEI DOS JUIZADOS ESPECIAIS CRIMINAIS

Trata-se de crime de ação penal pública incondicionada. No tocante ao procedimento, *vide* art. 394 do Código de Processo Penal. A distinção entre os procedimentos ordi-

---

628. Nélson Hungria, *Comentários*, cit., v. VII, p. 295.

nário e sumário dar-se-á em função da pena máxima cominada à infração penal e não mais em virtude de esta ser apenada com reclusão ou detenção.

É cabível a suspensão condicional do processo (art. 89 da Lei n. 9.099/95).

ART. 179 – FRAUDE À EXECUÇÃO

1. CONCEITO

Estabelece o art. 179 do Código Penal: "Fraudar execução, alienando, desviando, destruindo ou danificando bens, ou simulando dívidas: Pena – detenção, de seis meses a dois anos, ou multa". O art. 524 do Código Civil assegura o direito de propriedade. Esse direito consagrado pela lei civil (usar, gozar, dispor etc.) não é absoluto, pois sempre que a propriedade do devedor servir como garantia dos credores, aquele está impedido de praticar qualquer ato que torne inócua essa garantia. É o que ocorre na fraude à execução. Pune-se a conduta do devedor que, tendo uma ação judicial contra ele iniciada, destrói, aliena os seus bens, que constituem garantia do pagamento da dívida, de forma a tornar-se insolvente. Difere da fraude contra credores, pois, nesta espécie, não há qualquer ação judicial iniciada contra o devedor, de modo que os atentados contra o seu patrimônio, com vistas a tornar-se insolvente, constituem mero ilícito civil.

2. OBJETO JURÍDICO

Tutela-se o patrimônio.

3. ELEMENTOS DO TIPO

3.1. Ação nuclear

A conduta criminosa consiste em fraudar a execução. Segundo Damásio, pressuposto típico do delito "é a existência de uma sentença a ser executada ou uma ação executiva. Em suma é preciso que haja demanda contra o sujeito. Há decisões, contudo, no sentido da desnecessidade de execução, bastando haver um processo com citação do devedor (de conhecimento ou de execução)"[629]. A ação fraudulenta pode ser realizada pelos seguintes modos elencados pela lei: (i) **Alienando** – é a transferência do domínio do bem a terceiro. Ressalva Hungria que, "contrariamente, porém, ao que ocorre no juízo cível, a alienação, na órbita penal, não se presume fraudulenta *juris et de jure*. Nem toda alienação colima o objetivo de frustrar o direito dos credores: pode ser mesmo, às vezes, um recurso de que se serve o devedor para obter numerário destinado a algum negócio especialmente lucrativo, que virá salvá-lo de sua ruína financeira. Em tal caso, por isso mesmo que falta o *animus nocendi*, não será reconhecível o crime"[630]. (ii) **Desviando** – diz com a ocultação do bem, de forma a subtraí-lo do paga-

---

629. Damásio E. de Jesus, *Código Penal anotado*, cit., p. 650.

630. Nélson Hungria, *Comentários*, cit., v. VII, p. 297.

mento da dívida. (iii) **Destruindo ou danificando bens** – destruir é o ato de fazer a coisa perecer; danificar é o ato de estragar, arruinar a coisa. Tais condutas podem ser praticadas por omissão, na hipótese em que o devedor com a intenção de fraudar a execução não toma os cuidados necessários para a preservação do bem[631]. (iv) **Ou simulando dívidas.** Ensina Noronha: "simular é fraudar. É dar aparência de real e verdadeiro ao que é falso. Na espécie, a dívida, na realidade, não existe, mas é apresentada como legítima. Simulando dívidas, o devedor aumenta seu passivo em detrimento dos credores verdadeiros. A consequência é a sonegação de bens em proveito próprio, à custa da alegação falsa do direito de outrem sobre eles, subtraindo-os, dessarte, à execução, ou tornando-os ineficaz, pelo passivo apresentado"[632]. Tais condutas somente constituem crime se tornarem o devedor insolvente, prejudicando diretamente o credor, que não mais tem a garantia do pagamento do débito. Se o devedor ainda possuir bens suficientes para arcar com esse pagamento, as ações de alienar, desviar, destruir ou danificar, ou simular dívidas não constituem condutas fraudulentas.

3.2. Sujeito ativo

É o devedor que está sendo demandado judicialmente. Se comerciante, e tiver sido decretada a sua falência, os atos por ele praticados contra o seu patrimônio poderão ser considerados crime falimentar.

3.3. Sujeito passivo

É o credor que, tendo promovido a ação judicial, acaba por ficar sem a garantia de seu crédito em virtude dos atos fraudulentos praticados pelo devedor.

4. ELEMENTO SUBJETIVO

É o dolo, consubstanciado na vontade livre e consciente de alienar, desviar, destruir ou danificar bens, ou simular dívidas. Segundo a doutrina, há implicitamente na lei o chamado elemento subjetivo do tipo (antigo dolo específico), consistente no fim de fraudar a execução[633]. É necessário que o agente tenha ciência inequívoca de que o bem é objeto de ação judicial, pois, do contrário, não há o propósito de frustrar a execução, não se configurando o crime em tela.

5. CONSUMAÇÃO E TENTATIVA

Consuma-se o crime com a alienação, desvio, destruição ou danificação dos bens, ou com a simulação das dívidas. É necessário comprovar no caso concreto que tais ações

631. Nesse sentido, E. Magalhães Noronha, *Direito penal*, cit., v. 2, p. 477.

632. E. Magalhães Noronha, *Direito penal*, cit., v. 2, p. 477.

633. Nesse sentido, Damásio E. de Jesus, *Código Penal anotado*, cit., p. 650; E. Magalhães Noronha, *Direito penal*, cit., v. 2, p. 479; Julio Fabbrini Mirabete, *Manual*, cit., v. 2, p. 350.

tornaram o devedor insolvente, isto é, afetaram o seu patrimônio de forma a inviabilizar o pagamento da dívida, causando, portanto, prejuízo ao credor.

Ressalva Noronha que em certos casos, como no desvio, na ocultação etc., o encontro posterior dos bens não faz desaparecer o crime já consumado[634]. A tentativa é possível.

6. AÇÃO PENAL E PROCEDIMENTO

De acordo com o art. 179, parágrafo único, do Código Penal o crime em tela somente se apura mediante queixa. No entanto, quando o crime for praticado em detrimento do patrimônio ou de interesse da União, Estado e Município, a ação penal será pública incondicionada (CPP, art. 24, § 2º). Assim, nas ações em que é credora uma dessas pessoas jurídicas de direito público, havendo fraude à execução, a ação penal será pública incondicionada. Trata-se de delito que se enquadra no novo conceito de infração de menor potencial ofensivo estando sujeito ao seu procedimento especial da Lei n. 9.099/95.

Capítulo VII
DA RECEPTAÇÃO

ART. 180 – RECEPTAÇÃO

1. CONCEITO. OBJETO JURÍDICO

Dispõe o art. 180 do Código Penal: "Adquirir, receber, transportar, conduzir ou ocultar, em proveito próprio ou alheio, coisa que sabe ser produto de crime, ou influir para que terceiro, de boa-fé, a adquira, receba ou oculte: Pena – reclusão, de um a quatro anos, e multa".

Tutela-se a inviolabilidade do patrimônio, tipificando-se a conduta que estimula o cometimento de outros crimes contra o patrimônio, aguçando a cupidez dos ladrões e assaltantes. Além disso, procura-se coibir o locupletamento do receptador com o ilícito anteriormente praticado, o qual dificulta ainda mais a recuperação da *res*.

2. OBJETO MATERIAL

É o produto do crime, isto é, a coisa procedente de anterior delito contra o patrimônio. Discute-se na doutrina se o bem imóvel pode ser objeto material do crime em estudo. Há duas posições:

(i) Segundo Mirabete, "a lei não distingue entre coisas móveis e imóveis, nem há razão para se afirmar que é necessário o deslocamento da coisa. O *nomen juris*, por si só, não deve levar à conclusão de que o legislador quis referir-se apenas às coisas móveis, pois fácil

634. E. Magalhães Noronha, *Direito penal*, cit., v. 2, p. 479.

seria limitar o dispositivo, como fez em outros tipos penais (arts. 155, 157 etc.). É perfeitamente possível que um imóvel possa ser produto de crime (estelionato, falsidade etc.)"[635].

(ii) Para Hungria, "um imóvel não pode ser receptado, pois a receptação pressupõe um deslocamento da *res* do poder de quem legitimamente a detém para o do receptador, de modo a tornar mais difícil a sua recuperação por quem de direito"[636]. Receptar é o mesmo que "dar esconderijo", e apenas as coisas móveis podem ser ocultadas. As presunções da lei civil, no que toca aos bens imóveis, não produzem efeitos na esfera penal. Por exemplo, um navio pode ser objeto material de receptação, em que pese ser um bem imóvel à luz do Direito Civil. Para que um bem seja considerado móvel perante o Direito Penal, basta a possibilidade de seu deslocamento físico.

Nosso entendimento: adotamos a segunda posição.

3. PRESSUPOSTO: EXISTÊNCIA DE CRIME ANTECEDENTE

É pressuposto do crime de receptação a existência de crime anterior. Trata-se de delito acessório, em que o objeto material deve ser produto de crime antecedente, chamado de delito pressuposto. O delito antecedente não necessita ser patrimonial. Assim, o bem pode ser objeto material de um crime de peculato. Se o fato antecedente for contravenção, não haverá receptação, tornando-se atípica a conduta.

Esse delito é autônomo em relação à infração antecedente, de modo que basta a prova da existência de crime anterior, sem necessidade da demonstração cabal de sua autoria. Assim, a receptação será punida, ainda que desconhecido ou isento de pena o autor do crime anterior (§ 4º do art. 180). Aplica-se essa regra tanto à receptação dolosa quanto à culposa.

Em face dessa autonomia, a absolvição do autor do crime pressuposto não impede a condenação do receptador, quando o decreto absolutório se tiver fundado nas seguintes hipóteses do art. 386 do Código de Processo Penal: estar provado que o réu não concorreu para a infração penal (inciso IV); não existir prova de ter o réu concorrido para a infração penal (inciso V); existir circunstância que isente o réu de pena ou se houver fundada dúvida sobre sua existência (inciso VI); não existir prova suficiente para a condenação (inciso VII). Por outro lado, impede a condenação do receptador a absolvição do autor do crime antecedente por estar provada a inexistência do fato (inciso I); não haver prova da existência do fato criminoso anterior (inciso II); não constituir o fato infração penal (inciso III); existir circunstância que exclua o crime (inciso VI).

No tocante à extinção da punibilidade do crime antecedente, dispõe o art. 108 do Código Penal: "a extinção da punibilidade de crime que é pressuposto, elemento consti-

---

635. Julio Fabbrini Mirabete, *Manual*, cit., v. 2, p. 355 e 356.

636. Nélson Hungria, *Comentários*, cit., v. VII, p. 304. No mesmo sentido, Damásio E. de Jesus, *Código Penal anotado*, cit., p. 653; E. Magalhães Noronha, *Direito penal*, cit., v. 2, p. 490; Celso Delmanto e outros, *Código Penal comentado*, cit., p. 385.

tutivo ou circunstância agravante de outro não se estende a este...". Conclui-se que a extinção da punibilidade do crime antecedente não opera efeitos sobre o crime de receptação. Do mesmo modo, na hipótese em que a punição do crime antecedente depende de representação do ofendido ao Ministério Público ou de queixa-crime, o não oferecimento destas não impede o reconhecimento do crime de receptação[637].

4. ELEMENTOS DO TIPO

4.1. Ação nuclear

(i) Receptação própria (*caput*, 1ª parte): prevê a 1ª parte do *caput* do delito em estudo: "adquirir, receber, transportar, conduzir ou ocultar, em proveito próprio ou alheio, coisa que sabe ser produto de crime". As ações nucleares consubstanciam-se nos seguintes verbos: **adquirir** – consiste na obtenção do domínio da coisa de forma onerosa (p.ex., compra de um automóvel) ou gratuita (p.ex., recebimento de uma doação); **receber** – diz respeito a qualquer forma de obtenção da posse da coisa produto de crime; aqui não há transferência da propriedade; **transportar** – é o deslocamento da coisa de um local para outro; **conduzir** – significa dirigir, no caso, qualquer meio de transporte de locomoção (p.ex., automóvel, caminhão, bicicleta) que seja produto de crime; **ocultar** – significa esconder, colocar em esconderijo, de forma a não ser encontrado.

Nas modalidades transportar, conduzir e ocultar o crime é permanente.

(ii) Receptação imprópria (*caput*, 2ª parte): consiste em "influir para que terceiro, de boa-fé, a adquira, receba ou oculte". Assim, nessa hipótese, o agente estimula terceiro de boa-fé a adquirir, receber ou ocultar coisa proveniente de crime. O influenciador jamais poderá ser aquele que praticou o crime antecedente, pois do contrário ele responderá apenas pelo crime anterior, nunca pela receptação imprópria. Assim, aquele que subtrai e convence terceiro a adquirir o produto do crime somente responderá pelo furto, sendo o fato posterior impunível, em face do princípio da consunção. É necessário que o terceiro influenciado esteja de boa-fé; se estiver de má-fé, será receptador próprio, e o influenciador será partícipe do fato descrito na 1ª parte do *caput*.

4.2. Sujeito ativo

Trata-se de crime comum. Qualquer pessoa, salvo o autor, coautor ou partícipe do delito antecedente, poderá praticá-lo. Se o agente, de qualquer forma, colaborou para a prática do crime antecedente, responderá apenas como seu coautor ou partícipe. Por exemplo, indivíduo convence outrem a roubar mercadorias de uma loja e posteriormente as recebe para efetuar a venda. Ocorre participação no roubo, não respondendo o agente pela receptação.

---

637. Nesse sentido, Nélson Hungria, *Comentários*, cit., v. VII, p. 322.

(i) O proprietário do bem pode ser receptador? Sim. A doutrina costuma citar o seguinte exemplo: "o bem se acha na posse do credor pignoratício, e, furtado por terceiro, é receptado pelo proprietário. Nesta hipótese, este recebe, adquire ou oculta coisa *produto de crime* (furto), praticado contra o legítimo possuidor"[638].

(ii) O advogado ao receber dinheiro ou coisa que sabe ser produto de crime, a título de honorários advocatícios, pode ser autor do delito de receptação? Sim, pode. Segundo Mirabete, "tratando-se de pagamento em dinheiro, além do conhecimento da origem ilícita, é necessário que fique positivado que o cliente não tinha condições de saldar a obrigação de outra forma, sabendo disso o profissional"[639].

(iii) É possível a receptação de receptação? Para parte da doutrina, sim, desde que a coisa conserve seu caráter delituoso; assim, se for adquirida por terceiro de boa-fé que a transmite a outro, não há receptação, mesmo que o último adquirente saiba que a coisa provém de crime. Esse é o entendimento de Nélson Hungria e E. Magalhães Noronha[640]. Em sentido contrário, Victor Eduardo Rios Gonçalves, para quem respondem pelo crime todos aqueles que, nas sucessivas negociações envolvendo o objeto, tenham ciência da origem espúria do bem[641].

Nosso entendimento: correta esta última posição.

4.3. Sujeito passivo

É a vítima do crime antecedente, ou seja, o titular do interesse, do bem jurídico atingido pelo delito pressuposto.

5. ELEMENTO SUBJETIVO

É o dolo, consistente na vontade livre e consciente de adquirir, receber, transportar, conduzir ou ocultar a coisa, ou de influir para que terceiro de boa-fé a adquira, receba ou oculte. O tipo penal exige expressamente o dolo direto. Só haverá o enquadramento no *caput* do artigo se o agente souber, tiver certeza de que a coisa provém de prática criminosa anterior. Não basta o dolo eventual. Se assim agir, o fato será enquadrado na modalidade culposa do crime. Exige-se também um fim especial de agir, encontrado na expressão "em proveito próprio ou alheio", ou seja, o intuito de obter vantagem para si ou para terceiro. Se o ocultamento da coisa for realizado com o fim de favorecer o autor do crime antecedente, haverá o crime de favorecimento real.

– E se o dolo for posterior (dolo "subsequens") ao recebimento do objeto? Na hipótese em que o agente recebe o objeto e depois toma conhecimento de que se trata de

---

638. E. Magalhães Noronha, *Direito penal*, cit., v. 2, p. 486.

639. Julio Fabbrini Mirabete, *Manual*, cit., v. 2, p. 354; E. Magalhães Noronha, *Direito penal*, cit., v. 2, p. 486.

640. Nélson Hungria, *Comentários*, cit., v. VII, p. 305; E. Magalhães Noronha, *Direito penal*, cit., v. 2, p. 487.

641. Victor Eduardo Rios Gonçalves, *Dos crimes contra o patrimônio, Coleção*, cit., v. 9, p. 93.

produto de crime, não há a configuração do delito em estudo. Segundo Noronha, a ciência de que se trata de produto de crime deve ser anterior ou, pelo menos, contemporânea à ação de adquirir, receber, ocultar. Poderá suceder que o agente, após receber o objeto e tomando conhecimento de sua origem ilícita, venha a ocultá-lo ou a influir para que terceiro o adquira, receba ou oculte. Nesta hipótese, diante da prática de uma nova ação, haverá o crime em tela[642].

6. MOMENTO CONSUMATIVO

Na receptação própria, o crime é material. A consumação ocorre quando o agente realiza uma das condutas típicas. Na receptação imprópria, o crime é formal; basta o simples ato de "influenciar", não sendo necessário que o terceiro de boa-fé efetivamente adquira, receba ou oculte a coisa produto de crime.

7. TENTATIVA

A receptação própria admite a tentativa, pois se trata de crime plurissubsistente. Na receptação imprópria ela é inadmissível, pois o crime é unissubsistente.

8. FORMAS

8.1. Simples (art. 180, *caput*)

Está prevista no *caput* do artigo.

8.2. Qualificada (art. 180, § 1º)

Está prevista no § 1º. Dispõe esse parágrafo "adquirir, receber, transportar, conduzir, ocultar, ter em depósito, desmontar, montar, remontar, vender, expor à venda, ou de qualquer forma utilizar, em proveito próprio ou alheio, no exercício de atividade comercial ou industrial, coisa que deve saber ser produto de crime". A pena será a de reclusão de três a oito anos, além de multa. Para Damásio, o § 1º não define figura típica qualificada, entendendo haver, na hipótese, um tipo independente que contém verbos que não estão previstos no *caput*, repete outros e exige elementos subjetivos do tipo. Trata-se de tipo misto alternativo. A prática das várias condutas previstas no mesmo tipo penal caracteriza crime único e não crime continuado.

- **Sujeito ativo:** cuida-se de crime próprio, pois somente pode ser praticado por aquele que desempenha atividade comercial ou industrial. A atividade comercial deve ser habitual. O § 2º equipara "à atividade comercial, para efeito do parágrafo anterior, qualquer forma de comércio irregular ou clandestino, inclusive o exercido em residên-

---

642. E. Magalhães Noronha, *Direito penal*, cit., v. 2, p. 493. No mesmo sentido, Damásio E. de Jesus, *Código Penal anotado*, cit., p. 655; Julio Fabbrini Mirabete, *Manual*, cit., v. 2, p. 356. Em sentido contrário, Nélson Hungria, *Comentários*, cit., v. VII, p. 306 e 307.

cia". Podemos citar como exemplo a atividade de camelô ou desmanche ilegal, ainda que realizada no interior da residência do agente. Considera-se esse parágrafo como uma norma de ampliação. Ressalte-se que dispositivo, em face da expressão "qualquer forma" de comércio irregular ou clandestino, descreve um tipo elástico, prejudicial ao princípio da tipicidade, alargando exageradamente a incriminação.

→ **Atenção:** "a receptação, em sua forma qualificada, demanda especial qualidade do sujeito ativo, que deve ser comerciante ou industrial" (STJ, 5ª Turma. AgRg no AREsp 2.259.297-MG, rel. Min. Ribeiro Dantas, julgado em 18-4-2023).

- **Elemento subjetivo:** o § 1º pune o comerciante ou industrial que comete receptação, empregando a expressão "que deve saber ser produto de crime". Na atual sistemática temos a seguinte situação:

  (i) o *caput* do art. 180 prevê o chamado dolo direto ("coisa que sabe ser produto de crime");

  (ii) o § 3º, por sua vez, descreve a forma culposa.

Diante dessa situação, a doutrina entende que o § 1º somente pode tratar do dolo eventual. Daí, se o comerciante devia saber que a coisa era produto de crime (dúvida), a pena é de três a oito anos de reclusão. E se sabia (pleno conhecimento)? Eis a questão que suscita bastante controvérsia na doutrina, uma vez que não há qualquer previsão legal para essa modalidade de crime. Assim, se o comerciante, por exemplo, desmontar um automóvel sabendo que é produto de crime, responderá por qual delito?

Há duas correntes:

(i) o § 1º tanto prevê as condutas de quem sabe (dolo direto) quanto as de quem deve saber (dolo eventual), visto que, embora empregue somente a expressão "deve saber", a conduta de quem sabe encontra-se abrangida, pois se praticar a conduta com dolo eventual qualifica o crime, por óbvio que praticá-la com dolo direto também deve qualificar;

(ii) a lei tipificou apenas o comportamento de quem deve saber a origem criminosa; logo, de acordo com o princípio da reserva legal, não pode ser empregada a analogia para alcançar também a conduta de quem sabe. Em matéria de normas incriminadoras, a interpretação há de ser restritiva e não ampliativa: se o legislador falou apenas "deve saber", a conduta de quem sabe não deve funcionar como qualificadora. Por outro lado, ofende o princípio constitucional da proporcionalidade punir mais severamente o dolo eventual que o dolo direto, razão por que o § 1º é inconstitucional, e não deve ser aplicado.

Nosso entendimento: correta a 1ª corrente. A lei pretendeu punir não apenas quem sabe, mas até mesmo aquele que devia saber. Foi além, portanto; previu como qualificadora mais do que o dolo direto, razão pela qual a conduta de quem sabe encontra-se embutida na de quem deve saber, de forma que o § 1º do art. 180 alcança tanto o dolo direto (sabe) quanto o dolo eventual (deve saber). Não se trata de analogia ou interpretação extensiva, mas de declarar o exato significado da expressão ("deve saber" inclui o "sabe"), interpretação meramente declarativa, portanto. Se aquele que devia saber comete o crime, com maior razão responderá pela receptação.

→ Atenção: não confundir o art. 180, § 1º, com os arts. 334, § 1º, IV, e 334-A, § 1º, V, pois estes se dão quando o sujeito "adquire, recebe ou oculta, em proveito próprio ou alheio, no exercício de atividade comercial ou industrial, mercadoria de procedência estrangeira, desacompanhada de documentação legal ou acompanhada de documentos que sabe serem falsos" e quando "adquire, recebe ou oculta, em proveito próprio ou alheio, no exercício de atividade comercial ou industrial, mercadoria proibida pela lei brasileira".

8.3. Privilegiada (art. 180, § 5º)

Está prevista no § 5º, parte final. Trata-se do mesmo benefício do art. 155, § 2º. Tal benefício é aplicado às formas dolosas descritas no *caput* do art. 180 (não se aplica ao tipo qualificado). Seguem-se, neste tópico, as regras atinentes ao furto privilegiado.

8.4. Qualificada em razão do objeto material: patrimônio público (art. 180, § 6º)

Está contemplada no § 6º, que se o crime for praticado em detrimento de bens e instalações do patrimônio da União, Estado, Distrito Federal, Município ou de autarquia, fundação pública, sociedade de economia mista ou empresa concessionária de serviços públicos, a pena prevista no *caput* desse artigo aplica-se em dobro.

8.5. Receptação culposa (art. 180, § 3º)

Vem prevista no § 3º: "adquirir ou receber coisa que, por sua natureza ou desproporção entre o valor e o preço, ou pela condição de quem a oferece, deve presumir-se obtida por meio criminoso: Pena – detenção, de um mês a um ano, ou multa, ou ambas as penas". O legislador não inclui no tipo penal a conduta de *ocultar* a coisa, sendo atípica a ação de quem esconde bem de origem ilícita, sem conhecer sua procedência criminosa, ainda que tenha obrado com culpa. Da mesma forma, a conduta do agente que, tendo dúvida no tocante à procedência do objeto, influi para que terceiro de boa-fé adquira ou receba a coisa também é penalmente atípica. O tipo, embora culposo, é fechado, pois apenas três são os indícios reveladores de culpa:

(i) natureza do objeto material – citem-se como exemplos a venda de objetos de valor histórico, veículo automotor sem documentação etc.;

(ii) desproporção entre o valor e o preço – é a disparidade entre o valor real da coisa e aquele que é ofertado, por exemplo, a venda de um carro importado a preço vil;

(iii) condição de quem oferece – cite-se como exemplo a venda de objetos de valor por um menor de rua.

Na hipótese de conhecimento posterior da origem criminosa do bem, esse fato "não pode dar lugar ao delito do parágrafo. A linguagem deste é por demais incisiva: 'Adquirir ou receber coisa que ... deve presumir-se obtida por meio criminoso'. A culpa só pode existir no *ato* de adquirir ou receber. Ela não se pode fundar num *resultado posterior* a esses atos. O que se pune é o *ato culposo*, e, se depois de *consumado* circunstâncias mostram a origem delituosa da coisa, não têm elas a força de retroagir àquele momento, tornando culposo um ato, *quando culpa não houve*"[643].

9. PERDÃO JUDICIAL

Está previsto no § 5º, 1ª parte: "se o criminoso é primário, pode o juiz, tendo em consideração as circunstâncias, deixar de aplicar a pena". O perdão judicial só se aplica à receptação culposa. Presentes os requisitos legais, o juiz está obrigado a conceder esse benefício legal. No tocante à natureza jurídica do perdão judicial, há duas posições: (i) é declaratória da extinção da punibilidade (Súmula 18 do STJ); (ii) é condenatória.

Nosso entendimento: a sentença é condenatória, e todos os efeitos secundários penais (exceto reincidência) e extrapenais decorrem da concessão do perdão.

10. CONCURSO DE CRIMES

Vejamos as seguintes hipóteses[644]:

(i) o crime será único, ainda que o agente adquira coisas originárias de delitos diversos, desde que o faça de uma só vez; caso contrário, haverá crime continuado;

(ii) se a aquisição de vários objetos de um único crime se der em diversas ocasiões haverá, se preenchidos os requisitos legais, crime continuado ou, ausente aqueles requisitos, o concurso material;

(iii) se a aquisição de vários objetos de diversos crimes se der em ocasiões diferentes, haverá também crime continuado, se preenchidos os requisitos legais da continuidade delitiva; ausentes estes, haverá concurso material;

(iv) se várias pessoas adquirem diversos bens provenientes de um único crime, cada um dos adquirentes praticará uma receptação.

11. AÇÃO PENAL. COMPETÊNCIA. LEI DOS JUIZADOS ESPECIAIS CRIMINAIS

É pública incondicionada. A receptação é crime autônomo, contudo, por força de conexão processual, a competência, em regra, é do juízo onde se consumou o crime antecedente. Se não houver qualquer procedimento tendo por objeto esse delito pressuposto, a ação poderá ser proposta no local em que se consumou a receptação.

É cabível a suspensão condicional do processo no *caput* (desde que não incida a majoração de pena prevista no § 6º) e no § 3º (receptação culposa).

Por se tratar de infração de menor potencial ofensivo, o crime de receptação culposa (§ 3º) está sujeito às disposições da Lei n. 9.099/95.

---

643. E. Magalhães Noronha, *Direito penal*, cit., v. 2, p. 498.

644. Segundo a formulação de E. Magalhães Noronha, *Direito penal*, cit., v. 2, p. 494.

12. ESTATUTO DO DESARMAMENTO

Na hipótese em que o agente adquire, recebe, transporta ou oculta arma de fogo (acessório ou munição), de uso permitido, de procedência ilícita, comete o delito mais grave previsto no art. 14 da Lei n. 10.826/2003, cuja pena varia de dois a quatro anos de reclusão, sem prejuízo da multa. Não incide, nesse caso, a norma do art. 180 do Código Penal, que trata da receptação, tendo em vista a especialidade do tipo penal do art. 14 da Lei, bem como sua maior severidade (sua pena mínima é o dobro da pena da receptação), podendo-se falar também no princípio da subsidiariedade (a norma primária do art. 14 da Lei prevalece sobre a subsidiária do art. 180 do CP). No caso de a arma de fogo (acessório ou munição) ser de uso proibido ou restrito, o crime será o previsto no art. 16, *caput*, da Lei, cuja pena é de reclusão de três a seis anos e multa.

Se tais condutas forem praticadas no exercício de atividade comercial ou industrial, o agente deverá responder pelo crime previsto no art. 17 (*adquirir*, alugar, *receber*, *transportar*, conduzir, *ocultar*, ter em depósito, desmontar, montar, remontar, adulterar, vender, expor à venda, ou de qualquer forma utilizar, em proveito próprio ou alheio, no exercício de atividade comercial ou industrial, arma de fogo, acessório ou munição, sem autorização ou em desacordo com determinação legal ou regulamentar), cuja pena é mais grave que a prevista para a receptação qualificada (CP, art. 180, § 1º). No caso de a arma de fogo, acessório ou munição serem de uso proibido ou restrito, a pena é aumentada de metade (art. 19).

Finalmente, também vale destacar que a posse e o porte ilegal de arma de fogo de uso restrito e proibido, bem como o comércio ilegal de armas de fogo e o tráfico internacional de arma de fogo, acessório ou munição são considerados crimes hediondos, incidindo, portanto, as regras da Lei n. 8.072/90.

13. LEGISLAÇÃO PENAL ESPECIAL

De acordo com a Lei n. 11.101/2005, que regula a recuperação judicial, a falência e a recuperação extrajudicial do empresário e da sociedade empresária, constitui crime: "Adquirir, receber, usar, ilicitamente, bem que sabe pertencer à massa falida ou influir para que terceiro, de boa-fé, o adquira, receba ou use. Pena — reclusão, de 2 (dois) a 4 (quatro) anos, e multa" (art. 174).

Constituem crime previsto no art. 241-B do Estatuto da Criança e do Adolescente, as condutas de "Adquirir, possuir ou armazenar, por qualquer meio, fotografia, vídeo ou outra forma de registro que contenha cena de sexo explícito ou pornográfica envolvendo criança ou adolescente: Pena — reclusão, de 1 (um) a 4 (quatro) anos, e multa. § 1º A pena é diminuída de 1 (um) a 2/3 (dois terços) se de pequena quantidade o material a que se refere o *caput* deste artigo. § 2º Não há crime se a posse ou o armazenamento tem a finalidade de comunicar às autoridades competentes a ocorrência das condutas descritas nos arts. 240, 241, 241-A e 241-C desta Lei, quando a comunicação for feita por: I — agente público no exercício de suas funções; II — membro de entidade, legalmente constituída, que inclua, entre suas finalidades institucionais, o recebimento, o processamento e o encaminhamento de notícia dos crimes referidos neste parágrafo; III — representante legal e funcionários responsáveis de provedor de acesso ou serviço prestado por meio de rede de computadores, até o recebimento do material relativo à notícia feita à autoridade policial, ao Ministério Público ou ao Poder Judiciário. § 3º As pessoas referidas no § 2º deste artigo deverão manter sob sigilo o material ilícito referido".

Do mesmo modo, será enquadrada no art. 241-C a conduta de "Simular a participação de criança ou adolescente em cena de sexo explícito ou pornográfica por meio de adulteração, montagem ou modificação de fotografia, vídeo ou qualquer outra forma de representação visual: Pena – reclusão, de 1 (um) a 3 (três) anos, e multa. Parágrafo único. Incorre nas mesmas penas quem vende, expõe à venda, disponibiliza, distribui, publica ou divulga por qualquer meio, adquire, possui ou armazena o material produzido na forma do *caput* deste artigo".

ART. 180-A – RECEPTAÇÃO DE ANIMAL

1. CONCEITO

Tipifica de forma mais gravosa a receptação de animal: "Art. 180-A: Adquirir, receber, transportar, conduzir, ocultar, ter em depósito ou vender, com a finalidade de produção ou de comercialização, semovente domesticável de produção, ainda que abatido ou dividido em partes, que deve saber ser produto de crime: Pena – reclusão, de 2 (dois) a 5 (cinco) anos, e multa." Tutelam-se os semoventes (animal) domesticáveis (apto a ser domado, a se tornar caseiro, manso) de produção (atividade decorrente do trabalho humano, ainda que se utilizando de instrumentos específicos, voltado ao comércio e ao lucro) (*v.* comentários ao art. 155, § 6º).

2. OBJETO MATERIAL E JURÍDICO

O objeto material é o semovente domesticável de produção, abatido ou vivo, inteiro ou em partes. Por sua vez, o objeto jurídico é o patrimônio.

3. ELEMENTOS DO TIPO

3.1. Ação nuclear

As ações nucleares são: adquirir – consiste na obtenção do domínio da coisa de forma onerosa; receber – diz respeito a qualquer forma de obtenção da posse da coisa produto de crime; aqui não há transferência da propriedade; transportar – é o deslocamento da coisa de um local para outro; conduzir – significa guiar, tornar-se condutor; ocultar – significa esconder, colocar em esconderijo, de forma a não ser encontrado; ter em depósito – significa colocar algo em local seguro; ou vender – consiste em alienar a coisa por determinado preço.

Observe que o crime é instantâneo nas modalidades "adquirir", "receber", "transportar", "conduzir" e "vender", e permanente nas modalidades "ter em depósito" e "ocultar".

Trata-se de tipo misto alternativo, ou seja, constitui crime único a realização de mais de uma ação nuclear.

O tipo legal não requer que a conduta seja praticada "em proveito próprio ou alheio", tal como na receptação comum (CP, art. 180), mas exige que o fato seja cometido "com a finalidade de produção ou comercialização". Então, quem adquire semovente domesticável de produção ou comercialização, produto de roubo, com a intenção de tê-lo em sua companhia ou para servir de alimento, por exemplo, comete o crime de receptação comum.

Registre-se que, se o agente adquiriu espécimes da fauna silvestre, nativa ou em rota migratória, provenientes de criadouros não autorizados ou sem a devida permissão, licença ou autorização da autoridade competente, comete infração ambiental tipificada no art. 29, § 1º, III, da Lei n. 9.605/98.

Finalmente, quem recebe semovente domesticável de produção ou comercialização para prestar auxílio ao autor do delito antecedente, a fim de tornar seguro o proveito do crime, responde por crime de favorecimento real (CP, art. 349).

3.2. Sujeito ativo

Trata-se de crime comum, ou seja, pode ser praticado por qualquer pessoa, salvo o autor, coautor ou partícipe do delito antecedente. Se o agente, de qualquer forma, colaborou para a prática do crime antecedente, responderá apenas como seu coautor ou partícipe.

3.3. Sujeito passivo

É o proprietário ou possuidor do animal produto do crime.

4. ELEMENTO SUBJETIVO

É o dolo, consistente na vontade livre e consciente de adquirir, receber, transportar, conduzir, ocultar, ter em depósito ou vender. O dolo pode ser direto ou eventual, haja vista a expressão "que deve saber ser produto de crime", diferente do previsto no art. 180, onde se verifica a expressão "que sabe ser produto de crime", o que indica somente a possibilidade de dolo direto.

Nosso entendimento: conforme nossa posição exarada nos comentários ao art. 180, § 1º, entendemos que a lei pretendeu punir não apenas quem sabe, mas até mesmo aquele que devia saber. Foi além, portanto; previu mais do que o dolo direto, razão pela qual a conduta de quem sabe encontra-se embutida na de quem deve saber, de forma que o art. 180-A alcança tanto o dolo direto (sabe) quanto o dolo eventual (deve saber). Quem pode o mais, pode o menos. Não se trata de analogia ou interpretação extensiva, mas de declarar o exato significado da expressão ("deve saber" inclui o "sabe"), interpretação meramente declarativa, portanto. Se aquele que devia saber comete o crime, com maior razão responderá pela receptação de animais o sujeito que sabia da origem ilícita do produto.

Tal como na receptação comum, é irrelevante ser o autor do crime anterior desconhecido ou isento de pena, aplicando-se ao art. 180-A, portanto, o disposto no art. 180, § 4º, do Código Penal.

Finalmente, inexiste a forma culposa nessa modalidade de receptação. Dessa forma, se o agente adquirir ou receber animal domesticável de produção ou comercialização que, por sua natureza, desproporção entre o valor e o preço ou condição de quem a oferece, deve presumir-se obtida por meio criminoso, responde pelo art. 180, § 3º.

5. MOMENTO CONSUMATIVO

A receptação de animais se consuma quando o agente realiza uma das condutas típicas.

6. TENTATIVA

Essa modalidade de receptação admite a tentativa, pois se trata de crime plurissubsistente.

7. AÇÃO PENAL

O crime é de ação penal pública incondicionada.

Capítulo VIII
DISPOSIÇÕES GERAIS

ARTS. 181 A 183 – IMUNIDADES, REPRESENTAÇÃO, EXCEÇÕES E CAUSAS DE AUMENTO DE PENA

1. IMUNIDADE ABSOLUTA (ART. 181)

Dispõe o art. 181: "É isento de pena quem comete qualquer dos crimes previstos neste título, em prejuízo: I — do cônjuge, na constância da sociedade conjugal; II — de ascendente ou descendente, seja o parentesco legítimo ou ilegítimo, seja civil ou natural".

- **Natureza jurídica:** trata-se da chamada imunidade penal absoluta, também conhecida como escusa absolutória, incidente sobre os crimes contra o patrimônio, previstos no Título II da Parte Especial do Código Penal. Apesar de a redação ser semelhante à norma do art. 26 do Código Penal, não se trata de causa dirimente, mas extintiva da punibilidade, tornando impuníveis os delitos patrimoniais não violentos, cometidos entre cônjuges ou parentes próximos, por razões de política criminal. Não exclui a tipicidade, a antijuridicidade, nem tampouco a culpabilidade do autor, "apenas, em razão de um critério meramente oportunístico, deixa de ser aplicável a correspondente pena"[645]. No

645. Nélson Hungria, *Comentários*, cit., v. VII, p. 325.

caso do roubo, da extorsão ou de crime cometido com emprego de violência ou grave ameaça, não incide a escusa (CP, art. 183, I).

(i) Inciso I – do cônjuge na constância do casamento (sociedade conjugal): neste inciso, são exigidos dois requisitos para a imunidade absoluta: que o autor esteja casado com a vítima e que a conduta tenha sido praticada na constância da sociedade conjugal.

O casamento, como vínculo legal que une um homem a uma mulher, só pode ser dissolvido pela morte de um dos cônjuges ou pelo divórcio (CC, art. 1.571, § 1º). O regime de bens é irrelevante, já que a lei tem por finalidade "a conveniência de evitar ensejo à cizânia, à violação da intimidade e ao desprestígio da família. O interesse de preservá-la ao ódio recíproco entre seus membros e ao escândalo lesivo de sua honorabilidade (toda família se empenha em encobrir a má conduta de suas ovelhas negras) não deve ser sacrificado ao interesse da incondicional punição dos crimes lesivos do patrimônio, simples e exclusivamente tais"[646]. Por essa razão, não se aplica a escusa absolutória em duas hipóteses: quando o autor for viúvo, em face da inexistência não apenas do casamento, mas da própria vítima; quando ambos estiverem divorciados. No primeiro caso, vale ressaltar que o crime seria praticado contra os bens do espólio do cônjuge, ao qual concorrem outras pessoas, devendo, neste caso, o agente responder pelo crime patrimonial de coisa comum, sem qualquer isenção de pena[647].

Além do vínculo matrimonial, exige-se que o crime tenha sido cometido na constância da sociedade conjugal, entendida esta como o conjunto de direitos e obrigações derivados do casamento. Extingue-se a sociedade conjugal não somente pelas mesmas causas extintivas do casamento (morte e divórcio), mas também pela sua nulidade ou anulação e pela separação judicial (CC, art. 1.571, II e III). Isso significa que o separado judicialmente, embora continue casado, já que não cessado o vínculo legal, não se encontra mais na constância da sociedade conjugal e, portanto, não tem direito à imunidade referida neste artigo do Código Penal. Quanto ao separado de fato, este continua casado e na constância da sociedade conjugal, tendo, por essa razão, direito à escusa absolutória. Idem para a separação de corpos. Como já ensinava Magalhães Noronha: "O que é necessário é estar em pleno vigor a sociedade conjugal, isto é, não ter sido anulado o casamento, não ter havido separação judicial, nem os cônjuges se acharem separados – judicialmente separados e não de fato..."[648]. No mesmo sentido, Damásio de Jesus, com a habitual clareza: "A separação de fato não exclui a imunidade. O código se refere à constância da sociedade conjugal"[649].

No tocante à união estável, esta foi equiparada ao casamento pela Constituição Federal, por força de seu art. 226, § 3º, restando disciplinada a referida norma constitucional pelo Código Civil em seu art. 1.723, razão pela qual sempre foi consenso doutrinário a extensão da escusa absolutória a essa forma de relacionamento[650]. Vale, por fim,

---

646. Idem, ibidem, p. 324.

647. Nélson Hungria, *Comentários*, cit., v. VII, p. 326.

648. *Direito penal*, 26. ed., cit., v. 2, p. 503.

649. *Direito penal*; parte especial, 24. ed., São Paulo, Saraiva, 2001, v. 2, p. 515.

650. Damásio de Jesus, *Código Penal*, cit., p. 364.

mencionar que o Plenário do STF reconheceu como entidade familiar a união de pessoas do mesmo sexo (ADPF 132, cf. *Informativo do STF* n. 625, Brasília, 2 a 6 de maio de 2011).

→ **Atenção:** concubinato não é sinônimo de união estável.

O Código Civil, em seu art. 1.727, definiu concubinato como a relação estável entre homem e mulher, *quando impedidos de casar*. Assim, quando não há impedimento para o casamento, ocorre a união estável, equiparada em tudo ao casamento e merecedora da imunidade penal aqui tratada. Se houver impedimento, haverá concubinato, o qual não pode ser comparado com o vínculo matrimonial, justamente porque existe impedimento ao seu estabelecimento e, por isso, não se beneficia da escusa absolutória. Aliás, o Código Civil é expresso nesse sentido: "A união estável não se constituirá se ocorrerem os impedimentos do art. 1.521..." (art. 1.723, § 1º), o que vale dizer: não haverá união estável se ocorrer o concubinato.

→ **Atenção:** existe uma única hipótese em que o concubinato se equipara à união estável e, por essa razão, ao casamento, estando a merecer a incidência da escusa absolutória: as pessoas já casadas não podem casar-se. Isto é um impedimento que causa nulidade absoluta do casamento (CC, art. 1.521, VI). Suponhamos, então, que uma pessoa já casada se unisse a outra, passando a conviver de modo contínuo, como se estivessem sob o manto matrimonial. Em face do estado civil de um dos companheiros, sua relação não poderá ser chamada de união estável, mas de concubinato, porque existe um impedimento para que ambos se casem. Ocorre que, se o concubino já casado estiver separado de fato ou judicialmente, embora o impedimento ao matrimônio persista, tal relação, excepcionalmente, será chamada pela lei de união estável, e não de concubinato. Isto porque a parte final do § 1º do art. 1.723 do Código Civil é expressa nesse sentido: se o impedimento for o fato de um dos companheiros ser casado, a relação *more uxorio* será denominada união estável, se o mesmo estiver separado, judicialmente ou de fato. Assim, existe um caso de concubinato em que se aplica a escusa em questão. Em suma, no inciso I, o casamento se equipara à união estável e ao concubinato, quando o companheiro, já casado, estiver separado de seu cônjuge.

(ii) Inciso II – de ascendente ou descendente, seja o parentesco legítimo ou ilegítimo, seja civil ou natural: o inciso cuida apenas do parentesco em linha reta. Ascendentes são o pai, a mãe, o avô, a avó, além de bisavôs, tataravôs e assim por diante. Descendentes são o filho, o bisneto, o tataraneto etc. O dispositivo abrange qualquer tipo de filiação, legítima, ilegítima, civil ou natural[651]. "É que a Constituição Federal, em seu art. 227, § 6º, dispõe que 'os filhos, havidos ou não da relação do casamento, ou por adoção, terão os mesmos direitos e qualificações, proibidas quaisquer designações discriminatórias relativas à filiação'. A afinidade não é abarcada pela hipótese"[652]. "O parentesco civil é tão somente o que resulta da adoção, não abrangendo a afinidade. Assim, mesmo os afins em linha reta (sogros, genros, noras) não se enquadram no inc. II do art. 181, que é taxativo e, portanto, inextensível"[653].

---

651. Damásio de Jesus, *Direito penal*, cit., v. 2, p. 515.

652. Fernando Capez, *Direito penal*; parte especial, São Paulo, Saraiva, 2003, v. 2, p. 534.

653. Nélson Hungria, *Comentários*, cit., v. VII, p. 326.

→ **Atenção:** embora o Código Civil estenda o parentesco por afinidade ao companheiro (art. 1.595), não há qualquer aplicação dessa equiparação ao art. 181 do Código Penal.

A afinidade nunca foi abrangida pela hipótese, conforme acima mencionado. Se os afins do cônjuge não estavam abrangidos pela imunidade, pela mesma razão, não serão alcançados os do companheiro. Para os fins do art. 181 são considerados estranhos e, como tal, imerecedores da imunidade absoluta. Essa é a precisa lição de Damásio de Jesus: "a enumeração legal é taxativa. Assim, não pode ser estendida a terceiros"[654].

Finalmente, vale trazer uma hipótese: um pai que subtrai coisa comum de sua filha e do seu genro, casados em regime de comunhão de bens. Com relação ao genro, não existe parentesco civil, nem natural, mas mera aproximação por afinidade. A *res furtiva* é comum à sua filha e ao seu afim. Teria o sujeito direito à escusa absolutória? Não. Como o dispositivo tem interpretação restritiva, em face do disposto no art. 183, II, do Código Penal, não haverá incidência da causa de isenção de pena. Como ensinava Nélson Hungria: "Também inexistirá a imunidade se a coisa, por qualquer título, é comum a qualquer das pessoas mencionadas no texto legal e estranhos. É necessário, para efeito da isenção, que a coisa pertença exclusivamente ao cônjuge ou parente"[655].

2. IMUNIDADE RELATIVA (ART. 182)

Prescreve o art. 182: "Somente se procede mediante representação, se o crime previsto neste título é cometido em prejuízo: I — do cônjuge desquitado ou judicialmente separado; II — de irmão, legítimo ou ilegítimo; III — de tio ou sobrinho, com quem o agente coabita".

- **Natureza jurídica:** consubstancia-se em imunidade penal relativa ou processual, a qual não extingue a punibilidade, mas tão somente impõe uma condição objetiva de procedibilidade. Neste caso, ao contrário da imunidade absoluta, o autor do crime não é isento de pena, mas os crimes de ação penal pública incondicionada passam a ser condicionados à representação do ofendido. Referida imunidade, portanto, não abrange os crimes contra o patrimônio de iniciativa privada, por exemplo, dano simples.
- **Cônjuge desquitado ou judicialmente separado:** a figura do desquite não é mais prevista em nossa legislação civil. Cuida-se aqui, portanto, do cônjuge separado judicialmente. O divorciado não é abrangido por essa imunidade. Contudo, se o crime foi praticado antes do divórcio, ela incidirá. Ainda, pelas razões já inicialmente expostas, o cônjuge separado de fato tem direito à imunidade absoluta e não à relativa. Idem para a separação de corpos. Não se estende o benefício a afins.

→ **Atenção:** note-se que, se o crime for cometido durante a constância da sociedade conjugal, incide a imunidade absoluta (escusa absolutória) e o cônjuge não responde criminalmente pelo crime, mas, com a separação conjugal, passa a existir crime e a

654. *Direito penal*, cit., v. 2, p. 514.
655. *Comentários*, cit., v. VII, p. 328.

ação penal fica condicionada à representação do cônjuge ofendido (se a separação for de fato ou somente de corpos, aplica-se o art. 181 do CP).

- **Irmão legítimo ou ilegítimo:** não se distingue se os irmãos são germanos ou bilaterais, legítimos ou ilegítimos, consanguíneos ou não (no caso de um deles ou ambos serem adotados).
- **Tio ou sobrinho, com quem o agente coabita:** necessita-se de efetiva coabitação, não há necessidade de que o crime seja cometido no local da coabitação. A coabitação transitória afasta a imunidade.

→ **Atenção:** o art. 182 só se aplica aos crimes de ação penal pública incondicionada, excluídos, portanto, os que se processem por ação penal privada (CP, arts. 161, 167 e 179, parágrafo único).

3. HIPÓTESE DE INAPLICABILIDADE DAS IMUNIDADES PENAIS (ART. 183)

Determina o art. 183 do Código Penal: "Não se aplica o disposto nos dois artigos anteriores: I – se o crime é de roubo ou de extorsão, ou, em geral, quando haja emprego de grave ameaça ou violência à pessoa; II – ao estranho que participa do crime; III – se o crime é praticado contra pessoa com idade igual ou superior a 60 (sessenta) anos".

Não incide a imunidade absoluta ou relativa se o crime é de roubo ou de extorsão, direta ou indireta, ou se, genericamente, na prática do crime patrimonial haja o emprego de grave ameaça ou violência à pessoa (somente a violência real), pois, além da lesão patrimonial, há ofensa a bens ou interesses inerentes à pessoa humana, como a integridade física, a saúde etc.

A lei também não estende a imunidade ao terceiro que comete o crime em concurso com o agente beneficiado. É que no concurso de pessoas vigora a regra no sentido de que não se comunicam as circunstâncias de caráter pessoal, salvo quando elementares do crime (CP, art. 30). A imunidade absoluta ou relativa é considerada circunstância incomunicável, pois não constitui elementar dos crimes patrimoniais[656].

Finalmente, o art. 183 do Código Penal tem como hipótese de inaplicabilidade das imunidades previstas nos arts. 181 e 182, se o crime for praticado contra pessoa com idade igual ou superior a 60 anos. Dessa forma, não incidirá a imunidade absoluta ou relativa se o crime for praticado contra vítima idosa, isto é, que se encontre nessa faixa etária. Assim, na hipótese em que o filho furta objetos de seu pai, com 60 anos de idade, não incidirá a imunidade penal absoluta constante do inciso II do art. 181, isto é, o réu não ficará isento de pena. Como a idade da vítima deve ser considerada no momento da conduta (CP, art. 4º), se esta tiver 59 anos de idade na data do crime e apenas faltar um dia para completar 60 anos, o agente será beneficiado com a imunidade penal.

Questão interessante refere-se à aplicação das escusas absolutórias aos casos de violência doméstica e familiar contra a mulher. O STF, em caráter vinculante, concedeu

---

656. Nesse sentido, E. Magalhães Noronha, *Direito penal*, cit., v. 2, p. 507.

status de supralegalidade aos tratados internacionais ratificados pelo Brasil[657], e conferiu efeito paralisante de eficácia às leis infraconstitucionais com eles incompatíveis. A Lei Maria da Penha (Lei n. 11.340/2006) traz expressamente em seu texto que "*a violência doméstica e familiar contra a mulher constitui uma das formas de violação dos direitos humanos*". Diante do efeito paralisante dos arts. 181 e 182 do CP, em virtude da supralegalidade da Convenção de Belém do Pará e da interpretação conforme à CF dada pelo STF, as referidas imunidades não incidem como excludentes de punibilidade no furto cometido no contexto de violência doméstica, por se tratar de violência patrimonial prevista no art. 5º da Lei Maria da Penha e violação aos direitos humanos.

4. CAUSA DE AUMENTO DE PENA (ART. 183-A)

O novo art. 183-A[658] descreve uma causa de aumento da pena em 1/3 até o dobro, para os crimes contra o patrimônio quando praticados contra as instituições financeiras e os prestadores de serviço de segurança privada.

→ **Atenção:** trata-se de *novatio legis in pejus*, portanto, não retroage.

4.1. Conceito de instituições financeiras

A Lei n. 7.492/86 define instituição financeira como uma pessoa jurídica pública ou privada, que tenha como atividade principal ou secundária a captação, intermediação ou aplicação de recursos financeiros. Na definição legal inclui-se a custódia, emissão, distribuição, negociação, intermediação ou administração de valores mobiliários. Vale ressaltar que o conceito de instituições financeiras envolve também corretoras de valores, bancos de investimento e a Caixa Econômica Federal.

4.2. Conceito de prestadores de serviço de segurança privada

De acordo com a Lei n. 14.967/2024, são considerados prestadores de serviços de segurança privada as pessoas jurídicas que prestam serviços de: vigilância patrimonial; segurança de eventos em espaços de uso comum do povo; segurança nos transportes coletivos terrestres, aquaviários e marítimos; segurança perimetral nas muralhas e guaritas; segurança em unidades de conservação; monitoramento de sistemas eletrônicos de segurança e rastreamento de numerário, bens ou valores; execução do transporte de numerário, bens ou valores; execução de escolta de numerário, bens ou valores; execução de segurança pessoal com a finalidade de preservar a integridade física de pessoas; formação, aperfeiçoamento e atualização dos profissionais de segurança privada; gerenciamento de riscos em operações de transporte de numerário, bens ou valores; controle de acesso em portos e aeroportos; bem como outros serviços que se enquadrem nos preceitos da Lei, na forma de regulamento.

---

657. STF: RE 466.343/SP e HC 87.585/TO.

658. Artigo acrescentado pela Lei n. 14.967/2024 - Estatuto da Segurança Privada e da Segurança das Instituições Financeiras.

Título III
DOS CRIMES CONTRA A PROPRIEDADE IMATERIAL

1. CONSIDERAÇÕES PRELIMINARES

O Código Penal contempla no Título III os crimes contra a propriedade imaterial. Para E. Magalhães Noronha, "não se confundem os bens exclusivamente pessoais com os imateriais. Se os primeiros, como a honra, a liberdade etc., não se separam da pessoa humana e não possuem valor econômico, não há negar que o mesmo não sucede com os segundos, que se destacam do indivíduo, uma vez concretizados numa coisa ou nela projetados"[659]. É o que, por exemplo, acontece com o pensamento humano, insuscetível de qualquer apropriação por parte de terceiros, enquanto enclausurado na mente humana não merece qualquer proteção legal. No momento em que ele se exterioriza, expressa-se em uma obra literária, científica ou artística, passando, pois, a tomar corpo, a ter um valor econômico. O seu criador, assim, tem direito sobre a sua produção artística, científica ou literária. A lei lhe assegura os direitos sobre a sua produção intelectual.

Os crimes que estudaremos, portanto, ofendem interesses econômicos, o que por si só nos levaria a indagar o porquê de não serem classificados como crimes patrimoniais. Justifica Hungria:

"Os crimes contra o patrimônio ficaram restringidos aos fatos violadores dos direitos *nos* ou *aos* bens *materiais* ou perceptíveis pelos sentidos, passando a constituir classe distinta os fatos lesivos dos direitos sobre bens *imateriais*, que são *ideações criadoras* ou *entidades ideais* consideradas em si mesmas ou abstraídas da *matéria* (*corpus mechanicum*) na qual ou pela qual se exteriorizam (e da qual se distinguem, por assim dizer, como a *alma* do *corpo*). Para justificação de tal critério, há a ponderar que os crimes em questão, além da ofensa de interesses patrimoniais, acarretam prejuízo a um especial *interesse moral*, que, em certos casos, a lei julga merecedor, até mesmo por si só, da tutela jurídica (ex.: o interesse do escritor em que não seja aposto o seu nome em obra literária de que não é autor, ou em que não seja alterado o conteúdo ideativo do seu próprio trabalho, ainda que cedido e economicamente retribuído o direito à sua publicação ou reprodução)"[660].

---

659. E. Magalhães Noronha, *Direito penal*; dos crimes contra a propriedade imaterial, São Paulo, Saraiva, 1994, v. 3, p. 3.

660. Nélson Hungria, *Comentários*, cit., v. VII, p. 331.

2. NATUREZA JURÍDICA

Esse tema sempre foi objeto de muita discussão na doutrina. O nosso Código Civil o considera uma espécie de propriedade *sui generis* (CC, Livro III, Título III, Capítulo I, Seção I). Ressalva Noronha: "é também a opinião dominante, que considera existir nesse direito, ao lado do aspecto real, outro que é pessoal, inerente à personalidade"[661]. Com o advento da Lei n. 9.279, de 14-5-1996 (Lei de Propriedade Industrial), os arts. 187 a 196, trouxeram a definição dos crimes contra a propriedade imaterial. Somente os crimes de violação de direito autoral e de usurpação de nome ou pseudônimo alheio deixaram de ser abrangidos por esse diploma legal. Serão aqui estudados os crimes de violação de direito autoral (CP, art. 184).

Capítulo I
DOS CRIMES CONTRA A PROPRIEDADE INTELECTUAL

ART. 184 – VIOLAÇÃO DE DIREITO AUTORAL

1. CONCEITO. OBJETO JURÍDICO

Dispõe o art. 184, *caput*, do Código Penal: "Violar direitos de autor e os que lhe são conexos: Pena – detenção de 3 (três) meses a 1 (um) ano, ou multa". O homem, conforme já visto, tem direito sobre a sua produção intelectual. Destarte, busca o Direito Penal a tutela do interesse econômico e moral do autor sobre o fruto de sua criação, interesse esse expressamente assegurado pela Lei dos Direitos Autorais (Lei n. 9.610/98), que em seu art. 22 dispõe: "Pertencem ao autor os direitos morais e patrimoniais sobre a obra que criou". Os direitos compreendidos na expressão "autorais" estão enumerados no art. 7º da Lei n. 9.610/98.

Além dos direitos autorais, a Lei tutela os direitos conexos àqueles, entendendo-se como tais os dos intérpretes ou executantes da obra ou música, dos produtores fonográficos da obra do autor intelectual e das empresas de radiodifusão sobre os titulares dos bens imateriais incluídos em sua programação (arts. 90 a 95 da Lei n. 9.610/98).

2. ELEMENTOS DO TIPO

2.1. Ação nuclear

Consubstancia-se no verbo *violar*, isto é, transgredir, infringir, ofender, no caso, o direito do autor. Trata-se de norma penal em branco, pois o Código não conceitua direito autoral. Seu complemento encontra-se na Lei n. 9.610/98 (arts. 22 a 45). Ainda, conforme já mencionado no item anterior, o conceito de direitos autorais encontra-se disposto no

---

661. E. Magalhães Noronha, *Direito penal*, cit., v. 3, p. 3.

art. 7º da citada lei, e dividem-se entre direitos morais do autor (art. 24 da Lei n. 9.610/98) e direitos patrimoniais (art. 28 da Lei n. 9.610/98).

Para a doutrina, os direitos autorais abrangem as seguintes obras: (i) **obras literárias** – são os livros e outros escritos, como discursos, conferências, artigos de jornal ou revista etc.; (ii) **obras científicas**, que, segundo Hungria, são: "livros ou escritos contendo a exposição, elucidação ou crítica dos resultados real ou pretendidamente obtidos pela ciência, em todos os seus ramos, inclusive as obras didáticas e as lições de professores (proferidas em aulas e apanhadas por escrito)"; e (iii) **obras artísticas**, as quais, ainda no ensinamento de Hungria, são: "trabalhos de pintura, escultura e arquitetura, desenhos, obras dramáticas, musicais, cinematográficas, coreográficas ou pantomímicas, obras de arte gráfica ou figurativa"[662], bem como trabalhos de televisão etc. De acordo com a Lei n. 9.610/98, abrange igualmente os direitos conexos (*v.* arts. 89 a 96).

Viola-se o direito do autor publicando, reproduzindo ou modificando a sua obra. É a chamada contrafação. A edição excedente ao contratado também é considerada contrafação, conforme o art. 4º, parágrafo único, do Decreto n. 4.790/24[663]. Leciona Noronha que "viola o direito do autor o plágio, que se avizinha da contrafação, sendo uma *espécie de furto, furto literário*, como geralmente se diz. Consiste no fato de alguém atribuir a si, como autor, obra ou partes de obra de outrem. Ocorre com trabalhos literários ou científicos"[664].

Os arts. 46 a 48 da Lei n. 9.610/98 dispõem sobre as limitações aos direitos autorais. Assim, de acordo com o art. 46 da citada lei, não constituem ofensa aos direitos autorais, por exemplo, a reprodução: "na imprensa diária ou periódica, de notícia ou de artigo informativo, publicado em diários ou periódicos, com a menção do nome do autor, se assinados, e da publicação de onde foram transcritos" (inciso I, *a*); "a citação em livros, jornais, revistas ou qualquer outro meio de comunicação, de passagens de qualquer obra, para fins de estudo, crítica ou polêmica, na medida justificada para o fim a atingir, indicando-se o nome do autor e a origem da obra" (inciso III); "a utilização de obras literárias, artísticas ou científicas para produzir prova judiciária ou administrativa" (inciso VII).

O Superior Tribunal de Justiça editou a Súmula 574, a respeito da comprovação da materialidade dessa figura típica: "Para a configuração do delito de violação de direito autoral e a comprovação de sua materialidade, é suficiente a perícia realizada por amostragem do produto apreendido, nos aspectos externos do material, e é desnecessária a identificação dos titulares dos direitos autorais violados ou daqueles que os representem".

2.2. Sujeito ativo

Qualquer pessoa pode praticar o crime em tela, não exigindo a lei nenhuma qualidade especial. É possível a coautoria ou participação, por exemplo, do editor do livro plagiado.

---

662. Nélson Hungria, *Comentários*, cit., v. VII, p. 336.

663. E. Magalhães Noronha, *Direito penal*, cit., v. 3, p. 8.

664. Idem, ibidem, p. 8 e 9.

2.3. Sujeito passivo

É o autor, pessoa física criadora da obra literária, artística ou científica violada. Por ser o direito autoral transmissível por herança, falecendo aquele, serão sujeitos passivos seus herdeiros ou sucessores. Aliás a própria Constituição Federal dispõe em seu art. 5º, XXVII, que "aos autores pertence o direito exclusivo de utilização, publicação ou reprodução de suas obras, transmissível aos herdeiros pelo tempo que a lei fixar". Consideram-se também sujeitos passivos os detentores dos direitos conexos à propriedade intelectual, ou seja, os intérpretes, os produtores fonográficos e as empresas de radiodifusão.

A pessoa jurídica de direito público ou privado também pode ser sujeito passivo do crime em tela na hipótese em que o autor cede os seus direitos sobre a obra (a respeito da possibilidade de transferência dos direitos de autor sobre a obra, *v.* arts. 49 a 52 da Lei n. 9.610/98).

O autor da obra não está obrigado a registrá-la (*v.* art. 18 da Lei n. 9.610/98), por exemplo, na Biblioteca Nacional. Assim, o registro não constitui uma condição necessária para conferir a titularidade da obra a seu autor. Trata-se de uma faculdade (art. 19 da Lei n. 9.610/98). O registro, na realidade, tem por escopo assegurar os direitos do autor, assim como facilitar a sua prova[665].

Finalmente, registre-se que nossos tribunais exigem a identificação do titular do direito violado como prova necessária para a deflagração do processo e para o julgamento do crime em tela.

3. ELEMENTO SUBJETIVO

É o dolo, consubstanciado na vontade livre e consciente de violar o direito autoral. Não se exige a finalidade de obtenção de lucro (elemento subjetivo do tipo) na figura do *caput*. As modalidades qualificadas exigem elemento subjetivo do tipo específico consistente no intuito de obtenção de lucro.

4. CONSUMAÇÃO E TENTATIVA

Consuma-se com a violação do direito autoral, isto é, com a reprodução, modificação ou alteração da obra literária, artística ou científica.

Cuida-se de crime plurissubsistente, portanto a tentativa é perfeitamente possível.

5. CONCURSO DE CRIMES

Importa trazer aqui hipóteses em que não se configura o concurso de crimes, mas delito único: "Tratando-se de obra suscetível de reprodução múltipla, o crime não deixará de ser *único*, não obstante a multiplicidade dos exemplares. Também único será o crime

---

665. Nesse sentido, E. Magalhães Noronha, *Direito penal*, cit., v. 3, p. 371.

quando, por exemplo, a pessoa que reproduz fraudulentamente a obra musical ou teatral é a mesma que a faz executar ou representar (*há progressividade*, e não *conexidade*, pois à segunda *etapa*, no caso, era indispensável a primeira)"[666].

6. FORMAS

6.1. Simples (art. 184, *caput*)

Está prevista no *caput*.

6.2. Qualificadas (art. 184, §§ 1º, 2º e 3º)

Todas as figuras qualificadas, previstas nos §§ 1º, 2º e 3º do art. 184 do Código Penal, referem-se à punição da conduta conhecida como "pirataria".

Dispõe o § 1º: "Se a violação consistir em reprodução total ou parcial, com intuito de lucro direto ou indireto, por qualquer meio ou processo, de obra intelectual, interpretação, execução ou fonograma, sem autorização expressa do autor, do artista intérprete ou executante, do produtor, conforme o caso, ou de quem o represente: Pena – reclusão, de 2 (dois) a 4 (quatro) anos, e multa". Pune-se mais severamente aquele que, com intuito de lucro (elemento subjetivo do tipo), reproduz, no todo ou em parte: (i) obra intelectual, sem autorização do autor ou de quem o represente (elemento normativo do tipo); (ii) interpretação, sem autorização do intérprete ou de quem o represente (elemento normativo do tipo); (iii) execução, sem autorização do executante ou de quem o represente (elemento normativo do tipo); ou (iv) fonograma – conceitua-se este como o som gravado em fitas, discos etc. – sem autorização do produtor ou de quem o represente (elemento normativo do tipo). Pune-se, também, a violação dos direitos conexos com intuito de lucro. Consuma-se com a reprodução não autorizada e prescinde da obtenção de lucro.

→ **Atenção:** a cópia grosseiramente falsificada ou de baixa qualidade não exclui a existência do crime.

O § 2º, por sua vez, prevê: "Na mesma pena do § 1º incorre quem, com o intuito de lucro direto ou indireto, distribui, vende, expõe à venda, aluga, introduz no País, adquire, oculta, tem em depósito, original ou cópia de obra intelectual ou fonograma reproduzido com violação do direito de autor, do direito de artista intérprete ou executante ou do direito do produtor de fonograma, ou, ainda, aluga original ou cópia de obra intelectual ou fonograma, sem a expressa autorização dos titulares dos direitos ou de quem os represente". Punem-se aqui as condutas realizadas posteriormente à produção ou reprodução de obra intelectual ou fonograma com violação de direito autoral, desde que o agente aja com a finalidade de lucro (elemento subjetivo do tipo). O agente, na realidade, não participa da produção ou reprodução da obra intelectual com violação de direito autoral, mas,

---

666. Nélson Hungria, *Comentários*, cit., v. VII, p. 341.

tendo ciência dessa violação, contribui para o crime ao realizar as condutas acima mencionadas (vender, expor à venda, alugar etc.). O tipo descreve várias formas alternativas de se realizar o mesmo crime, de modo que, havendo nexo causal entre as condutas, o agente responderá por um único crime, não importando tenha realizado uma ou mais ações (princípio da alternatividade). Não existindo qualquer relação entre os comportamentos, haverá concurso material de crimes. Por exemplo: o sujeito vende cópias de uma determinada obra intelectual e, em local completamente distinto, aluga fitas pirateadas a consumidores diversos. Dada a diversidade de contextos fáticos, responderá por dois delitos. Nas condutas de expor à venda, ocultar ou ter em depósito o crime é permanente. Além do direito autoral, constituem objeto material, desta forma qualificada, os direitos conexos. A respeito do § 2º do art. 184 do Código Penal, reza a recente Súmula 502 do STJ: "Presentes a materialidade e a autoria, afigura-se típica, em relação ao crime previsto no art. 184, § 2º, do CP, a conduta de expor à venda CDs e DVDs piratas". Consuma-se com a venda, aluguel etc., e prescinde da obtenção de lucro.

Finalmente, o § 3º determina: "Se a violação consistir no oferecimento ao público, mediante cabo, fibra ótica, satélite, ondas ou qualquer outro sistema que permita ao usuário realizar a seleção da obra ou produção para recebê-la em um tempo e lugar previamente determinados por quem formula a demanda, com intuito de lucro, direto ou indireto, sem autorização expressa, conforme o caso, do autor, do artista intérprete ou executante, do produtor de fonograma, ou de quem os represente: Pena – reclusão de 2 (dois) a 4 (quatro) anos, e multa". Houve, aqui, uma pequena falha de redação: não haveria necessidade da previsão de pena para a conduta do § 3º, uma vez que ela é a mesma do § 1º. Bastaria ao legislador ter determinado, como no § 2º, que o agente incorreria nas mesmas penas do § 1º. Consuma-se com o oferecimento ao público e prescinde da obtenção de lucro.

Em todas as modalidades previstas nos parágrafos acima referidos, além da vontade de realizar o núcleo da ação típica, ou seja, o verbo do tipo, exige-se o fim especial do agente de obter lucro (elemento subjetivo do tipo, anteriormente denominado dolo específico), embora não seja necessária a efetiva obtenção do lucro para a consumação do delito.

7. CAUSA DE EXCLUSÃO DA ADEQUAÇÃO TÍPICA (§ 4º)

Dispõe o § 4º: "O disposto nos §§ 1º, 2º e 3º não se aplica quando se tratar de exceção ou limitação ao direito de autor ou os que lhe são conexos, em conformidade com o previsto na Lei n. 9.610, de 19 de fevereiro de 1998, nem a cópia de obra intelectual ou fonograma, em um só exemplar, para uso privado do copista, sem intuito de lucro direto ou indireto".

Com relação às exceções ou limitações ao direito autoral e conexos, aplica-se o art. 46, I, da Lei n. 9.610/98, a qual dispõe sobre as hipóteses de reprodução que não constituem violação a tais direitos. Também não ofende os direitos autorais a reprodução, em um só exemplar, de pequenos trechos, para uso privado do copista, desde que feita por este e sem o intuito de lucro (art. 46, II). O mesmo vale para as hipóteses descritas nos incisos III a VIII da lei em comento.

E mais, o art. 47 permite a possibilidade de efetuar paráfrases e paródias que não forem verdadeiras reproduções da obra originária nem lhe implicarem descrédito. Finalmente, o art. 48 garante que as obras situadas permanentemente em logradouros públicos podem ser representadas livremente, por meio de pinturas, desenhos, fotografias e procedimentos audiovisuais.

Portanto, em todos esses casos, a conduta do agente não será incriminada.

8. EFEITOS DA SENTENÇA CONDENATÓRIA

Nos termos do art. 530-G do Código de Processo Penal, "o juiz, ao prolatar a sentença condenatória, poderá determinar a destruição dos bens ilicitamente produzidos ou reproduzidos e o perdimento dos equipamentos apreendidos, desde que precipuamente destinados à produção e reprodução dos bens, em favor da Fazenda Nacional, que deverá destruí-los ou doá-los aos Estados, Municípios e Distrito Federal, a instituições públicas de ensino e pesquisa ou de assistência social, bem como incorporá-los, por economia ou interesse público, ao patrimônio da União, que não poderão retorná-los aos canais de comércio". Somente após o trânsito em julgado da sentença condenatória tal destruição ou perdimento poderão ser executados, em respeito aos princípios de que ninguém será privado de seus bens sem o devido processo legal (CF, art. 5º, LIV) e da não culpabilidade ou estado de inocência (CF, art. 5º, LVII).

9. PROTEÇÃO DA PROPRIEDADE INTELECTUAL DE PROGRAMA DE COMPUTADOR (*SOFTWARE*)

Importa aqui mencionar que violar direitos de autor de programa de computador é crime específico regulado pela Lei n. 9.609/98.

O art. 12 da Lei n. 9.609/98 dispõe: "Violar direitos de autor de programa de computador: Pena – detenção de seis meses a dois anos ou multa. § 1º Se a violação consistir na reprodução, por qualquer meio, de programa de computador, no todo ou em parte, para fins de comércio, sem autorização expressa do autor ou de quem o represente: Pena – reclusão de um a quatro anos e multa. § 2º Na mesma pena do parágrafo anterior incorre quem vende, expõe à venda, introduz no País, adquire, oculta ou tem em depósito, para fins de comércio, original ou cópia de programa de computador, produzido com violação de direito autoral. § 3º Nos crimes previstos neste artigo, somente se procede mediante queixa, salvo: I – quando praticados em prejuízo de entidade de direito público, autarquia, empresa pública, sociedade de economia mista ou fundação instituída pelo poder público; II – quando, em decorrência de ato delituoso, resultar sonegação fiscal, perda de arrecadação tributária ou prática de quaisquer dos crimes contra a ordem tributária ou contra as relações de consumo".

10. AÇÃO PENAL (ART. 186). LEI DOS JUIZADOS ESPECIAIS CRIMINAIS

Nas hipóteses do *caput* do art. 184, a ação penal será exclusivamente privada (CP, art. 186, I). Nas formas qualificadas previstas nos §§ 1º e 2º, a ação será pública incondicionada (CP, art. 186, II), e na do § 3º, pública condicionada à representação do ofendido (CP, art. 186, IV). Será também pública incondicionada a ação penal quando o crime, qualquer que seja a sua forma, tiver sido cometido em detrimento de entidades de direito público, autarquia, empresa pública, sociedade de economia mista ou fundação instituída pelo Poder Público (CP, art. 186, III).

Sendo o caso de ação penal privada (CP, art. 184, *caput*, salvo quando cometido contra entidades de direito público, autarquia, empresa pública, sociedade de economia mista ou fundação instituída pelo Poder Público), aplicar-se-á o procedimento ordinário previsto nos arts. 396 a 405 do Código de Processo Penal, com as seguintes observações: (i) no caso de haver o crime deixado vestígio, a queixa ou a denúncia não será recebida se não for instruída com o exame pericial dos objetos que constituam o corpo de delito; (ii) sem a prova de direito à ação, não será recebida a queixa, nem ordenada qualquer diligência preliminarmente requerida pelo ofendido; (iii) a diligência de busca ou de apreensão será realizada por dois peritos nomeados pelo juiz, que verificarão a existência de fundamento para a apreensão, e quer esta se realize, quer não, o laudo pericial será apresentado dentro de 3 dias após o encerramento da diligência. O requerente da diligência poderá impugnar o laudo contrário à apreensão, e o juiz ordenará que esta se efetue, se reconhecer a improcedência das razões aduzidas pelos peritos; (iv) encerradas as diligências os autos serão conclusos ao juiz para homologação do laudo; (v) nos crimes de ação privativa do ofendido, não será admitida queixa com fundamento em apreensão e em perícia, se decorrido o prazo de 30 dias após a homologação do laudo (CPP, art. 529, *caput*); se o crime for de ação pública e não tiver sido oferecida queixa no prazo de 30 dias após a homologação do laudo (CPP, art. 529, *caput*), será dada vista ao Ministério Público dos autos de busca e apreensão requeridas pelo ofendido; e (vi) se ocorrer prisão em flagrante e o réu não for posto em liberdade, o prazo mencionado na letra anterior será de 8 dias (CPP, art. 530).

Ocorrendo qualquer das formas qualificadas (CP, art. 184, §§ 1º, 2º e 3º) ou quando o delito for cometido em detrimento de uma daquelas pessoas elencadas no inciso III do art. 186 do Código Penal, o procedimento será também o ordinário, aplicando-se, no entanto, as seguintes regras: (i) a autoridade policial procederá à apreensão dos bens ilicitamente produzidos ou reproduzidos, em sua totalidade, juntamente com os equipamentos, suportes e materiais que possibilitaram a sua existência, desde que estes se destinem precipuamente à prática do ilícito; (ii) na ocasião da apreensão, será lavrado termo, assinado por duas ou mais testemunhas, com a descrição de todos os bens apreendidos e informações sobre suas origens, o qual deverá integrar o inquérito policial ou o processo; (iii) subsequente à apreensão, será realizada, por perito oficial, ou, na falta deste, por pessoa tecnicamente habilitada, perícia sobre todos os bens apreendidos e elaborado o laudo que deverá integrar o inquérito policial ou o processo; (iv) os titulares de direito de autor e os que lhe são conexos serão os fiéis depositários de todos os bens apreendidos, devendo colocá-los à disposição do juiz quando do ajuizamento da ação; (v) ressalvada a possibilidade de se preservar o corpo de delito, o juiz poderá determinar, a requerimento da vítima, a destruição da produção ou reprodução apreendida quando não houver impugnação quanto à sua ilicitude ou quando a ação penal não puder ser iniciada por falta de determinação de quem seja o autor do ilícito; (vi) o juiz, ao prolatar a sentença condenatória, poderá determinar a destruição dos bens ilicitamente produzidos ou reproduzidos e o perdimento dos equipamentos apreendidos, desde que precipuamente destinados à produção e reprodução dos bens, em favor da Fazenda Nacional, que deverá destruí-los ou doá-los aos Estados, Municípios e Distrito Federal, a instituições públicas de ensino e pesquisa ou de assistência social, bem como incorporá-los, por economia ou interesse público, ao patrimônio da União, que não poderão retorná-los aos canais de comércio; e (vii) as associações de titulares de direitos de autor e os que lhes são conexos poderão, em seu próprio nome, funcionar como assistente da acusação nos crimes previstos no art. 184 do Código Penal, quando praticado em detrimento de qualquer de seus associados (CPP, arts. 530-B a 530-H).

Por se tratar de infração de menor potencial ofensivo (somente o *caput* do art. 184), incidem as disposições da Lei n. 9.099/95.

Título IV
DOS CRIMES CONTRA A ORGANIZAÇÃO DO TRABALHO

ART. 197 – ATENTADO CONTRA A LIBERDADE DE TRABALHO

1. CONCEITO

Dispõe o art. 197: "Constranger alguém, mediante violência ou grave ameaça: I – a exercer ou não exercer arte, ofício, profissão ou indústria, ou a trabalhar ou não trabalhar durante certo período ou em determinados dias: Pena – detenção, de um mês a um ano, e multa, além da pena correspondente à violência; II – a abrir ou fechar o seu estabelecimento de trabalho, ou a participar de parede ou paralisação de atividade econômica: Pena – detenção, de três meses a um ano, e multa, além da pena correspondente à violência". Cumpre aqui mencionar que a segunda parte do inciso II (parede ou paralisação) foi revogada expressamente pela Lei n. 7.783/89 (Lei de Greve). Aliás, vale a menção de que esta lei pune o agente que obrigar outrem a participar de paralisação de atividade econômica, prática esta conhecida como *lockout*, regulada nos arts. 722 e seguintes da Consolidação das Leis do Trabalho (CLT).

2. OBJETO JURÍDICO

A Constituição Federal estabelece em seu art. 5º, XIII, que "é livre o exercício de qualquer trabalho, ofício ou profissão, atendidas as qualificações profissionais que a lei estabelecer". Desta feita visa o dispositivo legal à tutela da liberdade da pessoa no que concerne ao trabalho, isto é, o direito de livremente exercer uma atividade ou profissão, consoante assegurado pela própria Carta Magna.

3. ELEMENTOS DO TIPO

3.1. Ação nuclear

Consubstancia-se no verbo *constranger*, que já tivemos oportunidade de estudar no capítulo relativo ao crime de constrangimento ilegal. Na realidade, aqui também estamos diante de um delito dessa natureza, porém a coação tem por fim atingir a liberdade de trabalho da vítima. Os meios empregados para a prática do crime são a violência física e moral. A violência é empregada com o fim de compelir a vítima: (i) a exercer ou não exercer arte, ofício, profissão ou indústria (inciso I); (ii) ou a trabalhar ou não trabalhar durante certo período ou em determinados dias (inciso I); (iii) abrir ou fechar seu estabelecimento de trabalho (inciso II).

3.2. Sujeito ativo

Qualquer pessoa; não exige a lei nenhuma qualidade especial do sujeito ativo.

3.3. Sujeito passivo

É a pessoa vítima do constrangimento, que se vê privada de sua liberdade de trabalho. Considera-se vítima na conduta criminosa prevista no inciso II o proprietário do estabelecimento.

4. ELEMENTO SUBJETIVO

É o dolo, consubstanciado na vontade livre e consciente de constranger a vítima, mediante o emprego de violência ou grave ameaça, a realizar ou deixar de realizar uma das condutas previstas no tipo penal.

5. CONSUMAÇÃO E TENTATIVA

O crime se consuma no momento em que a vítima constrangida: (i) exerce, ou não, arte, ofício, profissão ou indústria (inciso I); (ii) trabalha, ou não, durante certo período ou em determinados dias (inciso I); (iii) abre ou fecha seu estabelecimento de trabalho (inciso II). A tentativa é perfeitamente possível. A consumação prolonga-se no tempo, caracterizando delito permanente, e, sendo assim, temos as seguintes consequências: (i) o prazo prescricional só começa a fluir quando cessada a permanência (CP, art. 111, III); (ii) o estado flagrancial persiste enquanto perdurar a consumação, podendo executar-se a prisão (CPP, art. 303); (iii) se o fato for cometido em mais de um foro, a competência territorial será firmada pelo critério da prevenção (CPP, art. 71); (iv) se durante a permanência sobrevier lei penal mais gravosa, esta se aplica ao fato, ainda que iniciado antes de sua vigência (Súmula 711 do STF).

6. CONCURSO DE CRIMES

Se houver emprego de violência contra a pessoa, responderá o agente pelo crime em estudo em concurso material com um dos crimes contra a pessoa (homicídio, lesões corporais).

7. COMPETÊNCIA. AÇÃO PENAL. LEI DOS JUIZADOS ESPECIAIS CRIMINAIS

É pacífico o entendimento no Superior Tribunal de Justiça de que nos crimes contra a organização do trabalho a competência é da Justiça Estadual quando a lesão for individual; e, da Justiça Federal, quando for atingida a categoria profissional como um todo.

Trata-se de crime de ação penal pública incondicionada.

Por se tratar de infração de menor potencial ofensivo, incidem as disposições da Lei dos Juizados Especiais Criminais, inclusive o instituto da suspensão condicional do processo (art. 89 da Lei n. 9.099/95).

Ainda que o crime seja de competência da Justiça Federal, com instituição dos Juizados Especiais Federais, são considerados infrações de menor potencial ofensivo e, por essa razão, estão submetidos ao procedimento dos Juizados Especiais Criminais, tanto da Justiça Comum estadual quanto da Justiça Federal, os crimes a que a lei comine pena máxima igual ou inferior a 2 anos de reclusão ou detenção, qualquer que seja o procedimento previsto. No mesmo sentido é o teor do art. 61 da Lei n. 9.099/95.

ART. 198 – ATENTADO CONTRA A LIBERDADE DE CONTRATO DE TRABALHO E BOICOTAGEM VIOLENTA

1. CONCEITO

Prescreve o art. 198: "Constranger alguém, mediante violência ou grave ameaça, a celebrar contrato de trabalho, ou a não fornecer a outrem ou a não adquirir de outrem matéria-prima ou produto industrial ou agrícola: Pena — detenção, de um mês a um ano, e multa, além da pena correspondente à violência". Cuida-se de crime de ação múltipla.

2. ATENTADO CONTRA A LIBERDADE DE CONTRATO DE TRABALHO

Assim como no dispositivo anterior, as figuras do art. 198 (incisos I e II) tutelam a liberdade da pessoa no que concerne ao trabalho, isto é, o direito de livremente exercer uma atividade ou profissão, consoante assegurado pela própria Magna Carta. Trata-se de mais um crime em que o agente constrange a vítima mediante o emprego de violência ou grave ameaça, mas, na espécie, a coação visa à celebração de contrato de trabalho (individual ou coletivo, verbal ou escrito). O sujeito ativo, portanto, obriga o sujeito passivo a firmar um contrato de emprego. O sujeito ativo pode ser qualquer pessoa (crime comum). O sujeito passivo será a pessoa cuja liberdade de contratação foi obstada. A lei não previu a hipótese em que o indivíduo é constrangido a não realizar o contrato. Poderá o fato ser enquadrado como crime de constrangimento ilegal (CP, art. 146).

Segundo Noronha, "pode mais de uma pessoa ser constrangida e o delito ser único. Concebe-se, também, que a violência ou ameaça não sejam exercidas diretamente contra quem celebra o contrato. Exemplo: violência contra o filho, para que o pai anua ao pacto"[667].

O elemento subjetivo é o dolo, consistente na vontade livre e consciente de constranger o ofendido a celebrar contrato de trabalho. Não se exige finalidade ulterior. Contudo, se a intenção do agente era obter indevida vantagem econômica, o crime será de extorsão (CP, art. 158).

---

667. E. Magalhães Noronha, *Direito penal*, cit., v. 3, p. 54.

O crime consuma-se com a celebração do contrato, ou seja, com a sua assinatura. Se verbal o contrato, a consumação ocorre com o consentimento da vítima. A tentativa é perfeitamente possível. Se houver violência contra a pessoa, o agente responderá pelo crime em estudo em concurso material com um dos crimes contra a pessoa.

3. BOICOTAGEM VIOLENTA

Cuida-se da coação exercida com o fito de compelir a vítima a não fornecer a outrem ou a não adquirir de outrem matéria-prima ou produto industrial ou agrícola. Conforme Noronha, "é uma espécie de greve de fornecedores e consumidores contra ela, com o fito de excluí-la da comunidade econômica. Pode ser realizada tanto contra uma empresa como contra um ou alguns de seus produtos"[668]. Assim, mediante o emprego de violência ou grave ameaça, força-se alguém a provocar o isolamento econômico de outrem (boicotado). Sujeitos passivos são, portanto, aquele que sofre a violência ou grave ameaça bem como o que sofre o isolamento econômico (boicotado)[669]. O sujeito ativo pode ser qualquer pessoa (crime comum).

O elemento subjetivo é o dolo, consistente na vontade livre e consciente de impedir o fornecimento ou a aquisição de matéria-prima, produto industrial ou agrícola. Não se exige finalidade ulterior. Contudo, se a intenção do agente era obter indevida vantagem econômica, o crime será de extorsão (CP, art. 158).

O crime consuma-se no momento em que a vítima coagida não fornece a outrem ou não adquire de outrem matéria-prima ou produto industrial ou agrícola. A tentativa é perfeitamente admissível.

Incide nesse dispositivo legal em estudo a regra do concurso material de crimes se houver o emprego de violência física.

4. COMPETÊNCIA. AÇÃO PENAL. LEI DOS JUIZADOS ESPECIAIS CRIMINAIS

Aplica-se aqui o que foi estudado no item 7 dos comentários ao art. 197 do Código Penal.

ART. 199 – ATENTADO CONTRA A LIBERDADE DE ASSOCIAÇÃO

1. CONCEITO

Dispõe o art. 199: "Constranger alguém, mediante violência ou grave ameaça, a participar ou deixar de participar de determinado sindicato ou associação profissional: Pena – detenção, de um mês a um ano, e multa, além da pena correspondente à violência".

668. E. Magalhães Noronha, *Direito penal*, cit., v. 3, p. 54.
669. Nesse sentido, E. Magalhães Noronha, *Direito penal*, cit., v. 3, p. 55.

2. OBJETO JURÍDICO

Tutela-se a liberdade de associação profissional ou sindical, que é plenamente assegurada pelo art. 5º, XVII, da Constituição da República.

3. ELEMENTOS DO TIPO

3.1. Ação nuclear

Refere-se a lei à conduta de constranger outrem, mediante o emprego de violência ou grave ameaça, a participar ou deixar de participar de determinado sindicato ou associação profissional, ou seja, o indivíduo é obrigado, forçado a integrar ou não o sindicato ou associação profissional. Este, por sua vez, deve ser determinado, específico; não há crime se a pessoa for, tão só, forçada a ingressar, genericamente, em algum sindicato.

3.2. Sujeito ativo

Qualquer pessoa pode praticar o delito em apreço. Não há exigência de que integre o sindicato ou associação profissional.

3.3. Sujeito passivo

É a pessoa constrangida a participar ou deixar de participar do sindicato ou associação profissional. Se a violência for dirigida a terceira pessoa, esta também será sujeito passivo.

4. ELEMENTO SUBJETIVO

É o dolo, consubstanciado na vontade livre e consciente de obrigar alguém a participar ou deixar de participar da entidade.

5. CONSUMAÇÃO E TENTATIVA

Consuma-se o delito no momento em que a vítima coagida passa a integrar ou não determinado sindicato ou associação profissional.

A tentativa é perfeitamente admissível.

6. CONCURSO DE CRIMES

Conforme já estudado, se houver emprego de violência contra a pessoa, responderá o agente pelo crime em estudo em concurso material com um dos crimes contra a pessoa (homicídio, lesões corporais).

7. COMPETÊNCIA. AÇÃO PENAL. LEI DOS JUIZADOS ESPECIAIS CRIMINAIS

Aplica-se aqui o que foi estudado no item 7 dos comentários ao art. 197.

ART. 200 – PARALISAÇÃO DE TRABALHO, SEGUIDA DE VIOLÊNCIA OU PERTURBAÇÃO DA ORDEM

1. CONCEITO

Prevê o art. 200 do Código Penal: "Participar de suspensão ou abandono coletivo de trabalho, praticando violência contra pessoa ou contra coisa: Pena – detenção, de um mês a um ano, e multa, além da pena correspondente à violência. Parágrafo único. Para que se considere coletivo o abandono de trabalho é indispensável o concurso de, pelo menos, três empregados".

2. OBJETO JURÍDICO

Tutela-se, mais uma vez, a liberdade de trabalho.

3. ELEMENTOS DO TIPO

3.1. Ação nuclear

A conduta incriminada consiste em participar de suspensão de trabalho (é o chamado *lockout*, isto é, abandono do trabalho pelos empregadores) ou de abandono coletivo de trabalho (é a chamada greve, isto é, abandono do trabalho pelos empregados), praticando violência contra pessoa ou contra a coisa. Segundo Hungria, "a violência (*vis physica*), aqui, tanto é a empregada contra a pessoa como a dirigida contra a coisa, e não para coagir alguém a participar da greve ou *lockout* (crime previsto no art. 197, II), mas, no curso, de uma ou outro, para tornar mais eficiente a pressão, evitar a intervenção conciliatória de terceiros (autoridades ou não), ou por mero espírito de brutalidade ou vandalismo, ou para demonstrar superioridade ou intransigência, ou pela propensão a excessos de quem faz parte de multidão excitada etc."[670]. Pouco importa para a punição do crime que a greve seja lícita ou ilícita.

3.2. Sujeito ativo

No caso de abandono de trabalho (greve), são sujeitos ativos os empregados que, participando do movimento, praticam o ato violento ou concorrem para ele. Menciona

670. Nélson Hungria, *Comentários*, cit., v. VIII, p. 36.

o tipo penal no parágrafo único que, "para que se considere coletivo o abandono de trabalho é indispensável o concurso de, pelo menos, três empregados". No caso de suspensão de trabalho (*lockout*), são sujeitos ativos os empregadores. Nesse caso, a lei não exige o número mínimo de três pessoas, mas, conforme a doutrina, o verbo *participar* pressupõe pluralidade de pessoas. Assim, segundo Noronha, exige-se a participação de mais de uma pessoa, podendo, *nessas condições*, o patrão ser o *violento*[671]. Damásio, por sua vez, afirma que "não é necessário o concurso de mais de um empregador. Basta o concurso de mais de uma pessoa, ainda que componentes de uma mesma pessoa jurídica empregadora"[672].

3.3. Sujeito passivo

Tanto pode ser a pessoa física, no caso de violência contra a pessoa, como a pessoa jurídica, no caso de dano a ela causado.

4. ELEMENTO SUBJETIVO

É o dolo, consubstanciado na vontade livre e consciente de participar de suspensão ou abandono coletivo de trabalho, praticando violência contra a pessoa ou contra a coisa.

5. CONSUMAÇÃO E TENTATIVA

Consuma-se o crime com a prática do ato violento pelo empregado ou empregador durante o movimento. A tentativa é possível.

6. CONCURSO DE CRIMES

Se houver emprego de violência contra a pessoa, responderá o agente pelo crime em estudo em concurso material com um dos crimes contra a pessoa (homicídio, lesões corporais). Inclui-se aqui a violência contra a coisa. Dessa forma, responderá o agente pelo crime de dano, se, por exemplo, vier a danificar algum maquinário da fábrica.

7. COMPETÊNCIA. AÇÃO PENAL. LEI DOS JUIZADOS ESPECIAIS CRIMINAIS

Aplica-se aqui o que foi estudado no item 7 dos comentários ao art. 197.

671. E. Magalhães Noronha, *Direito penal*, cit., v. 3, p. 59.
672. Damásio E. de Jesus, *Código Penal anotado*, cit., p. 677.

ART. 201 – PARALISAÇÃO DE TRABALHO DE INTERESSE COLETIVO

1. CONCEITO

Reza o art. 201 do Código Penal: "Participar de suspensão ou abandono coletivo de trabalho, provocando a interrupção de obra pública ou serviço de interesse coletivo: Pena — detenção, de seis meses a dois anos, e multa". Dispõe o art. 9º, *caput*, da Constituição Federal: "É assegurado o direito de greve, competindo aos trabalhadores decidir sobre a oportunidade de exercê-lo e sobre os interesses que devam por meio dele defender". E o § 1º desse artigo diz: "a lei definirá os serviços ou atividades essenciais e disporá sobre o atendimento das necessidades inadiáveis da comunidade". A Lei de Greve (Lei n. 7.783/89), por sua vez, admite a greve em serviços ou atividades essenciais. Com base nesses diplomas legais, Celso Delmanto sustenta que o artigo em tela se tornou inaplicável, pois "não teria sentido que a Lei de Greve admitisse a paralisação em serviços ou atividades essenciais, somente exigindo comunicação prévia aos empregadores ou usuários, e o art. 201 do CP continuasse a punir tal conduta. Assim, a greve *pacífica*, mesmo em serviços ou atividades essenciais, é hoje, a nosso ver, penalmente *atípica*, ainda que os grevistas sejam funcionários públicos, pois o art. 37, VII, da CR/88 não foi até agora objeto de lei complementar (cf. o art. 16 da Lei n. 7.783/89)"[673].

2. OBJETO JURÍDICO

Tutela-se o interesse da coletividade.

3. ELEMENTOS DO TIPO

3.1. Ação nuclear

A conduta criminosa consiste em *participar* de suspensão (*lockout*) ou de abandono coletivo (greve) de trabalho, provocando a interrupção de obra pública ou serviço de interesse coletivo. Observe-se que nessa figura criminosa não há o emprego de violência ou grave ameaça. Segundo Hungria: "obra pública, a que se refere o art. 201, é a que a administração pública manda executar por pessoas estranhas ao quadro de seus funcionários". Serviço de interesse coletivo, para o mesmo autor, "é todo aquele que afeta as necessidades da população em geral, como por exemplo: serviços de iluminação, de água, de gás, de energia motriz, de limpeza urbana, de comunicações, de transportes (terrestres, marítimos, fluviais ou aéreos), de matadouro, de estiva etc."[674].

Mirabete, ao contrário do entendimento esposado por Celso Delmanto inicialmente, sustenta que, "Diante dos arts. 1º, 2º e 11 da Lei de Greve (Lei n. 7.783/89), deve-se entender

---

673. Celso Delmanto e outros, *Código Penal comentado*, cit., p. 400.

674. Nélson Hungria, *Comentários*, cit., v. VIII, p. 37.

que o art. 201 continua em vigor, mas que não basta se trate de obra pública, mas é necessário que ela caracterize serviço ou atividade essencial, ou seja, aquelas que, não atendidas, colocam em perigo iminente a sobrevivência, a saúde ou a segurança da população"[675].

Para que se considere coletivo o abandono de trabalho (greve) é indispensável o concurso de, pelo menos, três empregados. No caso do *lockout*, a lei não exige o número mínimo de três pessoas, mas, conforme a doutrina, o verbo *participar* pressupõe pluralidade de pessoas.

3.2. Sujeito ativo

Qualquer pessoa, seja empregado, seja empregador.

3.3. Sujeito passivo

Trata-se de crime vago, pois sujeito passivo é a coletividade.

4. ELEMENTO SUBJETIVO

É o dolo, consubstanciado na vontade livre e consciente de participar de suspensão ou abandono coletivo de trabalho, acarretando a interrupção de obra pública ou serviço de interesse coletivo.

5. CONSUMAÇÃO E TENTATIVA

O crime consuma-se com a efetiva interrupção de obra pública ou de serviço de interesse coletivo. A tentativa é admissível.

6. COMPETÊNCIA. AÇÃO PENAL. LEI DOS JUIZADOS ESPECIAIS CRIMINAIS

Aplica-se aqui o que foi estudado no item 7 dos comentários ao art. 197.

ART. 202 – INVASÃO DE ESTABELECIMENTO INDUSTRIAL, COMERCIAL OU AGRÍCOLA. SABOTAGEM

1. CONCEITO

Dispõe o art. 202 do Código Penal: "Invadir ou ocupar estabelecimento industrial, comercial ou agrícola, com o intuito de impedir ou embaraçar o curso normal do trabalho, ou com o mesmo fim danificar o estabelecimento ou as coisas nele existentes ou delas dispor: Pena – reclusão, de um a três anos, e multa".

675. Julio Fabbrini Mirabete, *Manual*, cit., v. 2, p. 384.

2. OBJETO JURÍDICO

Tutela-se a organização do trabalho.

3. INVASÃO DE ESTABELECIMENTO INDUSTRIAL, COMERCIAL OU AGRÍCOLA (1ª FIGURA DO ART. 202)

O tipo penal em estudo prevê duas figuras criminosas. A primeira consiste em invadir ou ocupar estabelecimento industrial, comercial ou agrícola, com o intuito de impedir ou embaraçar o curso normal do trabalho. Para Noronha: "A invasão importa a entrada indevida, sem autorização, de modo arbitrário. É a ação de quem *está de fora*. Ocupar é tomar posse indevidamente. Já não é mister que o agente esteja no estabelecimento. Os operários, no lugar onde trabalham, deles se apossam, não agindo como empregados, mas como ocupantes"[676]. A invasão ou ocupação é realizada com a finalidade de obstar ou perturbar o curso normal do trabalho. Trata-se do elemento subjetivo do tipo. Qualquer pessoa pode praticar o crime em tela. Vítima é o empregador que mantenha estabelecimento industrial, comercial ou agrícola, bem como a coletividade. O crime consuma-se com a efetiva invasão ou ocupação do estabelecimento, independentemente da concretização do fim do agente (impedir ou embaraçar o curso normal do trabalho). Trata-se de crime formal. A tentativa é admissível.

4. SABOTAGEM (2ª FIGURA DO ART. 202)

A segunda figura criminosa consiste em danificar o estabelecimento ou as coisas nele existentes ou delas dispor, com o fim de impedir ou embaraçar o curso normal do trabalho. Sabotagem é o *nomen juris* do crime. A sabotagem é realizada através de duas ações físicas: (i) **danificar** – compreende a ação de destruir, inutilizar, no caso, o estabelecimento ou as coisas nele existentes (máquinas, matéria-prima etc.); (ii) **dispor** – significa vender, trocar, locar as coisas existentes no estabelecimento. Qualquer pessoa pode praticar o crime em tela. Vítima é o empregador que mantenha estabelecimento industrial, comercial ou agrícola, bem como a coletividade. Consuma-se o crime com a efetiva danificação ou disposição, independentemente da concretização do fim do agente. Trata-se de crime formal. Essa figura também contém o chamado elemento subjetivo do tipo, consubstanciado no fim de impedir ou embaraçar o curso normal do trabalho. Aliás, é esse fim especial de agir que diferencia esse delito daquele previsto no art. 163 do Código Penal. A tentativa é admissível.

---

676. E. Magalhães Noronha, *Direito penal*, cit., v. 3, p. 60.

5. COMPETÊNCIA. AÇÃO PENAL. PROCEDIMENTO. LEI DOS JUIZADOS ESPECIAIS CRIMINAIS

No que diz respeito à ação penal e à competência, aplica-se aqui o que foi estudado no item 7 dos comentários ao art. 197. Com relação ao procedimento, *vide* art. 394 do Código de Processo Penal, a qual passou a eleger critério distinto para a determinação do rito processual a ser seguido. A distinção entre os procedimentos ordinário e sumário dar-se-á em função da pena máxima cominada à infração penal e não mais em virtude de esta ser apenada com reclusão ou detenção.

É cabível somente a suspensão condicional do processo (art. 89 da Lei n. 9.099/95).

ART. 203 – FRUSTRAÇÃO DE DIREITO ASSEGURADO POR LEI TRABALHISTA

1. CONCEITO

Dispõe o art. 203 do Código Penal: "Frustrar, mediante fraude ou violência, direito assegurado pela legislação do trabalho: Pena — detenção de um ano a dois anos, e multa, além da pena correspondente à violência".

2. OBJETO JURÍDICO

Tutelam-se as leis trabalhistas.

3. ELEMENTOS DO TIPO

3.1. Ação nuclear

Consiste em *frustrar*, isto é, privar, direito assegurado pela legislação do trabalho. Trata-se de norma penal em branco, pois os direitos assegurados estão previstos na Consolidação das Leis do Trabalho e legislação complementar (segurança no trabalho, salário mínimo, descanso, férias etc.). O agente priva o beneficiado do uso, exercício ou gozo desses direitos mediante o emprego de fraude ou violência. Cuida-se de violência física, o que exclui a grave ameaça. A fraude a que se refere a lei "é o expediente que induz ou mantém alguém em erro. É o enliço, engodo ou embuste que dá ao enganado falsa aparência da realidade"[677]. Cite-se como exemplo da configuração desse crime a conduta de obrigar os empregados a assinarem pedido de demissão dando plena quitação[678], ou então realizar o pagamento de salário inferior ao mínimo legal, mas fazendo com que os empregados assinem recibo de valor igual ao salário mínimo[679].

677. E. Magalhães Noronha, *Direito penal*, cit., v. 3, p. 63.
678. Cf. exemplo citado por Julio Fabbrini Mirabete, *Manual*, cit., v. 2, p. 387.
679. Cf. apontamento de Celso Delmanto e outros, *Código Penal comentado*, cit., p. 403.

3.2. Sujeito ativo

É o empregador, empregado ou terceira pessoa. Segundo a doutrina, não é necessário que haja relação de emprego entre o sujeito ativo e a vítima, embora isso seja o mais comum[680].

3.3. Sujeito passivo

É o titular dos direitos assegurados pela legislação trabalhista.

4. ELEMENTO SUBJETIVO

É o dolo, consubstanciado na vontade livre e consciente de frustrar, mediante fraude ou violência, direito assegurado pela legislação do trabalho.

5. CONSUMAÇÃO E TENTATIVA

Consuma-se o delito no momento em que a vítima é impedida de exercer, usar ou gozar o direito assegurado pela legislação do trabalho. A tentativa é possível.

6. FORMAS

6.1. Simples (art. 203, *caput*)

Está prevista no *caput*. "Frustrar, mediante fraude ou violência, direito assegurado pela legislação do trabalho: Pena – detenção de um a dois anos, e multa, além da pena correspondente à violência".

6.2. Equiparada (art. 203, § 1º)

O § 1º do art. 203 tem a seguinte redação: "Na mesma pena incorre quem: I – obriga ou coage alguém a usar mercadorias de determinado estabelecimento, para impossibilitar o desligamento do serviço em virtude de dívida; II – impede alguém de se desligar de serviços de qualquer natureza, mediante coação ou por meio da retenção de seus documentos pessoais ou contratuais".

A 1ª figura (inciso I) visa precipuamente proteger os trabalhadores rurais que são coagidos por seus patrões a comprar mercadorias vendidas no próprio estabelecimento deles ou de terceira pessoa, gerando débito que acaba por obrigá-los a continuar prestando serviços àqueles até a satisfação integral da dívida. Trata-se de crime formal. Consuma-se com o ato de obrigar ou coagir o empregado a usar mercadorias de determinado estabelecimento. Não é necessário que o agente concretize a sua finalidade, qual

680. Nesse sentido, Damásio E. de Jesus, *Código Penal anotado*, cit., p. 681; Celso Delmanto e outros, *Código Penal comentado*, cit., p. 402.

seja, que o empregado não se desligue do emprego. Aliás, essa finalidade específica constitui o elemento subjetivo do tipo. A tentativa é perfeitamente possível.

A 2ª figura típica (inciso II) compreende a ação de impedir alguém de se desligar de serviços de qualquer natureza. Dois são os modos de execução do crime: (i) mediante emprego de coação – trata-se de coação física ou moral; afirma Mirabete: "Na primeira parte, referente à coação, há, na verdade, um crime de constrangimento ilegal específico, com pena mais severa, em que, por meios de violência, grave ameaça ou depois de lhe haver reduzido, por qualquer meio, a capacidade de resistência, o agente impede a vítima de se desligar do serviço que presta àquele ou terceiro"[681]; (ii) por meio de retenção de seus documentos pessoais ou contratuais, por exemplo, retenção do documento de identidade. Consuma-se o crime no momento em que a vítima é efetivamente impedida de se desligar do serviço.

6.3. Majorada (art. 203, § 2º)

A redação do § 2º do art. 203 é a seguinte: "A pena é aumentada de um sexto a um terço se a vítima é menor de dezoito anos, pessoa idosa, gestante, indígena ou portadora de deficiência física ou mental". A conduta do agente nessas circunstâncias é mais censurável, uma vez que, para praticar o crime, ele se aproveita da menor (ou ausente) capacidade de discernimento ou resistência da vítima. Quanto à pessoa idosa, é aquela com idade igual ou superior a 60 anos, de acordo com o Estatuto da Pessoa Idosa – Lei n. 10.741/2003. Com relação à gestante indígena, ressalve-se que pouco importa sua adaptação à civilização.

7. CONCURSO DE CRIMES

Se houver emprego de violência contra a pessoa, responderá o agente pelo crime em estudo em concurso material com um dos crimes contra a pessoa (homicídio, lesões corporais).

8. COMPETÊNCIA. AÇÃO PENAL. LEI DOS JUIZADOS ESPECIAIS CRIMINAIS

Aplica-se aqui o que foi estudado no item 7 dos comentários ao art. 197.

Em virtude da pena prevista (detenção, de 1 a 2 anos, e multa, além da pena correspondente à violência), é cabível a suspensão condicional do processo (art. 89 da Lei n. 9.099/95) no *caput* e no § 1º, sem a incidência da causa de aumento de pena prevista no § 2º.

ART. 204 – FRUSTRAÇÃO DE LEI SOBRE A NACIONALIZAÇÃO DO TRABALHO

1. CONCEITO. OBJETO JURÍDICO

Reza o art. 204 do Código Penal: "Frustrar, mediante fraude ou violência, obrigação legal relativa à nacionalização do trabalho: Pena – detenção, de um mês a um ano, e mul-

---

681. Julio Fabbrini Mirabete, *Manual*, cit., v. 2, p. 388.

ta, além da pena correspondente à violência". Esse dispositivo tem por base o art. 165, XII, da Constituição Federal de 1967/69, que previa a "fixação das percentagens de empregados brasileiros nos serviços públicos dados em concessão e nos estabelecimentos de determinados ramos comerciais e industriais". Assim, buscava-se com a nacionalização do trabalho limitar o acesso de estrangeiros nos serviços públicos e particulares[682]. A Constituição Federal em vigor não faz qualquer distinção entre brasileiros e estrangeiros residentes no País; ao invés, assegura a igualdade entre ambos. Assim, tem-se sustentado que "passaram a ser incompatíveis com a Carta Magna as obrigações legais relativas à nacionalização do trabalho, tornando inócuo o dispositivo em estudo"[683].

2. ELEMENTOS DO TIPO

2.1. Ação nuclear

A conduta incriminada consiste em *frustrar*, mediante o emprego de fraude ou violência (somente física), obrigação legal relativa à nacionalização do trabalho. Trata-se de norma penal em branco, pois é a Consolidação das Leis do Trabalho que elenca tais obrigações.

2.2. Sujeito ativo

É o empregador, mas nada impede que outras pessoas cometam esse crime, por exemplo, empregados.

2.3. Sujeito passivo

É o Estado.

3. ELEMENTO SUBJETIVO

É o dolo, consubstanciado na vontade livre e consciente de frustrar a obrigação legal relativa à nacionalização do trabalho.

4. CONSUMAÇÃO E TENTATIVA

Consuma-se com a efetiva frustração da obrigação legal. A tentativa é perfeitamente admissível.

5. CONCURSO DE CRIMES

Se houver emprego de violência contra a pessoa, responderá o agente pelo crime em estudo em concurso material com um dos crimes contra a pessoa (homicídio, lesões corporais).

---

682. Nesse sentido, E. Magalhães Noronha, *Direito penal*, cit., v. 3, p. 65.

683. Julio Fabbrini Mirabete, *Manual*, cit., v. 2, p. 389.

6. COMPETÊNCIA. AÇÃO PENAL. LEI DOS JUIZADOS ESPECIAIS CRIMINAIS

Aplica-se aqui o que foi estudado no item 7 dos comentários ao art. 197.

ART. 205 – EXERCÍCIO DE ATIVIDADE COM INFRAÇÃO DE DECISÃO ADMINISTRATIVA

1. CONCEITO

Dispõe o art. 205 do Código Penal: "Exercer atividade, de que está impedido por decisão administrativa: Pena – detenção, de três meses a dois anos, ou multa".

2. OBJETO JURÍDICO

O dispositivo legal transcrito busca tutelar o cumprimento das decisões administrativas relativas ao exercício de atividade, trabalho.

3. ELEMENTOS DO TIPO

3.1. Ação nuclear

A conduta criminosa consiste em exercer, isto é, desempenhar atividade com infração à ordem administrativa proibitiva de tal exercício. O exercício da atividade requer habitualidade. Há, portanto, uma decisão administrativa anterior (promanada de qualquer órgão da Administração Pública, por exemplo, Ministério do Trabalho e Emprego, OAB, Conselho Regional de Medicina etc.) que impede o exercício da atividade pelo agente. Por exemplo, exercer advocacia após ter a inscrição cancelada pela OAB, praticar a medicina com o exercício profissional suspenso por decisão do Conselho Regional de Medicina. A decisão judicial não é abarcada pelo dispositivo em análise, pois a desobediência à ordem judicial poderá configurar o delito previsto no art. 359 do Código Penal (crime de desobediência a decisão judicial sobre perda ou suspensão de direito). O exercício ilegal de função pública, por sua vez, configura o delito previsto no art. 324 do Código Penal.

3.2. Sujeito ativo

A pessoa impedida por decisão administrativa de exercer a atividade. Trata-se de crime próprio.

3.3. Sujeito passivo

O Estado, pois ele tem interesse que as suas decisões sejam fielmente cumpridas por aqueles que se sujeitam a elas.

4. ELEMENTO SUBJETIVO

É o dolo, consubstanciado na vontade livre e consciente de exercer atividade com infração a decisão administrativa. É necessário que o agente tenha conhecimento da proibição.

5. CONSUMAÇÃO E TENTATIVA

Segundo a doutrina, o crime consuma-se com o desempenho contínuo, habitual da atividade. Não basta a prática de um ato somente, pois trata-se de crime habitual. A tentativa, portanto, é inadmissível[684].

6. COMPETÊNCIA. AÇÃO PENAL. LEI DOS JUIZADOS ESPECIAIS CRIMINAIS

O Supremo Tribunal Federal já decidiu no sentido de que o crime de exercício de atividade com infração de decisão administrativa praticado em detrimento de serviço e interesse de autarquia federal é da competência da Justiça Federal (CF, art. 109, IV).

Trata-se de crime de ação penal pública incondicionada.

A partir da instituição dos Juizados Especiais Federais, passou a constituir infração de menor potencial ofensivo e, por essa razão, submete-se ao procedimento dos Juizados Especiais Criminais, tanto da Justiça Comum estadual quanto da Justiça Federal.

É cabível a suspensão condicional do processo (art. 89 da Lei n. 9.099/95).

ART. 206 – ALICIAMENTO PARA O FIM DE EMIGRAÇÃO

1. CONCEITO

Prevê o art. 206 do Código Penal: "Recrutar trabalhadores, mediante fraude, com o fim de levá-los para território estrangeiro: Pena – detenção, de um a três anos, e multa".

2. OBJETO JURÍDICO

Tutela-se o interesse do Estado em manter seus trabalhadores em território nacional.

3. ELEMENTOS DO TIPO

3.1. Ação nuclear

Não basta o mero aliciamento; exige agora a lei o recrutamento, mediante fraude, ou seja, seduzir, atrair a vítima, mediante o emprego de meio enganoso, de falsas pro-

---

684. Nesse sentido, Julio Fabbrini Mirabete, *Manual*, cit., v. 2, p. 391; Celso Delmanto e outros, *Código Penal comentado*, cit., p. 405; Damásio E. de Jesus, *Código Penal anotado*, cit., p. 685. Este último autor nos traz alguns julgados em que se afirma que o crime em tela não é habitual, bastando um ato para a consumação (STF, 1ª T., HC 74.826, rel. Min. Sydney Sanches, j. 11-3-1997, *RT*, 748/544 e 554).

messas. O exemplo mais corriqueiro é o da falsa promessa a mulheres de emprego honesto em determinado país, com altos salários, quando, na realidade, as trabalhadoras serão levadas a exercer o meretrício. A lei faz menção a *trabalhadores*, isto é, usa o termo no plural. Discute-se qual o número mínimo de trabalhadores que devem ser recrutados. Para Mirabete e Noronha[685], exigem-se no mínimo três pessoas. Afirma este último autor: "Escreve Jorge Severiano que bastam dois. A nosso ver, não. O número mínimo será três. Quando a lei se contenta com aquela quantidade, o diz expressamente (arts. 150, § 1º, 155, § 4º, IV, 157, § 2º, II, 158, § 1º etc.)". Damásio e Celso Delmanto sustentam que a lei se contenta com o número mínimo de dois trabalhadores[686].

Nosso entendimento: adotamos a última posição.

3.2. Sujeito ativo

Trata-se de crime comum. Qualquer pessoa pode praticá-lo.

3.3. Sujeito passivo

Sujeito passivo principal é o Estado. Secundariamente, vítimas são os trabalhadores enganados.

4. ELEMENTO SUBJETIVO

É o dolo, consubstanciado na vontade livre e consciente de recrutar trabalhadores mediante o emprego de fraude. Exige-se também o chamado elemento subjetivo do tipo, consistente na finalidade de levá-los para território estrangeiro.

5. CONSUMAÇÃO E TENTATIVA

Consuma-se com o recrutamento, mediante o emprego de fraude. Não se exige a efetiva saída dos trabalhadores do território nacional. Cuida-se, portanto, de crime formal. A tentativa é possível, embora difícil a sua ocorrência.

6. COMPETÊNCIA. AÇÃO PENAL. PROCEDIMENTO. LEI DOS JUIZADOS ESPECIAIS CRIMINAIS

No que diz respeito à competência e à ação penal, *vide* comentários ao art. 197.

No tocante ao procedimento, *vide* art. 394 do CPP, a qual passou a eleger critério distinto para a determinação do rito processual a ser seguido. A distinção entre os pro-

---

685. Julio Fabbrini Mirabete, *Código Penal*, cit., v. 2, p. 1228; E. Magalhães Noronha, *Direito penal*, cit., v. 3, p. 71.

686. Damásio E. de Jesus, *Código Penal anotado*, cit., p. 686; Celso Delmanto e outros, *Direito penal*, cit., p. 405.

cedimentos ordinário e sumário dar-se-á em função da pena máxima cominada à infração penal.

A ação penal é pública incondicionada.

É cabível a suspensão condicional do processo (art. 89 da Lei n. 9.099/95).

ART. 207 – ALICIAMENTO DE TRABALHADORES DE UM LOCAL PARA OUTRO DO TERRITÓRIO NACIONAL

1. CONCEITO

Dispõe o art. 207, *caput*, do Código Penal: "Aliciar trabalhadores, com o fim de levá-los de uma para outra localidade do território nacional: Pena – detenção, de um a três anos, e multa".

2. OBJETO JURÍDICO

Tutela-se o interesse do Estado em manter os trabalhadores em seus locais de origem. Procura-se assim evitar que o trabalhador de um local seja levado para outro ocasionando a escassez de mão de obra e o despovoamento de determinadas partes do País.

3. ELEMENTOS DO TIPO

3.1. Ação nuclear

Consubstancia-se no verbo *aliciar*, isto é, seduzir, convencer, induzir. O agente alicia os trabalhadores, com o fim de levá-los para qualquer localidade do território nacional, como outro Estado, outro Município. Difere do artigo anterior porque o art. 206 prevê o recrutamento de trabalhadores, mediante o emprego de fraude, para território estrangeiro. No crime em estudo não se exige o emprego de fraude; basta o aliciamento. Quanto ao número mínimo de trabalhadores aliciados exigido pela lei, *vide* os comentários ao item 3.1 do artigo anterior.

3.2. Sujeito ativo

Trata-se de crime comum. Qualquer pessoa pode praticar o delito em estudo.

3.3. Sujeito passivo

É o Estado, cujo interesse é manter a organização do trabalho.

4. ELEMENTO SUBJETIVO

É o dolo, consubstanciado na vontade livre e consciente de aliciar trabalhadores. Exige-se também o chamado elemento subjetivo do tipo, consistente na finalidade de levá-los de uma para outra localidade do território nacional.

5. CONSUMAÇÃO E TENTATIVA

O crime consuma-se com o mero aliciamento de trabalhadores. Não se exige a efetiva transferência destes de uma localidade para outra. Trata-se, portanto, de crime formal. A tentativa é possível.

6. FORMAS

6.1. Simples (art. 207, *caput*)

Está prevista no *caput*. "Aliciar trabalhadores, com o fim de levá-los de uma para outra localidade do território nacional: Pena — detenção de um a três anos, e multa".

6.2. Equiparada (art. 207, § 1º)

Está prevista no § 1º. Seu teor é o seguinte: "Incorre na mesma pena quem recrutar trabalhadores fora da localidade de execução do trabalho, dentro do território nacional, mediante fraude ou cobrança de qualquer quantia do trabalhador, ou, ainda, não assegurar condições do seu retorno ao local de origem". Pune-se a conduta de recrutar, mediante o emprego de fraude, trabalhadores de outra localidade. A fraude consiste em enganar a vítima com falsas promessas, por exemplo, prometer falsamente altos salários, moradia etc. Afirma Mirabete que "também pode ser cometido o crime quando o agente recruta o trabalhador, cobrando qualquer quantia deste, pouco importando que sejam cumpridas as promessas feitas. O objetivo do dispositivo é evitar que o trabalhador seja explorado economicamente para a obtenção de colocação trabalhista"[687].

O tipo penal também prevê como crime a conduta de não assegurar condições de retorno do trabalhador ao local de origem. O empregador, ao contratar os trabalhadores de outra localidade, terminada a prestação de serviços, deve assegurar-lhes todas as condições de retorno ao seu local de origem. Omitindo-se nesse dever, pratica o empregador o crime em tela. Segundo Damásio: "É indiferente, para a consumação, que o trabalhador, por outros meios, consiga retornar à sua localidade. Trata-se de crime omissivo puro. Atinge o momento consumativo com a conduta negativa, sendo irrelevante qualquer acontecimento posterior"[688].

6.3. Majorada (art. 207, § 2º)

Está prevista no § 2º: "A pena é aumentada de um sexto a um terço se a vítima é menor de dezoito anos, idosa, gestante, indígena ou portadora de deficiência física ou mental". Quanto a esse tema, *vide* comentários no item 6.3 do art. 203.

---

687. Julio Fabbrini Mirabete, *Manual*, cit., v. 2, p. 393.

688. Damásio E. de Jesus, *Código Penal anotado*, cit., p. 688.

7. COMPETÊNCIA. AÇÃO PENAL. PROCEDIMENTO. LEI DOS JUIZADOS ESPECIAIS CRIMINAIS

No que diz respeito à competência e à ação penal, *vide* comentários ao art. 197.

No que diz respeito ao procedimento, *vide* art. 394 do CPP, a qual passou a eleger critério distinto para a determinação do rito processual a ser seguido. A distinção entre os procedimentos ordinário e sumário dar-se-á em função da pena máxima cominada à infração penal e não mais em virtude de esta ser apenada com reclusão ou detenção.

A ação penal é pública incondicionada.

É cabível a suspensão condicional do processo (art. 89 da Lei n. 9.099/95).

Título V
DOS CRIMES CONTRA O SENTIMENTO RELIGIOSO E CONTRA O RESPEITO AOS MORTOS

Capítulo I
DOS CRIMES CONTRA O SENTIMENTO RELIGIOSO

ART. 208 – ULTRAJE A CULTO E IMPEDIMENTO OU PERTURBAÇÃO DE ATO A ELE RELATIVO

1. CONCEITO

Determina o art. 208, *caput*, do Código Penal: "Escarnecer de alguém publicamente, por motivo de crença ou função religiosa; impedir ou perturbar cerimônia ou prática de culto religioso; vilipendiar publicamente ato ou objeto de culto religioso: Pena – detenção, de um mês a um ano, ou multa". Veja que o tipo penal contém três modalidades de crimes, as quais estudaremos destacadamente.

2. ESCÁRNIO DE ALGUÉM PUBLICAMENTE POR MOTIVO DE CRENÇA OU FUNÇÃO RELIGIOSA

2.1. Objeto jurídico

Tutela-se a liberdade individual do homem de ter uma crença, bem como exercer o ministério religioso. Tal direito, aliás, é assegurado constitucionalmente, pois o art. 5º, VI, da Constituição Federal dispõe: "É inviolável a liberdade de consciência e de crença, sendo assegurado o livre exercício dos cultos religiosos e garantida, na forma da lei, a proteção aos locais de culto e a suas liturgias". Tutela-se também a própria religião contra o escárnio.

2.2. Ação nuclear

A ação nuclear típica da 1ª parte do art. 208 consubstancia-se no verbo *escarnecer*, que significa zombar, ridicularizar, de forma a ofender alguém, em virtude de crença ou função religiosa. Crença é a fé em uma doutrina religiosa, ao passo que função religiosa é o ministério exercido por quem participa da celebração de um culto, por exemplo, pastor, padre, rabino, frade, freira etc. O escárnio pode ser praticado por diversas formas: oral, escrita, simbólica etc. O escárnio necessariamente há de ser público, pois, conforme assevera E. Magalhães Noronha, "passando-se o fato entre o agente e a vítima, teria ele mais o aspecto de injúria. Sem dúvida, também, que o escárnio público expõe ao descrédito a religião, que, concomitantemente, é protegida e tutelada, como se falou"[689]. Cumpre ressalvar que a ofensa à religião em si mesma, sem que haja ofensa direta a uma pessoa, não configura o crime em tela. Assim, segundo sustenta Hungria, "o escárnio dirigido aos católicos ou protestantes em geral não constitui o crime em questão".

A ação pode se dar por qualquer meio executivo (crime de ação livre).

É irrelevante o local da prática da cerimônia ou culto, podendo se dar dentro ou fora do templo para fins de configuração do delito em tela.

2.3. Sujeito ativo

Qualquer pessoa pode praticar o delito em tela, inclusive aquelas que creem em determinada religião e os seus ministros.

2.4. Sujeito passivo

É a pessoa que crê em determinada religião ou que exerce o ministério religioso (padre, pastor, freira etc.). Deve necessariamente ser pessoa determinada.

2.5. Elemento subjetivo

É o dolo, consubstanciado na vontade livre e consciente de escarnecer de alguém, por motivo de crença ou função religiosa. Ausente essa motivação, outro crime poderá configurar-se, por exemplo, injúria.

2.6. Consumação e tentativa

Consuma-se com o ato de escarnecer publicamente. A tentativa somente é inadmissível na forma verbal do escárnio.

3. IMPEDIMENTO OU PERTURBAÇÃO DE CERIMÔNIA OU PRÁTICA DE CULTO RELIGIOSO

3.1. Objeto jurídico

Tutela-se também aqui a liberdade individual de professar uma crença religiosa e a liberdade de culto, as quais estão plenamente asseguradas na Constituição Federal

---

689. E. Magalhães Noronha, *Direito penal*, cit., v. 3, p. 76.

(art. 5º, VI). A liberdade de culto protegida é a permitida pelo Estado, por não atentar contra a moral ou os bons costumes.

Por se tratar de crime contra cerimônia ou prática de culto religioso, protege-se também a ordem pública.

3.2. Ação nuclear

As ações nucleares da 2ª parte do art. 208 consubstanciam-se nos verbos: **(i) impedir** – consiste em não permitir o início ou prosseguimento da cerimônia ou prática de culto religioso, por exemplo, pregar estacas de madeira na porta da igreja para que nenhum fiel entre; ou **(ii) perturbar** – consiste em atrapalhar, perturbar, tumultuar a cerimônia ou culto religioso, por exemplo, proferir palavrões durante a cerimônia religiosa, fazer barulho para que o sermão do padre não seja ouvido pelos fiéis etc. Cita ainda a doutrina o exemplo da mulher pouco vestida que entra em um templo religioso com a intenção de provocar protestos ou intervenção da autoridade eclesiástica[690].

O agente, dessa forma, impede ou tumultua a cerimônia ou a prática de culto religioso. Cerimônia é o ato religioso solene, por exemplo, missa, casamento, procissão, batizado. Já a prática de culto consiste no ato religioso sem as solenidades da cerimônia, por exemplo, novena, oração, sermão etc.

3.3. Sujeito ativo

Qualquer pessoa, esteja ou não participando da cerimônia ou da prática de culto religioso.

3.4. Sujeito passivo

São os fiéis que participam da cerimônia ou prática de culto religioso, bem como aqueles que realizam a sua celebração.

3.5. Elemento subjetivo

É o dolo, consubstanciado na vontade livre e consciente de impedir ou perturbar a cerimônia ou prática de culto religioso. Assevera Hungria: "O objetivo de impedir ou perturbar o ato religioso é indispensável. Assim, não cometerão o crime em apreço dois indivíduos que, por motivos inteiramente pessoais e *ex improviso*, travam luta dentro de uma igreja, no curso de uma missa. Tampouco incorrerá nas penas do art. 208 a pessoa que, imprudentemente, dá causa ao disparo de um tiro no curso de alguma cerimônia religiosa, ainda que siga a dispersão dos fiéis"[691].

Admite-se o dolo eventual.

---

690. Cf. E. Magalhães Noronha, *Direito penal*, cit., v. 3, p. 78.

691. Nélson Hungria, *Comentários*, cit., v. VIII, p. 64.

3.6. Consumação e tentativa

Consuma-se com o efetivo impedimento ou perturbação da cerimônia ou prática de culto religioso. A tentativa é perfeitamente admissível.

4. VILIPÊNDIO PÚBLICO DE ATO OU OBJETO DE CULTO RELIGIOSO

4.1. Objeto jurídico

Tutela-se, mais uma vez, a liberdade individual de crença e de culto religioso.

4.2. Ação nuclear

A ação nuclear típica da parte final do art. 208 consubstancia-se no verbo *vilipendiar*, isto é, tratar com desprezo, desdém, de modo ultrajante o ato ou objeto de culto religioso. Pode-se vilipendiar por meio escrito, por palavras, por gestos. Por exemplo: proferir palavrões contra a imagem de um santo, atirar papéis contra ele.

Exige-se que a ação de vilipendiar seja feita no decorrer do ato religioso ou diretamente sobre ou contra a coisa objeto do culto religioso.

Deve o vilipêndio ser realizado publicamente, ou seja, na presença de várias pessoas.

4.3. Objeto material

O objeto material do crime é, portanto, o ato ou objeto de culto religioso. Ato religioso compreende a cerimônia ou a prática de culto religioso. Comete, portanto, o crime aquele que, durante o ato religioso, o vilipendia publicamente.

Objeto de culto religioso é toda coisa corporal inerente ao serviço do culto. Segundo E. Magalhães Noronha, a expressão usada pela lei abrange a que em si é objeto de culto (imagens), a que a ele é consagrada (igreja, altares, cálice etc.) e a que obrigatoriamente serve a sua manifestação (livros litúrgicos, etc.)[692]. Ressalva Hungria: "é preciso que tais objetos estejam consagrados ao culto: não serão especialmente protegidos quando, por exemplo, ainda expostos à venda numa casa comercial"[693].

4.4. Sujeitos ativo e passivo

O sujeito ativo pode ser qualquer pessoa (crime comum). O sujeito passivo é a coletividade.

4.5. Elemento subjetivo

É o dolo, isto é, a vontade livre e consciente de vilipendiar o ato ou objeto de culto religioso.

---

692. E. Magalhães Noronha, *Direito penal*, cit., v. 3, p. 80.

693. Nélson Hungria, *Comentários*, cit., v. VIII, p. 65.

4.6. Consumação e tentativa

Consuma-se o crime com a prática do ato ultrajante, por exemplo, atirar lixo contra a imagem sacra. A tentativa é admissível nesses casos, em que o crime é material. Não será admissível, por exemplo, na hipótese em que o crime é praticado mediante ofensas verbais.

5. CAUSA DE AUMENTO DE PENA E CONCURSO DE CRIMES (ART. 208, PARÁGRAFO ÚNICO)

Dispõe o parágrafo único do art. 208 do Código Penal: "Se há emprego de violência, a pena é aumentada de um terço, sem prejuízo da correspondente à violência". Trata-se aqui da violência física contra a pessoa ou coisa. Haverá concurso material de crimes se a violência empregada configurar por si só algum crime (lesões corporais, dano etc.). Nessa hipótese, o concurso dar-se-á com a forma majorada dos crimes contra o sentimento religioso em virtude do emprego de violência.

6. AÇÃO PENAL. LEI DOS JUIZADOS ESPECIAIS CRIMINAIS

Trata-se de crime de ação penal pública incondicionada.

Por se cuidar de infração de menor potencial ofensivo, incidem as disposições da Lei n. 9.099/95, ainda que haja a incidência da majorante (1/3) prevista no parágrafo único do artigo, em face do conceito de infração de menor potencial ofensivo.

A suspensão condicional do processo (art. 89 da Lei n. 9.099/95) é cabível no *caput* e no parágrafo único.

Capítulo II
DOS CRIMES CONTRA O RESPEITO AOS MORTOS

ART. 209 – IMPEDIMENTO OU PERTURBAÇÃO DE CERIMÔNIA FUNERÁRIA

1. CONCEITO

Prescreve o art. 209 do Código Penal: "Impedir ou perturbar enterro ou cerimônia funerária: Pena – detenção, de um mês a um ano, ou multa".

2. OBJETO JURÍDICO

Protege-se o sentimento de respeito pelos mortos. Afirma Noronha: "É a piedade que se tem para com eles, sentimento individual e coletivo que cerca os túmulos, cemitérios e as coisas que servem ao seu culto"[694]. Hungria, por sua vez, sustenta: "O que a lei penal protege (e neste particular tem ela caráter *constitutivo*, e não meramente *sancionatório*) não é a *paz dos mortos* (como se tem pretendido, com abstração do axioma de que os mortos não têm direitos), mas o sentimento de reverência dos vivos para com os mortos. É em obséquio aos vivos, e não aos mortos (tal como no caso da 'calúnia contra os mortos', prevista no art. 138, § 2º), que surge a incriminação. O respeito aos mortos (do mesmo modo que o sentimento religioso) é um relevante *valor ético-social*, e, como tal, um interesse jurídico digno, por si mesmo, da tutela penal"[695].

3. ELEMENTOS DO TIPO

3.1. Ação nuclear

As ações nucleares típicas são similares às previstas na 2ª parte do art. 208, *caput*, quais sejam, *impedir* ou *perturbar*, no caso, enterro ou cerimônia fúnebre. Pode ser praticado por qualquer meio executório. Admite-se que o crime seja praticado por omissão, por exemplo, deixar de fornecer o veículo para transportar o corpo.

Segundo a doutrina, o enterro consiste na trasladação do corpo para o local onde será sepultado ou cremado. A cerimônia fúnebre consubstancia-se em ato por meio do qual o defunto é assistido ou homenageado, por exemplo, velório, embalsamento, honras fúnebres, amortalhamento etc. Não deve ela ter caráter religioso, pois, do contrário, o crime será enquadrado no art. 208 do Código Penal[696].

3.2. Sujeito ativo

Qualquer pessoa pode praticar o delito em tela.

3.3. Sujeito passivo

Cuida-se de crime vago, isto é, tem por sujeito passivo entidade sem personalidade jurídica, como a coletividade, a família e os amigos do morto. Este, por não mais ser titular de direitos, não pode ser sujeito passivo do crime em estudo.

4. ELEMENTO SUBJETIVO

É o dolo, consubstanciado na vontade livre e consciente de impedir ou perturbar enterro ou cerimônia funerária. O tipo penal não exige nenhum elemento subjetivo do tipo. E. Magalhães Noronha não compartilha de tal entendimento, pois sustenta que o tipo penal exige, além do dolo genérico, o dolo específico (elemento subjetivo do tipo), consis-

---

694. E. Magalhães Noronha, *Direito penal*, cit., v. 3, p. 82.

695. Nélson Hungria, *Comentários*, cit., v. VIII, p. 69.

696. Nesse sentido, E. Magalhães Noronha, *Direito penal*, cit., v. 3, p. 83.

tente no fim ou escopo de transgredir ou violar o sentimento de piedade para com os que não mais vivem[697].

5. CONSUMAÇÃO E TENTATIVA

Consuma-se o delito com o efetivo impedimento ou perturbação do enterro ou cerimônia funerária. Se, apesar de terem sido empregados todos os meios idôneos, não se logra a concretização desses resultados, estamos diante da forma tentada do crime em estudo.

6. FORMAS

6.1. Simples (art. 209, *caput*)

Está prevista no *caput*. *"Impedir ou perturbar enterro ou cerimônia funerária: Pena – detenção, de um mês a um ano, ou multa".*

6.2. Majorada (art. 209, parágrafo único)

Está prevista no parágrafo único. "Se há emprego de violência, a pena é aumentada de um terço, sem prejuízo da correspondente à violência". Trata-se aqui da violência física contra a pessoa ou coisa. O mesmo parágrafo, portanto, prevê o concurso material de crimes. *Vide* comentários ao art. 208, parágrafo único.

7. AÇÃO PENAL. LEI DOS JUIZADOS ESPECIAIS CRIMINAIS

Trata-se de crime de ação penal pública incondicionada.

Por se tratar de infração de menor potencial ofensivo, incidem as disposições da Lei n. 9.099/95, ainda que haja a incidência da majorante (1/3) prevista no parágrafo único do artigo, em face do conceito de infração de menor potencial ofensivo do art. 61 da Lei n. 9.099/95.

A suspensão condicional do processo (art. 89 da Lei n. 9.099/95) é cabível no *caput* e no parágrafo único.

ART. 210 – VIOLAÇÃO DE SEPULTURA

1. CONCEITO

Dispõe o art. 210 do Código Penal: "Violar ou profanar sepultura ou urna funerária: Pena – reclusão, de um a três anos, e multa".

697. E. Magalhães Noronha, *Direito penal*, cit., v. 3, p. 83.

2. OBJETO JURÍDICO

É o mesmo do artigo antecedente: protege-se o sentimento de respeito pelos mortos.

3. ELEMENTOS DO TIPO

3.1. Ação nuclear

As ações nucleares do tipo estão consubstanciadas nos verbos: **(i) violar** – devassar, abrir, descobrir, destruir, no caso, sepultura ou urna funerária. Com a violação, o cadáver ou as cinzas do defunto devem ficar expostos, mas não há necessidade de que sejam removidos; ou **(ii) profanar** – tratar com desprezo, ultrajar, macular, aviltar, por exemplo, jogar excrementos sobre a sepultura ou urna funerária, destruir os ornamentos, escrever palavras injuriosas. O crime pode ser praticado por qualquer meio executivo.

3.2. Objeto material

A lei faz menção a sepultura ou urna funerária. Sepultura, segundo E. Magalhães Noronha, "abrange o sepulcro, a tumba e o túmulo. É o lugar onde se acha inumado um cadáver humano ou suas partes. Não é apenas a cova ou vala, mas compreende também o que se acha construído sobre ela – os adornos fixados, a lápide, as inscrições etc., tudo, em conjunto, formando a última morada"[698]. Deve necessariamente conter o cadáver. Urna funerária compreende as caixas, cofres ou vasos que contêm as cinzas ou ossos do morto.

3.3. Sujeito ativo

Qualquer pessoa pode praticar o delito em tela.

3.4. Sujeito passivo

Trata-se de crime vago. Sujeito passivo é a coletividade, a família e os amigos do falecido.

4. ELEMENTO SUBJETIVO

É o dolo, consubstanciado na vontade livre e consciente de violar ou profanar sepultura ou urna funerária. *Exige-se o elemento subjetivo do tipo?* Há três posições:

(i) O tipo penal exige o dolo específico (elemento subjetivo do tipo). Os verbos *profanar* e *violar* traduzem falta de respeito aos mortos. Este há de ser o fim do sujeito ativo[699].

---

698. E. Magalhães Noronha, *Direito penal*, cit., v. 3, p. 86.

699. Idem, ibidem, p. 87. No mesmo sentido, Nélson Hungria, *Comentários*, cit., v. VIII, p. 71.

(ii) Exige-se o elemento subjetivo do tipo somente na modalidade *profanar*, pois não há profanação sem o intuito de vilipendiar ou desprezar[700].

(iii) A figura penal não exige o chamado elemento subjetivo do tipo. É irrelevante indagar qual o propósito do agente[701].

Nosso entendimento: concordamos com a última posição.

5. CONSUMAÇÃO E TENTATIVA

O crime consuma-se com a violação ou profanação de sepultura ou urna funerária. A tentativa é perfeitamente admissível.

6. CONCURSO DE CRIMES

(i) Violação e profanação (art. 210): se para a prática do crime de violação de sepultura ou urna funerária forem cometidos também atos de profanação, estes restam absorvidos pela violação. Há, portanto, crime único.

(ii) Violação de sepultura (art. 210) e crime de calúnia contra os mortos (art. 138, § 2º): se a profanação constituir calúnia contra o morto haverá concurso formal entre os citados crimes.

(iii) Violação de sepultura (art. 210) e subtração ou destruição de cadáver (art. 211): há crime único. Na hipótese em que o cadáver se encontra sepultado, a violação de sepultura constitui meio necessário para a prática do crime-fim, que é a subtração ou destruição de cadáver. Desse modo, o primeiro delito resta absorvido pelo segundo. Vale ainda mencionar que os dois delitos atingem a mesma objetividade jurídica e a pena cominada para ambos é idêntica.

(iv) Violação de sepultura (art. 210) e furto (art. 155): se o agente violar a sepultura e subtrair objetos (p.ex., joias, dinheiro) que foram enterrados juntos ao corpo do falecido, a violação é absorvida pelo furto, uma vez que se trata de meio necessário para a prática do crime, sendo aplicável o princípio da consunção. Entretanto, se for praticado vilipêndio, haverá concurso material de delitos, uma vez que para se subtraírem objetos de uma sepultura não é necessário vilipendiar o cadáver. Só a violação do sepulcro integra a fase de preparação e, portanto, somente ela restará absorvida.

7. CAUSAS EXCLUDENTES DA ILICITUDE

O art. 163 do Código de Processo Penal autoriza a exumação para exame cadavérico. Conforme já estudado no capítulo relativo ao crime de homicídio, exumar signifi-

700. Heleno C. Fragoso, apud Julio Fabbrini Mirabete, *Manual*, cit., v. 2, p. 403; Celso Delmanto e outros, *Código Penal comentado*, cit., p. 410; Damásio E. de Jesus, *Código Penal anotado*, cit., p. 694.

701. Julio Fabbrini Mirabete, *Manual*, cit., v. 2, p. 403.

ca desenterrar, no caso, o cadáver. O exame cadavérico é realizado, como já visto, após a morte da vítima e antes de seu enterramento. Contudo, pode acontecer que, uma vez sepultada a vítima, haja dúvida acerca da causa de sua morte ou sobre a sua identidade: procede-se, então, à exumação. Nessa hipótese, aquele que realizar a violação da sepultura em conformidade com a determinação judicial não comete o crime em tela, pois age no estrito cumprimento de um dever legal. O Diploma Processual não faz qualquer menção a autorização judicial para se proceder à exumação, contudo, sem aquela, esta pode implicar a configuração dos delitos previstos nos arts. 210 e 212 do Código Penal (violação de sepultura e vilipêndio a cadáver)[702]. Da mesma forma, na lição de Hungria, não comete o crime em tela, por agir no exercício regular do direito, aquele que procede a mudança do cadáver ou de seus restos mortais para outra sepultura, mediante as formalidades legais[703].

→ **Atenção:** o ato de inumar ou exumar cadáver, com infração das disposições legais, caracteriza contravenção penal (LCP, art. 67).

8. AÇÃO PENAL. PROCEDIMENTO. LEI DOS JUIZADOS ESPECIAIS CRIMINAIS

Trata-se de crime de ação penal pública incondicionada.

É cabível a suspensão condicional do processo (art. 89 da Lei n. 9.099/95).

ART. 211 – DESTRUIÇÃO, SUBTRAÇÃO OU OCULTAÇÃO DE CADÁVER

1. CONCEITO

Dispõe o art. 211 do Código Penal: "Destruir, subtrair ou ocultar cadáver ou parte dele: Pena – reclusão, de um a três anos, e multa".

2. OBJETO JURÍDICO

É o mesmo do artigo antecedente: protege-se o sentimento de respeito pelos mortos.

3. ELEMENTOS DO TIPO

3.1. Ação nuclear

Trata-se de crime de ação múltipla ou conteúdo variado, de forma que a prática de qualquer uma das ações previstas na figura típica configura o delito em estudo.

---

702. Cf. entendimento de Francisco de Assis do Rêgo Monteiro Rocha, *Curso*, cit., p. 351.

703. Nélson Hungria, *Comentários*, cit., v. VIII, p. 72.

As ações nucleares típicas consubstanciam-se nos seguintes verbos: (i) **destruir** – tornar a coisa insubsistente, ou seja, atentar contra a existência da coisa, por exemplo, queimar ou esmagar o cadáver ou parte dele; não é necessária a destruição total; (ii) **subtrair** – significa tirar o cadáver ou parte dele da esfera de proteção ou guarda da família, amigos, vigias do cemitério; ou (iii) **ocultar** – significa esconder, mas sem que isso implique destruição do cadáver ou parte dele. Há apenas o desaparecimento do objeto do crime, por exemplo, após o atropelamento, o agente esconde a vítima no interior de uma mata ou a joga em um rio ou a esconde em sua residência. A ocultação somente pode ocorrer antes do sepultamento[704], ao passo que a subtração pode dar-se antes ou depois do sepultamento, por exemplo, haverá subtração se, durante um velório, pessoas tiram o corpo do ataúde e fogem com ele[705].

3.2. Objeto material

É o cadáver ou parte dele. Cadáver é o corpo privado da vida, mas que ainda conserva a forma humana. Assim, não se considera cadáver o esqueleto humano ou as suas cinzas; quanto a estas, constituem objeto material do crime previsto no art. 212. Exclui-se também a múmia do conceito de cadáver, sendo certo que a sua subtração pode configurar o crime de furto[706]. O natimorto, ou seja, aquele que, tendo chegado à maturação necessária, isto é, ao termo da gravidez, nasce sem vida, também é considerado cadáver. Não o é o feto, por não ter chegado à maturação necessária[707]. A lei também se refere a parte do cadáver, por exemplo, em acidente de aeronave somente se logra encontrar a cabeça do falecido. Ressalva Noronha que as partes amputadas de corpo vivo não são tuteladas pela lei[708].

3.3. Sujeito ativo

Qualquer pessoa pode praticar o delito em tela, inclusive a própria família do morto.

3.4. Sujeito passivo

Trata-se de crime vago. Sujeito passivo é a coletividade, a família e os amigos do falecido.

4. ELEMENTO SUBJETIVO

É o dolo, consistente na vontade livre e consciente de praticar qualquer uma das ações nucleares do tipo. Não se exige o chamado elemento subjetivo do tipo.

---

704. Nesse sentido, Nélson Hungria, *Comentários*, cit., v. VIII, p. 73.
705. Cf. exemplo de E. Magalhães Noronha, *Direito penal*, cit., v. 3, p. 89.
706. Nesse sentido, E. Magalhães Noronha, *Direito penal*, cit., v. 3, p. 89.
707. Nesse sentido, Nélson Hungria, *Comentários*, cit., v. VIII, p. 72.
708. E. Magalhães Noronha, *Direito penal*, cit., v. 3, p. 89.

5. CONSUMAÇÃO E TENTATIVA

Consuma-se o crime com a destruição total ou parcial do cadáver. Na modalidade *ocultar*, o crime se consuma com o desaparecimento do cadáver ou de parte dele. Finalmente, na modalidade *subtrair*, o crime se consuma com a retirada do cadáver ou de parte dele da esfera de proteção e guarda da família, amigos etc. A tentativa é possível.

6. REMOÇÃO DE ÓRGÃOS, TECIDOS E PARTES DO CORPO HUMANO PARA FINS DE TRANSPLANTE E TRATAMENTO (LEI N. 9.434/97)

Estabelece a Lei n. 9.434/97 em seu art. 1º: "A disposição gratuita de tecidos, órgãos e partes do corpo humano, em vida ou *post mortem*, para fins de transplante e tratamento, é permitida na forma desta Lei". Os arts. 14 a 20 do mencionado diploma legal preveem condutas criminosas relacionadas à disposição de órgãos e partes do corpo humano em desacordo com seus preceitos. Por ser uma norma específica, ela será aplicada se preenchidas todas as elementares típicas.

7. CONCURSO DE CRIMES

Haverá concurso material de crimes se o agente matar a vítima e depois destruir ou ocultar o seu cadáver (CP, arts. 121 e 211).

Se o agente para destruir ou subtrair o cadáver tiver de violar a sua sepultura (CP, art. 210), haverá crime único.

8. AÇÃO PENAL. PROCEDIMENTO. LEI DOS JUIZADOS ESPECIAIS CRIMINAIS

Trata-se de crime de ação penal pública incondicionada. Segue o procedimento sumário, nos termos do art. 394 do Código de Processo Penal.

É cabível a suspensão condicional do processo (art. 89 da Lei n. 9.099/95).

ART. 212 – VILIPÊNDIO A CADÁVER

1. CONCEITO

Prevê o art. 212 do Código Penal: "Vilipendiar cadáver ou suas cinzas: Pena – detenção, de um a três anos, e multa".

2. OBJETO JURÍDICO

É o mesmo do artigo antecedente: protege-se o sentimento de respeito pelos mortos.

3. ELEMENTOS DO TIPO

3.1. Ação nuclear

Consubstancia-se no verbo *vilipendiar*, isto é, ultrajar, tratar com desprezo, no caso, o cadáver ou suas cinzas. Difere, portanto, do crime previsto no art. 208, pois neste o vilipêndio atinge ato ou objeto de culto religioso. O vilipêndio pode ser praticado de diversos modos, por exemplo, atirar excrementos no cadáver, proferir palavrões contra ele, praticar atos sexuais com ele. Deve, portanto, a ação criminosa se dar sobre ou junto ao cadáver ou suas cinzas[709].

3.2. Objeto material

É o cadáver ou suas cinzas. Cadáver, conforme já havíamos estudado, é o corpo privado da vida, mas que ainda conserva a forma humana. Cinzas humanas constituem os resíduos da combustão ou cremação do corpo (autorizada, casual ou criminosa)[710]. Segundo Noronha, "a vontade da lei é tutelar não só estas e o cadáver, mas também as partes dele, o esqueleto etc., já que ela se referiu aos extremos – cadáver ou cinzas – abrangendo, portanto, o que se situa entre eles, ou seja, entre os *extremos*"[711].

3.3. Sujeito ativo

Qualquer pessoa pode praticar o delito em tela, inclusive a própria família do morto.

3.4. Sujeito passivo

Trata-se de crime vago, ou seja, o sujeito passivo é a coletividade, a família e os amigos do falecido.

4. ELEMENTO SUBJETIVO

É o dolo, consistente na vontade livre e consciente de ultrajar, tratar com desprezo o cadáver ou suas cinzas.

5. CONSUMAÇÃO E TENTATIVA

Consuma-se o crime com a prática do ato configurador do vilipêndio. A tentativa é possível, salvo na hipótese de vilipêndio praticado verbalmente, pois se trata de crime unissubsistente.

---

709. Cf. Nélson Hungria, *Comentários*, cit., v. VIII, p. 74.

710. Idem, ibidem.

711. E. Magalhães Noronha, *Direito penal*, cit., v. 3, p. 92.

6. CONCURSO DE CRIMES

Se o agente violar sepultura e ultrajar cadáver, por exemplo, jogando sobre ele excrementos, haverá concurso formal de crimes (arts. 210 e 212). Da mesma forma, se o vilipêndio configurar calúnia contra o falecido, haverá concurso formal de crimes (arts. 138, § 2º, e 212).

7. AÇÃO PENAL. PROCEDIMENTO. LEI DOS JUIZADOS ESPECIAIS CRIMINAIS

Trata-se de crime de ação penal pública incondicionada. Segue o procedimento sumário, nos termos do art. 394 do Código de Processo Penal.

É cabível a suspensão condicional do processo (art. 89 da Lei n. 9.099/95).

BIBLIOGRAFIA

ARAUJO, Luiz Alberto David; NUNES JÚNIOR, Vidal Serrano. *Curso de direito constitucional*. São Paulo: Saraiva, 1999.

ASSAF NETO, Alexandre. *Mercado financeiro*. Barueri: Atlas, Instituto Assaf, 2021.

BANDEIRA DE MELLO, Celso Antônio. *Curso de direito administrativo*. 5. ed. São Paulo: Malheiros, 1994.

BATISTA, Nilo. *Concurso de agentes*. Rio de Janeiro: Liber Juris, 1979.

BITENCOURT, Cezar Roberto. *Manual de direito penal* – Parte especial. São Paulo: Saraiva, 2001. v. 2.

BRUNO, Aníbal. *Crimes contra a pessoa*. 5. ed. Rio de Janeiro: Ed. Rio, 1979.

BULOS, Uadi Lammêgo. *Constituição Federal anotada*. 2. ed. São Paulo: Saraiva, 2001.

CAPEZ, Fernando. *Arma de fogo*. São Paulo: Saraiva, 1997.

______. *Curso de direito penal – Legislação penal especial*. 14. ed. São Paulo: Saraiva, 2019. v. 4.

______. *Curso de direito penal* – Parte geral. 23. ed. São Paulo: Saraiva, 2019. v. 1.

______. *Curso de processo penal*. 26. ed. São Paulo: Saraiva, 2019.

______. Emissão fraudulenta de duplicata e venda mercantil: fato típico ou atípico? *Revista do Ministério Público Paulista*, ago. 1996.

CAPEZ, Fernando; GONÇALVES, Victor Eduardo Rios. *Aspectos criminais do Código de Trânsito Brasileiro*. São Paulo: Saraiva, 1998.

CARVALHO, Hilário Veiga et al. *Compêndio de medicina legal*. 2. ed. São Paulo: Saraiva, 1992.

CAVALCANTE, Márcio André Lopes. *A mudança na ação penal do crime de estelionato, promovida pela Lei 13.964/2019, retroage para alcançar os processos penais que já estavam em curso?* Buscador Dizer o Direito, Manaus. Disponível em: https://www.buscadordizerodireito.com.br/jurisprudencia/detalhes/48dfb0e62ef53dc160c26788433c2d1a>. Acesso em: 26 out. 2022.

COMISSÃO DE VALORES MOBILIÁRIOS (CVM). Disponível em: https://www.gov.br/cvm/pt-br. Acesso em: dez. 2021.

CURY, Enrique. *Orientación para el estudio de la teoría del delito*. Santiago: Nueva Universidad, 1973.

DELMANTO, Celso et al. *Código Penal comentado*. São Paulo: Renovar, 2000.

FRAGOSO, Heleno Cláudio. *Lições de direito penal* – Parte especial. Rio de Janeiro: Forense, 1981. v. 1

FRANCO, Alberto Silva. *Código Penal e sua interpretação jurisprudencial*. 5. ed. São Paulo: Revista dos Tribunais, 1995.

GOMES, Luiz Flávio. *Crime organizado*. São Paulo: Revista dos Tribunais, 1997.

GONÇALVES, Carlos Roberto. *Direito civil* – Parte geral. 25. ed. São Paulo: Saraiva, 2019. v. 1.

GONÇALVES, Victor Eduardo Rios. *Direito penal – Dos crimes contra a pessoa*. 2. ed. São Paulo: Saraiva, 1999. (Coleção Sinopses Jurídicas, v. 8.)

______. *Direito penal – Dos crimes contra a pessoa*. 22. ed. São Paulo: Saraiva, 2019. (Coleção Sinopses Jurídicas, v. 8.)

______. *Direito penal – Dos crimes contra o patrimônio*. 20. ed. São Paulo: Saraiva, 2019. (Coleção Sinopses Jurídicas, v. 9.)

GRECO FILHO, Vicente. *Interceptação telefônica*. São Paulo: Saraiva, 1996.

HUNGRIA, Nélson; FRAGOSO, Heleno Cláudio. *Comentários ao Código Penal*. 5. ed. Rio de Janeiro: Forense, 1979. v. 5.

JAKOBS, Gunther. *Derecho penal* – Parte general. 2. ed. Madrid: Marcial Pons, 1997.

JESUS, Damásio E. de. *Código Penal anotado*. 10. ed. São Paulo: Saraiva, 2000.

______. *Direito penal* – Parte especial. São Paulo: Saraiva, 1995. v. 2.

MARQUES, José Frederico. *Tratado de direito penal* – Parte especial. Campinas: Bookseller, 1997. v. 4.

MIRABETE, Julio Fabbrini. *Código Penal interpretado*. São Paulo: Atlas, 1999.

______. *Manual de direito penal*. 17. ed. São Paulo: Atlas, 2001. v. 2.

MINISTÉRIO PÚBLICO FEDERAL. *Crimes fiscais, delitos econômicos e financeiros* / 2ª Câmara de Coordenação e Revisão, Criminal. Brasília, 2018.

NORONHA, E. Magalhães. *Direito penal – Dos crimes contra a pessoa*. 26. ed. São Paulo: Saraiva, 1994. v. 2.

______. *Direito penal* – Dos crimes contra a propriedade imaterial. 26. ed. São Paulo: Saraiva, 1994. v. 3.

PACHECO, Wagner Brússola. Concurso de pessoas: notas e comentários. *RT*, v. 720.

PIERANGELLI, José Henrique. O concurso de pessoas e o novo Código Penal. *RT*, v. 680.

PIMENTEL, Manoel Pedro. A teoria do crime na reforma penal. *RT*, v. 591.

PRADO, Luiz Regis; BITENCOURT, Cezar Roberto. *Código Penal anotado*. São Paulo: Revista dos Tribunais, 1997.

______. *Direito penal econômico*. 9. ed. Rio de Janeiro: Forense, 2021.

ROCHA, Francisco de Assis do Rêgo Monteiro. *Curso de direito processual penal*. Rio de Janeiro: Forense, 1999.

WELZEL, Hans. *Derecho penal alemán – Parte general*. 11. ed. Trad. Juan Bustos Ramírez y Sergio Yáñez Pérez. Santiago: Ed. Jurídica de Chile, 1970.

ZANELLATO, Marco Antonio. Apontamentos sobre crimes contra as relações de consumo e contra a economia popular. *Cadernos de Doutrina e Jurisprudência*. São Paulo, Associação Paulista do Ministério Público, n. 5, 1991.

10 1 2 3 4 5 6 7 8 9
2025